❈ 商务大家研究书系 ❈

郑振铎论

叶圣陶

（修订版）

陈福康 著

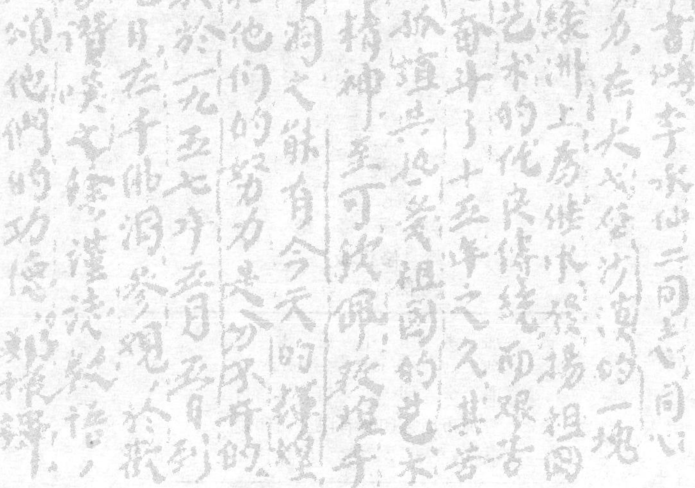

2010年 · 北京

图书在版编目(CIP)数据

郑振铎论 / 陈福康著. —修订版. —北京:商务印书馆,2010.12

(商务大家研究书系)

ISBN 978-7-100-07481-0

I. ①郑… II. ①陈… III. ①郑振铎(1898～1958)—生平事迹 IV. ①K825.6

中国版本图书馆 CIP 数据核字(2010) 第 210304 号

郑 振 铎 论

(修订版)

陈福康 著

商 务 印 书 馆 出 版

(北京王府井大街 36 号 邮政编码 100710)

商 务 印 书 馆 发 行

三河市尚艺印装有限公司印刷

ISBN 978-7-100-07481-0

2010 年 12 月第 1 版　　开本 880×1230 1/32

2010 年 12 月北京第 1 次印刷　　印数 22 7/8

定价:49.00 元

悼鄭振鐸同志

萬里來風八月槎，驚傳瞬息墜天涯。同行英杰成雄鬼，一代才華作電花。人百其身如可贖，天原無眼漫興嗟。好將努力追前駟，讀破遺書寫好車。

郭沫若

一九五八年十一月二日夜灯下

目　　录

绪　论

对于推动西方乃至世界文明的十六世纪欧洲的文艺复兴运动，恩格斯有过这样一段著名的评论：

> 这是一次人类从来没有经历过的最伟大的、进步的变革，是一个需要巨人而且产生了巨人——在思维能力、热情和性格方面，在多才多艺和学识渊博方面的巨人的时代。（《自然辩证法·导言》）

在同篇文章中，恩格斯还指出文艺复兴时代的英雄们“他们的特征是他们几乎全都处在时代运动中，在实际斗争中生活着和活动着，站在这一方面或那一方面进行斗争，一些人用舌和笔，一些人用剑，一些人则两者并用。因此就有了使他们成为完人的那种性格上的完整和坚强。书斋里的学者是例外：他们不是第二流或第三流的人物，就是唯恐烧着自己手指的小心翼翼的庸人。”

在东方，一九一九年狂飙席卷的“五四”运动，是神州大地上从未有过的伟大的进步的变革，人们（例如蔡元培先生）把它称为中国的文艺复兴运动，是很有道理的。五四时期，在中国的新文学和新文化战线上，也涌现出了一批开拓性人物。鲁迅先生是其中最杰出的代表。他们不仅在当时叱咤风云，而且影响到今天乃至将来。仰望“五四”文学夜空，星汉灿烂，何等迷人！对于这一历史现象，已经有了很多研究，然尚待继续深入。除了宏观研究，除了对新文化运动的旗手——鲁迅的专门研究以外，还应该对更多的代表人物进行细致的研究。只有在这样广博的研究的基础上，我们对整个新文化和新文学运动的产生原因、历史意义及其必然方向等等，才能有更深刻、更切实的认识和理解。郁达夫在鲁迅逝世以后，曾经这样说过："没有伟大的人物出现的民族，是世界上最可怜的生物之群；有了伟大的人物，而不知拥护，爱戴，崇仰的国家，是没有希望的奴隶之邦。"(《怀鲁迅》)这一精当的论述，不仅用在鲁迅身上，是完全正确的；而且用在以鲁迅为代表的一批民族的杰出的文化战士的群体上，也是正确的。中华民族，正是因为有了这样杰出的儿女而让人看到希望，感到骄傲；如果对他们不予重视与研究，那真是莫大的悲哀。

这里，我们要论述的是郑振铎(西谛)。他是"五四"所诞生的一代风流人物之一，是新文化和新文学运动的一名真正的战士。他对祖国的文化事业有过多方面的卓越的贡献。无论从思维能力、热情和性格方面来说，还是从多才多艺和学识渊博方面来说，他都是"五四"以来的一位杰出人物。正如胡愈之说的，郑振铎"用一切力量来为祖国创造更多的精神财富"，他"是一个多面手，不论在诗歌、戏曲、散文、美术、考古、历史方面，不论在创作和翻译方面，不论是介绍世界名著或整理民族文化遗产方面"，他"都作出了平常一个人所很少能作到的那么多的贡献。"(《哭振铎》)有位作家认为："中国要是有所谓'百科全书'派的话，那么，西谛先生就是最卓越的一个。"(端木蕻良《追思》)又有一位作家说："从他逝世以后，心目中似还未见与他伦比的(同类型的)第二位伟大学人——其伟大在于他的文化视野与文学热忱的超常广阔，他的研究范围与气魄，皆非一般小儒可望项背。"(周汝昌《茅公风范》中谈到郑振铎时语)有前苏联学者谈到:"在他身上是表现了他所属的那个伟大民族的民族性的许多特点。""他走过了灿烂的、充满各种各样事件的生活道路。他是一个在中国文学和艺术上有许多贡献的勤勤恳恳的学术工作者,他是最先起来反对封建主义和帝国主义堡垒的那些人中间的一个。"(艾德林《忆郑振铎同志》)李一氓甚至强调说:"郑先生,我认为他是中国文化界最值得尊敬的人。"(《怀念郑西谛》)然而,直到现在在国内发表的关于郑振铎的文章,却有一个十分特殊的现象:有关他的回忆诗文和一般的述评性文章,数量多于研究性的论文;而且,前类文章的作者在中国著作界、学术界的地位大多十分重要(如郭沫若、茅盾、胡愈之、李一氓、叶圣陶、夏衍等等),他们的评价也都相当高;而后一类文章的作者则大多"名不见经传",其中某些文章对他的评论还与前类文章相左,许多民国时期在文学史研究方面有影响的学者则很少注意到他。

我们不能忘记,郑振铎是在一九五八年率领中国文化代表团出国工作时,因飞机失事不幸牺牲的。他悲壮地化作一团火,把一切奉献给了祖国的文化事业;而更加具有历史的悲剧意味的是,就在他那次出国前夕,国内正在掀起对他的全面的无情的公开点名"批判"。他的文学思想被批得一无是处,甚至拔到了"实质上是服务于帝国主义向外侵略的行动"的可怕"高度"。他的"划时代的造诣"(李健吾语)的《插图本中国文学史》等著作,也被贬得一文不值。他一下子成了"资产阶级的白旗"!当然,当时的笔伐和口诛者大多或是盲从,或是违心,至少是根本未曾认真地了解和研究过他的全人和全部著作。责任主要应归于当时极"左"的错误路线。在他为国捐躯之后,对他的"批判"便不了了之。此后像这样的对他公开的粗暴的"批判"虽然绝迹了;可是,他的不少重要建树、优秀作品和动人事迹也为人淡忘了。一些文学史论文著作,或者对他一笔带过,或者干脆不屑一提,或者将民国时期的他看作是书斋中宁静的学者、小心翼翼的庸人之流。近年来,在一些研究者和有关人士的努力下,这种情况有所好转,但距离更全面公正的评价还很远。尤其在一些宣传媒体和课堂、教科书上,似乎除了有时讲述他保护文物和藏书的故事以外,就没有什么可说的了。①

出现上述情况的原因是复杂的。首先当然是与国内研究界长期存在的某种僵化的思想方法有关。例如,把近代作家分成革命作家、民主作家、反动作家等等(这种划类在一定场合也许是有必要的),但有时分得并不合理,也常常忽视作家本身的思想转变。尤其是机械地认为革命作家的成就就一定比民主作家要高,片面地强调"政治第一,艺术第二"的标准等等,都使得以往的研究工作布局失当,或偏离科学的轨道。郑振铎没有参加共产党和"左联",于是被认作所谓民主作家,得不到重视便是当然的了。至于一九五八年那场"批判",其政治路线背景现在人们已经很清楚,更是不用多说的了。除了上述原因外,我认为还须指出其他几点:一是以往对文学史研究的内涵的理解过于狭窄和片面,往往以为文学史研究的只是创作家及其作品,忽视对创作以外的文学活动的研究。郑振铎的创作不算多,又被认为水平不高,于是他便得不到重视。二是我们的学术研究的分工过细、过专,过于拘泥,研究文学的往往撇开文学家的其他文化学术活动。而郑振铎在文学史、艺术史、

① 这种情况在国外的中国现代文学研究界中同样存在,甚至更为严重。虽然几乎所有的研究中国文学的外国学者,都把郑振铎的《插图本中国文学史》等作为必读书;虽然在前苏联、日本等国有过几篇回忆或简单评论郑振铎的文章;但专门研究郑振铎的人几乎一个也没有,较为全面地研究他的论文也迄今未见。

文献学、编辑学等方面的成就，后来超过并掩盖了他在文学创作、批评方面的名声，于是对他的研究也就存在一种互相推诿的现象，这一方认为他不是纯文学家而是学者，那一方认为他不是纯学者而是文学家，因而都在各自研究目光的扫描中轻易地将他忽略了过去。另外，当然也是与对他的研究的难度有关。由于他工作极其勤奋，又在新文坛上活动了整整四十年，留下的文字著作及其他材料极为丰富，同时又有大量散佚，难于搜寻。他涉及的面又太广。要研究这样的作家，当然要比那些单纯搞创作的，或有关资料齐备的作家要难得多。于是，对他的研究也就不免令人望而却步了。

这一情况应该改变了。我认为，首先，文学史研究决不能仅仅注意于创作家及其作品，文学的历史本来就是由活跃在过去的文坛上的各种人物共同谱写的。创作家当然重要，但文学理论家、批评家、翻译家，以及文学社团的组织者、文学书刊的主持者等的活动与贡献，也都理所当然地应该属于文学史研究的对象与范围。尤其是那些对整个文学史的发展起过较大作用的文学活动家，往往是各种身份兼而有之的多面手，更应属于特别着重研究的对象。而郑振铎就是这样的文学家。他的文学活动，无疑地并不局限在创作上，或者甚至可以说，他在文学史上的贡献，最主要的还不在他的创作上（当然对他的创作也不应忽视）。但是，我们却没有任何理由贬低他在文学史上的实际作用与实际地位。这里，我想引一段老作家柯灵关于抗日战争时期文学的话：

> 表现作家的业绩，当然以作品为主，但似乎不应以此为满足。《鲁迅全集》、《乱弹及其它》的出版，《资本论》、《列宁文献》、《西行漫记》的印行，在那烽火连天的年代，狐鼠横行的

"孤岛"上,使这些皇皇巨制得以问世的主持经营者,应该是属于"不世之功业"的一类,但这些典籍并不是主持经营者本身的著作或译品。……如郑振铎同志在"孤岛"时期和沦陷时期,作品并不多,但他对祖国文化的贡献,却远在一般的笔耕墨耘以上。《鲁迅全集》、《西行漫记》的擘划琢磨,他都曾躬与其事。单是在劫火中抢救大量珍本秘籍,为民族文化保存精英这一件事,就不知耗费了他多少精力。……要"知人论世",就绝不能让这类事淹没于文字之下。我觉得文学史家和资料研究者都不应当忽略这一点。(《关于"孤岛"文学》)

老作家的这段话,是对我以上想法的有力支持。我认为,这里提出的问题,在我们整个文学史的研究中带有普遍性。曾有一位中国古典文学研究者,就从人们对唐代张说的研究情况,来谈关于文学观念和研究方法的开拓与创新。他谈到,我们的文学史结构,长期以来受到旧的框架的束缚,好像一个个作家评传、作品介绍的汇编,史的叙述很不够。这样,就很难从某一历史时期文学的总趋势出发,对文学发展的倾向和动向加以宏观的考察,对某些文学人物的历史活动作出合乎实际的论断。"文学的历史上往往有这种情况,他们在文学上的业绩,主要不在于他们个人的作品,而是他们的活动促进了文学的发展和繁荣。如果不把握总的历史趋向,而仅仅着眼于个人作品的评论,那么像张说这样的文学人物就会摒弃于文学史叙述之外,或者放在无足轻重的地位。"(傅璇琮《由〈张说年谱〉所想到的》)这段论述相当精辟。如果我们从"五四"新文学运动的总的历史趋向着眼,也就同样不会认为郑振铎只是一个无足轻重的人物,而是恰恰相反。

其次,郑振铎不仅在文学上的贡献是多方面的,而且他的建树还不仅仅限于文学事业或其他单一的学术领域。就像周予同说的："概括地说，他的学术范围包括着文学、史学和考古学……但他的精力异常充沛，好像溢满出来似的，学术部门实在圈不住他。"（《〈汤祷篇〉序》）在这一点上，郑振铎与郭沫若十分相似。而郭沫若在一九二〇年就说过这样的话："我常想天才底发展有两种Types（类型）：一种是直线形的发展，一种是球形的发展。直线形的发展是以他一种特殊的天才为原点，深益求深，精益求精，向着一个方向渐渐展延，展到他可以展及的地方为止：如像纯粹的哲学家，纯粹的科学家，纯粹的教育家，艺术家，文学家……都归此类。球形的发展是将他所具有的一切的天才，同时向四面八方，立体地发展了去。"（《三叶集》）郑振铎无疑就属于"球形发展"的一种类型。这一点，连台湾的评论者也看到了。一九八二年五月台湾的《传记文学》杂志上，有一篇文章谈到："文学界中，有不少人以一身扮演多样的角色，但除了胡适、鲁迅等极特殊的例子，能在每个角色上都有很高的成就和深远的影响外，通常只是在一、二专门研究或创作方面出类拔萃，学有余力时再旁及其他，很少人会像郑振铎一样，由于对文学的万分热忱和强烈的使命感，成为一个中外不居、新旧不挡，翻译、创作、研究多管齐下，极其'复杂'的文学家，以至于他成名虽早，影响也大，可是一般对他的成就却看法不一。"（苏精《藏书家的郑振铎》）但为什么一个文学家扮演角色较多、比较"复杂"，人们对他的成就就要"看法不一"了呢？这实在是与一种狭窄的思想方法有关。其实，正是因为这种横跨多种专业部门的实践，才可能造就一种"全才"式的人物的那种性格上的完整和坚实；而这，也正是一场真正伟大的文化运动才可能赐予的。"五四"以来出现一批这样的杰出人物，恰恰是"五四"作为真正伟大的文化运动的标志之所在。因此，我们对于这样的文学家，除了从文学本身的角度加以研究外，还必须从各方面多角度地作综合的研究，而不应互相推诿或从单一角度看待。并且，只有通过综合的研究，才能得出正确而全面的结论。众所周知的毛泽东对鲁迅的经典论述，就是不局限于文学艺术，或其他某一个别领域，而是以一个伟大的战略家的眼光，注目于整个中国历史的和现实的，政治的和文化的纵横发展，从而得出鲁迅是文学家、思想家、革命家三位一体的中国文化革命伟人的定论。再如对郭沫若、茅盾等优秀文化战士的研究，也是不能局限于文学畛域，特别是不能局限于文学创作的。即如闻一多，朱自清就正确地用诗人、学者、斗士的"三重人格"来概括他的一生；而只有从这个"三棱镜"中观察这仪态万方的"一团火"，才能看得更真切。对郑振铎的研究，我认为也应该这样。

俄国著名批评家别林斯基(В. Г. Белинский)说过："我觉得，要给予任何一个杰出的作者以应得的评价，就必须确定他的创作的特色，以及他在文学中应占的位置。前者不得不用艺术理论来说明(当然是和判断者的理论相适应的)；后者须把作者跟写作同一类东西的别的人作一比较。"(《论俄国中篇小说与果戈里君的中篇小说》)我认为还可以进一步说，如果要给予任何一位杰出的文学活动家以正确的评价，就不仅应该研究其创作的特色以及他在文学史上应占的位置；而且还应该研究其一生的思想与行事，其文学理论，文学翻译，以及文学组织活动等相关方面。这就不仅要用美学的、社会批评的方法，而且还不得不同时用历史学的、文献学的研究方法不可，其中包括为某些人所鄙夷的考据、传记的方法。郑振铎早期十分重视的美国文艺理论家文齐斯特(C. T. Winchester)在《英国散文群体》一书中曾说过，如果有人嫌他的这本论著过多地写了被评论者的传记而较少所谓“真正的批评”的话，那么，他就要提醒那人注意他所评论的这些作家“所写的主题，都系取从他们自己的个人经验之内的”，绝对地带有作者的个性，因此“以常常是很有用的传记的方法来评论他们，在这里是对于评论者的唯一大道。他在能够评量那一册著作之先，必须要熟悉那作者的‘人’才行。”(附带说，对这段议论郁达夫也十分欣赏。以上译文，便采用了郁达夫在《中国新文学大系·散文二集·导言》中的引文。)郑振铎正是一位个性极强的作家，他的作品，甚至包括其中的历史小说，处处可以看到他自己的写照，“作家的世系，性格，嗜好，思想，信仰，以及生活习惯等等，无不活泼地显现在我们眼前。”(郁达夫语，同上)因此，我们在对郑振铎的研究中，也就不可缺少地应该用传记的方法。此外，郑振铎一生的著述极为丰富，据我粗略统计，他发表的单篇文章，约有两千来篇。出版的单行本中，文学创作有十来种，学术论著与翻译各有二十几种，编校的书籍和整理影印的古籍也各有二十来种，编辑的艺术、历史图籍十七种，主编参与编辑的丛书有二十九种，主编与参与编辑的报刊四十五种，生前被人编成的选集五种，为人作序跋的书五十来种……这些数字是相当惊人的。然而，迄今为止还有不少重要的作品和论文没有收集，或者很难寻找，甚至尚未发现。而且，他的不少生动的事迹以及有些记载材料，几乎近于湮没。因此，我们为了冲破某些成见，提出自己的观点时，就不得不经常运用考证的方法，或者较为详尽地引用与列举材料。叶圣陶在《郑振铎选集》的序中说，他认为写郑振铎的传记“用不着什么夸张的手法，只要求内容翔实，他那充满着激情和活力的品格就足以使读者受到感染了”；而我觉得，不仅写他的传记是如此，写他的研究文章也必须“内容翔实”，而他留下的大量叙述与事迹本身就是最具有说服力的。研究对象对于研究方法及研究文风具有一定的选择和决定的力量。对郑振铎的研究，就必须强调多角度多方法熔成的有机组织，就必须强调“辩而不华，质而不野”[①]的文风。

因而，我所以选“郑振铎论”作为研究课题，不仅首先是因为有感于以往文学史研究中对于这位杰出人物的过于冷淡，或是因为不满于某些对他不甚公正、甚至极不公正的评价；而更有一个积极的意图，即希望通过对郑振铎这样一位文坛巨匠的研究，来提倡如上所述的一种较为开放的文学史研究观念，一种历史的综合的研究方法。同时，由于郑振铎在相当长时期内一直是中国文坛的中心人物之一，他提出的一些文学主张有过较大的影响，他主编的一些大型文学刊物与文学丛书曾一度执全国文坛之牛耳，他的文学创作、翻译与其他著作有过相当广大的读者群，他发现、提拔和培养了不少优秀作家，他以他的热情和吸引力团结了一大批作家与学者，等等，因此，我们对于他的一些新的评价也就必然牵涉到对民国以来文学史以至文化史的某些重要问题的重新认识或者深入探讨。

在论述他的文学活动以前，我先初步论述他的思想发展与政治活动。这是冒着可能被人认为蹈袭旧辙的“危险”的。因为，以前那种简单生硬的以对作家的政治表现的评述来决定或代替对他的文学方面的研究的做法，已为人们所厌嫌，也为我所不取；但是，我也反对从一个极端走到另一个极端，忽视或排斥对研究对象的

① 班固《汉书·司马迁传》。

政治倾向及政治活动的考察与论述，否认这些倾向与活动对于研究对象的文学活动的制导作用。我认为，对于郑振铎研究来说，这方面的研究更是十分必要的，不仅有助于公正地评价郑振铎在新文学运动史上的地位，而且可以引导人们从政治与文学的关系上对郑振铎一生取得的成就作更深层次的思考。

早在郑振铎逝世的时候，文坛前辈就曾说过，对于他"在五四以后这一整个时代的文学工作中的成就和作用，历史会有定评"（胡愈之语）。历史把这个任务，一直留到了今天。现在，我们应该担当起这个任务了！

第一章　思想发展与政治活动

> 他尽了他那个时代的一个革命者的任务。这与他的慷慨激昂的性情很相合的。凡是一个性情真挚，坦白的人，殆无不是走在时代之前或与时代一同迈步前进的。（郑振铎《记吴瞿安先生》）

郑振铎是一个性情非常真挚、坦白的人。早在一九二〇年代，朋友们就都称他为"大孩子"（叶圣陶《〈天鹅〉序》）；直到他牺牲后，友人仍称他是"兴高采烈，活泼前进，对一切人和事都严肃认真，却又胸无芥蒂的大孩子"（俞平伯《哀念郑振铎同志》）。他一生追求光明和进步，这一点也为人们所公认，似乎并没有异议；然而，各人的理解和认识则恐怕并非同其深浅。例如，有一种相当普遍的看法，认为郑振铎在民国时期是一个民主主义者、人道主义者，只是革命的同路人；他虽然一直从事于进步的文学事业，但从未在根本上接受历史唯物主义；他虽然有正义感，但没有伴随着强有力的斗争与奋进精神。或认为他主要是一位埋首书斋的文人，特别是一九三〇年代过着退居学者的生活。港台及海外的某些论者，则强调他是一个谨守文学"本业"不问政治的"独立作家"。[①] 然而，老

① 这样一些看法是十分流行的；这里没有包括台湾和香港等地某些鲜明"反共"的论者对于郑振铎的看法，以及内地 1958 年和"文化大革命"期间对于他的一些评论。

作家李健吾则认为，郑振铎“永远是出生入死的先锋官，为追求理想而在多方面战斗的一位带头人！”（《忆西谛》）周予同也说：“在反动黑暗的时代，他除了用强烈的正义感参加了一连串的反抗斗争以外，并用广博的学问照亮了自己！照亮了友朋！也照亮了下一代青年所应该走的路！”（《〈汤祷篇〉序》）上述两种看法，不是不很一致，甚至大为对立吗？那么，究竟哪一种符合郑振铎的实际呢？

最雄辩的，是事实本身。真正的科学研究，应该是毫不玄虚的“摆事实讲道理”。各种高谈说论，都最终必须在事实面前接受检验；如果不符事实，不管是什么人说的，不管流行了多长时间，毕竟还是站不住脚的。郑振铎有关思想、政治方面的言论行事，有很多已经湮没多年，不为人们所知，亟待发掘彰扬；而长期以来学术界因思想上的种种片面性而形成的对于他的一些成见，不用具体事实也无法纠正。因此，我们在分析他的思想发表与政治活动时，不得不较多地列举一些史料。再说，关于郑振铎思想的研究，可以说还是一片处女地，在刚开始探讨的阶段，是无法撇开“实证”研究而跃入“冥证”阶段的。

我们知道，一个作家学者在文学艺术史上的地位，并不主要地取决于他的政治态度或革命功绩。但也不必讳言，对于一位文学家的政治态度和倾向的判断，历来是人们对于他的感情态度的出发点之一，也是对他的作品和其他文学业绩的分析立论的出发点之一（当然不是唯一的出发点）。我们也知道，一个真实的人总是一个矛盾的对立统一体。李健吾就说过，郑振铎有一种“英雄气概，虎虎有生气，天生疾恶如仇，仿佛要斩尽杀绝人间一切妖魔鬼怪，轻易不同人苟言苟笑似的。然而平时待人接物，笑语风生，彬彬有礼，又像慷慨大度，深谋远虑，别是一种儒将风度”。他认为这是一种“矛盾形象”。(《忆西谛》)季羡林也说,郑振铎最先给他的印象是“和蔼可亲,平易近人,光风霁月,菩萨慈眉”;但当谈论到政治问题和阶级斗争时,郑振铎则显示了“疾恶如仇,横眉冷对,疾风迅雷,金刚怒目”的“另一面”。(《西谛先生》)我无意于将郑振铎的“矛盾形象”简单化,只看到他的“另一面”;然而,因为要分析他的思想发展和政治活动,纠正和驳斥对于他的一些误会和谬评,就不得已偏重于论述其战斗的革命的一面。这是要郑重说明的。

我们在论述郑振铎的文学活动之前,先论述其政治活动,还有一个重要的理由。那就是,从他的实际情况来看,他一开始就正是从政治活动走向文学活动的;而其后,他又一直处在时代运动之中,在实际斗争中生活着和活动着,用自己的笔和舌为进步的事业服务。从一九二〇年代初开始,他就把进步的文学活动称作“光明运动”。因此,谈他的文学活动,不能与他的政治活动分开;同时,也只有探清了他的思想根源与基础,他的文学活动才能得到合理的说明。这也是十分自然的。

本来,谈一个文学家的思想发展,应该包括他的文学思想的发展;特别是,作为文学家来说,他的思想发展,很重要的就是表现在他的文学思想之中的。但由于本书另有专章讨论郑振铎的文学思想,所以本章就仅论述其政治思想,其他有关内容请读者参照阅读。又,郑振铎在一九四九年后的新中国生活工作了整整九年,关于这九年的思想发展与政治活动的评述,书中从略了。这一方面是因为本书的研究范围主要侧重于民国时期或“五四”以后三十年的新文学运动时期;另一方面是因为把他这一时期的思想发展、政治倾向等探讨清楚后,对他新中国时期政治思想上的归宿就不需多说了。

为了论述的方便，我们根据郑振铎的实际情况，将他民国时期的思想发展和政治活动分为四个时期，即“五四”时期、“五卅”与大革命时期、“左联”时期、抗日战争与民主运动时期，而在一开头附带说说他的鲜为人知的家世及童年。

一、家世、童年与“五四”时期

郑振铎于一八九八年十二月十九日出生于浙江省永嘉县（即温州），[①]原籍是福建省长乐县。约一八九五年，因为他祖父跟随在温州当道台的表亲当幕友，他们家遂从福州迁到温州。祖父在衙门内做文书之类工作，后曾被委派为某岛的海防小官。[②]郑振铎出生的年头，正是中国近代史上著名的戊戌变法发动与惨败的那年，中国正面临着被帝国主义列强瓜分的严重关头。他出生的地方，则早在二十多年前就已被帝国主义强辟为通商口岸。他从小就在那里看到了外国传教士、商人和“领事官”。因此，那里虽处浙东山区，陆路交通不便，但却比内地更早更多地沐浴到了“欧风美雨”。温州又是富有光荣斗争传统的地方，在戊戌变法期间，那里就出现过陈虬、宋恕、陈介石（时人称为“温州三杰”或“东瓯三先生”）以及孙诒让、黄绍箕等革新派人士。[③]而当全国掀起轰轰烈烈的义和团反帝农民运动时，温州地方也有相呼应的“神拳会”农

---

① 宋、元、明、清诸代，永嘉和温州是同一地理概念；但现在的永嘉县则不在温州市内，已移置于瓯江之北。

② 本节关于郑振铎的家世材料，大多为郑振铎的大妹郑绮绣口头提供的。下同。

③ 陈虬参加过康有为的“公车上书”，并曾在温州瑞安一带组织“求志社”，在温州创办利济医院等。宋恕是章太炎的好友，与梁启超、谭嗣同过从甚密。陈介石则是郑振铎后来的好友马叙伦的老师。

民起义，并在北京义和团遭到失败后坚持斗争了相当长时间。温州还是东南人文荟萃之地，被称为“小邹鲁”，早在南宋时就产生了有名的“永嘉学派”。上面提到的孙诒让，宋恕等人，就是我国近代著名学者。

由于郑振铎的父亲和祖父在他童年时即相继逝世，在很长时期内人们（包括他的家属）甚至连他的父亲和祖父的名字也不知道（这在现代著名作家里是很罕见的现象）。直到1996年，方在郑振铎的长乐家乡查知他的祖父名承晟，父亲名庆咸。并从长乐某郑氏家谱所载，得知郑振铎祖父的“官位”只是“浙江试用从九品”。我们至今无从了解郑振铎父亲、祖父的政治态度；但我们从祖父为他所取的名字上，[①]以及从他后来回忆小时候家中藏有《黄帝魂》、《新民丛报》等书刊来看，约略可以推测他祖父也是一位关心国家民族命运的人士。

郑振铎出生的家庭，颇与鲁迅家有点相似，也是从小康走向破落的类型。他的父亲是长子，大姑妈（祖父的长女）嫁给曾在云南大理府任知府的福州陈家，三叔郑莲蕃曾去西班牙留学，可见早先这个家庭的境况是不差的。但小姑妈（祖父最小的女儿）出生后，却因生活困难而送给人家当养女。而郑振铎父亲之死，亦与此有关。（据郑振铎的大妹郑绮绣回忆，郑振铎父亲年青时曾在苏州当幕友，一天在衙门后花园见到知县的小妾，看长相很像自己的小妹妹，后经打听，证实确系早年送给人家当养女的小妹妹，顿时思想上受到严重刺激，认为是奇耻大辱，不久神经错乱，家人接回温州，

---

① “振铎”有摇铃发出号召的意思。郑振铎字“警民”，又字“铎民”，均含有“唤醒民众”的意思。

治疗无效而去世。[1])而父亲与祖父相继亡故后,家里生计立即陷于困顿。母亲只能靠帮人缝缝洗洗,有时候做些小玩具出售,来维持生活。最小的一个弟弟不幸在襁褓中夭亡,给他留下难以磨灭的悲痛。[2] 他还曾像鲁迅一样寄居到乡下的亲戚家,深深地感受到劳苦人民盼望救星的心情。[3] 母亲含辛茹苦让他读到中学毕业,在校时因缴不起学费曾有几次校方不让参加考试。一九一七年冬,他终于考上了北京铁路管理学校。[4] 而母亲则常常带着两个妹妹回外祖父家(当时在上海)住上一阵子。这时,三叔郑莲蕃已在北京外交部当小京官(签事),他就住在叔父家。而叔父对于这位穷侄儿的态度似乎不很好,他过的是很艰辛的"寄居"生活。[5]

艰难困苦,玉汝于成。正如鲁迅感慨的:"有谁从小康人家而坠入困顿的么,我认为在这途路中,大概可以看见世人的真面目。"

---

① 这段佚事从无人说过,但我认为是可信的。所说的"苏州"当是"扬州"之误(已证之郑振铎的小妹郑文英),郑振铎在1945年为所购清人贺君召《扬州东园题咏》一书作题跋时,就曾提到"余幼客扬州二载,尝游法海寺",即指此时事。据推考,父亲逝世时郑振铎才八九岁。

② 多年后,郑振铎还写诗说:"虽然我们只见了五六面,/但是这初生婴孩的最后的哑而不扬的哭声,/至今还使我负着悲哀的重担。"(《死了的小弟弟》)

③ 郑振铎后来回忆说:"曾有一个时期居住在农民之间。农民们常苦于横征暴赋,叹息于兵戈的扰乱不息。当夏天,夕阳下了山,群星熠熠的明灭于天空,农民们……眼望在茫茫无际的天空时,他们便往往若有所思的指点着格外明亮的一颗星说:'喏喏,皇帝星出来了……真命天子出来,天下便有救了。'"(《玄鸟篇》)

④ 即现在的北方交通大学前身。当时该校不收学费,毕业后又可到铁路上工作,被人称为"铁板碗",因而是贫寒子弟竞争的目标。

⑤ 据郑绮绣回忆口述,当时郑振铎在冬天只有外面一件棉袍,里面贴身还穿着夏天的夏布褂衫。有亲戚从北京回温州,把情况告诉郑振铎的祖母,气得老太太托人写信把那位叔父大骂一顿。郑振铎在《回忆早年的瞿秋白》等文中,也记述了自己当时"生活异常的艰苦"。

(《呐喊·自序》)郑振铎因此很早就知道了人世间的艰辛,看到了社会的某些真面目。他异常刻苦地学习,而且很早就读了一些资产阶级旧民主主义革命的宣传品和政治书籍。他后来回忆说:"我们在少年时候,便以读《黄帝魂》、《浙江潮》一类的书为乐。'雪夜读禁书',公认为'人生一乐'。"(《文化正被扼杀着》)"家里所藏的《中国魂》、《新民丛报》之类,我都读过不止一遍。"(未刊手稿)后来,"当陈独秀主持的《青年杂志》于一九一五年左右,在上海出版时……我已是一个读者"(《文学论争集·导言》)。《青年杂志》从第二年起改名为《新青年》,是"五四"运动时最进步的思想理论中心刊物,而郑振铎开始阅读它时,还只有十七八岁。

他北上读书的这一年,伟大的俄国十月革命爆发了。这时的北京,风云翻卷,正处于一场革命大风暴的前夜。他居住的叔父家的附近,有一个基督教青年会,那里有个阅览室。他课余便常去看书,并认识了那里的一位干事步济时。[①] 郑振铎后来回忆说:"他是研究社会学的,思想相当的进步,而且也很喜欢文学。"(《回忆早年的瞿秋白》)而在这个阅览室里,也正是以关于社会学的书和俄国文学名著的英译本为最多。他回忆说:"我最初很喜欢读社会问题的书",后步济时又"介绍我看些俄国文学的书"。(《想起和济之同在一处的日子》)在那里,他更先后认识了也常来看书的青年学生瞿秋白、耿济之、瞿世英、许地山等人,并成为好朋友。

---

① 原名 Burgess,John Stewart(伯吉斯,约翰·斯图尔特,1883~1949),美国人。1909 年来华,任北京基督教青年会干事。1919 年以后任燕京大学社会学系教授,且一度为系主任。著有《北京的行会》(1928 年版)等。

"五四"爆发那天，郑振铎没有参加"火烧赵家楼"那一幕，[①]但他的居所离赵家楼较近，目睹了部分情景。第二天到校后，他就把同学们组织起来，参加了北京中学以上学校学生联合会。他和瞿秋白等人都成了各自所在学校的学生代表，天天开会，冒着"随时有被逮捕的危险"（郑振铎《回忆早年的瞿秋白》），积极投身于学生运动。这是他第一次参加政治活动。不久，铁路管理学校提前放假，免票送学生回家，他回到温州。但他又把北京学生运动的经验带到了瓯海之滨，自觉地做了不少工作。例如，他参与发起了"救国讲演周报社"，创办了石印刊物《救国讲演周刊》，并在上面写了文章。该刊因揭露了瓯海道尹[②]黄庆澜的劣行，只出了六、七期就被黄用武力查封了。这是他一生中第一次办刊物，和所办刊物第一次被查封。在温州，他还参与发起了当地最大的新文化团体"永嘉新学会"，并提议创办会刊《新学报》，后并被推举为该刊编辑委员。

暑假后，他回北京继续参加学生运动。十一月，日本帝国主义者在郑振铎的原籍福州开枪逞凶，并出动军舰相威胁。他又积极参加组织旅京福建学生联合会，并参与编辑油印刊物《闽潮》，呼号斗争，"奔走忙碌得了不得"。[③] 而这时他最重要的活动，是与瞿秋白、耿济之、瞿世英等人（后来许地山也参加）合编创刊了《新社会》旬刊。该刊十一月一日创刊，由北京基督教青年会所属"社会实进会"刊行。社会实进会以学生为主，成立于一九一三年十一月，原

---

① 因为郑振铎、瞿秋白等人所在的学校都是较小的学校，所以他们都没有得到5月4日开会游行的通知。

② 民国成立后，温州属瓯海道。1926年，道制取消，改称永嘉县。

③ 见郑振铎1919年11月26日致张东荪信。

带有宗教性质；这时，由于新思潮的冲击，宗教色彩日淡，郑振铎与瞿秋白、耿济之等人参加进去，更将它改造为一个强调“社会改造”的进步社团。郑振铎当时并担任了该会的编辑部副部长(后来又为部长)，是《新社会》最主要的负责人，该刊《发刊词》便是他写的。

这篇《发刊词》是第一篇较为全面的代表“五四”时期郑振铎政治思想的纲领性文章。文章一开头就大声疾呼：“中国旧社会的黑暗，是到了极点了！”强调“应该改造”它。接着，提出了一系列发人深思的至关重要的问题：“我们应该向哪一方面改造？改造的目的是什么？我们应该怎样改造？改造的方法和态度，是怎么样的呢？”他认为这些问题是改造的先决问题，必须慎重思考，仔细研究，归纳起来就是改造的“目的”与“手段”。文中，他提出了“我们所仔细研究，慎重决定的所自以为最精密、最有效力的手段和所自以为最好的改造目的”：①

> 什么是我们改造的目的呢？我们向哪一方面改造？我们是向着德莫克拉西(按，即“民主”的译音)一方面以改造中国的旧社会的。我们改造的目的就是想创造德莫克拉西的新社会——自由平等，没有一切阶级一切战争的和平幸福的新社会。
>
> 什么是我们改造的手段——态度和方法——呢？我们的改造的方法，是向下的——把大多数中下级的平民是生活、思想、习俗改造起来；是渐进的——以普及教育作和平的改造运动；是切实的——一边启发他们的解放心理，一边增加他们的

① 这里说的“我们”，当然主要包括瞿秋白。我认为应该指出，瞿秋白在未去苏俄以前的政治思想，与郑振铎基本上处于同一水平。我不同意有些评论者硬要把这时的瞿秋白的政治思想说得比郑振铎高出许多。

知识,提高他们的道德观念。我们改造的态度,是研究的——根据社会科学的原理,参考世界的改造经验;是彻底的——切实的述写批评旧社会的坏处,不作囫囵的新旧调和论;是慎重的——实地调查一切社会上情况,不凭虚发论,不无的放矢;是诚恳的——以博爱的精神,恳切的言论为感化工具。总括起来说,我们的改造的目的和手段就是:

考察旧社会的坏处,以和平的、实践的方法,从事于改造的运动,以期实现德莫克拉西的新社会。(按,着重号原有)

郑振铎在这里提出的中国社会必须改造,以及改造的方向,无疑是基本正确的,也是符合后来中国共产党提出的新民主主义革命的方向的。这就非常了不起。他提出的改造的手段,如强调"向下的"、"切实的"、"彻底的"等态度与方法,也高过当时其他一些人的主张。至于他提到的"渐进的"、"和平的"改造方法等,带有空想、改良的性质,总的说来还没能从社会经济基础和社会制度的根本问题上提出问题,后来被中国革命的实践证明是行不通的。我们今天既要看到这些局限,同时也必须实事求是地指出,郑振铎他们提出这些"自以为最好"的观点的时候,中国共产党还没有诞生,中国最早的马克思主义者也尚在初步探索改造中国的方法问题。因此,我们不能提出过分的苛评。

《新社会》创刊后,郑振铎便携带该刊,与耿济之一起找到当时进步思想界的领袖人物陈独秀的家里,主动听取他的指示,并在陈独秀的启发下写了《我们今后的社会改造运动》一文。在该刊第三期发表的这篇文章中,郑振铎指出当时的社会改造运动有三点令人不满意之处:一是仍旧局限于知识阶级,二是没有切实去做工作,三是范围过于广漠。对此,他强调提出今后必须:"(一)着眼于社会的全体。(二)实地去做改造的工作。(三)从小区域做起。”这些重要观点体现在《新社会》发表的他的许多文章中。如在第七期发表的《社会服务》一文中他提出,所谓“社会服务”就是“我们知识阶级里的人,利用职务的余暇,实地的投身于劳动阶级或没有觉悟的群众中,用种种切实的方法,以唤起他们的觉悟,改造他们的生活,增进他们的幸福的一种工作。”他号召:“诸君!我们的将来在田间,在工厂里;我们的朋友乃是可爱的农夫,乃是自食其力的工人。”在第九期发表的《再论我们今后的社会改造运动》中,他又提出青年们不能光“在笔墨中讨生活”,而应该“去学那俄罗斯的青年男女的‘去与农民为伍’的精神,去教育他们,指导他们,把他们的思想更改,迷梦警醒,同时并把他们的生活改造”。在第十二期发表的《学生的根本上的运动》中,他再次号召:“我亲爱的同学们!去!到田间和工厂里去!”“我们的希望在将来,在农工的身上!”他并且以辛亥革命为鉴,指出:“请不要忘了辛亥革命的教训——它是知识阶级的政治上的革命,所以没有效果,名存实亡。”尽管他在这些文章里提出的某些具体的做法未免书生气太重,仍有可议之处;但他在当时能够这样一再强调知识分子到工农中去,进行调查,做实际工作,并以辛亥革命的名存实亡为诫,这无论如何是相当了不起的见解。

郑振铎还在《新社会》上发表论述世界各国社会改革运动的论文,揭露资本主义的罪恶和必然被推翻的趋势。在第十一期发表的《现代的社会改造运动》中,他一开头就指出:

> 资本主义支配下的社会,已经没有存在的余地了!它的黑暗,它的劳力和消费量的分配的不平均,它的残酷,“以人类为牺牲”,以及其他种种的罪恶,已经使生活在它底下的大多

数的人类，感着极端的痛苦，而想用各种的方法，做各种的运动群起而推翻之了！现在虽未完全把它推倒，然而已有如危岩滚石，非至山下不止的势了！

这是多么有见地有气势的文章！他还把当时世界各国的社会改造运动分为两大类，一类是“温和的新村运动”，一类是“直接的社会革命”。对于前一类，他认识到“过于温和，偏于消极保守一方面，所得的效果过慢”。关于后一类，他认为包括社会民主党、俄国广义派（按，这是他当时对于“布尔什维克”的不甚确切的意译）、工团主义、无政府主义等等。他能看出社会民主党虽然自称信奉社会主义，但他们不赞成革命，乃是一种“不彻底的，乡愿的，绅士的社会运动”，“不可谓为社会运动的正轨”。他高度评价了“信奉马克思的国家主义”的“俄国的广义派”，认为“这种主义，实在是社会改造的第一步。有许多人称他们为过激派，确是不对”，“实在是神经过敏”。但是，他又认为工团主义（基尔特社会主义）“较广义派更进一层”，认为“最彻底、最激烈的是安那其的运动”（按，即无政府主义），并对有人说的“将来革广义派的命的，必定是这一派”的说法未置批评。这表明，郑振铎当时在某些问题上的认识却又是糊涂的。但是，至少有一点他是坚信的：“总而言之……现社会的没有存在的余地，和平幸福的新社会的终必出现，是没有疑义的了！”

最值得提起的是，一九二〇年四月，国际劳动节三十周年前夕，为配合中国工人阶级和先进知识分子第一次大规模庆祝这一节日，郑振铎特地把《新社会》第十七至十九期（分别于四月十一日、二十一日与五月一日出版）连续三期都办成“劳动号”。他并写了好几篇有关“劳动问题”的重要论文。在《什么是劳动问题？》一文中,他指出,现在世界上有两个大问题,一个是妇女问题,[①]一个是劳动问题,特别是后者,"波涛汹涌,日趋激烈,成为现在唯一难解决的问题"。所谓"劳动问题",他认为可以定义为"增进劳动阶级底雇佣状态的问题"。"劳动问题是完全跟着雇佣制度而来的。除非雇佣状态决不能增进,或简直雇佣制度没有存在的时候,劳动问题才不会产生。""劳动问题……成了阶级竞争的现状。"可见,他提出的这个问题,实际就是无产阶级与资产阶级的阶级矛盾与阶级斗争的重大问题。他认为,"在社会主义底下……财产既然共有,生存的需要物,不必自己去谋划,而'不做工就不配吃饭的一句话,又是一切社会主义者所公认的。'……因此没有雇佣制度,而劳动问题,自然也不发生了。"这一认识也是可取的。特别是,他认为"劳动问题"的基础有四:"雇佣制度"、"工厂制度"、"劳动阶级的对立"、"大工业并于极少数的大资本家之手中"。那么怎么解决呢?他认为:"欲谋根本解决,不在雇佣状态的增进,而在雇佣制度的推翻。"在这里,他甚至已经触及到"雇佣制度"的问题,并提出了革命的结论。

在同时发表的《中国劳动问题杂谈》中,他进一步谈了中国工人的劳动条件、时间、女工、童工、苦力、工头制度等问题,特别是批判了国内那种认为"劳动问题必在工业发达的国家才有"的看法。他认为,"有雇佣的制度,就有劳动问题发生","岂可以……工业不十分发达,就把中国的劳动问题一笔抹杀么?"他指出中国的罢工运动近年渐多起来,例如上海、广州、福建等地的罢工,虽然还很幼

---

① 关于妇女问题,郑振铎早在1919年10月即写了近两万字的长文《中国妇女解放问题》,后载1920年1月《新学报》创刊号上。该文从道德、社会心理、教育、职业、政治等方面论述中国妇女的解放问题,为我国妇女运动早期重要文献,值得充分注意。可惜也被研究者忽视了,连近年全国妇联研究室所编的资料中也未提及。

稚，只要求增加工资，也还没有自己的固定的组织，但却是不能忽视的事实。他说："我很希望各业工人，能够组织工会，互相联络，做欧洲式的大规模的罢工。不然，'乌合之众'，怎样能同资本家反抗呢？"在中国工人阶级的政党还没有诞生之前，一个青年学生能这样提出问题，真可谓石破天惊！在这篇文章里，他还提出一个重要观点：

> 现在的人总以为中国还没有大资本家出现，这是不对的。中国现在已经有二种更可怕的大资本家了。一种是本国的"军阀的大资本家"……一种是外国的大企业家。一个是挟兵力以临工人，一个是仗国势以保护私利。看起来，比欧美的大资本家还要厉害万倍。

这不仅指出中国存在着资产阶级，而且实际上指出了与封建割据势力、反动武装相结合的反动资产阶级和帝国主义是中国人民最大的死敌。他随后在《我们应该注意的一件事——中国军阀的兴办实业热》中，进一步指出："资本主义，与军阀主义，乃是狼狈相依的；资本家而不得军阀派，其利益必难久保，军阀派而不得资本家，其气焰亦不甚张。"他认为这件事是"最应该注意"的。"中国之贫弱，果在实业的不振么？我看未必然吧。""救国之道，固别有在。何在？乃在社会改造运动员之努力。"因此，他大声疾呼："打破实业救国的迷梦！打破请军阀出来办实业的迷梦！"

以上这几篇文章及观点，可以说是《新社会》中最激烈最深刻的，能充分证明有研究者说的郑振铎"也是社会主义思想的早期播种者"，①是一点也没有夸大其辞。当然，可惜的是即使在这样有

① 晦庵《郑振铎与〈新社会〉》。

光彩的论文中，也没能完全摆脱空想社会主义和工团主义等的影响。例如，在《中国劳动问题杂谈》中，他认为为了预防资本主义的侵害，最好是办“协作社”，“一面自己做工人，他一面又是股东，这是最好的办法。”另一篇《理想社会里的人类工作》，更是译述了英国文艺复兴时期空想社会主义者托马斯·莫尔的《乌托邦》一书的大要。但是，对于这些局限性，我们都是应该理解的。

《新社会》连出三期“劳动号”后，北洋军阀政府惊恐万分，再也忍不住了，便以“主张反对政府”①的罪名把它扼杀了，并将青年会方面的一位经理抓去关了好几天。其实，早在该刊刚创刊才二、三期时，远在南方的浙江“督军”和“省长”就在十一月二十七日密电“大总统”、“国务院”、“内务部”、“教育部”等处，提及：“如《新社会》、《解放与改造》、《少年中国》等书以及上海《时事新报》，无不以改造新社会、推翻旧道德为标帜，掇拾外人过激言论，迎合少年浮动心理，将使一旦信从，终身迷惘。”而所谓的“国务院”在十二月二日即密令各省“督军”、“省长”、“都统”、“护军使”等等：“此种书报，宗旨悖谬，足为人心世道之忧。……应即随时严密查案。”②在这些郑振铎他们当时绝不可能知道的密电中，把《新社会》列于许多刊物之首，这只能说明它是革命的、进步的，是它的光荣！而该刊虽然受到当局的忌恨，但在人民群众中则获得广泛的欢迎。郑振铎后来回忆说：“《新社会》成了反帝反封建的队伍里的一支勇敢的尖兵队。远到四川、两广、东北等地，都有我们的读者。”（《记瞿秋白同志早年的二三事》）其实，从《新社会》第二期上，已知该刊有

① 见郑振铎 1920 年 5 月 30 日致张东荪信。

② 北洋政府国务院档案[（一〇〇二）51]。

北京、天津、唐山、上海、南京、苏州、杭州、温州，甚至日本的代派处，第三期又注明增加了长沙。在它正式问世前夕，毛泽东的老师杨昌济先生就从报纸上详尽地摘录了郑振铎写的该刊发刊词。（见《达化斋日记》）在《新社会》即将被禁时，《新青年》杂志上称它"是现在一个最有进步最切实的杂志"。[①]《新社会》被禁后，郑振铎等人极为气愤，他们不畏强暴，又力说青年会再出《人道》月刊。八月五日出了第一期后，因青年会方面不敢再出而又停刊了。

关于《新社会》，其后不久瞿秋白就作了这样的回顾与评论：

我和菊农，振铎，济之等同志组织《新社会》旬刊。于是我的思想第一次与社会生活接触。而且学生运动中所受的一番社会的教训，使我更明白"社会"的意义。社会主义的讨论，常常引起我们无限的兴味。然而究竟如俄国十九世纪四十年代的青年似的，模糊影响，隔着纱窗看晓雾，社会主义流派，社会主义意义都是纷乱，不十分清晰的。正如久壅的水闸，一旦开放，旁流杂出，虽是喷沫鸣溅，究不曾自定出流的方向。其时一般的社会思想大半都是如此。（《饿乡纪程》）

瞿秋白说的"我们"，当然主要包括郑振铎"同志"。这里对思想状况的分析，也是完全符合郑振铎当时的实际情况的。也许可以补充的是，在《新社会》同人中，对于社会主义的倾向最鲜明、认识最深刻的，无疑就是瞿秋白、郑振铎二位，他俩文章的水平是远远超出其他人的；而且，他们也毕竟与俄国十九世纪四十年代的青年不同，因为时代已在十月革命以后，他们无疑已受到马克思主义

---

① 见1920年5月1日《新青年》第7卷第6期所刊广告。

的影响。

瞿秋白又接着说:“此后北京青年思想,渐渐的转移,趋重于哲学方面,人生观方面。也像俄国新思想运动中的烦闷时代似的,‘烦闷究竟是什么?不知道。’于时我们组织一月刊《人道》(*Humanité*)。《人道》和《新社会》的倾向已经不大相同。——要求社会问题唯心的解决。振铎的倾向最明了,我的辩论也就不足为重;唯物史观的意义反正当时大家都不懂得。《人道》的产生不久,我就离中国,入饿乡,秉着刻苦的人生观,求满足我‘内的要求’去了。”瞿秋白谈到的《人道》的倾向已经“不大相同”,在相当程度上即指其主要负责人郑振铎的思想倾向。《人道》的《宣言》署“本社同人”(当是郑振铎起草的),其批判色彩比《新社会》的《宣言》缓淡多了,主要提倡人道主义、仁义道德。在郑振铎署名发表的《人道主义》一文中,更引用了很多资产阶级社会学家的理论,说明人道主义就是“行于人类间的,无论人种、国家或阶级之异同,尊重人类人格的平等,博爱一切人类主义”。他认为社会主义和无治主义(即无政府主义)都是人道主义的运动,而将来的理想的“大社会”也就是人道观念发达至于极致的社会。这些看法有一定道理。但如果认为社会问题可以用人道主义来解决,那当然如瞿秋白说的,是唯心的。

瞿秋白的这段话很重要,一直受到研究者的重视。有人据此认为瞿秋白是反对《人道》的,并认为郑振铎从编辑《人道》起,思想就出现了曲折与倒退。我认为这种看法很值得商榷。首先,我们必须看到《人道》本身正是既有斗争又有妥协的产物。《新社会》是青年会出钱办的,在遭到反动派武力迫害后,他们害怕了;只是在郑振铎等人的反复力争下,他们才勉强同意再出《人道》。旬刊改成月刊，也是因为怕旬刊太尖锐。因此，该刊一开始色彩淡化，锋芒收敛，是完全可以理解的，也是斗争策略的需要。郑振铎后来回忆说："这个《人道》月刊，主要的推动力是秋白。他是那么勇敢而兴奋的工作着。"（《回忆早年的瞿秋白》）可见，说瞿秋白反对或不赞成该刊，是不确的。第二，正如瞿秋白指出的，当时进步青年在思想上倾向于哲理方面、人生观方面的思考；但大家又还不懂唯物史观，故较易接受当时具有进步意义的人道主义等。而且，当时郑振铎对于人道主义、新村主义等，还主要是作为学术问题来讨论的。瞿秋白当时高过郑振铎的是，他已经朦胧地感觉到人道主义等不足以改革社会；但他也不能将道理说清。正如郑振铎后来回忆的，瞿秋白一开始不赞成用"人道"作刊名，但也没提出别的名称来。瞿秋白回忆说，在郑振铎的主张下"我的辩论也就不足为重"，也可见郑振铎当时的威信。而从郑振铎方面来说，人道主义、新村主义等带有唯心倾向的思想，在他发表在《新社会》上的文章中也是存在的，编《人道》时不过在《人道主义》等文中更突出地强调了一下而已。我们对编《人道》时的他的思想，仍需全面观察，才不至偏颇。

例如，郑振铎在《人道》上发表的《中国人与人道》一文，就愤怒揭露当时中国"胥隶肆虐，丘八扬威"，并受到帝国主义欺凌，他为一些中国人参与这类非人道的行为而痛恨，又为一些中国人不敢反抗而痛惜。这就不能简单地以"人道主义"来概括此文的思想倾向了，也不能说它比《新社会》上的文章退步了多少。由于《人道》只出了一期，因此我们不能仅仅根据这一期，便判断它已起了根本性的变化。更何况我们从它的第二期预告上看，还准备发表李大钊的《美洲的新村运动》、瞿秋白的《新村运动与社会主义》等论文。

可见该刊仍是继承《新社会》传统的一个进步刊物。[①] 瞿秋白说它的倾向与《新社会》比“不大相同”，而不是说“大不相同”，正是掌握分寸的。而且，在一九二一年二月二十七日莫斯科出版的《共产国际远东书记处公报》第一期上，瞿秋白发表的《中国工人的状况和他们对俄国的期望》中，还称《人道》是中国“从事社会主义学说的宣传”、“最受欢迎的”杂志之一，并代表《人道》等杂志“向俄共(布)党表示衷心的敬意”呢！(当时瞿秋白还不知道《人道》已经被迫停刊了。)

在《新社会》被迫停刊和再创办《人道》的时候，郑振铎还和一些在京福建籍学生组织了一个研究社会改革的团体。据后来成为著名史学家的郑天挺[②]回忆，“一九二〇年春天……有十几个福建学生在北京组织了一个 S. R. 学会(Social Reformation，意即社会改革)……记得北大有郭梦良、徐其湘和我；高师(师大)有张哲农、龚礼贤、刘庆平；女高师有黄庐隐、王世瑛、高奇如、何彤；清华有王世圻；师大附中有高仕圻；铁路学校有郑振铎；汇文中学有林昶，共十四人。这个会并没有公开。大家原想共同学习些社会改革的新思潮和新东西，但因为很快即到暑假，大多数人都毕业四散了，无形中就瓦解了。这个会没有组织形式，没有负责人，仅是各人案姓名笔画用英文字母排列个次序。”(郑天挺《自传》)由此也可见，郑振铎这时的政治思想，只能认为是同以前一样处于朦胧、探索与追求之中，不能妄说他自此便开始走上了弯路。

---

① 1920年9月1日《新青年》第8卷第1期上刊登了《人道》第1、2期的要目广告。亦可见《人道》与《新青年》一如既往保持着密切联系。

② 郑振铎还是郑天挺的“本家侄子”。关于“S. R. 学会”，后来周予同也证实过它的存在。

我们还可以看看他在当时及过后不久在其他地方发表的文章，也能证明他的思想倾向仍然是非常进步的。就在《新社会》被禁和《人道》问世之际，"永嘉新学会"于八月在温州召开第二次常年大会，郑振铎在缺席的情况下仍被大家推举为《新学报》的编辑委员会。（这无疑是因为他主编《新社会》而赢得大家的尊敬。）而就在此时，他在《新学报》上发表了一篇非常精彩的论文《新文化运动者的精神与态度》。如果说，他在《新社会》上发表的文章，主要是批判旧社会、提倡改造客观世界的话；那么，这篇文章则是从改造主观世界的角度立论的。他指出，新文化运动者是新文化运动的原动力，如果原动力不足，运动势必停延；而且，新文化运动者又是群众的榜样，必须让大家因其人而信其言。然而，他认为当时一般的新文化运动者的精神与态度却有许多值得检讨的地方。因此，他提出四个"应该注意"。第一是"实践的精神"。他认为言行一致是很要紧的，怎么说就应该怎么做。他尖锐地批评即使是"新文化运动的最初提倡者"中，也还有言行矛盾的人。他以崇敬的态度提到列宁与俄国普通士兵、工农过同样的生活，而工作时间却超过一般劳动者，并且还将农民送给他的面包、燃料归公的崇高精神。指出："这是怎样的刻苦实践吓！我们新文化运动者应当学他！"他提出的第二点应该注意的是"坦白的心胸"，即要有光明的行动与高尚的人格，决不可有自私自利的心肠。"我们是为人类的将来，为社会的福利，而从事于新文化运动的。"他提出的第三点是"谦和的态度"，认为决不能自命清高，趾高气扬，看不起一般平民和从事于新文化运动的同道者。讨论学理时，决不宜意气用事。他提出的第四点是"彻底坚持的态度"。他提到克鲁泡特金（П. А. Кропоткин）奔走一生而无一刻忘了他的主义。他更以钦佩的心情提到“马克思之作《资本论》整整作了四十二年的工夫，无论疾病侵身，炊烟断绝，他总是提笔构思。将死的时候，他还力疾起床，进书斋，伏案执笔。竟坐在案前椅上，与世长辞。这是怎么样的专心吓！我们从事于新文化运动，也应该有怎样的决心，怎样的彻底态度才行！”我们可以看到，他提出的四点“应该注意”中，最重要的就是“实践的精神”和“彻底坚决的态度”这两条，而就在这两条中，他以无产阶级的伟大导师马克思与列宁为典范，并号召我国的新文化运动者向他们学习，这在一九二〇年代初是多么难得啊！

《人道》被迫停刊后，郑振铎又联络北京大学学生罗敦伟、徐六几等人组织了“批评社”，创办了《批评》半月刊，十月二十日起附上海《民国日报》发行。[①] 在该刊创刊号上，郑振铎发表了《人的批评》，说：“我写下这个题目，至少包含有下面的两个意义：(一)要以‘人’的眼光，为一切批评的标准；(二)要以人道的态度，来批评一切的事物。”他又说，要“以人类为批评的本位”。这样提出问题，显然也是出于人道主义的思想。但他在文中尖锐地抨击了帝国主义对社会主义俄国的污蔑，指出它们是“闭着眼睛瞎批评”，它们的报刊把布尔什维克画作“狗”、“狼”等，骂作“野蛮、残忍、军国主义”等，而其实苏俄却比它们“文明得多呢”！在第三期上，他发表《新的中国与新的世界》，再次提出要“努力！创造新的中国——新的世界！”他提到当时“许多信奉马克思社会主义的人，想应用马克思底社会主义去达到这个目的；许多崇信安那其的人，想应用安那其

① 关于郑振铎参与该刊创刊，以及他在其中所起的重要作用，以前从未有人提及。虽然在《五四时期的社团》和《五四时期期刊介绍》两书中都收入了有关史料，但都遗漏了《民国日报》在该刊创刊前一天的《特别启事》。而在这启事中介绍该刊的发起人，第一个就是郑振铎。

底学说去达到这个目的;许多赞成工团主义或基尔特社会主义的人,也想应用工团主义或基尔特社会主义去达到这个目的”。虽然他还是最先提到马克思主义,但究竟应当以何种主义、何种方法来创造新的中国呢?他只能老老实实地说:“我个人也不敢冒昧地说出。”该刊第四、五、六期都是“新村号”,该刊启事中说明,那时因为《人道》第二期停刊而转来的稿子。但原来《人道》第二期预告目录中的瞿秋白、郑振铎的文章未见,李大钊则还是写了。[①] 从这几期“新村号”的文章来看,主要是对“新村主义”的讨论、批评与怀疑,基本倾向无疑是进步的。因此,从这里也可见《人道》创刊后郑振铎的思想并没有退步,对于马克思主义的认识仍然处于朦胧的追求之中,可以说没有什么质的变化。

我认为,“五四”时期郑振铎的政治思想受两方面人物的影响,主要的一方面是早期共产主义者李大钊、陈独秀等人。(另一方面是资产阶级改良主义者张东荪、梁启超及胡适、周作人等人。)关于郑振铎与陈独秀的直接交往,上文已写到过。同时,他又与李大钊有直接联系。他曾与瞿秋白一起,参加过李大钊组织的秘密小组的活动,“经常的在北大图书馆或教室里开会”(《回忆早年的瞿秋白》)。他还参加了北京社会主义青年团。在团的第四次大会上,李大钊提议加强团的宣传出版工作,郑振铎与李大钊一起被选为出版委员。[②] 郑振铎当时还参加了进步社团“曙光社”,而该社和郑振铎为主要领导人的“人道社”及其他几个进步社团,曾与来京联络的周恩来、邓颖超等人的“觉悟社”,于一九二〇年八月在李大

① 但李大钊文章的题目改为《欧文底略传和他的新村运动》。

② 见《近代史资料》1957年第5期等资料。

钊的办公室开会，成立过名为“改造联合”的革命团体。[①] 郑振铎与周恩来、朱德后来的入党介绍人张崧年也有联系，他在一九二〇年翻译的高尔基的《文学与现在的俄罗斯》的原刊（国外杂志），就是张崧年借给他的。在与这样一些人物的接触与共同活动中，他初步接触了马克思主义，是毫不奇怪的。除了上面已经提到的许多事迹以外，再如一九一九年十二月，他在《新中国》月刊上发表了他翻译的《俄罗斯之政党》及《对于战争之解释》，[②]并称赞它“极明确，而又要言不繁”。这是最早被译进中国的列宁著作中的两篇，是值得我们大写一笔的。一九二〇年夏，他还与耿济之一起，最早翻译了国际无产阶级的伟大战歌《国际歌》，并作了高度评价。另外，他还从国外进步刊物《苏俄》、《俄罗斯》、《阶级斗争》等上面翻译了一些介绍苏俄的军队建设（如《红色军队》等）、生产建设（如《我们从什么着手呢？》等）、文化建设（如《文学和现在的俄罗斯》等）的文章，发表在各种报刊上。

郑振铎当时的政治态度还鲜明地表达在他对瞿秋白去苏俄的理解与支持上。当瞿秋白决定去这个“世界第一个社会革命的国家，世界革命的中心点，东西文化的接触地”（瞿秋白《饿乡纪程》）时，郑振铎就向王统照、许地山等人作了解释，指出瞿秋白的“心意的罗盘针，与他的境遇的四周氛雾，使他要定了决心走这条路！……他这一走，是抱了满腹人生的苦痛走的，是从刻苦与烦闷的人生中，找得出一条死路；也可以说是一条生路……”（王统照《〈新俄国游记〉》）在送别瞿秋白的集会上，他又意味深长地说：“到更冷可

① 见《少年中国》1920年第2卷第3期等资料。

② 前一篇今译《俄国的政党和无产阶级的任务》，收入中文第二版《列宁全集》第29卷；后一篇今译为《关于战争的决议》，亦收入上一书中。

也更热的地方重新锻炼一下，秋白这把瘦骨头准会有抗冷的本领。”并佩服地说：“要找热的他才能去！”（王统照《恰恰是三十个年头了》）瞿秋白走后，郑振铎还与耿济之两人合写了一首诗，无限神往地说：“你们走了——走向红光里去了！”（《追寄秋白、颂华、仲武》）可以说，郑振铎是瞿秋白当时最知己的朋友。[①]

除了与早期共产主义者的交往外，他与资产阶级改良主义者等也有一定的关系。他与周作人、胡适等人早就有联系，这是大家都知道的，这里就不多说了。而他在当时思想上也受到张东荪、梁启超等人的影响（但是并不完全一致），则是很少有人指出的。张东荪在“五四”时期也大谈“社会主义”，但他把马克思主义的科学社会主义和各种空想社会主义、基尔特社会主义等混同起来。这一点也是当时郑振铎不能完全分辨清楚的，虽然他在实际上更倾向于马克思主义和俄国革命。张、梁等人主张“劳资协调”，成立“协社”，对工人采取“救济”政策等，对郑振铎有一定影响；但张、梁认为中国没有劳动阶级的运动，并提出只有发展资本主义实业才能救国等主张，则是郑振铎坚持批判过的（已见上述）。郑振铎在张、梁等人主编的《解放与改造》、《时事新报》等报刊上发表过不少文章，其中特别对有关“自治运动”的政治问题发表过看法，值得我们作一番分析。

一九二〇年，随着政治斗争形势的发展和国内军阀争斗的日趋激化，“自治运动”的口号被提了出来。这个“运动”的性质是很复杂的，后来主要成了各地方军阀及政客为巩固各自的地位，欺骗

---

① 两年后，瞿秋白在苏联加入中国共产党，成为无产阶级革命家。他归国后，因为地下工作的要求，与郑振铎的联系就渐渐不如早期那样密切了，但仍有联系。

人民，坚持走殖民地半殖民地道路的一种政治手段，因此中国共产党后来坚决地作了揭露和批判。但是，我认为对这口号也不能一概而论，当时（特别是一开始）有些讨论这个口号的文章，实际上反映了人民要求民主、反对北洋军阀独裁专权的意愿。李大钊就曾在一九二〇年十月发表《人治与自治》一文，肯定了讨论文章中有些主张“算是有一点进步的动机”。出于对国家大事的关心，郑振铎与耿济之也曾在一九二〇年十二月梁、张主编的《改造》上发表过有关文章。郑振铎在这篇《自治运动的目的与方法》中说，他“不承认”自治运动“是中国改造的彻底的运动”，但仍希望它“对于中国的改造有一些效果”。他认为这一“运动”的目的“不很鲜明”，方法也“不明确”。为此，他认为目的应是“民治主义”（即民主主义），反对那种“命令式的官僚包办的自治”。他提出了“职业的全民政治”的方案，又指出须先“排除督军”。而关于方法问题，他认为应是注重“从事于民间的宣传与鼓吹”。可见，他的这篇政论，依然如《新社会》、《人道》、《批评》等刊上的文章一样，具有爱国的热情和民主主义的要求，与张、梁很不一样；同时，也带有一点空想的性质。文中也显露了他的一些真知灼见，如当时英国哲学家“罗素批评俄国的劳农政治，以为人民的程度不够，其根基恐不稳固”（按，这也正是张、梁的观点），郑振铎则不以为然，认为可以而且应该先革命，然后再加以巩固。这就与梁、张的观点有明显的不同了。

二、“五卅”前后与大革命时期

一九二一年春，郑振铎结束了学生生活，被分派到沪杭甬铁路管理局当练习生。但他未干多久，五月，便转到商务印书馆编译所工作了。从此，他的职业转到文学和编辑方面。在“五卅”以前，他没有参加大的政治活动，也几乎没有写“五四”时那样的政论文章，主要是通过大量的文学批评的形式来表达他对社会的批评。但他作为一个关心政治的青年，此时也时有尖锐的政治批评文章发表。

郑振铎在上海继续参加和声援李大钊领导的革命斗争。一九二一年春，李大钊、马叙伦等人在北京组织“八校教职员索薪团”。六月三日，李大钊率领北京各大学的教授和其他教职员向北洋政府当局请愿，要求补发欠薪和保证教育经费，但在新华门“总统府”前遭到军警殴打镇压。郑振铎随即在六月八日上海《民国日报·觉悟》上发表《几天来的感想》，愤怒抗议军阀政府的残暴罪行：“唉！北京军警的刺刀与枪托已刺打惯了北京的学生了。现在却又向北京专门学校的教职员身上试试威风了。教职员受饿不够，还要受打，这是何等的难堪的侮辱呀！我听了这个消息，我的心弦紧张了，我的怒气只是一阵阵的冲溢上来。”他认为这是一件在世界教育史上值得记载的事，全国教育界的人们如果这一次还不起来斗争，那么所谓的“教育”就不必在中国办了。他不仅声援了李大钊领导的这一斗争，而且还在文中指出了“文学与科学与哲学社会主义并不冲突”的道理。再如，一九二三年一月，军阀政府任命政客彭允彝为“教育总长”，北京大学校长蔡元培随即辞职，宣布不与彭合作。李大钊又联络北大教授们以全体教职员名义上书“大总统”表示抗议，并领导了广大师生掀起“驱彭”运动。十九日，北大等校学生赴众议院请愿，遭军警毒打，伤二百余人，重伤五十余人。郑振铎闻讯后，怒不可遏，即于三十日联合叶圣陶、王伯祥、顾颉刚写了《我们对于北京国立学校南迁的主张》，愤怒抗议反动当局的行径，提出北京各校脱离军阀政府而南迁的建议。这个建议当然并不解决根本问题，也难以办到；但他们关心政治、声张正义的精神是值得肯定的。

一九二一年夏，郑振铎与《民国日报·觉悟》一些人展开了一场论争。先是他在七月十六日《时事新报·学灯》上发表了《性的问题》一文，其中心思想是青年人不应该"牺牲全部精神"沉湎于谈情说爱之中，而应该像俄国革命青年那样，将主要精力"向他们底目标——革命——努力进行"。这个思想无疑是正确的，但《民国日报·觉悟》上却发表了 G. D.（疑即戴季陶）、邵力子、汉胄（刘大白）等人的文章，胡搅蛮缠，向郑振铎大发其难，甚至作人身攻击。关于这场论争本身，这里不拟详论。[①] 值得注意的是，在刘大白的文章中，引用了郑振铎给他的信，信中提出了很重要的观点："……我总以为食的问题是比两性问题要紧得多。""经济制度不根本变更，两性问题也是不能解决的。我们现在所应讨论的，乃是：用什么方法去打破现代的经济制度。""Bolshevism（布尔什维主义）或是 Guild socialism（基尔特社会主义）或是 Anarchism（安那其主义）？革命主义，或是无抵抗主义？这是我们急需讨论的。""比较恋爱问题更要讨论的事，实是非常的多。中国的军阀，如何可以斩除；应该用什么方法来传播社会主义……这些不都是比恋爱更重要的问题么？学问的研究，民间的宣传……这不都又比恋爱要紧么？"他反复强调："我们的理想目标是什么，这是大家知道的，就是要创造一个更好的人的社会。现在的革命潮自然是社会（主义）的。"在这里，他又一次表达了认真探索改造中国的方法和

① 可参见拙文《一次被搞错与被遗忘的文坛论争》，载 1985 年《鲁迅研究动态》第 3 期。请注意，郑振铎争论的对象当时几乎还都是共产党员。

主义的热情，并且仍然将布尔什维主义放在最前面；而更令人注目的是，他强调了“根本变更”和“打破现代的经济制度”的必要性，并明确提到要设法“传播社会主义”。

在上述论争期间，他还发表了两篇批判戴季陶的重要文章。一是七月二十八日在《时事新报·学灯》上发表的《变节》，点名批判了“向以社会主义者著称”而最近却当上了“神州信托公司”董事的戴季陶，尖锐地讽刺和斥责说：“以前很有些变节的人，在天下易主的时候。现在也正当社会主义与资本主义争斗的时候，变节的人自然也不少。不过以前的变节的人却很识时务，看看风色不对就赶快归命新主。现在戴先生却是由‘新主’而归命于‘旧主’，归命于末日将至之‘旧主’。也未免有些太不识时务了吧！”这里，郑振铎对于新生和没落两大势力的认识是十分清楚的，并深刻地指出“变节”的本质与规律：“没有确实的坚信心，只是穷尽无聊，姑称社会主义之帜以自慰，以欺人，以图利用的人，迟早总是不免要变节的吧！”最后，他提醒“第四阶级的人也应该小心小心。提防那些变节的利用的社会主义者”“卖了自己，反戈向第四阶级进攻！”同月三十日，他又在《时事新报·学灯》发表《言行合一》一文继续批判戴季陶。从这两篇文章中，可以看出郑振铎当时具有较高的政治敏感和斗争精神。他强调对待革命理论要“言行合一”，要“确实的坚信心”，并坚决揭露那些两面派和变节分子。我们知道，戴季陶真正暴露其反动面目，遭到革命阵营的有力批判，是在一九二五年三月孙中山先生逝世之后；而郑振铎早于此四年即觉察其背叛“第四阶级”的端倪，因而作了这样痛快淋漓的揭露，这无疑是十分难得的。

这里还值得指出的是，《民国日报·觉悟》和《时事新报·学灯》都是新文化运动中的著名副刊。前者当时是由早期共产党员主持的,《时事新报》则是张东荪主持的资产阶级改良派的报纸(当时《学灯》已由郑振铎负责)。因此,现在的一些研究论文总是高度评价《觉悟》和贬低《学灯》。其实,世界上的事情往往不那么简单。当时的《觉悟》固然是进步副刊(例如,上述郑振铎的《几天来的感想》即发表于该刊),但它对郑振铎的围攻,其观点与态度就都是不正确的。而《学灯》虽然属于《时事新报》,但在近代史上副刊与整个报纸的政治倾向不一致的现象是常见的,特别是郑振铎编辑期间的《学灯》,无疑是一个进步色彩鲜明的副刊。上述郑振铎批判戴季陶的文章就是明证。再如,在他正式主编该刊半个月后发表的《今后的学灯》中,就宣布决定增加"俄国研究"、"社会主义研究"、"社会运动家"等专栏,提出"我们今后的最大的注意点就在——(一)研究到自由之路的方法与——(二)介绍关于哲学、文学、社会科学、自然科学各方面的知识。"从八月五日至十二日,《学灯》曾分六次连载发表了他编撰的《研究劳农俄国的参考书》。这是我国第一份研究苏维埃俄国的专门书目,其意义不容忽视。十月十日,《学灯》还发表了他的《双十节纪念》,文中指出:"我们虽然在一九一一年的时候,把'自由人'的资格从'独夫'那里取了回来,然而这几年来,许多军阀又已于不知不觉之中,把我们的自由剥夺净尽了!"这是他再一次公开指出辛亥革命实际上没有成功,并再次号召发扬"继续不断的奋斗精神"。十一月五日,他又在《学灯》上发表《列宁的宣言》,翻译介绍了列宁告全世界工农群众的一篇宣言。这些例子,都表明了郑振铎主编时的《学灯》是进步的(关于它在新文学史上的贡献,我们在第四章内论述),同时也可看出郑振铎当时的革命倾向。

对于人道主义的认识，这时郑振铎在马克思主义者的帮助下，有很大的提高。一九二二年一月，湖南工人运动积极分子、社会主义青年团团员黄爱、庞人铨，在长沙被反动军阀赵恒惕杀害。三月，李大钊发表《黄庞流血记序》，指出："我们的目的，在废除人类间的阶级，在灭绝人类间的僭擅。但能达到这个目的，流血的事，非所必要，然亦非所敢辞。"郑振铎在五月发表了诗《死者》，说："宽恕一切，爱我们的敌，/我们原也知道这种宽大的话，/但是我们竟没有这样的大量呀！"提出要"以眼还眼，以牙还牙"。他在诗的题记中还指出："流血，是可怕的，但是为了兄弟，这也是无法的。人世间的幕，本就是由千万年来的'悲惨'与'恐怖'织成的。"可见，现实的阶级斗争深刻地教育了他，使他看到空洞的人道主义是不济事的；而且，李大钊的文章显然也对他有所教育。当然，一个人的思想发展总难免有反复，有徘徊。一九二三年九月，他在《小说月报》的"太戈尔号（上）"发表的《欢迎太戈尔》一文中，又表现了较浓厚的"人道主义"、"爱"之类的色彩。而这时，瞿秋白便写了《弟弟的信》，借景白的来信，委婉地批评了他。而从这以后，我们确实很少再见到郑振铎写这类色彩的文章了。

除了上述郑振铎写下这些文字外，他在"五卅"前还参加了上海大学的工作。上海大学是一九二二年秋成立的，实际上是中国共产党早期培养干部的学校，邓中夏任校务长，瞿秋白任社会学系主任，陈望道任中文系主任。据郑振铎自传及孔另境的回忆①等材料，他曾在该校义务授课。关于此事的详细情况虽然现在尚不很清楚，但有研究者仅仅因为在现存的该校教员名册中未见郑振

① 见孔另境《旧事新谈》、《关于茅盾的一次谈话》。

铎的名字就想否认此事，是不对的。郑振铎参加上海大学的工作，无疑也可说明他当时在政治上的进步。

促使郑振铎再次以全副精力投入政治斗争的，是“五卅”运动。一九二五年“五卅”惨案发生后，在中国共产党领导下，以上海为中心迅速形成了全国性的轰轰烈烈的反帝政治斗争高潮。这是继“五四”运动以后又一次伟大的革命运动，掀开了中国人民反帝解放运动史的新的一页。

同“五四”时一样，这次郑振铎又正是身处斗争漩涡的中心地。“五卅”的当天及翌日，他曾多次去惨案发生地的南京路现场观察，使他义愤填膺，热血沸腾。这些，在他的《街血洗去后》等诗文中作了生动的记述。从这天起，他全身心地投入这场伟大的斗争。六月一日，他召集叶圣陶、胡愈之、沈雁冰、应修人、楼适夷等人在自己家中聚会，决定成立一个“上海学术团体对外联合会”的组织，并以该组织名义创办一份《公理日报》。郑振铎后来说，这“乃激于上海各日报之无耻与懦弱，对于如此惨酷的足以使全人类震动的大残杀案，竟不肯说一句应说的话，故不得不有本报的组织，以发表我们万忍不住的说话，以唤醒多数的在睡梦中的国人。”（《〈公理日报〉停刊宣言》）

“上海学术团体对外联合会”由文学研究会、上海世界语学会、上海通信图书馆、妇女问题研究会、中华学艺社、孤军杂志社、太平洋杂志社、中国科学社上海社友会、少年中国学会、学术研究会、醒狮周报社等十一个团体组成；后来，中国农学会等团体又加入进来。这些个团体的政治态度本来并不完全一致。例如，醒狮周报社是国家主义派，可称是右派；太平洋杂志社、中国科学社上海社友会等，不敢提打倒帝国主义的口号；而以郑振铎为负责人的文学研究会，以及他参加和支持的上海世界语学会（胡愈之等负责）、上海通信图书馆（应修人、楼适夷等负责）、妇女问题研究会（周建人、章锡琛等负责）等，是进步的左派团体；此外如中华学艺社、孤军杂志社等，是中间偏左，其中心人物如陈慎侯、郑贞文等都是郑振铎在商务印书馆的熟人与朋友。① 因此，这个联合会的主要力量是进步的，郑振铎是核心人物之一。为了开展对于帝国主义的斗争，郑振铎在这样短促的时间内迅速地组织起这样一个"统一战线"团体，这充分反映出他的政治活动能力和自觉的斗争精神。当然，当时文学研究会及商务印书馆编译所中的地下党员（如沈雁冰等）对他的支持也是积极有力的。

《公理日报》的编辑实权，也主要掌握在郑振铎为首的左派手里。编辑部就设在他家里，他一家人都参加了发行等工作。六月二日，郑振铎等人奋战了整整一个通宵；三日，这份反帝报纸就出现在上海人民的面前了。胡愈之在郑振铎逝世后回忆说："在上海发生五卅惨案那些日子里……你把一切都丢开了，整晚不睡觉，自己动手写稿、编报、校对、接洽印刷，还在你自己的家门口亲自派报，所有当时参加工作的朋友都比不上你的干劲。"（《哭振铎》）我们看到，当时《小说月报》每期连载他的《文学大纲》，但在第六期上就缺了，而在这一期的《最后一页》中有这样的说明："因作者正从事于某一件要务，一刻也不能有提笔的工夫"。王伯祥后来回忆说，报纸出版后，受到广大市民的热烈欢迎，但"外面的谣言又多，颇有遭到意外的危险。但振铎却意气如常，仍多方鼓励大家坚持下去，直到后来为情势所迫，不得不停刊而后止。"（《悼念铎兄》）根

---

① 以上分析，参照茅盾《我走过的道路》。

据胡愈之等人的回忆,郑振铎在该报上还亲自写了不少文章;但因为发表时大多未署名或署笔名,因此现在已经无法确认哪些是他写的了,只有最后的《停刊宣言》,他生前讲话中说过是他写的。

在《公理日报》创刊的第二天,中国共产党主办的《热血日报》也创刊了。《热血日报》是中共历史上的第一张日报,其版面大小与分栏形式等与《公理日报》极为相似,而其主编者就是与郑振铎在"五四"运动时一起创办《新社会》的瞿秋白。在这件事情中实在蕴含着一点历史的必然意味。《热血日报》是党报,其革命精神与立场无疑更为鲜明与坚定;而《公理日报》虽然如郑振铎后来说的"国内各派均有文章发表","冶各派言论于一炉"(《新文坛的昨日今日与明日》),但总的说来反帝爱国的倾向也是十分鲜明的。瞿秋白当时已是党的中央委员,处于地下活动状态,郑振铎不能像"五四"时期那样与他朝夕与共了,但郑振铎主编的《公理日报》无疑是很好地配合与声援了《热血日报》。而《热血日报》在创刊号上,就报道了六月三日郑振铎等人在商务印书馆发起"五卅事件后援会"的消息,[①]后来还转载了郑振铎参加的闸北市民大会的宣言等。显然,看到自己的老朋友这样的斗争精神,瞿秋白一定也是欣慰的。这两张报纸共同报道了"五卅"运动的情况,揭露了帝国主义的罪行和阴谋,共同批判了一些受帝国主义控制和影响的舆论工具,在中国革命史上是立了功勋的。值得一提的是,当时在商务印书馆发行所工作的青年职工廖陈云(即后来成为无产阶级革命家的陈云同志),也积极参加了义卖《公理日报》的工作,是他早期

① 当时郑振铎等人决议从6月1日起,每人每天捐出一半工资来援助各厂罢工工人,直至斗争胜利时为止。他们同时还号召全市各界都这样做,以作持久的斗争。

参加革命的重要活动。[①]

《公理日报》办到六月二十四日，就被迫停刊了。除了经济方面的原因外，还因为奉系军阀张学良到了上海。[②] 在最后一期上，发表了郑振铎写的《停刊宣言》。他总结了三点教训："第一，我们由这次的事，益明白'公理'是要实力来帮助的。赤手空拳的高叫着'公理''公理'，是无用的。……我们并不是说我们因此便不必呼喊了，是说我们由此益可明白我们将来所要走的是哪一条路；益可明白，我们于徒然的振喉大喊'公理'之外，还有什么事要做。""第二，经了这次大事变之后，我们益明了我们大部分中国人民及一般所谓'绅士'者的态度与性格。我们对于他们是完全绝望了。……这种为奴为隶，为猪为羊都情愿，只求能暂时苟安的心理，已有四千余年的传统关系了。这个传统的心理不打破，中国民族是永无救的！""第三，我们简直不能相信中国民族中的一部分奸商及报阀、军阀以及其他小人乃如此的无耻，如此的卑鄙！……他们为了自己的权利，完全不顾到国民全体的利益与光荣。"我们可以看到，尽管该文发表时已经被迫"把激烈的字都删掉了"，[③]但这些语句却仍然是十分激昂有力的。所谓"益明白"，就是比原先的认识又提高了一步，也就表明郑振铎此时的思想离"空想主义"、"人道主义"之类更远了。他不仅更认清了帝国主义的本质，而且认识了中国民族中一部分败类的嘴脸。至于他提到"大部分中国人民"的麻木的精神状态，也许是有点带偏颇的看法，反映了他当时认识上

---

① 见《陈云自传》。

② 参见郑振铎《新文坛的昨日今日与明日》。又，《热血日报》坚持出到6月27日，也被迫停刊了。

③ 参见郑振铎《最后一次讲话》。

的局限;但这是出于深爱的恨,是因其不争的怒,因而是可理解的,与资产阶级老爷蔑视人民群众的态度是完全不同的。同期报上还发表了《本刊同人特别启事》,从文气与内容分析,我认为也是郑振铎写的。该启事说:“我们还想继续做大规模的筹备,预备在将来建立中国健全的言论机关的基础”,重办一张报纸,并号召一切同情者资助,可将款寄到宝山路宝兴西里九号(按,即郑振铎的住所)。后来,这件事虽然没办成,但郑振铎这种坚决斗争的精神是永远值得后人敬佩的。我认为,后来邹韬奋等人自筹资金创办“为民喉舌”的言论机关,就是继承了这一精神的。在创办《公理日报》的同时,郑振铎还在《文学周报》和《小说月报》上都办了“五卅专号”,发表了很多反帝诗文。这些,这里就不多写了。

值得一说的是当时郑振铎与在北京的友人俞平伯之间的一场辩论。先是在六月二十二日的《语丝》周刊上,俞平伯发表了《雪耻与御侮》一文,认为要反对帝国主义,同时也应反对国内军阀。这当然是不错的。但他又针对“五卅”运动说,这次的“耻”,“是英国人的,日本人的,推而广之是人类的耻。若我们也引以为耻,未免贤者之过”。又说:“被侮之责在人,我之耻小;自侮之责在我,我之耻大;雪耻务其大者,所以必先‘克己’。”“退一万步说,即使我们认内乱外患是同等的国耻了。然雪耻的步骤,必先从定内乱入手,断断乎无可疑。”文中甚至对上海人民的罢工罢市罢课取嘲笑的态度。郑振铎读了以后,颇感意外,为了帮助朋友,他在七月五日的《文学周报》上发表了一则《杂谭》,不点名地批评了俞平伯的观点,指出:被敌人打了以后聊自解嘲地说这是他的耻,不是我的耻,“老实说,这种态度,确是我们中国人的传统态度。不彻底革除,想在重重的压迫底下翻身是万万不能够的。”他又指出:“内乱及军阀的残杀，我们不是不反对，且曾极力的呼号过，反抗过。如引国内的残杀，以减轻英人的对于这次大残杀案的责任，或叫大家眼光向内。不必向外，则我们虽极知说这话者之心无他，却至少须说他们的话是说得太随便了。”①可是俞平伯读了郑振铎此文后，却不服气，接着又在七月二十日的《语丝》上发表《质西谛君》，又提出：“与其说对外宣战，不如说对内不许战；与其说抵制外货，不如说振兴内国实业；与其说打倒人家，不如说咱们自己站起。”于是，郑振铎又写了一篇《答平伯君》，先寄给俞平伯看过，后刊于八月十日《语丝》上。他说：“平伯是我的好友；但好友尽管是好友，他有错，我们却不能不诤正，这样才算是真的朋友。”他严肃地指出，俞的“本意原是好的”，但“不料口吻乃竟与敌报相类”。针对俞的话，他认为：“对内不许战，非同时对外不准他们帮助军阀不可；说振兴内国实业，非同时抵制外货不可(因关税的不平等，内国实业，万难与外货竞争，不养成不用外货之习惯，则国货万难振兴)；要自己站起，非同时推倒人家不可(因他们本来是压在我们身上，不许我们站起)。”俞平伯在郑振铎的帮助下，后来认识了自己的错误。在一九六一年写的《忆振铎兄》中，他诚恳地说：“现在想起来，当然，他是对的。他已认清了中国的敌人是帝国主义。”

在“五卅”运动中，郑振铎还及时地指出：由于上海、汉口、广州等地的大屠杀，全中国人民心中都熊熊地燃烧着悲愤的火，“但是我们却要千万注意，我们所恨怒的只是那些抱着侵略野心的及一般损害我们的人，并不是那黄发绿眼的人的全体。”例如，萧伯纳就

---

① 当时，在上海的沈雁冰、叶圣陶、王伯祥等人读了俞平伯此文后，也都感到惊异。叶圣陶在同期《文学周报》上发表的《“认清敌人”》一文，也包含着对俞的批评。

是我们的朋友。他并指出，排抵英货，也“不是反对英文，反对英国的一切文明，一切科学”。他反复强调“希望站在指导地位上的人有以劝导之”。(《杂谭》)他还借评论林琴南等人的两部传奇，联系到“五卅”运动，赞扬了中国近代义和团起义“反抗外力的精神”，指出在帝国主义侵略面前“反抗暴力的精神是不能没有的”；同时又指出要“避免”义和团运动时的“愚昧行动与见解”，如“想依赖超自然势力来破敌”等等，而应该“脚踏实地的一步步做去”。(《叙拳乱的两部传奇》)我认为郑振铎的这些看法都是相当深刻的，反映了他当时进步的历史观与群众观，甚至反映了他当时具有的国际主义思想和辩证分析的水平。他多次向“站在指导地位上的人”提建议，这当然就是向共产党的领导说的，[1]这表明他从这时起，就已经是较自觉地服从党的“指导”，并争取做一个党的忠诚的诤友了。

《公理日报》停刊后，郑振铎又参加了八月二十二日开始的商务印书馆的大罢工运动。(当时尚未加入共产党的陈云，在党的指示下，在商务印书馆发行所首先发起了罢工。)茅盾后来指出：“商务印书馆罢工是党发动的，意在重振‘五卅’运动以后被压迫而渐趋低潮的上海工人运动。”(《我走过的道路》)这时商务地下党组织的领导人沈雁冰和杨贤江，都是郑振铎的好友。郑振铎因为在“五卅”运动中表现突出，受到同事们的推戴，与沈雁冰、丁晓先(也是党员)一起被选为编译所职工代表，后又担任“罢工中央执行委员会”委员，与资方展开面对面的谈判与斗争。由于有党的坚强领导，罢工至二十九日取得了胜利。这场斗争，使商务印书馆工会得

① 郑振铎在1932年的《新文坛的昨日今日与明日》中就说过，“五卅”运动是“共产党作发动的中枢”，在运动中他对“各派主张”了解得十分“清晰”。

到了锻炼，成为当时上海的四大工会之一，后来为上海工人起义作出了重大贡献。陈云就在罢工后不久入了党，而郑振铎也在这场实际斗争中得到了锻炼。在这场斗争与谈判中，郑振铎的岳父高梦旦正是资方代表之一，而郑振铎能被广大职工推举为工方代表之一，正是说明了他具有斗争的原则性，因而得到大家的信赖。

一九二五年九月，共产党领导的外围组织“中国济难会”成立，其主要任务是营救被捕的革命者，以及救济被害、被捕的革命者的家属。郑振铎是发起人之一，并公开列名于《中国济难会发起宣言》（载《申报》）和《中国济难会宗旨、事业》（载《济难月刊》）等文件上。同年十二月十七日，五卅运动领导人之一、上海总工会副委员长、中华全国总工会执行委员、原上海大学学生刘华，被反动军阀孙传芳秘密杀害。二十日，外国人办的报纸上始予透露。郑振铎闻讯悲愤异常，又在强烈抗议反动派暴行的《人权保障宣言》上签名（载《晨报》）。显然，“人道主义”、“人权”等口号，对于这时的郑振铎来说，已经不只是一种良好的愿望与空洞的说教，而是成为对敌斗争的一种武器了。

一九二六年三月十八日，北京爱国群众在李大钊领导下，向段祺瑞执政府请愿，抗议日本帝国主义当局出动军舰支持奉系军阀，抗议八个帝国主义国家的“对华通牒”。但竟然遭到卫队开枪射击，当场死伤两百余人。是为全国震惊的“三一八惨案”。鲁迅称之为“民国以来最黑暗的一天”（《无花的蔷薇之二》）。对此，郑振铎在三月二十八日的《文学周报》上立即发表了他的活报剧剧本《春的中国》，反映上海工人、学生的悲愤抗议，表示：“这种的大惨杀事件，非惟不足以阻止我们的前进，且更足以使我们明白我们之益不可不努力，没有无代价的成功，也没有无流血的革命。大残虐的发生,便是预示着大变动的将实现。试看法国,俄国……”。他还在一篇《杂感》中对此惨案表示极大的悲愤,批评了“宽恕”、“善忘”的国民性。更令人注目的是,他还强调了枪杆子和武装力量的重要性:“谁有枪,便是谁得胜。”在这些文章中,唯物史观的光辉是越来越鲜明了。

这年年底,徐志摩给郑振铎看了胡适在八月和十月的两封国外来信。胡适在信中谈了他访问苏、英等国的感想,其中肯定了苏联“真有一种‘认真’‘发愤有为’的气象”,认为他们“一八九〇——一九一七年的革命运动,真使我们愧死”,表示回国后要“发愤振作一番”,“认真地做点事”;但他同时又表示不赞成共产主义和无产阶级专政,鼓吹“避免‘阶级斗争’的方法”的所谓“新自由主义”或“自由的社会主义”。郑振铎看后,便将这两封信发表在《文学周报》上,并写了附记,肯定了胡适前半部分的意见,认为这“可以表示我们的向前走着的知识阶级,已经有些认识他们要走的道路了”,“我们只祝他能早日走上新生活的轨道!”我们用今天的眼光看,这里未免将胡适当时的进步性估计得偏高了;而且,也没有指出胡适后半部分意见的错误。然而,郑振铎自己的坚定的“向前走着”的精神,以及衷心希望别人进步的心情,则是十分令人感动的。同时,他又在附记中指出国内的情况比胡适出国前已有进步,“有一部分的诗人,竟投下了他们的笔,去做实际的光明工作去了;有一部分政论家却不仅口说而且去实行了;青年界里满现着活泼有为的生气。”“大家都知道许愿时代是过去了,空论时代是过去了。现在的时代是实行的时代。”“再没有比现在更可认清自己的前途和工作的时间了。”这些,也正反映着他自己的认识。

胡适的信与郑振铎的附记发表后,一位最早由郑振铎发现和培养起来的青年诗人、这时已到广东实际参加大革命工作的王任叔,便在一九二七年一月给郑振铎来了一封信。信中认为胡适的思想诚然有些变化,“然而总还脱不了他的温情的色彩”,并尖锐地批判了胡适鼓吹的“新自由主义”等,而以广东阶级斗争的实际情况为例,说明“被统治阶级推倒了统治阶级的固有势力时,为自己一阶级的利益,为防止统治阶级的反动——因为统治阶级的自由,一向以剥夺被统治阶级的自由为自由,一旦失却,未有不想恢复的——而有专政的必要。直到反动派屈服了,阶级消灭了”。这是一段非常精辟的论述。可以看出,当时已成为共产党员的王任叔的政治觉悟和理论水平,已经非常高了。郑振铎欢迎友人的帮助,高兴地将这封信发表在《文学周报》上。作为郑振铎亲自介绍而加入的文学研究会会员,王任叔在此信中又建议会刊《文学周报》在当时“思想革命”方面“应该负起相当的责任”,“向旧社会挑战进攻,向事实挑战进攻”,“谋民众的利益”。其实,该刊一直正是这样做的,而在这时,郑振铎更打算加强它的社会批评的色彩。如一九二七年春节时,他就特地筹划出版了一期上海社会问题专号,并带头写了《上海的居宅问题》、《上海之公园问题》、《影戏院与“舞台”》等文,批评了旧上海种种不合理现象。值得称道的是,他没有停止在一般泛泛的揭露上,而是帮助人们提高觉悟,号召大家起来为实现改造环境而斗争。例如,关于上海的住宅问题,他不仅作了调查研究,揭露了各种不合理的黑暗现象,更把为改善居住条件和防止火灾的正当要求提到“为生命安全而运动”的高度。又如,关于上海的公园问题,他不仅揭露了公园太少,且只为少数人享用的事实,更提到“我们有要求生存的权利,因之,我们有要求呼吸之权利”的高度。

一九二七年一月三日，英帝国主义当局又制造了“汉口事件”。[①]在刘少奇同志等领导下，五日，武汉人民举行示威大会，会后，革命群众英勇地驱逐了英国巡捕，占领了英“租界”。六日，因英军在九江枪杀中国工人，群众又占领了九江的英“租界”，用自己的力量，把帝国主义在中国占领了几十年的“租界”夺了回来。这是在中国共产党领导下的中国工人阶级和劳动人民爱国主义的伟大表现，是中国近百年反帝斗争史上空前的创举。看到帝国主义的凶恶残忍和中国人民的英勇斗争，郑振铎的热血又一次沸腾起来。这时，“五卅”时的“上海学术团体对外联合会”早已解体；但郑振铎与叶圣陶等人又在短时间内以文学研究会名义，联合学术研究会、上海世界语学会、中华农学会、妇女问题研究会、弥洒社、上海通信图书馆等团体，在一月二十四日发表《上海学术团体为汉口事件宣言》。[②] 该宣言提出反对英帝国主义当局调集军舰闯入中国国境；英政府对汉口事件应负赔偿、惩凶、道歉等责任；收回各地英“租界”并废除中英间一切不平等条约；正告世界各国勿为英政府宣传政策的蒙蔽等四项主张。这是对武汉人民的声援。在中国人民的英勇斗争下，英国政府被迫于二月十九日承认汉口、九江英“租界”的行政事宜无条件地交还中国管理。

在上海工人阶级发动第二次武装起义前夕，一九二七年二月

① 1月3日，武汉人民为国民政府北迁和北伐胜利，在汉口江汉关码头和英“租界”交界的广场上举行庆祝大会。英帝国主义当局调集大批水兵，用刺刀横蛮驱逐听讲群众，并大队冲入华界，当场刺死中国海员一人，刺伤群众数十人。这就是帝国主义向中国人民进行挑衅的汉口事件，又称“一三惨案”。

② 该宣言载1月25日《商报》。

十六日,郑振铎与胡愈之、叶圣陶、丁晓先、王景云、周予同等人(以商务印书馆进步编辑为主)发起成立了“上海著作人公会”。该会宗旨“在谋增进著作人之福利,及促进出版物之改良”(《上海著作人公会启事》)。《上海著作人公会缘起》[1](下简称《缘起》)指出:“到资本制度形成而且盛大之后”,“著作人的精神的产品商品化了;著作人的地位一变而为零卖商或受雇者;著作人的被资本家剥削完全与体力劳动者同其命运。”而为了维持生活,著作人“不免要求产品的速成和多量,因而流行于社会的尽多窳劣的著作”,这就不免受到社会的指摘。“所以著作人不但是资本家营利的工具,而且作了资本家的挡箭牌子,这又是何等痛苦!”“在这样的情形之下,我们觉得著作人应当组织一个团体,协力来谋改革,为自身也是为文化。”同时,《缘起》又表示今后还要组织“全国著作人联合会”。可见,上海著作人公会是一个很进步的组织,具有强烈的社会责任感和朴素的阶级观点,并自觉地与体力劳动者认同。这个组织也自觉地服从共产党的领导。二月二十五日,中共中央执行委员会发表《中国共产党为上海总罢工告民众书》,号召“工人及一切革命的市民起来夺取武装,响应北伐军,拥护国民政府!”并号召“由市民公会召集全上海市民代表大会,一切政权归市民代表大会,实现国民政府之北伐目的——市民会议的政权。”该公会积极响应了这一号召,派代表参加了“市民代表大会”,以及起义后成立的“上海特别市临时政府”。据叶圣陶回忆,郑振铎在上海总罢工

① 这个《缘起》近年被收入《叶圣陶散文甲集》,被认为是叶圣陶起草的。但据王伯祥日记,当时大家是推梅思平、陶希圣起草的。我认为,郑振铎至少是参与了意见的,这从用语到思想都能看出来;特别是后来郑振铎写的《〈编辑者〉发刊词》,就是这一篇《缘起》的思想的深入与发挥。(详见本书下述)

前曾在自己家中为工人隐藏武器(见叶至善《为了纪念》),并被推举参加了闸北市民代表会执行委员会(见叶圣陶《〈郑振铎选集〉序》)。

郑振铎热烈地欢庆周恩来同志等领导的上海工人第三次武装起义的成功,也兴奋地接应北伐军进入上海。[①] 可是,正当革命轰轰烈烈地进行时,国民党中的反动分子却正在暗中霍霍磨刀。四月二日,国民党中监委的会议通过了"清党"决议,李石曾、吴稚晖等人还联名发电,宣称要"护党救国",为屠杀共产党人制造舆论。四月十二日,蒋介石在上海公开叛变革命,驻扎在商务印书馆附近的反动军队对起义工人突然袭击,占领了工人纠察队指挥部所在地(商务工人俱乐部),缴了工人的枪,打死了许多工人。第二天,市总工会领导工人集会与抗议游行,郑振铎也参加了。当游行到宝山路三德里(上海著作人公会就在那里)附近时,预先埋伏的反动军队突然开枪,顿时血肉横飞。郑振铎在工友的掩护下才脱离险境。十四日,郑振铎领衔签署了由胡愈之起草的致国民党当局的抗议信,并公开载诸报纸。信中以亲身"目睹之实况",愤怒抗议这一"空前之屠杀惨剧"、"灭绝人道之暴行",指出"受三民主义洗礼之军队,竟向徒手群众开枪轰击,伤毙至百余人。"三一八"案之段祺瑞卫队无此横暴,"五卅"案之英国刽子手无此凶残"。表示"目睹此率兽食人之惨剧,则万难苟安缄默"。他们强烈要求交出凶手,"组织人民审判委员会加以裁判"。当时在被"通缉"中的周恩来读了此信,深为感动和鼓舞,夏衍后来回忆说:"对这件事,周恩来同志不止一次和我谈起过,认为这是中国正直知识分子的大

① 郑振铎后来回忆说:"北伐军快到上海时,我们就把鞭炮放在洋油筒中放,用槌子打铁当炮响。北伐军来时我们兴奋得不得了,去慰问时就像一家人一样。去过几次。"(《最后一次讲话》)

无畏的壮举。”(《怀念章锡琛先生》)王任叔后来指出:“这怕是中国知识分子对国民党反共屠杀的第一个抗议书。”(《悼念振铎》)而吴稚晖等人看了此信后,惊恐万分,恨之入骨,曾通知反动军队按名搜捕,郑振铎等人险遭毒手。后因一些文化界上层人士的保护,又因他们都不是共产党员,更在文化界有一定的威望,反动派才犹豫着未敢下手。胡愈之、郑振铎等人在中国革命的关键时刻敢于挺身而出,愤怒斥责蒋介石背叛革命的罪行,这种“大无畏的壮举”是永远令人钦佩的!

由于上述政治原因,郑振铎在国民党背叛革命后的白色恐怖的上海便难于安身。在亲友的催促下,他于五月二十一日带着沉重的心情,暂时告别亲爱的祖国与亲人,前往法国等地避难与游学了。他在国外的日子里,时刻萦念着祖国,在今天幸存的几页日记中,可以见到他每天记着离开祖国的天数。他也时刻萦念着国内的亲友,特别是革命者的安危,甚至做梦都见到了瞿秋白、沈雁冰等人。他时刻牢记着自己离开祖国时的誓言:

> 别了,我爱的中国,我全心爱着的中国!
>
> 我不忍离了中国而去,更不忍在这大时代中放弃每人应做的工作而去,抛弃了许多亲爱的勇士们在后面,他们是正用他们的血建造着新的中国,正在以纯挚的热诚,争斗着,奋击着。我这样不负责任的离开了中国,我真是一个罪人!
>
> 然而我终将在这大时代中工作着的,我终将为中国而努力,而呈献了我的身,我的心……暂别了,暂别了。在各方面争斗着的勇士们,我不久即将以更勇猛的力量加入你们当中了。(《离别》)

三、左翼文艺运动时期

他实践了自己的誓言。

一九二八年六月十日，他回到祖国。[①] 经过短暂的休息后，他做的第一件大事就是在上海积极筹备发起“中国著作者协会”。当时参加筹备者之一、近代文学史家钱杏邨曾指出，这个组织是研究左翼文艺运动史时值得一说的，“这件事与后来左联的成立有直接的关系”（见吴泰昌《阿英忆左联》）。另一位早期参与左联筹备的冯润璋，也认为该协会是“酝酿左联的第一阶段”（《从中国著作者协会到左联》）。关于郑振铎发起组织该协会在文学史上的意义与作用，我们还将在第四章内论述，这里主要从政治活动的角度来谈。根据钱杏邨的回忆，以及参考一九三三年杨甫的《普罗文艺运动史》[②]等，我们可以了解事情的背景与经过是这样的：

一九二八年秋，在上海的中共中央为了更好地开展革命文化运动，特设了一个“文化支部”（即上海闸北区第三街道支部），以作

---

① 郑振铎悄然归国，以前人们一直不知道他回国的确切日期。叶圣陶晚年回忆说他是1929年2月才回来的。本书作者虽然知道叶圣陶说的不对，而且曾在郑振铎的人事档案中看到他自填的干部履历表上写1928年6月回国；但因为郑振铎小说集《家庭的故事》中的《赵太太》文末印着1928年[按，当是1927年之误]9月9日于巴黎，所以一直怀疑6月回国是不是太早了，一度推断他是10月回国。直到后来才知道王伯祥日记中确切地记载着郑振铎1928年的6月10日回到上海。

② 杨甫可能是一个共产党的叛徒（或国民党的特务），他在当时的反动刊物《上海周报》等处发表了很多充满污蔑、造谣内容的文章；但因为他曾经了解（或刺探）过若干革命的机密，所以也披露了若干史实。例如，茅盾晚年回忆录中提到郑振铎因为好奇而在无意中拆看了中共地方省委寄茅盾转党中央的信一事，杨甫早在1933年即“披露”了。

为文化运动的中心机关，书记是潘汉年；但这时党还没有掌握一个在社会上公开的文化团体，开展革命文化运动也就难于进行。正在这时，郑振铎已从国外回来，而他在离国前就已有组织上海著作人公会的经验，并且已有过再进一步组织全国性这类组织的计划，所以他这时“以更勇猛的力量”“在这大时代中工作”的想法立即得到了党组织的重视。同时，另一位“五四”时期郑振铎就认识，后又一度成为早期共产党员（此时已退党）的张崧年也从北京来到上海，也想在上海搞一番文化事业，也来找郑振铎商量。于是，潘汉年、沈端先、冯乃超、李初梨、钱杏邨、郑伯奇、洪灵菲、孟超等党员作家、左翼作家，便和他以及张崧年、李达、樊仲云等人一起，筹备发起“中国著作者协会”。因为郑振铎是最初、最重要的发起人，所以该组织于十二月三十日正式成立时，他被推选为执行委员。

这个协会的政治色彩较之上海著作人公会更为鲜明，在其“宣言”[①]中说：“在现代百凡事物都商品化的世界，既有出卖劳动而生活的劳动者，同时更有出卖知识而生活的著作者存在……但是出卖知识的著作者却还不能与出卖体力的劳动者相比。……因为思想的不同，或论点的殊异，却没有出卖其知识的自由，各种严酷的制限横在四周，若有逾越，生命就会发生危险”。因此，必须要求“言论出版自由”，要求“有自由的批评与讨论，创造一种新文化与推促社会的前进”。“我们痛心军阀的内战，我们愤慨帝国主义列强的侵略，当此存亡绝续之交，我们益感觉到自己责任之重大。我们是以出卖劳力为生活的，为维持自己的生存，故有改善经济条件

---

① 据钱杏邨回忆，“协会成立宣言是我们几个人起草的”（吴泰昌《阿英忆左联》），我认为郑振铎当参与其事。

与法律地位之要求;然而同时我们是知识的劳动者,中国文化之发扬与建设,其责任实在我们的两肩。”我们可看到,“宣言”中关于著作者的地位与痛苦,关于该组织为著作者自身、同时又是为文化建设的两重责任等论述,与一年多以前的《上海著作人公会缘起》仍是一致的。这些自然都是体现当时郑振铎的思想的。

郑振铎回国后,又立即团结文学研究会同人,决定加强《文学周报》和《小说月报》的社会批判的色彩。他在《文学周报》发表了这样的“紧要启事”:“本报同人数年来或奔走四方,或困于衣食,无暇为本报执笔……现同人多半复集于上海,聚议之下,佥欲重整旗鼓,分担责任,继续本报历年来在阴霾重雾之中与险恶势力奋斗的精神。”该启事还强调该刊从一九二九年起,将“特别趋重于犀利的短评”、“尖利的打狗文章”。此后,郑振铎自己就在该刊发表了《评上海各日报的编辑法》等社会批评文章。郑振铎还在他恢复主编的《小说月报》一九二九年第一期上开辟了《随笔》专栏,他并撰有前记,说明“在《随笔》的这个标题之下,我们什么都谈……有庄言,有谐语,有愤激的号呼,有冷隽的清话,有文艺的随记,有生活的灵感……总之,什么都谈,只除了政治。像政治这样热辣辣的东西,我们实在不适宜于去触到它。”这后两句话讲得比较含蓄,或者说它本身就是一句“谐语”,一句反话,或者也包含着为了团结更多的作者和麻痹国民党文化鹰犬之类意思在内。试想,“愤激的号呼”能脱离政治吗?何况他又紧接着说:“我们的人类很杂,思路当然也未能一致。在这样的一个总标题之下,我们实不希望于求同。不过,我们却有一个总趋向。我们是向前走的,不管我们是嬉笑,是怒骂,是嗟叹,是愤激,是绝望,是欢跃,我们却是向前走的,向光明走的;看似冷淡,内里却是热烈的,看似灰心,内里却未免有些光明在着。”作为主编者的思想倾向，实在是很清楚的；如果联系他当时的其他言行，就更不容怀疑了。

但是，就因为这句话却招来了一些左派朋友和进步青年的不少批评甚至攻击。例如，同年七月的《语丝》杂志上，就发表了“学濂”[①]的《“热辣辣的政治”》，点名批判郑振铎，说上述这段话“是对于自己底资本主义的生活的满足，对于中国现状的满足，对于什么都满足的表示”。并把郑振铎说的“向前走”“向光明走”，硬说成是“走着资本主义的路”还说他“不外是一个卑屈的然而乐观的文学者”。在翌年四月的《巴尔底山》杂志上，“王泉”的《悼“光明大学”》中，又提到这句话来挖苦他，说“郑先生是一个最‘稳’的‘学者’，他是一听到‘政治’或甚至‘政治背景’就目为‘热辣辣’敬而远之的”。下一个月的该刊上，又发表了“戎一”的《笔社与聚餐》，也提到这句话，认为“那是不足为奇的。因为商务印书馆是一个资本家，郑先生是资本家豢养的‘伙色’，在这世界革命高潮到来的时候，不说政治则已，一说政治便马上要牵连到必然地要到来的无产阶级革命问题，这是他们当面的敌人。为避免锋头计，还是不说。”该文甚至认为将郑振铎划入“中间阶级”也还是“估量得太高了”，只能说他“根本是现在统治者的帮手”。这些“批判”显然是过“左”和错误的。它们发生在“左联”成立前后也不是偶然的。

一九三〇年三月二日，“中国左翼作家联盟”正式成立，但是郑振铎未能参加；同时，与他关系密切的叶圣陶、王统照、陈望道、耿济之等人，包括前次同被选入“中国著作者协会”领导班子的周予同、章锡琛、孙伏园及樊仲云等人也都没有参加。这些人几乎全是

① “学濂”后来也是左联机关刊《萌芽》的撰稿人。

文学研究会成员。近年有论者说,郑振铎、叶圣陶之未参加左联,是当时党的一种策略考虑,并不是左联组织上的一种关门主义表现。我认为此说不确。应是如严家炎所指出的:"'左联'成立之初,确实对郑振铎等作家采取过排斥的态度,甚至还发表过某些攻击性言论。"(《从历史实际出发,还事物本来面目》)而出于策略的考虑,不公开吸收他们加入,并承认他们是战友,那是后来的事。不能把后来的事来粉饰最初的错误。除了上面举的几篇文章外,左联初期一些刊物上对郑振铎等人的"批判"攻击文章还可举出不少。(关于这些,我们留待其他章节再说。)

对于郑振铎归国后的政治表现及遭到一些左派青年的嘲讽、排斥,我认为一方面可以看到郑振铎当时无疑有着革命的要求,一些人因为不了解他进步的历史以及出国归国的背景,将其视作异己,打击其积极性,将左联前身组织主要发起人的他排斥在左联之外,这无疑是不对的;另一方面,也可看到中国革命又有了迅猛的发展,阶级斗争更趋白热化了,郑振铎的政治态度及斗争方法已不能满足某些青年的要求,显得有点"跟不上"了。(虽然,从郑振铎原先的立场来看,他丝毫也没有"落后"。)因此,真如鲁迅说过的一句话:"赤者嫌其颇白,白者怕其已赤"。[①] 但是,虽然由于"左"的排斥,使他未能加入左联;然而他却从未反对过革命文学,甚至对"左"派幼稚青年也未曾反对过(当然有过善意的批评)。而革命却继续推动着他,使他始终没有掉队。当革命队伍认识了"左"的错误后,也就认定郑振铎是"我们的战友",并"由于当时党争取合法的政策,没有吸收他们公开参加左翼文化团体。"(周扬《继承和发

① 鲁迅 1933 年 6 月 3 日致曹聚仁信中语。

扬左翼文化运动的革命传统》)[①]而郑振铎从此也就更以自己独特的方式与身份,来参加和帮助革命文化事业。他始终是左翼文艺运动的一名战士,连反动派中也早就有人看出他是鲁迅和茅盾为首的文化运动的"台柱"之一(见"农"《鲁迅沈雁冰的雄图》)。关于郑振铎与左联的关系等,我们在本书第四章还要论述。

郑振铎归国以后,仍旧在商务印书馆编译所任职,并重新参加了工会工作。一九三一年一月,商务新任总经理王云五出洋考察回国,提出所谓"编译所编辑工作报酬标准施行章程"等规章,企图强化企业管理,对编辑人员加紧控制与剥削。郑振铎等编译所同人立即奋起反对,他们组织了一个特别委员会,举办上海各界人士招待会,发表抗议宣言,终于迫使资方当局收回成命。事后,郑振铎自豪地说:"由于此次的教训,我们认识了自己的力量。"[②]一九三一年二月,编译所工会改选,郑振铎、周予同等九人当选。郑振铎又提议创办工会刊物《编辑者》,后于六月十五日创刊,郑振铎与周予同主编。在编译所工会工作期间,他还曾参加过营救因政治嫌疑而被捕的商务职工、左联作家彭家煌,还参加了抗议"工部局顾问"费唐美化帝国主义"租界"制度的荒谬言论的斗争等。

《编辑者》的《发刊词》是郑振铎写的。文中论述了知识分子的阶级地位的变化,认为原先的"士大夫"阶级在当前"急骤变动着的大时代"里,由"具有特权的统治阶级""跌落到普通的雇用者与自

---

① 1931年9月20日,左联机关刊《北斗》创刊,就邀请郑振铎写了文章。翌年7月20日,郑振铎又在《北斗》"文学大众化问题征文"专栏发表文章。1936年1月28日,在左联最后一个机关刊《时事新报·每周文学》的"一二八纪念特辑"上,郑振铎更以头篇地位发表文章。这些情况都表明后来左联和郑振铎的亲密关系。

② 见1931年4月左联外围刊物《文艺新闻》上《著作家的组合》一文。

由职业者”，并受到“新兴资本势力的一而再再而三的高压”，于是，他们“发生了新的自觉”，“他们明白传统地位与特权的失去，不仅不足以惋惜，还更能使他们认识了真实的社会的地位，确定了人类的生存的意义，与乎共同努力的方向与轨辙。”因此，这对他们来说正是一种“解放”。资本势力的压迫是他们遇到的一个厄运，然而“这种新的压迫，只能增加了他们向前奋斗的勇气，与更清楚地认识了自己的真实的力量与责任，并不能丝毫摇撼到他们的自信与生存。”在这篇发刊词的开头与结尾，他都写道：“在这个急骤变动着的大时代里，我们的责任是不很轻微的。”我们可以看出，这与四年多以前郑振铎等人发起的上海著作人公会的《缘起》、两年多前他参与发起的中国著作者协会的《宣言》，是一脉相通的，而且思想更为完整、明确，对阶级学说的理解和一些社会科学术语概念的运用也更为纯熟了。

由于对商务资方王云五的不满，也由于想有时间专门从事研究和撰著工作，一九三一年九月七日，郑振铎离开了已工作十年的上海商务印书馆，到北平①燕京大学以及清华大学任文学教授。当时，北平的国民党文化专制一开始比起上海来相对宽松，进步文化界中的宗派主义之类也比上海要少，而郑振铎在两个著名大学任教时团结了一批进步教师与学生，办刊物时又团结了一批作者，使他在北平工作的三年半时间内成为北方进步文化界的中心人物之一。在部分进步青年中甚至有“南迅（鲁迅）北铎（郑振铎）”②的口碑。

---

① 1988年，北京被改称北平。直至中华人民共和国成立，又恢复称北京。

② 见1986年7月18日端木蕻良致鲁迅信。

郑振铎刚到北平不久，日本帝国主义便制造了"九一八"事件，在蒋介石的不抵抗政策下，东北全境很快沦亡。郑振铎曾写信给上海商务印书馆的友人，表示"非常愤闷，颇有回沪重办五卅时代《公理报》之意向"。[①] 后来，他虽然没有立即回上海参加政治斗争，但今天某些评论者认为他在北平过着平庸的退居学者的生活，却是不确切的。其实，他经常是学者而现战士身。例如，就在这年年底，他怀着对反动派无比的仇恨和对共产党人无比的崇敬，写了《纪念几位今年逝世的友人》一文，沉重悼念当年被国民党残酷杀害的共产党员胡也频、洛生（即恽雨棠，陈云同志的入党介绍人）和受国民党迫害而逃亡病逝在日本的共产党员杨贤江。他在文中愤怒揭露了反动派用"屠杀"以及"无数的别的不可说的法术儿"来"销铄"、"毁亡"这些"意志坚定的最好的最有希望的青年们"的滔天罪行。他歌颂胡也频是"一位勇敢的时代的先驱"，"他的死是一个战士般的牺牲，是值得任何敌与友的致敬的。"他深深怀念曾经去过苏联的像"谜"一般神秘的革命者洛生，悲愤地写道："洛生和他的妻都已如战士般的同被牺牲了。"他赞美杨贤江是"一位最好的先驱"，"一位具有真实的伟大的人格的'人物'"，"圣人"，"英雄"。"他活的时候，整天整夜整月整年的在争斗着"，"他信仰着某一种主义的时候，他便为这主义而献身，而奋斗，一点也不退却，一点也不彷徨。"同时，文中也悼念了当年因飞机失事而遇难的徐志摩，他对这位诗人的不幸逝世也是悲哀的；但他写道："也频洛生的死，是战士般的牺牲，志摩的死，却是何所为的呢？"这轻轻的一问，更突出了共产党人"生的伟大，死的光荣"（毛泽东语）。正如近年

① 见1931年11月15日《编辑者》第4期。

有研究者指出的:“这是‘左联’五烈士等牺牲后,继鲁迅、冯雪峰、阿英等发表在‘左联’秘密刊物《前哨》上的悼念文章以后,在当年冲破反动派的白色恐怖,在北方公开表态悼念被国民党反动派杀害的胡也频等烈士的第一篇文章。而且文章发表在最高学府清华大学的刊物上,足见郑振铎同情革命、主持正义的胆识。”(丁景唐、丁言昭《郑振铎纪念胡也频的文章》)

一九三三年后,国民党为加强反动统治,派蒋介石的侄儿蒋孝先为首的宪兵第三团进入北平。从此北平的白色恐怖加重,而郑振铎则继续以杂文等形式来表达自己的政治观点,来影响广大的知识分子。例如,在他的支持下,李长之等人在北平创办了《文学评论》双月刊,他就带头写了《绅士和流氓》、《文人的面目》等杂文。在前一文中,他认为如果仅仅以地理上的界限来分“京派”“海派”之类,是不科学的,并自豪地写道:

> 在这个大时代里,我们有了许多可尊敬的作家们;这些作家们的所在地是并不限定在一个区域的。……那条被号为“天堑”的长江,是不能够隔断了那些被这大时代所唤醒的具有伟大的心胸与灵魂的文人们的联络的。他们在无形里,曾形成了个共同的倾向,一个向前努力的共同的目标,虽然他们不一定真的有什么“同盟”,什么“组织”。

这实际上是明确表示,他虽然在组织上没有参加左联,但却是十分自觉地作为一个左翼文艺战士在斗争着。一九三四年一月,在他回上海与鲁迅、茅盾一起研究对付反动派压迫《文学》月刊的对策时,他也抽空为《申报·自由谈》写了一篇杂文《文坛的现状》,指出:“这时代有点特别:不仅政治上的怪状特别多,即文坛上也是牛鬼蛇神,百出不穷。”“五四”以来的新文学阵线已经“整个的混乱了”,统治者妄图“天下遂以太平无事”,“然而天下果真太平无事了么？另一个新的阵线,新的壁垒却正在树立着。”无疑的,郑振铎自己就是这一新的阵线、新的壁垒中的一名斗士。同年十月,他在他参与创办的《水星》创刊号上发表所著《刀剑集》(按,正式出书时改名为《短剑集》)的序。文中又一次自豪地说:“我从不曾利用文字使意气的骂过人。……但我决不是一个沉默者,一个与世无争的人,我有时是很愤激的,是很勇敢的,不怕什么权威和力量的。十余年来,我是不时的在和恶势力争斗着,有时竟至短刀相接。”这段话,不也是对现在某些贬低郑振铎的人的回答吗?

当时,他还巧妙地用文学论文等形式来打击反动派。例如,一九三四年五月,他听到章士钊[①]当上了上海流氓头子杜月笙的“秘书”与“法律顾问”后,压不住心头怒火,立即写了《净与丑》一文,将政论与剧论巧妙地结合起来,借评论戏剧舞台上的净角与丑角来猛烈抨击现实政治舞台上的“草头王”与“狗头军师”。直到一九五八年,他还对人说:“这是我的一篇得意之作”,“这是所谓正义感”。[②] 这篇文章化名发表于一九三四年六月的《文学》月刊上,同期该刊还有他另外化名发表的《元明之际的文坛的概观》、《元代“公案剧”发生的原因及其特质》等论文,都含有这种古今交融、借古讽今的战斗成分;此外,同期该刊发表的向觉明得到他帮助而写成的《明清之际之宝卷文学与白莲教》等文中,也埋有不少针对国民党的芒刺。这一期《文学》是郑振铎亲自编的,得到鲁迅多次高度赞扬。这一时期他写的另一篇论文《论元人所写商人士子妓女

---

① 章士钊后来政治立场有进步,晚年更为国家统一大业作过贡献。

② 见夏鼐《纪念郑振铎先生逝世一周年》。

间的三角恋爱剧》(载同年十二月《文学季刊》),也多次受到鲁迅肯定,这篇文章是鲜明地提出经济基础决定文学形态并支配文学题材的运用这样一种观点的。同时期,他还写了借题发挥、愤怒斥责反动派的希腊神话小说和历史小说等。(关于这些,我们将在第三章详论。)

郑振铎在北平的主要身份是著名教授。他除了用笔以外,还在讲台上用舌宣传进步思想和进行斗争。例如,一九三二年上海发生"一二八"战事时,他正巧在上海;二月九日离沪北上,二十二日他便在清华大学向全校师生及时地作了《我所见的上海战争》的讲演,以亲身所见称扬这次上海爱国军民违背蒋介石指令奋起抵抗日寇入侵的战争,"可算是鸦片战争后第一次真正的有力的战争",歌颂了"上海人心的奋发",愤怒抨击国民党当局对于日方提出的无理要求不与力争反而全部接受的行径,号召爱国师生:"我们要努力准备着,站在我们面前的是最艰苦最光荣最有希望的一次大战争。我们要迎上去,战,战,战!胜利一定是在我们的一边。"三月十九日,他又在北京大学作了题为《新文坛的昨日今日与明日》的重要报告,这篇报告不仅是关于新文学史的重要文献,而且巧妙而鲜明地表达了他的政治立场。如指出"五卅"运动是"共产党作发动的中枢","于是这种运动,蓬蓬勃勃,促成国共合作,广东出师北伐,使中国革命为猛烈的抬头。后国共分家,共产党在前面组织各种民众团体,继来的是蒋介石的军队,实施武力压迫。"寥寥数语,总结了"五卅"运动与大革命的历史,揭露了国民党背叛革命的罪行。他还肯定了一九二八年后关于"革命文学"口号的论争"是带有阶级性的,完全为主义的斗争",肯定了"在官方的通缉下,改姓换名"的革命作家茅盾代表了一个革命文学的时代,等等。这个报告的各种记录稿在《百科杂志》、《民众教育》、《文艺新闻》等刊物上发表，影响很大。

一九三三年一月三日，日本侵略军攻占山海关。十七日，中华苏维埃临时中央政府、工农红军革命军事委员会发表宣言，声明在停止进攻苏区、保障民众自由、武装民众的三个条件下，愿和国民党各军队停战议和，共同抗日。郑振铎在报上看到宣言内容，听到了党的声音，极受鼓舞。第二天（十八日）上午，他应燕京大学学生抗日会之邀，作了题为《中国的出路》的讲演，精辟分析了国际形势，特别强调提出："《大公报》载中国红军宣言……合作抗日。由此之消息，可知中国已奔向某一出路"，并表示："大战的结果，向左或向右，我们不得知；只知结果是光荣的，乐观的，充满了光明和希望的。只要我们准备，我们必得胜利，得解放，而奔向光明的出路。"其政治觉悟之敏锐，爱国精神之炽烈，分析形势之清醒，都是十分难得的。当时，他还担任了"燕京大学中国教职员抗日会"的主席。

他对国内政治斗争的动态，也保持着高度的警惕。一九三四年二月，国民党当局宣扬什么"新生活运动"，宣扬尊孔复古；五月，国民党文化官员、大学教授汪懋祖在南京发表《禁止文言与强令读经》，迎合当局旨意，鼓吹提倡文言等。随即，以上海进步文化界为中心，发起反对运动。郑振铎当时读了汪懋祖文章，极为气愤，欲撰文批驳，因忙未果。九月份他去上海时，还专门向鲁迅、茅盾等人详细了解这场斗争的情况。十一月上旬，清华大学举办"中国文学讨论会"，郑振铎第一个讲话，深刻指出所谓"读经运动"，"完全是一条线下来的，都是统治阶级的希望，欲维持以平和局面，不许人民看天上，只许看地上，看过去的，而对现实不发生兴味，使民

'不知不识,舜帝之则'。"同时,他又预言这种逆流必然"在短时间内即能过去"。在其他人讲话后,他又再次发言指出:"现在中国惟一的出路,乃在向前看","我们的希望只是在前头,退后是死路。"[①]郑振铎就是这样,在国民党统治下的北平高等学府的讲台上,公开宣传这样进步的政治观点。上述例子只是被记录在当时报刊上的一部分,而且我们还可再举出一些。试问,还能不能称他为"退居学者"呢?

在北平工作期间,郑振铎还回答过国内好几个杂志有关政治问题的提问。例如,一九三二年一月,《中学生》新年号提出这样一个问题:"假如先生面前站着一个中学生,处此内忧外患交迫的非常时代,将对他讲怎样的话,作努力的方针?"并发表了鲁迅、郑振铎等人的答问。郑振铎在回答中指出:

> ……我们要知道,中国是最有希望的国家,因为有无限量的未可知的力量从来不曾表现过;正如我们的大多数的荒地的黑土一样,从来便不曾垦植过。这一垦植,这一表现,我们相信,其结果一定是最可惊人的。我们的责任是很伟大的,所以,我们不该枉自悲愤,我们不该以为游行、讲演、抵货,便尽了我们的责任。我们该唤起一般民众,和我们一同工作。民众的工作的力量,我们将会见到,那是几十年来把持着"统治大权"的军阀与官僚所决未梦见的。

他不仅阐述了青年学生向民众作宣传教育工作的重要性,而且充分肯定了人民群众力量的伟大,说明全体民众不起来民族解放便不可能成功的道理。这反映了他的思想比"五卅"运动时又有

---

① 见1934年11月《北平晨报》。

了很大的进步。

同年十月，《东方杂志》又向全国知名人士遍发通启，提问："(一)先生梦想的未来中国是怎样？(请描写一个轮廓或叙述未来中国的一方面)(二)先生个人生活中有什么梦想？(这梦想当然不一定是能实现的)"后在翌年一月该刊新年号上，郑振铎以"燕京大学教授"身份作了答问。他只回答了第一个问题：

> 我并没有什么梦想，我不相信有什么叫做"梦想"的人。人类的生活是沿了必然的定律走去的。未来的中国，我以为，将是一个伟大的快乐的国土。因了我们的努力，我们将会把若干年帝国主义者们所给予我们的创痕与血迹，医涤得干干净净。我们将不再见什么帝国主义者们的兵舰与军队在中国内地及海边停留着。我们将建设了一个伟大的社会主义的国家；个人为了群众而生存，群众也为了个人而生存。军阀的争斗，饥饿，水灾，以及一切苦难，都将成为过去的一梦。这并不是什么"梦想"，我们努力，便没有什么不会实现的！而现在正是我们和一切恶魔苦斗的时候！

郑振铎的这一回答，在当时共一百四十多位知名人士的答问中，是极为突出、极为有力的。关于这次问答，鲁迅在元旦当天即写了《听说梦》一文给予评论。他极其深刻地指出："虽然梦'大家有饭吃'者有人，梦'无阶级社会'者有人，梦'大同世界'者有人，而很少有人梦见建设这样社会以前的阶级斗争，白色恐怖，轰炸，虐杀，鼻子里灌辣椒水，电刑……倘不梦见这些，好社会是不会来的，无论怎么写得光明，终究是一个梦。"我认为，郑振铎就是鲁迅说的"很少"的人之一。首先，他清醒地声明他所说的绝不是"梦想"，而是历史的必然；最后，他又强调未来中国的实现，需要"努力”,要“和一切恶魔苦斗”。这就与鲁迅文章的思想完全一致,充满了历史唯物主义的光辉。

一九三五年一月,上海有十个教授在《文化建设》杂志上发表《中国本位的文化建设宣言》。该刊为国民党CC系(即陈立夫、陈果夫派系)主办的“中国文化建设协会”的机关刊。当时,国民党当局不放一枪把整个东北拱手让给日本侵略军以后,又与之签订了《塘沽协定》、《何梅协定》,并进行所谓“察东谈判”等。全中国人民极为愤怒,上海和全国文化界正掀起爱国救亡运动高潮。就在这时,CC系支持“十教授”发表这篇宣言,正是为了转移文化界的注意力。该宣言中居然一个字也没有提到迫在眉睫的民族危机。郑振铎敏锐地看到这一点,因此,尽管“十教授”中也有与他关系不浅的友人,[①]他还是针锋相对地写出自己的意见,后被该刊删节后,[②]发表于“我对于《中国本位的文化建设宣言》、对中国文化建设的意见”专栏里:

> 我以为文化问题固然重要,但中国民族本身如何能生存,却是更大的问题。日本的爪牙永远抓住中国,中国便永远没有复兴的可能。现在的问题是如何使中国能脱出日本的爪牙。所以迫切的问题,不是文化的问题,而是生存的问题。我们固然知道,在恶劣的环境下,也能生存。但须用如何的方法谋生存,终是大问题。(中略。)在中国旧文化里,是永远找不

---

① 例如,“十教授”中名列第二的何炳松,曾任商务印书馆编译所所长,1927年“四一二”政变后郑振铎受到反动派迫害时,他曾出面保护。在这以后,1935年夏何炳松调任暨南大学校长,还邀请郑振铎为该校文学院院长兼中文系主任。何炳松在抗战时期也是爱国的。

② 下面所引郑振铎文中“中略”处,即被删去之处。疑原文还有对国民党当局来说更“犯忌”的论述。

到出路，譬如国医国术运动之类，都只是亡国的前一幕的把戏。中国民族的生存必须寄托在新的文化，新的组织上。如何组织民众，如何使民众都有自觉的为生存的争斗心，是今日的急务，而恢复旧文化却是死路一条。

这段答问虽然被作了删节，但基本观点仍是完整和清晰的，也完全符合当时中国共产党的理论与方针。在当时的讨论与答问中，属于水平最高的一篇。他提到的寄托中华民族希望的“新的组织”，当是指中国共产党及其领导下的革命组织。①

以上举例的郑振铎在北平工作时期写给上海杂志的三篇答问，在当时都有较大的影响。我们可以将它们看作他在一九三〇年代交出的三份非常出色的公开的“政治答卷”。这三篇答问所论及的关于人民群众、关于历史规律，关于帝国主义、关于中国革命等问题，都是最根本最重大的理论问题，而郑振铎对这些都作了相当深刻、正确的回答。我认为，无论如何也不能说此时的郑振铎还不过是一个普通的民主主义者了。我认为，郑振铎从“五四”时较高的思想起点出发，经过“五卅”和大革命时期的踏踏实实、似乎缓慢而缺乏戏剧性“飞跃”的发展历程，到一九三〇年代思想上已经相当成熟，基本上达到了历史唯物主义的高度。

郑振铎在燕京大学工作期间，因为倾向进步，遭到有关方面的忌恨，最后被校长“司徒雷登和他的一派的人强迫离开”（郑振铎

---

① 同年 4 月 15 日，“中国文化建设协会”北平分会还发起所谓“读书运动宣传周”，发表所谓《读书运动宣言》，何应钦随后并发表广播讲演，要人们不问世事埋头读书。郑振铎又针锋相对在《北平晨报》发表《怎样读书》一文，提出要“活读”，“要以新的方法，新的眼光”读书，并痛斥“以读经为政令，以读《文选》、《杜诗》责之于个个青年”的“愚妄的举动”。

《许地山选集序》)。一九三五年八月起,他到上海暨南大学工作,任文学院院长兼中文系主任。对于他去暨大任教一事,鲁迅开始时不很赞成,大概是为了国民党CC派对这所“国立”大学抓得很紧的缘故。但郑振铎对新任校长何炳松这位以前商务印书馆的同事比较了解。据许杰回忆,最初CC派要何去当校长,何开始很犹豫,但“郑振铎支持他去担任暨南大学的校长,要他一面同CC发生关系,表面上倾向于CC势力,另一方面,诸如办学方针等学校内部的事务,则由进步的学者们共同协商来管理。”(《坎坷道路上的足迹》)这以后,郑振铎实际上又成为暨大的一面进步的旗帜。当时,团结在他身边,或由于他的关系而进校的进步教员,就有周予同、许杰、吴文祺、王统照、张天翼、方光焘、周谷城、楚图南等等。

郑振铎后来回忆说:“最可怕的是在暨南大学教书,当对该校CC派和军统斗争很尖锐。呆了好几年。这几年凡是有标语出来,都说是我贴的。每次纪念周,想不参加都不行。说到蒋介石,大家都得站起来,我却一个人坐在那里。学生(按,指特务学生)都拿手枪,被开除的很多。”(《最后一次讲话》)何炳松和郑振铎当时敢于坚持开除特务学生,是很了不起的。他在上述回忆中,又说到当时校内“(共产)党的工作做得很好”。据当时暨大中共地下支部书记周一萍回忆,他当时经常找郑振铎联系,把他看作重要的依靠对象。根据现在保存的一九三六年三月十六日暨大“纪念周”上郑振铎讲话的记录,他在这篇题为《牺牲的时期与价值》的讲演中,先表示自己很想保持沉默,“现在说话很不容易”,但接着却盛赞“一二九”运动的意义和勇敢精神,认为超过了“五四”运动,是“历史上最悲壮的运动”。

他不仅在学校里是这样,而且积极投身于社会上轰轰烈烈的抗日救亡运动。当时党领导的几次大规模的政治活动他都参加了，例如一九三五年六月他签名于《我们对于文化运动的意见》，同年十二月签名于先后两次的《上海文化界救国运动宣言》等等。

一九三五年六月十八日，杰出的无产阶级革命家、郑振铎的老朋友瞿秋白壮烈牺牲于福建省长汀县。消息几天后传到上海，郑振铎悲愤难已，曾在家中召集秋白生前友好，秘密哀悼。[①] 后来，他又与鲁迅一起商议出版秋白遗著，是鲁迅主编《海上述林》的最主要的副手。他参与审定了《海上述林》的编目；[②]负责向开明书店、暨南大学、生活书店等单位的秋白生前友好募捐出版经费，所缺之款全由他自己捐出；[③]还与鲁迅一起跑印刷厂联系印刷和参与校对事宜。[④] 鲁迅对郑振铎的工作表示满意。郑振铎与鲁迅一样，是把这一工作看作极其重要的政治任务来完成的。顺便提及，鲁迅晚年耗去精力最多的编印的书有两部，一部就是《海上述林》，另一部是《凯绥·珂勒惠支版画选集》，而这两部书都得到了郑振铎的协助。鲁迅于一九三六年十月十九日不幸逝世，郑振铎写了好几篇沉重的悼念文章，而且还亲视入殓，执绋送殡，参加了送葬游行。而这实际上是当时上海人民一次最大的政治游行。

在鲁迅逝世前，郑振铎还参加了解散左联、组织新的文艺团体的重要工作。据近年发表的茅盾和夏衍二人的回忆录，都披露这一工作主要是由夏衍、茅盾、郑振铎三人碰头研究、决定进行的。

---

① 见许广平《鲁迅回忆录》。

② 《海上述林》编目由鲁迅起草，鲁迅请郑振铎过目。见 1935 年 9 月 11 日鲁迅致郑振铎信。

③ 见郑振铎手书认捐名单(今存上海鲁迅纪念馆)，共募得二百元；郑振铎自己捐款数目未详，约占全部所需款的三分之一(见 1936 年 9 月 26 日鲁迅致沈雁冰信)。

④ 见 1935 年 11 月 4 日鲁迅致郑振铎信。

郑振铎本来没有参加左联,怎么决策起它的解散来了呢?我认为这是同左联驻莫斯科代表萧三的来信有关的。一九三五年十一月八日,萧三给左联来信,约十二月,此信经鲁迅之手转到左联。信中肯定了左联工作中的成绩,也分析了国内的政治形势,指出左联存在的关门主义,提出为了使工作有"一个大的转变",要求"在组织方面——取消左联,发宣言解散它,另外发起、组织一个广大的文学团体,极力夺取公开的可能。"我认为,这封信虽然是在王明及康生的指令下写的,但对左联的评价分析是正确的,基本立场和策略也没有什么错误,我们不能因为后来王明的错误路线而否认它,也不能因为后来在左联的解散过程中有关同志的缺点错误(例如,后来没有按来信要求"发宣言"就解散了左联,鲁迅对此就很生气)而否定它。尤其值得注意的是,信中专门提到:"其实文学界的郑(振铎)、陈(望道)……亦何尝不可以作政治社会组织的宋(庆龄)、蔡(元培)……"可见,有关方面对于郑振铎的政治立场和在进步文化界的影响与作用,已有了相当深刻的认识。这就是他为什么会参加核心小组参与这一工作的原因了。

关于左联解散的是与非,不管今人如何评价,郑振铎当时则是以无条件听从共产党方面意见的态度去做的。据夏衍《懒寻旧梦录》回忆,在左联解散前,郑振铎从夏衍处见到中共驻莫斯科代表团所办《救国报》上的党的《八一宣言》,当即表示赞成,并要求将报纸带回给其他朋友看。又据茅盾回忆,关于解散左联事,郑振铎一开始也是有点"迟疑不决"的,但是后来有关方面"开诚布公地告诉他:这是党中央的决定,何以要这样决定,这样决定对国家民族又有什么好处",他也就"欣然乐从,鼓起精神,来干委托他干的工作"。正如茅盾说的,"这在当时是要有点牺牲精神的,因为,万一不济，小则坐牢，大则会丢了性命。”“虽然他对于那时的形势、党的政策，未必全部彻底明了，可是他还是起劲地干了，因为他信任党。”（《悼郑振铎副部长》）同时，为了团结，为了尊重鲁迅先生，[①]他忍受委屈、误会而工作着。在随后发生的关于“国防文学”口号的论争中，他没有发表一篇文章。一九三六年四月中旬，他签署了《作家协会缘起》，后该组织改名为“中国文艺家协会”，正式成立于六月七日，郑振铎为发起人之一，并当选为理事，但他没有出席这次会议。同年十月二日，他与鲁迅、郭沫若、茅盾等共二十一人联合发表《文艺界同人为团结御侮与言论自由宣言》，标志了文艺界在抗日救亡基础上的统一战线的建成。据夏衍回忆，这个宣言是茅盾与郑振铎起草、冯雪峰改定的。在左翼文艺运动十年间，他从一开始参加发起左联的前身组织，到最后参加左联的解散和成立新的文艺团体，一直没有离开过这一运动。

四、抗日战争与民主运动时期

一九三七年，中国的民族危难更严重了。六月初，郑振铎在上海某处作了题为《中国的出路在哪里》的演讲。他全面回顾了自鸦片战争以来中国人民的反帝斗争历史，“从历史的演变和现代的发展”，再次得出这样明确的结论：

> 我们要拥护完全为民族谋福利的政党与领袖。我们应该无条件的信奉：“大众的力量是最伟大的”。华北义军，此起彼

---

① 鲁迅当时在《译文》停刊事件和左联解散一事上，对郑振铎有误会。参见茅盾回忆录和鲁迅有关书信。

仆，不知有数千百次，然而我们知道他们究竟有多少军火？由于这一点，我们得以深信中国民族的力量是被压在大众的底下而未发掘出来。所以现在我们中国的急务，即在“唤起民众”与“共同奋斗”！……

我们需要投身于民众，将自己的热情和精力贡献于民众的“教育者”！解放民众，给民众以真的教育。否定本身所属的阶级来扶植新兴教育的力量！

这里说的“完全为民族谋福利的政党与领袖”，当然指的是中国共产党及其领袖；而“华北义军”，亦是共产党领导下的人民武装（国民党的军队也不存在严重缺少军火的问题）。在这里，他又一次肯定了人民群众的伟大力量，同时也肯定了“否定本身所属的阶级”的知识分子的重要作用，显示出相当深刻的政治理论水平。郑振铎当时还参加了反对日本帝国主义文化侵略的斗争。例如，六月二十八日，他与茅盾、周扬、夏衍等一百四十余人联名发表《反对日本〈新土〉辱华片宣言》，强烈抗议日本宣扬强盗政策、侮辱中国人民的影片《新土》在上海公然放演，并要求国民党政府给人民以自由，“以与日本帝国主义底文化进攻相抗”。

七月七日，卢沟桥的枪声响了，中国全面抗战开始，国内的政治形势从此开了新局面，进入了一个新阶段。抗战一开始，郑振铎就以更大的爱国热情投身于各种政治活动，并以笔杆作武器为抗战服务。七月二十日，他与张志让等人创办了《中华公论》月刊；八月二十四日，他参与创刊了《救亡日报》；九月一日，他又参与创刊了《战时联合旬刊》。在最初短短两个月内，他就在这些报刊及其他抗日报刊上发表了二十来篇政论与短评，内容包括揭露和控诉日寇侵华罪行，研究如何动员民众、如何扫除汉奸与间谍、如何开展国民外交活动等问题，以及论述战时的文艺政策、教育问题等等。此外，他还发表了十多首抗战诗歌。这充分显示了他高度的政治觉悟与爱国精神。

在反抗日本帝国主义侵略的斗争中，郑振铎继续坚持了反对国内顽固势力的原则立场。一九三七年七月二十八日，他参与发起了“上海市文艺界救亡协会”；十月十九日，在该协会与另一个他也参加的“上海战时文艺界协会”联合举办的“鲁迅先生周年纪念座谈会”上，决定成立“文艺界救亡协会”，①郑振铎当场被推选为新成立的该协会的执行委员。然而过了不久，十一月三日，上海文艺界在新雅酒楼召开座谈会，国民党党棍与特务却突然夺取会场，强行召开另一个同名的“文艺界救亡协会”的“成立会”。郑振铎不愿被利用，当即毅然退场以示抗议。他当时那种义愤填膺、正气凛然的行动，巴金、靳以等人在后来的回忆文中均有生动的记述。那天那批党棍、特务等通过了所谓“组织大纲”、“成立宣言”，还向蒋介石发了“致敬电”。更无耻的，他们居然还“推选”郑振铎为“常务委员”。为了揭露这一丑剧，郑振铎与郭沫若、田汉等真正的“文艺界救亡协会”的全体执行委员，联名在《大公报》上发表了简短而严正的声明：“我们对于本月三日在新雅成立之文艺界救亡协会并未预闻。”在郑振铎等人的揭露与反击下，那个冒牌的“文艺界救亡协会”的降生也就是它的死亡。同年八月二十九日，郑振铎参与编辑和支持的《救亡日报》、《呐喊》、《抗战》等报刊被“租界”当局扣留，报童被打，郑振铎与茅盾等人去工部局提出强烈抗议。据“租界”

①　新成立的协会名字与原先的相比，仅去掉“上海市”三字，大概是因打算扩大为全国性的组织。后1938年3月“中华全国文艺界抗敌协会”成立于汉口（郑振铎为理事），“文艺界救亡协会”自然完成其使命了。

当局说，这是根据国民党上海新闻检查所的“公函”开列的单子查禁的，于是，郑振铎又与邹韬奋、茅盾、胡愈之等人联名向国民党中央宣传部发去抗议电，迫使顽固势力有所收敛。

一九三七年十一月，国民党军队撤离上海，日本侵略军进占上海“租界”四周，“租界”成为“孤岛”。这时，郑振铎与胡愈之、王任叔、许广平、张宗麟等二十人秘密组织了“复社”。该社是党领导的抗日文化团体，同时还是一个出版机关。其主要的不朽功绩是出版了《鲁迅全集》、《列宁选集》、《西行漫记》、《联共党史》等重要书籍。郑振铎是《鲁迅全集》编辑计划的起草者之一。全书二十巨册，于一九三八年八月一次推出。这是中国革命史上的一件大事。许广平在全集后记中特地提到，整个编辑工作“以郑振铎、王任叔两先生用力为多”。后来，一九四一年鲁迅逝世五周年之际，郑振铎等人又编辑出版了《鲁迅三十年集》，共三十册，实际是上述《鲁迅全集》除去翻译部分的普及单行本。郑振铎又为之捐款并募款。“复社”一直活动到太平洋战争爆发后，在此期间，敌伪一直费尽心机要破获它，郑振铎曾数次遇到危险。

在此期间，郑振铎还积极为党领导的文化界和工商界上层人士统一战线工作出力，出席每周一次的聚餐座谈会，这些聚会还常常在他家里举行。[①] 在暨南大学里，他坚决支持爱国学生的抗日救亡活动。周一萍回忆说：“根据江苏省委学委的指示，我同郑振铎同志建立了经常的联系，随时向他介绍我们的工作和想法，听取

---

① 这一星期聚餐会的名称，很多回忆者说法不一，例如，有的称“星一聚餐会”（卢广绵），有的称“星二聚餐会”（胡愈之），有的称“星四聚餐会”（姚惠泉），有的称“星六聚餐会”（王任叔），等等。说“星四”的回忆者还说“星四”与“醒世”谐音。看来很可能因各个不同的人群而有不同的时间。

他的指导和意见。每一次交谈，他总是以十分兴奋的心情，听取我们的介绍，并给予很高的评价。”“他对我们提出的要求，总是尽最大的努力予以支持。一九三八年，一位进步同学，用周方的笔名，在学协机关刊物《学生生活》上，写了一篇揭露暨南大学压制学生救亡活动的文章，触怒了学校的国民党分子，要对她进行严厉处分，还企图通过这个‘突破口’，找出党组织、学协的领导成员。我受党组织的委托，请他给以帮助，他当即欣然答应了。经过他多方面的努力，终于把这件事平息了下来，保护了一批进步学生。”（《疾风劲草识良师》）

一九三八年二月，胡愈之等借沪江大学名义，创办了“上海社会科学讲习所”（后改名“上海社会科学专科学校”）。该校实际受中共地下党领导，为上海四周的抗日游击队和新四军培养与输送了一批干部，当时被人称为“上海的抗大”。郑振铎是讲习所的主要教师之一，为学生上文学史和文学理论课，并参与领导工作。当沪江大学校长、他的好友刘湛恩被敌伪暗杀后，他毫不畏惧，继续坚持授课。一九三九年一月，原讲习所学生干部、共产党员、江苏启东崇明地区抗日游击队政委王进和游击队长瞿犊惨遭两面派、土匪杀害后，郑振铎与讲习所另一位教师严景耀一起写了悼文《我们最勇敢的民族战士》，赞颂了自己的好学生。当讲习所经费不足时，郑振铎与王任叔等人还出钱资助。[①]

在“孤岛”上海的四年里，郑振铎还默默地为祖国做了一件非常了不起的大事，那就是在劫火中全力抢救了许多极为珍贵的古籍珍本、民族文献。当时，日、美等帝国主义分子都在掠夺、搜买、

---

① 据讲习所学员贾进者当时的日记。

毁坏这些珍贵古籍，美国国会图书馆东方部主任还得意地声称：“极可珍贵之中国古书……现纷纷运入美国”，“预料将来研究中国史学与哲学者，将不往北平而至华盛顿，以求深造。”郑振铎见到这种情形，忧心如焚。一开始，他是倾自己全部资金收购有关古籍，但是个人的财力实在不够。一九三八年五月，他历尽艰辛，千方百计通过在重庆的教育部工作的友人，促使有关当局收购了极其珍贵的《脉望馆抄校本古今杂剧》[①]。这是他为公家购书的开始。他也从中得到启示，于是，在一九三九年年底，他联络了在沪的著名文化界上层人士张元济、张寿镛、何炳松等人，多次联名给重庆当局发急电，要求拨款抢救民族文献。郑振铎起草的恳切陈词不仅获得了当时教育部、中央图书馆内的爱国人士的赞同，甚至也打动了有关当局，终于争取到从“中英庚款”中拨出钱来用于抢救购书之用。郑振铎等人立即秘密成立了“文献保存同志会”，他亲自起草了《办事细则》，随后他便以崇高的献身精神，夜以继日地从事这一神圣的爱国工作。

首先，他是冒着生命危险坚持在上海做这一工作的。当时，上海的局势越来越险恶，许多文艺界人士都已撤退到后方去了。就在他开始准备进行这项工作时，他得到敌人已将他列入黑名单，准备下毒手的情报，被迫紧急转移。次日，他对好友周予同说：“我辈书生，手无缚鸡之力，百无一用，但却有一团浩然之气在。横逆之来，当知所以自处也。”[②]当时，日本的文化特务在到处打听他的行

① 该书包括 242 种元明杂剧，一半以上是失传的孤本，为极重大的发现。详见本书第五章所述。

② 见郑振铎《求书日录》。当时周予同回答说：“人生找结笔甚难。有好结笔倒也不坏。”两位文坛前辈的对话，至今令人肃然起敬！

踪，有几次甚至在书店里碰到，差一点被认出来。郑振铎后来回忆说：

> 从"八·一三"以后，足足的八年间，我为什么老留居在上海，不走向自由区去呢？时时刻刻都有危险，时时刻刻都在恐怖中，时时刻刻都在敌人的魔手的巨影里生活着。然而我不能走。许多朋友都走了，许多人都劝我走，我心里也想走，而想走不止一次，然而我不能走。我不能逃避我的责任。……我要把这保全民族文献的一部分担子挑在自己的肩上，一息尚存，决不放下。(《求书日录》)

其次，他是背着被坏人诬陷和造谣，被朋友误会和怀疑的"黑锅"而坚持这一工作的。为了不让敌人发觉这一工作，郑振铎决定除了少数几个与此事有关的人员外，严格保密。在书贾面前，他们只打着为光华大学、暨南大学等单位购书的名义。连亲密的朋友，不管在内地还是在上海，他都没有告诉他们。例如，他曾多次委托当时在上海邮局工作的唐弢邮寄与此事有关的信件之类，但唐弢当时却不知道他在从事这一工作。他不仅几乎停止发表文章，甚至还闭门谢客。这样，谣言与误会也就不可避免。例如，靳以便在"大后方"听到有人说他"可能气节有亏"云云。靳以相信他的人格，立刻气愤地加以驳斥；然而直到郑振铎逝世后，靳还以为他当年是"懒于写信"，而不知道他是为了抢救文献、为了保密而不写信的。后来，郑振铎除了在抗战胜利后发表的《求书日录》中说明了这一真相外，却没有向朋友们一一解释。甚至叶圣陶也是直到三十多年后才读到《求书日录》(当初发表时叶圣陶还没回到上海，所以没有看到)，"才知道他为抢救文化遗产，阻止珍本外流，简直拼上了性命。当时在内地许多朋友都为他的安全担心，甚至责怪他舍不得离开上海，哪知他在这个艰难的时期，站到自己认为应该站的岗位上，正在做这样一桩默默无闻而意义极其重大的工作。”(《〈西谛书话〉序》)

他在做这一工作时，真正达到了“大公无私”的精神境界。关于这方面的情形，他后来发表的部分《求书日录》，幸存下来的他当时致张寿镛（咏霓）的二百七十多封信，以及保存在台湾的他当年致中央图书馆的书信、报告中，有着极生动的记载。这里仅引一段以见一斑：

> 我辈自信眼光尚为远大，责任心亦甚强，该做之事决不推辞。任劳任怨，均所甘心。为国家保存文化，如在战场上作战，只有向前，决无逃避。且究竟较驰驱战场上之健儿们为安逸。每一念及前方战士们之出生入死，便觉勇气百倍，万苦不辞。较之战士们，我辈之微劳复何足论乎！①

当年故宫博物院古物馆馆长、著名文献学家徐森玉，在一九四一年一月二十日致当时中央图书馆馆长蒋复璁的信中，也谈到郑振铎等人“网罗遗佚，心专志一，手足胼胝，日无暇晷，确为人所不能。且操守坚正，一丝不苟，凡车船及联络等费，从未动用公款一钱。”②抢救文献一事，本来不能称为政治活动，但我仍禁不住要在这里一述，因为这是一场特殊的战斗，是郑振铎在当时全力以赴的头等大事，从中充分反映出他高度的政治觉悟。郑振铎在一九四一年七月茅盾、楼适夷主编的《文阵丛刊》创刊号上，发表了《保卫民族文化运动》的论文，该刊编者在《编后记》中说，这是“向战斗的

---

① 1940 年 9 月 1 日郑振铎致张寿镛信。

② 此信今存台湾“国家图书馆”。转引自 1982 年 5 月台北《传记文学》。

文化人发出一个似乎迂远而其实是急迫的呼声”。而在整个抗日战争中,如此自觉如此急迫地提出这一口号的,似乎也仅有郑振铎一人。

一九四一年十二月八日,上海“孤岛”最后沦陷。郑振铎的抢救书籍活动被迫停止。他还在暨南大学坚持上完“最后一课”,那庄严的情形在他后来的《蛰居散记·最后一课》中有生动的描写。十二月十五日,日本宪兵队逮捕了许广平,妄图将留在上海的进步文化人一网打尽。第二天,郑振铎被迫离家躲避。他后来在《求书日录》中说:“这时候我颇有殉道者的感觉,心境惨惶,然而坚定异常。”在这时,他还写下了“遗嘱”,密封交给好友王伯祥,嘱咐一旦出事便拆看料理。从此,他离开家,在市郊一个偏僻的角落过了整整四年隐姓埋名的生活。在这整整四年中,我们只见到他在一九四三年九月,在桂林出版的叶圣陶主编的《中学生》杂志上,发表了唯一的一篇文章《悼伍光建先生》。那可能是通过秘密途径转去的。在这篇文章中,他说得何等地好:

> 一个国家有国格,一个人有人格。国之所以永生者,以有无数有人格之国民前死后继耳。……狐兔虽横行于村落中,但鹰鹞亦高翔于晴空之上。

在四年隐居期间,他仍然与中共地下组织保持着一定的联系,例如,一九四四年六月,他就在地下党同志的安排下,秘密探望了重病中的邹韬奋。在这整整四年中,他虽然不能参加什么政治活动,但正像抗战胜利后一位青年人(王季深)说的:

> 振铎先生是逆流中的一根无形的砥柱,寓有为于无为之中,表现了中国文化人的真精神。(郭天闻《郑振铎论》)

一九四五年八月十四日,日本帝国主义宣布无条件投降。中国人民经过八年浴血奋战，终于赢得了胜利。郑振铎结束了四年的地下生活，准备立即投身于新中国的和平建设事业中去。然而他深知，要建设新中国，首先必须争取民主，必须清除民族垃圾；而这些，仍需经过斗争。他于抗战胜利后三天（十七日）写的第一篇政论，就题为《论新中国的建设》。文章认为尽速恢复国内和平、实行民主政治是建设新中国的"先决的条件"，又分别从工业、农业、交通、金融、商业、文化、军事、社会事业及其他各方面的建设，提出自己的见解与建议，最后兴奋地写道："胜利已经得到了！和平的建设必须立即开始！建设，建设，建设！建设现代的科学的伟大的新的中国！"写得就像激情磅礴的诗篇。

九月七日，他写了第二篇政论《锄奸论》，提出："为了民族的光荣，我们必须肃清这些败类！""我们要肃清荒淫与无耻的集团！""如果不彻底的来一次肃清、清算运动，我民族的前途依然是十分的暗淡无光的；我们这一次的胜利，依然是不能算是彻底的。"文中并认真地提出了如何确认汉奸，如何划分汉奸的等级、种类，以及处罚汉奸的轻重与方式等等意见，写得就像制定文件一样慎重、严密。

九月二十一日，夏衍受周恩来之命，从重庆来到上海。他带来了中华全国文艺界抗敌协会的《慰问上海文艺界书》，信中高度赞扬了郑振铎等人："八年以来，诸位先生在敌人的包围之中，继而在敌人的直接的屠杀威胁之下不屈不移，备尝辛苦，为中华民族保存了崇高的气节，中国人民以诸位为光荣，中国文艺界以诸位为骄傲。"同时，夏衍又带来"文协"关于《调查附逆文化人的决议》等文件。"文协"委托郑振铎、许广平、李健吾三人在沪负责调查文化汉奸的工作，这实际代表了人民的信任和委托。郑振铎义不容辞地担当了这个责任。随后，他领头签名发表了《上海文艺界复中华全国文艺界抗敌协会书》，表达了坚定的意志，相约共同为新中国的建设而努力。

但是，国民党右派的统治，从来就与民众水火不容；国民党右派本身，就是一个荒淫无耻的集团。事实证明，经过八年抗战，国民党的腐朽本质没有什么改变。政治现实很快冲掉了人们对于“胜利”的喜悦。郑振铎不得不再次走上政治斗争的舞台，像“五四”、“五卅”等时期一样，他又办起了政论性刊物。当时，战后上海最早出版的综合性周刊是《周报》（柯灵、唐弢主编，九月八日创刊），该刊是在郑振铎大力支持下创办的。[①] 十月十三日，他又亲自创刊主编了周刊《民主》，几乎每一期他都在头篇发表自己署名的评论，并随着斗争的发展而越来越激烈。《民主》声称以“无党无派”的“中国国民的立场来发言”。（郑振铎《发刊词》）实际上是自觉配合中国共产党领导的革命斗争，并从属于党领导下的生活书店出版发行系统的。这时期，郑振铎的大量的政论、时评文章，主要便是发表在《民主》、《周报》，以及《文汇报》、《大公报》等报刊上的。这是他一生中写作政论文章最多的时期。从《论新中国的建设》开始，到一九四六年十月《周报》、《民主》等相继为反动派禁止，在一年左右的时间内，他发表了大约八十来篇政论，当时被人称为上海“最活跃的三大政论家”之一，[②]成为全国知名的民主斗士。

一九四五年末，他还与马叙伦、周建人等发起成立了政党性质

---

① 《周报》从第一期起，即开始连载郑振铎的散文《蛰居散记》；第二期发表了他的《锄奸论》；以后又发表他不少评论文章。

② 其他二位政论家指的是马叙伦与李平心。见孔另境《心怀不平的政论家平心》。

的革命团体——中国民主促进会。他与马叙伦一起起草了“民进”对于时局的宣言，并被选为“民进”的理事。他向记者宣布了发起“民进”的宗旨，并表示：“至于我个人，我的主张是不做官不谋名”，“我最希望能够安定下来看点书，或是写点东西，不要有什么来分我的注意”，“但是现在的事实如此，也就不得不做点分外的事。这是关系千百年的大事，谁又能视如无睹！”[①]这以后，《周报》、《民主》、《昌言》等刊物，实际上成了“民进”的主要宣传阵地。

郑振铎当时发表的政论的最中心的议题，就是要求政治民主化和经济民主化，并明确提出打倒官僚资本主义的革命口号。在《民主》创刊号上，他像二十七年前创办的《新社会》一样，发表了他写的《发刊词》，表示要为缔造“强大、自由、民主的中国”而奋斗。该刊第一篇论文就是他的《走上民主政治的第一步》，提出胜利后首先要保障人民的人身自由、信仰自由、出版言论自由等。在同日出版的《周报》第六期上，他又发表了《专家政治与官僚政治》，提出“中国要完成建国的大业，首先第一事便是要打倒官僚主义。中国要走上现代国家的大道，首先第一事也便是要铲除官僚主义的遗毒。”必须指出，他这里提到的“官僚主义”，与我们今天使用这个词的意思完全不同，指的就是官僚资本主义。他在《论官僚资本》等文中，分析了中国官僚买办资本主义的罪恶历史，揭露了官僚资本在抗战中的反动作用。他指出抗战时期“大后方”的情形也不比沦陷区好，“天下老鸦一般黑”，官僚资本主义是“无分沦陷区与大后方”的。这就相当深刻地揭露了国民党统治集团的本质。

---

① 见 1946 年 1 月《文汇报》。“民进”当时成为中国共产党的亲密友党，新中国成立后成为中国人民政治协商会议的组成部分，但新中国成立初郑振铎以“民进”发起时的目的已经达到为理由，退出该组织。

郑振铎在写了第一篇《锄奸论》以后，社会上的汉奸虽有几个被逮捕，但有不少重要的汉奸逍遥法外，甚至还有不少汉奸摇身一变成了国民党的“地下工作者”。为此，郑振铎于四个月后又写了《锄奸续论》，揭露这些包庇汉奸的现象，指出：“‘天理、国法、人情’，在今日似乎都有些颠倒！”“我们绝对的反对‘姑息以养奸’！”唐弢后来回忆说：“这几篇文章发表后，据我所知，颇有人辗转讽示，威胁利诱，要他笔底留情。西谛不为所动，一笑置之。”（《忆西谛》）郑振铎后来又写了《怎样处置汉奸的财产》等文，还写了小说《变》来揭露国民党要人与汉奸狼狈为奸的行径。

国民党政权在战后迅速撕下民主的伪装，与人民日益对敌，甚至接连制造了一系列暴行与血案。对于这些倒行逆施，郑振铎及时地一一予以揭露和抗议。斗争达到了白热化的地步。一九四五年底的昆明“一二一惨案”[①]是抗战胜利后国民党制造的第一起震惊全国的重大血案，从昆明掀起的“一二一”民主运动迅速推向全国。当被国民党严密封锁的惨案消息传到上海时，郑振铎立即在十二月十五日的《民主》上发表《由昆明学潮说起》，揭露国民党反民主反人道的罪行；同期，还发表在昆明的同名周刊《民主》社的吴晗等人的来信，互通声气，互相激励。一九四六年一月十三日，上海各界群众在玉佛寺召开公祭昆明死难烈士大会，郑振铎被推为大会主席团成员。[②] 会后群众自发举行游行示威三小时，为“五卅”运动后二十年来上海最强大的一次示威

① 1945年11月25日，昆明爱国师生集会，讨论如何制止内战等问题，遭到国民党特务破坏，并开枪威胁。第二天，昆明学生总罢课，又遭到特务的殴打与逮捕。12月1日，大批国民党军队与特务分途围攻西南联大、云南大学、联大师范学院等校，毒打爱国师生，并投掷手榴弹，炸死了于再等四位师生，并炸伤打伤数十人。

② 郑振铎当时还是“于再先生纪念委员会”的赞助人之一，并为拟议中的“于再图书馆”捐款一千元。

游行。郑振铎当时还写了《悼于再先生和昆明死难同学》,激愤地指出:"昆明惨案和北平'三一八'惨案,颇有相似之处,而情节更为离奇。于再先生和诸位同学的死,死得凄惨,然而并不是白死,不仅不足以抑止民主运动的发展,只有更加激怒了许多国民们,使他们更认识清楚他们要走的路,使他们明白民主政治并不是天上掉下来的东西,也并不是什么人的赐予,而是要我们自己的汗与血争取而得的。"他并庄严地表示:"我们并不退却半步;我们的责任只有更加重。'人生自古皆有死',死是不足令志士们恐惧的!"

一九四六年二月十日,国民党右派又在重庆制造"校场口事件"。[①] 消息传到上海,十一日,郑振铎即与叶圣陶、周建人等联合发电慰问惨遭殴打的郭沫若等人,并联名致电国民党当局,表示愤怒抗议。他还在十六日出版的《民主》上发表《民权到底有保障没有》,指出在政治协商会议(即"旧政协")刚刚闭幕,签订的文件墨迹尚未干的时候,居然在"政府"所在地的重庆发生了这样有组织的可怕的凶殴惨剧,"凡关心中国前途的人恐怕没有一个不悲愤欲绝的!"他指出:"这个惨剧并不是偶然的事件,只是一连串的无数同类事件中最严重的一个。"这说明"白纸上写的黑字是没有什么用的","非经过一番大大的奋斗不可"。事实证明他的判断是正确的,此后,更严重的事件接踵而来。

同年三月,又发生"南通惨案"。[②] 郑振铎读了有关报道后,表

---

① 这一天,重庆各界群众在校场口集会,庆祝政治协商会议成功,国民党特务捣乱会场,并冲上主席台殴打郭沫若、李公朴、施复亮、章乃器等爱国人士,60余人负伤,不少人失踪。

② 1946年3月,南通人民为呼吁和平、欢迎"三人调处小组",举行游行。游行后即有人被绑架。3月25日,南通《国民日报》社记者孙天平被绑架,数天后在河中发现尸身,手脚都被铁链紧绕,鼻眼均被挖去,惨不忍睹。

示:“我悲愤,我哭泣,我呼号!我从来不曾这末激动过!这末伤感过!”(《为正义为人道而呼吁》)他又写道:“继昆明惨案,较场口活剧之后,近来又有南通血案发生。这血案的情形,极为严重。这是谋害!这是屠杀!这是无耻的无法无天的可怕可惨的行为!”(《南通血案抗议》)当时,蒋介石刚刚提过什么“四项诺言”,郑振铎悲愤地斥问:“什么四项诺言,仅仅生命的安全也还没有保障呢!这是超出兽性的残酷绝伦的举动!是‘人’恐怕便不会做得出来的!”(《南通血案抗议》)

六月二十三日,南京“下关惨案”又发生了。[①] 在这以前,十三日出版的《民主》上就发表了郑振铎、马叙伦等一百六十四人代表上海各界致书蒋介石、马歇尔以及各党派的公开信,呼吁和平,反对内战。“下关惨案”发生后,郑振铎立即写了《悲愤的抗议》,指出:“大家心里都是雪亮的。也无须乎说穿什么。如今正有人要战争,要在战争中取得什么”,但这些人决不能阻止国内和平的实现。他表示:“我们的泪已经为愤怒之火所灼干了!但我们要抗议!抗议!抗议!”他警告反动派:“玩火者必自焚其身。人民们只有口,只有笔;但到了人民们悲愤到不能用口和笔来奋斗的时候,那情形是很可怕的!”六月底,他又签名于《上海文化界反内战争自由宣言》。

七月十一日,反动派在昆明暗杀了李公朴;十五日,又暗杀了闻一多。“李闻惨案”发生在中国人民解放战争的转折关头,激起

---

① 1946年6月23日,上海各界群众十万人举行游行集会,反对内战,要求美军退出中国与停止援蒋,并当场推选出马叙伦等十名代表立即赴南京向国民党当局请愿。请愿代表及部分记者到达南京下关车站时,竟被特务、暴徒包围,遭殴打及侮辱达五个小时之久,有多人受伤。

了国民党统治区爱国民主运动的最高潮。这一惨案使全国最广大的人民彻底擦亮了眼睛。郑振铎在《民主》上发表《悼李公朴闻一多二先生》,又在中共主办的《群众》杂志上发表《悼李闻二先生》。他说:"言语文字已不能表达我们的愤怒了!"当时,由于郑振铎斗争十分英勇,相传敌人也已把他列入暗杀的名单中了;但他写道:"然而'暗杀'能够阻止有正义感的人的发言么?'暗杀'能够吓得退从事于民主运动或政治工作的人么?这正如要用武力来解决中国问题一样,明显的是不可能!"他坚定地表示"生死早已置之度外","前面的人倒下了,后面的人绝对不会停步退却的,反因战友的死,而更燃起了向前冲去的勇气。"七月十九日,他与郭沫若、茅盾等人联名向联合国人权委员会发电,揭露和控诉这一滔天罪行。二十一日,文协总会召开临时大会,郑振铎又慷慨陈词,指出:"阻止惨案只有用群众的力量,并向国内国际上宣传"。大会通过了宣言和告全世界学者文人书。后来,他又参与发起了以宋庆龄为首的上海人民追悼李闻二先生大会。

这时的郑振铎,正是踏着闻一多等烈士的血迹奋勇冲锋并随时准备牺牲的一名战士。在人们的心中,他就是活着的闻一多。在北平的沈从文,就诚挚地向《大公报》记者说:"我没有像振铎和一多那样做,我想,便是因为我能承受生活上的一切压力,反抗性不大,这或许是弱点。"①正是郑振铎、闻一多发出的光亮,使沈从文看到了自己的弱点。而沈从文将郑振铎的名字放在已经献出宝贵生命的闻一多的前面,也充分说明他对郑振铎的钦佩。

这一时期,郑振铎还参加了反对上海国民党当局妄图推行所

---

① 见 1946 年 9 月 17 日《大公报》子冈《沈从文在北平》。

谓“警员警管区制”[①]的斗争。这年五月五日，上海市警察局公布了这一法西斯专制制度，并悍然宣布将从六月一日开始实施。这一反民主反人权的法令，激起郑振铎强烈的反对。五月九日，他就发表了一篇小说《访问》，用艺术形式向人民揭露这一反动制度将给大家带来何等灾难。同时，他又写了好几篇政论，高呼：“我们愤怒，狂热的愤怒着！”指出这可能是反动派试图“在上海市先试验一番”然后推向全国的阴谋。他并说：“俗说有云：‘自扳石头自压足。’老百姓们恐怕不会愚笨到如此！民怨沸腾之后，必定会有一个后果的！”（《人权保障在那里？》）在遭到人民强烈反对后，有关当局竟还举出英、美、苏等国的情况为依据，警察局局长并宣称：“将不畏任何阻碍，决付诸实施。”郑振铎在政论中一一予以驳斥，并向人民揭露了这些“新官僚们的心狠手辣，较旧官僚们为尤甚。敢作敢为之风，较之旧官僚们尤为利害”，号召人们决不能“无抵抗的听任其妄作胡为到底”。（《把“主人”当作了什么人？!》）在全市人民一片愤怒的抗议声中，气势汹汹的反动当局最后终于不敢推行这项法令。

郑振铎除了撰写上述这类政论以外，这一时期他还写了不少反对国民党当局飞涨物价的评论，如《对于物价的紧急措置》、《制止物价高翔的方案》、《人为的涨价与人为的抑价》、《论公共事业的非法加价》、《“物不得其平则鸣”》及《论大学教授待遇问题》等等。特别是深刻揭露了国民党统治者贪污腐化的罪行。《敌伪的文物哪里去了》一文，最早揭发国民党要人私自吞没敌伪所掠夺的文物的卑鄙行径。在《从接收说到官规与军纪》中，他揭露了大量事实，指出“‘劫夺’成为一部分人的不知自耻的事业”，并进而指出国民党已经

---

① 该制度规定，由一个特别挑选出来的警员，在分局范围内，管辖 80 至 120 户人家，或 400 至 600 个居民，并可以随时闯入各户“访问”，以“俾宵小无法匿迹”云云。

腐败不堪,“已经腐烂了的东西,要它复原,绝对的做不到”。在《怎样处置汉奸的财产》中,又用大量事实揭露国民党要人“知法犯法,监守自盗的侵占汉奸财产”。在《论根绝贪污现象》中,他指出“这实是整个政治不良的问题”,即使偶尔惩治几个贪官污吏做做样子也是没有用的,因为“今日正是‘官官相护’的时代”,“握大权者往往就是大大地发国难财、胜利财者;欲望发大财者来严办发小财者,不啻与虎谋皮。”“所以,要根绝贪污现象,非实现政治的彻底改革不可。”另外,他还写有《论不法与贪污》等文。在国民党当局不断挑起反革命内战时,他还写了《我们反对内战!》、《“停战! 停战!!”》、《武力能解决问题吗?》、《全面内战爆发了!》、《谈“和”“战”关头》、《国是问题的前瞻》等等政论时评,强烈谴责国民党的内战政策,并指出解放区自“有其深固的群众基础”,是不可战胜的。此外,他还写了一些论述彻底铲除日本军国主义、抗议美国政府支持蒋政权等国际评论。

郑振铎主编的《民主》具有鲜明的战斗性,尤其是他自己撰写的政论文具有特别尖锐的斗争性,所以一开始就遭到国民党反动派的迫害。郑振铎在第九期上发表《我们的抗议》,就是抗议反动派没收《民主》及《周报》等进步刊物的。但《民主》受到了人民的热烈欢迎,“有一个时期《周报》及本刊(按,指《民主》)都有了北平版、重庆版和香港版。”(郑振铎《文化正被扼杀着》)[①]该刊甚至还教育

① 关于《民主》在当时受到广大人民群众的欢迎与拥护的情形,我们这里还可以引该刊终刊号上贺依(蒋天佐)的《“吟罢低眉无写处”》中的一段话来说明:“试想一想,广大的读者群是如何和它起了心的共鸣! 全中国的每一个省份都有许多人在热烈盼待邮局检查下的脱险者,许多偏僻乡村奇迹般流传着它的踪迹,许多青年冒着带大帽子的危险偷偷买了它偷偷地阅读,南洋的华侨响应它爱护它,美国的华侨也订阅它而且把它的文章和漫画在中文刊物上加以转载,这一切,使它的敌人震怒欲狂,却也恐惧得发抖了。那不是几个书生的勇气而已,不是书生们的正义和真理而已,而是中国人民的心声呵! 它发自人民之心而又入于人民之心了。”

了一部分敌人阵营里的人。例如,《民主》第十五、十六期就发表了几位三青团员的来信,第十八期又发表了一位警察的来信,都表示读了该刊后,明白了不少道理。在一九四六年六月的第三十六期上,还曾刊载过一幅《中国现势图》,实际上是告诉蒋管区人民:中国人民革命武装力量已经解放了北半个中国!这以后,随着内战的升级,国民党加强了统治区的反革命专政。就在这第三十六期上,刊载了《民主》、《周报》等刊聘请沈钧儒、沙千里、史良、闵刚侯等著名律师为法律顾问的启事;但是,《周报》仍于这年八月被迫停刊。郑振铎在《周报》终刊号上发表《争取民权,保卫民权!》,表示强烈抗议。同年九月二十八日,《民主》第五十期出版时,被没收去三千余本。后来,反动派又派人去总经售处抢去第五十一、五十二期合刊七百多本,并迫害销售该刊的报贩。十月十四日,警察局正式下令禁止《民主》。郑振铎坚持战斗到最后,将第五十三、五十四期合刊(终刊号)办成一个特大号,在《我们的抗议》的大标题下,发表了十七位作者的抗议文章。第一篇即是他自己写的《我们的抗议》,文章最后写道:

我们希望与亲爱的读者们的告别是暂时的。我们不相信,这样的局面会长久的保持下去的。

但有一分力量,一定要发出一分光。我们并不退缩,也不灰心绝望。

本刊虽然被生生的扼死了,但永远不死的是她的精神。她虽被扼死,但不会是没有后继者的。我们尽有可以说话的地方。

她会复活的!凤凰从火焰中重生,那光彩是会更灿烂辉煌的。

《民主》等刊物被禁止后，郑振铎失去了发表战斗文章的主要阵地。这以后，他主要忙于《中国历史参考图谱》等大型图集的编辑出版工作。其间值得一提的是，一九四七年四月他写的《党与群》一文。他写道："一个为人民而奋斗的""真正的政党"，"有她的鲜明而坚定的主张，不屈不挠的为她的主张而争斗的勇气。她不是一群私人们为了个人的功名利禄而组合的。她是为了人民们的利益，为了国家民族的解放与自由而组织起来的坚固的集团。她为了主义，为了主张，而与不同主义，不同主张的敌党不断地作着争斗。她要求全民众的支持与拥护。她是维护全民众的福利的。"而与此相反的"党"，他认为实在"不配称为一个真正的政党"，不过是"以个人利害为基础的""乌合的一群"。他指出："那分野是很显明的：凡一心为国为民，而无丝毫权利欲者，乃是真正的党。凡以利禄相结合，相勾引，便是'群'，不是'党'——虽然在表面上也挂着××'党'的名义。"这篇文章，把他对中国共产党和国民党的认识鲜明地表达了出来，可以看作是他近三十年政治活动和政治思想的一个总结，一个宣言。

在中国人民解放战争取得节节胜利的大好形势下，一九四八年五月一日，中共中央发布口号，号召各民主党派、各人民团体及社会贤达，迅速召开新的政治协商会议，讨论并实现召集人民代表大会，成立民主联合政府。郑振铎坚决拥护党的号召。一九四九年初，他在党的安排下，南下绕道香港，再乘船北上，于三月十八日到达刚解放不久的北平。随即投身于伟大的人民共和国的开国大业中去了！在秘密离开上海时，他在给友人的信中意味深长地说："大约相见期不会太远"（一九四九年二月十四日致刘哲民）。他是迎着东方升起的太阳，满怀信心，乘风破浪，坚定不移地奔向前方的![1]

结　语

郑振铎的一生,就是这样追求光明、追求革命,一直保持前倾姿势的一生。自"五四"运动以后,他一直置身于进步的时代潮流中,而且始终是新文化大军前列中的一名战士。虽然,在阶级搏斗你死我活的年代,或在民族危亡迫在眉睫的时候,他不曾奔赴真刀真枪、流血牺牲的战场,他始终未脱"文化人"的本色,也从不认为自己是个政治家;但是,他确实是在思想文化战线上战斗过来的人,中国革命史上的几次重大的政治斗争,他几乎无役不与,而且好几次他都处于中心漩涡区,有时候甚至参加了短兵相接的政治斗争与工人运动。在"四一二"政变时,在抗日战争时期的沦陷区,在一九四〇年代后期的民主斗争中,他都经受了严峻的考验,有时甚至立下了遗嘱。除了大革命失败后被迫出国和上海完全沦陷后被迫隐居等短暂时期以外,他一直没有脱离火热的政治活动与斗争;而短暂的脱离也未使他斗志稍减。因此,他决不是书斋里的平庸的学者,不是那种第二流或第三流的唯恐烧着自己手指的小心翼翼的人物。他的主要武器是"笔"(有时也用"舌")而不是"剑"。他以自己的方式,

---

① 最后值得补充的是新中国成立前由于斗争的需要和种种原因,郑振铎似乎未曾提出加入中国共产党的要求;但据他家属说新中国成立后他曾多次口头提出申请(新中国成立初他退出中国民主促进会的原因之一,就是希望能入党),但有关领导以革命工作需要有部分同志留在党外为理由,劝他暂缓申请,他服从了。又据唐弢说:"周恩来总理对郑振铎先生逝世很悲痛,并且惋惜地说:'如果晚死一年,他,已是中国共产党党员了!'"(《西谛先生二三事》)阳翰笙同志曾几次对笔者说:"郑老早就符合党员标准了。"

独特的才能，特殊的身份，为中国的革命与进步尽了力。他的有些工作和贡献（如左联解散时的工作，抗战时期的文化界上层人士统战工作，抢救民族文献工作，等等），更是其他人所很难替代的。

郑振铎的思想是一个不断进步和提高的过程。他从小经历了家庭从小康到困顿的人生教育。到北京读书前后，受到“五四”前夕新思潮的启蒙。在“五四”运动时，他的思想同当时一般青年相比，起点是比较高的。这主要表现在：一、彻底的坚决的改革精神，强调旧中国必须改造，旧社会没有存在的余地；二、比较鲜明的社会主义倾向，要求创造一个没有阶级、没有战争的和平民主的新中国，向往俄国的社会主义革命，拥护布尔什维克；三、强调实践，强调言行一致和从小事做起，号召知识分子到工农中去，号召新文化运动者向马克思和列宁学习；四、在有些问题上，例如关于推翻雇佣制度，关于反对军阀办实业等，他甚至提出了一些在当时可说是惊人的见解。另外，他对国外的新村主义、社会民主工党的政治观点等，也有一定的认识。当然，他在不少问题的看法上，仍受有空想社会主义和人道主义的影响。对于马克思主义，他虽然很重视，在论述各派思想时常常置于首位，但认识上还是模糊的。

在“五卅”和大革命时期，他思想中的唯物史观因素进一步增长，唯心史观因素相对消退。这主要体现在：一、在与《民国日报·觉悟》一些人的论争中，他坚持经济制度的根本变革是比其他一切社会问题重要得多的观点，显得比某些当时还是共产党员的人认识更为深刻，他还最早揭露了戴季陶投机、背叛革命的劣迹；二、通过黄、庞被害事件和“三一八”事件，他对暴力、流血等问题有了新的认识，特别是“五卅”运动，更深刻地教育了他，使他更认清帝国主义和国内反动派的本质，促使他思考“将来所要走的是哪一条路”,“还有什么事要做”,还认清了帝国主义和外国人民,爱国主义和盲目排外等等问题的区别;三、他在实际参加商务印书馆的工人运动中,还加深了对知识分子的阶级地位和历史作用的认识。

一九三〇年代,由于革命的迅猛发展和“左派幼稚病”的流行,他一度处于“白者嫌其赤,赤者嫌其白”的境地。但他在思想上继续进步,接受革命的教育,同情与支助革命,踏踏实实地前进。最鲜明地体现他当时的政治思想和进步立场的例子,是他公开答复《中学生》杂志社、《东方杂志》社、及《文化建设》杂志社的提问和讨论的几篇文章。这些文章表明了:一、他认识到人民的力量是无限伟大的,中国革命必须唤起最广大的民众才能取得胜利,纠正了以前的有些偏激的看法;二、他认识到社会发展有其必然规律,将来一定是社会主义社会,但在这以前必须经过艰苦的战斗;三、他认识到当时中国最大的问题是反抗日本帝国主义的侵略;四、他认为必须将希望寄托在“新的文化,新的组织”上。从这些基本认识来看,我认为郑振铎此时的思想认识已基本达到历史唯物主义,或者说,历史唯物主义在他思想上已经占有主导地位。

抗日战争时期,他的爱国主义思想得到高度升华,可歌可泣,彪炳史册。他以一种置生命于度外的“殉道者”的精神,为祖国抢救和保存了大量文献图籍。抗战胜利后,他无条件地拥护中国共产党的正确主张,坚决反对国民党的独裁政策和内战方针,成为国统区最有名最尖锐的政论家之一。一九四七年二月,日本的《中国评论》杂志上称他为中国抗战胜利后居知识分子“最高峰之一人”。(须田祯一《郑振铎与“政治和文学”》)他在理论上反复强调政治民主化、经济民主化,明确喊出铲除官僚资本主义的革命口号。这一时期,他以自己的英勇行动,表明了他不愧为一个革命的文化战士，他的立场已经完全站在人民大众和无产阶级一边了。

由上所述，可见郑振铎走过的道路，与中国现代很多进步知识分子十分相似。陈毅同志在《纪念邹韬奋先生》一文中指出："以一个中国最优秀的知识分子的代表而坚决走上为工农兵大众服务的道路，这是韬奋先生永垂不朽，可为范式的地方。我们熟知韬奋先生的历史。他是以一个民主主义者走入战场，伟大的革命实践推动他向前迈步，直至与共产主义相结合，最后以他的为国家为民族为人民服务的品质和事业说，置诸共产主义者前列，可说毫无愧色。因此邹先生的道路是彻底的革命民主主义者与共产主义最终结合的道路。彻底革命的民主主义者与共产主义的一致性在邹先生一生历史实践中，又一次证明了。"我认为，郑振铎除了"五四"时起点比邹韬奋要高以外，几乎完全走着相同的路线。正如陈毅同志接着又指出的："那么，我们想一想这是一件偶然巧合吗？我想不是的，我想这里极其庄严郑重地指出了中国革命的总规律，这一条定理有不可拒抗的伟大力量。"我认为，在郑振铎身上，我们也能看到中国革命和中国新文化运动的伟大力量；而以前那些贬低郑振铎一生思想发展和政治活动的说法，从某种意义上说，岂不正是**对中国革命和中国新文化运动的伟大力量的漠视或无知吗？**

第二章　文学理论和文学思想

他从来没有徘徊过，没有迟疑过。他有他的自信，没有自信的人永远不会成为一个成功的文学作家。他有他的喜悦和憎恨，他有他的哲学和主张，他有他的正义感和对时代的敏锐感。（郑振铎《文艺作家们向哪里走?》）

抗日战争胜利后，郑振铎在结束多年秘密蛰居生活重返文坛时写了上面这句话。这是他的"夫子自道"。关于他在政治上的正义感和对时代的敏锐感，我们已在上一章里论述过了。那么，作为一个成功的文学家，他在文学上的哲学与主张又是怎样的呢？这便是本章所要论述的内容。

郑振铎很早就对文学理论产生兴趣。在中学时代，他买不起书，曾手抄过我国古代文学理论巨著《文心雕龙》以及涉及文学理论的《史通》等书。一九一六年夏，他见到中华书局新出的张相所编共四十册内容相当详备的《古今文综》，便"穷一暑天之力，尽录其中论文之作，集为二册，题曰"论文集要"。"他后来说，这"殆是我从事纂集工作之始"①。我认为，这更是他钻研文学理论的开始，而且还是相当系统地研究。当然，当时他读的还只是我国传统的文学理论，但无疑也为他日后的进一步研究和探索打下了一点基

① 见1957年郑振铎藏书《古今文综》的题跋。

础。而促使他成为一个真正的文学理论批评家的，是新文化运动。他与茅盾相似，最早是在一九二〇年代初作为文学批评家，而不是创作家，显身于新文坛的。我认为，郑振铎一生对中国新文学运动的贡献，首先正在于理论活动方面；或者说，他作为一个新文学战士的资格，首先是文学理论家。

郑振铎一生的文学理论活动中，写作最多、建树最大、影响最广的时期是一九二〇年代前期。这一时期，从整个新文学运动来看，是它的极其重要的转折时期与初建时期。正如李何林指出的，一九二〇年以前，我国新文化运动"其内容主要是文言文的破坏与白话文的提倡，兼一般文化思想的斗争"，而"从一九二〇年文学研究会与创造社开始活动到'五卅'"，[①]"才算是纯粹的新文学运动的时期，也就是说，'新文学'从这以后才有它独自的纯文学的发展。（不过作为新文学纪念碑的鲁迅的小说是在这以前就开始了。）"（《近二十年中国文艺思潮论》）用郑振铎的话来说，"新文学运动在这个时候方才和一般的革新运动分离了开来，而自有其更精深的进展与活跃。"（《文学论争集·导言》）而从郑振铎个人来看，他在这一时期的理论活动不仅对整个新文学理论建设作出了重大贡献，而且也决定了他一生文学思想的发展方向。从此以后，他就一直朝着这个方向前进，就像他自己说的，没有徘徊过，也没有迟疑过。

一九二〇年代初，他反复强调："目前最急的任务，是介绍文学的原理"，"无论是批评创作，或谈整理中国文学，如非对于文学的根本原理懂得明白，则所言俱为模糊影响之谈，决不能有很坚固、

---

① 文学研究会正式成立于1921年1月，创造社正式成立于同年6月；但这两个新文学社团的筹备活动及其主要人物的有影响的文学活动，可以从1920年算起。

很伟大的成功,甚至时要陷入错误。”(对邓演存译《研究文学的方法》的按语)这是很及时、很有远见的看法,得到一些进步人士的赞同。[①] 当时,郑振铎作为全国最大的新文学社团的主要负责人,又在当时全国影响最大的文学刊物《小说月报》、《文学旬刊》上以醒目的地位大量发表文学理论、批评文章,就具有一种登高一呼、声势夺人的效果。

“五卅”运动以后,他并未停止文学理论活动,时有文学理论或批评文章发表,但很少有一九二〇年代前期那样集中和多量了。此后他的主要活动,有时偏重于社会政治斗争,有时偏重于文学史、艺术史以及文物方面的学术研究,有时又集中精力搞创作或编辑工作等,不再如一九二〇年代前期那样把主要精力放在文学理论的探讨、论争上。当然不时也有精彩的文学理论见解发表,但从总体上来说,没有一九二〇年代前期那样大的影响了。特别是,在一九三〇年代,他对于马克思主义文学理论,当然也有所学习,有所领会,但未能积极介绍、翻译、普及。这一点上比起鲁迅、瞿秋白、茅盾,及冯雪峰、周扬等人来,无可讳言,是不能并肩的了。另外,对于新文学第二个十年左翼文学运动起讫两端的关于“革命文学”、关于“国防文学”两大论争,对于第三个十年中关于“与抗战无关”、关于“论主观”等较大的文学论争,他均因种种原故未发表文章。[②] 由于上述这些情况,还由于“五卅”前他的文学评论文章,

① 例如,陈望道就在1922年11月12日《民国日报·觉悟》上发表致沈雁冰的一封信,指出:“西谛先生的提议先输入文学原理和文学常识”,“很有理由”,“我感得中国的普通人文学常识似乎极其缺乏,普及文学常识尤其是目下的急务。”

② 除了关于“国防文学”口号的论争,郑振铎主要是不愿意卷入以外,其他几次大的论争他都因不在国内或不在大后方而未能参加。

在约七十年的长时期内绝大多数未曾收集出书,[①]因此,在相当长的时期,他不被一些评论者看作是一位文学史上有建树、有特色的文学理论家,很多有关论著(甚至包括专论一九二〇年代文学理论的书)中甚至连提也不提他。我觉得这是很不公正的,也是那些评论者没有充分掌握史料而产生的偏见!今天,我们应该以充分的事实为根据,作出实事求是的评价,以恢复他应有的文学理论家的地位。

因为郑振铎一生的文学理论活动具有上面提到的那种不平衡性,因此,我们在论述他的文学思想及其建树时,就不宜平均用力,面面俱到地作一般的泛论,而应把研究的重点放在他最有影响的时期和最突出的理论贡献上。当然,对其后期有关重要理论见解,也是仍然不可忽略的。郑振铎的文学思想,是一个丰富而复杂的整体,他的某些个别说法容或有互相矛盾之处,但总的说来是十分清晰明确、自成体系、一以贯之的。我们在研究中,自然必须始终把握他的整个文学思想的体系。下面,我拟从他对"为人生"的现实主义文学理论提出的一些重要观点,和他对文学遗产、比较文学、儿童文学等重要理论问题的论述等方面,来探讨他的文学理论和文学思想。

一、现实主义文学观(一)

我认为郑振铎是"五四"以后很典型的、同时又是有个性特点

---

① 郑振铎在一九二〇年代末曾收集后准备出书,但毁于"一二八"炮火。近年出版的郑振铎文集及选集收辑了一些,但尚有重大遗漏。

的现实主义文学理论家。他是为具有中国特色的现实主义文学理论体系的建设作出过重要贡献的人。为了说明这一点，我先谈谈自己对于现实主义的若干看法。

“现实主义”这个术语，自一七九五年席勒（Sehiller）首次在《论素朴的诗与感伤的诗》中提出以后，人们对它有形形色色的解释，又被加上了种种定语。据说在二十世纪文艺理论上，能说得出名字来的现实主义的名目，至少就有二三十种。（据程代熙《卢卡契的现实主义理论》）然而这比“浪漫主义”却要少得多了，有人统计，后者的定义居然超过万种以上。（见F. L.《浪漫主义理想的衰落》）当然，这两个统计并不是在同一标准上进行的，但可以说明：人们对于现实主义的理解历来并不相同，而相对于浪漫主义来说，其概念还是比较明确的。

高尔基说：“现实主义到底是什么呢？简略地说，是客观地描写现实，这种描写以纷乱的生活事件、人们的相互关系和性格中，攫取那些最具有一般意义、最常复演的东西，组织那些在事件和性格中最常遇到的特点和事实，并且以之创造成生活画景和人物典型。”（《俄国文学史》）这是一般比较狭义的理解。人们又常从广义上使用这个术语，即不将它仅仅视作为一种创作方法，而更看作是一种自觉的创作原则，一种根深源长的文学流派，一种独立的文学思想体系。现实主义在时间与空间的发展中，显示出各种特色。中国新文学史上的现实主义，就具有中国的特色。

这里说的中国特色的现实主义，指的是“五四”以后以鲁迅与文学研究会代表作家（沈雁冰、郑振铎等）主张的“为人生的文学”及其演变。有人说，“为人生的文学”与现实主义文学没有必然的关系。我认为，那是从名词概念出发而不是从历史事实出发的看

法。事实上,在“五四”后的中国,这两者是一而二、二而一的东西。所谓“中国特色”,我认为有这样几点:

首先,中国现实主义的发展道路与西方是大为不同。欧洲的现实主义文学理论,主要是十九世纪中叶开始的。(这样说,并不意味着在这以前没有现实主义文学的存在。)它随着资产阶级社会的确立而兴起。卢那察尔斯基(А. В. Луначарский)在《欧洲文学》中,就从资本主义要求“精密科学”和“观察现实”的角度,来说明现实主义发达的原因。而中国,“明确而比较全面的现实主义理论,是在‘五四’时期才提出来的”(茅盾《夜读偶记》)。从根本上说,并不是中国资本主义发展到一定阶段的要求的产物,而是中国人民在世界资本主义的压迫下争生存求解放的产物,是反对腐朽的封建势力、要求民主与科学的产物。巴人(王任叔)在《文学论稿》中指出,西方现实主义有一个特点,即与都市相结合,内容主要是描写城市资产阶级的(应指出,在这一点上俄国现实主义略有不同)。而中国现实主义显然与此有异,它经常与农村与土地相联结。西方文艺思潮,大体上经历了从“古典主义”到“浪漫主义”,到“现实主义”,以至五光十色的“现代主义”等等的发展程式。欧洲现实主义是作为对浪漫主义的反拨,对古典主义的否定之否定而产生的。而在中国,则没有这样一种历时性的发展,“五四”时期各种西方文学思潮的涌入,几乎是共时性的。也就是说,中国新文学运动绝不是西方文艺复兴以后历史的复演。现实主义在中国稳定地站住了脚跟,但它一开始的对立面并不是浪漫主义,而是虚伪陈腐的封建主义文学;其后,各种各样的唯美、颓废的“现代主义”也都未能取代它的地位。

第二,中国“五四”后的现实主义文学,受影响最大的并不是十九世纪中叶的西欧现实主义，而是十九世纪后叶的俄罗斯现实主义。这一历史事实，近年来常常被某些研究者有意无意地抹杀，因而有必要强调指出。鲁迅在一九三二年说过："俄国的文学，从尼古拉斯二世时候以来，就是'为人生'的，无论它的主意是在探究，或在解决，或者堕入神秘，沦于颓唐，而其主流还是一个：为人生"。"这一种思想，在大约二十年前即与中国一部分的文艺绍介者合流，陀思妥耶夫斯基，都介涅夫，契诃夫，托尔斯泰之名，渐渐出现于文字上，并且陆续翻译他们的一些作品，那时组织的介绍'被压迫民族文学'的是上海的文学研究会，也将他们算作为被压迫者而呼号的作家的。"[①]郑振铎在同一年作的报告中，更直接地指出文学研究会提出的"为人生的文学""是俄国式的"。（《新文坛的昨日今日与明日》）叶圣陶在一九四七年也说过："就我国的新文学说，特别与俄国文学有缘。俄国文学的精神是一贯的'为人生'，大略区分起来，一方面反抗罪恶，一方面追求光明。我国新文学运动开头的时候，正与政治运动社会运动相配合，在声气应求的情形之下，特别亲近俄国文学。二十几年以来，就作者说，就作品说，固然并非纯然一致，可是隐隐有一条巨大的主流在那里，就是'为人生'。……大概是我国的现实情况与当时的俄国相类，故而表现在文学方面，与俄国文学同其趋向。"（《零星的说些》）近年有论者似乎想否认这一"巨大的主流"的存在，这是没有说服力的。

第三，中国"五四"时期现实主义理论家们，从一开始就有一种开放式的、兼收并蓄的胸怀。他们大多十分博学，视野宽阔。不仅

---

① 见鲁迅为《竖琴》写的《前记》。按，这里说的"二十年前"当是"十二年前"之误；而所说的"文艺绍介者"主要就是郑振铎、沈雁冰等人。

学习俄国现实主义，同时也学习英美各国的现实主义；不仅学习现实主义，而且也注意学习可以为现实主义借鉴和吸收的其他文学流派与创作手法；不仅学习外国文学理论，而且对中国古代文论也有精深造诣。他们一开始就强调为人生的文学必须有理想之光的照耀，强调必须有主观感情的真实和创作冲动，也不忽视创造精神的高扬和各种艺术技巧的追求等等。因此，有一种观点认为"为人生的文学"只有在"为艺术的文学"的互补下才可避免立时被各种非文学因素完全淹没的危险，这一说法是值得商榷的。卢卡契(G. Lukács)曾经指出，俄国的"托尔斯泰的现实主义的雄浑精神和广阔视野，在于这样一件事实，即它是被一种具有世界意义的运动所推动的，这一种运动在它基本的社会倾向上是革命的。"(《托尔斯泰和现实主义的发展》)我认为，中国现实主义的雄浑精神与广阔视野，比起托尔斯泰(Л. Н. Толстой)来是决不逊色的，因为推动它的是比俄国资产阶级革命更为伟大的具有世界意义的中国新民主主义革命。由于这一特点，在中国新文学的发展中，其他一些文学流派、思潮、创作原则等，只要它们不是与社会前进方向完全相逆的，就总是被现实主义这一巨大的主潮席卷裹挟以去，一起推动了中国新文学的进展。

第四，由于中国现实主义兴盛的社会历史原因和客观需要，它的社会责任感、倾向性、功利性、战斗性等等，比起西方各国的现实主义来，要强烈、鲜明得多。在这一点上，俄国现实主义理论比起其他西方国家的现实主义理论，本来就强烈、鲜明。郑振铎在所著《俄国文学史略》中指出："一九一七年以前的俄国，是最黑暗最不自由的国家"，因此，文艺批评理论便成了"俄国运输政治思想的一条河流"，"文艺评论在俄国的地位的重要是无论何国都不能与之并肩的。”然而，一九四九年以前，中国社会的黑暗、腐败、专制，中华民族一度面临的亡国的危险等等，许多地方是连一九一七年以前的俄国也不能比的。而中国优秀知识分子历来所具有的“天下兴亡，匹夫有责”的高度责任感，也为其他各国所少见。鲁迅先生就是这方面最杰出的代表，他的文艺评论（杂文也可看作广义的文艺评论）在中国近代的地位，是极其崇高的。我们知道，十九世纪下半叶，西方资产阶级文艺理论家如法国的戈蒂埃（T. Gautier），英国的王尔德（O. Wilde）等，公然提出“为艺术的艺术”的口号；我们也知道，西方现实主义文学家，尤其是俄国的现实主义文学家，实际提倡的是“为人生的艺术”。但是，不论在欧美还是俄国，都没有一个现实主义理论家正面提出与“为艺术的艺术”针锋相对的“为人生的艺术”口号；有之，即自中国的文学研究会与鲁迅始。或者说，正是由中国的现实主义理论家把西方现实主义概括成“为人生的艺术（文学）”。这是发人深思的。有人怀疑这一口号，文学研究会的发起人之一、后来背叛自己历史的周作人，在一九二二年就开始吞吞吐吐地否认“为人生的文学”了。说什么，“为艺术的艺术”固然不妥，但“为人生的艺术”将艺术附属于人生，将艺术当作改造人生的工具而非终极，也何尝正确。（见《自己的园地》）他认为艺术的“终极”只是其自身，实际就已偏到“为艺术的艺术”那边去了。其实，功利性、倾向性、战斗性，以及发表到后来的革命的党性，本来就是中国现实主义的鲜明特色和光荣传统，是我们丝毫无须乎羞于承认的。一九七〇年代，香港学者司马长风认为中国后来发生了“文革”，其“祸之始、乱之源”就是文学“为人生”，特别是这个“为”字。（见《新文学史话》）这是危言耸听的偏激之谈。由于中国现实主义具有前述的开放性质，它虽然十分强调功利性，但同时又十分强调真实性与艺术性，因此它本身就是一个自我调节、自我完善的理论体系。鲁迅、茅盾、郑振铎等人在这方面都有大量论述，他们各自的创作实践，特别是鲁迅的创作实践，证明了“为人生”的理论是正确的。后来中国文坛出现的偏差，并不是“为人生”现实主义本身的过错，而恰恰是违反了它的原则所致。我们应牢记鲁迅晚期说过的话：“我仍抱着十多年前的‘启蒙主义’，以为必须是‘为人生’，而且要改良这人生。”（《我怎么做起小说来》）

以上四点，是我对中国现实主义的基本认识。同时，我认为郑振铎的现实主义文学思想也是体现了这些特色的。一般认为，我国最早提倡“写实主义”（现实主义）的是陈独秀，时在一九一五年。[①] 此后，李大钊、鲁迅、胡适、周作人等，也有所提倡。然而这些《新青年》同人的较早的倡导都还是比较简单的。直到一九二〇年代初，文学研究会崛起于新文坛后，鲁迅（他虽然不是文学研究会正式成员，但关系非同一般）和文学研究会的核心作家们，才将现实主义理论作了深入的、系统的阐述。就像郑振铎后来指出的那样：“他们是比《新青年》派更进一步的揭起了写实主义的文学革命的旗帜的。”（《文学论争集·导言》）而在文学研究会作家中，对此作出最大贡献的，无疑就是郑振铎与沈雁冰二人。正如钱杏邨在一九三〇年代指出的：“特别是茅盾在沈雁冰的署名下的一些长论、短评，郑振铎的文学论文，最足以代表”这一个“思想系统”。

---

① 早在 1915 年 10 月《新青年》（当时叫《青年杂志》）第一卷第二期上，陈独秀就在《今日之教育方针》中提及“写实主义”。在同刊第三期《现代欧洲文艺史谭》中，他介绍了欧洲古典主义、浪漫主义、写实主义、自然主义的演变。第四期，他又在答张永言的信中指出“吾国文艺……今后当趋向写实主义……庶足挽今日浮华颓败之恶风”。而到 1917 年 2 月，他在著名的《文学革命论》中，正式提出了“建设新鲜的立诚的写实主义”的口号。

(《小说月报的创作论特辑》)当然,郑振铎与沈雁冰相比,也还有若干个人特点。

郑振铎的第一篇重要的文学论文,是一九二〇年三月二十日为耿济之等人选译的我国第一本《俄罗斯名家短篇小说集》写的序。[①] 他在序中不仅正确地高度评价了刚开始介绍到中国来的俄国文学,而且还初步并相当系统地提出了自己当时的文学观点。因为这篇文章可视作他当时文学思想的起点,可看到他跨出的第一步是多么踏实,所以我们引录得多一点:

> 我对于现在我们文学界里的,俄罗斯文学介绍之热闹,是极抱乐观的。为什么呢?因为第一,我们三四十年来的西欧文学介绍,大都是限于英法的古典主义,罗曼主义,及其他消遣主义的小说,永不能见世界的近代的文学的真价。几十年来的努力,而一无收获,不可谓非因此之故。俄罗斯的文学是近代的世界文学的结晶。现在能够把俄国文学介绍来,则我们即可因所得见世界的,近代的文学真价,而中国新文学的创造,也可以在此建其基础了。第二,我们中国的文学,最乏于"真"的精神,它们拘于形式,精于雕饰,只知道向文字方面用功夫,却忘了文学是思想,情感的表现。所以它们没有什么价值。俄罗斯的文学,则不然,它是专以"真"字为骨的;它是感情的直觉的表现;它是国民性格,社会情况的写真;它的精神是赤裸裸的,不雕饰,不束格律的表现于文字中的。所以它的感觉,能够与读者的感觉相通,而能收极大的效果。现在我们能够把它介绍来,则足以弃自己的陋,而另起一新文学。这是

---

① 该书的另一篇序是瞿秋白写的。

极有利益的事。第三,俄罗斯的文学是人的文学,是切于人生关系的文学,是人类的个性表现的文学。而中国的文学,则恰与相反,是非人的文学,是不切于人生关系的文学,是不能表现个性的文学。我们不能得文学之益——或者还受其害——的原因,大半是因此。现在能够把俄罗斯文学介绍过来,或者可以把这个非人的,不切于人生关系的,不能表现个性的文学去掉,而创造一与俄罗斯相同的新文学出来。这又是很有利益的事。第四,俄罗斯的文学,是平民的文学,非同我们一样,除了颂圣酬和,供士大夫的赏玩吟咏以外,绝少与平民有关系。所以现在把它介绍来,以药我们的病体,实在是必要的。第五,我们的文学,久困于"团圆主义"支配之下,差不多一切的小说诗歌,都是千篇一律,奉为典范,而悲剧的文学,因而绝少发现,文学的真价,也永远的不能披露了!而俄国的文学,独长于悲痛的描写,多凄苦的声音,足以打破这个迷信,引我们去[找]到文学的真价。这也是极与我们文学界前途,有大关系的。

在这里,郑振铎虽然没有写出"写实主义"这个词;但他总结的俄国文学的几个特点,很明显就是俄国现实主义文学的基本特点。而且,他正是把这作为"英法的古典主义,罗曼主义,及其他消遣主义"的否定而提出来的。可见,他这时已经明确认为中国新文学的创造,必须建立在现实主义的基础上。他在这里提到的"人的文学"、"平民的文学"等,显然是接过以前周作人的观点,但他当时作了必要的扬弃(详见下述)。

在同年六月一日出版的《新学报》上发表的长篇论文《俄罗斯文学底特质与其略史》中,郑振铎再次指出十九世纪以后的俄国文学,“一跃而大放光明,占世界文学上最高的位置”。他认为它的特质是富有人道的、悲剧的、忏悔的和平民的精神,是“富有哲学的主义,多讨论社会问题,人生问题的文学”,肯定了俄国进步作家以文学“为发挥意见的第一件武器”的现实主义传统。同年七月十五日出版的《新中国》上,他又发表了《写实主义时代之俄罗斯文学》,明确指出俄国文学的黄金时代就是“写实主义文学时代”,而果戈理(H. B. Гоголь)就是“俄罗斯写实派作家的先锋”。同年八月二十日,他为托尔斯泰《艺术论》的第一个中文译本(耿济之译)作序,一开头就指出:“俄罗斯的艺术家与批评家,自倍林斯基与杜薄罗林蒲夫后,他们的眼光,差不多完全趋于‘人生的艺术’的立足点上。唯美派,神秘派的文学及他种艺术,多被他们攻击得体无完肤。”他认为,因为俄国政治黑暗,人民要求解放,故不得不排斥一切娱乐的、无目的的艺术,力求有益的、切于人生的艺术。而托尔斯泰也就是主张“人生的艺术”最力的一人。最后,他指出:“我总觉得中国现在正同以前的俄国一样,正在改革的湍急的潮流中,似乎不应该闲坐在那里高谈什么唯美派……而应该把艺术当做一种要求解放,征服暴力,创造爱的世界的工具。”同年九月一日,他又写了长篇论文《俄国文学发达的原因与影响》(载《改造》杂志),再次指出俄国现实主义文学对中国的影响。九月十三日,他翻译了高尔基的重要论文《文学与现在的俄罗斯》,并作有译后记(载《新青年》杂志),认为这篇文章十分重要,是高尔基文学思想的“结晶”,读后“实为他所感动”。如果把以上郑振铎在一九二〇年最初写的这些文章,与同时沈雁冰发表的最早的有关文学理论文章作一番比较研究,是很有意思的。当时他们一北一南,还没有发生联系,但他们都接过了“平民文学”的口号,都大力提倡文学“表现人生”和“为人生”，都提倡介绍国外“写实主义文学”；如果说有什么不同的话，那就是沈雁冰提倡介绍“西洋文学”（其中包括俄国文学），而郑振铎则是几乎“一边倒”地提倡介绍俄国文学（后来他也介绍英美文学理论）。另外，郑振铎的理论文章一开始在数量与质量上都更多、更重些。

从郑振铎最初的这些论文中我们就可以看到，他当时的文学思想明显受到从俄国革命民主主义文学理论家别林斯基（В. Г. Белинский）、杜勃罗留波夫（Н. А. Добролюбов）等人，到文学巨匠托尔斯泰，以至社会主义现实主义的奠基人高尔基的现实主义理论体系的重大影响。在《艺术论》中译本的序言中，他就不仅高度肯定别林斯基等人对于唯美派、神秘派等的批判，还肯定了杜勃罗留波夫等人“要求一切艺术家要切合于农民与为农民而活动者的需要”的思想。在当时他写的《杂谭》中，也提到别、杜、托等人的观点。他写的《阿史特洛夫斯基传》，以及为徐玉诺的诗集《将来之花园》写的序等文中，也都引用了杜勃罗留波夫的论述，并称他为“俄国急进派的批评家”。对托尔斯泰，郑振铎充分肯定他大胆反叛旧传统的艺术观，肯定他的尊劳主义思想等；但同时指出他的艺术观“不惟是人生的，并且是宗教的”，“有一些偏激”。对于高尔基，郑振铎则多次称道他是“描写平民生活的能手”。他翻译的高尔基论文中提出的文学家应“有张开眼睛看着人生的勇气”的现实主义思想，无疑对他深有影响。他在一九二三年八月《小说月报》上发表的《关于俄国文学研究的重要书籍介绍》中指出，关于“俄国文学近代文艺思潮”的书是“极重要的”，但“这一类的书，在英文里几乎绝无仅有”，他当时千方百计寻求这类书籍，包括读了日本升曙梦的有关论著。可以肯定，他是我国近代最早较系统地研究俄国文学理论的人。

正是因为他高度重视俄国现实主义理论，所以他在一九二三年撰写的我国第一部《俄国文学史略》中，便特列《文学评论》专章，来论述别林斯基、车尔尼雪夫斯基(Н. Г. Чернышевский)、杜勃罗留波夫等人的文学理论。[①] 他指出，别氏最初是个唯美主义者，为德国“理想派哲学”(按，即黑格尔“绝对理念”哲学)的信徒，但后来受赫尔岑(А. И. Герцен)的影响，又因果戈理的现实主义创始作品问世，才转变了文学思想，“以后俄国的为人生的艺术的思潮的磅礴，他可以说是一个最有力的鼓动者”。他认为车、杜两氏是“真能发挥光大”别氏的“未竟之工作者”。他介绍了车氏著名论文《艺术与现实的美学关系》的主要观点，指出“他辟开一切流行的美学原理，而确定下他的写实主义的‘美’的定义”。他介绍了杜氏《黑暗王国的一线光明》、《什么是奥勃洛摩夫性格?》、《真正的白天什么时候到来?》等著名论文，并认为他是一个“现实的理想主义者”。郑振铎还介绍了皮萨列夫(Д. И. Писарев)，称他是“有思想的写实主义者”。这一章也提到了托尔斯泰的《艺术论》，认为是“俄国为人生的艺术观的集大成的著作”，但指出它与别氏诸家的言论已有所不同。后来，郑振铎在一九二六年九月《小说月报》上发表的《文学大纲·十九世纪的俄国文学》中，也作了类似的评述。他的以上评述，虽然还比较简略，但基本准确。这是在中国的较早的比

---

① 瞿秋白在旅俄期间也曾开始撰写一本《俄国文学史》，但直至 1927 年 12 月才有部分内容问世。瞿著有一章是《文学评论》，也提到别、车、杜，但较简单。而当时国外的《俄国文学史》(包括俄文版)中，则大多没有“文学评论”专章。详见本书第五章第三节。

较有系统的介绍,[1]值得充分注意,并纠正至今学术界长期流传的以为别、车、杜是一九三〇年代才被介绍到中国来的误说。当然,鲁迅直到一九三〇年九月二十日致曹靖华的信中还感慨地指出:"车氏及别林斯基,中国近来只有少数人知道他们的名字"。那么,郑振铎无疑就是这"少数人"之一,而且他在一九二〇年代初就介绍了他们,并从中汲取现实主义文学思想,其意义决不能低估!他在这方面的贡献,在当时是很少有人可及的。[2]

除了介绍和吸取俄国现实主义文学理论以外,郑振铎在新文学运动初期还介绍了英美等国当时的文学理论。我感到,在思想、观点的革命性、进步性上,当时的欧美文学是不及俄国文学的;但在文学一般原理、知识的探讨与介绍的系统与深入方面,则似乎有过之而无不及。本世纪初的一些英、美大学里的文学理论教授,他们本身未必有很独到的理论建树,但他们将十九世纪西方以泰纳(H. Taine)、勃兰兑斯(G. Brandes)等人为代表的社会历史学派的文学理论作了更为条理清晰与通俗易懂的阐述。这对郑振铎很有启示。他当时强调系统介绍文学原理的急迫性,多次指出:"我愿意有一部分人出来,专用几年工夫,把文学知识多多地介绍进来——愈多愈好——庶作者不至常有误解的言论,读者不至常为谬论所误。"(《杂谭》)他当时主要介绍的,便是经过他选择的英美通论文学原理的书籍,例如,一九二一年初他在计划主编大型的

---

① 于别、车、杜在中国被介绍的历史,详见本书第五章第三节。

② 据郑振铎回忆,"五四"运动时学俄文的瞿秋白和耿济之等人虽然读了不少俄国文学作品,但他们都苦于看不到俄文的文学理论著作。于是便托郑振铎在英文书刊中寻找这类材料,翻译给他们作参考。这样,也促使郑振铎成了我国最早钻研俄国文学理论的人。

《文学研究会丛书》时，就把莫尔顿（R. G. Moulton）的《文学的近代研究》、亨德（T. W. Hunt）的《文学的原理与问题》、文齐斯特（C. T. Winchester）的《文学批评原理》、蒲克（G. Buck）的《文学之社会的批评》等书列了进去，并都打算亲自翻译。后来，这几本书虽然不是由他亲自翻译的，但他在很多文章中介绍和吸取了这几位英美文论家的有关观点，特别是莫尔顿关于文学的统一观与进化观的论述，亨德关于文学的使命与时代精神的论述，文齐斯特关于文学的情感性的论述，等等。无疑，对英美当代文学理论家的这些论述的吸收，更丰富了他的现实主义文学思想。

郑振铎一九二一年春到上海工作后，就和沈雁冰并肩战斗在新文坛上。他们同时指出当时国内的旧文学观的错误。郑振铎认为"约而言之，可分为两大派"："一派是主张'文以载道'的，他们以为文非有关世道不作"，"一派则与之极端相反，他们以为文学只是供人娱乐的。"（《新文学观的建设》）[①]这一归纳很有见地，抓住了我国传统文学观，特别是近代旧文学观的特征，就是对于真善美辩证统一关系的割裂。前者是极端地强调伦理功利，后者是极端地强调美感享受。由于这样的片面性，就必然如同郑振铎说的永不能见"文学的真价"。更不用说那些所"载"的封建之"道"和那些低级、丑恶的"娱乐"本身了。因此，在这两种文学观下产生出来的就必然是"假"的文学。郑振铎主张"为人生的写实主义文学"，就正是首先针对当时的封建主义文学流派，是为了"扑灭盲目的复古运动与以文艺为游戏的礼拜六派"（《本刊的回顾与我们今后的希

---

① 沈雁冰当时也认为旧文学有这样"牢不可破的两个观点"，见《自然主义与中国现代小说》等文。

望》)。

所谓“文以载道”,所谓“复古运动”,当时体现为封建旧文学势力的直接反扑。他们在思想上鼓吹旧的封建伦理,在形式上提倡旧诗八股,在文字上主张“烂污文言”(郑振铎语)。新文学运动发难时期,这一派势力的大本营在北京,以林纾为代表人物,因遭到新文学阵营的痛击而溃不成军;而一九二〇年代继之以起的,则是南京的胡先骕、梅光迪等人,正如郑振铎说的,他们“仿佛自有一个小天地,自在地在写着‘金陵王气暗沈销’一类的无病呻吟的诗。”(《文学论争集·导言》)《南京高等师范日刊》上,就曾发表过胡先骕的《中国文学改良论》等宣传复古的文章。这时,他们还出版了所谓“诗学研究号”等,大肆鼓吹和登载内容陈腐的旧体诗词。郑振铎在当时的书信中就曾提到这件事,表示要“在《文学旬刊》上大骂他们一顿,以代表东南文明之大学,而思想如此陈旧,不可不大呼以促其反省也”。[①] 于是,他便在《文学旬刊》上组织了不少批判文学,尤其是叶圣陶的《骸骨之迷恋》一文,有力地批判了这股文坛逆流,使“骸骨之迷恋”成为一个新的成语掌故。正如郑振铎后来说的:“这场论争的结果便是扑灭了许多想做遗少的青年人们的‘名士风流’的幻想”(《文学论争集·导言》),从而扩大了为人生的现实主义思想的影响。

所谓娱乐派,又称“鸳鸯蝴蝶派”或“礼拜六派”等,当时的势力更较载道派为大。他们在社会上拥有很多低级无聊的刊物,诸如《礼拜六》、《红杂志》、《快活》、《红玫瑰》等等,或吟风弄月无病呻吟,或写些哥哥妹妹的肉麻文字,甚至借写“黑幕”、“艳史”之名诲

---

① 见1921年11月3日郑振铎致周作人信。

淫诲盗。就像郑振铎说的:"鸳鸯蝴蝶派的大本营是在上海。他们对于文学的态度,完全是抱着游戏的态度的……他们对于人生也是抱着这样的游戏态度的",他们"迎合着当时社会的一时的下流嗜好"。(《文学论争集·导言》)对于这股封建的、颓唐的文艺思潮,郑振铎更在《文学旬刊》等报刊上发表了大量的文学评论,集中进行了批判。他不仅痛斥了这类畸形的作品与文学观,而且进一步指出这类东西是"应了这个社会的要求"而产生的,因此问题"不在于与这班'卖文为活'的人争斗,消极地把他们扫除,乃在于与这腐败的社会争斗,积极的把他们的这种旧眼光变换过"。(《悲观》)

过了几十年后,我们来回顾当年郑振铎、沈雁冰等人对旧文学观的批判,仍然强烈地感到其正确性和必要性。现在我们对于旧体诗词,对于"鸳鸯蝴蝶派"等有了更全面更科学的认识,郑振铎等先贤当时有的话说得也许也有片面的地方,但其整体理论则是准确的。相反的,倒是现在某些大肆为"鸳鸯蝴蝶派"翻案的论述充满了片面性。其实,现在文坛上就正是充斥了不少"鸳鸯蝴蝶派"的货色,有些甚至更加下三流。殷鉴不远,郑振铎等人当年的论述也就有着强烈的现实意义和严肃性。

除了批判上述两大类旧文学观以外,郑振铎还在《文学的使命》等文中批评了当时有人主张的文学"商品观",即"把文学视为一种纯粹的实际的、经济的艺术","当作著作家求名的工具";他也批评了那种"文学的目的就在于自己表白"的说法,认为这虽比文学的商品观好一点,"然而终带着自私的色彩,把文学太为个人化了"。他特别批评了那种"为艺术而艺术"的主张(详见下文关于"血和泪的文学"的争论)。虽然这些属于新文学派内部的错误文学观,不是郑振铎当时重点批判的对象,这里也不多说了。但郑振铎当时对此展开一定的批评,也正是提倡现实主义文学、端正新文学建设发展方向所必需的。这些论述现在也有着强烈的现实意义。

如上所述,郑振铎当时大力提倡为人生的现实主义文学,其目的性或功利性是十分明确的,那就是改造旧的封建的文学观;同时,他还有着更进一步的目的,即改造旧的社会与人生。在他为《文学旬刊》写的《宣言》中就说:"我们确信文学的重要与能力",认为文学"是常常立在时代的前面,为人与地的改造的原动力的"。他把进步文学视作"与这腐败的社会争斗"的一种有力武器,"把艺术当做一种要求解放,征服暴力,创造爱的世界的工具。"(《〈艺术论〉序》)这是不是过分夸大了文学的作用的唯心主义思想呢?我认为不是,这种思想的本身就是受了俄国进步文学运动的影响,并为俄国革命实践证明是正确的。正如郑振铎在一九二二年说的,"由俄国文学,我们得了一个印象:就是文学的本质,实际上虽然不以改造社会为极致;不替社会建设一种具体的方案;可是激动改造的根本精神之物,当以文学之力为优。俄国文学,便是明证。"(《文学之力》)[①]因此,用他当时的话来说,改造旧文学和改造旧中国是新文学工作者的"两重责任"。他在一九二一年七月发表的谈戏剧的论文中,便以十分明确的语言指出:文学艺术"必须是:带有社会问题的色彩与革命的精神。""我们的责任有两重,一重是改造戏剧,一重是改造社会。光明的制造者,应该牢牢的记住这句话,不要把自己的使命忘了。"(《光明运动的开始》)这就清楚地表明,他

---

① 此文发表时未署名,几本《茅盾年谱》均认作茅盾作品;其实,从内容即可判定为郑振铎所作,而且郑振铎的遗稿中存有此文抄件。

的为人生的文学主张，不仅仅如茅盾指出的，“是文学研究会集团名下有关系的人们的共通的基本的态度”，即“在当时是被理解作‘文学应该反映社会的现象，表现并讨论一些有关人生一般的问题’”；[①]而且，郑振铎的思想要比一般的文学研究会作家更深一层，即为人生的文学除了反映人生、讨论人生以外，还应含有改造人生、创造人生的内容，应带有社会问题的色彩和革命的精神。这和鲁迅一生坚持的“必须是‘为人生’，而且要改良这人生”[②]的思想是完全一致的。正如朱自清严肃地说的：“然而这也未尝不是‘载道’；不过载的是新的道，并且与这个新的道合为一体……一方面攻击‘文以载道’，一方面自己也在载另一种道。这正是相反相成，所谓矛盾的发展。”(《论严肃》)

郑振铎的这一思想也体现在当时他对一些具体的文学作品的分析评论中。例如，他在一九二一年六月的《文学旬刊》上曾发表与介绍被他称作“关于人生问题的创作”——叶圣陶的《不快之感》等作品时，就指出：“我以为这种不快之感，都是起于人生的怀疑与失败。我希望读者看了这篇东西以后，能发生一些要求解决的感觉。”(《文学中所表现的人生问题》)这就是说，为人生的文学要能使人产生对旧社会的怀疑和要求改革的感想。这里，我不由得想起了恩格斯的一段著名的论述：

> 如果一部具有社会主义倾向的小说通过对现实关系的真实描写，来打破关于这些关系的流行的传统幻想，动摇资产阶级世界的乐观主义，不可避免地引起对于现存事物的永世长

---

① 《中国新文学大系·小说一集·导言》。

② 《我怎么做起小说来》。

存的怀疑，那末，即使作者没有直接提出任何解决办法，甚至作者有时并没有明确地表明自己的立场，但我认为这部小说也完全完成了自己的使命。(《致敏那·考茨基》)

由此我得到启示：尽管郑振铎当时不能提出社会问题的彻底解决办法(他曾在一些政论中提出一些带有空想和改良性质的“解决办法”，见本书上一章)，尽管他当时认识到文学的本质不是替社会建设一种具体的方案，但他明确提出要求文学通过现实主义的描写，引起人们憎恶旧秽的感情，发生一些要求解决的感觉，这就表明了他的为人生的文学思想是具有社会主义倾向的。联系我们前一章论述的他当时的政治思想与倾向，这一点是十分清楚的。

为了更有力地说明一九二〇年代郑振铎文学思想的社会主义倾向，我们有必要着重分析他当时提出的一个著名的口号——“血和泪的文学”。他最早提出这一口号，是一九二一年六月三十日出版的《文学旬刊》上的一篇短论，题目即是《血和泪的文学》。全文如下：

我们现在需要血的文学和泪的文学似乎要比“雍容尔雅”，“吟风啸月”的作品甚些吧：“雍容尔雅”“吟风啸月”的作品，诚然有时能以天然美来安慰我们的被扰的灵魂与苦闷的心神。然而在此到处是榛棘，是悲惨，是枪声炮影的世界上，我们的被扰乱的灵魂与苦闷的心神，恐总非他们所能安慰得了的吧。而且我们又何忍受安慰？萨但(Satan)日日以毒箭射我们的兄弟，战神又不断的高唱他的战歌。武昌的枪声、孝感车站的客车上的枪孔、新华门外的血迹……忘了么？虽无心肝的人也难忘了吧！虽血已结冰的人也难忘了吧！“雍容尔雅”么？恐怕不能吧！“吟风啸月”么？恐怕不能吧！然而竟有人能之：满口的纯艺术，剽窃几个新的名辞，不断的做白话的鸳鸯蝴蝶式的情诗情文，或是唱道着与自然接近，满堆上云、月、树影、山光等等；他们的"不动心"，真是孔孟所不及。革命之火，燃吧，燃吧！青年之火，燃吧，燃吧！被扰乱的灵魂沸滚了，苦闷的心神涨烈了。兄弟们啊！果真不动心么？记住！记住！我们所需要的是血的文学，泪的文学，不是"雍容尔雅""吟风啸月"的冷血的产品。

这是一篇散文诗式的杂文，慷慨激昂，大声呼唤"血和泪的文学"，至今读了令人感动。当时郑振铎是只有二十来岁的青年，用他自己的话来说，正是燃烧着"青年之火"，因此文中有一股火热的激进的气息，是毫不足怪的，且是十分可贵的。文章的意思十分明白："血和泪的文学"是作为"雍容尔雅"、"吟风啸月"的作品的对立面提出来的，是在到处是榛棘、悲惨、枪声、血迹的社会现实之上提出来的。由于这篇文章只是作为该刊的《杂谭》(第二十三则)发表的，因此未能在理论上充分展开论述，也未能包含这一思想的全部内容，主要只是"宣言式"地提出了这一口号。而要研究他关于这一口号的思想，则必须结合他当时的其他一系列有关论述。

就在他发表了《血和泪的文学》等文后，有位青年费觉天激动地写信给他说："当今日一般青年沉闷时代，最需要的是产生出几位革命的文学家，激刺他们底感情，激刺大众底冷心，使其发狂，浮动，然后才有革命之可言。"郑振铎便写了《文学与革命》一文，答复说，他对此"表示极大的同情"，并且早就有这种感想了。他认为"革命之歌消沉，革命之帜不扬"，而"只有文学，才能担任""引起一般青年的憎恶旧秽的感情的任务"。他强调："革命就是需要这种感情，就是需要这种憎恶与涕泣不禁的感情的。所以文学与革命是有非常大的关系的。""把现在中国青年的革命之火燃着,正是现在的中国文学家最主要最伟大的责任。"从这一使命与责任出发,他提出了需要有"叙述旧的黑暗,如兵士的残杀,牢狱之惨状,工人农人之痛苦,乡绅之横暴等等情形的作品",而且还不能只是"表面的肤浅的描写",而必须"能使人感极深刻真切的影[印]象而哭泣,而痛恨的"。

从这篇重要的文学论文中,我们可以深切地看到郑振铎当时强烈向往革命、提倡革命文学的热情。他这么早就肯定了文学在革命中的宣传鼓动作用,并初步论述了文学与革命的关系,是十分值得我们注意的。从这篇文章中,我们还可以看到他当时反复强调的"文学是感情的产物"(《文学与革命》)这一说法,不同于那些将"感情"理解为卿卿我我缠缠绵绵之类,或者理解为"生命的冲动"之类的作家,而是具有革命性的,主要是指"憎恶旧秽的感情"。而更重要的是,我们可以看到他呼唤的"血和泪的文学"的主要内容或重要题材,就是深刻真切地反映和揭露"兵士的残杀,牢狱之惨状,工人农人之痛苦,乡绅之横暴等等情形",也就是反映阶级压迫和阶级斗争的作品。郑振铎提倡"血和泪的文学",正是要求文学家必须首先注目于社会的主要矛盾和重大意义的题材。(值得指出的是,郑振铎的这篇《文学与革命》后被《评论之评论》杂志转载,收入该刊《提倡革命的文学》专栏;并作为该刊要目,从一九二二年二月三日至五月十一日,逐日登在当时发行量甚广的《晨报附刊》上。在当时的影响还是比较大的。)

郑振铎还认为,这样"极深刻真切的"血和泪的革命文学作品,在当时中国"可称得是'绝无仅有'",并说"我想:我们理想的革命文学家决不是现在的一般作者,而是崛起于险难中的诗人或小说家。”(《文学与革命》)于是,他又把眼光投射到国外。一九二一年十月出版的《小说月报》是著名的“被损害民族的文学号”,介绍了波兰、捷克、芬兰等被压迫民族的文学作品。这期专号是郑振铎协力编辑的,他并在当时自己主编的《时事新报·学灯》上撰文作了介绍。他说:“我把这本杂志翻了一翻,不禁全心灵都紧缩了”,“由痛苦中发出来的呼声,实较在欢愉中的歌舞尤足以感动人。因为这种呼声实是被侮辱,被损害的人们的血泪的哀号。”“何况我们也是屡受损害的民族呢?”他还激动地说:“我们看见他们的精神的向上奋斗,与慷慨激昂的歌声,觉得自己应该惭愧万分!我们之受压迫,也已甚了,但是精神的堕落依然,血和泪的文学犹绝对的不曾产生。”(《介绍〈小说月报〉被损害民族的文学号》)从这里,我们不仅可以看到他当年积极介绍国外被压迫被损害民族的文学,与他的“血和泪的文学”主张的内在的一致关系,而且可以进一步看到他认为“血和泪的文学”不仅仅是“血泪的哀号”和“呼声”,还应该包括“精神的向上奋斗,与慷慨激昂的歌声”。也就是说,“血和泪的文学”不仅是揭露的、控诉的文学,而且还是反抗的、向上的文学。用他当时的话来说,是“伟大的感人的作品”,是“带着血泪的红色的作品”。(《我们的杂记》)

在提出这一口号后,他还作了两点很重要的补充论述。第一是:“鼓吹‘血和泪’的文学,不是便叫一切的作家都弃了他素来的主张,齐向这方面努力;也不是便以为除了‘血和泪’的作品以外,更没有别的好文学。文学是情绪的作品。我们不能强欢乐的人哭泣,正如不能叫那些哭泣的人强为欢笑一样。如果自己感不到真挚深切的哀感,而强欲作‘血和泪’的作品,则其‘做作’其‘空虚’,必与那些‘无病而呻’的假作家一样无二。我们所以鼓吹‘血和泪’

的文学，不过以为在这个环境当中，应该且必要产生这种的作品罢了。决不愿意强人以必同。”(《杂谭》)他认为，创作者固然应有其创作的自由，“批评家却不能没有一种决绝的态度”，“因此，我们虽不强人以必同，却禁不得要对那些感觉顽钝，溺于词章，而沉湎于空幻之美(?)的作者有些憎恶了。”(《杂谭》)第二是：他再次强调了作品的文学性与真实性。“血与泪的文学不仅是单纯的‘血’与‘泪’，而且是必要顾到‘文学’二字。尤其必要的是要有真切而深挚的‘血’与‘泪’的经验与感觉。虚幻的浮浅的哀怜的作品，不作可以。”并认为那种“虚伪的血泪文学，我们也要攻击!”(《杂谭》)

由上可知，郑振铎提出的“血和泪的文学”，是一种形象而又醒目的说法，决不能仅从字面的狭窄意义上去理解。他并不认为作家在作品中只要“表面的肤浅的”写到些“血”和“泪”的字眼就可以了。如沈泽民后来批评的有些“外面敷着血和泪的文章”，“‘血’和‘泪’竟成了新的装饰品了，它们的效用和‘风’‘花’‘雪’‘月’一样”，[①]这决不是郑振铎所提倡的。他要求的是“深刻真切”地写出“兵士的残杀……”等等情形，以作者的蘸着“血和泪”的笔，去描写充满着“血和泪”的社会与人生；他反对虚假的感情与浅薄的哀怜，认为必须有“向上奋斗”的精神去“感动人”，引起读者对不合理的社会的痛恨，点燃读者的“革命之火”；同时，他又强调必须顾到“文学”二字。他也并不认为文学只能写这样的“血和泪”的作品，并不企图以此来“统一”整个文坛，他只是指出“血和泪的文学”比那些“冷血的产品”的社会效用是不同的，当时的社会需要的是前者。他提出这一口号，是对当时进步作家与革命作家的一个高要求，就

① 见《文学与革命的文学》，1924 年 11 月 6 日《民国日报·觉悟》。

像他当时说的："红色的还保持我们自己的红色吧"。(《新旧文学果可调和么?》)因此，这一口号的提出，不仅在当时是十分革命的，鲜明的，而且在理论上总的说来也是无懈可击的。

这个口号提出以后，当然受到旧文人和封建顽固势力的惊恐和反对。李何林曾指出："绅士派以为文学是用以供绅士淑女的消遣的，对于'被压迫者的血和泪'的口号，不但觉得有失文学的尊严，并且颇为恐悸——恐其'引人误入歧途'。当时吴宓即作有文章，言其不知何以有人竟喜描写下流社会。"(《近二十年中国文艺思潮论》)梁实秋也反对，并说："诗人永远是站在社会的边上。诗人的家乡离这'血和泪'的社会远得很。诗国绝不能建设在真实普遍的人生上面。"(《读〈诗底进化的还原论〉》)这些反对是不足为奇的。遗憾的是，由于当时进步文学阵营内部的宗派情绪和认识上的不一致，郑振铎的这一进步主张在刚提出来的时候，也没有得到创造社一部分作家的响应，后来在创造社与文学研究会的争论中他们甚至还挖苦嘲笑了这一口号。① 但尽管如此，这一口号提出后，仍然受到一定的欢迎，起到一定的影响。例如，早在一九二一年七月，一位北京读者就写文章呼应说："中国现代文学家应当提倡的"，"是血与泪的文学，不是花与月的文学；是灰色的惨淡的俄国文学，不是贵族的雍容尔雅的英美文学。"(李开中《文学家的责任》)朱自清在翌年二月为《蕙的风》写序也说："我们现在需要最切

---

① 例如，郁达夫在1922年8月写了一篇小说《血泪》，捏造了一个主张"血和泪的文学"的所谓"人生艺术主唱者"来加以丑化嘲讽。成仿吾则直到1925年9月还写《今后的觉悟》，嘲弄这个口号，说是"最使人发噱的是他们写了满纸的'血'、'泪'，便以'血与泪的文艺'自豪"。郭沫若当时对这个口号也没有支持，但他后来声明："我郭沫若反对过那些空吹血和泪以外无文学的人，我郭沫若却不曾反对过血和泪的文学。"(《暗无天日的世界》)

的，自然是血与泪底文学，不是美与爱底文学；是呼吁与诅咒底文学，不是赞颂与咏歌底文学。”“二者原不能偏废。但在现势下，前者被需要底比例大些，所以我们便迫切感着，认为‘先务之急’了。”四月，李之常写《支配社会底文学论》，[①]呼唤“血泪底，革命底，自然主义底文学家”的产生，并号召“无产阶级者联合起来，革第三阶级底命”，进行“俄国式底革命”，提倡“革命底文学”。耿济之后来在翻译一篇法国文学论文时也说：“讨论社会问题，描写下层阶级的文学，所谓‘血和泪’的文学，在现在中国的社会上是如何的切要呀。”而创造社作家对这一口号的嘲笑与攻击，也从反面扩大了它的影响。当时就有读者说：“我本是一个对于文艺抱着‘纯艺术’意见的人，我从前极不赞成文艺作人生的留声机，摄影镜，应当把宇宙在作品中美化以安慰这绝望的人生。现在我觉得是不可能了。血和泪的文艺作品应当在今日的文坛作有势力的主潮，这荒凉的中国受了血和泪的灌溉，或者还勉强可以长出希望之花来！”（孔生《读〈工人绥惠略夫〉后》）汪馥泉也不赞成郁达夫“故意别解”这一口号而作《血泪》去讥笑，指出“这种当然算不来小说的”，“完全是闹脾气了”，而认为“那提倡者的原意，我以为很有点意思的”。（《“中国文学史研究会”底提议》）王任叔则正是通过创造社与文学研究会的这一争论而更坚定地“无条件接受”郑振铎的观点的。[②]尤其是，正当论争最激烈的时候，鲁迅公开支持了这一口号。他在一九二二年十一月写的《对于批评家的希望》一文中说，“叹息现代作品之没有血泪，那是怕著作界复归于轻佻”，这是“对于文艺的热

---

① 李之常也是文学研究会会员。顺便指出，近年国内有家权威刊物《中国社会科学》发表的论文中，竟将此文作者误说成是李大钊。这是亟应纠正的。

② 见王任叔《无实践即无文学》。

烈的好意”,“实在是很可感谢的”。

我认为,如果说“为人生的文学”是文学研究会许多作家共同主张的口号(当然,其中各人理解又有深浅的不同),因而带有共性;那么“血和泪的文学”则主要是郑振铎提出的口号(沈雁冰是大力支持者),因而更显示出他的文学思想的个性。这两个口号在精神上是完全一致的,而且“血和泪的文学”实际上是从属于“为人生的文学”口号的;但前者更强调后者的核心思想,在号召性上也更强烈,更醒目。当然,“血和泪的文学”离无产阶级革命文学口号还有一段距离,沈泽民在一九二四年指出,这一口号还“没有把文学的阶级性指出来”。(《文学与革命的文学》)但郑振铎在提出这一口号时,连中国共产党都尚未正式成立,所以对他提出过高的要求是不切实际的。这一口号在民国時期文学史上的影响没有后来的“革命文学”口号大,主要也是由于客观的革命形势和其他条件决定的;但这两个口号在本质上是一脉相承的,我们有理由把前者看作是后者的先声。如前所述,当时郑振铎发表的李之常的文章中,就在谈到“血和泪的文学”时,提出了无产阶级革命文学的问题了。创造社部分作家后来放弃原先的观点,转而提倡革命文学,其中也是有着这一口号对他们的砥砺攻错与启发促进作用的。在后来有关“革命文学”口号的争论中,甘人、冰禅等人的文章中也一再提到“血和泪的文学”这一口号。可见这一口号在新文学史上从“文学革命”到“革命文学”的发展中,是起了促进推动的作用的。历史证明了郑振铎在当年作出的“预言”:“血与泪的文学,恐将成中国文坛的将来的倾向。”(《杂感》)直到一九四五年,邵荃麟还指出:“‘血和泪的文学’,这大概是指出,文学必须反映出血与泪的人生斗争,必须从血肉搏斗中间去追求人生的真实。这正是现实主义的基本精神，特别是在今天，当社会斗争要求文学更深入到人民大众中去，而另一方面文艺思想上多少显出一种灰白无力的倾向的时候，这一个旧时提出的口号是值得我们特别重视和警惕的。”(《感谢和期待》)

这里，值得提一下茅盾(沈雁冰)与这一口号的关系，特别是他后来的有关评价。早在沈雁冰的第一篇文学论文中，他就显露了与郑振铎一致的思想，并且还用了“血和泪”的字样；[①]在创造社一些作家非笑这一口号时，他又仗义执言予以批评。[②] 可见他是这一口号的坚决赞同者。不仅如此，后来最早试图用马克思主义观点来比较全面地分析评价这一口号的，也是茅盾。一九三一年夏，茅盾遵照瞿秋白的建议，写了两篇重要的论文，[③]都论及“血和泪的文学”这一口号。在一九三一年八月五日出版的中国左翼作家联盟机关刊物《文学导报》上，他用笔名“丙申”发表了《“五四”运动的检讨——马克思主义文艺理论研究会报告》。他首先指出这一口号的提出是时代的需要：“五四”以后，“无产阶级的巨人在封建军阀不断混乱与资产阶级日趋没落的中国舞台上出现”，“新时代

---

① 沈雁冰在1920年1月发表的《现在文学家的责任是什么?》中说：“积极的责任是欲把德谟克拉西充满在文学界，使文学成为社会化，扫除贵族文学的面目，放出平民文学的精神。下一字是为人类呼吁的，不是供贵族阶级赏玩的；是‘血’和‘泪’写成的，不是‘浓情’和‘艳意’做成的，是人类中少不得的文章，不是茶余酒后消遣的东西!”

② 沈雁冰在1922年8月发表的《介绍国外文学作品的目的》中说：“对于扰攘的人事得失感着切身的痛苦，要求文学做诅咒反抗的工具，我想谁也没有勇气去非笑他们。处中国现在这政局之下，这社会环境之内，我们有血的，但凡不曾闭了眼，聋了耳，怎能压住我们的血不沸腾？从自己热烈地憎恶现实的心境发出呼声，要求‘血与泪’的文学，总该是正当而且合于‘自由’的事。”

③ 茅盾这两篇论文由于当时都用化名发表，并且以前未曾收入他的集子，因此很长时期以来均未引起研究者的注意，好几本研究茅盾的专著以及民国文学批评史专著中都没有提到。我认为这是十分遗憾的。

的展开，新阶级的崛起，相伴着必有新的意识形态的产生。”“这种情形，反映在当时的文坛上。文学研究会……在上海的分子（虽然并不是全然一致）开始讨论到‘新文学’的内容的问题（就是认为‘五四’期所遗下的关于内容的纲领——完全资产阶级性的，已经不能满足），高呼着我们的文学者应该把被压迫者的血与泪来充实作品的内容了。他们反对那不为人生及社会服务的纯艺术派的文学，他们反对‘近代人的颓废’。”茅盾精辟地论述了这一口号的进步意义，同时也指出它的局限性及其原因：

在帝国主义者和中国资产阶级最有势力的大都市上海，切肤地感受着帝国主义的横暴，资产阶级的无人道的剥削，劳动者的死里求生的斗争，而且自身又是资本家的雇员薪工劳动者的文学研究会分子发出了要“血与泪的文学”的呼声，正是当然的事。然而也因为他们究竟是小资产阶级知识分子，虽然他们大都是薪工劳动者，除了每日的薪工而外，更无所谓产，并且也像劳动者一样，一天不作工便没一天的饭粮，然而他们的日常生活到底和真正无产阶级不同。因此他们没有明确的无产阶级的意识，他们的文学主张因而也只限于“被压迫者的血与泪”——这么一个模糊的观念了。他们这主张，除了和创造社的论争成为当时文坛上的“谭助”而外，对于当时青年界（那时候唯一的文艺的读者）很少影响。这也是自然不过的事。进了中学校的青年大多数是未经忧患的小资产阶级的子弟——不客气说，就是肠肥脑满的少爷，在那时候他们忙于新获得的“自由”——男女社交公开，以及由此而发生的长吁短叹，愁眉笑眼。什么“被压迫者的血和泪”，当然非他们所好，并且觉得怪扫兴似的。再者，对于这一类青年，当然创作的引诱力比批评论要大得多。然而文学研究会派在当时除用评论来提倡他们的主张而外，惟注力于介绍俄国文学及弱小民族文学，对于创作却一向是忽略了的。（这是就这派提倡此主张的主要人而言。）

很明显，茅盾不仅是这一口号的赞同者，并且他还将自己也算作"这派提倡此主张的主要人"。因此，他偏重于论述此口号的不足之处，这是带有一点严于律己的意思的。但他阐明了产生这一口号的社会背景和阶级基础，分析了这一口号在当时没有得到更大影响的客观和主观原因等等，都相当精辟。此后不久，他还在另一左联刊物《北斗》上以笔名"朱暻"发表了《关于"创作"》，其中也论及这一口号在当时没有引起更大影响的原因，观点与前一篇文章是一致的。不过他除了指出当时的一些"新"青年们沉湎于个人主义思潮中，以为这口号"太不诗意，太不'天才样'"以外，还指出"别的一方面'老'青年们则正惴惴然忧虑着'五四'所掀动的巨人（被侮辱与被践踏的民众）将为洪水之横决"，因而他们对这一口号"颦蹙摇头"了。这里所谓的"新"青年，主要指创造社诸君（这从"天才样"这一日语词中也可见出）；所谓"老"青年则是指胡适、周作人等人。茅盾晚年在《我走过的道路》中说："这两篇文章写作之前我都与秋白交换过意见，其中有的观点也就是他的观点"，又说"鲁迅和瞿秋白都支持我的基本观点"。可以补充证明的是，鲁迅当时在给日本友人增田涉讲述"五四"文学运动史时，还以茅盾的前一篇论文作为教材呢。① 因此，茅盾在这两篇重要论文中对"血和泪的文学"的论述，是值得我们高度重视的。

---

① 参见松井博光《薄明的文学》等。

郑振铎自己在一九三〇年代也回顾和评论了这一口号。他在一九三二年三月写的《我们所需要的文学》中指出，当时提出这一口号的一些文章虽然有点“浅薄”，而且由于历史的发展，“如今是被‘年月’所埋葬了，然而老实的说起来，当时的浅薄，却并不就是‘无聊’”。“他们的感情和意识却是伟大深厚的，他们的心是热的；那‘浅薄’只不过是初期的改革运动里的必然的一种现象而已。”他还认为，“‘五四’是一个普遍的思想界的反抗的时代”，而“五卅”以后则是一个更伟大的“实际行动的反抗的时代”；而文学创作及其口号也反映了这一点——“五四时代的‘血与泪’的文学是幻想中的争斗的成绩；五卅时代的革命文学是初期的呼号与努力的结果；我们这个时代的文学该有个更伟大的前途。”这实际上指出了“血和泪的文学”与“革命文学”两个口号的历史继承性。所谓“幻想中的争斗”，乃是因为前一口号的提倡者在当时还不是成熟的实际的革命者，因而难免带着“幻想”与“浅薄”的缺点；然而，革命文学却是前者呼号与努力的结果。他在一九三四年十月写的《中国新文学大系·文学论争集·导言》等文中，也论述了这一口号。应该说，郑振铎本人后来的评价，也是符合实际的。

长期以来，人们没有像茅盾那样对“血和泪的文学”口号给予应有的重视与评价。在以前和现在的一些民国文学史论著中，凡论述到“革命文学”口号的孕育和提出时，都溯源到一些早期共产党人的一些论述，如提到了一九二二年中国共产主义青年团机关刊物《先驱》上的“革命文艺”专栏，提到了一九二三、一九二四年的《中国青年》、《新青年》(季刊)、《民国日报·觉悟》上恽代英、邓中夏、沈泽民、萧楚女等人的文章；也提到了郭沫若、沈雁冰、蒋光慈以至郁达夫等等。但却极少有人提到郑振铎早在一九二一年发表的《血和泪的文学》、《文学与革命》等文,[1]我认为这是值得反省的。

在这一节的最后,我想谈谈一九二〇年代郑振铎等人的为人生的现实主义文学思想,与周作人等人的文学思想的异同。前已提及,郑振铎(以及沈雁冰)在一九二〇年代最早提出文学见解时,曾一度借用和继承过周作人提出的"人的文学"(以及"平民文学")的口号;而周作人一度也模糊地赞同过"为人生的文学"的提法。这也表明这两个口号确实有一定的内在的蝉联嬗变的关系。但是,我认为二者同时更有着质的差别,实际分别属于两个不同的思想体系。

胡适后来在一九三五年九月写的《中国新文学大系·建设理论集·导言》中说:"简单说来,我们的中心理论只有两个:一个是我们要建立一种'活的文学',一个是我们要建立一种'人的文学'。前一个理论是文字工具的革新,后一种是文学内容的革新。"这段话是概括了他与周作人等人在新文学运动发难期的理论主张的。胡适在一九一八年六月号《新青年》上发表的《易卜生主义》等文,也表达了他对文学内容革新的主张,但被他称为"当时关于改革文学内容的一篇最重要的宣言"的,则是周作人在同年十二月《新青年》上发表的《人的文学》一文。这篇文章从理论上更清楚地提出了他们的主张。我们来看看文章当时怎样解释这一口号。

周作人说:"我们所说的人,不是世间所谓'天地之性最贵',或'圆颅方趾'的人。乃是说,'从动物进化的人类'。其中有两个要

---

① 我只见到田仲济、孙昌熙主编的《中国现代文学史》中简略地提到了郑振铎的《文学与革命》等文。

点，(一)‘从动物’进化的，(二)从动物‘进化’的”。(按，着重号原有)尽管这里说明不是从纯粹生物学的角度(所谓“圆颅方趾”)来看待人，但主要仍是从生物进化的角度来提出问题的；同时，文章又强调了人道主义，说：“我所说的人道主义，并非世间所谓‘悲天悯人’或‘博施济众’的慈善主义，乃是一种个人主义的人间本位主义。”因此，他说明，“用这人道主义为本，对于人生诸问题，加以记录研究的文字，便谓之人的文学”。可见，正如周作人在文中说的，“太阳底下，何尝有新的东西?”他们当时正是根据十四、十五世纪宗教改革，文艺复兴以来“欧洲关于这‘人’的真理的发见”，即资产阶级的人文主义思想，来提出他们的文学主张的。作为他们的文学理论的出发点的人道主义、进化论等，与中国资产阶级在旧民主主义革命时期的思想武器是一致的。

紧接着，周作人又在同月写了《平民的文学》一文，发表于翌月《每周评论》上。“平民文学”的口号本是受陈独秀在前一年二月《文学革命论》中提出的“三大主义”中的“国民文学”的启示而提出来的，在反封建的斗争中更易为人们接受。但是，周作人在文中又说：各种人物除了各自境遇不同外，“思想趣味，毫无不同，所以在人物一方面上，分不出什么区别”。这样，实际上又使得这一口号本应含有的一点不十分自觉的阶级对立(“平民”与“贵族”的对立)的意识也被冲得无影无踪。他只是笼统地提出文学要“记载世间普通男女的悲欢成败”，“研究全体的人的生活，如何能够改进到正当的方向”等等，根本不提反映底层劳动人民的悲苦生活，更不用说绝不涉及引导读者对旧的社会制度的怀疑了。

由此可见，周作人的“人的文学”、“平民文学”口号，虽然在当时有一定的进步意义，是民主主义的口号；但是，其思想来源和理论基础均未脱出旧民主主义思想范畴。历史表明,资产阶级的思想武器,在当时中国的思想界很快就被中国封建主义的复古思想与外国帝国主义的奴化思想的反动同盟所打退,败下阵来;而“人的文学”等文学口号,也很快就失去其进步性。请看,到了一九二二年二月,周作人就这样说了:“关于文艺上贵族的与平民的精神这个问题,已经有许多人讨论过,大都以为平民的最好,贵族的是全坏的。我自己以前也是这样想,现在却觉得有点怀疑。”“我们离开了实际的社会问题,只就文艺上说,贵族的与平民的精神,都是人的表现,不能指定谁是谁非”,“我想文艺当以平民的精神为基调,再加以贵族的洗礼,这才能够造成真正的人的文学。”(《贵族的与平民的》)试想,这样的“人的文学”还有多少反封建意义可言呢?周作人这时还尤其强烈地反对所谓把“阶级争斗硬移到艺术上来”,他认为这是一种“退化的现象”。因此,茅盾在一九三〇年代说得完全正确:周作人等人在“‘五四’期所遗下的关于内容的纲领”是“完全资产阶级性的”。(《“五四”运动的检讨》)

而郑振铎等人提倡的“为人生的文学”、“血和泪的文学”等,如前所述,主要是借鉴发扬了十九世纪四十年代俄国批判现实主义文学以来的传统。鲁迅曾多次阐述过十九世纪以后的文学(主要代表是俄国文学)和十八世纪以前的文学(主要代表是英法文学)的性质的差异:“十九世纪以后的文艺,和十八世纪以前的文艺大不相同。十八世纪的英国小说,它的目的就是在供给太太小姐们的消遣,所讲的都是愉快风趣的话。十九世纪的后半世纪,完全变成和人生问题发生密切关系。”(《文艺与政治的歧途》)不仅如此,前面已说过,郑振铎当时的思想受到苏联十月革命的影响,具有鲜明的社会主义倾向。他提倡的"为人生的文学",不仅强调文学与人生的密切关系,揭露和批判旧的社会与人生,而且还强调文学对于改造社会与人生的积极作用。他提倡的"血和泪的文学",是将"平民文学"与"悲剧文学"相结合而提出来的,是"带有社会问题的色彩与革命的精神的"(郑振铎语),是无产阶级革命文学口号的前声。因此,这些文学思想与口号,显然已属于新民主主义文化的范畴。

毛泽东同志在《新民主主义论》中指出:"在中国文化战线或思想战线上,'五四'以前和'五四'以后,构成了两个不同的历史时期"。"五四"以后的新民主主义文学,在政治上不再是为旧范畴的资产阶级民主革命服务了,而是为人民大众的反帝反封建的新民主主义革命服务的。它在思想上有了新的装束和新的武器,它的发展方向最终是由共产主义的宇宙观和社会革命论所指导,所左右的。正是在这个大的历史背景下,"人的文学"口号很快地不为人们所提起,而被"为人生的文学"口号所代替;尽管后一个口号仍有它的不明确性与局限性。

质言之,我认为"人的文学"与"为人生的文学"两大口号,虽然字面上相差不多,但前者属于"五四"以前资产阶级旧民主主义文化范畴,而后者则属于"五四"以后无产阶级领导的新民主主义文化范畴。这样说,并不是否认前者也是新文学的口号。因为"新文学"是相对于"旧文学"(封建文学)而言;而"新民主主义文化"是相对于"旧民主主义文化"而言的。我认为只有运用毛泽东同志关于新民主主义的创造性理论的有关观点来分析这两个口号,才能更深刻地看到郑振铎等人的文学理论的重大建树。

二、现实主义文学观(二)

郑振铎在二十世纪二十年代前期的现实主义文学思想与主张,不仅在民国文艺思想史上是重要的光彩的一页,而且也规定了他自己一生的文学思想的性质与发展方向。虽然,如前所述,这以后他在现实主义理论方面的建树没有一九二〇年代前期那样大;但是,他始终是一个坚定的现实主义文学家,他从没有动摇过,没有止步过,也没有放松过对封建旧文学观念和形形色色的错误文学思想的批判与斗争。随着文学运动的发展,他对一些问题的认识也有新的提高。这一节,我们对一九二〇年代后期至一九四〇年代末郑振铎的现实主义文学思想和有关论述作一番评述。

一九二七年,大革命失败后,郑振铎为政治避难,被迫远走西欧。随后,正当中国文学界有关"革命文学"口号论争最热闹的时候,他由于不在国内,因而也就没有可能发表有关文章。但是我们可以断定,如果他发表文章的话,其观点必定是与鲁迅、茅盾相近的。[①] 一九二八年六月,他回到上海,虽然一开始对整个国内文坛的情况不会十分了解,但他立刻召集在上海的以文学研究会成员为主的作家,"聚议之下,佥欲重整旗鼓",继续发挥原先在文化战线上"与险恶势力奋斗的精神"。[②] 他当时的政治立场,与一、二年

---

① 钱杏邨在 1928 年 4 月的《太阳月刊》上发表攻击鲁迅的《批评与抄书》,其中提到当时"有署名敬夫的写信给我们说,鲁迅先生是很革命的,我们就把他(按,指鲁迅)的最近的自白抄在这里,请问敬夫先生:鲁迅是很革命的么?手腕比贪污豪绅还要卑劣!"钱杏邨当时的立场与态度当然是错误的,但写信给他们的"敬夫"却值得尊敬。我推测此人可能就是郑振铎,因为他正有一个笔名叫"敬夫"。

② 见 1928 年 12 月《文学周报》第 350 期《文学周报社紧要启事》。

前相比,并无后退,这在本书第一章里已论述过了;而在文学思想上,他也继续坚持原先的方向,坚持为人生与改造人生的现实主义立场。

对于旧文学,他仍持坚决的斗争态度。自他归国恢复工作后,《文学周报》、《小说月报》都明显地增强了对封建旧文学的批判色彩。他注意抓住在一般读者层中影响较大的目标。他组织的第一次大的行动,是将一九二九年一月十五日出版的《文学周报》第三五三期办成了"梅兰芳专号",发表了十多篇批判文章。这些文章全署用化名,其中能确定郑振铎写的至少有两篇。另在他写的该专号的《小引》中,他指出中国旧戏剧中有"种种非人的不合理的"东西,而他们编辑这期专号,目的就是"为了救全社会的真正的艺术观","为了救救孩子",为了对文艺工作者"有一番规训"。在他写的打头文章《打倒男扮女装的旦角——打倒旦角的代表人梅兰芳》[①]中,一开头就指出:

> 我们要提倡真正的艺术便不得不对于虚伪的艺术下攻击;虚伪的艺术不消灭,真正的艺术是不会有成功的可能的。因为艺术是建筑在群众的理解与欣赏之上的。群众如为虚伪的艺术所包围,所迷醉,则真正的艺术将永不会为他们所理解,所欣赏,即真正的艺术永不会有发达的希望。所以我们为了拥护真正的艺术计,便不能不对虚伪的,不合理的,非人的,矫枉做作的,残忍的艺术下猛烈的攻击,不管它是不是国技或国艺。

---

① 此文及另一篇《没落中的皮黄剧》均署名"西源"。由于该刊第363期所载署名"西源"的《评上海各日报的编辑法》后被郑振铎收入自己的集子《海燕》,故可确认"西源"为郑振铎的笔名。

这是因为他痛感于新文学运动以后，“在一切的急进的改革主义之下”对于戏剧也曾有过的改革，这时“却又随了其他的改革论的消沉而俱去了”。有些人不仅“自己在那里向回头路走，且引导了别人同走”。他认为这是十分“可悲的现象”。作为一个新文学运动的战士，他不能不对此大声疾呼，“要救救那些未曾觉醒的人，使他们向真实的艺术的路上走去”。他指出了旧剧中的种种不自然、不真实、反人道的缺点，同时狠狠批判了那些“捧梅，做梅讯，倚梅为生活的无赖文人”。在同期该刊的另一篇《没落中的皮黄剧》中，他肯定了皮黄剧在民间已成为“一种根深柢固的遗产”，它征服了昆剧，“最大的原因便在她是通俗的，是句句话都为民众所懂的”；同时，他又认为当时皮黄剧又面临着“没落”，其中很重要的原因乃在有一班捧梅的文人学士纷纷为梅兰芳修改剧本，把它从“俗”拉到“雅”，甚至其“典雅”还有过于昆剧。

郑振铎当时对中国传统戏剧，以及对梅兰芳的艺术的认识，也许可能有片面之处；但我认为他组织这期专号，并发表上述批判文章，其目的绝非为了“打倒”梅兰芳个人，而是为了批判旧文学观，批判封建旧文人，反对走回头路。对于郑振铎这两篇文章中的激烈批判，不管今人怎么看，我认为至少与后来一九三四年鲁迅写的两篇《略论梅兰芳及其他》(上、下)是完全同调的。鲁迅甚至还将捧梅的现象斥之为“梅毒”呢。[①] 而这两位现实主义文学家的观点如此一致，倒是很值得人们深思的。

对于上海的鸳鸯蝴蝶派、黑幕派文学，他也未放松警惕与打击。他曾在《文学周报》上发表东生(樊仲云)的《封建势力在报纸

---

① 见鲁迅 1933 年 8 月 1 日致台静农信。

上》,其主要批判矛头指向当时报纸的文艺附刊,即封建旧文学势力最集中的地盘。他自己也在一九二九年四月出版的该刊上发表了《评上海各日报的编辑法》,进一步揭露这一点,并以解剖同月四日《新闻报》的"报屁股"《快活林》上的几篇文章为例,指出"依附在封建势力之下生存着的"旧文学必须继续扫荡。

他去北平工作后,仍旧坚持这一思想。例如,他在一九三二年四月的《清华周刊》上发表的重要论文《我们所需要的文学》中,就继续批判了那种"公子哥儿们的小鸟儿似的绮靡的歌声"、"无病呻吟的叹穷诉苦的文学"、"'有闲'人物的描写游山玩水,流连风景的,浅薄无聊的诗文"等等。他指出这些流行的作品、流行的题材、流行的作风,即使文字十分漂亮,但"其骨子里似乎仍然是很空虚的,无聊的,仿佛是一杯白水,虽然加上了红的绿的颜色,却依然是一杯淡而无味的东西",决不是时代所需要的文学。

一九三四年元旦,他与靳以等人在北平创刊了《文学季刊》。在他写的《发刊词》中,将"继续十五年来未竟全功的对于传统文学与非人文学的攻击与摧毁的工作"作为该刊要做的第一项工作。同年,他将自己回国后写的一些文学评论文章编了一个集子,取了一个富有战斗意味的书名《刀剑集》(后改为《短剑集》),在该书序文中他指出,当时文坛上仍然存在着两种"恶势力",一种是"腐化的倾向",即脱离现实,引诱青年人去写古诗古文,以及不落边际的虚伪的感伤主义作品等等,另一种是"恶化的倾向",即依附资本主义宣传媒介,投合社会低级趣味,写黑幕小说及鸳鸯蝴蝶派一类的作品。可以看出,这两大恶势力及其倾向,与一九二〇年代初郑振铎(及沈雁冰)揭露的旧文学的两大派正有着内在的关系,是现实主义文学的对立面。郑振铎还说:"所谓恶势力,方面是很广大的,但特别是'文坛'上的我与之接触得最多,搏击得也最凶。"这仍然体现了他将文艺现象视作整个社会现象的一部分的现实主义观点。在这样的"搏击"中,他还揭露了这些恶势力中的有些人原是新文学运动的"投机者"。"今日在大学里主张着大学生要写文言文的,还不是那一批在新文化运动里打滚出身的人物;今日说是要填什么词,要读什么古书的,还不是在新文学潮流中抢得了上风的份子们。"(《文坛的现状》)他认为对这些人物尤其应该揭露与批判。他的这种坚韧地反对"几千年来的文坛的精灵"(郑振铎语)的斗争精神,是很可贵的,体现了一个现实主义文学家的本色。当时就有读者在读了《刀剑集》序文后激动地表示:"我对于郑君,十余年来所口诛笔伐者,我真抱无限的同情,我真愿意投在郑君的帐下做一个小卒。"[①]正如茅盾在评论郑振铎写的《文学季刊》的《发刊词》时指出的:"粗看去何尝不是'老生常谈',然而在此文坛上不断地出现卖身投靠、造谣攻讦等等怪现象的今日,能够在'老生常谈'的范围内下苦功的,已属难得可贵了。"(《〈文学季刊〉创刊号》)

郑振铎虽然没有参加"革命文学"口号的论争,但并不反对提倡无产阶级革命文学,相反还认为必须认真研究无产阶级革命文学理论。同时,由于他坚持进步的现实主义立场,因而对于革命文学运动中出现的某些片面性与弊端,便较早有所觉察;而且更为可贵的是,他还及时指出这些,给予同志式的批评。在一九二九年一月他恢复主编的《小说月报》的编辑后记中,他就肯定"近来文坛上讨论文学的'普罗'化,很显得活气",并提出应该注重研究革命文学"在苏俄的本身是怎样的"重要见解。在同年三月该刊发表陈雪

① 见 1934 年 11 月 1 日《北平晨报》刘树《闲谈》。

帆(陈望道)翻译的《苏俄十年间的文学论研究》时,郑振铎还写了编者说明,指出:“苏俄的文学作品已成为很多人注意的东西,即我们,也介绍了不少进来。独有为我们好些人争论的中心点的文学论,却始终没有仔仔细细的介绍。”他认为“这十年来的苏俄方面的文艺论战的史迹是很值得我们的注意与研究的。”

同年一月,他在《文学周报》上发表的悼念刚逝世的英国进步戏剧家琼斯(H. A. Jones)的文章中指出,琼斯“是一位很大胆的、很勇敢的、与现实社会反抗者。他同时的许多作家每在与现实社会奋战之时而为他们所打败,而他则以他的大无畏的精神,不断的反抗着,而终于战胜了他的环境。”他肯定了“琼斯相信戏曲为改造社会的工具”的思想,认为“他是舞台上的宣传家”,“他深切地感觉到戏曲家的社会上的义务,他也深切地明白戏曲在社会上的感化力。所以一方面努力于新剧场的运动,一方面便在他的剧本中浓厚的加上了社会改革的意味。”然而,郑振铎又同时指出:

> 他将一切东西都附属于社会学的趣味之下。他虽也留心于技术的完美,然而他的着重点却在于剧本本身之外。他的大部分剧本往往是过于着重在社会的背景,而动作本身反而被忽视了。他的人物也往往是堕入各种“方式”之中。这大约是一切有目的的戏剧家所都不能免的流弊。

我们可以看到,郑振铎首先是充分肯定琼斯作品对旧社会的反抗和斗争意义的,但是对其忽视文学艺术“本身”的倾向则认为不足取,批评了其作品的人物形象的公式化,并指出这是进步作家很难避免的一种“流弊”。我认为郑振铎的这一论述出现在一九二〇年代末,十分难得,其现实针对性也是十分明显的。

一九三二年三月,郑振铎应邀在北京大学作了题为《新文坛的昨日今日与明日》的重要讲演，对新文学运动十几年走过的道路从理论上作了总结。其中对后来成为“流弊”的倾向的批评就十分令人注目。例如，他指出新文学运动初期的作品大多不免幼稚，其原因之一就是“以新文学为工具、为口号，去攻击旧礼教、旧社会；因之，文学本身，反不能充分发展。”他认为当时胡适的《终身大事》一剧，虽然还曾被译成英文，但“里面充满了口号，殊无足取”，可作为这种幼稚作品的一个“明证”。到了“五卅”时代，“口号的文学复兴”，他觉得其中有两个作家值得记忆：一个是蒋光慈，他的小说最流行；一个是王独清，他的诗最流行。两人的作品都偏于口号，以表达其“英雄主义”。但他认为“他们在技术上是失败了”。他指出，这以后“浅薄的小说，仍陆续出现，如钱杏邨的东西，多半是不很高明的。在诗一方面更有新的转变。一部分人作革命诗，其技术令人不敢恭维”。而对于他很看重的丁玲的作品，他也指出有时难免英雄幻想色彩太浓的缺点。但是，郑振铎提出这些批评并不意味着他反对“革命文学”，相反，他认为提出这个口号是一大进步；他并预言这以后的文学将“恢复口号运动”，“‘五卅运动’时期的口号，优于‘五四’；那末‘九一八’时期的口号，亦必优于‘五卅’无疑。历史不会停住，文学不会静止，更不会退后，明日的文学，自有更好的成绩。虽以口号为表面，内容必更较进步。”

革命文学运动中出现的一些“弊病”，其重要原因之一就在于偏离了现实主义的轨道。而郑振铎在一九三〇年代前期作的这一学术报告，及为《中国新文学大系·文学论争集》写的导言中，都相当深刻地“检讨过去”，“说明现在”，“推论将来”，从而在理论上阐明了中国新文学现实主义主潮的发展方向。他认为，我国新文学现实主义的旗帜，首先是由《新青年》揭起的，其后文学研究会及其刊物也“都是鼓吹着为人生的艺术，标志着写实主义的文学的；他们反抗无病呻吟的旧文学；反抗以文学为游戏的鸳鸯蝴蝶派的‘海派’文人们。他们是比《新青年》派更进一步的揭起了写实主义的文学革命的旗帜的。他们不仅推翻传统的恶习，也力拯青年们于流俗的陷溺与沉迷之中，而使之走上纯正的文学大道。”他指出，《新青年》时期的“勇士们”，很快就有人显出“衰老”、“退化”，甚至有“反叛”的；但鲁迅等人，一直维持着斗士的风姿，指导着一切进步文学家前进。他批评了创造社初期的一些“唯美派”主张，但不否定浪漫主义对旧社会的反抗精神与作用；更肯定了他们中有的人后来“不复囿于‘唯美’的主张”，并“转变为革命文学的集团”。他肯定了“‘五卅’时代投军的文人，这时又放下枪杆，提起笔杆”，有了前所未有的“极丰富的经验，热烈的情感”，而且有人“以马克思主义解释文艺理论”。这显然包括了以郭沫若为代表的一些革命作家。

尤其值得注意的是，他在批评一些作家创作上的弊端的同时，高度赞扬了以茅盾为代表的进步作家的现实主义创作道路及其成就，甚至把一九二八至一九三一年的文学命名为“茅盾时代”。他认为茅盾当时的《蚀》三部曲是成功的，原因即“在于把里面的人物型式化，正如屠格涅夫之幻想的型式化了的俄国革命人物一样”（按，此处说的型式化即典型化），并能“把握住时代的中心点”，“并给予文学以形式的转变”。这可能是我国最早从新文学的现实主义发展史的高度，对茅盾作出的高度评价。此外，他还充分肯定了老舍、丁玲等人的创作。他指出，今后的创作，“应把农村和都市的转变，尽量披露”。他认为“口号文学”的幻想色彩和英雄主义太浓厚是“两大缺点”，为了补救这些缺点，应当“由夸张的进为写实的”，“由型式的进为真实的”。在一九三二年三月写的《我们所需要的文学》中，他满怀激情地指出：“九一八”以后必是一个“更有力的更伟大的时代”，这个时代“在等候伟大的文学的诞生”，呼唤着“力的文学，争斗的文学，为群众而写的文学，刺激的、呼号的、热烈的文学”的产生。我们不要忘记，上述相当深刻的论述都是发表于一九三〇年代前期，郑振铎当时能这样清晰地理出新文学发展的趋势，指明其方向，是十分难得的。他的这些文章，与鲁迅的《上海文艺之一瞥》、茅盾的《“五四”运动的检讨》等文一起，在当时对新文学运动最早作了重要的总结工作，意义十分深远。

如上所述，一九三〇年代前期郑振铎虽然没有加入左联，但文学思想却一直是进步的，且正如他自己说的：“虽然比十年前略有些进步，但站在‘为人生的文学’的立场上，却是一致的。”（《痀偻集·序》）他虽然不像一些革命作家那样公然宣传马列主义，但是仍然保持着前倾姿势，并未“落伍”。他始终与鲁迅、茅盾等站在一起，而与周作人等落伍了的“五四”时的“老战士”的距离越来越远。一九三五年一月，周作人应邀为郑振铎的《希腊神话》作序时，提到一九二〇年代初他们共同发起的文学研究会的那篇宣言（那本是周作人起草的！），便感叹说：“那宣言里说些什么？这十多年来到底成就了些什么？我想只有上帝知道。好几年前我感到教训之无用，早把小铺关了门，已是和文学无缘了。郑先生一直往前走，奋斗至今，假如文坛可以比作战场，那么正是一员老将了，这是我所十分佩服的”。郑振铎确实是不愧“文坛老将”的称呼的。

在一九三〇年代，郑振铎还对“大众文学”问题有过比较深刻和独到的论述，并随着文学运动的实践，在某些认识上还有所转变和提高。一九三三年七月，他应左联机关刊物《北斗》之邀，发表了关于文学大众化问题的看法。他首先肯定文学应该大众化,这“是不成问题的”;但他觉得“大众化”是让文人们“为大众”而写作呢,还是由“大众”自已来写作,这却是一个问题。而他强调的是大众自己出来创作。他赞成“由艰深的旧文学到自然的口语文学”的发展,认为这“正是向‘大众化’走去的初步”;但他更强调文学“由少数的特权者手里解放出来,归到‘大众’的本身”,认为这样的多数人的文学,或在多数中挑选出来的文学者所写的文学,必然会比少数人的陈腐的作品要高明得多。(虽然在过渡时代,幼稚病也是难免的。)因此,他指出:“实现文学的大众化,第一个问题,当然是要‘大众’普遍的得有同等的受教育的权利。”很显然,郑振铎的意思是,文学要真正的大众化,只有在人民群众得到解放之后才能实现。所以,他在文末意味深长地写道:“但关于这个问题,却不是在这里所能讨论的了。”郑振铎的这一论述,极其深刻,逻辑性、革命性都很强,与鲁迅当时说的文学大众化“必须政治之力的帮助,一条腿是走不成路的”(《文学的大众化》)的观点是一致的。应该指出,在当时参加讨论的人们中,即使在左联的机关刊上,能够这样从根本上提出问题,并将人们的思路引向深远的,确实并不多见。

翌年一月,他又在自己主编的《文学季刊》创刊号上,以首篇的显著地位发表了一篇重要论文《大众文学与为大众的文学》,进一步阐述了在这一问题上的观点。他这篇文章中所说的“大众文学”是有特定含意的,是平民文学、草野文学的别称。这些文学为历来的文人学士所歧视,但在历史上的影响是很大的,也表现了或装载了大众的悲欢感情;它们虽常常受到压制或歪曲,但同时也受到封建文化的影响,这些影响包括思想意识与创作方法等方面。因此,他认为对这些文学,应该重视、整理和研究,但并不等于可以无条件地鼓吹和流传。文中又论述到他称之为“改良主义”的“为大众的文学”，即完全采取旧的通俗形式及文体而注入新的题材的做法。他对此是怀疑的。他联系到晚清以来革新人士曾做过的类以工作的并不成功，认为“旧瓶”装不了“新酒”，“新酒”应装在“新瓶”里。（顺便提及，当时茅盾的看法也与此相似。）他强调说：“我们的新题材的大众文学，需要新的形式与文体！在新的文体，新的形式之下，方能够完全斥去了旧时代、旧社会的封建余毒，它们是和旧形式旧文体最坚强的胶结在一处的。”而且，他认为借用旧文体未必便能深入民间，而大众也不是绝对拒绝新文体与新形式的。文章最后再次指出，“为大众的文学”不过是“过渡时代”的产物，“真正的大众文学，便是大众自己所创作的文学；出于大众之手笔，而且也专为大众自己而写作，而且是属于大众自己的。”到真正的“大众文学”产生，也就是“为大众的文学”逝去之时，“大众文学”也就和“文学”成为同一名词。

郑振铎的上述看法有不少深刻之处，是一九三〇年代关于“大众文学”讨论的重要文献，①他对照搬旧形式旧文体做法的怀疑也是有历史根据的；但是，他过分否认“旧瓶装新酒”，却也有片面性。对这一问题，他到一九四〇年代抗战胜利后发表《民间文艺的再认识问题》、《再论民间文艺》等文时，就有了新的看法。他承认一九三〇年代在论述这问题时只注意到大城市中市民们的反应，却没有注意到最大多数的农村里的人民的情况。经过八年抗战，经过大后方，尤其是抗日民主根据地的文艺工作者的实践，他认为对此

① 但这些文章长期为人所忽视。例如，1987 年出版的《文艺大众化问题讨论资料》一书中，非但没有收入，甚至连附录的篇目索引中也没有提到它们。

有再认识的必要，承认对旧形式一笔抹杀是不对的，而确有采用和改革的必要。特别是他当时看了秧歌剧《兄妹开荒》后，激动地认为可以作为所有民间文艺改革的范式。他认为，为了深入人民大众之中，便决不能固守所谓新文学的壁垒，而应该对一切旧有的民间文艺有一番新的认识，应该在旧的民间文学形式中灌输进新的思想。当然，他又指出这并非让所有作家都放下原来的写作，而去勉强地模拟民间文艺的形式。郑振铎关于大众文学、民间文学的这些论述，丰富了我国的现实主义文学理论，至今对我们都是富有启发性的。

在抗日战争爆发后，我国以现实主义为主潮的文学的发展，基本上证实了郑振铎一九三〇年代前期的预言。可惜，由于种种原因，其后郑振铎在文学理论方面发表的文章不多；但在关键的历史转折关头，他还是发表了重要的带有号召性和指导性的论文。例如，全面抗战爆发后，他立即发表了《战时的文艺政策》等文，指出“战时文艺政策纲领，是：发动抗战的意志；整齐抗战的步骤；激起抗战的情绪。在前方和后方发挥有益于抗战的宣传作用。”一九三九年春，他与一起坚持战斗在上海“孤岛”的王任叔等人主编《大时代文艺丛书》，在他写的该丛书的总序中说：“文艺工作者在这个大时代里必须更勇敢、更强毅的站在自己的岗位上，以如椽的笔，作为刀、作为矛、作为炮弹，为祖国的生存而奋斗。”他还多次号召作家们为民众与士兵们写作通俗作品。由于迫在眉睫的民族生死存亡的斗争，使他特别强调文学的战斗性和功利性，这是完全可以理解的。

上海全部沦陷后，郑振铎被迫在整整四年中停止发表文章。抗战一胜利，他立即自觉地站到全国文艺战线的最前线，并于一九四六年一月创办了战后全国最大的而且几乎是唯一的大型文学月刊《文艺复兴》。在该刊的《发刊词》中，他大声疾呼要“为中国的文艺复兴而工作”，认为战后的文学“必须有一个新的面貌，新的理想，新的立场，然后方才能够有新的成就”。他又一次总结晚清以来的中国文学，尤其是“五四”以来新文学的历史经验，指出“文学运动的中心思想和政治活动的方向是分别不开的”，二十年代以后，文学的成就“不在庙堂的文学而在人民的革命的文学的一边”，而鲁迅是文学活动的中心，影响极其伟大。他号召作家们“承继了五四运动以来未完的工作”，并“配合着整个新的中国的动向，为民主，为绝大多数的民众而写作”。他还十分清醒、十分及时地指出：“争斗是没有止息的。不要以为抗战已经胜利了，便可以舒畅的休息一下了；你不能休息，你还要站起来走。该走的路很长，一路上的阻碍不见得会少。”可以说，这篇《发刊词》是他战后文学思想的一个总纲，而且对整个文学界也是不失为重要的指导性理论文献。

郑振铎这时似乎又恢复了他“五四”时期那种年轻人的朝气与激情，一口气写了《文艺作家们向哪里走？》、《迎“文艺节”》、《说“文艺节”》等等文章，反复阐述上述观点，为新时期中国以现实主义为主流的文学的发展而呼喊。可是，由于国民党当局一下子撕毁了全国人民要求和平民主建设新中国的愿望，郑振铎被迫以最大的精力投入到民主运动和实际政治斗争中去，使他发表的政论远远超过其文论。不过，两者的根本目标还是一致的。苏雪林后来曾攻击说：“胜利后，郑氏主编《文艺复兴》、《民主》，倡导赤色文艺，反对政府，诱惑青年，不遗余力地奉行主子所交付的文艺使命。”（《最近坠机丧生的郑振铎》）其实，这一“文艺使命”是历史与人民交付的。中国的以现实主义为主的文学大道，已经明确地指向了未来。

一九四九年六月，郑振铎在新中国成立前夕，参加了第一届全国文学艺术工作者代表大会的筹备工作，并发表了《文代大会的前瞻》。他认为这时面临的，“是又一次的文艺革命。是又一次的文艺的新生”。他又一次回顾了“五四”以来新文学走过的路，指出“文艺是为了人民大众的，文艺是为了工、农，兵而写作的”，“这已不是口号，而是有了好多年的实践的经验了。”沿着这条道路前进，文学事业必将取得更大的成就。在这次大会上，他又报告了抗战时期上海革命文艺的成就，以之作为茅盾的《十年来国民党反动派统治区革命文艺运动总报告》的重要补充。他以一个为新文学运动不懈奋战了整整三十年的老将的英姿，跨入了社会主义文学的新时期。

三、现实主义文学观(三)

郑振铎一生坚持与强调现实主义文学的战斗性，和它的为人生与改造人生的社会功能等；同时，他又一直坚持与强调现实主义文学的真实性，坚持战斗性与真实性的统一。我们知道，真实是文学作品的生命，是一切艺术美的基础；然而，关于文学的真实性问题却又是各派文学理论家争论不休的热点。郑振铎对于文学的真实性问题很早就有独到而深刻的见解，有关论述又十分丰富。这一节我们便论述他的现实主义真实观，以作为前两节的补充。

前已提过，郑振铎在一九二〇年代初最早的文学论文《〈俄罗斯名家短篇小说集〉序》中，就谈到文学的“真”的精神：

我们中国的文学，最乏于“真”的精神，它们拘于形式，精于雕饰，只知道向文字方面用功夫，却忘了文学是思想，情感的表现。所以它们没有什么价值。俄罗斯的文学，则不然，它是专以“真”字为骨的；它是感情的直觉的表现；它是国民性格，社会情况的写真；它的精神是赤裸裸的，不雕饰，不束格律的表现于文字中的。所以它的感觉，能够与读者的感觉相通，而能收极大的效果。

我们细读他最初涉及这一问题的这段论述，就能看出其中包括这样两个方面：第一，他认为文学是思想、情感的表现，是感情的直觉的、赤裸裸的表现，这就是说，文学的真实性首先体现于作品所流露的作者的思想感情是真挚的，而不是掩饰的和虚伪的；第二，他认为文学是国民性格和社会情况的写真，这就是说，文学的真实性更体现于作品对客观世界的反映是真确的，而不是歪曲的和粉饰的。由此可见，他提出的这一观点，包括了主观和客观两个方面，而且他是将这两个方面同时并提的。

文学史上的无数事实告诉我们，作品只有体现了这两个方面的“真”，才谈得上它的“美”和“善”。这两个方面的“真”的辩证统一，是一切现实主义文学的基础，也是一切优秀的文学艺术和文学流派得以成功的基础。郑振铎这么早就这样明确而且比较全面地提出这一问题，是很难得的。正如他所指出的，在当时的旧文学观中，是根本谈不上“真”的观念的，“最乏于‘真’的精神”。无论是“载道派”还是“娱乐派”，都是凭空撰造，也没有真情实感，最多只注意点文字技巧而已。前一派发展到后来，就成了“圣贤经传”的演绎；后一派发展到后来，则成了一种文字游戏。而当时新文学阵营中，对于文学真实观的见解也很不一致。例如，创造社一派的作家在理论上主要强调的"只是本着我们内心的要求",[①]即作者的主观感情这一面。这种主张在当时具有反封建主义的进步意义,但由于只强调了个人的思想情感的真挚,因而不免带有片面性,容易滑向唯我主义。成仿吾在一九二二年五月一日创刊的《创造》季刊上评论自己的小说《一个流浪人的新年》时说:"我想一切的艺术——不专只小说——只要能够于我们赏玩她的时候,使我们觉得那种最深的'生命'的冲动,觉得我们的生活,这瞬间充实了许多,就不论她有什么内容,是什么形式,都是'真'的'艺术'。"他的这种关于"真"的论述又显然过于玄虚。郑振铎的有关论述与他们相比较,无疑要深刻、正确得多。他认为当时只有鲁迅等极少数作家的作品,达到了"真"的标准。一九二一年五月号的《小说月报》上,他在许地山的小说《换巢鸾凤》后加了一段按语:

> 这篇小说,是广东一个县的实在的事情。所叙的情节,都带有极浓厚的地方的色彩。广东的人一看就觉着它的"真"——非广东人也许不能领略到——中国现在小说界的大毛病,就在于没有"写实"的精神;上海有一班人自命是写实派,可是他们所做的小说的叙述,都是臆造的。只有《新青年》上的鲁迅先生的几篇创作确是"真"气扑鼻。本报上的《命命鸟》与此篇我读之也有此感。

这是我国最早从现实主义真实观的角度对鲁迅以及许地山的作品所作的评价之一。[②] 充分显示了郑振铎的眼力。

---

① 郭沫若《编辑余谈》,1922年9月《创造》季刊第1卷第2期。

② 这段按语署名"慕之",后来得到不少研究者的注意和重视,但均以为是当时《小说月报》的主编沈雁冰写的,实乃误测。因为该刊第12卷第1期上就发表过"慕之"的小说《不幸的人》,据笔者考证正是郑振铎的作品。

郑振铎在一九二〇年代初就强调文学为人生的使命和社会功利价值，与当时创造社的主张有分歧；但他对文学作品反映作者的主观世界、内心情感的重视和强调，却并不亚于当时的创造社作家。他说："我以为文学中最重要的元素是情绪，不是思想。文学所以能感动人，能使人歌哭忘形，心入其中，而受其溶化的，完全是情绪的感化力。"(《文学的使命》)他反复强调文学是感情情绪的产物，作为艺术必须有真情。"文学以真挚的情绪为它的生命，为它的灵魂。那些没有生命，没有灵魂的东西，自然不配称为文学了。"(《新文学观的建设》)以诗歌为例，他认为"诗歌是人类的情绪的产品。我们心中有了强烈的感触，不管它是苦的，乐的，或是悲哀而愤懑的，总想把它发表出来：诗歌便是表示这种情绪的最好的工具"(《〈雪朝〉短序》)。当然，他并不否认文学除了真挚的感情内容外，还需要有形式的美；但他认为作品的"美丽的方式"、文字上的优美之类，就好像是树的花叶和烛的火焰，而"在文学中，思想和情绪便是树的干与根，便是放出烛光的烛"。(《杂谭》)他从一九二〇年代起就大声疾呼："我们要求'真率'，有什么话便说什么话，不隐匿，也不虚冒。我们要求'质朴'，只是把我们心里所感到的坦白无饰地表现出来，雕斫与粉饰不过是'虚伪'的遁所与'真挚'的残害者。"(《〈雪朝〉短序》)

为什么文学必须有真挚的感情呢？他早在一九二〇年代初就认识到"文学与科学所以不同之故，在于：(一)文学是诉诸情绪，科学是诉诸智慧"。(《文学的定义》)文学是通过感情情绪的媒介去发挥作用的。只有当作品具有真挚的感情时，才"能够与读者的感觉相通，而能收极大的效果"(《〈俄罗斯名家短篇小说集〉序》)。这就是文学以情动人的道理。郑振铎还认为，真正的创作过程本身就应该伴随着极其丰富的情感活动的。他在一九二四年一月《小说月报》的《卷头语》中用非常形象的话说：

> 创作的时候：是"创作欲"如潮水似的泛涨着，如微飔似的吹拂着的时候；是胸中凄然的重温着已逝去的幸福与悲哀的回忆的时候；是可听见思想如大鸟之飞过心头的拍翼之声的时候；是幻想在织着神秘的理想的网，以钓浮沉于现实之海中者的情思的时候；是热血涌沸，大声疾呼着，欲以战鼓似的声势，催激着人们去奋斗，去为民众，为自由而战的时候。

的确，只有伴随着这样真率的感情的作品，才可能是真正的文学作品。

如上所述，在强调文学必须有主观感情的真实这一点上，郑振铎的观点十分鲜明，并不像某些论者说的必须由创造社作家来"补充"和"纠偏"；而且，我认为他的观点要比创造社一些作家更深刻一层，即他不仅从文学作为艺术的本身的要求来强调感情真挚的重要性，更是根据文学的社会功利目的来要求这一点的。前已提及，他在一九二一年七月发表的重要文学论文《文学与革命》中就曾指出：革命本身就"天然是感情的事"——"一方面是为要求光明的热望所鼓动，一方面是为厌恶憎恨旧来的黑暗的感情所驱使。"他认为"这种引起一般青年的憎恶旧秽的感情的任务，只有文学，才能担任"。而"革命就是需要这种感情，就是需要这种憎恶与涕泣不禁的感情的。所以文学与革命是有非常大的关系的"。在这里，郑振铎着重强调了文学对革命的作用，认为"只有"文学才能激发人们的革命感情，这样说当然是有点夸张的。然而，邓中夏后来也指出过"儆醒人们使他们有革命的自觉，和鼓吹人们使他们有革命的勇气，却不能不首先要激动他们的感情。激动感情的方法，或仗演说,或仗论文,然而文学却是最有效用的工具”。(《贡献于新诗人之前》)这和郑振铎的观点是相通和一致的。从郑振铎的上述论述中,我们可以看出他强调文学作品的真挚情感,主要是指“要求光明的热望”和“憎恶旧秽的感情”,他正是从革命斗争的要求上来强调文学的感情的真挚的。

郑振铎还在一九二〇年代初从文学的主观感情的真实性的角度,在理论上划清了新文学观与旧文学观的界限,进一步批判了封建旧文学。他指出:“诗人把他的锐敏的观察,强烈的感觉,热烘烘的同情,用文字表示出来,读者便也会同样的发生这种情绪来。……读者自然的会受他的同化,受他的感动,不必,而且也不能故意的在文学中去灌输什么教训。更不能故意做作以娱悦读者。”(《新文学观的建设》)他在这里批判了“载道派”,但并没有简单地反对文学中的一切“教训”,因为“教训”本身有正确与错误之分,也要看如何体现它。他坚决反对的是缺乏真情实感的“故意的”“灌输”。这里也批判了“娱乐派”,但也没有一概否认文学的娱悦作用,而是反对了无真情的“故意做作”。关于这些,他在一九二五年三月《小说月报》的《卷头语》中说得更明了:

> 文艺是热情的产品。必有真挚的热情,才能产生美丽而感人的文艺。所以我们不能以文艺为消遣的东西,同时,也难能以文艺为宣传某种主张的工具。我们说,今将作某文以娱同伴,或以怡悦所爱的人,但是心里却并没有跃跃想吐写出的题材,则这种以娱人为鹄的作品是无生命的,不足道的。同样的,我们说,战争很可惨,我们须作一篇小说以反对它,然而心里却并不曾深切的感到战争的凄惨情况,不过欲以小说为表达反对战争的一种主张的工具而已。如此,则这篇小说也绝

对的不会有生命，绝对的不会成为好的文艺。

因此，郑振铎从理论上反对一切缺乏真情的作品，也反对一切阻碍作者表达真情的做法。例如写诗，他认为“诗歌的声韵格律及其他种种形式上的束缚，我们要一概打破。因为情绪是不能受任何规律的束缚的；一受束缚，便要消沉或变性，至少也要减少它的原来的强度。”（《〈雪朝〉短序》）再如写小说，他便不赞成出题征文的做法。一九二〇年代初《小说月报》第十二卷第五期曾出题《风雨之下》，悬赏征文，郑振铎即提出：“文章是情绪与思想的自然流露。人家出题目，又限字数，所做的文章有价值么？这办法又是正当么？我不免有些疑心。”（《悬赏征文的疑问》）尽管该刊当时实际上是文学研究会的刊物，出题征文的又是他最亲密的同志沈雁冰，而且沈雁冰在他提出责疑后又作了解释，但他对此仍保留自己的意见。以我们今天眼光看来，出题征文只要题目不是限得过窄过死，可以让人有广阔的发挥与想象的余地，也并非绝对不可取。但是郑振铎提出这样的“疑问”，表明了他对文学的“真情”的高度重视，这对于防止刚诞生不久的新文学误入旧文学的命题作八股的老路，还是至少有警醒作用的。

当时，还有一位青年读者宓汝卓写信与他讨论小说创作，郑振铎颇不赞成宓汝卓说小说是“做”出来的说法，他“主张小说是写下的，不是做出来。”[①]这种“咬文嚼字”式的说法也许使今天的读者感到好笑，但郑振铎却是严肃的，并且同一九二〇年代初郭沫若与宗白华讨论诗歌创作时说的“诗不是‘做’出来的，只是‘写’出来的”观点完全一致。他在此信中反复强调，凡是写小说“至少也要

① 见1922年5月21日《文学旬刊》通信栏。

人极深刻的观察,极真挚的欲诉的情绪,或欲表现自己的冲动,才能去写。虽不是全为教训主义,传道主义,至少要有一个欲吐的真情郁塞在心中,做写这小说的无形的墨水,做写下的文字的灵魂,做这篇小说的河水的泉源,然后才能真,才能写得感动人。——虚伪的做作的描写是决不能动人——而这种真情,却不能加以雕饰,却不能句斟字酌的枝枝节节的做出来。如倾瓶水:如果是满盈盈的水,必定是一倾而不能中止的"。郑振铎在一九二〇年代初就从文学为人生的现实主义立场出发,反复强调文学必须有真情,与创造社作家异曲同工,一起批判了无真情的旧文学,这是有很重要的意义的。

作品的主观感情的真挚是任何文学作品的起码要求,正如鲁迅说的,不管是"呼唤血和火的,咏叹酒和女人的,赏味幽林和秋月的,都要真的神往的心,否则一样是空洞"。(《〈十二个〉后记》)但是,如果仅仅这样论述文学的"真",显然还不够。问题是,作者的感觉怎样才能"真"?应该建立在什么基础上?郑振铎在一九二〇年代初尚未能这样明确地提出问题,还不能从理论上真正认识文学的真实的根源只能来自生活的真实,来自真正的社会实践。客观社会实践和生活的真实是第一性的,作者主观世界的"真"只是第二性的,对此,郑振铎是后来才明确认识。然而,我们看到他在强调文学必须是思想感情的真实的流露的同时,还强调了必须是"国民性格,社会情况的写真",他要求作者必须极深刻地观察。他多次赞扬俄国的"民众小说家""是真确的写实主义者;他们表现出人生的真相,一举一动都赤裸裸的描写出来"。(《俄国文学史略》)可见他认识到文学的"真"还必须真实地、不掩饰、不歪曲地反映现实。到了一九三〇年代以后,他就更自觉地强调"真实的经验,真

实的行动，真实的反抗，真实的斗争”了。(《我们所需要的文学》)

郑振铎很早就强调了生活对于创作的重要性。他说：“‘生活然后著作’，我希望大家都记着这句话。”[1](着重号原有)他指出观察社会生活的必要，“凡是做小说，至少也要人极深刻的观察”，[2]凡写诗也必须有“锐敏的观察”。[3] 他在一九二二年就批评了梁实秋的脱离生活的唯心主义文学观，指出他说的“诗人的思想应该是超过现实的”说法不妥，“我则认为诗人必须先有充实的生活然后才能做得好诗呢!”(《杂谭》)强调了作家必须立足于社会生活。他在一九二六年九月的《小说月报》的《最后一页》指出，文艺作家“是把人世间当作他的研究所的”，“是把人世间的生活与人类情绪及思想，当作他的研究的好材料的。”这些论述都闪耀着现实主义的光彩。

除了“观察”生活，他还提出了一个很有意义的观点——“体味”生活。他认为，“在实际生活里头，同时就可以体味生活。”“能体味，才会从事实里见到意义，从平凡里见到精深，从琐碎里见到完整；能体味，才会丰富的优美的想象开来，在心中织成种超自然的文彩。”(一九二六年七月《小说月报》的《最后一页》)可以看出，他所说的“体味生活”，不仅包含了我们现在常说的“体验生活”，而且还包括了“发掘生活”的重要内容。他又说：“写在纸面的，当然，无非是事实，无非是平凡，无非是琐碎。除了这些还有什么呢？但是，这些既经作家深入的体味，又经他用了精妙的技术，处处适宜的组织起来，就教读者不只是看见了这些，还在这些以外接触了作

---

① 《读书杂记·〈文赋〉》，1923 年 5 月《小说月报》。

② 见 1922 年 5 月致宓汝卓信。

③ 见《新文学观的建设》。

者所体味的，于是，因了同感而发生鉴赏的喜悦。”（同上）可见，他这时已看到文学的“真”来自作者对于生活的“体味”之真切与深入，来自作者对这些生活素材“用了精妙的技术”来加以“组织”。大千世界，形形色色，很多事和物人们天天遇见，不以为奇，然而经过作家的体验、发掘、提炼、组织，“就教读者不只是看见了这些”，而且看到了事物更深的一层，即看到了更“真”的世界，从而使读者与作家在思想上产生共鸣，受到感动。这里，使人想起毛泽东同志《在延安文艺座谈会上的讲话》中的一段论述：“文艺就把这种日常的现象集中起来，把其中的矛盾和斗争典型化，造成文学作品或艺术作品，就能使人民群众惊醒起来，感奋起来，推动人民群众走向团结和斗争，实行改造自己的环境。”郑振铎当时所说的，当然不及毛泽东同志后来阐论的那样深刻和明晰，但他在这里说的在“体味”的基础上将平凡琐碎的生活素材加以“适宜的组织”，也就是他从一九二〇年代初就一直强调的“谨慎的，有意义的描写对象之裁取”及“科学的描写法”，[①]这实际上已经触及到文学的“典型化”这一重要的理论问题。后来，在一九三〇年代他又肯定茅盾小说的典型化的成就，已见前述。

典型化是现实主义创作方法与自然主义创作方法的根本区别之一。科学的文艺理论认为，文艺的真实性，并不体现在所谓“纯客观”的描写上，不能只求表面的真实，对个别的现象、事物作有闻必录式的机械记述；而是要表现这些现象、事物的内在含义，显示其中本质的、具有规律性的东西。所谓自然主义，并不能真实地、正确地反映生活。十分可贵的是，郑振铎在论述文学的“真”的时

---

① 见1921年3月《小说月报》上的《文艺丛谈》。

候，一开始主张的就是“写实主义”(即现实主义)，而从未提倡过自然主义，甚至明确地反对了“极端写实主义”(即自然主义)。

他在一九二〇年代初就指出，文学创作“不是直接描写原物”，“总须经过作者的脑中，由他用他的想象把他们组织起来”，所写的人物的行动也“不是实际的摹拟的行动”。(《文学的定义》)他反复说过：“极端的无所作为的客观描写的小说，决不是好小说，而且也没有做的必要。”(致宓汝卓信)他把当时社会上流行的自然主义倾向的作品称作“笔记式的，无艺术的，空想的东西”(《文艺丛谈》)，认为这类作品之不“真”是不待言的。至于这类作品的末流“黑幕小说”之类，他认为非但与写实主义格格不入，甚至连文学也称不上。他写过《肉欲横行的中国》等文，批判了当时一些作品中的自然主义的性欲描写。一九二二年三月，他为郭绍虞翻译的奥地利戏剧家显尼志劳(A. Sehnitzler)的《阿那托尔》作序，一方面批判了当时有些人“以道德家的眼光来责备”“描写爱情的变幻”的作品，肯定了“显尼志劳只是一个艺术家，他不管什么道德。他只是忠实地写出实在的现象”；另一方面郑振铎又肯定了“他的工作也决没有丑恶的表现。他以他的秀丽的艺术的手腕，避免了一些秽浊的肉欲的描写，这确是很难得的”。

郑振铎的这些论述，既体现了现实主义的如实描写的精神，又与自然主义的“纯客观”、渲染丑恶划清了界线。他在一九二一年九月三日致周作人的信中说，要产生“写实的，能动人的”作品，“提倡修改的自然主义，实在必要，好的作品，所叙述总是极真切，浮光掠影的叙述，永远不会成好的作品，现在大部分的作品所欠缺的就是真字也”。他在“自然主义”前面特地加上了限制性的定语“修改的”，这很值得注意，这就表明他认为不经改造地提倡自然主义，是要不得的。而所谓“修改的自然主义”,也就与现实主义一致了。郑振铎在一九二三年写的《俄国文学史略》中,提到“极端的写实主义者”勒谢尼加夫(Ф. М. Решетников)的作品“只有赤裸裸的‘真实’,如一种日记,毫不加以增饰”,他虽然肯定其有作品自有相当的艺术性,但明确指出“勒谢尼加夫的‘极端写实主义’有许多地方是行不去的”。这里,他又在“写实主义”前面特加了“极端”二字,这也很值得注意。而所谓“极端写实主义”,其实就是自然主义。

应该指出,“五四”前后我国新文学理论界中分不清现实主义与自然主义的区别,甚至把自然主义看作是现实主义的更高的发展,这样一种错误见解是很普遍的。例如,最早提倡“写实主义”的陈独秀便认为“自然主义,尤趋现实。……视写实主义,更进一步。”①周作人一开始也说过“自然主义是一种科学的文学,专用客观,描写人生。”②甚至连沈雁冰开始也一度将现实主义与自然主义相提并论。他在一九二〇年第十一卷第一期《小说月报》上发表《小说新潮栏宣言》时,就说:“中国现在要介绍新派小说,应该先从写实派自然派介绍起。”同一期上,他还发表《文学上的古典主义浪漫主义和写实主义》,文中也把提倡自然主义的法国作家左拉(F. Zola)推为“写实主义的重镇”。一九二二年七月他发表《自然主义与中国现代小说》,提出要铲除旧文学的势力,“我认为须得提倡文学上的自然主义”,并认为“自然主义是经过现代科学的洗礼的”。

当然,我们不能认为沈雁冰是自然主义信徒,他是我国现代杰

---

① 陈独秀致张永言信,见1916年2月15日《青年杂志》第6期。

② 见《日本近三十年小说之发达》。按,周作人后来在1921年秋给沈雁冰写信,认识到“专在人间看出兽性来的自然派,中国人看了,容易受病”。(见1922年6月《小说月报》通信栏)

出的现实主义文学家。但他当时一是确实分不清现实主义与自然主义的区别，[①]二是想强调自然主义的“客观描写与实地观察”，以此来“针对现代小说病根下药”。(《自然主义与中国现代小说》)他开始并未看到自然主义这服药有副作用；不久，他才认识到这“常能生出许多不良的影响”，除了采取“自然派技术上的长处”外，不能“处处照他”。[②] 沈雁冰最初的有关自然主义的主张，甚至还给新文学运动的反对派钻了空子。例如，当时吴宓就曾写了《写实小说之流弊》，将自然主义作品的“以不健全之人生观示人”，“惟以抄袭实境为能事”等，都派在“写实小说”的头上。(应该指出，吴宓的目的是为了反对新文学；但他指出的这些“流弊”却正“歪打正着”地说中了自然主义的毛病。)因此，沈雁冰不得不起而辩之。沈雁冰当时能很快认识到自然主义的流弊，我认为也是与郑振铎同他的切磋有关的。对照“五四”前后一般新文学工作者关于这一问题的认识水平，我们不难看出郑振铎当时的见解是十分难能可贵的。如果说郑振铎是最早认识既实主义与自然主义的区别的文艺理论家之一，并不夸大。[③]

尤其使我们感到十分难得的是，郑振铎在一九二〇年代初期就强调了真实地反映社会、人生的作品还必须融化了“最高理想”

---

① 茅盾在1963年11月25日致曾广灿的信中说：“此时中国文坛实未尝有人能把自然主义、现实主义之界限划分清楚。”

② 见1922年6月《小说月报》通信栏。又，同年9月21日《文学旬刊》上沈雁冰的《“曹拉主义”的危险》，也表示了这样的认识。

③ 陈思和在《中国新文学整体观》一书中说，“现实主义在内部划清与自然主义的界限的工作，最初正是由反对现实主义的创造社诸作家们进行的”。这不符合史实。他又说1923年6月《创造周报》上成仿吾的《写实主义与庸俗主义》一文是现代文学史上“第一次”分清现实主义与自然主义的区别，真不知从何说起。该文充满着对文学研究会的宗派意气，在理论上阐述得并不清楚。更何况，这时沈雁冰也早已认识了自然主义的弊病，怎么还能说它是“第一次”呢？

于其中。他在一九二一年三月的《小说月报》的《文艺丛谈》中发表了这样一段十分精彩的意见：

写实主义的文学，不仅是随便的取一种人生的或社会的现象描写之，就算能事已完。它的特质，实在于(一)科学的描写法与(二)谨慎的、有意义的描写对象之裁取。而第二个特质尤为重要。……他们所以要著这些小说，所以要裁取社会里的这些事实来描写，实也有他们的意义在里面。譬如照相一样，要照一幅山景，于景色之裁取，必须费许多的抉择的工夫；又如画家的画一样，他们之画某幅的画，至少也必有他们自己的所以欲画这样的画的意思包含在里面。所以我们可以说：写实主义的文学，虽然是忠实的写社会或人生的断片的，而其裁取此断片时，至少必融化有作者的最高理想在中间。

鲁迅早在一九一九年五月发表的随感录《"圣武"》中，也使用了"最高理想"一语。他是有特定的意义的——他要大家"留心看看别国的"(主要是俄国)文学，向当时俄国的"有主义的人民"学习，"看出一种薄明的天色，便是新世纪的曙光。"我认为，郑振铎提到的"最高理想"与鲁迅说的是一致的，本书第一章已详细论述过郑振铎当时追求的新的理想的内容。另外，沈雁冰当时也指出："文学是描写人生，犹不能无理想做个骨子"(《文学上的古典主义浪漫主义和写实主义》)，并认为"指出未来的希望，把新思想新信仰灌到人心中，这便是当今创作家的最大职务"(《创作的前途》)。我们可以看到，郑振铎关于现实主义文学必须融入理想的思想，是与鲁迅、沈雁冰完全一致的。这生动地表明，我国现代杰出的现实主义作家从一开始就认识到文学要真实地反映社会和人生，必须有理想之光的照耀。这就和革命浪漫主义有了相通之处。这也是十月社会主义革命深刻地影响到我国先进知识分子的一个明证。而郑振铎的这一文学思想，在当时是属于最进步的文学思想。

当然，郑振铎在一九二〇年代初的"理想"还带有模糊朦胧的成分。他自己后来也说，当时他是社会主义理想的"一个朦朦胧胧的'向往者'"。(《记瞿秋白早年的二三事》)但他毕竟是向着新的理想的追求者和先行者，他不仅如瞿秋白说的"如俄国十九世纪四十年代的青年思想似的"(《饿乡纪程》)追求理想，而且，他早期的文学观点正是受了十九世纪四十年代以来的俄国批判现实主义文学，以至社会主义现实主义奠基人高尔基的文学思想的影响。他早在一九二〇年写的长篇论文《俄罗斯文学底特质与其略史》中就指出："他们的音调虽然悲苦，他们的色彩虽然灰白，而他们终不是绝对的失望，绝对的悲观，他们的骨子里还是豪气凌霄，不可一世，希望如泉，永不涸竭。""他们又希望'将来有一个时候，世上更无主奴，无损伤残疾，无恶意，无恶行，无有哀怜，无有怨恨。'"他在一九二三年写的《俄国文学史略》中，在批评"极端写实主义"的同时，高度赞扬了高尔基的"理想的写实主义"，指出"这个主义到了高尔基才得到伟大的成功"；而高尔基所以能成为"许多民众小说家中的最伟大者"，他的这一"理想的写实主义""是使他得伟大的成功主因"。郑振铎在这里说的"理想的写实主义"，不就是"社会主义现实主义"吗？早在一九二〇年代初，他就能以这样明确的理论语言，概括高尔基的文学思想及其成功的原因，这是何等令人钦佩啊！而且，他的这些论述，都与他的文学的真实观密切相关。他认为高尔基的作品，具有高度的真实性，"使我们直接与一切事物的真相打个照面"，"这是他新辟的境地"，"当二十世纪最初，俄罗斯革命的乌云弥漫于天空时，高尔基的著作，实是夏雨之前的雷声。"

可见，郑振铎关于文学须融入理想的观点，与俄国革命是有关的，因而他的“理想”与“希望”同十九世纪四十年代的俄国青年远不一样，因为时代已是二十世纪俄国十月社会主义革命和中国“五四”运动以后了，郑振铎的希望之泉里注入了社会主义理想的活水。他的文学思想，他的文学的真实观，明显地具有社会主义的倾向。这一倾向，在后来更越来越鲜明，这里就不多说了。

综上所述，郑振铎关于现实主义文学的真实性的思想，是相当深刻与丰富的，认识也是相当早的。正因为他在这方面具有明确的认识，所以使他的现实主义理论更为完整与周密。现实主义文学追求的目标，是思想性与艺术性的高度完美的结合，而思想性与艺术性的全部基础都只能建立在真实性之上。只有真的，才可能是美的和善的。真字当头，美在其中。由于郑振铎一贯强调现实主义文学的真实性，这就保证了现实主义文学理论始终不存在被所谓非文学因素淹没的危险，也表明了现实主义文学理论并不必须由所谓“为艺术而艺术”的理论来对它进行补充。[①] 郑振铎的这些理论与思想，也反映了现实主义理论的生命力。

四、比较文学思想

郑振铎是我国民国时期最早的比较文学研究者之一，[②]也是

① 这些观点，参见陈思和《中国新文学整体观》。

② 这也可以从他在1920年3月20日为耿济之等人翻译的《俄罗斯名家短篇小说集》写的序文说起。在这篇序中，他不仅把俄国文学与英法文学相比较，而且更将俄国文学与中国旧文学作了出色的比较研究，逐条指出两者不同之处，从而有力地阐明了中国新文学欲建其基础必须向俄国文学学习的道理。

我国最早从理论上倡导比较文学研究的学者之一。一九二一年一月，在改革后的《小说月报》第一期上，他在紧接着《改革宣言》后发表的《文艺丛谈(一)》中就提出了指导性意见："现在中国的文学家有两重的重大的责任：一是整理中国的文学；二是介绍世界的文学。""想在中国创造新文学，从那些纷如乱丝的，古典式的，陈陈相因的，大部分为非人的中国文学书中，是决不能成功的。所以不能不取材于世界各国。取愈多而所得愈深。新文学始有发达的希望。我们从事文学者实不可放弃了这个介绍的责任。"在这样的"整理"与"介绍"的两大工作中，既要取材于各国，又要所得愈深，自然缺少不了比较研究。因此，他在同期《小说月报》上发表的《文艺丛谈(四)》中，明确地提出了自己的重要见解：

> 文学是没有国界的。因为无论人们的文明程度相差如何的远，无论他们的风土习惯是怎样的不同，他们的思想与感情总是相距不很辽远的：柏拉图、孔丘的学说，即在现时也还有不可逾越的；日本人与西班牙人、北欧人的爱情是同样的，他们的喜怒憎恨与恐忧之情也是丝毫无异的。因此，记录人们的思想与感情的文学，也自然是没有什么界限可言了。

这段话，在今天来看也许是平平无奇的；但在当时中国，却很少有人这样说。"文学是没有国界的"这句名言，[①]就是从这时起更广泛地为我国读者所知了。郑振铎这样确定了中外文学的共通性与可比性后，便在理论上为比较文学在中国的提倡立下了基础。他紧接着便写道：

---

① 我认为在中国大概是梁启超最早提出这句话的。见 1898 年他的《译印政治小说序》。

但是文学的统一——综合——的研究，却没有什么人从事过。我们只看见有什么《法国文学史》、《英国文学史》等等，却没有看见过有所谓《世界文学》的。近时偶然有几本《比较文学》或《文学的哲理》的书出来，把世界的文学来综合的研究一下。然而"文学哲理"之名实有所不安，"比较文学"更为语病。……莫尔顿的《世界文学》极力主张文学之统一的研究，其识见实不可谓不卓；但是他所谓"世界文学观"却仍是以一国为本位，来观察其他各国的文学。与他有关系的详细叙述，与他没有影响的就置之不问。仍不是彻底的办法。

咳！"世界文学"！几时才得出现？但是——我们却不可不勉力！

在这段话中，令人注意的是郑振铎似乎不赞成"比较文学"，他主张的是"世界文学"，强调的是"统一——综合——的研究"。应该怎样来看这个问题呢？

首先，对于"比较文学"与"世界文学"(以及"总体文学"、"一般文学"等等)的概念的精确界说，即使在当今国内外学术界中，仍是众说纷纭。我认为，二者还是同中有异的。相同的是，二者的趋向和最终目的一致，即都是要求打破国界与语言界限，把文学作为一个整体来研究，探求总体性文学规律；不同的是，前者在研究方法上强调比较，后者则强调统一、综合。但这二者又不能截然分开。既然二者有很多共性，因此，比较文学"美国学派"代表学者韦勒克(R. Wellek)的看法是对的："人为地把'比较文学'和'总体文学'区分开来必定会失败"(《比较文学的危机》)，"'比较文学'和'总体文学'不可避免地会合二而一"(《文学理论》)。而"法国学派"的代表学者梵·第根(P. V. Tieghem)认为"民族文学"(国别文学)、

“比较文学”和“总体文学”(世界文学)代表三个层次,而“总体文学”(世界文学)是比“比较文学”更高的一门科学,这种说法也有道理。近年,法国波尔多大学埃斯卡庇(R. Escarpit)教授认为,比较文学本身即具有致力于总体研究的特点,而在某种意义上,人们往往把歌德(Geothe)的“世界文学”视作“比较文学”的先祖。(见《各国文学发展史》第三卷)我认为,比较文学本身就是一门开放的、尚在发展的学科,因此,严格地界定其内容与范围,把它束缚于某种框架中,未必妥当。我们可以将梵·第根所说的比较文学看作是较狭义的比较文学,而将韦勒克说的看作是较广义的比较文学。那么,很显然,郑振铎当年提倡的实质上正是较广义的比较文学。

其次,从世界比较文学理论发展史来看,最初国外也正是将“比较文学”与“世界文学”、“总体文学”、“全球文学”、“一般文学”等等并行或混同使用的;更有不少学者认为“比较文学”一词有“语病”(甚至今天还有持这种看法的学者)。例如,美国学者韦勒克和沃伦(A. Warren)在他们的名著《文学理论》中就指出,“比较文学”这个术语带来不少麻烦,存在着弊病。另外,如美国学者勃洛克(H. M. Blook)、法国学者基亚(M. F. Guyard)等人,都表示过类似的意见。确实,“比较”本来就是一切学术研究,当然也是一切文学批评都必须使用的方法,因此用这个“比较”也就不能完全恰当地表达出这一学科的特殊性质;再说,这应该是一种研究,怎么能叫作“文学”呢?因此,人们又纷纷提出过其他的名称。只是不易为大家都接受,而“比较文学”一词又被叫惯了,所以也就将错就错,沿用至今,“定于一尊”。由此可见,我们不能因为郑振铎一开始不赞成“比较文学”这一术语,就怀疑他作为我国最早的比较文学倡导者之一的地位，而毋宁把这看作是我国比较文学研究史初期的一种正常现象；[①]我们也不能因为郑振铎早期有的文章中没有使用“比较文学”一词，而把他的有关比较文学理论、见解排除在我国比较文学理论史之外。

我们知道，“世界文学”是由德国伟大诗人歌德在一八二七年与爱克曼的谈话中最早提出的。(二十多年后，马克思、恩格斯又进一步从历史唯物主义的高度论述了这一思想。)而被一些人称作“比较文学之父”的法国学者维尔曼(F. Villeman)开始在大学里创设比较文学专课，也在差不多同时。这并不是一个偶然的巧合。因为，比较文学作为一门以突破国家与民族的地域、语言界限为存在前提的学科，正是自觉的世界文学意识的产物，体现了对世界性文学交流、整体性文学规律探讨的历史要求。从郑振铎的一系列论述中可以看出，他在这方面的理解是非常深刻的；但是，他更直接的却不是接受歌德的思想，而是受到当时美国学者莫尔顿的影响。这从上述引文中也能看出。莫尔顿(1849～1924)，生于英国，长期在英美各大学任文学理论教授，一九〇一年以后，任美国芝加哥大学一般文学系主任。其代表著作是一九一一年出版的《世界文学》和一九一五年出版的《文学的近代研究》。这两部书都强调世界文学是一个整体，应该作统一的综合的研究。这些观点对郑振铎的启发很大。(当然，他又认为莫尔顿的理论仍不彻底，尚未摆脱英美中心论的拘囿。详见下文。)在一九二一年五月公布的郑振铎拟定的《文学研究会丛书目录》中，他还将莫尔顿的《文学的近

---

① 郑振铎不久也就使用了“比较文学”这一术语。例如，1923 年他就称自己的《文学大纲》乃“系‘比较文学史’的性质”。据有关资料，一九三〇年代郑振铎还曾在北京大学等校开设过“比较文学史”专课。

代研究》列为第一本，并注明要亲自翻译，可见其重视的程度。[①]

一九二一年五月十日，郑振铎主编的《文学旬刊》创刊了。他写的《宣言》中不仅充分肯定了文学反映社会与改造社会的作用，而且认为文学可以超越时代与地域，“人们的最高精神的联锁，惟文学可以实现之”。他认为，“无论世界上说哪一种语言的人们，他们都有他们自己的文学，也同时有别的人们的最好的文学，就是，同时把自己的文学贡献给别人，同时也把别人的文学介绍来给自己。世界文学的联锁，就是人们的最高精神的联锁了。”他并以沉重的口气指出以前中国文学的封闭状态：

> 我们很惭愧：惟有我们说中国话的人们，与世界的文学界相隔得最窎远；不惟无所与，而且也无所取。因此，不惟我们的最高精神不能使世界上说别种语言的人的了解，而我们也完全不能了解他们。与世界的文学界断绝关系，就是与人们的最高精神断绝关系了。这实在是我们的非常大的羞辱与损失——我们全体的非常大的羞辱与损失！

他还在这篇《宣言》里环顾域外，指出不少以前在世界文学里黯然无色的民族，此时都渐有复兴之望：爱尔兰、日本，波兰吐光芒于前，印度、匈牙利等露刀颖于后；而惟有我们中国当时还毫无贡献，不仅在创作方面十分寂寞，而且在翻译介绍方面也没有什么成绩。为此，他提出了“为中国文学的再生而斗争”的口号，要“一面

---

① 后来，郑振铎因工作太忙而未译。最后由他的朋友、我国最早翻译《比较文学史》的傅东华译出，并最先在郑振铎的帮助下连载发表于 1926 年的《小说月报》上。顺便提及，莫尔顿其人其书，对中国近代相当多一些作家（例如还有田汉、瞿世英、王统照等人）有影响；但在其本国却似乎没有多大名气，而我国现在的一些有关比较文学著作中也从未提及过。这本身就是“影响研究”值得注意的课题。

努力介绍世界文学到中国，一面努力创造中国的文学，以贡献于世界的文学界中"。在一九二〇年代初，能够这样登高望远，具有这样明确的世界文学意识的中国文学家，实在是不多的。

在当时的《文学旬刊》和《小说月报》上，郑振铎发表的一些短论中反复表述和发挥了这一思想。例如，他认为介绍外国文学并不仅仅是创造中国新文学的准备，因为"就文学的本身看，一种文学作品产生了，介绍来了，不仅是文学的花园，又开了一朵花；乃是人类的最高精神，又多一个慰藉与交通的光明的道路了。"（《处女与媒婆》）他又说："文学是无国界的。它所反映是全体人们的精神，不是一国、一民族的。固然，也许因地方的不同，稍带些地方的色彩。然而在大体上总是有共通之点的。我们看文学应该以人类为观察点，不应该限于一国。新文学的目的，并不是给各民族保存国粹，乃是超过国界，'求人们的最高精神与情绪的流通的'。"（《新旧文学的调和》）郑振铎这样从"最高精神"的高度来论述他的比较文学思想，确实十分精辟。

上述郑振铎早期的一些呼吁与倡导，十分醒目，具有号召力；但还只是"宣言"式的，还缺少系统的理论深度。而他的第一篇系统而深刻的专论，则是一九二一年写作，发表于一九二二年八月《小说月报》上的《文学的统一观》。[①] 论文从当时国内外文学研究方法的局限说起，指出有专门研究一个时代的文学的，有专门研究一个国家的文学的，有专门研究一个种类的文学的，以及专门研究一个作家、或文学中的一种运动、一个问题、一种思想的等等；但就

① 该文的发表比较慎重。在 1922 年 2 月和 3 月的《小说月报》上，都曾作了预告。该文文末注明："这篇是一年以前的旧文字"。

是没有“以文学为一个整体，为一个独立的研究的对象，通时与地与人与种类一以贯之，而作彻底的全部的研究的”。他说的这种统一的研究，有别于一般的文学理论研究，他接着就说明了其与“文学的哲学”(The Philosophy of Literature)的不同，认为后者“不过是文学的全部研究中的一个元素”。同时，他又说这种研究也不同于“比较文学”，因为他认为“比较文学诚然是向文学的统一研究的较近的路”，但并非即是“统一的研究”，因为它“不过取一片一段的文学而比较研究之，不能认为是全部的研究”。文中又一次对“比较文学”一词表示不满意。我认为，郑振铎在这里提出的“统一研究”，同前面说过的“世界文学”一样，实际就是宏观的广义的比较文学研究；或者可以说，这可以视作中国比较文学初期曾经出现的许多异称中的一个。他说的“取一片一段的文学而比较研究之”，无疑指的是狭义的微观的比较文学；而即使是狭义的微观的比较文学研究，他也肯定了它是向文学的统一研究的较近的路。

为什么必须提倡这样的思想与研究方法呢？他指出有两个原因。第一个是因为文学本身是一个整体。他举了许多例子，一是关于文学的原理、规律的研究：“譬如讲到文学的起源，如非综合世界各国的最初文学的方式而研究之，又怎么知道它是从哪一种形式起的呢？又如讲文学的进化，如非综合世界全体的文学界的进化的历程，又怎么会明白文学的进化究竟是怎么样的呢？至于论文学的原理，论文学的艺术，也是非把全部的世界文学界会于一处而研究之，不能得最确真的观念的。”二是关于各国文学相互间关系的研究：“又如讲英国的文学，如不知法国文学、德国文学、希腊、腊丁文学的究竟，又怎么知道它们对于它的影响呢？但丁的《神曲》，荷马的《依利亚特》和《亚狄赛》，贵推的《法乌斯特》(歌德《浮士德》)，我们都知道它们于英国文学界里极有影响。但但丁在意大利文学史的地位，如何呢？《神曲》的内容如何呢？荷马、贵推的作品的思想与艺术与其在本国文学史里的地位又是如何呢？如此研究英国文学，又非同时研究希腊、德国等文学不可了。”三是关于文学运动、流派历史的研究：“又如讲文艺复兴时代的文学，不知道希腊与希伯莱的文学，又怎么知道它的来源，怎么知道它的复兴的原因呢？或是不知道文艺复兴后的欧洲各国的文学的起源，又怎么知道文艺复兴的结果与影响是如何呢？”通过这些例证，他“总括一句话，就是文学的时与地与人与种类，都是互相关联的；不于全体文学界有统一的研究，则于局部的研究也不能有十分的精确与完备的见解。”

郑振铎指出的第二个原因是，人类本身也是一个整体。他认为，“虽因地域的差别，其派别，其色彩，略有浓淡与疏密之不同。然其不同之程度，固远不如其相同之程度。因为人类虽相隔至远，虽面色不同，而其精神与情绪究竟是几乎完全无异的。”说到这里，他大段引用了高尔基《文学与现在的俄罗斯》一文中的有关论述。高尔基认为，“我们没有一种‘世界的文学’，因为现在还没有全世界通用的文字，但是所有的文学的创作品，散文或诗体的，却满注着一切人类所共有的感情，所共有的思想、理想的分子，人类的对于精神自由的快乐之神圣的热望的分子，人类的生活痛苦之厌恶的分子，他的更高的生活方式之可能的希望的分子，并且还满注着那些不能用文字或思想定义，又难能以感情理会得的，我们所谓‘美’的神秘的东西……”他还引用了高尔基原文中说明人类的思维、感情、欲望、本能等等具有同一性的许多例子，并补充了不少例子。由此，他指出表现人类的精神与情绪的文学必须“一视同仁”，

“决不容有什么地域的人种的见解了”。他甚至还进一步设想：“由文学的统一，为许多不同颜色的圈子所圈住的不幸的分割开的人类，也许可以重复统一。”他的这一崇高理想，与《〈文学旬刊〉宣言》中说的以文学作为世界人民的最高精神的联锁的思想是一致的。也是与鲁迅晚年说的“人类最好是彼此不隔膜，相关心。然而最平正的道路却只有用文艺来沟通”（《捷克译本》）是相通的。值得指出的是，高尔基的这篇文章正是由郑振铎在一九二〇年九月翻译的，发表于同年十月刚成为上海共产党小组机关刊物的《新青年》上。1918年，列宁领导的俄国苏维埃新政权在高尔基的倡议下，组织了一个规模宏大的世界文学出版社，计划出版《世界文学丛书》，目的是“使读者能够十分知道这些作品的创造，起源，及文学派别的兴废，诗文技术的发达，各国文学的相互的影响，及历代文学进化的全部运动”。高尔基的这篇文章就是这套丛书的总序。他在发表这篇译文时指出：“哥尔基的高尚的理想主义，没有别的地方比这个序讲得更详细，更明了的了。所以这篇文章也可以说是哥尔基的思想的结晶。”“我译了这篇东西，我实为他所感动。”从这里可以看到郑振铎当时比较文学（世界文学）思想所受国外影响的又一重要来源，这是极可注意的。

郑振铎在文中不仅论述了文学统一研究的必要性，同时还论述了这样研究的可能性。他认为这种研究难度确实很大，主要是语言文字、地方色彩等方面的困难；但他指出可以通过努力来克服它，特别是论证了文学翻译的可行性。文中还明确说明这一文学思想最初是由莫尔顿“唤起的”，“殊觉感谢他”；同时又指出“但是他的统一观，却是不彻底的，与我的颇为不同”。郑振铎不赞同莫尔顿的地方，主要是莫尔顿强调的“世界文学”是“从一个特定的观察点上所见的”,“这种观察点或可以由观察者的国家立足点上发出来的”,这就不能同“欧洲文学中心论”之类观点划清界限;而莫尔顿在一些具体论述中,确实也存在着这种局限。因此,郑振铎正确地指出了他的理论是不彻底的。郑振铎还认为这种研究的任务不仅仅是指出具体作品的价值,其在某时某地的影响,以及其中包含的思想内容等等,而“更重大的任务”乃是“在综合人类所有的文学所品,以研究它的发生的原因,与进化的痕迹,与它的所包含的人类的思想情绪的进化的痕迹的。”这一思想,也就是六十年后另一位著名学者钱钟书说的:“比较文学的最终目的在于帮助我们认识总体文学乃至人类文化的基本规律”。(见张隆溪《钱钟书谈比较文学与“文学比较”》)

郑振铎在一九二〇年代初写出这样的论文,是极不简单的。其眼界之宽阔、气魄之雄伟、理论之完整,在当时中国无出其右者。我认为,这是我国比较文学史上最早大力提倡、系统阐述比较文学的专论,其意义是不可低估的。遗憾的是,在迄今有关我国比较文学史的论著中,还从未有人这样提起过。这是令人奇怪的。当然,这篇论文中不可避免地也有一些不甚科学或不甚成熟的观点,例如,文中强调了人类感情的同一性,但偏于抽象与绝对,忽视了阶级性和对立性等。但这是连当时的高尔基都不免的缺点,因而我们应该指出这一点,却不应该给予苛评。

一九二三年,郑振铎接任主编《小说月报》后不久,就着手计划出版“中国文学研究专号”。[①] 经过多年筹备,《中国文学研究》上下两册于一九两七年作为该刊第十七卷号外出版了。这个专号的

① 见1923年10月29日《文学旬刊》所载《小说月报》社启事。

打头文章是郑振铎的《研究中国文学的新途径》。关于这篇论文在我国比较文学理论史上的地位，近年已有论者提及，但认为此文"在客观上起到了号召人们开展比较文学研究"，[①]这一提法令人费解。事实是，郑振铎此文在主观上就是十分明确地提倡开展比较文学研究的。

这篇文章的第六部分题为"文学的外化"。所谓"外化"，就是"外来影响"的意思。郑振铎提出要"研究中国文学究竟在历代以来受到外来的影响有多少，或其影响是如何样子"的问题，正如他指出的，这一研究是从未有人进行过的，甚至连提也没有人提过，"这是一种新鲜的研究"。显然，这是属于比较文学中影响研究的重要课题。由于该文主要论述的是如何整理、研究中国古典文学，因此未能全面论述比较文学的理论、方法；但是，他把外来影响研究作为"最未为人所注意"而急待"开辟"的一条研究途径，甚至作为他提出的三条"研究中国文学的新途径"的第一条提出来，这就尤其令人注目。他还列举了历史上中国文学所受外来影响的事例，指出："这都是仅略略的提一提的，而已足以使迷信国粹的先生吃一个大惊了。将来如果有一部《中国文学外化考》出来，恐怕材料将要搜集得更多。""这个研究在文学史上是大有功绩的，且至少可以间接的帮助许多研究别的东西者的忙。"郑振铎在一九二〇年代首倡撰写这样一部专著的设想，虽然至今犹尚待学术界共同努力完成（不过，我认为"外化"一词尚待斟酌），但他的这一倡议对于中国文学研究的影响是十分深远的。

写到这里，我们有必要回顾一下在郑振铎提出上述理论与倡

① 见刘献彪《比较文学及其在中国的兴起》。

议之前，我国比较文学方面的状况。人所周知，自晚清时起，外国文学的翻译介绍开始蔚然成风；与此同时，也开始出现了一些涉及中外文学比较的文字。例如，黄遵宪、严复、梁启超、林纾、王国维、马君武、柳亚子、苏曼殊等人，在他们的一些序跋及评论中，都有这方面的内容。这是值得注意的我国比较文学的滥觞；但是，综而观之这些论述毕竟还不能称为严格意义上的比较文学。因为这类评述，大多未脱我国一般传统文论的随感式、评点式的特点，缺乏理论深度；某些"比较"甚至是十分肤浅和牵强的比附。当然，更没有出现提倡比较文学的文章。一九〇八年，鲁迅发表了长篇大论《摩罗诗力说》，将英国的拜伦(G. G. Byron)、雪莱(P. B. Shelley)，俄国的普希金(А. С. Пушкин)、莱蒙托夫(М. Ю. Лермонтов)、果戈理，波兰的密茨凯维支(A. Mickiewicz)，匈牙利的裴多菲(S. Petöfi)等人作了纵向的影响研究；同时，又将这些"摩罗诗人"与中国文学作了横向的平行研究。这篇文章视野广阔，见解先进，在方法论上给人以启迪，在当时是独一无二的。研究者认为，"我国现代的比较文学研究，应该说是从青年鲁迅的《摩罗诗力说》开始。一九〇七年，可以说是我国比较文学研究起步的一年。"[①]这是有一定道理的。然而，我认为这可以说是我国近代运用比较文学方法从事研究工作的起步，却不宜视作我国比较文学学科的开始。其理由不仅因为该文初载于日本出版的印数很少的刊物上，当时在国内影响很小(它被较多的人读到，是在一九二七年收入《坟》以后)，也不仅因为鲁迅写作此文，有不少材料乃至观点是直接翻译

① 见赵瑞蕻《鲁迅〈摩罗诗力说〉注释·今译·解说》。所说1907年是鲁迅该文写作的年份。

而来的;[①]更主要乃因为鲁迅当时还没有对比较文学本身进行阐述和提倡。而作为一门学科的起步,是必须以出现比较成熟与系统的理论倡导文章为标志的。中国比较文学的正式起步,无疑是在“五四”新文化运动之后,而郑振铎的《文学的统一观》及其他文章就占有令人注目的开山的地位了。

郑振铎从一九二〇年代初提出有关倡议后,一直到他逝世,对比较文学理论一直有所探索,有所论述。他除了写下一些专论外,还曾在一九二三年初向中国读者介绍了波斯奈特(H. M. Posnett)写的世界上第一部比较文学理论专著《比较文学》(见《关于文学原理的重要书籍介绍》),又曾在一九二五年初介绍了法国洛里哀(F. Loliée)的《比较文学史》(见《各国“文学史”介绍》),这些在中国可能都是最早的介绍。他还有不少关于比较文学的片段论述、观点散见于各类文章中。虽然他从未说自己是比较文学理论家,但是他的有关学术思想是相当丰富的,也是相当有特色的。值得我们加以整理和总结。而在这方面,以前做得太不够。一九五八年“批判”他的时候,甚至还把他提倡比较文学研究说成是“客观上为帝国主义对外侵略服务”,是“世界主义的推销员”云云,那就更为荒谬了。我认为,郑振铎的比较文学思想至少有如下三点特别值得我们重视与继承。

第一,他对为什么要开展这一研究,从一开始目的就十分明确。那就是:为了中国的文艺复兴,为了更好地研究与认识中国文学,为了探讨总体文学的发展规律,为了世界文学的实现与完善。

他在早期,主要侧重于通过中国文学与国外进步文学的比较

① 见日本学者北冈正子、中岛长文等人的研究成果。

研究，来更有力地指出旧文学之弊端，来改变国人的文学观念。他在一九二〇年代初就指出："我想：中国想创造新的文学，非从俄国文学方面下研究的工夫不可。"[①]而这个研究主要就包括比较研究。前已提及，他最初写的《〈俄罗斯名家短篇小说集〉序》，就是通过中俄文学比较，指出"俄罗斯文学是近代的世界文学的结晶"，而中国旧文学则"最乏于'真'的精神"，"是非人的文学，是不切于人生关系的文学，是不能表现个性的文学"，并且"久困于'团圆主义'支配之下"，缺乏悲剧意识。在《俄罗斯文学底特质与其略史》等文中，他又指出十九世纪以后的俄国文学"占世界文学上最高的位置"，它的一些特质，如人道主义精神、悲剧色彩、忏悔意识、平民精神、哲理性等等，都是当时中国文学里所缺乏和所需要的。他更提到十月革命后"红的俄罗斯"必然产生"光明的、熊熊的文学大著作"，尤其是中国新文学的榜样了。对于其他外国进步文学也是这样。例如，他当时批评国内那些流行甚广的"谴责小说"时，除了与俄国作家契诃夫（A. П. Чехов）等人的小说相比外，还列举了西班牙作家塞万提斯、英国作家狄更斯（C. Dickens）等人的小说，指出他们也都是描写黑暗面和可恶可恨的人物的，但他们所持的态度却是严肃的，而"谴责小说"则不同。他提倡通过这样的比较研究，来改变旧文学观。随着中国新文化运动的进展，他更提倡通过中外文学比较，取长补短，来作为创造中国新文学的借鉴。例如，在一九三〇年代左翼文艺阵营提倡"大众语文学"的时候，他就指出："萧伯纳的戏曲是用最纯正的伦敦白写的，而邓散宜（Dunsany）、奥尼尔（E. O'Neill）诸人的作品，就杂了不少的土白方言在内了。

① 郑振铎致张东荪信，载1920年4月22日《时事新报》。

那完全是看作家自己的特嗜和运用而定。但其为活人的口语的文字则一。”(《大众语文学的“遗产”》)以此说明文学必须“更近于人生活动的实际”的道理。他反复强调“我们必须很明白现代世界文坛的趋势,看看他们走的是什么一条路,然后更可以知道我们要走的是什么一条路。”①

在中国文学的整理与研究工作中,如前所述,他首次把探讨外国文学的影响作为重要的“新途径”之一提出来。他多次强调,中国文学在历史上受外来影响很深,不研究这一问题就不可能研究好中国文学本身。他指出,外来影响最大的有两次。第一次是魏晋之际来自印度。“最初是音韵的研究,随了印度的佛教之输入而输入。而印度及西域诸国的音乐,在中国乐歌上更占了一大部分的势力。其后,佛教的势力一天天的膨胀了,文艺思想上受到了无穷大的影响。……在后来的重要文艺作品上,几乎有一半是印上了这种印度思想的沙痕的。”(《研究中国文学的新途径》)如变文、小说、戏曲、弹词等文学种类都深受印度佛教和印度文学的影响。第二次大的外来影响,是清代后期来自西欧(包括俄国)。他认为,“西欧的影响,以较印度影响更为雄大的气势,排闼直入”,给中国传统文学“以一种新的不可抵御的推动力,而使之向另一方面走去”。(《中国小说的分类及其演化的趋势》)这第二次浪潮一直延续到现代,他认为“在现在,我们所受到的外来文学的影响恐怕更要深,更要巨。这是天然的一个重要的诱因,外国文学的输入,往往会成了本国文学的改革与进展。”他指出,过去研究中国文学的人都“不曾觉察到这事实,我们却非于此深加注意不可。”(《插图本

① 见《小说月报》第20卷第6期《最后一页》。

中国文学史·绪论》)

一九二〇年代初期,他提出:"'文学研究'的任务,不仅是指出某部小说有价值,某本诗对于某时代或某地方有非常大的影响……这也许是'文学研究'的任务的一个,然而'文学研究'的更重大的任务却不在此,而在综合人类所有的文学作品,以研究它的发生的原因,与进化的痕迹,与他的所包含的人类的思想情绪的进化的痕迹的。"(《文学的统一观》)其后,他还多次表述过这一通过各国文学的比较研究与综合研究以探索人类文学的普遍规律的思想。例如,在《插图本中国文学史》中,他就指出,文学研究的主要目的,是将文学在某一种环境、时代、人种之下的一切变异与进展表示出来;并还要表示出文学原是没有中外的隔膜的,其外形虽时时不同,其内在的东西却是相同的。而要指明这一点,就必须把各国文学作为一个整体来进行比较研究。

他还一贯把文学看作是一种人类最高的精神现象。如前提及,他认为文学是世界各国的人们结成精神上联系的重要媒介,甚至认为这种联系唯文学可以实现之。他提倡广为吸收外国的优秀作品,同时自己也创造出好作品贡献给世界,既有所取,又有所予,以共同建设世界文学的花苑。早期他认为,"文学是人生的反映,人类全体的精神与情绪的反映。决不宜为地域或时代的见解所限,而应当视他们为一个整体,为一面反映全体人类的忧闷与痛苦与喜悦与微笑的镜子。"(《文学的统一观》)他认为通过比较文学研究,可以加深各国人民之间的相互了解,由文学的统一进而可能使人类亦复统一。他在后期更强调加强世界各地,特别是亚非各国被压迫民族的文化交流。他为推动世界文学的发展和进步贡献出了全部的精力,最后也是为了促进中外文化交流而殉职的。

第二，他的比较文学思想一直是开放性的、广义性的，从来不是从拘泥的定义出发来谈比较文学。他吸收与融化了总体文学理论，既强调比较、分析，也不排斥统一、归纳。他的恢宏高远的理论目光，是以渊博的知识体系为根柢的。

他认为研究的重点是中国文学与外国文学的关系与异同，但也不排除外国文学与外国文学间的比较研究。例如，他在儿童文学研究中，就曾把丹麦安徒生（H. C. Andersen）的作品与俄国梭罗古勃（Соллогуб）的作品相比较，把欧洲中世纪列那狐的故事与高加索的民间故事相比较，把德国莱辛（Lessing）的寓言与法国拉封丹（La Fontaine）的寓言相比较，等等。这方面的例子，在一部《文学大纲》里就更多了。

他既重视影响研究，又提倡平行研究。在影响研究中，他十分重视"渊源学"方法，从中国文学作为外来影响的接受者的角度出发，去探求外来影响的来源及过程。例如，关于印度佛教对中国文学的影响，他认为"大约有三个阶级：第一阶级，是佛教的宣传者，采取了印度的因果报应的传说来宣讲；第二阶级，是宣传者创造了许多中国的因果报应的故事，或将印度原来的这许多故事，换了中国的地名人名而将他们变做了中国的故事；第三阶级，是文人学士采用了这些传教的故事，而铲去了宗教的色彩，纯然的作为他们自己的著作的资料。或尚留着些外来的痕迹，或竟将这些痕迹完全泯灭了。"他同时也十分重视"誉舆学"理论，从中国文学作为对外影响的放送者的角度出发，去探求中国文学在外国的影响。例如，他研究过中国古典小说在国外流传的状况，研究过《游仙窟》何以在国内失传而在日本等国大受欢迎的原因等。在《西方人所见的东方》一文中，他指出历史上有不少西方人都是戴着有色眼镜来看中国的，有种种谬误，就连著名作家雨果（V. Hugo）、安徒生，以及写《世界文学史》的学者玛西（J. Macy）等人也都未能免。他多次指出："关于中篇像《玉娇梨》、《平山冷燕》、《好逑传》等，在国外都已有了不止一种的译本，且都曾受过欢迎；像这样迂腐的不足代表中国小说的东西，居然至今还被认为中国小说的代表，当然西方是永远不大会明白东方的了。"（《宋元明小说的演进》）新中国成立后，他还指出有些外国人"说起中国农民来，就要举出赛珍珠（P. S. Buck）的小说里的人物；说起中国知识分子来，就要说及林语堂的荒谬的作品。他们不知道，要真正了解中国人民，那些向壁虚造的无聊之作，是只会使人发生误会的。"（《进一步开展亚非国家之间的文化交流工作》）他从誉舆学角度提出必须研究这种情况，并且改变这种情况。他还把这一方法应用到现代文学领域，例如，他曾指出洪深的《牛郎与织女》是最早在美国杂志上发表的中国现代剧本。他认为，对影响研究的这两个方面都应注意。例如，他曾指出元代受外国文学影响很大，"特别是波斯、印度及西域一带的事物文化，被我们所吸收的最多。但同时，中国的文化与文学，也大为西域各国所接受。到中国来的西域人，有不少是受了中国化的。也有许多的中国故事，在这时是变成了波斯诸国的重要的故事的。"（《元明之际文坛概观》）他在研究俄国文学时也是这样，既在研究其发达的原因时论述其受到的外来影响，又在研究其成就时论述其对西欧与中国等的影响。对于"媒介学"，他也下了工夫。例如，《大唐西域记》中记载了玄奘在印度宫廷观赏到中国的《秦王破阵乐》，这究竟是怎样传过去的呢？他便提出了独到的见解。

在平行研究中，他的论述也广泛涉及"主题学"、"题材史"、"类型学"、"文体学"、"比较诗学"等等方面。例如，他在分析我国清初平话小说《豆棚闲话》时，就指出此书的结构是以在豆棚下说故事为线索，一气贯穿下去的，而这种结构形式在印度、波斯、阿拉伯各国屡见不鲜，如阿拉伯的《天方夜谭》、印度的《故事海》、《十王子冒险记》、《魔鬼的二十五故事》、《鹦鹉的七十二故事》，以及欧洲卜伽丘的《十日谈》、乔叟的《刚脱葆莱故事集》等等，但在我国却是仅见的。他的这种分析，不仅对我们了解该书的特色，富有启示；而且在平行比较方面，也是示范性的。再如，在《文学大纲》、《插图本中国文学史》等书，以及《中山狼故事之变迁》等文中，他多次把中国的忘恩负义的中山狼的故事，与欧洲列那狐的故事，潘约关于婆罗门与虎的故事，以及西伯利亚、朝鲜、挪威等国类似的故事相比较，并将各个故事的程序列表对照，看出它们的"可惊异的类似"。这个例子曾被日本学者青木正儿等人转引，成为世界比较文学史上的一个有名的题目。与此相似，他的《榨牛奶的女郎》等文，也指出各国有关主题、情节相类似的作品其叙述的层次与结构等之异同。在"比较诗学"方面，他多次平行比较了中西文学理论的发展，认为中国文艺批评的自觉似乎发生较晚，但又自有特色。一九二二年十月，他在《圣皮韦的自然主义批评论》中认为，西方浪漫主义运动前的文学批评，与我国明末盛行的"评点史记"之类相似。他也同样把平行研究的方法试用到现代文学领域，例如，他在一九二六年就指出鲁迅的《阿Q正传》"在中国的影响与功绩将有类于龚察洛夫的《阿蒲洛莫夫》与屠格涅夫的《路丁》之在俄国了。"(《闲谈·〈呐喊〉》)这是较早将鲁迅这篇作品与外国作品作比较研究的一例。

一九三〇年代后，他不管在影响研究还是平行研究中，都强调联系作品产生的各自国家的社会、文化、经济背景的比较。例如，他在分析万历天启时代出现的小说如《金瓶梅》、“二拍”及有关戏曲中的秽亵描写时，总是把那时代与罗马帝国末年相比较，认为二者的时代、社会背景有相似之处，导致产生了相似的作品。他在分析元剧鼎盛的原因时，认为这不只是关汉卿、马致远他们个人努力的结果，而另“自有其重大的经济的因素与时代的背景的”，就像“莎士比亚的戏曲之所以产生于十六世纪的英国者，也自有其重要的社会的因素在着。”(《中国文学研究者向哪里去?》)

对于民间文学的影响研究中的“同源转变”说与平行研究中的“必然巧合”说(即人类同一文化阶段每能产生同样神话传说)，他认为都有一定的道理，应根据研究的问题实事求是地运用，可以“很公允的并采了变迁说与人类学家的必然巧合说”。(《民间故事的巧合与转变》)他在英国游学期间曾翻译了英国民俗学家柯克士(M. R. Cox)女士的《民俗学浅说》，该书最后认为，对于各国相类似的故事之谜，是共同祖先呢还是各自独立，“没有一个理论，独自站着而能给出正确的解释的，但每个理论却能各自适合于某种特殊的情形。”郑振铎正是同意这一观点的。有时候，因为根据的不足，难以判断究竟是转变还是巧合，则可以暂且存疑，不匆忙作结论。例如，他曾举过所罗门与包拯各自断案的故事、《杀狗劝夫》杂剧与欧洲中世纪《罗马人的行迹》的真假朋友的故事等为例，来说明这个道理。在《插图本中国文学史》等专著中，这样存疑的例子很多。

一九三〇年代以后，他还特别注意比较文学研究要吸收人类学、考古学和民俗学等学科的科研成果。他在三四十年代发表的《汤祷篇》、《玄鸟篇》、《黄鸟篇》、《释讳篇》、《伐檀篇》、《作俑篇》等文，就是范例。在这些论文中，他论述希腊神话与我国上古传说的相通之处，论述中国古代的"玄鸟"传说如何与斯拉夫系各国以及越南、印度等国的传说相合，还论述了中国历代的"释讳"与英国"汤底托"故事的相同处等等，给我国的研究者以极大的启发。周予同在《汤祷篇》序中指出："他想凭借他的希腊神话学的修养，应用民俗学、人类学的方法，为中国古史学另辟一门户，使中国古史学更接近于真理的路！"如果我们把周予同这句话中的"古史学"改成"比较文学"，也是符合郑振铎的思想的。他希望自己这样知识广博的比较研究论文发表后，"因此而引起了学者们的注意，使他们有了更重要、更精密的成绩出来"。(《汤祷篇》)

第三，他的比较文学思想总的说来是辩证的，一般能比较妥当地掌握分寸。他反对各种形而上学的片面性和偏见，在如何正确地提倡爱国主义，正确估计外来影响，防止主观随意的比附等等问题上有较精当的见解。

他一贯主张"文学是没有国界的"，"文学的研究者不得爱国主义的色彩"。他这里说的"爱国主义"，实际是狭窄的本国主义。他认为"本国主义与外国主义也同样的是一种痼癖"。(《文学大纲·序》)他反对那种所谓"爱祖国的迷雾"把研究者的"心眼蒙蔽了"。(《研究中国文学的新途径》)那种以为本国的传统文学是最好的，对国外的优秀作品不屑一顾的盲目排外思想在旧中国是很普遍的。他指出："当外来的影响到来时，以古有的传统的文学名著自豪或作为自己的模式的知识分子，是决不肯低首于其前的"，"例如，光、宣间作者对于欧洲小说的蔑视，便是一个显证，而林纾氏因为译了《茶花女》之类的许多小说之故，桐城派的文人们至不以他为同类，虽然林氏是自附于桐城的。"他指出，倒是"民间的无成见的无名作者第一次深受到他们的影响"。(《中国小说的分类及其

演化的趋势》)

同时,他也反对所谓“外国主义”,即认为外国文学什么都好的观点。对于国外某些比较文学家的“欧美中心论”和中国某些人的民族虚无主义观点或倾向,他多次表示了异议。在中外文学的比较研究中,他不仅指出了中国文学的不足之处,同时也指出中国文学的优点和特点,认为中国文学的优秀作品是可以与外国文学名作媲美的。“在这些世界的不朽的文学遗产里,中国也自有其伟大的可以夸耀的一份儿。”(《中国文学的遗产问题》)例如,他把中外小说相比较时就指出“中国小说与别国小说大不相同,有它自己的特点”。他提出的第一个特点是,中国小说一开头不是由个别文人创作的,而是从民间流传的口头文学发展而来的,是群众文化活动的产物。他并举出变文《有相夫人升天曲》为例,认为“写的非常好,像希腊著名悲剧家沙福克里士和阿斯齐洛士的作品。”(《中国古典文学中的小说传统》)他多次指出中国小说中的“四大奇书”《三国演义》、《水浒传》、《西游记》、《金瓶梅》“即列于世界名作之中,亦未为愧。而《红楼梦》、《绿野仙踪》、《封神传》、《海上花列传》、《镜花缘》之类,也都是卓卓的巨著,未必有逊于沙克莱、司考脱、大仲马诸人的最好的作品的。”(《中国小说的分类及其演化的趋势》)他又指出,当“十四世纪在世界各国还都在写故事的时候”,我们的祖先就已创作出《水浒传》这样的不朽作品,“实在是我国的光荣与骄傲”;而在“十八世纪,这时西欧的大作家如萨克莱、菲尔丁等才刚刚开始写长篇故事小说”时,中国则已产生了《红楼梦》这样的伟大作品,“它不仅在中国小说史上很重要,就是在世界上也是非常有价值的。”(《中国古典文学中的小说传统》)在论述戏曲时,他也指出中国的元杂剧不仅数量多,优秀作品多,而且比莎士比亚的出现要早一百多年。清代许多戏曲家，如李玉等人，其作品的数量也不下于莎氏。正是在这样的比较研究中，体现了一种真正的爱国主义立场。

在影响研究中，他强调指出："我们不应讳言那些外来的影响，当然也不应该过分夸大或过分强调那些影响。"(《中国文学史的分期问题》)早在一九二〇年代初，他在批评英国人翟理斯(H. A. Giles)写的自称第一部的《中国文学史》时，认为它"百孔千疮，可读处极少"，但指出它"能注意及佛教对于中国文学的影响"，而这一点可以矫正中国文人讳言外来影响的"成见"，因而对此作了肯定。(见《评 Giles 的中国文学史》)他自己在研究中更力求实事求是。例如，他曾指出中国的小说，"虽受有很深刻的印度的影响"，但那种印度很流行的"故事索"的体裁，在中国"却仅仅见有《豆棚闲话》一书而已"。(《明清二代的平话集》)新中国成立前他写的《插图本中国文学史》中，提出了中国戏曲起源于印度的说法。对此，学术界一直有不同看法，但一般也认为可备一说。其实，郑振铎在提出这个意见时就曾明确说明："我对于这个问题，曾有七八年以上的注意与探讨，但自己似乎觉得还不曾把握到十分成熟的结论。"可见他还是十分审慎的。当然，书中有一些关于中印文学影响关系的论述(例如他强调从东晋初到明正德年代的"中世纪文学"是"印度文学和中国文学结婚的时代"等)，似乎还不够确切。[①] 而对此，他在新中国成立后就作了认真的自我批评，认为该书在"论述印度文学对于中国文学的影响时，也有过分夸大之病。"(《中国文学史的分期问题》)

---

① 郑振铎关于"中印文学结婚"的说法，我认为是从梁启超那里来的。

他的这种科学精神是值得我们学习的。

在平行研究中，他提倡广泛的多方面多角度的比较，但又一贯反对主观随意的牵强附会，也反对形式主义的为比较而比较，而强调必须有正确的理论作指导。例如，早在一九二〇年代初，他就在《杂谭》中指出，“大家如先没有充分的文学知识”，就不可能研究得好，举例说，“在北京《晨报》上，曾看见某君的一篇《中国的托尔斯泰》。其中的话，差不多都是误会的。”据查，这篇文章是文学研究会的发起人之一孙伏园写的。可见他即使对自己的老朋友的错误观点也是勇于批评的。而在该文中，他更批评了吴宓的《写实主义流弊》一文“把俄国的写实小说拿来和中国的黑幕小说与礼拜六派小说相提并论”的做法。他在其他很多文章中还批评了那种把《唐吉诃德》当作《笑林广记》看，把莫泊桑的作品当作《金瓶梅》的同类的胡乱比较。指出：“影响附会的论调，如所谓史格德的文笔似太史公，或以为陶渊明为中国的托尔斯泰之类，我们必须绝对避免”，“我们的言论，必须立在极稳固的根据地上。”（《新文学建设与国故之新研究》）他认为要避免片面性，研究者必须具有广博的知识，“缘所知太窄，所见遂不免于偏窄”，“故欲去其所蔽，必先广其见闻。”（《〈世界文库〉发刊缘起》）他还认为必须掌握一定的外语能力，方能不为“懂得洋文的落伍者所率领”而上当。① 他不仅批评了中国研究者中某些附会无知之谈，同时也批评国外一些学者的同类错误。他指出的这些错误倾向，即使对我们今天的比较文学工作者来说，仍然是值得警惕的。

---

① 见1929年6月《小说月报》的《最后一页》。

（附）文学翻译理论

翻译理论和翻译研究等，形成了一门独立的翻译学；同时，它又是比较文学中的媒介学的重要内容。当然，这里指的只是有关文学的翻译，而不包括自然科学、政治、经济等方面的翻译。郑振铎在翻译理论方面也写过不少文章。一九八四年，我国翻译学界编辑出版的两部重要论文集《翻译研究论文集》（外语教学与研究出版社版）和《翻译论集》（商务印书馆版）中，都收入了他的有关论文，可见他在这方面也是成一家言的。（然而，上述两书中都遗漏了他好几篇重要论文。）郑振铎在这方面的文章，主要写成于二十世纪二十年代初，所论自不可能包括翻译学的各个方面；但由于一九二〇年代初是我国现代翻译理论的重要奠基时期，而郑振铎当时提出的一些问题又差不多都曾引起过争论，因此他的有关论述是很值得我们加以重视与研究的。

我国翻译事业起源甚早，有关译论也相当丰富。但是，较系统的翻译理论，当从十九世纪末严复开始；而所谓现代翻译理论，则是指"五四"新文学运动以后的翻译理论，它继承了我国传统的翻译理论，又吸取了西方的有关理论，不仅更为系统化，而且在翻译目的、方法、价值、标准等等方面都有了全新的进步。郑振铎在这方面作出了杰出的贡献。

郑振铎最早关于翻译的论述，也可以从他在一九二〇年三月为耿济之等人翻译的《俄罗斯名家短篇小说集》写的序文说起。同年七月，他还写了《我对于编译丛书底几个意见》等。而他的第一篇翻译专论，是在一九二一年三月的《小说月报》上以头篇地位发表的两三万言的《译文学书的三个问题》。

文中提出的第一个问题便是："文学书能够译么？"这确实是当时急需从理论上首先解决的一个问题，即翻译的可能性问题。本来，翻译在我国已有几千年的历史，这似乎不应成其为问题的；但新文学运动开展以来，随着人们对文学的本质的认识的提高，有些人却对译作能否保持原作的思想与原作的艺术之美表示怀疑，甚至有人认为文学作品是绝对不能翻译的。郑振铎认为这些人的观点，可分为两种，一种可称是"通俗的"，即强调文学的风格是乡土的、固定的，无法翻译；另一种可称是"哲理的"，即更强调作品的思想、风格与文字之不可分性。而尤其在诗歌的翻译方面，这种翻译"绝对不可能说"更为流行。很显然，从理论上阐明这些，已成为发展我国翻译事业的首要问题。郑振铎在该文中指出：

> 我以为：文学书是绝对的能够翻译的，不惟其所含有的思想能够完全的由原文移到译文里面，就是原文的艺术的美也可以充分的移植于译文中——固然因翻译者艺术的高下而其程度大有不同——不独理想告诉我们是如此，就是许多翻译家的经验的成绩，也足以表现出这句话是很对的。

他指出"思想"是"完全的"能译，"艺术的美"是"充分的"能译，用语极其谨严；他并指出不独理论上（"理想"）应得出这个结论，而且实践上（"经验"）也足以证明这一点。他还认为文学上的"风格"不过是"表达"的代名词，而文学中的"表达"也就是将思想"翻译"成文字；由于人类的思想具有共通性，因而"风格"也是可以在各种语言中移转的。他进而分四点一一举例说明好的翻译能把原作的"全体的结构"、"节段中的排列"、"句法的组织"、乃至"用字的精妙处"都移转过去。因此，他证明文章的风格等，在译作中是可以不丧失的；作品的思想，也是“能由一种文字移转于他一种的文字上，是能有两重或两重以上的表现的”。至于诗歌，他指出“如果译者的艺术高，则不惟诗的本质能充分表现，就连诗的艺术的美——除了韵律外——也是能够重新再现于译文中的。”在这一问题上，他表示同意莫尔顿《世界文学》中的观点，认为“文学不可译”的说法本质上仍然是旧的狭隘文学观念的产物。他指出，如果否认了翻译的可能性，实证上就是否认了文学的国际交流，否认了世界文学的意义；如果片面强调“思想”与“文字”不可分离，实际上是对文学本身的生命力的否定。

关于这个问题，沈泽民在同年第五期《小说月报》上表示不同意见。他虽然不反对翻译，但还是认为“文学书不可译”。对此，郑振铎后来又在《文学的统一观》一文中再次阐述了原作的情绪、灵感、地方色彩、思想等等通过“忠实无讹、不漏不支的翻译”都是可以“移殖”的道理。沈泽民的哥哥沈雁冰则发表《翻译问题》一文支持郑振铎的观点。郑振铎的这些论述从理论上消除了某些译者与读者的疑虑，有利于我国翻译事业的发展，在当时有重要意义。

在翻译的目的、功能等基本问题上，郑振铎在一九二〇年代初也提出了一系列重要见解。他在最初论述翻译俄国文学作品的意义时，就指出只有通过这样的翻译介绍，中国新文学的第一步方能建其基础。在《小说月报》改革后的第一期上，他把“介绍世界的文学”作为“现代中国的文学家”的“两重的重大的责任”之一提出来。而在他写的《文学旬刊》的《宣言》中，更明确地宣布他们愿意加入当代译者之林，是为了“中国文学的再生”。一九二一年六月十日，他在《文学旬刊》上发表了一篇“杂谭”《处女与媒婆》，这篇小文章后来成了创造社与文学研究会论争的“热点”之一。其实，它不过是比较鲜明地表达了郑振铎对新文学翻译事业的意义与功能等问题的看法而已。该文最早对郭沫若关于翻译的一段话作了批评。郭沫若当时这样说:“我觉得国内人士只注重媒婆而不注重处女;只注重翻译,而不注重产生。……翻译事业于我国青黄不接的现代颇有急切之必要……不过只能作为一种附属的事业,总不宜使其凌越创造、研究之上,而狂振其暴威。”应该指出,郭沫若在实际行动上并不排斥翻译,他把翻译比作“媒婆”也不无一定的道理,①他说这话时还有着其他的心理动机和宗派情绪;②但他在当时对翻译的意义、价值,以及当时翻译事业的现状的看法确实是有问题的。郑振铎批评郭沫若“把翻译的功能看差了”,“处女的应当尊重,是毫无疑义的,不过视翻译的东西为媒婆,却未免把翻译看得太轻了”,“翻译的大功用却不在此”。“就文学的本身看,一种文学作品产生了,介绍来了,不仅是文学的花园,又开了一朵花;乃是人类的最高精神,又多一个慰藉之交通的光明的道路了。”他从“世界文学”的博大胸怀出发,认为“翻译一个文学作品,就如同创造了一个文学作品一样;它们对于人们的最高精神上的作用是一样的。”他并批评郭沫若说的当时翻译已凌越创作、研究之上而“狂振其暴威”,是一种“观察错误”,言过其实。后来,鲁迅、沈雁冰都完全同意他的这一批评和看法,也批评了郭沫若的有关言论。

郑振铎在翌年二月写的《介绍与创作》中,再次批评了当时一

① 钱钟书也认为翻译“是个居间者或联络员,介绍大家去认识外国作品,引诱大家去爱好外国作品,仿佛做媒似的,使国与国之间缔结了‘文学因缘’。”(《林纾的翻译》)

② 参见拙文《创造社与文学研究会之争的缘起与是非》,载《鲁迅研究资料》第16辑。

些人对翻译的功用的错误看法："以前有人说：'翻译不过是媒婆，我们应该努力去创作'。后来又有人说：'我们应该少翻译，多创作'。近来又有人说：'我所希望的是少尽力于翻译，也少尽力于创作，多努力于攻研'。"他不同意这类说法，再次指出：

> 翻译的功用，也不仅为媒婆而止。就是为媒婆，多介绍也是极有益处的。因为当文学改革的时期，外国的文学作品对于我们是极有影响的。这是稍稍看过一二种文学史的人都知道的。无论什么人，总难懂得世界上一切的语言文字；因此翻译的事业实为必要了。

他认为，没有很深的外国文学修养，抓着一本书就翻译的人，固然不足为训；但是，他毕竟还是肯做的人，比起那些自己不肯做，还要在一旁讽刺打击做事者的人来，要好多了。[①] 他在一九二三年七月发表的《翻译与创作》一文中，更把翻译因郭沫若比作"媒婆"而比作"奶娘"：

> 翻译者在一国的文学史变化更急骤的时代，常是一个最需要的人。虽然翻译的事业不仅仅是做什么"媒婆"，但是翻译者的工作的重要却更进一步而有类于"奶娘"。……我们如果要使我们的创作丰富而有力，决不是闭了门去读《西游记》、《红楼梦》以及诸家诗文集，或是一张开眼睛，看见社会的一幕，便急急的捉入纸上所能得到的；至少须于幽暗的中国文学

---

① 郑振铎此处是有所指的。例如，成仿吾直到1925年还挖苦郑振铎他们提倡翻译，说："近来又有许多人因为自己不能创作，便……尽力劝人从事翻译。他们的用心无非是一方面想冷却他人对于创作的信仰与努力，他方面想借此勉强遮饰自己不能创作的隐痛，暗地里也想借此多少扩张他们那不三不四的翻译品的行销。""他们这种阴险的行为，我们……应当声罪致讨。"（《今后的觉悟》）

的陋室里，开了几扇明窗，引进户外的日光和清气和一切美丽的景色；这种开窗的工作便是翻译者的所努力做去的！

针对郭沫若把“翻译”和“产生”（创作）对立起来的看法，郑振铎在一九二二年五月《文学旬刊》新辟的《最近的出产》专栏的《本栏的旨趣与态度》中说：“所谓文艺的出产自然把本国产——创作文学——和外国产——翻译文学——都包括在内。我们把翻译看作和创作有同等的重要。”郑振铎的这些论述，防止和消除了郭沫若关于翻译是媒婆的说法在当时产生或可能产生的消极作用，有力地提高了在新文学事业中翻译的重要地位。

为了更进一步说明这一点，他还以外国文学史为鉴，来阐述翻译的意义。一九二一年七月的《改造》杂志《翻译事业之研究》专栏[①]中，郑振铎发表《俄国文学史中的翻译家》一文，一开头就强调指出：

> 翻译家的功绩的伟大决不下于创作家。他是人类的最高精神与情绪的交通者。……由文学的交通，也许可以把人类的误会除掉了不少。所以在世界没有共同的语言以前，翻译家的使命是非常重大的。就文学的本身讲，翻译家的责任也是非常重要的。无论在哪一国的文学史上，没有不显出受别国文学的影响的痕迹的。而负这种介绍的责任的，却是翻译家。威克立夫（Wyclif）的《圣经》译本，是“英国散文之父”（Father of English Prose）；路德（Luther）的《圣经》译文也是

---

① 梁启超主编的该杂志新辟该专栏，很明显就是对《小说月报》上郑振铎提出的翻译问题讨论的呼应。该专栏除了发表该刊主要负责人梁启超的《中国古代之翻译事业》、蒋百里的《欧洲文艺复兴时代翻译事业之先例》外，就只发表了郑振铎的《俄国文学史中的翻译家》。这也可见郑振译的翻译理论在当时的地位。

德国的一切文学的基础。由此可知翻译家是如何的重要了。(按,着重号原有。)

文章论述了俄国文学发展中的翻译事业,从最早俄语的形成,日耳曼、法兰西两大文学潮流通过翻译之涌入,克雷洛夫(Крылов)、茹科夫斯基(Жуковский)等著名翻译家对俄国文学的贡献,一直讲到"最近,俄国的赤革命成功",高尔基主持的规模"非常伟大"的翻译工作。他以这些作为一个巨大的参照系统,极有说服力地证明了翻译对于一个国家文学事业的发展所起的重大作用。

正因为他将翻译的功能、作用提到如此重要的地位,因此,同时他又指出"翻译者的责任便非常重大了"。他认为:"翻译者一方面须觉得自己工作的重要与光荣,一方面也须感得自己责任的重大,而应慎重——十分慎重的——去做介绍的工夫。"(《杂谭》)他认为这首先体现在对翻译内容的选择上。在发表《处女与媒婆》后不久,他又发表了一篇短文《盲目的翻译家》,指出,"自文学在英美职业化了以后,许多作家都以维持生活的目的来作他们的作品,未免带着铜臭,且也免不了有迎合读者的心理的地方",因此对外国作品不能盲目翻译;而且,他认为"不惟新近的杂志上的作品不宜乱译,就是有确定价值的作品也似乎不宜乱译",例如《神曲》、《哈姆雷特》、《浮士德》一类作品,也未必是当时中国最需要最合宜的作品。他呼吁:"翻译家呀!请先睁开眼睛看看原书,看看现在的中国,然后再从事于翻译。"可见,郑振铎的翻译思想带有如何强烈的社会责任感!从他一系列论述中可知,他认为当时最值得翻译介绍的,是俄国文学和其他被压迫民族的反抗的现实主义作品。这一思想,正是与鲁迅等人一致的,鲁迅后来便说过,这些作品"和我们的世界更接近”(《叶紫作〈丰收〉序》)。

郑振铎的上述论述，显然也是同意周作人的说法，[①]而未必是专门针对当时翻译《浮士德》的郭沫若的。但后来在创造社与文学研究会的论争中，郭沫若却认为此文“劈头”就“骂”了他，并提出翻译家不管翻译什么都属于个人的自由，翻译作品的选译只需看其“醇不醇”、“真不真”就可以了。[②] 对此，郑振铎心平气和地作了解释，指出自己决不认为《浮士德》等作品是没有价值的，也不是说翻译它们是不应该的；但是他认为翻译这类作品，“对于旧文学的破坏，对于新文学观的建设上都不会有什么大影响”。在作研究的时候，自当多方涉猎；而在翻译介绍时，则至少须考虑到国内的具体情况，要“慎之又慎”，这样，“这种介绍，才有力量，才能有影响于一国文学界的将来”。因此，他提出：

> 现在的介绍，最好是能有两层的作用：(一)能改变中国传统的文学观念；(二)能引导中国人到现代的人生问题，与现代的思想相接触。

他认为古典的作品，恐不能担当此任，所以不妨从缓翻译。[③]当时沈雁冰也发表文章，赞同郑振铎的意见，对郭沫若的唯美主义倾向作了批评。现在看来，郑振铎的有关理论以及这一场辩论，对于端正我国现代翻译事业的方向，使翻译工作更好地为新文学建

---

① 周作人在1920年12月致沈雁冰的信中说：“在中国特别情形(容易盲从，又最好古，不能客观)底下，古典东西可以缓译”，而应着重译现代的东西，这是“现在所作最适当的事业”。他提到《神曲》、《浮士德》及莎士比亚的戏剧等，认为“似乎也在可译之列。但比那些东西，现在的作品似乎还稍重要一点。”此信后载1921年2月《小说月报》。

② 《论文学的研究和介绍》，1922年7月27日《时事新报》。

③ 《杂谭》，1922年8月11日《文学旬刊》。

设服务,无疑是起了作用的。翻译应该根据国内新文化事业的需要,审度时势,区别轻重缓急,这个精神至今也是适用的。

郑振铎认为,翻译工作的“慎重”功夫,更应体现在翻译作品的质量上。这就必须研究翻译艺术、方法及其原则。这是翻译学中一个最基本的,也是探索永无止境的理论问题。郑振铎很早就对此作了认真的探索,也作了普及工作。他的第一篇翻译专论《译文学书的三个问题》的第二个问题,就是:“译文学书的方法如何?”在文中,他首次向国内翻译工作者介绍并评述了英国翻译学家泰特勒(A. F. Tytler)的《论翻译的原则》一书,及其“三原则”:“一、译文必须能完全传达出原作的意思。二、著作的风格与态度必须与原作的性质是一样。三、译文必须含有原文中所有的流利。”近年,国内有研究者认为这里“一、三两条,相当于严复的‘信’‘达’,第二条约略可说是广义的‘雅’”,并认为“信达雅要比这三条简明易记,而内涵或许还要深广一点”。(罗新璋《我国自成体系的翻译理论》)我也认为泰特勒的“三原则”从理论的严密性与逻辑性上说,是不及中国的“信达雅”三字理论的。正如钱钟书指出的,“信达雅”三字早在我国三国时期翻译家支谦的《法句经序》中即已全部提出。(见《管锥编·译事三难》)严复提出这三字理论,正是总结了我国千百年翻译实践的经验。而泰特勒说的第一条,实际未将“信”与“达”分开,第二、三条,也将“雅”“达”等混淆起来。但是,严复的论述过于简略,三字理论尚待发挥与阐述,而泰特勒的“三原则”较详细,在西方译界又有较大影响。因此对“三原则”作介绍是有意义的工作,更何况郑振铎对此还作了详细的评述。

对于第一条原则,郑振铎认为“确是很对”,表示同意泰特勒的反对“死的、绝对的直译”,但却不完全赞成他主张的翻译中的增删

"自由"。郑振铎认为这种"自由""应该绝对的谨慎的用,并且应该绝对的少用"。译诗可以适当用一点,译散文就不必用。这表明郑振铎严格地认为"信"是翻译的第一要义,须在"信"的基础上再求其"达"。对于第二条,他认为"也是很必要的。能够办到这一层,这个翻译,才能算是好而且完全。"他认为这一条虽没有第一条重要,却更难做到。"我们应该忠实的在可能的范围以内,把原文的风格与态度极力的重新表现在译文里;如果有移植的不可能的地方,则宜牺牲这个风格与态度的摹拟,而保存原文的意思。"对于第三条,他强调了"要防止那流利的地方流入于放纵一途",同时,"又须防其过于刻划,转为死译,把流利的一点忘记了"。因此,他认为"良好的译者贵于得其中道,忠实而不失其流利,流利而不流于放纵"。他反复表示不同意译者对原作有"增加新的想象,与新的思想"的"自由"。由此可见,郑振铎不仅首次介绍了泰特勒的翻译理论,而且有所批评,有所发挥,提出了自己的见解。他的看法可归结为两点,一是认为这三条原则不是并列的,而必须以"忠实"(信)为第一义;二是强调贵得"中道",防止走"死译"与"放纵"两个极端。这些看法具有辩证意味。

关于"信达雅"三字理论,郑振铎后在一九三五年写的《〈世界文库〉编例》的第三条中也作了论述。他明确提出:"'信'是第一条信条。"对于这三者的关系,他认为:"能'信'便没有不通'达'的。凡不能'达'的译文,对于原作的忠实程度,便也颇可怀疑。"也就是说,不"达"也无以至"信"。至于"雅",他认为"是不必提及的";这当然并不是意味着他认为不必"雅",而是认为这不应当是译者首先考虑的问题。他批评"严氏的'雅'往往是牺牲'信'以得之的",不足为训。关于"直译"与"达"、"雅"的关系,他认为:"直译的文章，只要不是‘不通’的中文，仍然是‘达’。假如将原文割裂删节以迁就译文方面的流行，虽‘雅’，却不足道矣。所以我们的译文是以‘信’为第一义，却也努力使其不至于看不懂。”我认为郑振铎的这些论述，十分精当，与鲁迅当时的有关论述完全一致。应该指出，到二十世纪三四十年代，我国翻译界关于翻译原则的文章、论述逐渐增多；但在二十年代初，这类文章则是很少见的。郑振铎的《译文学书的三个问题》中的有关论述，在这方面实际是开拓性的。就在发表此文的下一期《小说月报》上，沈雁冰也发表了《译文学书方法的讨论》，更深入探讨与发挥这个问题，并说明“有许多论点可以和郑振铎先生那一篇相印证的”。正是在这种互相启发、互相切磋的过程中，我国现代翻译理论的水平才逐步提高起来。

郑振铎第一篇翻译专论中提到的最后一个问题，是“重译问题”（即转译）。这也是当时中国翻译界亟待从理论上说明的现实问题。就像郑振铎指出的，“如此的辗转翻译的方法，无论哪一国都是极少看见的，但在我们中国的现在文学界里却是非常盛行。”因为当时中国懂英文的人较多，懂其他文字的人甚少，而这很少的人中从事翻译的更少，所以不少非英语作品，如俄国文学作品之被介绍进中国，就大多是从英文重译的。郑振铎认为，首先，这是一件“很可伤心的事”，说明中国当时文化事业之落后与文学界的寂寞；但这是客观现实条件决定的，是不得已的，也即带有一定的必然性。其次，他认为重译不可避免地有所隔膜，甚至有出现差错的危险；但这一工作仍然具有必要性和价值。因为，“在现在文学的趣味非常薄弱，文学界的人声非常寂静的时候，又如何能够得到这些直接译原文的人才呢！如欲等他们出来，然后再译，则‘俟河之清，人寿几何’。在现在如欲不与全世界的文学界断绝关系，则只有‘慰情聊胜无’，勉强用这个不完全而且危险的重译法来译书了。”

而为了尽可能地减少差错，他提出了重译的“慎重与精审”的原则，即“重译者最好能(一)择译本里最可信的一本来做根据，来重译；(二)如译本有两本以上时，应该都把它们搜罗来，细细的对照一过；(三)译完后，应该叫通原本文字的人，来把它与原本校对一下。”郑振铎的这些论述是从实际出发的，并第一次从理论上探讨了重译问题。事实上，在我国相当长时期内，重译都有其存在的必然性与必要性，但并非每个文学工作者都能认识这一点。例如，梁实秋就在一九二八年《翻译》一文中提到“据胡适之先生说，法文、俄文作品译成中文的大半是自英文转译的；懂英文的人所以不直接译英文名著而要转译法俄文作品者，是因为英文名著的文字难，成语典故、俗话等等，都是我们一般略识 ABC 者所难得懂的，而法俄作品译成英文的率皆浅显易明。我想这话不错。大概从事翻译的人，和别种的人一样，喜欢走抵抗最小的路。”胡、梁所说，如果对个别译者而言，可能是事实；但如果以此来评价当年中国的整个重译问题，那就大谬不然了，简直有点“以小人之心度君子之腹”了。针对对重译的攻击与误会，鲁迅直到一九三四年还写了《论重译》、《再论重译》等文。鲁迅仍然与郑振铎二十年代初的观点一致。

郑振铎在一九二一年六月还在《小说月报》上发表了《审定文学上名词的提议》。所谓“文学上名词”，指的就是翻译中“关于文学史上的，关于文学评论上的，及文学作品中所有的名词”等。他具体分为五类，即外国文学家的姓名、文学史上的地名、文学作品的题目、文学作品中的人名地名、文学理论的术语等。当时这类名词的汉译名极为混乱。郑振铎认为这样很容易引起读者误会，也会妨碍他们研究的兴趣；同时对于译者或研究者来说，也很不方便；尤其是对于文学知识的普及和提高极为不利。为此，他“大声疾呼，以告于研究文学的同志”，要求统一文学名词译名。他认为，文学作品的题目的大部分与文学理论术语的全部，应该用意译；[①]而人名、地名及部分书名，应该用音译。对于这两类译名的审查与统一，他提出了很详细的具体的意见，大多很有见地，后来为翻译界所普遍承认与采用。（关于这些具体意见，此处限于篇幅不予讨论。）最后，他提出希望“有一个文学名词审定会出现，把所有文学上名词都审定一下，排紊杂而归之于一体，编一文学大辞典，如医学词典、化学辞典等一样。其造福于中国的文学界，我知是未可限量的。”当时的《小说月报》主编者沈雁冰在郑振铎该文后加了按语，谈了自己的看法，并希望大家发表意见。后来，《小说月报》收到不少读者来信，要求就此展开讨论。当一九二三年郑振铎接任该刊主编后，便在二月号上开辟了《文学上名词译法的讨论》专栏，在该栏《发端》中再次指出统一译名的必要性，并发表了自己以及沈雁冰、胡愈之、吴致觉等人的讨论文章。

应该指出，关于译名的统一问题，在郑振铎该文以前也有人提出过。[②] 例如，徐继畬在一八四八年写的《瀛环志略》的序中，就提出了统一地名译名的问题。其后傅兰雅（来华英国人）、高凤谦、梁启超、林纾、章士钊等人，乃至新文学家朱自清、许地山、耿济之等人，都分别在文章中提到过统一译名问题。但是，第一，他们所说

① 实际上有的文学术语，后来也用音译，或者音意兼译，如“幽默”之类。

② 郑振铎本人在1920年7月的《晨报》及《民国日报》上发表的《我对于编译丛书底几个意见》一文中，也提出了专有名词应该译法统一的意见。

的都是泛指各种名词，非但不是单指文学上的名词，并且恰恰是把文学名词忘掉了；第二，他们提出了统一译名问题，但除了章士钊以外，几乎都未能形成讨论的声势，而且他们的文章都不是发表在文学刊物上的。因此，郑振铎首次郑重提出统一“文学上名词”的问题，并且在当时发行甚广的文学刊物上展开讨论，这对于我国的文学翻译事业的发展，是起了较大作用的。正如当时一位读者来信说的，在《小说月报》上可以“登高一呼”，“站在国内文坛底尖峰而提起统一(译名)底旗帜来”。[①]

一九二〇年代初，随着外国文学翻译的日益增多，又有所谓“欧化问题”被正式提到文学理论界的议事日程上来了。这以前，在一九一九年二月的《新潮》杂志上，傅斯年在《怎么做白话文?》一文中，便提到了“欧化”，主张“直用西洋文的款式，文法，词法，句法，章法、词枝……一切修词学上的方法，造成一种超于现在的国语，欧化的国语，因而成就一种欧化国语的文学”。但当时人们对此没有什么反应，正如王统照后来说的，当时“大家似乎都不十分了解”这个问题。[②] 直到一九二一年六月，郑振铎与沈雁冰二人在《小说月报》上分别发表了两篇《文艺丛谈》、《语体文欧化之我观》后，才引起人们的注意。随后，他俩又分别在各自主编的《文学旬刊》、《小说月报》上组织讨论，郑振铎、沈雁冰、周作人、王统照、傅东华、胡天月等文学研究会作家，和其他不少读者在南北各报刊上对此发表了文章，讨论十分热烈，在当时影响很大。郑振铎不仅发起与组织这一讨论，并且提出了自己的见解。他认为，首先，“中国

① 见1922年6月《小说月报》上陈德徵来信。

② 《语体文欧化的商榷》，载1921年6月《曙光》杂志。

的旧文体太陈旧而且成了滥调了。有许多很好的思想与情绪都为旧文体的成式所拘，不能尽量的精微的达出。不惟文言文如此，就是语体文也是如此。”所以，“为求文学艺术的精进起见”，他赞成语体文的“欧化”。第二，他认为“语体文的欧化是求文学艺术的精进的一种方法”，而并非全部方法。文学艺术不是仅指“形式”或“文法”等而言，但对“形式”或“文法”等的改造却也不可看得太轻。第三，“欧化”和“引进欧洲的普通文法”，不等于简单的“模仿”。第四，“欧化”必须掌握一个“程度”，即“虽不像中国人向来所写的语体文，却也非中国人所看不懂的。”[①]鲁迅后来在一九三〇年代就“欧化”问题所发表的意见，与郑振铎的这些观点是基本一致的。

最后，谈谈郑振铎对于中国近代翻译史的有关论述。我国的外国文学翻译史，严格说来，当是从鸦片战争后十九世纪后半叶开始的。对于这一翻译文学史，郑振铎既有片断的局部的研究，又有整体的全面的论述。前一方面，最突出的是他对我国近代介绍西洋文学最多的林纾的翻译的评论。这一评论，在林纾生前即已开始。例如，一九二二年九月，他就在一篇《杂谭》中谈到林纾，既肯定他翻译西班牙塞万提斯的名著《唐吉诃德》的工作；又可惜他把书名改成《魔侠传》，与什么“冒险小说”、“侦探案”之类混在一起，以至此书“这样无声无嗅”；还批评了他只译半卷，草草结束，也不作说明的做法。但郑振铎仍然认为它是“已经出版的好作品”，应该“从沙土之中把它洗炼出来”。一九二四年十月林纾逝世，郑振铎立即在自己主编的同月《小说月报》的《国内文坛消息》和《最后

---

① 以上分别见郑振铎《语体文欧化之我观》、《语体文欧化问题与东华先生讨论》等文。

一页》发了消息，并表示“悲惋”；接着，在下一期该刊上发表了长文《林琴南先生》。他的这篇文章是人们公认的林纾去世后最早、最公允、最有分量的一篇论文，其中尤其对林纾的翻译活动作了精当的评价。文章认为，对于他的翻译工作，一方面应该“非常的感谢”，一方面却“不免可惜他的劳力之大半归于虚耗”。所可惜的，一是他所译的大量作品，三分之二以上是二、三流的没什么价值的作品；二是常常将剧本译成小说，并自行增删，有的简直变得面目全非。文章还公正地指出“这大概不能十分归咎于林先生”，因为他不懂外语，与他合作的口译者也是有责任的。文章更充分肯定了他的贡献。首先是数量多，据文中统计，成书者共有一百五十六种，其中不乏佳作，郑振铎认为可称“较完美者”也有四十余种。“在中国，恐怕译了四十余种的世界名著的人，除了林先生外，到现在还不曾有过一个人呀。”其次，文章指出那些优秀译作，“除了几个小错处外，颇能保有原文的情调”，有些文笔，“在中国可算是创见”。(关于这点，后来钱钟书作了更生动的论述。)而且，他每次都将原作者名字列出，对原作中的人名地名也不改动，“这种忠实的译者，是当时极不易寻见的”。文章更分三点评价了林纾翻译活动的“影响与功绩”：一是许多人正是通过他的大量译作，才有了关于西方世界的常识，才知道西方人原来与我们是同样的“人”。二是许多人由此方知道欧美也有所谓文学，也有可以同我们的“太史公”相比肩的作家。三是打破了中国传统的以小说为“小道”的旧观念，开了翻译外国文学作品的风气。

关于整个近代文学翻译史的评述，本来在郑振铎的《插图本中国文学史》中是列有专章的(第八十章《欧美文学的输入》)。但可惜该书他没有最后写完，这一章人们就读不到了。幸运的是，我们找到了他一九三六年写的重要佚文《清末翻译小说对新文学的影响》等,大体可以了解他的有关观点。他认为,“中国的翻译工作是尽了它的不小的任务的,不仅是启迪和介绍,并且是改变了中国向来的写作的技巧,使中国的文学,或可以说是学术界,起了很大的变化。”因此,他认为对清末的翻译是“不能忽略”的。对于中国近代翻译文学史的研究,他认为应该放在十七世纪以后整个中国社会历史的发展和中西文化变流的大背景中来进行考察。他认为可分为三个时期,从一六〇〇至一八九四年,是“西洋文化接触的时期”,主要吸收的是机械工程及其他应用科学,出现了“中学为体西学为用”的口号,“但是,当中日战争时,这口号便粉碎了。”从一八九四年至一九一七年,则是“政治教育改革时期”,人们认识到中国不仅缺乏应用科学,政治与教育也不行,于是注意吸收政治、法律之类社会科学了。一九一八年至作者当时的一九三〇年代,则是“伦理与文学的改革时期”,大家除了提倡政治改革外,更开始了伦理与文学的改革。郑振铎认为只有注意到这个发展路线,才能看清近代翻译史“是怎么的跟着时代而演变,跟着时代而发展”。他论述了清末戊戌政变后的文学翻译,认为这一时期的翻译气魄很大,“连现在的人也赶不上他们”;但是,“他们的大部分是失败了”。失败原因,“在于态度上的一些错误”,他认为主要有五点:一是“妥协”,即在内容上不敢违背中国读者的口味及伦理观,甚至修改原作以同中国旧势力妥协;在形式上也把它译成文言及章回体等。二是“利用”,即简单地想利用外国作品来作改革的工具。三是“消遣”,故无聊的侦探言情小说译得很多。四是“无正确文学常识”,译者多半是当时一些政客及洋行买办,故真正的文学名著译得很少。五是“不忠实”,翻译的差错很多,甚至还任意更改。但是,他仍然充分肯定其影响，认为最显著的有两方面，一是影响于后来的创作，二是影响于中国人的生活方式。他通过对近代文学翻译史的研究，指出清末翻译与“五四”后翻译的本质差别，即在于前者是“无意识的介绍”，而后者则是“有意识的介绍”，新与旧是“不容相混”的。他指出，通过“前车之鉴”，新文学翻译工作者应该“彻底地把一切旧时的翻译的错误，克服过来”。我认为，郑振铎的这些论述，已经为撰写一部中国近代文学翻译史定下了框架与基调，其意义是不可低估的。

综上所述，郑振铎在二十世纪二三十年代在翻译方面作过一系列比较系统、完整的论述。有一些重要理论问题甚至是他第一个提出来的，具有启蒙和开拓的意义。在许多基本问题上，鲁迅的见解与他完全一致。郑振铎的这些翻译论述，不仅在当时起了很好的作用，而且经过历史的检验，至今大多仍是基本正确，仍葆有强大的生命力。这就表明郑振铎还是我国现代一位不可忽视的翻译理论家，他的这些论述是我国现代翻译理论的重要组成部分。

五、文学遗产思想

反对旧文学，提倡新文学——这是“五四”新文化运动的旗帜之一。但这个运动刚开始时，却是以偏于绝对的反传统的姿态出现的。当时所说的“旧文学”，不仅是就思想内容、道德标准，以及语言体裁等等而言，而且也几乎是时间观念上的。虽然新文学运动的发难者一般说来对于中国古典文学都具有相当的造诣，但他们却大多对它取否定的态度，或是只将其视作与新文学对立的参照物。

一九一七年初《新青年》杂志发表胡适的《文学改良刍议》、陈独秀的《文学革命论》，标志着文学革命帷幕的揭开。胡适的“刍议”是一篇“偏锋”文章，主要从语言形式的角度而不是思想内容的方面出发，运用进化的观点否定了“死文学”，肯定了一些白话作品。但对整个中国文学史未作更多的评价。陈独秀一文乃真正是文学革命的中军，提出了著名的“三大主义”，[①]文章的第三段并以简练的文字评述了从《诗经》到明清小说的古典文学作品，虽然也略有肯定与分析（如说《国风》、《楚辞》“非不斐然可观”），但几乎全盘“推倒”了包括汉赋、唐诗、宋词在内的自汉至宋的全部文学；对元明戏剧、明清小说，他认为“乃近代文学之粲然可观者”，但“惜为妖魔所厄，未及出胎，竟尔流产”。[②] 因此，说陈独秀当时基本上否认了中国古典文学的价值，并不过分。他定下的这一基调是有代表性的，当时新文化阵营中的刘半农、钱玄同、周作人等人的意见亦相仿佛；李大钊、鲁迅等人没有附和，但也没有反对。在这时的新文化刊物上，找不到一篇全面论述传统文学的文章。[③] 这说明，关于中国古典文学的整理、研究与继承的问题，一开始几年内没有、也不可能被新文化运动者提上议事日程。

这样的态度与观点存在着偏颇，这是我们今天很容易看出的。

---

① “三大主义”的第二条曰：“推倒陈腐的铺张的古典文学，建立新鲜的立诚的写实文学”。这里的“古典文学”乃与“写实文学”相对，指“铺张堆砌、失抒情写实之旨”的作品，与我们今天所说的“古典文学”含意不同。

② 所谓“妖魔”，指明代前后七子这些人。陈独秀认为这些人的作品“直无一字有存在之价值”。

③ 仅在 1919 年 2 月《新潮》杂志上见有北京大学学生傅斯年的《中国文学史分期之研究》一文，但该文并未提及如何对待古典文学遗产的问题；而该作者在其他文章中也认为“古典文学所由成立之历史，殊不足观也”。（《文学革新申义》，1918 年 1 月《新青年》）

对其思想方面的根源，毛泽东后来在《反对党八股》等文中作过明白的分析；对产生这种偏颇的历史必然性与合理性，也已有论者分析过了。那么，这一历史的偏颇从何时开始被拨正过来？最早提出整理旧文学的代表人物是谁？这些问题却还值得探讨。邓绍基在一九八二年《文艺论丛》第十五辑上发表的《"五四"以来继承文学遗产问题的回顾和探讨》一文，首次论述了新文学运动在文学遗产问题上从片面到全面的认识过程，其中较高地肯定了郑振铎在这一过程中的贡献。但该文提到新文坛最早涉及这一问题的年份是一九二二年，我认为尚可提前；关于郑振铎在这方面的独到见解与理论建树，更值得进一步研究、总结与评价。

在新文学运动史上第一个提出"整理旧文学"口号的，我认为是郑振铎。[①]

一九二〇年秋，郑振铎作为核心人物，在北京开始酝酿组织民国时期第一个最大的新文学社团"文学研究会"。在十一月二十九日的筹备会上，他被公推为会章的起草人。他起草的会章于十二月四日被通过，十三日首载于《晨报》，随后又发表于《民国日报》、《新青年》、《小说月报》等南北各大报刊上，影响甚大。该会章开宗明义地标明：

> 本会以研究介绍世界文学，整理中国旧文学，创造新文学为宗旨。

将"整理中国旧文学"与"研究介绍世界文学"、"创造新文学"并列，一起来作为新文学工作者的任务，这在新文学运动史上是首次；而且在整个新文学社团史上，将这三者同时作为宗旨的，举世

① 鲁迅对整理研究古典文学一贯很重视，但他当时没有提出有关口号与理论。

无二。这充分显示了郑振铎的气魄与见识。从某种意义上来说，郑振铎起草的这个会章透露了一个重要的信息——随着新文化运动的发展，已有人认识到整理古典文学是整个新文化建设中不可缺少的工作了。

《小说月报》在全面改革的前一年（一九二〇年），已由沈雁冰进行了局部的革新。然而，沈雁冰在当年的文章（如第十期《本社启事》、第十二期《特别启事》等）中，都只提到要“介绍西洋文学”等，从未提及整理中国文学。而至一九二一年第一期全面革新的该刊（《文学研究会章程》即刊于此期）卷首的《改革宣言》中，才明确地提出：“同人认西洋文学变迁之过程有急须介绍与国人之必要，而中国文学变迁之过程则有急待整理之必要”，并认为：“中国旧有文学不仅在过去时代有相当之地位而已，即对于将来亦有几分之贡献，此则同人所敢确信者，故甚愿发表治旧文学者研究所得之见，俾得与国人相讨论。”这个明显的变化，我认为当是郑振铎参与了刊物改革所致。（关于郑、沈各自对于这一问题看法的异同，下文将评述。）而在《改革宣言》后紧接着刊载的郑振铎的第一篇文章《文艺丛谈》的第一句话，就指出：“现在中国的文学家有两重的重大的责任：一是整理中国的文学；二是介绍世界的文学。”这里甚至将这个任务置于介绍外国文学之前，这更令人注意。他又写道：

> 中国的旧文学最为混乱。《四库全书总目》别集部所列，多不足为凭；其分类亦未洽当；且尤多遗漏；伟大的国民文学，如《水浒》，《三国演义》，《西游记》等一概不录——《四库总目》内本就不列小说一门——非以现代的文学的原理，来下一番整理的功夫不可。且中国更多“非人的文学”；也极须整理而屏斥之。

从他这段最早的简短的论述中,我们已可看出两点:一是他明确指出整理工作必须以"现代的文学的原理"为指导,从而一开始便与封建势力的"复古"与"迷恋骸骨"者流的"崇古"等划清了界线。二是他认为旧文学中有很多"非人的文学",须整理而屏斥之,但他的观点已经比周作人全面、公允得多了。我们知道,"国民文学"一词,最先由陈独秀在一九一七年二月《文学革命论》中就提出来了,是与"贵族文学"相对立的,但他并未将《水浒》等书称为"伟大的国民文学";而"非人的文学"一语,则是周作人于一九一八年十二月在《人的文学》一文中提出来的,他从人道主义立场来批判封建旧文学,在理论上比陈独秀更进一步,但在具体论述时却把《水浒》归入"强盗书类",把《西游记》归入"迷信的鬼神书类"等,都列于"统应该排斥"的"非人的文学"。另,胡适对《水浒》等书有较公正的看法,但他在后来为《中国新文学大系·建设理论集》作导言时,却也附和周作人的说法,认为《西游记》、《水浒》等书"够不上'人的文学'"。而郑振铎则肯定它们是"伟大的国民文学",这就表明他在这问题上一开始就比其他新文学运动先驱者的认识要正确。

一九二一年五月,郑振铎创刊主编了《文学旬刊》,在创刊号发表的《体例》中,他也表示将发表有关讨论"旧有的文学作品"的文章。在该刊第四期他发表的杂感《新旧文学的调和》中,再次肯定"中国古代的文学作品有许多是有文学上的价值的",同时又揭露"现在自命为国粹派的,却是连国粹也不明白的"。他认为,"新文学的目的,并不是给各民族保存国粹……新与旧的攻击乃是自然的现象,欲求避而不可得的。"这再次表明他一方面指出文学遗产中有精华部分,另一方面又时刻警惕着"国粹派"借此鼓吹"复古"与

“调和”。

郑振铎将“整理中国旧文学”作为一个口号与任务提出来以后，一开始因为各种原因（如人们一般认为介绍外国文学更为重要，或担心给“国粹派”捞稻草，或对整理旧文学意义认识不足等等），响应者寥寥，即使文学研究会的重要成员亦如此。例如，沈雁冰在一九二一年二月发表的《新文学研究者的责任与努力》中，就说：“我觉得这文题内所有的意义总不出（一）新文学运动的目的何在，（二）怎样介绍西洋的文学，（三）怎样创作这三者”，而将“整理中国文学”遗忘在新文学研究者的责任与努力之外。一九二二年六月《小说月报》“通信”栏发表读者来信，批评沈雁冰主编的该刊“于中国底文学，绝不想整理之而发扬之”，认为这“是一件不无遗憾的事”。沈雁冰答复表示接受批评，同时坦率地承认自己在此事上有“偏见”，即他更重视创作，而“不大爱”整理古典文学。同年八月，该刊又载读者来信，责问该刊《改革宣言》中既说“中国文学变迁之过程有急待整理之必要”，“何以年来没有这种文字发表？”沈雁冰在回答中也承认“未能尽什么力”。可见，郑振铎与沈雁冰之间，在这方面的认识上应该是基本一致的，但重视程度不同，在兴趣、爱好上则明显有差异。①

鉴于上述情况，郑振铎在一九二二年七月八日召开的文学研究会南方会员年会上，便将“中国文学的整理——范围与方法”作为议题提出讨论。可惜“因为这个问题的复杂与重大，时间又是太短，所以没有议出什么结果来。”②于是，会后他先在九月十一日的

① 当时，只有黄庐隐在1921年7月发表的《整理旧文学与创造新文学》中，响应了郑振铎的号召，认为“要想创造新文学，所以不能不先知道旧文学”。

② 见1922年10月1日《文学旬刊》郑振铎《整理中国文学的提议》。

《文学旬刊》上发表《我的一个要求》，提出必须要有一本比较完备的中国文学史。他批评了这以前国内出版的寥寥几本粗陋不堪、体例混乱的文学史，也批评了英国翟理斯的《中国文学史》，指出实际上到当时还没有一本像样的中国文学史。这是在新文学史上第一次提出这个问题。他认为在写出这本文学史之前，应该“先能有一部分的人尽力介绍文学上的各种知识进来，一部分的人从事于中国文学的片段的研究或整理”。在下一期《文学旬刊》上，他又发表了《评 H. A. Giles 的〈中国文学史〉》一文，着重指出翟理斯该书四点“最大的错谬”，因此再次提出应由中国人自己整理、撰写一部高质量的文学史。通过这些呼吁，郑振铎实际反复强调了整理中国文学已是一个不能再忽略的工作了。紧接着，他在十月一日该刊上发表了重要论文《整理中国文学的提议》，第一次详细而全面地阐述了他的思想与观点。

文章首先指出，“我们要明白中国文学的真价，要把中国人的传统的旧文学观改正过，非大大的先下一番整理的功夫，把金玉从沙石中分析出来不可。”这是整理工作的总的目的。在文章前半部分“整理的范围”中，他指出文学的范围（内涵与外延）本很难确定，而对中国文学来说更为不易，中国的书目也极为纷乱。但他以披荆斩棘的勇气，将中国文学分为九类，即诗歌、杂剧传奇、长篇小说、短篇小说、笔记小说、史书传记、论文、文学批评、杂著。他认为诗歌类应包括四言、五言、六言、七言诗，以至乐府、词、长歌、赋等，还特地提到民间歌谣；杂剧传奇类还包括弹词；笔记小说为中国所特有，但应注意剔出经籍考证及音义探索方面的杂记。这是新文学史上最早作出的一个比较科学的分类，基本上完整地包括了中国文学的内容，又做到了不滥收和头绪清楚。他还认为《左传》、《史记》等史书、传记“都是有很高的文学价值”，“影响极大”，当与《诗经》、《离骚》等“有同等的重要”；王充的《论衡》、仲长统《昌言》、黄宗羲《明夷待访录》等论著，他认为不仅在思想界极重要，也应在文学史上占有地位。文中的这样一些具体观点，不少为郑振铎的创见。后来，关于《史记》、《论衡》的文学价值等观点，分别为鲁迅、胡适等人的文学史著作所赞同与吸收。

在这篇论文的后半部分“整理的方法”里，郑振铎指出不能受固定不变的方法的限制，但应该有一个“至少限度的研究的趋向”，即基本的方向。他用很大的字体排出这样一句话：

> 我们站在现代，而去整理中国文学便非有：(一)打破一切传袭的文学观念的勇气与(二)近代的文学研究的精神不可了。

这个重要观点包括了“破”与“立”两面。要破除的传袭文学观念主要有两种，就是他在当时反复批判的旧时“文以载道”的观念和有些人将文学视作消闲之物的观念。他列举了旧时对《诗经》、《离骚》的种种歪曲，以揭露旧文学观念的荒谬，还批判了那种“仿古为高，学古为则”的奴性观点。他反复强调：“以前的一切评论，一切文学上的旧观念都应一律打破。无论研究一种作品，或是研究一时代的文学，都应另打基础。就是有许多很好的议论，我们对他极表同情的，也是要费一番洗刷的功夫，把它从沙石堆中取出，而加之以新的证明，新的基础。”这正是新文化运动的批判精神在古典文学研究领域的发扬。

要立的一面，就是他提倡的近代的文学研究的精神，就是他当时在其他文中多次引用过的美国文学理论家莫尔顿《文学的近代研究》中提出的："(一)文学统一的观察，(二)归纳的研究，(三)文学进化的观念"。所谓文学的统一观察，就是在研究中把文学看作是一个统一体，打破时间与空间的局限；所谓归纳的研究，就是要找出规律性的东西；而进化的观念，就是承认文学也是一种历史进化的现象，反对僵化的固定的观念。这样的观点，在当时无疑都是进步的，新鲜的。最后他指出："这种研究的趋向，是整理中国文学的人，大家都要同走的大路。万不可不求其一致。至于各人要做什么工作，则尽可以凭各人的兴趣与志向做去，不必别人代为预先计划。"他还认为在用新方法从事这一工作的初始阶段，应先有局部的研究，然后再进而为全体的研究；但即使作局部研究，也必须联系到全体。

这篇论文明白晓畅，要言不繁，目光远大，高屋建瓴，一扫以前文学研究中画地为牢的饾饤之风；而且既务虚又务实，涉及了方法、手段、对象、目的各个方面。这是我国近代文学史上关于用新观点新方法整理研究文学遗产的一篇开山之论。今天的研究者很少提及这篇文章，是令人遗憾的。

由于郑振铎正式具体地提出了整理中国文学的提议，并建立在比较坚实的理论基础上，因此这篇论文在当时是产生了较大的影响的。例如，有位读者汪馥泉随后就一连发表了《整理中国古代诗歌的意见及其他》、《"中国文学史研究会"底提议》等文，虽然其中提出了不少大而无当甚至颇为可笑的建议，但反映了他受到郑振铎文章的巨大鼓舞。郑振铎这篇论文，对于打破旧有的古典文学研究框架、方法与范围等，都起了很大的冲击作用。而令人注意的是，他又在汪馥泉上述后一文末加了按语，指出："我对馥泉的提议，很表同情。但我总主张我们在现在用全力来研究中国文学,时期似乎是太早些。”他在另一文中又说:“因为文学的根本原理,到现在还没有输入。大家的力量如都注意到中国文学的研究一方面去,恐怕那必须输入的许多文学原理与文学常识反而没有人去注意了。而且,大家如先没有充分的文学知识,便是中国文学也不会谈得好——这是我所敢十分确定的说的。”(《杂谭》)于此可见,他关于整理中国文学的提议,完全是从新文学运动的全局与长远目的出发的,因而也是把握了分寸的。

写到这里,我想就一九二〇年代初期郑振铎关于文学遗产的观点,与胡适同时期的有关观点的关系,以及对两者的评价等等问题,谈几点看法。

胡适作为新文化运动发难人之一,当时曾提出或介绍了不少重要的观点。其中,有些是进步的和基本正确的(如文学进化观念),有些不无可议之处,但仍属反传统的新观念的(如实验主义方法论),也有的是错误的(如对马克思主义的排斥与反对)。胡适的有些观点,在当时很有影响,自然也影响到郑振铎。如上所述,郑振铎提出的“近代的文学研究的精神”中提到的“文学进化的观念”,主要是取自莫尔顿的完整的理论系统的(郑振铎当时在其他许多地方都是这样说明他的这一理论来源),并未提及胡适,但在这一点上他与胡适基本观点一致。一九五八年,有人认为他当年提倡进化观念是和胡适唱同调,因而大作“批判”。其实在文学史观上运用进化论,是当时一种普遍的进步思潮。将本属进步的观点硬批成反动,这种错案现在当然应予平反。

胡适是新文化阵营内较早提出“整理国故”的一人。[①] 一九一九年十月的《新潮》上，毛子水发表了胡适写给他的关于“国故”的一封信，同年十二月《新青年》上，胡适发表的《“新思潮”的意义》中正式提出“研究问题，输入学理，整理国故，再造文明”的口号。一九二一年八月，他又在《民国日报》上发表《研究国故的方法》等。但“国故”与中国文学并不是同一概念，更何况在胡适的“国故”中，文学所占的地位不很重要。郑振铎提出“整理中国文学”，主要是自己在新文学运动实践中独立思考的结果。在他最早的倡导性文字中，从未涉及胡适和“整理国故”的口号。（到后来才有所涉及，详见下文。）因此，“整理中国文学”的提出，与胡适没有直接的关系，更不能认为是从属于“整理国故”的口号。

对于胡适的“整理国故”，也应该作实事求是的分析与评价。一九二二年，胡适脱离《新青年》，于五月创办了《努力周报》，九月又办《读书杂志》月刊，附于前刊发行。翌年一月，又主编《国学季刊》。在这些刊物上，胡适曾发表不少有关“整理国故”的文章。他当时说过：“我对于现今的思想文艺，是很不满意的。孔丘、朱熹的奴隶减少了，却添上了一班马克思、克洛泡特金的奴隶。”[②]因此，他在这时写有关“国故”的文章，含着对马克思主义方法与观点的

---

① 但是，胡适不是第一人。新文化运动中，最早提出“整理国故”的，是北京大学学生组织“新潮社”。1919 年 4 月《新潮》杂志上傅斯年《清代学问的门径书几种》一文，提出“整理中国历史上的一切学问”的主张。同年 5 月该刊发表毛子水《国故和科学的精神》，提出研究国故的问题。但毛子水认为“国故”一词一向“没有很清楚很一定的意义”，而他下的定义是“中国古代的学术思想和中国民族过去的历史”。傅斯年在文后附识中则认为“国故的研究是学术上的事，不是文学上的事”。故他们的议论与新文学的关系不大。

② 《我的歧路》，1922 年 6 月《努力周报》。

“不满”，是不可否认的事实。但是，胡适这时还是进步阵营中人，与鲁迅、李大钊等人保持着联系，而不是“反动派”。《读书杂志》与《国学季刊》也是学术刊物而非政治刊物，更非某些文章说的“反动刊物”。须知，李大钊还是《国学季刊》的编委，鲁迅还曾为该刊设计过封面呢！[①] 在一九二三年三月《小说月报》的《国内文坛消息》（当是郑振铎写的）中，就肯定胡适主编的这两个刊物在整理研究中国古典文学方面的“很好的成绩”，并将这与上海的文学研究会、创造社在这方面的工作相提并论。胡适当时说过错话，他的研究方法与结论也常有问题，但他在整理文学遗产方面确实有过一定的成绩，鲁迅就曾肯定过这一点。[②] 在郑振铎提出《整理中国文学的提议》时，胡适已发表了《红楼梦考证》、《水浒传考证》、《水浒传后考》、《吴敬梓传》、《读楚辞》等文，这些对郑振铎也肯定是有影响、有启发的。

胡适在政治上从进步到落后，有一个过程；同样，“整理国故”最后蜕变为复古倒退的口号，也是有一个过程的。鲁迅与胡适的交往，保持到一九二四年。鲁迅在一九二二年批判复古思潮，对象是“学衡派”及“鸳鸯蝴蝶派”；直到一九二五年他猛烈批判读经逆流时，还主要是针对章士钊；这以后，才公开批判胡适。（当然，这以前也有委婉的不点名的批评。）胡适在“五卅”运动中，嘲讽爱国青年的正义行为是“跟着大家乱跑乱喊”，要他们埋头读书，“救出自己”，并说什么德国大文豪歌德“每遇着国家政治上有大纷乱的时候，他便用心去研究一种绝不关系时局的学问，使他的心思不致

① 见1924年12月5日鲁迅日记。

② 见1924年1月5日鲁迅致胡适信。

受外界的扰乱"[①]云云,这时,他在"整理国故"掩盖下的政治目的便显露了。而郑振铎在"五卅"运动中的革命态度则是十分鲜明的,他对爱国运动与学术研究的看法与胡适截然对立,曾尖锐地批驳"某君说,当欧洲大战时,法国学堂还是照样的开课,画家还是照样的画画,文学家还是照样的创作,科学家还是照样的在实验室中"的胡话,指出"其情形与某君所说完全不同"。(《杂谭》)在这里,分水岭是十分明显的。

我认为,即使不说政治上的态度立场,一九二〇年代初郑振铎的"整理中国文学"的理论,也比胡适的"整理国故"要高明得多。因为,第一,胡适对所谓"国故"的内涵外延从无明确的界说,其内容十分庞杂,未能与封建文人的"国粹"划清界限,从而为后来这两者的合流预设了条件。而如上所述,郑振铎对有关古典文学的范围则论述得十分清楚,并与"国粹派"划清了界域。第二,关于整理的目的,胡适只是说:"不外乎要懂得国故,这是人类求知的天性所要的"(《论国故学》),又说:"就是要使从前少数人懂得的,现在变为人人所解的"(《研究国故的方法》),他还认为"若说是应时势之需,便是古人通经而治平的梦想了"(《论国故学》)。这无异于说"整理国故"完全是与新文化运动无关的,更无论他还隐含着政治上的错误目的了。郑振铎的目的则是为了改造旧文学观,明白中国文学的真价,为建设新文学服务。第三,关于整理的方法,胡适提出"历史的观念"、"疑古的态度"、"系统的研究"等,有可取之处;但他偏重于强调:"(1)形式方面:加上标点符号,替它们分开段落来。(2)内容方面:加上新的注释,折中旧有的注解,并加上新的序

① 《爱国运动与求学》,1925年9月《现代评论》。

跋和考证”等。(《研究国故的方法》)而郑振铎则着重于强调破除传统观念和发扬现代精神。(这些,下文还将继续论述。)

郑振铎提倡的“整理中国文学”与胡适前期提倡的“整理国故”是有差别的;但因为时间相近,内容又有某种关系,因此郑振铎对后者不能不发表自己的看法。一九二三年一月,他开始接手主编的《小说月报》第一期上,特辟了一个“整理国故与新文化运动”的讨论专栏。在他写的《发端》中说:“我们这个讨论的发端,是由几个朋友引起的。他们对于现在提倡国故的举动,很抱杞忧。他们以为这是加于新文学的一个反动。”而郑振铎等人则是不赞同这种简单化的意见的。该专栏的第一篇论文,就是郑振铎的《新文学之建设与国故之新研究》。

首先,他不同意简单地将当时的“整理国故”举动判断为“反动”,而认为“在新文学运动的热潮里,应有整理国故的一种举动”。他提出两条理由。第一,他认为新文学运动不仅要在创作与翻译作品方面努力,更须彻底改革一般社会上人们的文艺观念,因此必须“指出旧的文学的真面目与弊病之所在,把它们所崇信的传统的教条,都一个个的打翻”。只有把它的性质指明,“使他们失了根据地,他们的主张才会摇动,他们的旧观念才会破除。”他打了一个生动的比方:马丁路德发动宗教改革,旧教中人却借《圣经》以愚蒙群众,而路德抉出《圣经》的真义以反击他们,改革才获得成功。“我们现在的整理国故,也是这种意思。‘擒贼先擒王’,我们把他们的中心论点打破了,他们的旧观念自然会冰消瓦解了。”

第二,他认为新文学运动的真正意义,并不全然是破坏和否认一切旧的文学作品,而是“一方面在建设我们的新文学观,创作新的作品,一方面却要重新估定或发现中国文学的价值,把金石从瓦砾堆中搜找出来,把传统的灰尘,从光润的镜子上拂拭下去。”“而这种工作,都需要一种新的研究。"正如郑振铎自己说的。他的这两条理由,"已把国故在现在有重新研究的必要与国故之整理与新文化建设的关系说得很明白了"。我们看到,他在这里说的"国故",在严格意义上就是指的中国古典文学。他用自己的思想、理论,将"整理国故"口号作了新的解释与匡正,为了肯定其积极的一面,使之为新文学建设服务。这一点是很值得我们注意的。

最后,该文又对当时谈论"国故"的一些文章(我认为其中也包括胡适的)表示了不满意,指出他们的通病有三:"一,没有新的见解;二,太空疏而无切实的研究态度;三,喜引欧美的言论以相附会。"他针对这些弊病,提出:"我们须有切实的研究,无谓的空疏的言论,可以不说。我们须以诚挚求真的态度,去发见没有人开发过的文学的旧园地。我们应采用已公认的文学原理与关于文学批评的有力言论,来研究中国文学的源流与发展,但影响附会的论调……我们必须绝对避免。"这里,他提出在整理中国文学时在选择理论上应注意"公认的"和"有力的"这样两条标准,前一条体现了经过多数文学工作者的实践已被证明的相对正确性,后一条体现了一定的战斗性、批判性。在当时,他提出这样两条标准应该说是相当难能可贵的。

在这个专栏中同时发表的顾颉刚、王伯祥、余祥森、严既澄、玄珠(沈雁冰)的五篇文章,都是基本上倾向于郑振铎的观点的,同时,在某些地方还略有所见。[①] 他们几位都是文学研究会中较早

---

① 如顾颉刚《我们对于国故应取的态度》提出应跳出旧学"家派"的圈子,应划清"研究"与"实行"的界线;王伯祥《国故的地位》强调应将"历史的观念"与"现代的精神"相结合;余祥森《整理国故与新文学运动》认为整理中国文学与介绍外国文学同样重要,而最终目的是"实现新文学";严既澄《韵文与诗歌之整理》批评了胡适光以"白话"为标准去整理、估价旧诗之不当;玄珠(沈雁冰)《心理上的障碍》则主要批判了社会上庸俗的"循环论"成见,并将"创造新文学"和"整理国故"均视为"一种新运动"。

从事整理中国文学的作家，他们的见解不完全相同，后来又各有自己的发展；但他们当时都受到郑振铎的影响，有较一致的倾向，则是很明显的。我们以前的一些评论“整理国故”的文章，总是不提郑振铎等人的这些观点与文章，是很片面的。①

但是，“整理国故”的口号由于本身在理论上的含糊与提倡者（胡适等人）的错误观点，容易让封建势力钻空子，很快显出其弊端，引起人们的反对。（郑振铎借用这一口号，仅上述这一次。）正如郭沫若在一九二四年指出的：“大凡一种提倡，成为了群众意识之后，每每有石玉杂糅，珠目混淆的倾向。”（《整理国故的评价》）于是吴稚晖在《箴洋八股的理学》中首致不满。创造社的成仿吾则认为：“国学，我们当然不能说它没有研究之价值，然而现在便高谈研究……未免为时过早。”（《国学运动的我见》）郭沫若不甚赞成吴、成等人的看法，认为“失之偏激”，他则强调整理研究的方法“要合乎科学的精神”，同时也认为对这一工作的成绩“不可估之过高”。（《整理国故的评价》）这些看法也反映到文学研究会中来，严既澄在一九二四年四月《文学》周刊上发表的《国故与人生》中，就对当时“整理国故”的弊病作了激烈的批评，并透露了沈雁冰、叶圣陶、王伯祥等人都对此有意见。五月，该刊一连发表沈雁冰两篇文章。《文学界的反动运动》一篇，认为当时文学界有两支“反动运动”，一支是反对白话、主张文言，一支是主张从古书、特别是“经”里去找文学的意义；并认为第二支反动运动正是由“整理国故”而引起的。另一篇《进一步退两步》中说：“我也知道‘整理旧的’也是新文学运

① 近年，1983年《文学评论》第3期魏绍馨《“整理国故”的再评价》一文首次提及。

动题内应有之事”，但是在目前“我们必须十分顽固，发誓不看古书，我们要狂妄地说，古书对于我们无用。”甚至认为：“这三五年来，许多新文学的朋友们忘记了他们的历史的使命，竟要把后一代人的事夺到自己手里来完成，结果弄成了事实上的‘进一步退二步’，促成这一年来旧势力反攻的局面，爆发为反动运动。”沈雁冰的文章对复旧派是个沉重打击，但不无偏激之处。郑振铎这时没有发表文章，他当然也反对这种“反动运动”，但他又一贯反对“因为发现谬误之言论之故，便‘因噎废食’。”[①]而过了几个月，他在八月份该刊上发表《新与旧》一文，指出“所谓‘新’与‘旧’的话，并不用为评估文艺的本身的价值”，不能认为旧的文体的作品都是坏的，都是不必读的，也不能认为新的文体的作品都是好的。这就再次反对了那种简单地“因噎废食”地对待古典文学的看法。同时，文中也批判了“学古”之风。我认为，上述郑振铎和郭沫若的文章，在当时的战斗性不及沈雁冰等人，但辩证、公允则过之；实际上，两者是互为补充和配合的。历史已经证明，整理和研究中国文学的事业，毕竟不是由“后一代人”，而正是由郑振铎那一代新文学工作者开始的。

在一九二三年十月的《文学》周刊上。郑振铎发表了《小说月报第十五卷号外中国文学研究号征文启事》，再次表示：“一方面以现代的文学批评的眼光，来重新估定中国古文学的价值，一方面以致密谨慎的态度去系统的研究中国自商周以迄现代的文艺的思想与艺术。”这期“号外”经过郑振铎三年多的筹划、编选后，于一九二七年六月分上下两册出版了。这是我国新文学工作者整理研究文

---

① 见1922年11月21日《文学旬刊》上的《杂谭》。

学遗产实绩的第一次集中检阅，其意义不可小看。在这个“号外”的“卷头语”中，郑振铎用古代两个武士看树上挂的金银盾因各只见一面而争吵不休的故事作比方，批评了当时“为中国文学而争论的先生们”正是“有类于这两个武士”，他们或一味强调中国文学如何美好，或一口咬定它是有毒的，而实际上他们还没有全面看问题。中国文学“这面盾原是比之武士们所见的金银盾，构成的元素更复杂，而且更具有种种迷人的色彩与图案的”。这段“卷头语”是发人深思的，而它正是郑振铎深思的结果。这表明他当时的认识所以比其他一些人要高一筹，正因为他看问题比较全面和辩证。

这期“号外”的第一篇论文，是郑振铎的两万余字的《研究中国文学的新途径》，这是“五四”以后又一篇关于文学遗产的重要理论文章。文中首先论述文学鉴赏与文学研究的区别，这在现在或已成为常识，但他当时强调指出这一点，则正是为了将中国古典文学研究建立在比较科学的基础上。接着，他又详细举例指出中国文学是一个极其丰富的宝库，可以研究的题目是无限宽广的，而当时还几乎是一片空白。他用充满激情的富有吸引力的文笔号召人们去这块绝大的膏腴的土地上耕种。文章的重心是后几个部分，论述研究中国文学的新途径、新观念、新领域。他再次强调了归纳的考察与进化的观念，认为这是无论什么人都必须循从的“必由之路”，并作了比本书前述他的第一篇创议论文更详细的阐述。根据这样两个基本观念，他又提出了三个“新开辟的研究的途径”。

第一个是关于“文学的外化”，即中国文学历来所受外来影响的研究。他认为“这个研究在文学史上是大有功绩的，且至少可以间接的帮助许多研究别的东西者的忙”。确如他所说的，这是没有人注意过的新的研究。他首倡这一研究，意义极为深长。（本书前面在论述他的比较文学思想时，曾写到过，请参看。）他提出的第二个研究途径是“巨著的发见”，即历代民间文学和通俗文学的发掘研究。他提到的有从来不为正统文人重视的佛曲、弹词、鼓词，以及民间故事、民歌等等。他认为其中有不少美好的东西，艺术上“也许有的比几部伟大的小说名著还进步”，在民间的影响也很大。他甚至认为：“有人说，中国没有史诗；弹词可真不能不算是中国的史诗。我们的史诗原来有那么多呢！”[①]他这样重视中国历代民间文学和俗文学，把它们提到“巨著”的地位，把对它们的研究视作“一条新路”、“可以开辟出一个新天地来”，这在理论上也是具有开创性的。他提出的第三条是“中国文学的整理”，这主要是对自己第一篇《整理中国文学的提议》的补充和发挥。他再次提出了分类问题，表示既不同意“四库全书”的分类法，也不赞成套用杜威的分类法。他重新提出了更详尽的分类大纲，对原先自己的提议略有调整。正如他自己说的，“颇足以使久困于迷雾中的人眼目为之一明；这对于作品的研究，作家的研究，以及其他的专门研究，都可有不少的帮助。”文章最后，他自豪地说：“在这个将来的大时代，将来的文艺复兴期中，每个努力于文艺者，都会有他的一分的贡献，都应该有他的一分的贡献。”这就再次表明了他提倡整理中国文学的目的。

正当郑振铎决心为大时代的中国的文艺复兴大干一场的时

---

① 后来，陈寅恪也这样认为。他在 1954 年写的《论〈再生缘〉》中说：“世人往往震矜于天竺希腊及西洋史诗之名，而不知吾国亦有此体。”郭沫若后来也表示赞同。

候，中国的政局又发生了巨大的动荡。一九二七年“四一二”政变后，郑振铎被迫流亡西欧。但他在国外仍将很大精力倾注于中国古典文学的研究。翌年六月他回到上海，痛感国内文化界反动复古气焰弥漫，“整理国故”与“国学”这类口号在这时已失去进步意义。因而，郑振铎在恢复主编的一九二九年第一期《小说月报》上，即以一开卷最醒目的地位发表了他的一段按语，及何炳松《论所谓“国学”》和他自己的论文《且慢谈所谓“国学”》，对所谓“国学运动”发起了猛烈的批判。

在按语中，郑振铎提到“自从某先生开列了他的无所不包的《国学书目》以后，便大家都来开书目，且竟有人以补正‘国学书目’之故而荣膺大学教授之职的。”这里说的“某先生”，显然就是指一九二三年开出《一个最低限度的国学书目》的胡适了，批判的对象也就十分明确。[①] 同时，他又批判了太虚和尚、陈焕章等人所谓“发扬国光于海外”，在国外宣传中国封建文化的行为。他认为，提倡这种“国学”，“其害危于中国民族的前途，真是‘言之不尽’！充其量，这种狂热的盲目的‘爱国运动’实为饮鸩止渴，绝无补于我们的中华民族的生存与发展的！”他强调需要科学，需要向西方学习，“以建设新的中国”。

何炳松的文章是和郑振铎交换过意见后写的。何文提出应该推翻所谓“国学”的四个理由：一是来历不明，二是界限不清，三是违反现代科学的分析精神，四是以一团糟的态度对待本国学术。

---

① 胡适当时共开列了164部书，其中包括《六十种曲》、《二十二子》、《宋六十家词》等丛书，《经籍纂诂》、《经传释词》、《中国人名大辞典》等辞书，许多佛经，以及他自己的《章实斋年谱》、《中国哲学史大纲》等等。名曰“最低限度”，实则包罗太多，青年人根本读不过来，不少书也不是“必读书”。

文章并揭露当时有不少丑恶的东西以“国”字为护身符而流行，又有人以此抵制改革，深闭固拒。郑振铎的《且慢谈所谓“国学”》，则对这些论述进一步作了发挥。他一开头便驳斥开列“国学书目”的所谓“国学大师”，指出当时所谓“国学”的苏生绝不是真正的文艺复兴，揭露所谓“国学”虽然“包罗万有而其实一无所有”，揭露所谓“国学家”似乎“无所不知而其实一无所知”。他还尝试运用阶级的历史的观点来分析“国学”和“国学家”产生的根源。他指出“国学家”的前身，“便是所谓‘士大夫’的一种特殊的阶级，即为君王的家奴，而去帮助他治理天下的一种特殊的‘帮治者阶级’。”他认为所谓“国学家”就是这一阶级的嫡系子孙，由于有这样深长的历史，要一时消灭是很困难的；“然而为了中国民族前途计，我们却希望这一个特殊的阶级，能够早日由没落而趋于死灭——愈快愈好。”他这样运用新的社会科学理论来分析问题，就比他自己从前的文章以及何炳松的文章要深刻了。他更深入指出鼓吹“国故”、“国学”之类对于中华民族的进步发展有巨大的阻碍：一是毒害青少年，“青年人要是人人都去整理，研究，保存所谓‘国故’‘国学’，则恐怕国将不国，‘故’与‘学’也将‘皮之不存，毛将焉附’了”。二是“最容易使这个向来便不曾有过清清楚楚的概念而今日方才有些觉醒的社会，重复走入迷途”。三是“会使我们的社会充满了复古的空气而拒却一切外来的影响”。四是对于学术事业本身也没有好处。这是对当时“整理国故”运动的本质的深刻揭露，而且是提到有关国家民族生死存亡的高度来看问题的。这些论述，不仅是郑振铎根据所谓“整理国故”运动的实际发展、蜕变而作的批判，同时也是他前期有关思想的符合逻辑的发展与飞跃。虽然，这是比文学遗产问题范围更大的文化遗产问题；但是，对这些问题的看法无疑正是他对文学遗产看法的前提。文章的总的看法是正确的，[①]不仅在当时的文化界产生进步影响，而且可以视作他后期有关文化（文学）遗产观的一个新的起点。他在一九三五年十月写的《中国新文学大系·文学论争集·导言》中也提到："到了'国学书目'的两番三次的开列出来，这'估定价值'运动便更入了一个歧途"，而"有识者"对这些"妄人们"的批判就是一种"有理性的裁判"。

郑振铎在新中国成立后曾说，他在一九三〇年代写的中国文学研究文章"比较地有些新的观点"，有时虽不免有些偏激或"借题发挥"，"但倾向是好的"。（《中国文学研究·序》）这句话带有自谦的成分，一九三〇年代他的古典文学观有很大进步是事实。我认为这是因为他支持和参与左翼文艺运动，并接受其积极影响的结果。一九三三年元旦，他在《东方杂志》上发表拟写的《古史新辨》一书[②]的第一篇《汤祷篇》，提出了一个引人注目的重要的理论观点：

> ……我以为，顾先生的《古史辨》，乃是最后一部的表现中国式的怀疑精神与求真理的热忱的书，她是结束，不是开创，他把郑崔诸人的路线，给了一个总结束。但如果从今以后，要想走上另一条更近真理的路，那只有别去开辟门户。像……郭沫若先生对于古代社会的研究便是一个好例。

---

① 不须讳言的是，这篇文章也有不足之处，即提出了要"全盘的输入与容纳西方的文化"。他主要是强调大胆拿来，目的是"以建设新的中国、新的社会，以改造个人的生活"，这与洋奴买办鼓吹的"全盘西化"的目的完全不同；但文中对西方文化缺少分析，容易给买办文人钻空子，也容易引起思想混乱。当时，流亡中的共产党人杨贤江，就以老朋友、老同事的身份，从日本给郑振铎写了一封很恳切的长信，指出这一点。郑振铎诚恳地接受了批评，以后再也没有提过这一观点。

② 此书未写完，后作者将已写成发表的五篇论文（按，尚漏了一篇《作俑篇》）编成《汤祷篇》集子，于1957年出版。

这里虽然主要说的是史学研究，但与他对于古典文学研究的思想是相通的。我们知道，顾颉刚是郑振铎的好友，一九二〇年代在“整理国故”问题上与郑振铎有比较一致的看法，他在治学方法上则与胡适有渊源关系（当然并非完全一样）；而郭沫若则是最早鲜明地将马克思主义应用于古代文史研究的第一人，他的代表论著《中国古代社会研究》刚刚于两年前出版。郑振铎在这里提出顾颉刚的《古史辨》是“结束”，并不是完全否定其学术价值，也不是认为传统的中国式的研究方法已经完全没用了；而是相当明确地认识到旧的研究方法（包括顾颉刚从胡适那儿学来的一些西方资产阶级学术方法）已经不够了，只有新的社会科学[①]才能开辟一条更近于真理的道路。在当时情况下，敢于这样鲜明地表白自己的观点，是相当不容易的。因此，我认为这篇文章的价值主要还不于它论述的关于“汤祷”的问题本身，[②]而应该看作是郑振铎后期学术思想转变的一篇公开的宣言。值得指出的是，由于郑振铎这一学术思想上的转变与号召十分踏实，合情合理，绝无“赶时髦”、哗众取宠之意，因此在当时学术界很有影响。即以顾颉刚为例，他在同年二月《古史辨》第四册的序中就声明“我自己决不反对唯物史观”，并且诚恳地说：“我们的‘下学’适以利唯物史观者的‘上达’”，“我们正为他们准备着初步工作的坚实基础呢”。这里的“下学”、

---

① 这里指的主要是马克思主义，但所以用“新的社会科学”的说法，是因为郑振铎当时还将人类学、民族学等西方新的社会科学也笼统地都称作“新的学问”；而且，他同时还肯定了陶希圣，而陶氏虽然是最早的中国经济史研究者之一，但并非马克思主义者；另外，在当时的客观条件下，郑振铎没有也不便明提马克思主义。

② 对这篇论文的具体的学术观点，曹松叶、杨向奎等人曾有不同看法，但白寿彝认为它“提出了一个很重要的历史问题”，“他的论证是有说服力的”。（《民俗学和历史学》）

"上达"的说法，显然正是从郑振铎的"结束"、"开创"中来的，表明他是受了郑振铎的启发教育的。

一九三〇年代，郑振铎对文学遗产有关问题的认识就更为全面，他对胡适等人的错误言行看得更清楚了，还点名批评了他们的一些做法。例如，一九三四年一月出版的《文学》月刊上他发表的《标点古书与提倡旧文学》，就批评了"徐志摩、胡适之辈的提倡《醒世姻缘传》"。徐志摩与胡适在一九三一年分别为这本旧小说写了序与考证，并于第二年将它标点出版。郑振铎认为，在新文学运动初期，标点一些《红楼梦》、《水浒》之类白话小说，是情有可原的；而且把这些向来为士大夫看不起的东西对着古文旧诗之类投掷过去，还不失为一种挑战的举动。但是，"如今时代是不同了"，再用过时的眼光去标点、推荐艺术性思想性都很差的《醒世姻缘传》一流的东西，"其为'挂羊头，卖狗肉'"，与坊间标点《古文观止》之类"是并无二致的"。把有毒素的东西输送给青年学生，更是"有极大的罪恶的"。当然，他又并不是笼统地反对标点、出版旧文学作品，[①]他接着又指出："保存些不经见的旧文学的名著，并不是不应该做的事，但有一个条件，只是保存，不是提倡；只是小数量的流通，不该大量生产的广播于民间；只是一部分专门研究者的用作参考研究之资，不是要普及于一般的读者社会里。"他强调要区分保存、研究和提倡、普及等不同的目的，对于"只是不分良莠，不识好歹的一味的标点着，提倡着，鼓吹着，宣传着，则非迎头给以痛击不可！"这个重要的意见，后来他又在《向翻印"古书"者提议》等文中

① 他在该期上发表的《新年试笔》，就表示打算选印一些古小说、戏曲，因为这些"足以窥见我们往昔的各时代的生活之核心的东西"。

反复作了阐述。

对于当时用“左”的错误态度对待文学遗产的做法，他也能从理论上见出其非。例如，一九三一年三月，他自费影印出版了他所编的《清人杂剧初集》，在跋文中说：“典书为活，碌碌少暇，而事此不急之务，虽云结习难忘，未免落伍贻讥矣。”当时，确实有不少左翼文艺青年认为从事古典文学的整理研究工作是“落伍”、甚至是“反革命”的。但他深刻地指出：

然时代之生活历史留痕于文艺作品者，最深且真，刊布罕见之作，其作用盖不独有裨于文艺研究者已也。且剧曲之探讨，为时最晚；得书之难，尤为学人所共叹。年来剧集间有流通，大抵偏重古作，与时代最近之清剧，乃鲜有措意及之者。然三百年来，名隽之篇不少。即浅凡之什，亦往往足窥时代之内蕴。全刊清剧，意盖在斯。留此最后之结集，恣学人施妍媸之评判，究世运之升沈，亦一快事也。抑更有进者：杂剧薄帙孤行，亡逸最易，既竭搜辑之劳，自无妨更尽流通之责，好事之诃，所不任也。

这就不仅把自己影印清人杂剧的意义说得极其清楚，同时也就是从理论上回答了来自“左”的方面的对于整理文学遗产的责难。郑振铎的这段话，与鲁迅当年批评“海上妄子，遂腾簧舌，以此为有闲之证，亦即为有钱之证也，则弹腰曼舞，喷沫狂谈者尚已”①一样，都是十分难能可贵的。

一九三四年六月一日，《文学》月刊第二卷第六期出版，为郑振

① 鲁迅《〈小说旧闻抄〉再版序言》。

铎主编的“中国文学研究专号”。[1] 这是民国时期文学史上的第二个这方面的专号。本期一开头的“文学论坛”四篇，均是郑振铎化名写的。[2] 卷首的《中国文学研究者向哪里去?》，是代表郑振铎在一九三〇年代有关文学遗产的观点的文章，也是在当时对古典文学工作者有影响的又一篇重要文章。文章一开头，就批评当时的中国文学研究者中有一种被研究对象“迷醉”住而陷溺其中不知所返的现象，讽刺了当时周作人、林语堂等人吹捧明末小品文的做法。他严肃地提出：“必须以更广大，更近代，更合理的眼光与心胸来研究这疮痍满体的中国文学。”他认为，只是平凡庸腐、述而不作、无所发明地写作什么“杜甫评传”、“白居易的生平”之类著作的时代，已经远远地过去了；新的时代要求“新鲜”、“有用”的研究。他提出有两点要做，第一、要敢于去耕耘未曾开发的荒原，例如中国文学所受外来影响的问题，变文、诸宫调、弹词、鼓词的研究等等，不要“老退回到古旧的不易有发展的园囿里去徘徊、留恋”。当然，这并不意味着放弃原有的研究领域，而是必须发掘“新意”，提出“新的问题”。例如写“杜甫评传”之类，就必须指出其“伟大处或其在那时代的影响”和产生其作品的“社会的原因”等等。因此，他又提出了第二点：“就是我们很熟悉的‘题材’，也是有重新再行估计，或使用新的方法来研究的必要。”总之，他为中国文学研究者指出的方向是：“向新的题材和新的方法里去，求得一条新路出来”。

---

① 1934年是国民党加紧“文化围剿”的形势严峻的一年。这年年初，当局就想将《文学》月刊(郑振铎为主编之一)停刊。茅盾紧急召请郑振铎从北平赶回上海商议对策，他们想出了连出四期专号的巧妙应付办法，并得到鲁迅的同意。(详见茅盾晚年回忆录)

② 本期还有郑振铎写的五篇研究性与资料性的长文。我认为代表了他在新中国成立前文学遗产研究方面的水平。本期专号曾得到鲁迅多次称赞，如本年6月2日他致郑振铎的信中便说：“本月《文学》已见，内容极充实，有许多是可以藉此明白中国人的思想根柢的。”

他所说的第一点"新的题材",基本上是重申他在七年前主编出版的第一个中国文学研究专号时的观点;而第二点"新的方法"却有了令人注目的变化。他已经不再笼统地谈"归纳的考察"、"进化的观念"了,而明显地加强了唯物史观的色彩。他认为研究的方法不应执一而论,但"唯有一点,必须注意,就是:一个伟大的作品的产生,不单只该赞颂那产生这作品的作家的天才;还应注意到其所以产生的社会的因素。"他举例说,元剧鼎盛的原因,就"自有其重大的经济的因素与时代的背景"。他在方法论上的变化,在这一期专号中他写的专题论文如《元明之际文坛概观》、《元代公案剧产生的原因及其特质》等等中都可以看出来。自然,当年他在应用历史唯物主义于古典文学研究时,还常表现出不成熟和有时略嫌幼稚的缺点,这是不可避免的。

在这期专号上他发表的第二篇文章《中国文学的遗产问题》中,他首次使用了"文学遗产"这个术语。他提到,"一部人类的历史,便是一本血迹斑斑的相斫书","人类的文明有一部分是以人类的血与肉,泪与汗建筑起来的"。他的意思是,人类自有文字记载的历史,就是阶级斗争的历史。这无疑是符合唯物史观的。[①] 同时,他又认为"文学的遗产在其间却是最没有血腥气的——虽然有一部分也会被嗅到一点这种气息和显露出过去文士们的谀媚的丑态","人类的文学的历史却比较的是以具有伟大心胸的文士们的同情的热诚的笔写成的——虽然也有一部分是曾被娼嫉、谀媚、愤咒的烟气纠绕于中"。这些说法在理论上是不够严密的,因为文学不可能脱离历史生活,在阶级社会中也不可能脱离阶级斗争,从这

① 当然,"相斫书"的说法又不完全确切。因此,郑振铎在《插图本中国文学史·绪论》中又认为不能这样称历史,认为历史是活的,是记载整个人类或民族的过去的生活方式的。

一意义上说，文学遗产本身也是带有“血腥气”的。但是，仔细研究郑振铎这段话，我认为还是不无道理。首先，他用了两个“虽然”，表示他并不绝对否认文学遗产有“血腥气”，只是强调它比较地“最没有”，这是看到了文学及文学史的特殊性的。其次，他的本意还得深入了解，他认为像埃及金字塔、罗马斗兽场、雅典处女神庙等等文化遗址，现在受到人们的重视，但它们却是以无数奴隶的血肉泪汗建筑成的，如果它们会开口说话，那么它们将诉述出一部分人类曾经如何残忍地奴役另一部分人类的历史；然而，文学遗产却是由作家用笔写成的，这些作家大多不是嗜血的“英雄”，他们的劳动成果自然也不像其他历史文化遗产那样是用血肉白骨建成的。

他的这一观点，后来又表述于翌年五月创刊的《世界文库》的《发刊缘起》及其他文章中。他认为历史上的那些“英雄”，如亚历山大大帝、查里曼大帝、拿破仑、秦皇、汉武等，靠的是流血、杀人、掠夺来成就他们的事业的；而历史上的大文豪，却决不是以这些来建筑自己的纪念碑。因此，前者“过去了”，后者却“永远的不会过去”；前者留给人们的是“几场恶梦”，后者却令人感到亲切。他通过这样的比较，来突出文学遗产的可贵，我认为这一说法是可以接受的。当然，对历史上的“英雄”也不能统统都一笔抹煞，对历史上的文豪也应该作具体的分析。郑振铎当时主要只强调了作家的人道主义，还是略嫌空泛。但他强调了文学遗产中的民主性的精华。他指出：“提出了文学遗产问题，并不是说，一切的丑恶百出的东西，都可以算作遗产，我们真正的伟大的遗产，足以无愧的加入世界文学的宝库中者，还要待我们用敏锐博大的眼光去拣选！”（着重号原有）他既高度肯定了文学遗产的可贵，又指出需要放出眼光拣选，这是很可贵的理论见解。

一九三二年“一二八”战事后，郑振铎有关文学遗产的理论中还增添了一个耀眼的内容，那就是将文学遗产的整理研究与民族解放斗争紧紧结合起来。特别是一九三七年抗日战争全面开始后，他提出了“保卫民族文化运动”的重要口号。在“一二八”战事后不久，他在清华大学《文学月刊》上发表的《中国戏曲史料的新损失与新发见》一文中，就提到正当中国南北的古典戏曲整理工作取得一点成绩的时候。“突然的有一个绝大的意外打击，把这许多年来的辛苦的收成，摧残到珠零玉碎的境地，那便是日本帝国主义者的侵略军在本年一月廿八夜在上海闸北的无警告的袭击。”“要总算起这一次的文化损失账来，诚是难以指数。”他悲愤地指出：“这是不可酬赎的一个可怕的浩劫!”并凭自己的记忆写出了这次被毁灭的若干种重要的戏剧史料。文中也写了近年来新发现的一些资料，最后指出：

> 十年或数十年的辛勤的收获，既一旦皆化为灰烬，则这种陆续的搜求的结果，其运命也正未可知，特别是在我们这个没有海岸防御，更没有空中防御的国家里。所谓先民的文化的收获，哪一天不在风雨飘摇的境地里冒着险？为了这(不必说是为了自己的自由与生命了)，谋国的人们好像也该有些警惕与感发罢!

在这里，他愤怒批评了当局的腐败无能，而且将如何在帝国主义侵略下保卫先民文化遗产的严重问题及时地提到了全国人民的面前。在《一九三三年的古籍发现》一文中，他又指出有些重要古籍“国内图书馆如再不收，则此种书有尽行流入海外之虞”。这里，他最早将珍贵古籍流往海外的危险及时地提醒国人注意。在一九三四年元旦发表的《新年试笔》中，他说：“我没有什么可恋，我所恋的只是若干的破书孤本，曾经陷落于不可知的运命而被救的，这似乎是一个不能推却的义务，我们该为之延长其可危的生命。”“永远的耿耿于心的是，为了穷，常见名著孤本被匪人所攫走，不再出现，不再流传，徒供当前或将来一炬的燃材！”他怀着不可推卸的责任感，提出了自己打算影印若干古书的计划，他认为影印是一个有效的“延长其可危的生命”的好办法。

值得钦佩的是，即使在强寇的侵略威胁下，郑振铎对于传统文化遗产问题仍然保持着十分难得的清醒的头脑。本书第一章里已提到，一九三五年一月，国民党CC派控制的《文化建设》杂志上鼓吹所谓“中国本位文化建设”时，郑振铎曾严肃地提出自己的意见，不仅摆正了文化问题的地位，尖锐地揭穿了统治者企图掩盖矛盾、转移国内视线的用心，而且再次强调指出：“在中国旧文化里，是永远找不到出路”，“中国民族的生存必须寄托在新的文化，新的组织上”。表明了他在外来侵略威胁下，仍然坚持明确的原则，一方面强调保卫民族文化遗产的重要性，一方面继续反对恢复封建旧文化，而这两者都是为了中华民族的生存发展。①

---

① 当时，他还准备撰写题为《古籍整理的新倾向与新方法》的长篇论文（或专著），全面地阐述有关见解。他特地在该文中提到：“昔人在兵戈扰攘之际，往往有奇获。汲古阁之秘籍胥获之于明季而保全。叶万、黄虞稷、周亮工、黄宗羲、吕留良诸家亦竞以保全文献为己任。安知今不复有子晋、石君其人者出而肩此重任乎？”可惜，这一重要论著未见发表。今从幸存的残稿中抄录其提纲，以窥一斑，并供研究：一、古籍的搜集与保存——二、整理与研究——三、今日的要务——四、专门的工作——五、通力的合作——六、基本要籍的整理——七、整理的方法与技术——八、人手的第一步——九、所谓校勘——十、章句与标点——十一、索引的重要——十二、一部理想的新整理的经典——十三、整理的新倾向——十四、从博返约——十五、经典与史料——十六、佚籍的发掘——十七、焚毁书的重印——十八、四库书的“发覆”——十九、四库存目书之重行评价——二十、四库未收书之搜检——二十一、艰巨的事业——二十二、辑佚与未刊稿本之印行——二十三、为人的工作——二十四、一部浩瀚的儒藏（?）——二十五、抑若干专门的丛书（?）——二十六、读者的宝库与专家的秘室——二十七、储以备用——二十八、结论。

一九三六年秋，郑振铎为自己主编的《世界文库》编选《晚清文选》，收录自鸦片战争以来至宣统之年的重要文章，目的是“引起大家对于这一时代的文献和文学的注意”。(《晚清文选·序》)在编选过程中，他感到就像“重温了一遍转变期的中国的历史”。中国近代史上爱国志士奋发有为、冒万难而不避、犯大不韪而不移的勇气，慷慨激昂视死如归、抛头颅洒热血以求得民族自由与解放的精神，深深感动了他。因此，他认为这类文章“对于我们这一个时代，还是对症之药，并非泛泛的搜集名篇佳文的一部‘文选’而已”。通过这一工作，他进一步体会到整理中国文学是可以更紧密地为当前的民族解放斗争服务的。抗战正式爆发后，他于一九三八年五月起开始撰写《民族文话》，就是这方面的一个尝试。他在《自序》中热烈歌颂了伟大的中华民族是一个慷慨悲歌、舍生取义的民族，历史上没有一个民贼、没有一次外来侵略能够消灭或减低我民族的民族意识的。他指出，“在这个伟大的时代，把往古的仁人、志士、英雄先烈们的抗战故事，特别是表现在诗、文、小说、戏曲里的，以浅显之辞复述出来，当不会是没有作用的”。读先人的表现爱国主义的文学名著，可以坚定抗战的决心。他在编选《晚清文选》时曾得到阿英的大力支持，后来他又劝阿英将有关藏书目录刊印问世，他说：“缅想先民之奔走呼号，喋血反抗，艰苦卓绝，缔造为难，益坚我人拥护民族自由解放之勇气。”因而他又进一步提出应该选择其中优秀的作品予以印行，“其有助于今日方兴未艾之民族意识，必将更巨也。”(《〈晚清戏曲录〉叙》)

一九三九年底，郑振铎发动上海的几位著名老学者，秘密组成了“文献保存同志会”，为国家抢救、收购横遭劫毁的古籍文献。其后他给张咏霓的两百七十多封书信中，有大量关于保卫文化遗产的精彩论述。由于这批书信当时并未发表，也就未能在当时产生广泛的重大的社会影响，此处就不详论了。① 好在他的这些思想，也见于他当时发表的一些文章中。例如，一九三九年十二月他在《文学集林》上发表的《劫中得书记》中就提到："私念大劫之后，文献凌替，我辈苟不留意访求，将必有越俎代谋者。史在他邦，文归海外，奇耻大辱，百世莫涤"，"每一念及，寸心如焚。祸等秦火，惨过沦散。安得好事且有力者出而挽救劫运于万一乎！"而他自己，为了不使"史在他邦，文归海外"的耻辱成为现实，就挺身而出做了这样的"好事者"。

一九四〇年三月八日，上海各报转载外电消息，称美国国会图书馆东方部主任扬言：中国珍贵图书现正源源流入美国，若干年后研究中国历史、文学者，或将以华盛顿及美国各学府为研究所矣。郑振铎阅报后，又气愤又焦急，便又写了《劫中得书续记》，在序中记下了这一美国人士幸灾乐祸的狂言，同时又指出，如果不阻止珍本图书外流，则"其所言必有实现之一日"。所以他"苦心瘏口，敦勉藏家之网罗放失，且亦每每劝励书贾辈多储有用之书，以为将来建国之助"。郑振铎当时发表的这些"得书记"。其意义远远不止于关于这些书的目录文献学方面的见解，而是以身作则，号召一切爱国的知识分子及有能力的人起来，为保卫祖国的文化遗产而斗争！

在一九四〇年七月出版的茅盾、楼适夷主编的《文阵丛刊》第一期上，他发表了《保卫民族文化运动》，正式提出了这一口号。他

① 这批书信由笔者发现后，经向有关人士推荐，上海古籍出版社和学林出版社已影印或排印出版，可惜整理未得其人，致颇有误漏。另外，当时郑振铎写给何炳松、张元济等人的大量书信，均未能保存下来；写给蒋复璁和中央图书馆的信及报告，基本保存下来，今在台湾"国家图书馆"。

指出，中国民族文化历经创伤，尤其是当前日本帝国主义的入侵，使大江南北的文化损失惨重，为了子孙后代，为了将来中国的复兴，必须开展保卫民族文化运动。他更指出："惟'保卫'并不是'提倡'，这一点必须要弄清楚。"激进的青年们往往以古文化为打倒的对象，并科以与旧礼教、封建势力、旧式社会制度、伦理观念同样的罪名，他认为这也未始非"提倡"者流有以激成之。"提倡者流是假借名义，作为手段的。但真正的文化保卫者却分别得清楚：古代的伦理与道德，是自有其时代性的；今日的社会决不能以古旧之'经典'上的见解，来拘束，来压伏之的。我们所谓'保护'者，不过将古文化遗产保全维护之，以为研究上之便利与资料而已"。他既不同意某些青年人的"狂热"见解，又指出这是"提倡者流"的反动之所激成；他不仅再次严格分清"保卫"与"提倡"的区别，还揭露了提倡者流的"假借名义"。因此，这篇文章不但号召性很强，而且指导性也很强。在《文阵丛刊》的《编后记》中，主编者感谢郑振铎"在万忙中写的论文，他向战斗的文化人发出一个似乎迂远而其实是急迫的呼声。"

新中国成立后，郑振铎工作十分繁重，但他始终没有离开过文学遗产方面的工作。他是第一任中央文学研究所所长；在一九四九年第一次文化会上被推举兼任全国文联研究部负责人，一九五三年第二次文化会上又被推举兼任古典文学部部长；一九五七年被国务院任命担任古籍整理出版规划小组的负责人之一。因此，在新中国最初八、九年间，他一直是全国古典文学整理研究工作的主要负责人之一。在新的历史时期，他又发表了不少关于文学遗产的重要论文，在这方面的理论有了更大的提高。由于新中国成立后的文章比较容易找，我们就比较简略地论述一下。

首先，他明确地反复强调中国古典文学研究必须以马列主义为指导，“必须是在马克思列宁主义、毛泽东思想的光辉照耀之下才能做得好，做得成功的。故古典文学研究者，首先必须刻苦用功的学习马克思列宁主义和毛泽东思想。否则，便都要走弯路甚至误入歧途的。”他认为，“马克思列宁主义和毛泽东思想的真理，像太阳似的照耀在天空；一切古代作品放在这光天化日之下，便会看得更明白，更正确，不会变形，更不会变质。”（《为做好古典文学的普及工作而努力》）他是经过多年的摸索、体会而这样说的，是发自内心，心悦诚服的。他不仅以此号召广大的古典文学研究者，而且也力求贯彻在自己的学术研究中；他也不仅以此为标准来批评别人的论著，而且更以此来检查自己以前的学术成果。他说，“梁启超说得很好，‘不惜以今日之吾与昨日之吾宣战’……梁启超的‘今日之吾’如果是不断‘进步’的，那末他就是一个不断进步的作家了。”（《中国文学史的分期问题》）梁启超未必如此，而郑振铎则确实是“一个不断进步的作家”。

他的理论气魄更为宏伟，心中目标更为远大，经常为党中央、国务院制定有关文化政策作出贡献。在刚解放百废待兴的年代，他就提议编辑有关古典文学丛书，参与制定了新中国最初的古典文学整理研究规划。一九五〇年十一月二十七日，全国戏曲工作会议在北京召开，周恩来总理在接见代表时提出了戏曲改革的任务，要求戏曲工作者以歌颂人民、反映人民的真实生活和教育人民的戏曲来报答人民，从而把人民的力量鼓舞得更雄伟。就在同天的《光明日报》上，郑振铎发表了《接受遗产与戏曲改进工作》，从文学遗产的角度对戏曲改革的方针作了阐述和发挥，提出了“有计划的改进旧戏，稳步的改革其演技，删改补充其剧本”的改革方案，并指出“旧的剧本，旧的演技，也尽有可以为我们所接受的遗产在。那末丰富的遗产，宝贵的人民大众的智慧的结晶，是值得我们用一辈子的力量去发掘，去发现，去研究，去接受的。”不久，由周总理签署的中央人民政府政务院《关于戏曲改革工作的指示》中，就考虑与吸收了郑振铎的有关意见。

一九五七年，郑振铎受政协全国常委会的委托，主编内部刊物《政协会刊》，他在四月出版的第二期上发表了《整理古书的提议》。他指出“有很多重要的古书，我们还没有动手去整理。这是一个很大的空白点”。他打了一个生动的比喻：鼎有三只足，学术研究和创造发明也有三只足——一是现代科学，二是民族文化遗产，三是外国文化遗产，缺一不可。“学术研究、创作或发明是要在古今中外的知识、学术的累积的基础之上发展起来的。”因此，对民族文化遗产必须抓紧整理。他提出，整理古籍应分三个阶段进行：第一，选择最好的，即最正确、最可靠的本子，加以标点（或句读），并分别章节，加以必要的校勘，附以索引。第二，搞“集注”。第三，搞“新注”。他说：“第一阶段工作是最需要，完成之后，便可以进入第二、三阶段的工作了。这是‘千秋’的事业。中华人民共和国出版的这三种版本的古代经典著作，将是历史上最正确、最可靠、最有用的版本——不一定是最后的一个定本，却可信其为空前的一个定本。”他在这里说的古书，自然还包括史学、哲学等等，但文学是其中的重要内容。在他的提议下，国务院不久成立了全国古籍整理出版规划小组。（顺便提及，他在文中着重提出《二十四史》标点整理工作的必要性，受到党中央的高度重视，后来这一工作正是在周总理的直接关怀下完成的。）

他大力宣传与贯彻执行“古为今用”的方针。古为今用，是新文学运动对待文学遗产的基本态度，也是郑振铎一贯的主张；但作为对传统文化的更科学、完整的方针政策，则是由毛泽东同志在一九五六年明确地提出来的。郑振铎对此衷心拥护。例如，上述《整理古书的提议》中，他就强调“整理尤有必要，且须加速。否则，会阻碍了我国学术的突飞猛进的前进速度的。”古籍整理研究工作是为了社会主义文化建设的突飞猛进，这是他新中国成立后文学遗产思想的根本出发点。一九五八年三月，他在《人民日报》发表了《让古人为今人服务》，再次批评了那种“为古典文学而古典文学的思想”，指出：“从前做研究工作的，只是为了自己的‘名山事业’，现在则必须‘为人’，必须为社会主义生产建设服务……为人民的需要服务，为工农兵今天的需要服务。”对于重印古书和出版选本之类，他认为都必须考虑到是否适合今天的需要。“一些对我们有好处的、重要的书，可多印些。仅供专家参考的，则应少量地印。”他再次提出应该“用马克思列宁主义者的眼光”来编写新的古诗选、古文选，因为“每个时代都有他们自己的选本。而他们所选的标准，都贯穿着其时代的精神。”他又一次提出“一定要有中华人民共和国自己的版本”的《二十四史》等一系列古籍校勘、标点、整理的本子。

他更强调阐扬古典文学的优良传统，并提出应该普及古典文学的重要意见。一九五三年十月，他在《人民日报》上发表《为做好古典文学的普及工作而努力》。他认为，“古典文学作品离我们好像很远，其实是很近；它们好像和我们的创作关系不太大，其实却是血脉相贯，呼吸相通。我们和古典文学之间是具有千丝万缕的因缘的。”因此，作为一个作家，如果对祖国文学的优良传统一无所知，一无所取，是不可想象的；对一般读者来说，也是如此。但是，他又强调指出，“并非一切古老的各式各样的文学作品，或在几十年前几百年前印刷出来的线装书，统统都是古典文学作品或是属于优良的文学传统的作品”；他认为，我们今天所说的古典文学或优良的文学传统的作品这个名称本身，就包含有好的、有生命的、健康的、有用的意义在内。“所谓文学遗产，就是指的那些有不朽的人民性的、现实主义的、至今还为广大人民所喜见乐闻的作品。”他认为：“广大人民是迫切的需要享受、消化这些丰富的遗产的。古典文学研究者责无旁贷的要把古典文学遗产从重重的迷障之中解放出来，交给广大人民享用。”这一普及工作是古典文学研究者的一个重要任务。他为此对整理、注释等工作提出很多具体的意见，把注释工作提到全心全意为人民服务的意义上来认识。

最后，他对当时已经开始的极“左”的一套表示了反对。在他逝世前一段时间，古典文学研究领域在康生、陈伯达之流的插手下，“左”的思潮越来越大。在“反对厚古薄今”的借口下，对一些严肃认真的研究者(包括郑振铎)开始了不公正的“批判”。当时，郑振铎诚恳地检讨了新中国成立前自己的学术思想，但在理论原则问题上并未盲从，而且敢于提出抵制性的观点。例如，从一九五三年起，他主编影印规模巨大的《古本戏曲丛刊》，前三集基本上是每年出一集；出到第三集时，他在序中透露有人对这一工作“有了意见”；到第四集就迟迟出不来了，但在郑振铎的坚持下，终于在他牺牲后不久出了第四集。① 他在牺牲前两天写成的序言，也就成为他一生最后的一篇有关古典文学的文章了。他在文中指出：“像这样范围狭窄得只是供应专门家们研究参考的书籍的印行，在此时

① 这以后，此项工作长期中止。直至“四人帮”被粉碎后，才由国务院古籍整理出版规划小组列入全国重点项目，重新上马。李一氓同志曾亲自抓此一工作，出了几集。遗憾的是，后来此一工作又陷于停顿。

有没有这个必要呢？普及是当前的最主要的任务。但普及工作的本身就在不断的提高。‘在普及基础上的提高’、‘在提高指导下的普及’是原则性的指示。看不到广大的人民群众的文化科学事业的迅速向‘提高’发展，就如同忽视广大的人民群众的文化科学的普及运动浩浩荡荡的进军的绝大的气势一样。……所以，在‘普及’的同时，‘提高’并不能加以忽视。它们是车的二轮，鸟的双翼。有矛盾，但会迅速地统一，而且必须统一的。我们不能说，印行少量的这类戏曲集了便是‘提高’工作之一。但不可否认，乃是为‘提高’的研究事业准备的条件之一。”我们如果联系到一九五八年秋天的政治背景和学术界的紧张空气，就不难看出郑振铎写下这段话，是具有很大的勇气的。这不仅是辩证地阐明了普及与提高、研究与实用等的关系，而且是对当时“左”的思潮的理直气壮的一种抗争。

总之，郑振铎新中国成立后的文学遗产思想，是他新中国成立前近三十年不断探索、研究、思考，从而不断进步的思想的合乎逻辑的发展；同时，也是他新中国成立后更努力、更自觉地学习马克思主义理论的必然成果。从他一生的文学遗产思想来看，是极为丰富、自成大家的，值得我们好好学习、研究、继承和发扬。

六、儿童文学思想

中国新文学开创史上有一个引人注目的现象，就是新文学的第一批著名的作家，差不多都曾为培育中国的儿童文学作出过贡献，写下了中国近代儿童文学的最初几页。例如，鲁迅、周作人、郭沫若、茅盾、郑振铎、叶圣陶、许地山、王统照、冰心、赵景深等等，或从理论上倡导,或从创作、翻译上实践,或二者兼而有之。这并不是一个偶然的现象,而是有深刻的社会历史原因的。

从世界文学史的范围看,真正意义上的儿童文学只是在近代社会里才诞生的,是伴随着近代资产阶级之登上历史舞台而产生和发展起来的。这原因不难理解,因为只有冲破了封建的宗法专制、禁欲主义等等,人的个性得到解放,"人"的存在才可能受到重视与承认,于是才可能产生专门为儿童阅读欣赏的儿童文学。正如日本的儿童文学专家上笙一郎说的:"儿童文学这种为儿童的文学,只能产生于有着承认儿童作为一个完全的人的资格并保障他们作人的诸项权利的儿童观的社会。根据历史所表明的那样,这种儿童观,并不存在于原始社会、古代社会和封建社会等各社会,而只有在进入近代社会以后才可能出现。"(《儿童文学引论》。以下凡引上笙一郎语,均见此书。)在西方,由于资产阶级崛起较早,他们的儿童文学产生也较早。在十七、十八世纪,西方就开始有了拉封丹的《寓言诗》、贝洛(C. Perrault)的童话《鹅妈妈的故事》、卢梭(J. Rousseau)的儿童小说《爱弥儿》以及经人整理的滑稽故事《敏豪生奇遇记》等等作品。而正式代表近代儿童文学诞生的,据上笙一郎认为,是一八三五年开始出版的安徒生的童话集《讲给孩子们听的故事》。

在中国则更要晚数十年。由于长期处于黑暗落后的封建社会,封建教条与伦理观念像大山一样压制着中国儿童的天性,儿童文学更一直难于出现。中国儿童对于精神食粮的饥渴,主要只能从民间口头创作、传说及传统讲唱艺术中得到部分的给补。直到晚清(十九世纪后期),随着西方文化及近代民主主义思想的传播,才有了一点外国儿童文学的译述。一八七五年,上海清心书馆出版了"西国范牧师”编的儿童刊物《小孩月报》，随后，一八九七年上海蒙学公会编辑出版了《蒙学报》周刊等。这说明，儿童读物问题开始为人注意了。但是，一直到“五四”运动前商务印书馆的《少年杂志》、中华书局的《中华童子界》等，这类儿童刊物仍然面目相似，大多文字古旧，老气横秋，内容驳杂，谈不上什么文学性，而思想性有时则更糟。

“五四”运动前后，新文学运动的前驱者们因为有明确的反帝反封建目的，便自然地把目光投向国家的未来，寄希望于下一代，于是儿童文学得到重视与倡导。而真正形成“儿童文学运动”（陈独秀语），则是在一九二二年。[①] 因为要形成一个文学运动，必须具备三方面的条件，缺一不可。一是需要理论上的倡导与建设，二是需要创作上的成果与实绩，三是需要占有有关报刊、丛书等发表阵地，以此培养和团结一批作家，建立基本作者队伍。我认为一九二二年是中国儿童文学的真正进步之年，正是从以上三点着眼的。这一年，由郑振铎主编的我国近代第一本儿童文学专刊《儿童世界》创刊；[②] 由叶圣陶写作的我国近代第一本儿童文学创作集《稻草人》开始发表于同年该刊；有关儿童文学的理论在这时也趋于成熟与完全。

对于中国近代儿童文学事业，郑振铎在上述三方面均有重要的开拓性的贡献。直到一九三〇年代，他还写过有关论文。但这些却长期被忽视、被湮没。直到近年，才在资料的发掘与研究上开

---

① 茅盾《关于“儿童文学”》中说：“记得是一九二二年顷，《新青年》那时的主编陈仲甫先生在私人的谈话中表示过这样的意见：他不很赞成‘儿童文学运动’的人们仅仅直译格林童话或安徒生童话而忘记了‘儿童文学’应该是‘儿童问题’之一。”又见朱自清《中国新文学研究纲要》，但朱文将“儿童文学运动”系于 1921 年，当属误记，应是 1922 年。

② 在这以前，1921 年 7 月，郑振铎曾在他主编的《时事新报·学灯》上开辟《儿童文学》专栏，发表外国童话之类。该栏虽存在时间不长，但却是我国近代报刊的第一个儿童文学专栏，值得一提。

始有了好转。关于郑振铎在儿童文学创作、译述与编辑、组稿方面的贡献，我们将在其他章节论述，这里只论述他在理论方面的建树。本来，儿童文学是文学的一个种类，郑振铎关于儿童文学的思想当然从属于他的整个文学思想。但儿童文学又因其对象、目的、功能、特征、形式等方面与一般文学相比具有特殊性，因此，郑振铎的儿童文学思想在其整个文学思想中是不可忽视的。

我国近代儿童文学理论的倡导早于创作实践。从现有史料来看，最早从理论上探索与提倡儿童文学的，是周氏兄弟。早在一九一三年，鲁迅便翻译发表了《儿童之好奇心》，翌年又翻译发表了《儿童观念界之研究》等论文；而周作人则在鲁迅帮助下于一九一三年发表了《童话研究》、《童话略论》诸文。不过，这些都是文言文，且发表在影响不大的报刊上。正如郑振铎后来说的，“然那时是太早，大家还不注意。到了‘五四’之后，我们的思想，经了大变化，《新青年》成了青年的指导者”（《安徒生的作品及关于安徒生的参考书籍》），而周作人发表在一九二〇年十二月一日《新青年》第八卷第四期上的《儿童的文学》，才成为我国现代儿童文学理论方面有影响的第一篇论文。第二篇有影响的论文，是一个半月后发表的郭沫若的《儿童文学之管见》。而第三篇，则应推郑振铎在一九二一年九月所作、年底发表的《儿童世界宣言》了。①

---

① 在这篇文章之前，郑振铎也曾发表过有关儿童文学的零星论述。例如，1921年6月12日《文学旬刊》上他发表的《文学的使命》中就指出：文学是人类精神上的慰藉者和必需品，“且不惟成人如此，儿童更是利害。中国儿童看《西游记》、《封神榜》的热心比课本不知高得多少倍呢！”由此说明儿童文学的重要性。另外，严既澄在1921年6月发表《儿童文学泛论》等。夏丏尊在同年9月作有《近代文学与儿童问题》（载1922年1月《东方杂志》），但所论仅为“儿童问题”，而与“儿童文学”无涉，且主要乃译述日本岛村民藏的论著。

《儿童世界宣言》是作者为即将创办的《儿童世界》周刊而写的，其理论色彩与论述的严密性是不及前两篇论文的；但却具有象征意义，“宣言”两字极有气魄，实际宣告了中国近代儿童文学即将从理论发展到实践而正式诞生。从这开始，郑振铎又发表了《第三卷的本志》、《儿童文学的教授法》、《〈稻草人〉序》等重要论文，以及其他一些与儿童文学有关的序跋、通信等。在这些文论中，郑振铎提出了一系列难得的见解，丰富与推动了中国近代儿童文学的理论建设。

上笙一郎在一九六九年出版的专著《儿童文学引论》一开头就说：“无论是在欧洲各国，还是在日本，儿童文学的历史都不能说不长，然而，对于什么是儿童文学这样一个问题，却至今没有一个确切的答案。”这说明，时至二十世纪六十年代，国外的人们对于儿童文学性质的认识还是并不太明确的。而在二十年代初的中国，人们对此更是所知至浅。但是，郑振铎对此则早就有自己的明确的看法与论述。他指出：“儿童文学有两个要素：一、儿童文学是文学，不是科学的叙述，也不是传导的文字。二、儿童文学是儿童的——便是以儿童为本位，儿童所喜看所能看的文学。”（《儿童文学的教授法》）这一论述是简明而比较科学的。这里指出的第一个要素，强调了儿童文学必须作为一种文学存在，这在今天看来似乎是无须多说的；但要知道，在一九二〇年代初的中国，即使成人读的作品中也有不少是非文学的，而这正是当时新文学战士所揭露、批判与斗争的现象，因此，郑振铎在论述儿童文学时首先强调这一点正是很有必要，很有现实意义的。而他指出的第二个要素则更为重要。所谓“本位”，就是根本、中心或出发点的意思。“以儿童为本位”，就是以儿童为根本服务对象，在内容、形式及表现手法等一切方面，都力求与小读者的身心发育阶段相适应。郑振铎强调“儿童所喜看所能看”，一个“喜”字，一个“能”字，生动地指出了儿童文学必须以儿童的审美特点和认识能力为创作的出发点。这在当时，确属相当深刻的观点。

儿童文学的“儿童本位论”，在一九四九年以后曾受到“批判”，被称为资产阶级的反动理论。批判者认为：在中国最早、最有力地传播“儿童本位论”的，是胡适与周作人；他们提倡此论，是以杜威(J. Dewey)的“儿童中心主义”和整个资产阶级的“自由教育论”为基础的；他们提倡的“复演论”（即周作人说过的“胚胎时代经过生物进化的历程，儿童时代又经过文明发达的历程”，见《儿童的文学》）是完全荒谬的。现在我们回顾这些“批判”，觉得相当片面与粗暴，甚至令人啼笑皆非。首先，中国近代最早提出儿童文学的“儿童本位论”者，并不是胡适与周作人（虽然他们的观点或有与此相类之处），而是郭沫若与郑振铎。郭沫若一九二一年发表的《儿童文学之管见》与郑振铎一九二二年发表的《儿童文学的教授法》都明确地提出这一理论，郑振铎在一九二二年一月《小说月报》上发表关于《儿童世界》的广告中也提到该刊“所有材料，都是以儿童为本位的”，“于他的身心是极有益处的”。而周作人要到一九二三年发表的《儿童的书》里才使用“本位”这个术语，胡适则未见使用过。把这个理论的首倡归于胡、周，是没有根据的。其次，郭、郑在提出这个思想时，与杜威并没有什么直接的关系（而且杜威学说本身也不能完全绝对否定）。郑振铎说过“儿童心理与初民心理相类”（《儿童世界宣言》），但并不怎么运用“复演论”（再说“复演论”与“本位论”也并不相干，而且也不能说完全荒谬）。再次，胡、周的儿童文学理论确实有缺点错误（但在当时总的说来也仍然是进步的而并非是反动的），例如他们在一些论述中忽视儿童的社会属性，否定儿童文学的教育功用等，但郑振铎的儿童文学理论恰恰是补充或纠正了周、胡有关理论的不足与片面性。我认为，“儿童本位论”非但没有什么错误，而且在一九二〇年代初提出，更是鲜明地指出了儿童文学的特质的。

直到一九三〇年代郑振铎初步接受了唯物史观后，他仍然坚持这一理论。他指出：“凡是儿童读物，必须以儿童为本位。要顺应了儿童的智慧和情绪的发展的程序而给他以最适当的读物。”他认为，“这个原则恐怕是打不破的”。他还用这个“本位论”原则，指出：“神话、传说、神仙故事等等，并不是为儿童而写的，他们是人类童年时代的产物。固然人类的‘童年时代’和今日的儿童，其间智慧和情绪有几分的相同处，却也并不能把野蛮时代的‘成人’的出产物，全都搬给了现代的儿童去读。我们在其中必须有很谨慎的选择”。在这里，他对周作人的“复演论”是有所扬弃的。他并以“本位论”为武器批判了当时泛滥成灾的低劣的儿童读物，揭露了他称之为“新的《大学》、《中庸》时代”的国民党文化统治，再次高呼“救救孩子罢！”的口号。（《儿童读物问题》）由此更可见将“儿童本位论”说成是反动理论是毫无根据的，这一理论在郑振铎手里充分发挥了进步作用。

郑振铎坚持“儿童本位论”，但他在谈论儿童文学读者的时候，并不忽视作为第二读者的成年人。他认为优秀的儿童文学作品，必然对于成年人亦有审美价值与认识价值。例如，他在介绍安徒生的童话时一再指出：“大概他的童话，都是奇幻而富有兴趣，而所含的意思又是很深沉的；儿童固然读之而喜，而同时却也可以使成人读之而深思。”（为高君箴所译《缝针》写的附记）在介绍西方著名童话《列那狐的历史》时，他也说："无论老年、少年、儿童以及有无鉴赏力的人都可为她所描写的逼真的禽兽国的情景与书中主人翁列那的绝世聪明所感动。"同时，他还以为作为儿童的家长及教育者的成人，也应该读儿童文学。一方面是因为对于"儿童的精神上的粮食""有加以仔细的检讨的必要"(《儿童读物问题》)；另一面，优秀的儿童文学作家创作的作品不仅仅是为了儿童们，同时也是为儿童父母，以便"种下新的形象，新的儿童生活的种子，在儿童乃至儿童父母的心里"(《第三卷的本志》)。他的这一思想，也是相当深刻的。

上笙一郎在他的专著中强调认为"儿童文学的作家必然只限于成年人"；但是，郑振铎的看法似乎不那么绝对，他同时不忽视儿童文学的第二作者——儿童本人，并充满热情地注意发现与培养儿童作者。他主编的《儿童世界》在创刊号上，就刊载了《儿童创作的募集》的启事，表示"对于儿童自己的创作尤为热忱地承受"，并给予较丰的报酬，"唯必须出于儿童自己的心手"。该刊从第二卷起，便期期设有《儿童创作》专栏，发表了不少儿童自己的作品。他还举办了两次出题征文活动，规定"投稿者以十五岁以下的儿童为限"，优胜者还给予奖励。他的这一思想，也是值得注意的。

基于"儿童本位论"，郑振铎强调了儿童文学的特殊性。

在一九二〇年代初，社会上对于儿童文学存在着种种非议与疑虑，主要即是因为不了解儿童文学的特殊性。例如，当时有这样两种看法，一是认为童话故事中讲猫狗说话、物魅人鬼等，是宣传迷信思想；二是认为童话故事中讲皇帝、公主之类，不符合民主政治。言下之意，是既反科学，又反民主。这样的非议与疑虑，如果不从理论上消除和纠正它，儿童文学就不可能得到发展。对此，郑振铎在《儿童世界宣言》中就指出："近来有许多人对于儿童文学很有怀疑，以为故事、童话中多荒唐怪异之言，于儿童无益而有害。有几个人并且写信来同我说，童话中多言及皇帝、公主之事，恐与现在生活在共和国里的儿童不相宜。这都是过虑。人类儿童期的心理正是这样，他们所喜欢的正是这种怪诞之言。这不过是儿童期的爱好所在，与将来的心理是没有什么影响的。所以我们用这种材料，一点也不疑虑。"他多次强调："把禽兽虫鱼人格化了，那么儿童就生兴味，就可得到理科必要的智识了。"（《儿童文学的教授法》）而童话中的神奇、幻想之类，更是不可少的。他认为："至于神秘一层，更不必故意避免。儿童是充满了幻想的。儿童文学中决不能——也不必——完全除掉一切神秘的原始的气味。"（见《儿童世界》第三卷第十二期通信）当然，同时他也指出必须有所"选择"，不仅"故事内容要切合一般儿童的心理需要和嗜好"，而且"不要带太凶恶太恐怖的色彩"，还要注意"不妨于道德"等等。（《儿童文学的教授法》）

郑振铎强调儿童文学作家不仅须具备一般的创作的才能，而且必须具有"童心"。他认为世界著名儿童文学家安徒生之所以伟大，就在于他以"童心和诗才"之完善的结合，"创出一种特异的真朴而可爱的文体"，从而"开辟一个童话的天地，给文学以一个新的式样与新的珠宝"。（见《小说月报》第十六卷第八期卷头语）他十分赞赏大批评家勃兰兑斯对安徒生的评论，认为"无论谁，如果要写故事给儿童看，一定要有改变的音调，突然的停歇，姿势的叙述，畏惧的态度，欣喜的微笑，急剧的情绪——一切都应该织入他的叙述里，他虽不能直接唱歌、绘图、跳舞给儿童看，他却可以在散文里吸收歌声、图画和鬼脸，把他们潜伏在字里行间，成为一大势力，使

儿童一打开书就可以感得到。”(见《小说月报》第十六卷第九期卷头语)

郑振铎还在我国较早指出与划清了儿童文学与非儿童文学的界限,注意到了成人文学样式的民间故事、具有儿童文学因素的成人文学作品,与真正的儿童文学的区别。例始,他提出“有时成人的文学也有为儿童所欣赏的”(《儿童文学的教授法》),像希腊荷马(Homeros)史诗,但这却是成人文学。他又认为“有许多流行于中国各地的故事是‘非儿童的’”(《第三卷的本志》),因此,如果作为儿童读物就有选择与改编的必要了。这些看法显然是不简单的。

郑振铎认为儿童文学的特殊性还表现在它的教育意义上。他的这一思想是远远高于周作人、胡适等人的。周作人当时过分强调地反对了儿童文学“专为将来设想”的教育功能,认为这是“浪费了儿童的时间,缺损了儿童的生活”,认为思想、知识、效果等等对于儿童文学说来都是次要的。(见《儿童的文学》)他甚至说:“我的确是反对把任何主义的政治思想注入儿童”,“至少在小学时代不应该教他们去怎样的爱国”。(《敬答郑兆松先生》)同样的,胡适也强调儿童文学不必讲究教育意义,应放任自流,“任他去看那种神话、童话、故事,过了一个时候,他们自会领悟,思想自会改变”。(《儿童文学的价值》)而郑振铎《儿童世界宣言》的第一句话,便提到了“儿童教育”。在《儿童文学的教授法》中,他论述儿童文学的意义时,又强调指出:“文学在儿童期的教育里,是如何的重要”,“儿童文学为传达道德训条和儿童期必要智识的最好的工具”。他举例说明儿童文学比起干燥无味的训话与理科来,“可收效于无形”。郑振铎强调了儿童文学对于儿童来说的审美需要、认识需要、求知需要等,都与教育紧密相关。他甚至把“工具主义”作为儿童文学与普遍文学的区别之一，认为儿童文学与教育的关系要比成人文学更为密切。

与周、胡等人反对"为将来设想"的观点相对立，郑振铎强调了儿童文学应该具有"新的理想"；与周、胡等人认为应该放任自流的观点相对立，郑振铎强调儿童文学应该"适应"但不应该简单的"迎合"。他在《第三卷的本志》中指出：

> 本志所抱的宗旨，一方面固是力求适应我们的儿童的一切需要，在别一方面却决不迎合现在社会的——儿童的与儿童父母的——心理。我们深觉得我们的工作，决不应该"迎合"儿童的劣等嗜好，与一般家庭的旧习惯，而应当本着我们的理想，种下新的形象，新的儿童生活的种子，在儿童乃至儿童父母的心里。

从这段内涵十分丰富的论述中，我们不难看出郑振铎的这些思想正是他当时"为人生的文学"思想在儿童文学领域内的应用，是他整个文学思想的重要组成部分。他甚至把儿童文学的教育作用与祖国将来的生死存亡联系起来论述。在一九二二年七月底他在宁波作关于儿童文学的学术报告时，就曾指出：

> 今日之儿童，即为将来中国或世界之主人翁也。吾人如不设法陶化之，俾各儿童俱有完美之智识，则中国其不亡者几希矣。①

这是多么警辟、多么深刻的论述！

关于儿童文学的教育意义，郑振铎强调了两个方面。一个是自然知识。他认为当时"儿童图书中关于自然科学的材料，仍嫌缺

---

①　见1922年8月1日宁波《时事公报》的报道(文言)。

乏，而且也显无味，不会引起儿童的兴趣。但‘知识’的涵养与‘趣味’的涵养，是同样的重要的。所以我们应他们的需要，用有趣味的叙述方法来叙述关于这种知识方面的材料。”(《第三卷的本志》)他强调的另一个方面是社会知识。在当时旧中国的社会条件下，他批评了安徒生的“人生是最美丽的童话”的说法，他认为安徒生的这句话，“在将来‘地国’的乐园实现时，也许是确实的。但在现代的人间，这句话至少有两重错误：第一，现代的人生是最足使人伤感的悲剧，而不是最美丽的童话；第二，最美丽的人生即在童话里也不容易找到。”(《〈稻草人〉序》)因此，他高度赏赞叶圣陶的童话中“无时无处不现出可悲的事实”，也赞赏外国优秀儿童文学作品中真实反映社会人生的作品。他针对一些人的疑虑：“带着极深挚的成人的悲哀与极惨切的失望的呼声，给儿童看是否会引起什么障碍；幼稚的和平纯洁的心里应否即投入人世间的扰乱与丑恶的石子”，明确地指出：“把成人的悲哀显示给儿童，可以说是应该的。他们需要知道人间社会的现状，正如需要知道地理和博物的知识一样，我们不必也不能有意地加以防阻。”(《〈稻草人〉序》)

当然，在儿童文学中这两种知识的介绍与传播，都有一个掌握限度与尺寸的问题。郑振铎在论述自然科学知识在儿童文学中的重要性的同时，仍然强调指出：“但文学的趣味仍旧要极力保存”(《第三卷的本志》)，即自然知识应寓于文学趣味之中。而对社会知识的介绍，他指的对象是“读过四五年书的儿童”，对于幼童则不一定适合了。他还指出过“不要带太凶恶太恐怖的色彩，倘因而引起儿童残忍的本能，更觉危险。”(《儿童文学的教授法》)总之，他强调了这类知识性读物“对于儿童有两重的价值：一方面是给他们以故事的趣味，一方面是给他们以科学的知识。而对于中国素未受科学洗礼的儿童尤有重大的价值”（见所译《巢人》前记）。郑振铎关于儿童文学要注重知识的传授，特别是关于社会知识的传授的论述，在中国近代儿童文学理论史上是开拓性的，独树一帜的，具有极为重要的意义。这体现了他将文学（包括儿童文学）工作与社会变革结合起来的思想。这一思想在他一九三〇年代的儿童文学论文中更得到了发展。

在强调儿童文学的教育意义的同时，郑振铎认为也应当允许一部分很有思想意义、但儿童们暂时却对其含意体会不了的作品，以及一部分并无教育目的、思想意义的作品存在。因为这也是同儿童文学的特殊性有关的。例如，他认为叶圣陶的童话“不自禁地融化了许多‘成人的悲哀’在里面。固然，在文字方面，儿童是不会看不懂的，而那透过纸背的深情，儿童未必便能体会。”（《〈稻草人〉序》）但这并不妨碍其为优秀的童话。又如，关于德国《莱辛寓言》，郑振铎认为：“儿童们取它来读，我想是很相宜的——虽然其中有几则深刻的道德训条，是儿童们所未必懂的，故事的本身已足使他们愉悦了。”（《〈莱辛寓言〉序》）关于印度寓言，他也说过类似的话。可见，他认为这类作品只要能使儿童产生审美愉悦，也就是成功的了，至于作品中蕴含的深刻道理，儿童在以后的成长过程中，在成人的教育启发下，他们会逐渐省悟，并在更高层次上得到回味。与这类作品相反，还有一类是“读来全无意义而却甚为儿童所欢迎”的作品，特别是幼儿读物和儿歌、童谣之类。郑振铎认为这类作品“在儿童文学上，却占了很重要的地位”，这是与“儿童文学超越常理”的特殊性有关的。（《儿童文学的教授法》）因为儿童文学比成人文学更应该允许有随意联想、无意识想象、超脱时空幻想等等，这些对于发展儿童的思维和智力是有好处的；而那些仅有音节、韵律的重复变化而并无什么思想内容的儿歌童谣之类，对于成人来说无甚意义，而对于达到某种发育阶段的儿童来说则也具有艺术的效果。

综上所述，郑振铎对于儿童文学的特殊性，在一九二〇年代就达到了相当全面的认识，这是其他一般作家所不及的。

郑振铎在一九二〇年代除了对儿童文学的性质、特征、意义等方面作了较全面的论述外，还对儿童文学的教授、翻译、介绍、选择等方面的原则作了论述。

在《儿童世界宣言》和《儿童文学的教授法》等文中，郑振铎都引用了美国儿童文学理论家麦克林东（Macclintock）关于儿童文学的三个宗旨的说法：一、要适合儿童乡土的本能的兴趣与爱好，二、要养成并指导这种兴趣与爱好，三、要引起儿童新的兴趣与爱好。他对此又作了不少引申与发挥，认为在教授儿童文学时："一、要注意儿童的趣味和嗜好是怎样的，教材应适宜于儿童的性情与习惯，而增之减之。儿童所欢喜的材料，不妨加入，不欢喜的地方，不妨减去。二、教材里面所用的地名物名人名——也须用儿童所熟知的，譬如风车为荷兰儿童所熟知的，但是用之于中国儿童，便觉隔膜。又如许多外国地名和人名也不好用。三、但有许多新奇而不费解释的事物，却不妨尽量引用，譬如鸵鸟、袋鼠，虽非儿童所熟知，但可以扩充儿童知识范围，又可以迎合他们的好奇心而又不费解，所以为可用的材料。但有一种教材须费许多的解释，方能明白的，则虽新奇，亦不宜教授。"（《儿童文学的教授法》）

关于外国儿童文学的译介，他认为"一切世界各国里的儿童文学的材料，如果是适合于中国儿童的"，都应该"尽量的采用"；如果因为他们是"外国货"而拒之于门外，"这完全是蒙昧无知的话"，

“是很可笑,很有害的举动。”(《第三卷的本志》)郑振铎一九二〇年代初就在儿童文学领域内这样明确地提倡“拿来主义”,十分难得。他认为在翻译外国童话时,应根据不同情况采用两种方法:一是“为求于儿童的易于阅读计,不妨用重述的方法来移植世界重要的作品到我们中国来”,例如,对日本、北欧、英国以及其他各地的传说、神话以及寓言,他均用了这种“重述”的方法;另一种方法是直接翻译,“如安徒生,梭罗古勃诸人的作品,具有不朽的文学的趣味的,则亦采用翻译的方法。”(《〈天鹅〉》序)

关于给儿童讲授文学作品时的选择,他认为“先要明白儿童文学的分类”,因各类作品的特点不同而选择时方法也要有所不同。例如对故事的选择方法,他也根据麦克林东的说法提出了:“甲、故事内容要切合一般儿童的心理需要和嗜好。乙、要多变动一些,描写少一些,用平淡的材料,不如用冒险或英雄的故事。丙、句法和风格须美丽精密。丁、描写宜要主要人物。戊、动作要连续不断。已、不要带太凶恶太恐怖的色彩,倘因而引起儿童残忍的本能,更觉危险。庚、取材须要庄严,滑稽虽然可以引起儿童的兴趣,但且须忠厚,不可刻薄。辛、内容要简单,要描写‘做’什么的事情,不要描写‘是’什么的事情。壬、不妨于道德。癸、要有美满的结果。”对于诗歌的选择方法,他指出除了上述十条中适用的原则外,“还有一音调美,二字句美。”对于戏曲的选择方法,“还有:一谈话要很普通,二须有儿童能表演,语言、表情要很简单。”(《儿童文学的教授法》)他多次强调:“对于那种养成儿童劣等嗜好及残忍的性情的东西却要极力的排斥”。(《第三卷的本志》)郑振铎提出来的这些选择原则,实际上就是儿童文学的批评原则。他不仅注意到了儿童文学思想方面的要求,也注意到了其文学艺术方面的特殊要求。

这样全面地来议论儿童文学的选择方法，不仅填补了国内这方面理论上的空白，而且对于儿童文学的创作也是具有指导意义的。

另外，郑振铎在一九二〇年代初对儿童文学的具体教授方法、对于儿童文学的一些具体形式的具体特点、对于世界儿童文学史及外国儿童文学作家作品等，还有不少论述。一九二〇年代后期以后，他不再专门从事儿童文学工作，但他在一九三〇年代还曾写了一些文章，对中国封建社会儿童读物作了当时最为系统的清理与批判，对中外神话传说与民间故事作了一些比较研究等，特别是配合鲁迅、茅盾等人参加了对当时充斥于社会的劣等儿童读物的批判。关于这些，因限于篇幅，这里不一一列论了。

一九二四年底，郑振铎在他与夫人合作译述的童话集《天鹅》的扉页上题词："献给最可爱最有望的中国儿童们"。郑振铎对最可爱最有望的中国儿童文学事业的发展作出了重要的贡献，尤其在理论方面，还是不应该被后人忘却的。

结　语

郑振铎的文学理论和文学思想的一个重要特点，是它的拓创性和启蒙性。这特别体现在二十世纪二十年代前期。他是和沈雁冰双峰并屹的文学研究会流派的现实主义文学理论家，是最早开始研究和介绍俄国现实主义文学思想的新文学工作者之一。他大力提倡"为人生的文学"，最早提出了"血和泪的文学"口号。他最早从"世界文学"的角度提倡文学的统一研究和比较研究，也最早提出了科学整理和重新评价中国古典文学的任务。他第一个向我国新文学工作者开列了当时最为详尽的国外文学理论著作重要书目，又第一个向他们开列了相当系统的中国文学研究的重要书目。他几乎在文学理论的各个领域提出了自己的新的见解。他的这种创新精神至今令人神往。他的一系列论述对于民国时期文学思潮的形成和发展，无疑曾起过重要的指导性作用。

一九三〇年代以后，他的文学思想继续保持着进步的倾向；但总的说来，他主要在具体问题、某些方面进行深入阐述，或在一些重要问题上作补充、发挥、切磋、诤谏的工作，而较少像一九二〇年代前期那样发挥全局性的开拓作用和指导作用了。但由于他在文学界的联系面非常广，他的文学思想对于很多要求进步的作家来说，仍然具有强大的影响力，客观上成为左翼革命文学联系一般作家的理论上的过渡桥梁。这里显示了他的文学思想的又一个重要特点，即其稳定性和踏实性。他从不拒绝新的进步的观点和科学的方法，不曾固步不前；但也没有戏剧性的“突变”，不曾大起大落。他更不像某些人那样，在文学思想上变幻摇摆，随风颠倒，或抓过一面旗帜就想高人一等，引用或生造几个术语就自以为一新面目。几十年来（包括当前），当我们看过了种种守旧的或时髦的文学理论，尤其是那些玄妙的、光怪陆离的高超论点，看着“这种高超的胡说要想出人头地并成为深刻思想”，[①]然而终于瞬息即逝，或徒留笑柄，这时，回头再读读郑振铎那些朴实无华、踏踏实实的理论批评文字，就更能体会其生命力和正确性了。

他的文学思想之树长青不枯，就在于它扎根于中国新文学运动的土壤，并得到实践的活水的浇灌。例如，他从“五四”时起，就提出新文学应该有改造旧文学和改造旧人生的两重任务，这不能

① 恩格斯《反杜林论》中语。

像近年有的西方学者那样简单地理解成是所谓中国传统的一元论和唯智论的思维模式的产物，或是所谓想借思想文化以解决社会问题；而是从新文学运动的实践中提出来，并符合中国社会的实际的。他一方面指出了改造旧文学对于改造旧社会的作用；一方面又指出只有改造旧社会才能从根本上改造旧文学。这是辩证的，是我们至今仍然坚持的观点。他的文学思想有两个坚实的支柱，一个是他的进步的政治思想，一个是他的博大的知识体系。这为当时一般作家所难以企及。特别是一九二〇年代，从"五四"到"王卅"，他都处于政治热潮的中心，实际参加了进步的社会活动，与最先进的政治集团及其领袖人物保持着较密切的联系。这就是他当时的文学思想得以居高趋前的重要原因之一。而他的庞大的知识库存，他在中国文学和外国文学两方面都具有的深厚的造诣，更使他的文学思想有深度和有根据。

他的这两大支柱又是交互作用，缺一不可的。我们知道，自古以来中国文学家中不乏学问渊博之士，即如清末民初的王国维、林纾等人，也都可说是学贯中西的。可惜的是，他们缺少前一根支柱，而与中国传统的封建主义有割不断的联系，于是仍然摆脱不了封建自然经济所固有的那种狭窄性的拘囿。"新文化运动的最大功绩，就是把我国人在文化上拘墟自大的态度破除了。"（郑振铎《介绍新文化辞书》）以鲁迅为代表的新文学中坚人物（包括郑振铎）的文学思想，才体现了现代大生产的那种巨大的规模、宏伟的气魄、惊人的吞吐量。就像本章中已提到的，郑振铎的文学思想就具有卢卡契说的那种"雄浑精神与广阔视野"。他是在具有世界意义的中国新民主主义革命运动的推动下，在与世界文化的广泛的比较和研究中，阐述新的文学观念的。他不仅较为自觉地站在进步的政治立场的高度，同时也是站在世界文学和中国文学的全部发展史的高度，来思考文学理论的。因此，他的文学思想又体现了一个重要特点，即其开放性和立体性。从纵的方面说，不仅注意当前的文学现状，而且也注意文学史和文学遗产，也注意面向未来。(他对儿童文学理论的关注就证明了这一点，而儿童文学无疑就是为了未来的文学。)从横的方面看，他注意中外文学的比较，也注意通俗文学、民间文学、翻译文学理论的研究等等。

文学理论和思想本是一根无限发展延伸的链条。从这个意义上说，郑振铎及当时一代文学家的文学思想，都是我国从传统文学到现代文学理论发展史上的一环。这是承前启后的，又带有过渡性。就个人来说，更难免有其弱点和不足之处。例如，如果把文学理论分为本体论、创作论和批评论三部分的话，郑振铎在创作论方面的论述就相对薄弱，他在文学的情感性方面论述较多而在形象性方面则论述较少，等等。但是，他作为民国时期文学史上有影响的不可替代的文学理论家，是不可忽视的。以前的一些研究者对他几乎是弃置不顾或忘却了，这除了因不了解情况以外，无疑是与种种偏见和成见有关。试想，当论述新文学的现实主义时，能不提文学研究会的主要发言人郑振铎的有关论点吗？当论述新文学运动对文学遗产的态度时，能不提郑振铎最早关于整理中国文学的提议吗？当论述中国比较文学的历史时，能不提郑振铎最早关于文学统一研究的号召吗？当我们看到国内外某些评论者昂首天外地谈论着中国二十世纪二三十年代的文学思想，而根本撇开郑振铎其人其言，却又将某些在新文学理论史上本来不成什么气候、或者成名甚晚的人物置于显要地位给予评论时，就不能不怀疑他们这样的“宏观”论述和“整体观”的可靠性和正确性了。我认为，郑振铎的文学思想是我国新文学理论链索上不可缺少的一环，是一个不能、也不可能随意抹去、随意超越的历史的客观存在。今天，从某种意义上来说，郑振铎的文学思想也可算是一笔文学遗产了；用他自己的话来说，“拂拭”去积在它上面的灰尘后，终将显示出光润的本来面目的。我相信，随着文学史研究的深入，人们必将越来越清楚地看到这一点，而不会认为这只是我的一己之私见了。

第三章　文学创作及文学翻译

他揭发黑暗，为的是求光明；他掘发人性，为的是求健全的人生的实现。在强烈的正义感，丰富的同情心，勇敢的笑着、恨着的作家们的笔下，写出来的作品必定是活的，是永生的。（郑振铎《文艺作家们向哪里走?》）

对于郑振铎的创作（以及翻译）的研究，长期来是民国时期文学史研究中相当薄弱的环节。本来，新中国成立初最早出版的王瑶的《中国新文学史稿》中，对他的诗歌、小说等曾有专门的几节比较客观的评述文字；然而，后来出版的"现代文学史"中对他的作品的评述就越来越少，以至他的名字一度索性从文学史书上消失了。关于他的创作的研究文章，在很长时间内也是看不到的。我倒是偶尔看到过几篇反面的"评价"文章，例如，抗日战争期间某汉奸杂志上就有一文，干脆否认郑振铎是一个"作家"。由于这篇"妙文"不易找见，不妨就引录一段："请大家翻出他的作品看一看，精彩动人的能有多少？散文方面或者还可以凑出几篇，但是看他那难得的'杰作'，笔致沉重，显然是卖尽气力的，可是因此常会显出呆钝。至于小说，他本写得不多，不过他的历史小说也曾出过两个集子，似乎还有人为他吹过；其实，天地良心，其中材料确实丰富，而且相当正确，结构也还可以过得去，可是他的描写的手腕，尤其是对话的描写，总使人觉得他在'做文章'，太不逼真了。这位奠耳先生还很喜欢做诗，那真是阿弥陀佛了。说那些‘杰作’是分行写的押韵散文，似乎还是留着情面的；有些简直像是一串联贯起来的通俗口号。总评一句，技术既欠精纤自然，而最大的缺点，是他没有‘意斯披里纯’，呐喊得很用力的词句中，显不出一点真实的热情。”（杨光政《大编辑郑振铎》）这些评说显然带着强烈的偏见。一九八〇年代初，台湾出版的一本民国时期文学史专著中，也认为“郑振铎虽曾写过新诗，也曾写过小说，但由于他在本质上……不是一个文艺创作家，故在这两方面的努力，可说都是‘浅尝辄止’。因此，他所留存下来的作品，在分量上，除了小说部分尚有可观外，而新诗部分则不过寥寥几首，实无可述。”（陈敬之《文学研究会与创造社》）在我们这边的评论界，这样公开的否定郑振铎创作的文章虽然没见到，但有不少人也认为他在创作方面不值得一说，甚至有人妄称他连“三流作家”也算不上的。究竟是不是这样？文学史著作如此对待他是否公正？笔者有不同看法，近年也有一些研究者提出异议了。

我认为，对待文艺作品，每个读者都可以有一点“赏鉴上之偏爱”（郁达夫语），这也是难免的；但态度必须严肃，不能轻浮地溢美，也不能肆意地滥恶。尤其是文学评论者，更应该以历史的与美学的相结合的科学态度，实事求是地对待文学史上的作品。纯从美学的标准而排斥历史的标准，也是不对的。郑振铎的创作确实不如他的其他的文学工作有名，他也不是一个单纯的创作家；但其他的文学工作与创作是有内在联系的，“纯文学家”的作品也未必都是第一流的。清人沈德潜说：“有第一等襟袍，第一等学识，斯有第一等真诗”（《说诗晬语》），很好地说明了思想、学识与创作的关系。我想，具有“第一等襟袍，第一等学识”的人，虽然未必就能写出“第一等真诗”;但如果他有作品,则必有可观之处,决未可轻视。郑振铎在民国时期的文学理论建设、组织建设等方面有过那样大的建树,他又博览过那么多的文艺理论与作品,而到他自己拿起笔来,写出的反倒是水平线以下的东西,那是不可思议的。如果真的是这样,那也是值得我们研究的现象呢。

更何况他的作品的数量和质量,都并不像某些人说的那样不值一谈。他有不少作品,迄今仍未收集。有一些关于他的作品(或收入他的作品)的选集,又往往选得不全面,不精当。因而人们以前对他作品的了解,是很不够的。例如,他的小说,最初发表的是哪几篇?一共发表过几篇?在本书之前就没有一篇文章说对过。连作品收入集子时与最初发表时的先后顺序也总是搞错。他的诗歌,上述台湾那位论者认为“不过寥寥几首,实无可述”,实际其数量远远超过朱自清等一些文学研究会的诗人。他早期的儿童文学作品,更一直没人注意,近年偶有论及者,可惜连创作与译述都未能分辨清楚。他的散文,散佚得更多,其中有不少还特别重要。至于这些作品的质量,如果细细品味,也自有其不可替代的特色与不可掩没的光彩,绝非有些人所鄙薄的那般低下。再说,要鉴赏他的某些作品(如历史小说),除了一般的文艺欣赏能力外,还得具有相当的学识。(关于这些,正是本章要详细论述的,这里便不多说。)

我认为,对过去的文学作品的既有的看法,有其必然性,也有其偶然性;人云亦云、先入为主、甚至“矮子观场,随人说妍”的现象,也是常见的。学术研究最忌以势压人。我愿意以自己的初浅的分析说理,向某些我认为不妥当的既成看法提出挑战。我想,郑振铎的作品既然早就是一个历史的客观的存在,那么,每个评论者的看法终究都得经受历史和读者的检验。

本章大致按照郑振铎开始从事创作的体裁的先后，论述其诗歌（包话散文诗）、小说、儿童文学、散文（包话杂文）。郑振铎在戏剧方面几乎没有创作，只发表过两个独幕活报剧本。一个是一九二五年十月发表于《文学周报》上的《秋晨》，反映的是当时反动军阀乱抓壮丁的悲惨现状；另一个是翌年三月发表于同刊的《春的中国》，反映上海工人、学生愤怒抗议段祺瑞执政府制造"三一八"惨案。这两个小剧本都具有思想性与战斗性，艺术性则比较一般。我们在这里提一笔，也就不另外专门论述了。本章最后谈谈郑振铎的文学翻译（包括译述）作品，这方面他除了专书外，还有大量单篇译作，也许应该专列一章详细论述的；但因为本书篇幅及本人精力所限，也就大致论述一番，聊备一格，以示不可忽视而已。

一、诗歌、散文诗创作

（一）

郑振铎不认为自己是一个诗人。我们今天的一些民国时期文学史，也从不当他是个诗人，甚至对他的诗连提也不提。但是，如同他在自己的诗集《战号》的《献词》中说的：

> 我不是一个诗人。但在十余年里，每于觉得以"诗"的形式最足以表现我的情绪时，便写着"诗"。这些"诗"，数量虽不多，却托寄着我的悲愤，我的热情，我的希望乃至我的信仰，我的幻想。

因而，这是他一生创作中不可忽视的部分。与许多"五四"老作家都是从新诗创作开始登上文学殿堂一样，他的创作活动也是从写作新诗开始的。[1] 虽然他自己说写诗不多,但据初步统计,他一生发表过的诗作也有一百二三十题。[2] 这已经是很可观的数量了。

他发表的第一首诗,刊载在他与瞿秋白等人创刊于"五四"运动中的《新社会》创刊号(一九一九年十一月一日)上,题为《我是少年》。当时,他是刚刚二十出头的少年。同年,郭沫若开始发表他的《女神》中的诗篇。郑振铎的诗,总的说来在成就和影响上比不过《女神》;但他的这首诗,尽管不是发表在文学刊物上,却可以并不夸张地说,是一首在全国甚至在国外广为流传的优秀诗篇。首先,此诗发表不久,即为翌年一月上海出版的"新诗社"编选的《新诗集》收入。此书是我国新文学史上第一本新诗选集,所选均是早期新诗代表佳作,受到当时读者热烈欢迎。[3] 再者,此诗又立即博得著名语言学家、时任美国哈佛大学汉语教授赵元任的喜爱,被他选作教材,并亲自朗诵,灌制成唱片,在海内外流传甚广。[4] 这是其他新诗人很少有的一个光彩的起点,可惜今天知道的人却太少了。

但他当时因忙于学生运动,诗写得很少。这一年只在《新社

---

① 据郑振铎自述,他在童年时代曾"随长者们作诗钟。方解平仄,乃喜赋咏物小词。随作随弃,也不复存稿"(《中国文学论集·序》)。可知他最早还有过旧诗写作的尝试。

② 如《北平杂忆》共有52首小诗,今算作一题。顺便指出,已出版的《郑振铎文集》、《郑振铎全集》的诗歌部分所收尚有漏遗。

③ 此书出版后,"不上几个月,初版本已经卖完"(据再版本封四《本社启事》),至9月即再版。

④ 例如,朱自清就曾听过赵元任朗诵此诗的唱片(见《唱新诗等等》)。1922年,赵元任还在商务印书馆出版了《国语留声片课本》,其中详细讲解与分析了郑振铎此诗的节律和朗诵方法。同时被选入该课本的新诗,只有胡适的四首。

会》第二期又发表了《灯光》，是一首散文诗。第二年只发表一首送瞿秋白去苏维埃俄国的诗。第三年也只发表了四首。

一九二二年，是我国新诗史上重要的一年，也是郑振铎诗歌创作较多的一年。这年元旦，他的好友朱自清、叶圣陶等人创刊了我国新文学史上第一个《诗》月刊。他从头就参与该刊的筹划，由他提议自第四期起标明为文学研究会刊物，并在该刊发表了自己的二十几首诗。这年六月，由他主编的文学研究会诸诗人的第一本诗选集《雪朝》出版，他作序，并选收了自己的三十四首诗。同年，他又创刊了民国时期第一个儿童文学专刊《儿童世界》周刊，并在上面发表了自己创作的三十来首儿童诗。

第二年，他的诗歌创作高潮消退，只在上半年发表了五题（其中有三十首小诗）。随后，整整两年间，未见再发表。直到惊心动魄的“五卅”惨案爆发，才促使他再次提起诗笔。虽然他只发表了五、六首关于“五卅”的诗，却几乎每首都是佳作，有的甚至流传到日帝占领下的台湾。“五卅”运动后，他偶有所作，数量不多。

一九三二年“一二八”战事后，特别是一九三七年“七七”全面抗战爆发后，他又以诗歌为武器，开始了他一生中第二个诗的创作高潮。一九三七年十月，他及时地出版了诗集《战号》。当时他发表了有关抗日的诗近二十首，鼓舞了中国人民、甚至世界人民的反法西斯斗争。例如，他的《机关枪手》一诗，就在一九四一年被苏联戈洛德内（M. Голодный）译成俄文，介绍给正在卫国战争中浴血苦战的苏联人民。① 后来，该诗又被收入一九四三年莫斯科出版的《世界反法西斯诗选》一书中。可是，郑振铎很快就倾全力于抢

① 载 1941 年《30 дней》第 3 期。

救祖国文献等实际工作，又无暇作诗了。

据郑振铎日记，上海沦陷后，他在一九四四年春离家，秘密蛰居中曾写作大量诗歌（其中包括一些旧体诗）以抒发自己的心情，约有百首之多。这可算是他的第三次诗的创作潮。可惜当时他已无法公开发表。直到抗战胜利后，他在自己主编的《联合晚报·文学周刊》上发表的一些小诗，以及他牺牲后据手稿收入文集的《铜铃之什》等，看来就是当年的部分作品。[①] 抗战胜利后，他还发表了几首纪念"诗人诗"、"七七节"等的诗。[②] 全国解放之际，他献上了《"中国人从此站立起来了"》一诗。这以后，为配合政治任务，偶有所作。

由上所述，他无意于做诗人，是确实的；然而，他的笔底也曾有过几次诗潮的袭来，创作过数量不少的诗，有一定的影响，这也是事实。

（二）

他是为时代而歌唱的。

在《雪朝》的《短序》中，郑振铎说他们的诗"自己知道是很不成熟的"，"不能表现时代的精神"；但我们综观他一生的诗，恰恰是深深地感受到了强烈的时代精神。古往今来，任何一个诗人，只有在实际上反映了他所处的时代的精神，才可能获得其诗人的价值；逆言之，任何诗人，不论其艺术技巧如何高妙，如果脱离与违背了时

---

① 此外，我于郑振铎遗稿中见到 1944 年 3 月 6 日写的《野狼》一诗，曾披露于《新民晚报》。

② 我又找到郑振铎 1948 年 7 月为画家张明曹《飞瀑图》题的一首七绝，亦披露于报纸。这是迄今能见到的他的唯一一首旧体诗。

代精神，也就无甚价值可言。“五四”狂飙突进的时代精神之最杰出的诗化，是郭沫若的《女神》；而郑振铎发表的第一首诗《我是少年》，就正是具有《女神》风格的。值得注意的是，郭沫若当时所发表的带有狂飙突进精神的第一首诗《浴海》，发表于一九一九年十月二十四日，也就是说，郑振铎这首诗与其相比，在时间上只差了一个星期。

我是少年！我是少年！
我有如炬的眼，
我有思想如泉。
我有牺牲的精神，
我有自由不可捐。
我过不惯偶象似的流年，
我看不惯奴隶的苟安。
我起！我起！
我欲打破一切的威权。

我是少年！我是少年！
我有溃腾的热血和活泼进取的气象。
我欲进前！进前！进前！
我有同胞的情憾，
我有博爱的心田。
我看见前面的光明，
我欲驶破浪的大船，
满载可怜的同胞
进前！进前！进前！

不管它浊浪排空,狂飙肆虐,

我只向光明的所在,进前,进前,进前!

通篇用了二十个“我”字,令人联想起郭沫若三个多月后发表的《天狗》:“我飞奔,/我狂叫,/我燃烧。/我如烈火一样地燃烧!/我如大海一样地狂叫!/我如电气一样地飞跑!”相比之下,郑诗没有郭诗那样“狂”到无以复加的地步,但其热烈进取的精神则一,其叛逆反抗的思想无异。诗中的“我”,有着广阔的胸怀,是诗人的化身;当然,“我”又不能仅仅被认为是诗人自己,而是代表了整个朝气蓬勃一代青少年的风貌,表现了新的理想的力量。诗是宣言式的,朴实无华,不假修饰,贯穿始终的是一股勇猛前进的气势——第二段竟一连用了九个“进前”。这种强烈的节奏,略显粗粝的艺术形态,正是当时人们所欢迎的。六十余年后,叶圣陶还深情地回忆说:“振铎兄的这首《我是少年》发表在‘五四运动’之后不久,可以说是当时年轻一代人觉醒的呼声。这首诗曾经有人给配上谱,成为当时青年学生普遍爱唱的一支歌。”他认为,郑振铎的这首诗象征其一生之为人,“给人一种不可抗拒的感染”。①

可以说,郑振铎一放开诗喉,便向内融入了、也向外汇入了时代的最强旋律。而在当时,能创作出这样奋进豪迈的诗的作者并不多。

诗应该反映时代精神,但时代精神却不能被理解为漂浮于实际生活之上的某种绝对的抽象概念,它本身具有着极其丰富、多姿多彩的内容。例如,不能简单地认为只有暴躁凌厉之气才代表了

① 见《〈郑振铎选集〉序》。按,这里说的“曾经有人给配上谱”,当即指赵元任为朗诵此诗而谱写的节拍谱;而说此诗可唱,疑乃误记。但据叶至善说,确实可唱。待考。

"五四"精神。所谓时代精神,应是当时先进阶级与人民群众的精神状态与斗争意志的总和,它是深印于和融化于当时的先进分子的生活与心灵里的,因此,也应该渗透在进步诗人的作品的字里行间、意境形象之中,它的反映的方法与表现的角度是多样的和宽广的。对于一位时代的歌手来说,他的诗总是同体现着时代前进方向的先进阶级和人民群众的生活和情绪保持着深刻的联系。因此,我认为不仅像《我是少年》以及风格相类的《生命之火燃了!》、《微光》等诗,强烈地反映了"五四"时代精神;而且他当时写的另一种风格的《灯光》等诗,也体现了这一时代精神。

《灯光》是他最早发表的第二首诗,从形式上说则是一首典型的散文诗。

> 深秋中夜,黑云四罩,风吹叶落,萧萧作响。一个人提着灯,在荒野中寻路迈往。
>
> 灯光四射,融和光朗;照着前途明白。
>
> 但他总觉得孤孤单单的;有无限的凄凉、感伤,无限的恐慌
>
> 好了!前面有几个人的声响了!
>
> 他极力的前进,想把他们追上;
>
> 他叫他们,想同他们共享这个灯光,共向前迈往。
>
> 但他们都不理他,仍旧在黑暗的荒野当中乱闯,他们嫌他的灯光耀眼,
>
> 叫他远远的离开,不让加入他们的党。
>
> 走!走!走!他看见前面是一片河荡。
>
> 他就大声的叫道:"朋友!朋友!不可再前往!
>
> 你们快跟着灯光来,我愿意做你们探路的拐杖。"

但等了好久，没有一些回响。

黑云四罩，寒风萧萧；

他还是孤孤零零的一个人，挟着无限的凄凉、感伤，向前迈往。

如果说，他的第一首诗充满着激情；那么，第二首诗则闪耀着理智的光辉。一般说来，诗神是欢迎激情，谢绝理智的。然而激情与理智本是相互依存又相互转化的一对矛盾。不仅激情终须理智的控制，而且真正的理智总是基于深深的激情的。能说《灯光》中这个孤身勇进、大声疾呼的"他"心中没有激情吗？因此，虽然前一诗写的是"我"，这一首是"他"；但这个"他"却仍是诗人的化身。前一首，诗人是何等热血沸腾、活泼进取；这一首，却似乎孤独、凄凉、感伤。这不仅真实地反映了诗人思想的复杂多样性，同时也是真实地反映了当时社会改革运动中的实际情况。（请注意，此诗也是发表于政治刊物《新社会》上的。）当时和后来，一部分激进分子往往不善于团结群众，甚至要人家"远远的离开，不让加入他们的党"；他们又常常一味"乱闯"，并拒绝照路的灯光，也拒绝朋友好意的规劝。作者写此诗时，中国共产党尚未成立（甚至尚未酝酿筹建），革命队伍中出现这类"左"的情况更是不足为怪的；然而，即使在这以后，类似这样的情况人们难道见到的还少吗？因此，这首形象的诗便具有相当深刻的耐人回味的思想性，提出了新时代的一个重大问题。尽管诗中也许有点"感伤"，甚至"恐慌"，却仍然表现了时代精神，反映了时代生活的本质。还令人注意的是，诗中的"他"虽然感到孤独，感到委屈，但他还是"走！走！走！"，继续提着灯"向前迈往"。这种不懈的追求精神是十分感人的，也是与前一首诗的精神一致的。类似这样指出进步队伍中不良现象的诗，他当时还写了《荒芜了的花园》等,“五卅”时又写了《泥泽》等诗。而这类富有理智与哲理深度,在艺术上又相当高超的诗,在当时是很少见的。这实在应该引起我们的注意。

他还常常因重大的政治事件而作诗,以最大的仇恨鞭挞阻挠历史前进的反动派,号召人民进来与之斗争。一九二二年十月,为抗议反动军阀赵恒惕残酷杀害湖南工人领袖黄爱、庞人铨,他发表了《死者》。在此诗的自注中,他也用诗一般的语言说:“‘我们应该用赵恒惕所用的方法,来对待赵恒惕。’真的,这是应当的。……不要让最初流血者的鲜红的血无谓的流去呀!泪的河,血的河,继续的,继续的,流去流去。我们怕——这实是可怕的——但是为了兄弟,这也是无法的。人世间的幕本就是由千百万年来的‘悲惨’与‘恐怖’织成的。”诗的一开头,就大声地提出了一个悲愤的斥问:“谁杀了我们的兄弟呢?”接着,这一问句在全诗每一节之前反复出现,就像一首悲壮的奏鸣曲多次重现着它的主题。全诗以“血——亲爱的兄弟们的血呀”开头,以“多着呢,多着呢,我们的血——”结束,得出的结论是:“以眼还眼,以牙还牙”!全诗以长短相间的句节形成的激昂节奏,与作者的愤怒的感情跃动的脉搏相合。读此诗,读者的心弦也自然随着诗句的跳跃而震动不已。俞平伯认为,“这已经近似革命者的宣言了”。(《五四谈往》)这首诗不仅具有很大的思想价值,在艺术上也是相当成功的。翌年五月,巴金还以笔名 P. K. 在成都《孤吟》杂志发表诗《报复》以奉和此诗呢!

“五卅”运动时,他奔走呼号,“一刻也不能有提笔的工夫”,[①] 但还是以抑不住的激情写了好几首诗,都发表在这年七月号《小说

---

① 见 1925 年 6 月号《小说月报》的《最后一页》。

月报》上。请看这期刊物他写的《卷头语》,就是一首激昂的诗:

沉睡者,起来,起来!
大雷雨已使你们知道了屋顶的罅漏。
雨水如急泉似的淋湿了屋内的一切,
雷声震醒了全个世界。
是起来,是努力修屋的时候了,
你们难道还在安睡!?
沉睡者,起来,起来!
无辜者的血,如红霞似的挂在雷雨后的天空;
被践踏者的泪,如雨后的残水,还在檐角树间点点的滴着。
复仇女神在翱翔,在拍翼,
听呀,她正在凄厉的号叫着呢。
你们难道还忍在安睡!?

诗中震荡着雷声,回响着复仇女神的呼号,而这也就是轰响着时代的最强音。暴雨,漏屋,血的红霞,泪的残滴,诗人用这些形象的描写,表现了国家危亡的强烈忧患,对帝国主义屠杀的无比悲愤,对麻木不仁的人们的不满,并呼唤他们奋起斗争。

《我们的中国》一诗,则是他的誓词:"我们的中国,/我们的中国!/是你在召唤我们么?/是的,我们来,/我们将放下一切而来!"这是第一段。以下四段,开头两句都是"我们的中国";最后一段又重复第一段而略有变化。回环往复,声声呼呼,强烈地表达了诗人对祖国的无比热爱。

《为中国》一诗,歌颂了反帝运动中爱国者"各捐前嫌,为中国而携手前进"的精神,也歌颂了爱国官兵的团结抗战。如果说这一首诗偏于理想与乐观的话，那么散文诗《泥泽》则深刻地反映了运动中存在的问题。“一大群的向前摸索的盲走者”，他们刚愎自用，“不信任引导者”；他们在泥泽中不时滑跌，还“因此激怒，互相申申的怒骂着，/有的竟挥拳而互击了”。诗人感叹地问：“他们将永永的彷徨于这样的风雨中，这样的路上么？”诗的最后，否认了上帝、救世主，“但前面的天空是现着更光明的几个大字：/‘合群是力。’/唉，希望他们能抬头看见！”救国需要团结，也需要服从革命的引导者，此诗的含意很深刻。

《墙角的创痕》是“五卅”运动后期郑振铎含着热泪写下的优秀诗篇。六月二十六日，上海商人“茹痛”开市了，郑振铎这天怀着复杂的心情又去南京路观察。大屠杀的痕迹似乎已被清扫干净，但他却忽然在老闸捕房对面的墙角发现了当日枪弹打出的小孔！他激动地摩抚着，凝视着，在他眼前浮现出这样一幕幕图像：“似乎一个个创孔，都在汩汩的流着经血”，“这血，这无辜者的红血！/仿佛，这些创孔，又涨大了，涨大了，/每个创孔中似都现出一个无辜者的痛楚的脸。/他们的口在申诉些什么？/他们的眼在凝望着什么？/后死者呀，后死者呀，/你们将何以慰他们，/将何以使他们安心的瞑目？”通过这样富于形象的诗句，作者让人们深思：如何将“五卅”运动的革命精神永久地保持下去？如何才能无负于死难的烈士？这首诗，曾被当时日本侵占下的台湾报纸转载介绍。

“五卅”以后，郑振铎很少写诗；但他为所主编的《小说月报》写的《卷头语》中有两首诗，均未曾收集，却值得注意。一九二五年十月号上的一首《卷头语》是这样的：“黑夜罩在大地，/前面只有一粒熠闪的明星。/向前去，向前去，/这星是我们的引路者。/不要站住争论路途的远近，/不要站住辩难怎样的走法，/不要因道路的艰险而灰心堕志，/不要因小事而自相殴打，忘了前进。/向前去，向前去，/这星是我们的引路者。/黑夜罩在大地，/前面只有这一粒熠闪的明星。"这首诗与"五四"时的《我是少年》、《灯光》，"五卅"时的《泥泽》等诗一样，向往光明，高歌进前，反对革命队伍的"内耗"。如果说，这首诗带有一点象征意味的话；那么，发表于一九二六年十一月号上的一首《卷头语》，我以为更是运用了象征手法："那是春天：/和风吹拂着，/温煦的太阳光满照在大地上，/野草无端的绿了，/柳丝也重染上嫩黄色。/这边，那边，/是灼灼的红桃花伸头出墙外，/这边，那边，/是蜜蜂嗡嗡的在红的黄的白的花间飞翔。/春天来了，来了，/谁还能阻挡她回去！"十一月份，已经是秋暮冬初时节了，作者怎么却在刊物卷头欢呼"春天来了，来了"呢？我想，这一定与当时的政治形势有关。当时北伐革命正节节胜利，十月十日刚攻克了武昌。作者坚信"春天"的到来是不可阻挡的，全诗充满了欢快乐观的情绪。

一九三〇年代以后，日本帝国主义不断地侵犯中国。这些事件刺激着郑振铎，他不时写一些诗来抒发自己的愤懑。而"七七"卢沟桥事变后，更连续地写。他说："不顾任何的形式，只觉得这样的写，最能够表现我的悲愤，我的热情、我的希望，乃至我的信仰，我的幻想而已。"（《战号·献词》）他把自己最大的敬意，献给抗日烈士之灵。他着手写一首《国魂之再生——致敬于殉难的抗敌士兵》的长诗。[①] 他以最高的热情讴歌和激励英勇卫国的战士，他赞美了天神似的屹立在吴淞口断垣危壁之下的哨兵，歌颂了以自己

① 可惜只写了《序曲》，载 1937 年 10 月《文学》第 9 卷第 3 期。后来该刊便停刊了。此《序曲》迄今未收集。

悲壮的自杀来维护国格与人格的丰台的岗兵，表彰了受伤不愿住院立即回到前方的机枪手，等等。他还写了《步兵之歌》、《马队之歌》、《飞机师之歌》等。在这些抗战诗歌中，鸣响着一个强烈的时代的主旋律——“不愿做奴隶的人们，起来！”他即以此为题写过一首诗：“不愿做奴隶的人们，起来！/起来，起来！/我们不做主人，/便要做奴隶，万劫不复！/我们要躲藏没法可躲，/我们要退让没处可退，/只有向前才是生路，/只有抗战才有活路！/……”[①]这是我们感到多么熟悉的诗句，这是同现今已成为中华人民共和国国歌的《义勇军进行曲》完全合拍的诗。是的，这也许没有多少“艺术”，但当时正是一个需要高唱战歌前进的年代。

就像郑振铎说的，他当时的诗也表现了他的希望乃至幻想。他想象着“青天白日旗猎猎的向后鼓拂着，/随着军旗疾风似的驰向前去的是英勇无敌的马队！”(《“暾起于东方兮”》)但是，国民党当局的有关态度与行径却总是令人失望。对此，诗人发出了正义的谴责。在全面抗战前，他就写道：“但‘荒淫’和‘无耻’正弥漫于国内，/失去东北四省的将军还不失其威武和雄英。”[②]他坚信：“但总有一天……/会激起一场洪水，把那‘荒淫’与‘无耻’扫净，荡清！”(《“哀兵”咏》)他写了《保卫北平曲》，又高呼“保卫卢沟桥”；但“保卫北平的歌声正扬着，/北平的古城，却已被敌人轻易地夺去。”于是，他悲愤地斥问：“是谁，是谁，/剥夺了卫士的矛戈，/听任他们以肉血和钢铁来相碰？/把忠勇的卫士这样无防御的放置在前线，/为主将者将怎样的宽恕他自己？/被屠杀的千千万万的平

---

① 载1937年10月1日《战时联合旬刊》，迄今未收集。

② 后来，郑振铎自然明白了，“失去东北四省”的主要责任者倒还不是那位“将军”，而更有罪魁祸首在。

民,/被轰炸的南开,那四十年的苦心支撑的津沽的文化中心,/被抛下的千千万万的爱国青年,/被舍弃的那无量数的文化的宝藏,/他们将怎样的瞑目无怨?/他们将怎样的裂眦吞声?/假如地下的先民有灵,/对这轻率的退却放弃,也将泪落淋淋!"(《吊平津》)他大声疾呼:"苟安的和平是一条死路,/忍辱的退让是一种罪恶。"(《回击》)在当时,这种公开的谴责与呼吁,也是需要不怕死的精神的。而诗歌的时代精神,不仅表现于正面歌颂时代的光明力量,也表现于对黑暗势力的揭露与抨击之中。

裴多菲(S. Petöfi)说得好:"假如心中只能歌唱着/自己的悲哀和自己的欢笑,/那么,世界并不需要你,/不如把你的琴一起摔掉。"(《致十九世纪的诗人》)中国诗人闻一多也说过,我们更需要的是时代的鼓手,而琴师乃是第二步的需要。我认为上述郑振铎的诗,是当得起时代的鼓声的,当然是时代所特别需要的。

(三)

郑振铎的诗富有抒情个性。诗的本质就是抒情,没有感情就没有诗。拜伦(Byron)问得好:"难道热情不是诗的粮食,诗的薪火么?"(《书简与日记》)他说的热情,就是强烈的感情的同义语,也包括悲痛、愤怒等等情感活动。而诗,正是这些情感活动的产物。郭沫若说:"诗的本质专在抒情。"(《三叶集》)郑振铎也说:"诗歌本是最丰富于情绪",任何诗,"如把它们这种抒情的分子取出,便如从美酒中把酒精取出,从蜂房中把甜蜜取出,简直不能称其为诗了。"(《抒情诗》)诗品之高低,其关键一条便是看其有无抒情个性,及其个性的崇卑深浅。诗是创造的,创造性与独特性不可分。检验一个诗人在创作上是否成功,就得看其有无鲜明的抒情个性。

而抒情个性又是诗人的人格、思想、情趣的反映与流露，是自然而然地体现于诗人的全部作品之中的。它是诗人在思想上、艺术上成熟的表现，是不可强求也不可伪为的。

如前所说，郑振铎发表的第一首诗《我是少年》就非同凡响。而这首诗，正是他人格精神的形象体现。叶圣陶说："跟他结交四十年，我越来越深地感到这首诗标志着他的一生，换句话说，他的整个生活就是这首诗。"(《〈郑振铎选集〉序》)此诗被选入《新诗集》时，即被置于"写情类"中，这是有眼力的。因为这确是一首激情澎湃、直抒胸臆的诗。而他正是以这首诗奠定了此后诗歌创作的抒情个性的基调。那就是：炽烈的进取精神，诚挚的赤子之情。尽管他由当时的少年而青年，而中年……但他的诗总保持着这种少年的朝气和纯真的热情。

他对于友情，极其真挚，可谓肝胆相照；他对于光明，热烈向往，乃至心驰神移。一九二〇年，他忙于学生运动，无心作诗，但十月十六日他的亲密朋友瞿秋白及其他二位青年离开北京，踏上赴苏维埃俄国的路程，他送走他们后怅然若失，当夜即怀着复杂的心情，与耿济之联名写了《追寄秋白、颂华、仲武》。[①] 该诗随后发表于南北大报《时事新报》与《晨报》上，影响甚广。这是典型的一首抒情诗："汽笛一声声的吹着，/车轮慢慢的转着，/你们走了——/走向红光里去了！//新世界的生活，/我们羡慕你们受着。/但是——/我们呢？仍旧是陈旧，黑暗；/更加了孤寂。//松柏依旧青青，/秋花依旧笑着。/旧游——几时再续？/惜别——谁忍记

① 耿济之一生几乎没有发表过诗。这首诗，从思想到艺术来看，都显然主要是郑振铎写的。

起！/汽笛吹碎我们的心，/我们的心，随着车轮转了。//秋风起了，/黄叶落了，/西比利亚的草原还青着么？/高加索山的寒气已重么？/别离——一日，二日，/相隔——千里，万里！/鱼雁呀！你们能把我们的心事带着去么？//汽笛吹着，/车轮转着，/灰色的国，远了，看不见了！/红光，近了，更近了！/汽笛呀！你把我们的心吹碎了，/我们的心随着车轮转了！"诗的节奏好像由慢转快。作者内在情绪的发展，火车车轮的运行，诗的韵律，三者达到十分和谐的结合。对战友的眷眷深情和对光明的热烈追求，交织在诗内。"红光"，这是多么富有感情色彩的诗的语言！[①] 瞿秋白等人是十月革命后第一批去苏俄考察的中国人，而郑振铎等人的这首诗也就是中国新诗史上最早抒发对苏维埃俄国的热烈拥护之情的诗歌了。[②]

郑振铎的诗中总压抑不住对受苦受难的劳动人民的热爱与同情，对不合理的社会制度的憎恨与反对。一九二一年，他发表了一首散文诗《祈祷》，写了他在马路上所见四件事：汽车对着女工们横冲直撞，小孩拉着车上"年龄和身体至少都比他大两倍的人"，骨瘦如柴的老人也在拼命拉车，还有血肉模糊的宰牛车从身边拉过。除了最后一件是带有象征意味的以外，所描写的都是现实人间的不平事。他愤怒，纳闷，不忍，伤心；然而每次他都写道："但是我不能说什么？/只是合掌地祈祷。"虽是散文诗，但章法完整，回环往

① 1955年6月，瞿秋白牺牲20周年时，郑振铎写的《记瞿秋白同志早年的二三事》中又说："中国已经是一个红光遍地的自由、独立、繁荣、幸福的国家。"相隔35年，两个"红光"遥相映照，令人深思。

② 两个多月后，朱自清写了《送韩伯画往俄国》，此诗一直受到研究者的重视；但从未有人指出其实它从构思到语言都明显地受到郑振铎《追寄秋白、颂华、仲武》的影响。

复,一唱三叹,读后令人心情沉重。这是一首批判现实主义的佳作。有评论者认为此诗流露出某些不敢正视现实,迷惘、空虚以及消极的情绪。"迷惘"是有一点的,但说它"不敢正视现实"、"消极"等等,我认为不对。诗中写出了这些不平事,不正是正视现实么?诗人说他不能说什么,只能祈祷,这是强压怒火的激愤之语,也是弱者的无可奈何之语,表达的不正是对这类现象的批判与否定的感情?请再读郑振铎当时发表的另一首短诗《在电车上》:"三等车里拥挤得不堪了,/头等车里只坐着三个人。/中间不过隔了一扇玻璃的门。/愚蠢的人类呀,/你们为什么不把这扇门打破了,/大家坐得舒服些?"这种希望"打破"不合理的阶级制度的激情,表露得何等明白而强烈!

一九二二年,他写了两首关于人力车夫的诗。《脆弱之心》写的是坐在人力车上的"我",因为"车夫的汗滴与迫切的呼吸声"而下车步行了,从而心理上得到些"安逸";但是,旁边又推过一辆装满重物的独轮车,"车夫的耶许事与车轮的'依押'声相应。/我的呼吸因此沉重了。"另一首《侮辱》则是回忆在北京遇到的某位人力车工人遭到侮辱与殴打的事,这位工人的悲痛的哭声深深地印在诗人的心里,"想是永远忘不掉了"。诗中说:"被侮辱的人,不要哭吧!/像你,一样的哭声,一天还不知有多少呢。/从几百几千年来,你们的眼泪已成河了,已成海了。/谁还留意你的弱小的哭声?"诗人又表示:"被侮辱的人,不要哭吧!/让我们做太阳,/让我们做太阳光的一线。/只要我们把无数的太阳光集在一起,/就可以把黑雾散开了。"我们知道,新文学运动前期描写人力车夫的诗歌并不罕见。然而,如胡适的《人力车夫》,虽然对少年车夫的痛苦生活也感到"酸悲"、"惨凄",但因这类事"警察还不管",所以就心安理得地"点头上车说:'拉到内务部西!'"这不仅暴露其人道主义的浅薄,甚至还可说是虚伪了。沈尹默的《人力车夫》,表达的是一种旁观者的同情。刘半农用"拟车夫语"写的《车毯》一诗,较生动地描写了车夫对于用血汗钱换来的车毯的珍爱心理,读后令人怜悯,但也未能引导读者作更深一层的思索。与这些诗相比,郑振铎的这两首诗的思想意境、抒情深度就强多了。《脆弱之心》描述"我"从沉重到安逸又复沉重的"否定之否定"的心理过程,接触到一个重大问题,即整个社会的不合理现象靠个别人的人道主义行为是无法解决的,因而促使读者作更深一层的思考。《侮辱》一诗除了抒发了诗人对受侮的劳动者的强烈同情外,指出了弱者的哭是无用的,并抒发了对未来光明社会的热望之情,提出每个人都做"太阳光的一线",黑雾终将驱散。因此,这两首诗虽然总的说来仍未超出作者当时的民主主义思想认识水平,关于"做太阳光的一线"的说法也还是比较空泛的,但其抒发的思想感情毕竟高出当时其他人的同类诗作。

一九二二年,郑振铎还写了他最长的一首抒情散文诗《悲鸣之鸟》,有七十余行。诗中描写了一只"悲鸣之鸟""勉振着唱哑了的歌声唱着"人世间的黑暗和悲惨:小孩被恶狼吞噬,穷人被富人绞死,百姓被军阀枪杀……它唱得溪水哭泣,花瓣落地,飞蛾自尽,然而"墟墓似的人间"却依然"还是寂沉沉的"!"它悲叹现在的'人'的血都冷了","悲叹在现在寂沉的世间,连一个为自己的生命与权利与自由而奋斗的人也没有了。"这样的感叹,似乎是过于悲观了,但这是诗的激愤之语,正体现了诗人的强烈爱憎和抒情个性。哀其不幸,哀至泣血;怒其不争,怒至裂眦。作者的本意正是为了呼唤人民起来斗争。在诗的前头,写有这样两句对话:

“悲鸣之鸟，/不唱也罢！/寂沉沉的墟墓的人间，/哪里有一个灵魂在听你？”

“不，/只要有一个灵魂起来！”

这是十分深刻的扣人心弦的对话。作者在附记中又写道：“这也许不是诗。但不管它，只当是我一瞬间的热泪流注在报纸上的痕迹罢了。”“它不过是一首感慨的哀吟”。正因为作者带着如此炽烈的感情来写作，所以这首诗是十分动人的。当时远在四川的读者李芾甘（巴金）读后，就激动万分地写信说：“西谛君的《悲鸣之鸟》何等沉痛呵！我读这篇时已陪了不少的眼泪了。”①

古人有言：“具得胸襟，人品必高；人品既高，其一謦一欬，一挥一洒，必有过人处，享不磨之名。”（薛雪《一瓢诗话》）郑振铎诗歌的抒情个性，从他写的一些小诗中也可看出。这些小诗，少则一、二句，多也不过五、六句，短小玲珑，真可谓诗人的“一謦一欬，一挥一洒”。这种诗体在一九二〇年代前期盛行于我国新诗坛，大多是描写身边琐事，抒发个人的心理感受，特别是寂寞感、孤芳自赏等，希冀通过这种浅吟低唱以求得自我安慰和解脱。这样内容的诗，当然也有存在的价值，郑振铎也写过少许这类小诗；但他还有“过人之处”，就是即使在这样短小的诗体里，也有注意反映社会本质、抒发反抗黑暗的激情的作品。例如，《死了的小弟弟》，记述了作者少年时家庭的贫病交困；《成人之哭》、《漂泊者》，反映了旧社会处世的艰辛；《灰色的兵丁》，表达了对压迫人民的军队的不满等等。特别是题为《毒龙之国》的两首小诗：“是人间的地狱？/是地狱的人间？/毒龙蒙了羊皮在牧场走着。/小心呀，乳羊。”“我还愿在地

① 见1922年9月11日《文学旬刊》第49期。

狱,/我还愿见萨坦。/毒龙蒙这羊皮,/却使人间较地狱更为可畏了。”如此猛烈地揭露黑暗社会的小诗,在二十年代是十分少见的。后来,他在抗日战争后期还写了不少小诗,其中《铜铃之什》等还真实地反映了沦陷区人民的痛苦生活,饿殍遍地之惨状,以及自己担惊受怕的蛰居生活等,抒发了强烈的愤懑之情。这样,用抒发自己刹那间的小感触的小诗形式,达到很深的思想意境,是很不容易的,为其他小诗作者所罕见。

一个进步诗人的激情,主要是与国家、人民的命运紧密相连的;但我们不能因此而忽视其内心世界之丰富性,也不能排除对其纯属个人的(如恋爱等方面)抒情诗的注意。郭沫若写了《女神》,又还有《瓶》;闻一多写了《死水》,又还有《红烛》。郁达夫在为《瓶》写的后记中说得很有意思:“南欧的丹农雪奥作纯粹抒情诗时,是象牙塔里的梦者;挺身入世,可以作飞艇上的战士。中古有一位但丁,逐放在外,不妨对古国的专制,施以热烈的攻击;然而作抒情诗时,正应该望理想中的皮阿曲利斯而遥拜。”郁达夫主要说明的是,政治色彩不强的“纯粹抒情诗”与诗人的政治活动,两者并不绝对排斥。那么,同一诗人的与政治抒情诗不同的“纯粹抒情诗”,自然也就不妨其存在,并且也值得对其抒情性进行研究了。

郑振铎一生有关爱情的诗写得很少。[①] 但偶有所作,便是佳品。一九二三年五月,他在《诗》月刊上发表了两首诗《爱》和《云与月》,据了解,这是真正的情诗——是送给当时与他热恋中的高君箴小姐的;而不是像徐志摩那样,“不一定是实生活的表现,只是想

---

① 《郑振铎文集》第2卷“集外”部分收入了《洪水》杂志上署名“CT”的《不死的爱情》,我认为乃误收。(考证此处从略)

象着自己保举自己作情人，如西方诗家一样。”[①]《爱》的前半部分用了自问自答的形式，歌颂了爱情的伟大力量；后半部分则直接问自己的恋人，表白自己诚挚的爱情。整首诗充满了问号，是一个充满了诗意的逻辑结构：既然每朵花都爱给了它光的太阳，每棵草都爱给了它水的细雨，每条鱼都爱给了它生命之源的碧波；“那么，我呢，我的爱——？/你给了我光，给了我水，给了我生命之源，我怎能不爱你呢？”全诗的构思十分巧妙。《云与月》想象自己如果化为白云，化为小鸟，化为月亮时，将如何表达自己的爱情。在构思上似乎受到我国古代白居易的《闲情赋》和某些民歌的启发，但自出心裁，十分生动与形象，而情调更完全是现代的。请看最后一段吧：“我若是月亮呀，我爱，/我便当高高的挂在中天，/用我的千万只眼，照进白纱的帏帘，/窥望着你在甜蜜的眠着。/只要你的身向外转侧，/我便要在你的前额，不使你警觉，轻轻的密吻着了。”这首诗深得朱自清的喜爱，后来由他编选入《中国新文学大系·诗集》中。他在该书的《导言》中说：“中国缺少情诗，有的只是‘忆内’‘寄内’，或曲喻隐指之作；坦率的告白恋爱者绝少，为爱情而歌咏爱情的更是没有。”[②]而郑振铎的这两首诗，无疑是我国爱情诗中的佳作。

郑振铎也写过一些抒发个人的烦恼、苦闷的诗。如《“回忆”》中说：“‘回忆’呀！/让‘过去的悲哀’，安静地躺在坟里，/永久地安静地躺在它的坟里吧！/它已经在过去的时候，/把我的心撕裂得粉碎了。”《静》中说：“我的心，/沉，沉，沉到无底的深渊里去。/

---

① 朱自清《中国新文学大系·诗集·导言》。

② 朱自清这里说的是文人诗作，其实中国古代民歌中坦率的爱情诗是很多的。

唉，/烦闷的霉菌又侵入我的身中，心中，/把我的全部的心灵占领了。"《痛苦》一诗认为"痛苦是永久的"，像春风吹又生的蔓草遍播于人的心上，像埃及的金字塔一直站在那里；而"快乐不过是一瞥"，像雨夜的闪电，像河中的浪花。《空虚的心》甚至说"唉，我的心呀，你还不如死了的好！"应该说，这些诗的情调确实比较低沉，与前面提到的那些高亢奋发的抒情诗判如两人所作。这是怎么一回事？我认为，这几首诗几乎集中写于一九二二年上半年，是与他当时因失恋而遭受到较大的精神创伤有关的。[①] 因此，这是可以理解的，不宜对此作过多的指责。值得注意的是，即使在这时，他也还是能理智地战胜这一切，唱出了这样的歌："兄弟们！/是鸡鸣风急的黎明！/喋喋的语声，/漠然的笑，/无谓而虚伪的呻吟，/寂了吧！/心之灯油要停储些，/要停储着为这个昧爽的朦胧之用。/正是为了兄弟而要擎了灯立着的时候呀！"(《读了一种小诗集以后》)[②]在这里，崇高的时代使命感抑制了个人忧愁的无限扩展。在这里，我们又可以得到启发：诗应该抒发真实感情，这作为诗歌创作的一条原则当然是正确的；但并非感情真实的都是好诗，因为感情本身有美丑或高下之分。诗人的感情的"灯油"有时应该注意"停储"，目的是为时代、为人民、为阶级兄弟发出更大的光热。而

① 郑振铎在北京参加学生运动期间，曾与北京女子高等师范学校女学生王世瑛相恋爱。但王家是代代为官为宦之家，其父母坚决不同意，此事终未成功。关于此事，可参阅黄庐隐的写实小说《海滨故人》和俊英的《回忆郑公二三事》，并请参阅本书下一节关于郑振铎小说《淡漠》的有关分析。

② 《读了一种小诗集以后》说的"一种小诗集"，据我考证，就是当时刚由杭州湖畔诗社出版的潘漠华、冯雪峰、应修人、汪静之所作抒情诗集《湖畔》。当时该诗集的作者看到郑振铎这首诗后，非但没有接受他的善意的批评，还在私下里骂他呢。他们也根本不了解郑振铎当时因失恋而遭受到的较大的精神创伤。

这一点，也正是郑振铎的抒情个性的重要特点。

（四）

郑振铎在诗的艺术上也探索，也创新。德国大诗人歌德说过："在每一个艺术家身上都有一颗勇敢的种籽。没有它，就不能设想会有才能。"在民国时期中国诗人中，郑振铎似乎不算特别有才华的诗人；但是，他确实也曾经勇敢地探索过，贡献过。对于他的这一点劳绩，我们也不能忘却，而应以历史的眼光给予应有的评价。

如前所说，他发表的第一首诗，就是一首完全摆脱了旧体诗束缚的相当成熟的自由体新诗。著名语言学家赵元任就指出："这一首的节律颇复杂"，"念起来要照意思变通"。（见《国语留声片课本》中的分析）他把这首诗选作教材，不仅指导读者如何掌握其音律节奏，同时也是肯定了此诗在前期新诗中在写法上是有所创新的。

郑振铎发表的第二首诗《灯光》是一首散文诗。应该指出，他是新文学史上最早最有力地从理论上提倡散文诗的人之一。早在一九二一年底，在批判封建复古派对旧体诗的"骸骨的迷恋"的同时，他就在自己主编的《文学旬刊》上发表关于散文诗的论文。翌年元旦，他发表了《论散文诗》，正如他文末自己说的："无论如何，读者看了这篇文章以后，似乎不至再对'散文诗'的存在，发生疑问了。"后来，他还翻译了一些外国作家（如泰戈尔）的散文诗。关于他的这些贡献，近年已有研究者指出过了。（见孙玉石《〈野草〉研究》一书）然而，早在他发表《论散文诗》的两年以前，他即已经有过散文诗的创作尝试，却似乎一直被研究者所忽视。

这首《灯光》，一开头就有诗的意境，诗的氛围：深秋中夜，黑云四罩，一人提灯，寻路迈往；又有诗的情绪：孤单，凄凉，感伤，甚至恐慌；整篇中又有诗的节奏，诗的章法，首尾呼应，回环复沓。但是，它又容纳了散文的细节描写，在形式上具有不整齐的散文美。可以说，它本质上是诗的，但又具有散文的形式美，是十分典型而成功的散文诗。随后，他继续发表了十多首散文诗，[①]虽然数量不算很多，但有不少在质量上是上乘之作，且有着他个人的抒情特色。特别是，这十多首散文诗大多都发表在一九二二年以前，即中国近代散文诗刚刚诞生不久的年代，他在艺术上的勇敢探索精神对于促进这一文学新品种的发展，无疑起了推动作用。

前面提到，郑振铎善于在散文诗中充满理智地批评一些人的错误倾向，如《灯光》批评了那种排斥同路人、拒绝诤友、乱闯蛮干的人；《荒芜了的花园》批评了那种光说空话而不实干、听不进不同意见、性格暴戾的人；《泥泽》批评了那种不接受引导、刚愎自信、勇于内斗的人，等等。他所以专用散文诗这一形式来写此类题材，就是因为他在创作实践中体会到这种不拘韵节、句子可以随意拉长、又可以自由地容纳散文性细节描写的新形式，最适宜于处理这类理智性较强的题材。而他在这类散文诗中，还常常在诗的氛围中渗入了更多的寓言情调。如《荒芜了的花园》，就通过青蛙的“暗想”来表达作品的主旨：“为什么他们还不动手作工，只在那里滔滔不息地讨论呢？”再如《荆棘》一首，通篇用了拟人手法，描写旁观而无言的荆棘对于人事的态度及其“感情”的变化，对于某些人的贪婪之心及爱情不专表示了莫大的鄙夷。而《燕子》一首，更令人想

① 这是一个比较保守的统计数字。另外，如《向光明走去》、《幻境》等作品，也可算作散文诗，但本书把它们归到散文部分去论述了。

起庄子的《山木篇》。燕子问玫瑰:你本有刺,可为何开美丽的花而使人类来采摘呢?荆棘不开花便没有困扰。不料玫瑰回答说:人类也要斫伐荆棘呢。燕子无言地飞去了。燕子又飞到一户人家,见主人把肥的鸡先杀了,瘦的鸡方自庆幸。不料主人又恐其更瘦,又将瘦的也杀了。于是燕子"不忍再到人世间游行了"。这首诗,从思想性上说,比起庄子的山木与雁的寓言来要深刻。它包含有人世间躲避不了苦难与斗争的意思,而不是像庄子宣传苟且偷生的思想。显然,他在处理这类富有哲理的题材时,在诗歌艺术的探索与创新方面是取得了成绩的。

除了这类较为深刻、完整的思想以外,诗人往往还时有不少刹那间的、零星的、片断的感兴和体验,而要描写和表达这些,用一般的诗歌形式往往不尽合宜。如同周作人说的:"如果我们'怀着爱惜在这忙碌的生活之中浮到心头又复随即消失的刹那的感觉之心',想将她表现出来,那么数行的小诗便是最好的工具了。"(《论小诗》)一九二〇年代初,中国诗坛曾掀起过一场"小诗运动"(朱自清语),是受外来影响的产物,主要是受东方两邻国——日本的短歌、俳句和印度的泰戈尔(R. Tagore)的小诗的影响。如果说,前者的主要介绍者是周作人;那么,后者的主要介绍者就是郑振铎。著名小诗作家冰心就多次说过,她开始创作小诗就是受了郑振铎所译泰戈尔诗的启发。郑振铎不仅是我国翻译泰戈尔诗歌较早的最勤勉的人,并且论述过这类小诗的特点与功用等,而且他还身体力行,亲自在小诗创作上作了实践与探索。

在一九二二年二月《诗》月刊第二期上,他发表了《柳》、《死了的小弟弟》等六首小诗。后来还以组诗的形式集中发表小诗,如《怅惘》一题即包括四十首小诗。我们今天能读到的他的小诗,共有近两百首,其中在一九二〇年代发表的约七十来首。比起当时冰心(曾发表三百多首)等人来,当然少得多。但他毕竟也是这种诗体的早期创作者之一。他的小诗,除了在思想性方面有其优点(已见前述),在艺术性方面也是颇有特色的。例如,有描写景色的:“春风徐徐地吹拂着,/枯黄的柳丝微微地绿了。”(《柳》)“夜是多少美丽呢!/广漠无涯的墨石,/镶着熠熠的灯光。/熠熠的星光。”(《小诗》之四)美丽,清新,安谧,读罢如闻山中悠逸的古钟声。有描写心境的:“在恋时的心,/如蒙蒙之雨中的新叶,/颤动而且陶醉着。”(《小诗》之一)真切,动人,想象新奇。也有叙事的,如《夜游三潭印月》、《小鱼》等等。更多的是描述自己思想上的偶一闪念、抒发刹那间的感触的作品,如《成人之哭》、《J君的话》、《鼓声》、《本性》等等,其中不少是含有哲理的光辉的,如“金鱼养在白磁盆里,/很美丽地在翠绿的水草间游来游去。/一到了波涛汹涌的大海中,/谁也找不到它了。”此诗题为《社会》,寓意十分含蓄和深刻。如果说,当时冰心的小诗具有她特有的亲切细腻、委婉温柔的女性风格,有时带着淡淡的忧郁的情调;那么,郑振铎的作品则显然带着男性的真率、质朴、善于思索的特点,还常常对于艰苦的人生怀着沉重的心情。因此,郑振铎在一九二〇年代初的小诗创作,无论在扩大诗歌领域与形式方面,还是在丰富小诗的表现内容与风格等方面,都是作出了贡献的。

还值得我们注意的是,在抗日战争初期和末期,他更写了不少小诗,比二十世纪二十年代还多。我们知道,二十年代前期,小诗成为风靡一时的诗歌体裁,变成了新诗坛上的宠儿;但好景不长,一九二四年以后便逐渐衰落,很少有人再写了。小诗的兴盛与衰落,除了新诗本身发展逻辑方面的原因外,还与当时的社会生活发展密切相关。但是，作为一种艺术形式，小诗是否便随之失去其使用价值或鉴赏价值了呢？郑振铎的看法显然是否定的。他正是看到了小诗具有其他诗歌形式不可替代的艺术功能，因此，在烽火弥漫的抗战初期，他不仅出版了呼啸冲锋的《战号》，而且还发表了《北平杂忆》小诗数十首。[①] 他为什么在此时突然创作并发表这些回忆北平的小诗呢？是什么促使他产生这样的"闲情逸致"呢？作者在杂志上发表《北平杂忆》时，曾有一段短序说：

> ……谁能忘记了这可爱的宁静的古城！然而现在是远了，远了。打到北平去！克服我们的日夜梦想着的古城！这不是一个梦，这是人人在努力着的！这是古城里的人，和古城外的人要共同在奋勇的在争斗着的！在前几年的杂记本子里，写了不少关于北平生活及风景的短诗，多半不曾发表。现在摘录若干首于下。虽然不是慷慨激昂的歌声，但在这时读之，也还不禁神往！当益坚我们"打到北平去"的决心吧！这古城是永不会和我们分离的！

原来，当时北平已经为日军所占领。郑振铎曾在那里生活、工作过多年，对故都的一切极为熟悉，当此河山变色之际，他在极其悲愤的心情下，眼前浮现出一幕幕图景，那么生动，那么可爱。在这时，用小诗这种形式确实可以及时地迅速地抓住这些思絮，把它誊写在稿纸上。而在硝烟翻腾的时候，发表这些小诗也正是为了

---

① 载1937年10月29日与11月5日《国民》周刊，共32首。《郑振铎文集》按作者手稿收入，共有52首；另收入题为《微思》的手稿，共有小诗56首，内容亦为回忆北平，其中有21首与《北平杂忆》重复。如此，我们今见作者在当时写的小诗共87首。又，这些小诗有不少在抗战胜利后又由作者重新发表，《郑振铎文集》及《郑振铎全集》的编者因此误认为均是胜利后所作。

激发人们对沦陷的故都的怀念之情。了解了这些背景与意图，我们才能更真切地鉴赏这些小诗，并更深刻地体会诗人在艺术上的创新精神。

在我看来，郑振铎抗战前期的这八九十首诗，达到了我国小诗创作史上前所未有的水平。有关当时北平的春夏秋冬、湖光山色、城里郭外、庙会夜市、飞禽走兽、风土人情等等，无不奔辏于诗人的笔下。圆明园的废墟、西山的红叶、厂甸的糖葫芦、街头的旧书摊，等等，凡具有北平特点的事物，一一被写入诗中。他简直把北平写活了。你眼中可以看到多少北平特有的色彩：白鹭鸶、紫葡萄、白黄柳絮、淡红杏花、满天黄沙、一湖碧水、血红枫叶、土红宫墙……；你又能闻到多少北平特有的气息：夏雨晴后扑鼻的泥土味，秋场上蒸发着的干草味、北海荷叶的幽香味……；你还能听到多少北平特有的声音：呼呼的夹着黄沙的春天的风声、似在欢唱的冬天火炉上水壶的沸声、洋车夫的急促的喘息声……；你的皮肤还能感受到各种触觉：冬天北风卷来的雪粉扑上你的脸、执着铿铿有声的冰板时手像被割破似的僵痛、夏夜散步时足下绊着刺猬……；甚至你还能尝到各种北平的味道：大热天喝的直凉到胃里的酸梅汤、寒冬时喝的浑身发热的烈性酒……可以看到，诗人用小诗这种简略的艺术形式，描绘了多么深广、多么丰富的画面！而更值得指出的是，他还在这些诗里描写了北平被压迫人民的苦难生活，以及深深蕴藏着的反抗精神："被鞭打者的脸上，在扭曲的绉忍着呢，——比Laocoon[①] 还艰坚。""被屈服者连怨毒的眼光也不被容许投射出。"这样的小诗，在整个新文学史上都是极少见的！

---

① 拉奥孔，希腊神话中人物。

抗战后期，郑振铎秘密蛰居在上海，这时他又写了一些小诗，描写了沦陷区人民种种惨不忍睹的苦难生活，如《铜铃之什》十首中描写了临饿死前的穷人“铜铃似的眼睛，已经没有神了”，大冷天两个无家的孩子互相抱着取暖，昨天还躺在地上呻吟而今天已死的乞丐，等等。在《小诗二十首》中还描写了自己在蛰居中的生活，如买到了一部未经见的书而贪婪地翻读，偶然到街头走时被人拍一下肩而吓一大跳，在灯下写东西听到凄厉的鸟叫而掷笔，等等，都是极真实的，可以与他后来写的回忆散文集《蛰居散记》相对读。郑振铎在抗战前期与末期所写的小诗，虽然不是写在“小诗运动”的黄金期，但却继续为这种体裁的诗歌的艺术探索作出了重要贡献，极大地拓宽了小诗的思想容量，丰富了小诗的表现手法，值得我们充分地肯定。

除了散文诗、小诗等形式外，郑振铎还是我国现代最早创作儿童诗的人。（关于这，我们将在儿童文学创作一节中详说。）另外，他还写过一些像歌词、传单诗之类的作品，关于这些，就不详论了。刘半农曾经自豪地说：“我在诗的体裁上是最会翻新鲜花样的。”（《扬鞭集·自序》）我们可以说，郑振铎也正是有一点这样的艺术探索精神的。

（五）

郑振铎的诗歌创作应该给予适当的评价。前面，我们评述了他的诗歌创作道路，充分肯定了他的诗体现的时代精神、抒情个性和他在艺术创新方面的贡献。这是必要的，特别是迄今为止在这方面还没有过一篇专门的文章。同时，我们也应该在对他的诗作历史的评价的时候，指出它的一些不足之处，并分析其何以长期不甚受研究者和评论家注意的原因。

郑振铎开始发表诗作时，与郭沫若相比，并不算太迟，起点也不算低；但他毕竟未能成为像郭沫若那样的一代大诗人。这除了他无意当诗人以外，自然也与他的诗才不及郭沫若有关。在一九二〇年代，他缺少郭沫若那样的猛烈的诗的“爆发期”，创作的数量也没他多，未能形成“冲击波”。他的有些诗，在当时颇有影响，打动过巴金、叶圣陶、王任叔、赵元任、俞平伯等人的心，甚至流传到台湾和国外；但随着岁月的流逝，渐渐为人们所淡忘了。

他具备一个诗人应有的气质与才能，但他的诗歌质量却不平衡，有优秀佳篇，也有不少平平之作。后者主要缺点在感情过于直露，笔无藏锋，一览无余。这也是与他的抒情个性有关的。其优秀作品主要靠他的真实的激情、深刻的思想、优美的笔调、和谐的韵律的一致来打动人，因而总的说来显露出一种朴素美；而一旦仅有激情而缺乏深邃的意境，过于坦露而不注意构思和推敲，也就不易做到诗味盎然了。古人云：“理过其辞，淡乎寡味”（钟嵘《诗品·序》），此之谓也。郑振铎在抗战前期的某些诗，特别是新中国成立后为配合反帝斗争写的一些诗等，就有这方面的不足。

他还有一些诗在思想上偏于消极，主要是一九二〇年代前期他因失恋而在精神十分苦闷的情况下写出的作品，这在前面已提到。还有极少数诗对于人生的看法显得悲观。如《鼓声》：“‘人生’带着一面鼓，/一边走着，一边打着。/在凄凉的鼓声中，/他一步步地向墓场走去。”这里虽然也含有某些哲理，但未免过于消极。这首诗在他一生的诗歌中是很“异类”的，无论思想和艺术都算不上是他的代表作；但是不知为何，朱自清后来在一九三五年编选《中国新文学大系·诗集》时，却偏偏选上了这一首。

上述这些不足之处，当然减弱了他的诗的影响。但是，郑振铎的诗长期不为评论者和研究者重视，我认为还有一个重要的原因，那就是他一九二〇年代的诗歌创作数量本不太多，但其中一些优秀之作，如上文提到的《我是少年》、《灯光》、《追寄秋白、颂华、仲武》、《悲鸣之鸟》、《死者》等等，在他逝世之前却一直未曾编成集子出版（连《雪朝》中也没收入）。这就使得后来很多评论者、研究者都未能见到，大大减弱了他的诗的影响。另外，"选家"起的作用也不能低估。前面提到朱自清编选的《中国新文学大系·诗集》，一共只选了他两首诗，[①]却偏偏把《鼓声》选进了（另一首是爱情诗《云与月》）。这是很不高明的。可是这以后，各种郑振铎选集（如一九三六年上海万象书店、一九五六年香港文学研究社等各自编选出版的），却都据此只收这两首诗。[②] 这对让一般读者了解他的诗的全貌来说，是极为不利的。这种情况，一直延续到一九六三年。人民文学出版社出版他的文集第二卷时，才首次将他一九二〇年代及以后的许多优秀诗作辑集。这种耽误对郑振铎来说，未尝不是一种大损失。

写到这里，我不禁想起了法国著名作家法朗士（A. France）的一段论述。他曾以"美学并非建筑在坚实的基础上"为话题，指出：

> 批评的基础被说成是代代相传的，或人人同意的东西。其实并非那么回事。……只不过是因为第一个读者凭自己的理解力信口开河地评论几句，其他人便都顺从其说罢了。他

---

① 朱自清选录自己的诗却共有12首。

② 1980年台湾出版的舒兰《五四时代的新诗作家和作品》一书，虽然没有忘记提到郑振铎，但书中一共只选录了他四首诗，却也包括上述这两首。

们并不具备主动性、判断力、价值观以及什么个性等等。……因此，常可看到这类现象：刚发表便遭到轻视的作品，日后也就极少有机会再得到读者的青睐；反之，一开始就出名的作品，则长时间保持其身价，其后更莫名其妙地被人推重。这些事实清楚地证明了，人们的一致看法不过是简单的先入为主的结果。[①]

法朗士说得也许略为偏激、尖锐一点；但是，他所揭出的现象确实是客观地、大量地存在的。[②] 郑振铎佳诗（以及下面要论述的其他样式的好作品）曾经遭到的冷遇，和今天某些人顽固地对其不屑一顾的态度，就是这方面非常典型的例子。

虽然我认为朱自清在编选《中国新文学大系·诗集》时，对郑振铎诗歌的选录是不高明的；但他在编选时自述其标准"大半由于历史的兴趣"，着眼于"多多少少有点儿新东西"的作品，这一说法却是很正确的。我们今天研究郑振铎的诗，就正应该具有"美学的"和"历史的"相结合的分析眼光。这样，才能做到具备主动性、判断力、价值观以及治学个性。今天，重新审视郑振铎的诗，尽管有这样那样的不足，但他与同收诗作于《雪朝》一书中的其他七位文学研究会诗人——周作人、朱自清、俞平伯、徐玉诺、郭绍虞、叶圣陶、刘延陵相比，除了周作人及俞平伯在"历史的"意义上来说应有较高的地位以外，无论如何郑振铎的诗的成就、地位不在其他几

---

① 转译自日本大塚幸男《比较文学原论》第 9 章引文。

② 我国宋代朱熹也曾指出："其有知得某人诗好，某人诗不好者，亦只是见已前人如此说，便承虚接响说取去。如矮子看戏相似，见人道好，他也道好。及至问著他那里是好处，元不曾识。"（《朱子语类》）

位之下。即使从数量上说也是如此。[①] 在文学研究会诗人中,他应是重要的一位。近年出版的《现代诗人及流派琐谈》一书,在论述到"'文学研究会'之群"时首先谈到郑振铎,是很有见地的。虽然其论述还过于简单,但可认为是重新正确评价郑振铎诗歌成就的一个开端。

二、小说创作

(一)

郑振铎一生发表的小说,今见共有三十六篇,[②]约三十七万字。

他后来回忆说:"我从少来便喜欢东涂西抹。年十三四时,读《聊斋志异》,便习写狐鬼之事。记得尝作笔记盈半册,皆灯前月下闻之于前辈长者的记载。迄未敢出示友朋。人亦无知之者。几经播迁,皆荡为云烟矣。"(《中国文学论集·序》)这是他自己关于最早尝试写笔记小说的记述。他开始发表小说,则是在"五四"以后。如果说,他在诗歌创作方面的第一炮是打响了的话;那么,他在小说创作方面却并非如此。一九二〇年,他在九、十月的北京《晨报》

---

① 例如,今人必称其为著名诗人的朱自清,一生所发表新诗仅50来首(后来又写过一些旧体诗,但生前大多未刊)。其艺术成就我认为总的说来也不如郑振铎。朱氏而为著名诗人,郑振铎作为诗人却连提也没人提起,这真是一件奇怪的事情。

② 郑振铎生前自编文集第一卷时,除自己删去一篇外,还漏收了好几篇;后虽经出版社编辑补辑,仍有漏失。以前的统计都不正确,如《论郑振铎的小说》(载1984年《新文学论丛》第1期)说"他一共写了二十五个短篇和一部长篇《取火者的逮捕》",就漏算太多了。

上先后发表了最初的两篇小说,后又于翌年初出版的毕业纪念册上发表一篇小说,[①]技术与思想均显得幼稚,因而没有引起什么反响。[②] 作者随即不再写,后来也从未将这三篇作品收集,于是便为人们所忘却。

两年半后,一九二三年四月,他在自己主编的《小说月报》上发表了一篇《淡漠》,反映"五四"落潮期青年的爱情与思想问题,比较引起人们的注意。这是他在小说创作道路上的重新起步。又过两年半后,他连续发表了《猫》等四篇描写小资产阶级家庭生活的小说(另外还写了两篇可以归属于儿童文学的小说),显露了他的小说创作个性的初步成熟。

他一生中比较集中地进行小说创作,有两个时期:一是一九二七年八月一日至九月九日,短短个把月内共写了《九叔》等十篇小说。这是他写的另一类描写宗法封建家庭生活的小说(其中有一篇为例外)。后连同上述《淡漠》一篇,以及《猫》等四篇,加上未详作于何时的《压岁钱》,作者编为《家庭的故事》一书。[③] 二是一九三三年八月至翌年九月,一年内共创作了希腊神话题材和中国宋末、明末、清末历史题材小说共七篇。其中希腊神话题材的四篇,作者自己认为可视作一个长篇,后以《取火者的逮捕》为书名出版;描写中国历史题材的三篇,后以《桂公塘》为书名出版。这两本书,是他小说的代表作。

① 该小说,又化名发表于 1921 年 1 月《小说月报》,详见下述。

② 另外,在 1920 年 9 月 1 日《新青年》所载《人道》第 2 期要目中,有郑振铎的小说《兵》。可惜《人道》第 2 期夭折,该小说至今尚未发现。

③ 该书 1928 年 12 月上海远东图书公司初版,未收《元荫嫂的墓前》和《赵太太》两篇。1929 年 11 月上海开明书店增补再版,增补了这两篇。

随后，他写小说的兴致减弱，但仍偶有所作，如一九三五年三月和十二月，分别发表了两篇人物有连续性的小说《陈士章传》和《漩涡》；一九三六年八月，发表清末历史题材小说《王秀才的使命》，原注为"《庚辛之际》之一"，但后来未见继续发表；一九三九年六月，发表明末历史题材小说《风涛》；一九四六年五月，发表两篇直接反映当时政治现实的小说《访问》、《变》。一九四九年后，他只在一九五七年九月发表了描写屈原的历史小说《汨罗江》。另外，在他生前自编的《郑振铎文集》第一卷中收入了《向光明走》，为一部未完成的长篇小说的片断，具体写作时间未详。

（二）

郑振铎第一次发表小说，是在一九二〇年九月十七日《晨报》第七版的"小说"栏，题为《惊悸》，作于九月八日。这是从未有人说起过的，[①]但在研究他的小说的起步时，却不能不提到它。作品写"我"在马路上低着头走，突然见到许多骑兵和步兵押着两辆囚犯去刑场，于是"一阵说不出的感觉，来侵袭我了"。小说描写了"我"的"悸……战……"的心情，和后来从梦中惊醒的情景，反映了他的人道主义思想。当时，北京在北洋军阀统治下，枪毙杀头之类的事是常见的。例如，就在他写这篇作品的两天前的《晨报》上，就有《枪毙抢犯》的新闻。其中，有一些是滥杀无辜，甚至血腥屠杀革命者的事当然也有。但该小说没有说明这次押送的死犯究竟因何原因被杀，因而读者也就很难决定究竟是否应予同情。这是该篇小

① 该小说失记于《五四时期期刊介绍》所载《晨报》副刊目录中。赵遐秋、曾庆瑞《中国现代小说史》在《一些早起者所留下的足迹》一节中，说郑振铎当时只在《晨报》上发表过一篇《平凡的毁了一生》，就是因为只查现存目录而未看原报之故。

说的缺陷。另外,作品几无情节可言,其中的心理描写、梦境描写等均极粗浅,有时只是简单地借助于虚点(省略号)来表示。这些都表明这篇作品是不成熟的。

他的第二篇小说《平凡的毁了一生》发表于同年十月三日《晨报》第七版。用的是第三人称,写一个青年平凡而早夭的一生。作品整个说来是顺时序"流水账"式的,未脱我国古代一般文言叙事小说最常见的格式。而且所写时间跨度很长,作者在很短的篇幅中疲于事情的陈述,无法作深入开掘,又几乎全是非审美描写。因此,这也是一篇不成熟的作品。令人注意的是,小说主人公曾在某俄语学校读书(可能即瞿秋白就读的俄文专修馆),又曾参加某个"会"(可能就是郑振铎、瞿秋白等参加的"社会实进会"),看来这篇作品是完全"写实"的。

与上述两篇同时或略后,他又写了一篇《一个不幸的车夫》。这也是从未有人提及的,为近年重要发现,原刊于《北京铁路管理学校高等科乙班毕业纪念册》。[①] 小说不到两千字,写"我"在上学路上遇到人力车夫被汽车撞倒的悲惨见闻。小说前半部分着力描写奄奄一息的车夫的形象;后半部分着力描写围观者和其他车夫的对话,通过对话写出了被害人及其他车夫的非人的生活,向黑暗的旧社会提出了悲愤的控诉。小说首尾呼应,前后两部分转换比较自然,语言也比较简练、生动。与前两篇小说相比,思想与技巧

① 该班级即郑振铎所在的班级。纪念册于1920年9月下旬开始编辑,翌年1月出版。郑振铎是编辑之一。同时,他又将该小说改题为《不幸的人》,以"慕之"笔名发表于1921年1月改革后的第一期《小说月报》上。长期来,人们谁也不知道这是郑振铎的作品,连茅盾晚年回忆录中也以为是外来投稿。而近年出版的《茅盾全集》散文第一卷中,以头篇的地位收了这篇小说。《茅盾研究》第3辑上还有长文"考证"它是茅盾作品。

都已高出一头。而且,这是“五四”时期较早的一篇描写车夫的小说,也是值得注意的。但是,从小说艺术上来说,仍较幼稚。

这就是郑振铎小说创作的起步。也许是令人不无失望的,但这毕竟属于“早起者所留下的足迹”(茅盾语),值得我们从历史的意义上给予注意。正如郑振铎后来在总结“五四”时期的创作时说的“小说则多充满了玄想的同情,以及浅薄的人道主义的色彩。比如看见洋车夫的困苦,则写一篇可怜他的小说。其幼稚自不待言。”(《新文坛的昨日今日与明日》)当时叶圣陶的《这也是一个人?》等,以及陈衡哲、冰心等人的某些类似作品,情况均差不多。然而,我们毕竟可以看到,郑振铎的小说创作从一开始便走上了现实主义的道路,是面对社会,是“为人生”的。写的是犯人、学生、车夫和兵(未见),并带有一点悲剧色彩。这些小说提出了一些社会问题,可说是“问题小说”的最初作品,虽然是很不成熟的。

郑振铎以本名发表了这样三篇作品以后,一度暂停了在小说创作领域的试步。也许这表明他自己对这一试步也是不满意的。两年半以后,他才在《小说月报》一九二三年四月号上,以“西谛”笔名发表了一篇《淡漠》。这是新的迈步的开始(此后,在一九二〇年代作者发表的小说均署名“西谛”)。而这次跨出的步子则坚实多了。可以说,这才显示出作者把握了小说创作的才能。《淡漠》在收入《家庭的故事》一书时,被排在第四篇,因而评论者均未能看到它在郑振铎创作道路上具有的特殊意义与地位。而这一点却正是首先应该注意的。

《淡漠》描写的是主人公、女大学生文贞和她的爱人芝清之间的爱情从热烈到淡漠,以至完全失败的变化过程。两年前,他们在南京一同积极投身于学生运动,文贞是女师范的学生会负责人,芝清则是南京学生联合会的主席。当时，他们都是热烈的理想主义者，认为教育是神圣的事业，希望毕业后能在家乡创办“别有天地非人间”的理想的学校，并由于思想上的共鸣而产生了爱情。但芝清是结过婚的，而文贞也曾主动与一位姓方的亲戚订过婚；他们都毅然决然地解决了各自原先的婚姻问题。特别是女主人公，由于参加社会活动，“眼光扩大了许多，思想也与前完全不同”，越来越“觉得方君的思想，已与自己不同”，经过思想上“道德与幸福的交斗”，又经过与她母亲的“亲子的爱”和与芝清的“情人的爱”的“交斗”，终于解除原有婚约，“脱然无累的宣告”她与芝清“共同生活的开始”。但是，芝清先毕业后，就为谋生而去上海工作，他的来信渐渐减少，不久她就感到他“已成了一个现实的人，已忘净了他们的理想计划”。芝清给了她一封“无爱戴，不表同情的信”，认为人生不必有什么目的，“做一天和尚撞一天钟”，并以经济困难、工作太忙等“理由”而不去南京见她。这使文贞确然地觉得他俩已经“在两个绝不相同的思想世界上了”。小说写道：“她尤其感得痛苦。她觉得她的信仰已失去了，她的前途已如一片红叶在湍急的浊流上飘泛，什么目的都消散了。由彷徨而消极，而悲观，而厌世，思想的转变，如夏天的雨云一样快，此后她一个活泼泼的人便变成了一个深思的忧郁病者。”

我们知道，描写爱情的故事，特别是爱情悲剧，是我国一九二〇年代初期小说创作中最常见的题材。据茅盾统计，有一段时间，描写爱情的小说竟占小说创作的全数的十分之九以上。但是，初期爱情小说“不是写婚姻不自由，便是写没有办法解决的多角恋爱”，而且大多个人主义享受倾向明显，在描写上又常常难免“观念化”的毛病。因此，茅盾尖锐地批评了这些作品的缺乏思想深度和社会意义的缺点。[①] 与此相比,郑振铎的这篇小说显然是迥然不同的引人深思的一篇佳作。它不属于茅盾所说的上面两类恋爱小说,不是一般的呼吁反抗封建势力、提倡个性解放的作品,也不是一般地谴责爱情生活中的薄情者;它的思想起点要高得多,指出了没有远大的理想,爱情就将无所附丽的人生哲理。借用茅盾的话来说,是"穿了恋爱的外衣而表示了作者的宇宙观和人生观"。[②]不仅如此,更因为小说的男女主角原非一般的青年,而是学生运动的领袖人物,连这样的先进人物也终因经济的社会的原因而毁灭了美好的爱情,那么,它的悲剧意义也就更为深刻,更令人深思了。因此,当时就有读者指出,这篇小说是"描写很能动人而可以算得是成功的作品",[③]"这几年来描写爱情变迁的作品,也算不少,但求一篇能像《淡漠》这样真切、动人的,却是绝无仅有!"[④]

当然,对于更深一层的触及社会的政治经济制度的思想意义,作者自己似乎也还没有明确地意识到,因此缺乏更深入的开掘,这是很可惜的。而当时的一般读者,当然也只能看到小说反映的人生哲理;但仅此一点,在当时也已是相当新鲜和深刻了。如同当时一位读者说的:"我们读了西谛先生这篇小说,至少可以把这淡漠的悲惨,留下一个深的印象在心里","须记着西谛先生思想这句话,时时留心,互相保持",使恋爱"两方的思想常处于同一世界上!"(志点《西谛君的〈淡漠〉》)而小说未能明确表达的思想,即个性解放、爱情幸福决不能脱离社会解放、经济解放而获得的思想,

① 茅盾《中国新文学大系·小说一集·导言》。
② 同上。
③ 《小说月报》第14卷第9期载史子芬来信。
④ 《小说月报》第14卷第8期载子芾来信。

在两年多后由鲁迅的小说《伤逝》才鲜明地体现了出来。无论从思想的深刻性与艺术的完美性来说，《淡漠》都是比不上《伤逝》的；但是，我们看到两者在主题思想上毕竟有着相近之处，或者说有着思想上的某种联系，而这，也就是值得我们充分肯定的地方。

在写作艺术上，《淡漠》与作者最初的三篇小说相比，体现了巨大的进步；与新文学初期一般爱情小说相比，也没有那种观念化的毛病。小说的心理描写、氛围描写也是比较细腻与成功的。而有些地方，显然与作者自己的人生经验有关，例如：

> 无聊的烦闷之感，如霉菌似的爬占在她的心的全部。桌上花瓶里插着几朵离枝不久的红玫瑰花，日光从绿沉沉的梧桐树阴的间隙中射进房里，一个校役的养着黄莺的鸟笼，正挂在她窗外的树枝上，黄莺在笼里宛转的吹笛似的歌唱着。她什么也听不见，看不见，只是闷闷的沉入深思之中。

这段描写与一年前作者写的一首诗《静》极为相似（而我认为作者写《静》时正是处于失恋的苦闷之中，详见本章第一节），请对照看《静》：

> 窗外室内，静悄悄地没有一点声响。/抬头只看见一方天井，几棵寒梅。/麻雀飞到窗台上，嗦嗦地叫了几声，/又飞去了。/我的心，/沉，沉，沉到无底的深渊里去。/唉，/烦闷的霉菌又侵入我的身中，心中，/把我的全部的心灵占领了。

作者在小说的字里行间融入了自己对于生活的切身感受，使整篇作品笼罩着甚为浓厚的哀愁之雾，并具有一种抒情的意味。不仅如此，这篇小说还是作者深刻观察和思考人生的结果。我认为，其中有很大部分是取材于作者的福建同乡、“五四”运动时的战友、新文学运动初期著名女作家黄庐隐的生活的。如果把小说中的“南京”改成“北京”，女主人公的生平几乎都与庐隐相合:庐隐是当时北京女高师的学生会干事，她曾主动与表亲林某订婚，并在其资助下上了大学。林某后来不赞成她参加社会活动，与她思想上差距扩大。而她则在学生运动中与北京大学学生运动积极分子郭梦良建立了感情。但郭梦良则已结过婚。后来，庐隐与郭梦良就像《淡漠》中的男女主角一样，各自解决了原先的婚姻问题而毅然结合。不过，在《淡漠》发表之时，他俩尚处于热恋之中，而似无“淡漠”之袭来。可是，庐隐于一九二四年夏结婚后不久，便觉“经济不自由，心情复杂。处于满足与失望、理想与实际的矛盾之中，加之，郭君忙于校务，形容日槁，远离上海，庐隐痛苦地搁笔半年。”[①]这样看来，郑振铎的这篇小说真可说有点惊人的预见性呢。这也表明了作者观察人生、社会之深刻。

这篇《淡漠》当然庐隐也注意到了。而庐隐真不愧是庐隐，她居然因此在短短几个月内奋笔写下了被茅盾认为“应该给予较高的评价的”[②]轰动一时的中篇小说《海滨故人》，连载于郑振铎主编的同年十一、十二月号《小说月报》上。《海滨故人》中的女主人公“露沙”是庐隐的化身，而她的恋人“梓青”正与《淡漠》中的“芝清”谐音。而且，可说是一种“报复”吧，庐隐在小说中相当细致、真实地将郑振铎在“五四”运动期间的一段恋爱及其失败的故事写了进去！我的这一有趣的“发现”证明，显然这是因为《淡漠》刺激了庐隐的写作灵感和启发了她。这样的相互启发和触动正是产生艺术创造的动力之一。这为从创作过程和创作心理学角度研究文学的

① 王国栋、郭薇萱《庐隐年表》。

② 茅盾《中国新文学大系·小说一集·导言》。

人，提供了一个极妙的例子。因此，仅从这一点，郑振铎的《淡漠》也是值得重视的。

一九二五年十一月七日，郑振铎写了小说《猫》。这是一篇构思精巧、情感真挚的短篇。小说写了"我"家里养过三次猫，前两次都是要来的，长得十分可爱；但一次猫病死了，一次猫被人偷走，都使"我"十分伤心。第三次猫却是佣人拾来的，长得很难看，而且"好像是具着天生的忧郁性似的"，不讨人喜欢。一天，家里买来一对芙蓉鸟，被咬死了一只，"我"便认定是猫所为，暴怒地打了它，后来才明白是冤枉了它。"我心里十分的难过，真的，我的良心受伤了，我没有判断明白，便妄下断语，冤苦了一只不能说话辩诉的动物。想到它的无抵抗的逃避，益使我感到我的暴怒，我的虐待，都是针，刺我良心的针！"而不久，这只猫在外面死了，"我永无改正我的过失的机会了！"小说《猫》在艺术上已相当圆熟，写前两次养猫是作为第三次的陪衬与对照，详略得当，首尾圆合，照应周密，采用了预留伏笔、先抑后扬等手法，在小说结构上作者有了很大的进步。而对三只猫的描写也各具神态，栩栩如生。因此，早在一九三五年，便被茅盾选入《中国新文学大系·小说一集》；一九三九年，土井彦一郎将它译成日文，收于《西湖之夜——白话文学二十篇》中；一九四九年后，又被选入中学语文课本中。

《猫》的流传较广，但关于它的主题，从一九二〇年代的孙席珍开始，大多认为是表现作者"对于人类以外的小小的生物，也贯注着无限的慈爱和同情"（孙席珍《郑振铎的〈家庭的故事〉》）；然而，我认为这篇作品的主题并不在此。与其说它是为了表现人道主义的博爱思想，不如说是为了表达作者对于自己的过失的深深的内疚与忏悔。就像同年二月鲁迅发表的《风筝》一样，主旨并不是表达兄弟友情，而是对于自己童年过错的自我谴责。由于《猫》与《风筝》在这方面十分相似，又在同一年发表，我认为郑振铎很可能就是直接受到鲁迅的启发的。两者的题材都很小，但都令人回味，令人感动。

作者紧接着又写了类型相近的《失去的兔》。小说大致由两部分组成，前一部分通过对话写出了“我”对“贼”的态度与看法：

> ……我对于贼，总是原谅他们的。人到了肚皮饿得叫着时，什么事情做不出来。我们偶然饿了一顿，或迟了一刻吃饭，已经忍耐不住了，何况他们大概总是饿了几顿肚子的，如何不会迫不得已的去做贼。
>
> ……其实，他们岂是甘心作贼的！世上有许多人，贪官、军阀、奸商、少爷等等，他们却都不费一点力，不担一点惊，安坐在家里，明明的劫夺、偷盗一般人民的东西，反得了荣誉、恭敬，挺胸凸腹的出入于大众会场，谁敢动他们一根小毫毛。古语说，“窃钩者诛，窃国者侯”，真是不错！

这是一般极为精彩的议论，不仅体现了作者对于贫苦人民的同情，而且指出了当时产生“贼”的主要社会、经济原因，并对统治阶级的巧取豪夺作了尖刻的揭露。这不禁令人想起在此一年前郁达夫发表的《给一位文学青年的公开状》，二者在激愤慷慨方面是很有相似之处的。

小说的后半部分在转到描写全家喜爱的大小兔子后，忽然风波陡起，全部兔子连笼子一起被人偷走了。这使“我”十分懊怒。接着，小说又出人意料地写到在院子里却发现两只刚出生不久的第二胎的小兔；但由于母兔被偷，两只可怜的小兔只得饿死。于是“我”恨死了偷兔的贼，“心里充满了痛苦，悲悯，愤怒与诅咒”。小说从结构技巧上看是不错的，前后部分过渡自然，对照强烈；而从思想意境上看，我认为却欠深刻，不免可惜。前半部分，作者已触及了产生“贼”的社会根源，但只是从人物口中议论出之，闪光的思想没有被赋予形象的血肉。后半部分描写“我”的心情颇真挚，但缺乏发掘，以至容易被人理解为“我”对幼小动物的怜悯超出了对“贼”的人道主义精神。我们虽然不能简单地认为作者是以小说的后半部分否定前半部分所体现的闪光的思想，但小说的这一结构和写法确实是对前半部分的思想光辉有所掩盖和冲淡。当然，总的说来《失去的兔》与《猫》一样，既有生活情趣，又含有生活哲理，很令人想起在这以前鲁迅发表的《兔与猫》和郭沫若的《三诗人之死》等同样写养兔的小说，虽然各自表现的角度不同，手法有异，但却相映成趣。有评论者指出，在《猫》和《失去的兔》中“渗化着”作者的“全人格”，“令人严肃地领略到作者的伟大与广博”（孙席珍语），这是很有见地的。正是从这两篇小说开始，作者形成了独特的创作个性与风格。

一九二五年十二月与翌年一月，郑振铎在《文学周报》上接连发表了《风波》和《书之幸运》。两者所写人物相同，故事连贯而又各自独立成篇，描写的是青年知识分子仲清与其妻宛眉的家庭生活与矛盾。前者写妻子宛眉经常外出打牌，甚至通宵达旦乐此不疲，而极爱妻子的仲清一个人被冷落地撇在家里，由感到孤独而怅惘，而生气，而发火，于是闹起“风波”，但总是由于宛眉主动道歉而和好如初。他们的夫妻生活就这样老在“爱”与“恼”的矛盾统一中度过。小说还写到他们订下“一方少打牌、一方少买书”的“口头协定”，从而为后一篇小说埋下了伏笔。在后一篇《书之幸运》中，矛盾的双方互换了位置，描写的是丈夫经常在经济拮据的情况下买他喜欢的古书，归家之后为怕妻子责备而焦苦，而后悔，而说谎，最后还得让妻子原谅并设法去借款。这场“风波”以丈夫保证不再冒失买书而平息。然而读者可以想到，下一场“风波”又将开始，因为小说中说：“仲清好买书的习惯总是屡改不悛。正和他的妻宛眉打牌的习惯一样。”这两篇小说显然取材于作者自己的生活，可以说，是把自己写活了。其中的心理描写、神态描写都是十分逼真的。在第二篇中，作者还运用了自己很有造诣的版本目录学及版画史、文学史方面的知识，不仅把一个嗜书若命而无力购买的知识分子写得栩栩如生，而且还成功地塑造了巧言迎奉、善做生意的书店老板和伙计的形象，这是我们在其他作家的作品中较少见到的。因此，尽管这两篇小说的结构有点相似，但我们在阅读时却是饶有兴味的。

一九二六年春，郑振铎还发表了两篇童话小说，我们留在本章下一节评述。在一九二八年出版的《家庭的故事》中，还收有一篇《压岁钱》，具体创作时间不详，[①]从内容等方面看，估计写于一九二七年五月作者出国以前。此篇在艺术上比较一般，但写大哥对小弟弟讲述自己童年时家里的贫困状况，还是有一点教育意义的。而且，显然也是取材于作者自己的生活经历。

从《淡漠》开始，特别是从《猫》开始的这几篇小说，形成了一组风格相近、色彩调和的画面，主要反映了小资产级知识分子的家庭生活。作者通过娓娓动人的描写手法，将这类家庭中的亲爱、矛盾、情趣、愁苦等等如实地表现了出来。这虽然不具有重大的社会意义，但也反映了社会人生之一角。这样的小说也自有其存在的

---

① 《压岁钱》还曾收入 1928 年 9 月 1 日良友图书印刷公司出版的《失去的指环》一书中。

价值。我们知道，郑振铎在一九二〇年代初是“血和泪的文学”的积极提倡者（这在他自己创作的诗歌等作品中有所实践），然而在他这时的小说中却见不到这类内容。这是否与他的理论主张有矛盾呢？这是值得探讨的。我认为，他提倡“血和泪的文学”，无疑是正确的；但他同时也反对“强欲作‘血和泪’的作品”，因为他认为如果这样，“则其‘做作’，其‘空虚’，必与那些‘无病呻吟’的假作家一样无二。”（《杂谭》）他希望有反映阶级压迫和阶级斗争的作品，但他自己缺乏这方面的真切的体验，因而只能写自己所熟悉的生活，以求“能真确地表现出一部分的人生”，“而艺术的手段又不很坏”，“不至于会发生什么坏的影响”。[①] 这样的创作态度是严肃的。当然，由于题材本身的局限，再加上作者在描写中不知不觉地流露出来的小资产阶级思想情调，使得这些作品没有获得较大的社会意义。这种情况，在作者下一阶段的创作中依然存在；要到一九三〇年代以后，才有大的转变。

（三）

一九二七年五月，郑振铎被迫避难，游学西欧。在巴黎时，他曾一口气写了十来篇小说，后都收于《家庭的故事》一书中。其中《病室》一篇，性质与其他各篇略有不同，我们先来说说。《病室》是作者到达巴黎后在八月二日创作的第二篇小说，写的是一个患严重肺病的男青年苹涧被其爱人紫涵疏远，以至预兆必被遗弃的故事。小说以四个青年围炉漫谈人生问题的形式引出了这一悲剧故事，叙事观点从“全知”到“自知”不断变换，从结构角度来说颇有特

① 见 1923 年 11 月《小说月报》上郑振铎的通信。

色。同时,通过娓娓而谈的描写,小说在氛围渲染方面也是颇为成功的。但是,在思想意境上缺乏开掘,未能揭示病的人生与病的社会的联系,通篇又“笼罩上一层浓重的命运的色彩”(孙席珍《郑振铎的〈家庭的故事〉》),不免有点消极之嫌。作者在写作这篇小说的当天日记中说:“本想有所讽刺,结果却反似同情于所要讽刺的人了。初写时,自己也想不到感情会变迁到这个样子的!做小说,像这样的例子是常要遇到的。”(《欧行日记》)可见,按照最初的构思,作者想对离弃有病丈夫的紫涵“有所讽刺”,但写作中途作者改变了想法,通过小说中人物的口说:“也不能怪紫涵,我们要设身处地替她想。一个将死的病人,一间沉寂如墟墓的病室,能把一个活泼、灵动、血气完足的青年女子终天关闭、拘留在那里么?”小说并描写了苹涧的“终日骂人”等变态(病态)。这样,作品表现了既同情于病人、又同情于病者爱人的矛盾心理,以“屋子里的四个人怅然的相对无语”作结束,颇耐回味。郑振铎认为在创作中途转变原先的态度与构思是常见的,允许的,这表明他认为一旦进入创作境界,就应按照人物性格自身逻辑的发展来完成人物的塑造。这是正确的。我认为,小说中有关描写态度的转变,也体现了作者在妇女观上的进步思想,非但无可厚非,而且值得首肯。有研究者认为这是“不应有的同情”,“说明作者世界观的落后部分在不知不觉中起作用”,这样的看法我认为并不妥当。

郑振铎在巴黎写的其他小说,则都是内容相近的“家庭的故事”;不过与前一阶段写的《风波》几篇不同,是另一类宗法封建性质的大家庭里的故事。而且,不再是以叙述故事为主,而是以塑造人物为主了。《九叔》是这组小说中的第一篇,于一九二七年八月一日写成。小说写了一个游手好闲、不事家业,而又喜管闲事、令众人讨厌的纨袴子弟式的人物，但在某次家里闯来强盗的突然事件中，他却机智地解救了大家。最后，又写到他在外"发了财"归来，再也没有人讨嫌他了。作者在日记中说"自己觉得很有趣"；但据我看，则似乎缺乏积极意义，描写也较一般。作者接着于八月六日写成的第三篇小说《三年》，则是一篇难得的优秀作品。（其第二篇小说《病室》，已见上述。）

《三年》写十七嫂出嫁后短短三年间的不幸遭遇。小说先扬后抑，对比强烈。主人公在二十岁那年结了婚，随即"喜事"接踵而来：一个月后公公升了官，三个月后她便怀了孕，不久丈夫又在上海找到工作。这时，她在夫家甚受优待，婆婆常说："她的脸是很有福相的。怪不得一娶进门，周家便一天天的兴旺。"但是，好景不长，"如一块红红的刚从炉中取出的热铁浸在冷水中一样。黄金时代的光与热，一时都熄灭了"。公公忽患大病而死，而有人却把她九岁那年曾经被一位"算命先生"判定是"命硬"、要"克父""克子"的话传到了婆家，于是公公之死也就被认定是她所"克"。她受到了恶毒的讥骂与冷待。还好，她接着生下了一个儿子，境遇似乎有所"改善"，但这"改善"却赤裸裸地是为了孩子而并非为她。不幸的是儿子又夭亡了。这样，她就更被认为犯下了弥天大罪，"人人冷面冷眼的望着她，仿佛她便是一个刽子手，一个谋杀者，既杀了父亲，又杀了公公，又杀了自己的孩子，连邻居，连老妈子们也都这样的断定。"谁都可以打击她，虐待他，甚至连她绝食也无人理会。后来，她得悉丈夫在上海又娶了一个女人。她最后的命运是不言而喻的。小说这样悲愤地控诉：

> 这短短的三年，使她由少女而变为妇人，而无忧无虑的心，乃变而为麻木笨重，活溜溜的眼珠，乃变而板涩失神，微笑

的桃红色的脸乃变而枯黄，憔悴，惨闷。这短短的三年，使她经历了一生。她的一生，便是这样的停滞了，不再前展了，如一池死水似的，灰蓝而秽浊的停储着……

而她才二十三岁！她的肉体虽然还活着，但她的精神生命已经被活活扼杀了！

小说对封建、迷信的婆婆，八嫂，丈夫，以及算命先生等人物作了揭露；但其首先抨击的则是封建宗法家庭内部的黑暗，和弥漫于整个社会的愚昧、残忍、不把女人当人的封建思想。读这篇作品，人们很自然地会联想起早于此三年前鲁迅发表的名作《祝福》。当然，《祝福》的思想深刻性与艺术震撼力是《三年》所不及的，但后者无疑也属于同一个严肃的主题，而在取材和表现角度等方面则均有所不同。《祝福》写的祥林嫂本来就是社会底层的劳动妇女，而十七嫂却还是一位“少奶”；前者写了祥林嫂一步一步被万恶的封建社会吞噬的“半生事迹”，而后者写十七嫂从天真活泼的少女到被摧残为一个“活死人”却只有短短的三年！可见郑振铎抓住的也正是非常典型的封建社会迫害妇女的又一个惊心动魄的实例。反映了这个黑暗社会不仅“吃”被统治阶级，而且连统治阶级中的妇女也不放过。《祝福》揭露了封建礼教、迷信杀人，而偏重于对礼教的批判；《三年》则偏重于对迷信的抨击，但通过对封建迷信杀人的揭露，激起的仍然是人们对于整个封建宗法制度的痛恨，和对于被践踏、被遗弃的妇女的同情。

小说在描写方面也是颇具特色的。一开头第一段就像一首优美的抒情诗，并运用了古典文学中的排比、对仗手法，[①]形象地描

① 郑振铎在《欧行日记》中记载，他在创作《三年》时，重读了唐人的《长恨歌》、《琵琶行》、《连昌宫词》等作品。

写了不同环境下的各种音响,对人产生的各种不同的感受,从而引出算命先生的铮铮当当的三弦声对于呆滞失神的十七嫂的刺激;再描写乘弟弟结婚而回到娘家的十七嫂眼中所见的天井里的景色,接着很自然地回述她这三年的遭遇;最后,又描写了娘家天井中的美丽景色,以及隐隐约约随风飘至的三弦声。首尾遥相呼应,令人回味无穷。这一点也是与《祝福》相似的。而作者以斑斓的色彩描绘天井中盛开的各种鲜花,显然正是为了与十七嫂苍白悲惨的命运作强烈的反衬;作者描写随风飘来的一声半声的算命先生的三弦声,无疑更为整篇小说增添了一种悲凉而苍茫的气氛。这种绘声绘色的描写是十分成功的。作者对于人物的描写也没有简单化,如对于婆婆的感情变化:从一开始对十七嫂宠爱,到迁怒、折磨她,到最后因儿子背着她又在外娶女人而对十七嫂表示一点同情,写得都十分真切。虽然这最后的感情转变作者没有写出原因,但我们也是可以理解其复杂的丰富的内涵的——婆婆毕竟也是个女人。

当然,我们说过《三年》不及《祝福》。这不仅因为在艺术上鲁迅更为高超,而且在思想性上也能见出高低。鲁迅的解剖刀深入祥林嫂的灵魂深处,同时发掘了祥林嫂灵魂中的高尚和闪光的东西,写出了这样美好的心灵之被摧毁,自然更富于悲剧意义。而十七嫂受制于原先的阶级地位,本来逊于祥林嫂那种劳动人民的美德,但作者对她的心灵的解剖则仍是不够的,这不能不说是一种缺憾。鲁迅写到祥林嫂临死前怀疑灵魂与地狱之有无,冯雪峰认为这是她的"一个伟大的疑惑",同时也是鲁迅小说的"一个伟大的发现",即体现了人民的反抗力量。① 而《三年》则缺乏这样深刻的意

① 冯雪峰《单四嫂子与祥林嫂》。

境。其第一段虽然如前所述在描写手法上是很不错的，但却容易给读者带来一种不可知的、神秘的、渺茫的感觉，虽然整篇小说则正是反对迷信的运命论的。可见，鲁迅的《祝福》确实是难以逾越的；然而，我们仍得肯定郑振铎的这篇《三年》是一篇难得的优秀作品。我认为，它还是《家庭的故事》中水平最高的一篇。

在写完《三年》的第二天，作者写了《五老爹》。他在《欧行日记》中说："这几天写小说的兴致甚高，材料又如泉涌似的汩汩而来，故写得很多。像这样的机会很少，不得不立刻捉住而利用之也。"而这篇《五老爹》，他说"自己也还满意"。小说描写了封建大家庭中的另一种人物——老实、善良的落第秀才穷愁潦倒的一生。作者怀着诚挚的情愫，追念这位在"我"童年时代的回忆中留下很多美好和难忘的印象的长辈。作品叙写的事都是很平常的，如喜欢抱"我"，在灯光下作手势扮演动物、讲"长毛"的故事、[①]讲《聊斋》《三国》故事、镊出"我"误吞的鱼骨，等等。唯其平常，更感亲切，令人不禁想起鲁迅描写的"长妈妈"。作者又怀着深深的同情，写到五老爹因生活所迫赶到北京谋差事而未成，晚年甚至"穷得连衣服都当光了"，以至被迫向"我"这样的小辈央求资助等事。读完小说，五老爹那"不变的""长长的身材，长长而不十分尖瘦的脸，月白的竹布长衫，污黄的白布袜，慈惠而平正的双眼，徐缓而滞涩的举止"，以及只是背脊越来越弓弯的形象，如在目前。我认为本篇总的来说还是写得不错的，略嫌可惜的是对于五老爹这样的从统治阶级中被抛出来的人物的悲剧意义，还缺乏深入的发掘。

紧接着《五老爹》写成的次日，他又创作了《王榆》，描写一位对

---

① 1958 年郑振铎编文集时，将"长毛"改成"海盗"。

主人忠心耿耿的老家人。“他的地位很奇特，介乎‘用人’和亲密的朋友之间。”他对其他用人和小孩很傲慢，还爱喝酒时骂人等等，颇有点像《红楼梦》中的焦大。作者自己在《欧行日记》中说：“这篇故事给我的印象很深，我久想写出，至今才得到了机会。”可见酝酿构思甚久。然而我觉得，此篇缺乏思想性，在艺术上也较一般。倒是再过一天写成的《春兰与秋菊》，值得多谈一谈。

《春兰与秋菊》写的是两个丫头的故事，她们都是在七、八岁时即卖身为婢的。春兰长得清秀伶俐，秋菊则蠢呆丑相。秋菊后来嫁给一个船户，生活美满；而春兰因为主人不肯轻易让她出嫁而郁郁不欢，最后逃走了。小说对蓄婢制度是批判的，一开头的两段就揭露得十分尖锐：

> 丫头是最好使用的仆人，或者更可以说是最好使用的有生命的机器。她们不像老妈子，要每月出许多工钱给她们，只要整批的花一笔钱买进来后，便可以随便给她们一口饭吃，几件破衣服穿，一张破木凳或一块地板睡，用个十年，八年，乃至十四五年，而不破费一个钱。有时，逢年过节，也赏给她们一点赏钱，然而可以叫她们储积起来，买新布做衣服，这钱还不是等于主人自己储积的么？等到出嫁了，还可以得到一笔财礼，足以补偿买进来的资本而有余。偶然的这个丫头长得标致些，还足以补偿十年八年“教养衣食”之费而有余。……
>
> 使用丫头还有一件便利处。老妈子骂了她几句，也许便要顶嘴，便要负气告退……使用丫头便没有这种的不便和顾虑。她是属于你的，她和桌子、椅子、镜柜、铜床一样，是你的所有物，你可以随便的使用她，一天使用到晚，一夜使用到天亮，她也不敢说一句辛苦；一切不便叫老妈子去做的事，都可

以叫她去做，你还可以随意的打她，骂她，虐待她，要她方便方，要她圆便圆；她已是你的所有物了，谁来干涉一声！……而且，即使你待她如何的坏，也不怕她飞上天去，她已是一只剪断了双翼的笼鸟了，要飞也飞不去。

在这些充满讽刺意味的反语里，燃烧着作者对于非人道的丫头人生买卖制度的愤火。不仅如此，作者还具体描写了春兰与秋菊的奴婢生活，写了她们繁重的劳动，写到秋菊被迫与父亲分别时的惨景，写到十七哥、六嫂等人对她们的打骂，等等。例如，春兰虽然长得秀气，“很蒙四婶的宠爱，丫头却总是丫头……她每天总有千桩百桩的事要做。……清早起来，便要扫地，倒脸水，换水烟袋里的水，铺床，叠被；吃饭时，要添饭，上菜，倒脸水；客来了，要拿点心，倒茶，装水烟袋；天气热时，还要替太太打扇子；一扇一扇的凉风，都吹在别人身上，她的小手臂扇得酸痛了，却没有一丝的凉意飘到她自已的脸上。”晚饭后，床也铺好了，刚要喘一口气，却又被四婶唤去替她捶腿，“一直要捶到十一点”！这些真实的描写，对于人们认识封建宗法性家庭里的奴婢生活之黑暗，是很有帮助的。这是这篇小说的精华之所在。

然而，很遗憾，小说对奴婢制度的批判还不是很有力的，有的地方甚至有点自相矛盾。这主要表现在某些具体描写的不够典型、不够真实上。例如，说四婶的买丫头，“似乎一半带着慈善的性质”，她“以宽待丫头著名”，对待春兰“真如看待自己的女孩一样，不大叫她做劳苦事”等等，这就与上文所引用的那些话相矛盾。小说中还写到四婶“听了丫头的话，反倒骂起媳妇来”等事，也是不够典型的。小说中还写到四婶以前的丫头莲香，后成了姨太太，常常“满身珠翠绸缎”地回来，“和六嫂们在一桌打牌，喝酒”；而秋菊出嫁后,回来拜访请安时,“耳孔中带了一副金耳环,头上插着一条金挖耳,手上是一对很沉重的金镯,手指上是一个镶珠的金戒指……”这些描写不仅缺乏典型意义,甚至还有庸俗之嫌。尤其是春兰最后的出逃,作品没有强调其反抗奴婢制度的斗争性的一面,而暗示是出于性欲的不满足,并写到春兰一去不复返后四婶还十分难过,连梦中也想着她,甚至惊醒、流泪等等。这样,就容易使读者的同情转移了对象,冲淡了严肃的主题,减弱了批判的锋芒。作者后来应是认识到这些缺点的,因为新中国成立后编文集时他亲自删去了这一篇。

八月十三日,作者又作《五叔春荆》,写了“我”的“一位和蔼无比、温柔敦厚的叔父”。为了衬托“我”对五叔的怀念,小说还先写了三叔与二叔在“我”童年时代留下的好印象。而有关这位很早就死去的五叔的事迹,都是从老祖母屡次的叙述中得来的,可是“这位不大认识的叔父,却时时系住了我的心,成为我心中最忆念的人之一。”正因为是闻之于祖母的回忆,所以小说不仅表达了“我”的怀念,更表达了祖母的爱子之情。小说在结构、叙事观点的转换等方面也是比较自然的。然而所写内容比较一般,也不很吸引人。作者在《欧行日记》中说:“三时开始写小说《五叔春荆》,写至五时,忽觉得不大满意。大约写小说的兴趣已减退了,再写下去,便成了勉强,一定写不好,很想以后不再写了。”而这篇小说在收入《家庭的故事》一书之前,也未见发表。

作者说过不想写了,但第二天他又写了一篇《三姑燕娟与三姑夫》。[1] 小说写忠厚老实、浑浑沌沌的三姑夫从富有殷实逐步沦落

---

① 收入《家庭的故事》时改题为《三姑与三姑夫》。

到贫困而死的故事。先是他被两个哥哥夺去了大半家产，于是三姑和其他人便怂恿他去县衙门告状、行贿；就在不断的讼争、贿赂中，他的财产越来越少；最后，他唯一的一爿米店的经理卷款潜逃，他便彻底破了产。小说对强横者欺凌老实人的现象深为不平，对黑暗的讼诉制度和县太爷、师爷、胥吏、讼师之类人物作了揭露，对炎凉世态有所嘲讽，因而具有一定的社会意义。但仍嫌发掘不深。作者自己在《欧行日记》中也说"这篇小说，内容还好，也许写得粗些"，又说："此后拟暂时不再写小说了。许多材料，且留在心里，待更加成熟了些时，待写小说的兴致甚浓厚时再写出来。"

过了二十几天，九月七日，他又写了一篇《元荫嫂的墓前》，主要描写美丽婉媚的元荫嫂不满委琐的丈夫，另恋意中人，因受到家庭的、舆论的压力而幽抑至死的故事。小说先写元荫每星期必去看望其妻的墓，使"我"十分感动；继写五姊说"可惜他的妻不值得他如此的思念"，给读者造成悬念；接着以五姊的口吻讲述了这个故事。小说中三种人称交替使用，旁知、自知观点自然转换，在结构艺术上颇见特色。五姊认为元荫嫂的婚姻是委屈的，她的死"是人世间千万个悲剧中的小小的一个，也许值得我们为之轻叹一口气的。我们也实在不能苛责她。"这看来也就是作者的看法，其中包含着对于封建婚姻的批判，为本篇小说积极意义之所在。然而，有的研究者认为元荫嫂的死是由于"真正的爱情得不到自由发展和满足"，并认为此篇是作者爱情悲剧小说中"最扣动读者心灵的一篇"，对此我却不能赞同。元荫固然长得猥琐，人又懦弱，但他本质诚实，爱情真挚；而元荫嫂的情人，除了长相漂亮一点而外，其他则一无足取，是一个"荒唐"、"游荡"、乱搞男女关系的公子哥儿。元荫嫂与他在打牌桌上一见定情，并无什么值得称道之处。把这说成是“真正的爱情”,我认为是不妥当的。正因如此,严格说来这篇小说在思想意义上并不成功,并不怎样“叩动读者的心灵”,而只是如小说中说的,令“我们为之轻叹一口气”而已。小说除收在《家庭的故事》增补本中外,直到一九三一年七月才由作者发表在《小说月报》上,并加附记说:“这篇故事写了很久,搁置未曾发表。那时,这一类的‘家庭的故事’写得很不少。自己觉得一时发表了那许多,没有什么意思。所以便搁置了。”

同样被搁置发表的,还有一篇篇后署“一七、九、九”作于巴黎的《赵太太》,实际根据郑振铎回国的日期看,这“一七”是“一六”之误(即一九二七年)。此篇即作于《元荫嫂的墓前》后两天。除了收入《家庭的故事》增补本内,未单独发表。“赵太太”原是八叔的佣人,有夫之妇,而八叔也是有妇之夫,却与其私通成婚,作了“非常轨的结合”。小说指出:“我们中国的家庭,是最会忍垢含秽的,什么难解决的问题,到了我们中国的家庭便都容容易易地解决了。”从这一点来看,这篇小说对于人们了解旧中国的旧家庭是有一定的认识意义的。但作品缺少进一步的发掘,在艺术上也平平。

上面,我们分别论述了郑振铎在巴黎写的这十篇小说。作者在《家庭的故事》的序中说:“我写这些故事,当然未免有几分的眷恋”,又说:“我对于旧家庭,旧人物,似乎没有明显的谴责,也许反有些眷恋。”对此,应该如何理解呢?

郑振铎在评论老舍一九二〇年代的小说时,总是特别点明老舍是“离开祖国中华,卜居异域”,“在国外凭他的记忆力,追写在国内时代的生活”。(《新文坛的昨日今日与明日》)我们在阅读郑振铎这十篇小说时,也首先不能忘记它们与作者这样的生活经历、写作环境的联系。我们从他当时的日记中,可以看到在写这些小说时他是多么的想念祖国，想念家人和朋友，甚至梦魂系之。正是在这样强烈的情绪的笼罩下，他集中写了这些小说，其中必然处处流露出这种“眷恋”的感情。作者所写的这些人物与故事，本是他最熟悉的；但从时间上说大多离写作时已过去甚久（作者离开这种宗法家庭已多年），从空间上说当时更是远在万里之外。作者把曾经与自己关系最切近，而当时却是相隔最遥远的一部分人生经验，通过文学的形式表现出来。把这样的旧家庭，通过时间与空间的间隔，来作一个记忆中的观照，这就使它容易失去现实的直接的关系，而使其主要成为一个思念中的存在，甚至是一个具有象征意义的不无引诱力的存在。因此，小说中的“眷恋”，首先正是必须从作者“离开祖国中华，卜居异域”这一点上来理解的。

其次，对于旧家庭既批判又不无眷恋，这也是民国时期作家关于家庭小说的一个值得注意的带有共性的现象。我们在读郑振铎这些小说时，也不能忽视它们与民国时期文学史上其他相类似作品的联系。例如，瞿秋白在一九二〇年代前期写《饿乡纪程》时，既批判了“宗族制度”的黑暗，同时又坦率承认自己难以摆脱“过去的留恋”。巴金在一九三〇年代写的批判宗法大家庭的名作《家》的第十版代序中，也承认“我不能说没有一点留恋”。王统照在长篇小说《春华》中描写的激进青年身木，是坚决反对旧家庭的，但是王统照又说：“家庭，——这个古老温情的旧影子有时也在怀抱着远志的身木的心中跃动。”莫尔根在《古代社会》一书中说过这样的意思：宗法性家族作为一种随着时代发展也曾经分任了人类经验中的一切兴衰变迁的存在，是较之其他制度更便于认识人类生活进步过程的一种标本。而中国式的旧家庭，尤其具有巨大的“历史容量”。一个封建大家庭，往往就是一个具体而微的封建王国；它的变迁史，往往就是整个封建社会历史的缩印版。著名的《红楼梦》所写的，就是如此。整个宗法封建制度正是通过无数这类大家庭，而显示其具体可感的实体性的存在。所以，李大钊在一九一九年就曾经说过："中国现代的社会，万恶之原，都在家族制度。"（《万恶之原》）这是问题的一个方面。另一方面，则是这类家庭中的个人，哪怕是叛逆者，总是与这个"家"有着千丝万缕的联系；他不仅是这个"家"的批判者，同时也是它的产物，"家"的变迁、解体的过程也存在于他的历史之中。而且，宗法封建制度虽然应该并且已经开始被推翻，旧家庭也处于"将逝"之中，但当时毕竟尚未真正成为过去。因此，这个"家"正反映着历史与现实、昨天与今天的联系和矛盾，而作家对"家"的矛盾心理也正是其本身的矛盾性质所决定的。

郑振铎在《家庭的故事》的序中说："我觉得即使对于'极坏的人'也不应该有什么谴责的态度。谁配谴责谁呢？"[①]这说明在作者的"眷恋"中，确也包含着思想上的模糊方面和对封建主义批判的不力之处。关于这些，上文在分析具体作品时已经随处指出过了。值得注意的是，作者在序中又接着说："许许多多的悲剧，还不都是那些旧家庭酝酿出来的么？不过假定他们是'坏的'，或'不对'的，那是他们本身的罪恶么？"这却是颇为深刻的看法。在他这十篇小说中的人物，大多并不是宗法家庭的顽固统治者，他们中的"坏的"或"不对"的人，本身也是被封建宗法制度所腐蚀坏的。正如当时一位评论者指出的："是的，他们的罪恶，都是社会环境和经济制度促成的，他们本身不能负这个责任。""作者认清了这一点，所以作者能够捉着时代的意识，能够在他的笔下映照出中国破落

① 这句话在新中国成立后出版的《郑振铎文集》中被作者删去。

的老家庭的影子来；便同时又因为老家庭的快要逝去，反而使他流露出几分怀念和惓恋。”（孙席珍《郑振铎的〈家庭的故事〉》）可见，作者的“眷恋”总的说来正是在对整个封建制度的否定与批判之中流露出来的。

郑振铎的这些小说，在当时的文学创作中是自成一格的。他在该书序中曾说：“在革命与恋爱的两大批出版物中，加上那末一小册略带些怀旧性质的故事集，或者不会为读者所反对吧？”[①]与当时出版的其他小说集相比，确实，它们不偏重于宣传革命的政治观点，也没有着力描写爱情故事，更不是“革命加恋爱”的作品。它们只是朴素无华地描写了“将逝的中国旧家庭的片影”，描绘了其中一系列人物的“积影”。而且，即使与同是写旧家庭故事的其他小说相比，它们也是具有鲜明特色的。

从内容上说，它们不同于“五四”时期有关家庭小说的偏重于议论爱情婚姻问题、父子思想矛盾问题等，也不同于二十世纪三、四十年代的这类小说之偏重于描写新一代的成长与叛逆等。从描写角度说，它们不同于“五四”时期有关小说那样主要将旧家庭作背景式的描写，也不同于二十世纪三四十年代巴金、老舍等人的有关长篇小说那样对大家庭作全景式的描写。从形式上说，它们是短篇小说，但各篇间存在着内在的联系，合而观之，可以看出它们如同一部长篇小说一样“也是以一个家庭作为中心描写的”（孙席珍《郑振铎的〈家庭的故事〉》）。因此，我认为郑振铎的这几篇小说可以说是巴金的《家》问世以前，我国文学史上家庭小说发展链索上的一个过渡环节的代表作。不管其影响、其艺术水平如何不及

---

① 这句话在新中国成立后出版的《郑振铎文集》中被作者删去。

《家》,这一特殊的历史意义则是客观存在的。

而事实上,郑振铎这些风格独特、既平凡朴质又清新可读的小说,在当时确实也是受读者欢迎的。这从该书初版不到一年即重版也可看出。正如孙席珍所说:“在那轻描淡写的笔下,反映出快要没落的宗法社会家庭的残存的影子来,终于不能不使我称道它,说这是一部难得的作品。”(《郑振铎的〈家庭的故事〉》)而且,这样的作品特别能获得一部分具有近似生活经历的知识分子的感情与审美的共鸣。例如,叶圣陶、老舍等人就都是极力怂恿作者收集出版此书的(在本书扉页上还印着:“本书献给我的好友老舍君”)。赵景深还多次在文章中推荐这本书,直到一九三五年《人间世》杂志向他征求推荐“五十年来百部佳作”时,他还推荐了此书。而在一九三六年出版的《琐忆集》中的《几个短篇小说作家》中,赵景深又一次称赞了它。

(四)

一九三一年秋至一九三五年春,郑振铎在北平工作了三年半。这短短的期间,是他一生学术论著与文学创作的丰收时期。从一九三三年八月开始,他在一年内创作了《取火者的逮捕》和《桂公塘》两本小说集。“发表后,以其作风粗劲豪迈,大得佳评。遂在创作界立下相当地位。”(徐沉泗等《〈郑振铎选集〉题记》)这两本小说集不仅是郑振铎一生创作中的高峰,也是民国时期文学史上难得的优秀作品。

《取火者的逮捕》包括四个连续性的短篇,“题材只是一个,那就是:描写‘神’的统治的横暴和歌颂‘人’的最后胜利。”因而作者说:“其实却可以说是一个长篇”。[1] 小说主要取材于普罗米修斯(Prometheus,书中译作“柏洛米修士”)窃火给人类,受到大神宙斯(书中译作“宙士”)的残酷折磨而坚忍不悔的故事。这在西方是妇孺皆知的,在中国也至迟在一九二〇年代前期就由郑振铎在《文学大纲》中介绍过。然而,从古希腊以来这个故事就有种种不同的说法和解释,第一个赋予它以崭新的意义的是马克思,他在《博士论文》中说:“普罗米修斯是哲学日历中最高尚的圣者和殉道者。”在中国,鲁迅在一九三〇年代初多次提及:“人往往以神话中的Prometheus比革命者,以为窃火给人,虽遭天帝之虐而不悔,其博大坚忍正相同。”[2]一九三三年七月,在郑振铎倡议下和鲁迅、茅盾支持下创刊的《文学》月刊(郑振铎的这几篇小说即大多载于此刊),从第一期起便在卷首印上了德国某名画家关于普罗米修斯取火的油画。而在该刊创刊号上,郑振铎发表了所翻译的描写沙皇镇压革命青年的俄国小说《严加管束》,并在译者附言中说,他的译作“献给为光明而争斗的青年勇士们”,他们是“扫荡不尽的”,残酷的镇压“不过造成无数像Prometheus般的伟大人物而已。”可知,郑振铎用这个外国故事作小说题材,决不是偶然的。

郑振铎在创作这几篇小说时,与他在一九二〇年代介绍希腊神话大不相同的是,首先做到了比较自觉地运用历史唯物主义的观点,来分析与看待有关希腊神话。他在一九三四年为此书写的序中,即肯定了“希腊神话是个无穷尽的艺术的宝库”,是“人类文化的最可夸耀的一部分的成就”;同时,又深刻地指出:“它不是小

---

① 见郑振铎为此书写的《新序》。按,此书连序文在一起约八万字,从内容及字数上看,相当于现在一般所称的“中篇”。

② 见《“硬译”与“文学的阶级性”》,又见《〈文艺政策〉后记》等文。

市民们幻想的遁迹的所在。神话里的天和地，根本上便不是人类幻想的结果，而是记录着真实的古代人的苦斗经过，以及他们的心灵上所印染的可能的争斗的实感与其他一切的人生的印象的。”这是一个相当科学的论断。在古希腊艺术中，郑振铎处处看到了阶级的对立与斗争：“在神道们的满足与嬉笑，胜利和盛宴”的“对面”，正站着“受难的被屈服的”、“残酷的被消灭了的”、“将要死去而尚痛苦的挣扎着的”一方。他认为这些都“正象征着没落的在难中的马其顿人统治后的希腊人的生活。”因此，他认为“所谓神话的‘美’，并不是像绿玉白璧乃至莹圆的珠，深红的珊瑚般的只供观赞赏叹之资的，而有着更深入的社会意义在着。”这些论述都体现了一种全新的历史观和美学观。

对于窃火故事的各种异说与解释，郑振铎用了这种科学的睿利的眼光，一一作了清理与评判。最早，在古希腊诗人赫西俄德(Hesiod)的《神谱》中便叙述了这个故事，但说是因为普罗米修斯曾经有意欺骗了宙斯，所以宙斯才把火藏起来，而普罗米修斯窃火后受到惩罚，最后还是宙斯让自己的儿子去解救、宽恕他的。郑振铎认为，这是“为宙士辩护，而将‘无理’的一方尽推给了柏洛米修士。神权的信仰，是紧紧地捉住了这位作者的心灵。”他又认为，在当时时代下产生这样的作品“是无足怪的”。其后，古希腊第一个大悲剧家埃斯库罗斯(Aischulos)写了关于普罗米修斯的三部曲，可惜传世的只有第二部。郑振铎肯定了它把普罗米修斯的“反抗的精神抬举出来而加以有力的烘染”，同情是被放在取火者的一边了；但他又指出，据考证其已佚的第三部最后仍然是写普罗米修斯与宙斯“复归于好”，并交代了有关秘密，从而维持了宙斯的统治。因此，郑振铎认为：“就这三部曲的全剧看来，其情节还不是反叛的;人和神终于得到一条和解之路。”而直到十九世纪初英国革命诗人雪莱(Shelley)的《解放了的普罗米修斯》,郑振铎认为才“更敲弹一个别调:表示出永不屈服的人的精神来”。而这是新时代的产物,“乃是在宙士统治的古代神话里所不敢,也不能写出的。”

郑振铎自述,在创作这几篇小说时,虽然受到埃斯库罗斯的不少启示,并有所取材;但主要却是与雪莱的作品的“情调”相一致,当然也有很多不同。他在序中承认自己的小说的这一倾向,但却又说“并不是有所为而作”,不过是“长久的憧憬于古希腊神话的崇慕里的结果”。这是郑振铎在当时反动派统治下不得不使用的一种为了战斗的“伪装”。在一九五六年他写的《新序》中,就明确地说:“虽然写的是古代的希腊神话,说的却是当时当地的事。‘借古人的酒杯,浇自己的块垒’,是有大不得已的苦衷的。”尽管郑振铎在新中国成立前不得已涂上一层保护色,但他还是在原序的结尾意味深长地引用了《红楼梦》一开头的一首诗:“满纸荒唐言,一把辛酸泪。都云作者痴,谁解其中味!”暗示此书是一部孤愤之作。又引用了《三国演义》最后的两句诗:“纷纷世事无穷尽,天数茫茫不可逃”,以暗示反动派的灭亡是必然的结果。而当时进步的人们,是能看懂他的意思的。[①] 作者当年写的这篇序,不仅闪耀着唯物史观的光芒,而且体现了高超的斗争艺术。既闪烁其词,又发人深思,可称是与小说相表里的绝妙文章!

书中第一篇小说,即名《取火者的逮捕》,作于一九三三年八月三日,载九月一日《文学》月刊第三期。这是郑振铎在多年未写小

---

① 例如,王瑶在1951年出版的《中国新文学史稿》中,就曾指出“这正是反映了中国现实情况的作品”。

说后，在一九三〇年代发表的第一篇小说。（从此他发表小说都署名“郭源新”，直至新中国成立后。）因此，这篇小说是作者创作中的一个新起点。

该篇共分六节。第一节便描写了一种暴风雨即将来临前的紧张气氛，“一切都是沉默，郁怒”，“等候着！未前有的沉默与等候！”最先出场的是宙斯，这个“神与人的主宰”。宙斯虽然“坐在他的宝座上”，却是“郁郁的”，“蓄怒未发的”；他虽然拥有无上的权力和淫威，但心中极为空虚；他虽然首先露面，却实际上不是小说的主角。主角是普罗米修斯，虽然他在第二节才出场。[①] 作者寥寥数笔，描写了他的英雄形象：“山峰似的躯干，忠恳而有神威的双眼，表现着坚定的意志的带着浓髭的嘴唇，鬓边的斑白的头发，因思虑而微秃的头颅，以及那双多才多艺的巨手……”他的出场，不仅使诸神相顾失色，而且令宙斯也感到有一种威慑力。他“山峰似的站在那里，并不恐惧，也不傲慢”，拒不回答宙斯问他为何窃火给人类的责问。第三节，回叙宙斯在此以前如何发觉人类拥有了火，以及为此如何气急败坏的情形。宙斯明白，人类占有了火，就是“一个严重的神国倾危的预警”。为此，“他渴望毁灭什么；他要以毁灭来泄愤，来维持他的权威，来证明他的至高无上的能力。”作品对宙斯阴暗狠毒心理的描写，实际就是对当时反动统治者的揭露。与普罗米修斯的形象相对映，作者又生动地描写了以打铁的小伙子为代表的取得火以后的人类的英雄形象。

小说的后三节是全篇的高潮，主要描写普罗米修斯在宙斯面

① 有评论者认为普罗米修斯不是该小说主角，而是第二位人物。这种看法其实不对。

前英勇无畏地慷慨陈词。在作品第四节中，他这样斥责宙斯：

为了正义与自由，我帮助了你们兄弟，推翻了旧王朝。但自从你们兄弟们建立了新朝以后，你们的凶暴却更甚于前。……你们这群乳虎，所做的却是什么事！去了一个吃人的，却换了无数的吃人的；去了一位专制者，却换来了无数的最凶暴的专制者。你，宙士，尤为暴中之暴，专制者中的专制者！你制伏了帮助你的大地母亲，你残害了与你无仇的巨人种族，你喜怒无常的肆虐于神们，你无辜的残跛了天真的童子海泛斯托士；你蹂躏了多少的女神们，仙女们！你以你的力量自恣！倚傍着权威与势力以残横加入而自喜！以他人的痛苦来满足你的心上的残忍的欲望！你这残民以逞的暴主！你这无恶不作的神阀！你说我离开了你，不和你为友；是的，你已不配成为我的友；是的，我是离开了你！我为了正义和自由而号呼，不得不离开你，正和我当初为了正义和自由帮助了你一样！

真如小说中说的，这是"未之前闻的慷慨的责骂"！这里，如果联系鲁迅和郑振铎在当时的两次谈话，将有助于理解小说的战斗意义。鲁迅对日本友人增田涉说，国民党最初称共产党是火车头，是国民党的恩人；而现在却把被捕的共产党人和无辜青年统统杀掉。这种手段简直是欺骗，而其杀人的方法则比军阀更狠毒。[①]郑振铎在公开讲演中也提到，大革命"蓬蓬勃勃，促成国共合作，广东出师北伐，使中国革命为猛烈的抬头。后国共分家，共产党在前面组织各种民众团体，继来的是蒋介石的军队，实施武力压迫。蒋

① 增田涉《鲁迅传》，载 1932 年 4 月日本《改造》杂志。又见圆谷弘《中国社会的测量·与鲁迅谈话》。

先清共,后武汉亦清共。"[①]小说中普罗米修斯的这段慷慨陈词,正是表达了作者对背叛革命的反动派的痛恨,而宙斯则正是作者在一年前讲演中公然点名的蒋介石的化身。在小说第五节中,作者又描写了取火者继续批判整个"神之族":

人类呻吟在你们这班专制魔王的暴虐之下,已经够久了;……你们这些专制的魔王们盗用着权威,蹂躏人类,剥夺了一切的幸福与生趣……这是应该的么?啊,啊,你们的一部《神谱》,还不是一部蹂躏人权的血书么?……假如世界上有正义和公理这东西存在,还能容你们横行到底么!

而当宙斯恼羞成怒地命令将取火者钉到岩石上去时,取火者安详而坚定地预告人类终将最后推翻神的统治。小说第六节中,取火者继续宣告:

你们固能毁坏、夺回其一、其二;但你们能把每一个灰堆中的火种都夺去了么?……不,这是不可能的了!火成为深藏在每一个人心里的知识的源泉。你能把每个人的心都夺去么?……

他们已经得到了火,成为不可克服的了!火使他们知道怎样保护他们自己;怎样为了他们的自由与平等而争斗;火给了他们以无量数的智慧,以无穷大的力量。他们将不再在向你们这些神阀乞怜,祈祷的了!他们将不再在你们之前逃避,躲藏,求赦的了!他们也不再诅咒,不再哭泣的了!不,他们将反抗,用他们自己的力量。只要你们敢去和他们争斗,你们将见到他们新的力量的伟大与不可克服。他们将永不再受着你

---

① 郑振铎《新文坛的昨日今日与明日》,1932年3月19日在北大演讲。

们的奴使与支配;他们要用他们自己的力量支配自己,为自己同类而服役,一人为全体而工作,而全体为一人而存在!……

这里,我们可以与一年前郑振铎在《中学生》杂志上发表的关于"怎样为内忧外患的时代而努力"的答问中说的"唤起一般民众,和我们一同工作。民众的工作的力量……那是几十年来把持着'统治大权'的军阀与官僚所决未梦见的"论述相对读,体会到作者对于唤醒的人民的伟大力量的坚定信念。也可以与几个月后郑振铎在《东方杂志》上发表的关于"未来的中国"的答问中说的"我们将建设了一个伟大的社会主义的国家;个人为了群众而生存,群众也为了个人而生存……"相对读,体会到作者对于社会主义社会的坚定信念。

小说最后以宙斯发怒而电闪雷鸣、暴雨倾泻作结束,与开头遥相呼应;然而,震荡于神厅上的取火者的慷慨陈词,才是压倒这些轰鸣声的真正雄伟宏亮的声音。

这篇小说最精彩的,就是后半部分取火者大义凛然的长篇陈词(上面只是摘引了一小部分)。这些铿锵有力、激情澎湃的语句,在二十世纪三十年代的黑夜里,就像划破长空的闪电。到四十年代郭沫若的历史剧《屈原》中,我们再次听到相似的怒吼。我认为,郑振铎的这篇小说,的确可以与郭沫若的《屈原》相媲美,虽然在气势的磅礴、诗意的激扬方面前者不及后者。然而,前者产生于三十年代两种"围剿"的刀光剑影中,后者产生于抗战后期国统区反民主的政治高压下,都是极为难得的。两者或借神话人物之口,或借古代诗人之口,但所说的却同样都是作者自己的话。周恩来曾指出:"屈原并没有写过《雷电颂》这样的诗词,而且也不可能写出这样的诗词。那是郭老把自己胸中对国民党反动统治的忿恨,把国统区人民对蒋介石反动统治的忿恨，借屈原之口说出来的。《雷电颂》是郭老代表国统区人民对国民党反动派的控诉！”[①]同样的，在希腊神话和后人关于取火故事的作品中，普罗米修斯也没有和不可能说出这样的话。这也是郑振铎代表广大人民对国民党反动统治的强烈控诉和抗议！

为了更深入地表现取火者的英雄意志和更深刻地揭露宙斯的丑恶罪行，作者又于十月十日写了《亚凯诺的诱惑》、十二月四日写了《埃娥》。《亚凯诺的诱惑》从描写永无休止地汹涌着的大海开始，记叙了取火者被钉锁在大地边缘的可怕的荒山上的经过，又惊心动魄地描写了他忍受着“死以上的苦楚”。通过取火者与海中仙女的对话，作品再次重现了主题：“我看出了一个新的光明时代的到来”，“他（指宙斯）将很残酷的被推到了，直从最高的所在，跌落在地下的最深最暗处。他的王朝将整个的粉碎了，被扫除了，连纤细余屑也不留存。神之族将被逐出地球之外。代之而兴的，将是那些滋生极盛的人类；他们久被神之族所奴使，所蹂躏，所压迫，而那时却将抬头，成了他们自己的主人翁了。地上将是那么自由，平等，恬静，美好。”接着，小说着重描写了取火者对宙斯派遣来的说客亚凯诺的痛斥。这实际是前一篇小说所描写的神厅上的斗争的继续，亚凯诺也就是宙斯的替身。作品再次宏伟地奏响了它的主调。取火者的话，这里不再引录；而值得注意的是，他提到人类将“建树起‘剿神军’的旗帜了，以无限的新力，攻击腐败，堕落，横恣，无助的神之族，还不像‘摧枯拉朽’似的容易么？”这里引起了读者对当时正在英勇地进行反“围剿”战斗的红军的联想，显然也表明

① 见许涤新《疾风吹劲草》。

了作者的寄托。而继亚凯诺后，又有合尔米士被派来对取火者威逼与恐吓，这更表明宙斯的力绌技穷，而更干脆地遭到取火者的坚决、洪朗的拒绝。最后，小说又写到雷鸣电闪、海水猛扑，取火者在挣扎、抵抗、受难！这不仅与本篇开头相呼应，而且也与前一篇相呼应。

如果说，《亚凯诺的诱惑》是更浓烈地为取火者的形象涂上了一层沉毅而坚决的光彩；那么，《埃娥》则是更进一步描写取火者的对立面宙斯的。作者在序中说，"《埃娥》的一篇，只是一部'插曲'"；而小说一开始，其情调确实与其他几篇不同，显得那么平缓优美。这里不是大海呼啸、雷电轰鸣，而是埃那克河缓缓地流过。河神与其女儿埃娥在这里平静地生活着。但突然，作品的旋律急剧转为紧迫——宙斯闯入了。这个峻涩而苍老的恶魔无耻地凌辱埃娥。她奋力反抗，并历数他一贯的罪行。埃娥的愤怒控诉，是整部小说主调的一曲变奏，进一步揭露刻画了宙斯的丑恶形象。埃娥被劫走了，她的父亲悲痛欲绝。而宙斯将她玩够后，又怕其妒妻发作，竟将埃娥变成一条白牛，丢给其妻，任其折磨。这正是现实生活中统治者把劳动人民当牛作马随意蹂躏的象征。小说最后写到，正当埃娥痛苦万分想投海自杀之际，被钉在海边巨岩上的取火者唤住了。他要她坚强地活下去，"神之族是终于要没落的，代之而兴的是伟大和平的人类。""凡一切受难受害者们的仇，皆将得报复。""被压迫者将会大联合起来的！前途是远大，光明"。这样，这篇《埃娥》再次壮伟地奏响了整部小说的主调。整部作品的主人公在此篇中临末出场，既不显得突兀，又使这个插曲无痕迹地融入整部乐章之中，这在结构艺术上是十分巧妙的。

郑振铎在序中说："本来是不必再写第四篇的《神的灭亡》了；

那必然的结局,已不止一次的在前面的三篇里提到。但仿佛总像有什么话倾吐未尽似的,遂竟不避蛇足,写下了这篇神的挽歌。”《神的灭亡》作于一九三四年三月五日,刊于《文学季刊》。而这一篇却实在并不是“蛇足”,而是全书激动人心的高潮。作品一开首便写道:“先知者柏洛米修士的预言实现了:神与人类如今是面对面的在狭路相逢着。”使一种紧张、悲壮的气氛笼罩全篇。神道们恣其所欲地榨取、掠夺、追捉、压迫,终于在人类中产生了怀疑和反抗。作者别开生面地描写了人类中的反抗者与心怀叵测的神的走狗、爪牙的斗争,也写到了反抗者对动摇者的争取。爱坡罗庙之战更描写得惊心动魄,这是人类推翻整个神之族的第一仗,为全书最后的人神决战作了有力的铺垫。这一仗,人类虽然有不少牺牲,但毕竟胜利了。于是,小说节奏减慢,宙斯们开会商议对策,无耻地决定派三个女神去诱惑、腐蚀人类起义的领袖人物。这个毒计也终于失败了。作者通过小说人物的口说:“这运动,是普遍的久郁的怨恨的表示,并不是一二人所能挑动,更不是一二人所能劝阻的。”“大势所趋,一二人绝对的不能使之改动其流向。”这里的个别言词(如“运动”)虽然略为“现代化”,但体现的却是历史唯物主义思想。小说继而写宙斯们悍然发动夜袭,妄图“聚而歼之”;不料宙斯得意的武器“雷矢”只能摧毁一些矮屋小店,“至于那些大建筑物,年轻的小伙子们所占据的大本营,却依然傲慢的屹立着,丝毫不受损害。”接着,人类发动反击,神道们败遁而去。这一段描写,令人联想到当年蒋介石正在进行的对红军的“围剿”。而这时,小说又笔锋一转,写到宙斯忽然想起这一切失败都是因为普罗米修斯窃火给人类而造成的,于是,整部小说的英雄主角又一次被推至前场。他虽然受尽苦难,但他的预言终于实现了。小说最后描绘了一场生死决斗，神之族最终“沉落到他们自己所造的深渊里去了”。作品奏起了“响入云霄的胜利之歌——人战胜神的胜利之歌。”

这一篇，除了讲到神道们的胡作非为的一部分，是有神话故事作根据的，其他内容均是作者自己的大胆创造与虚构。其中描写三女神受命去诱惑人类的情节，作者自述是脱胎于巴里士的判断三女神的故事的，但实际不过只借用了原故事中的三个女神的名字而已。特别是关于人神之战的描写，是“全无故实”的，但却精彩之至。有人“特别反对”，“以为是荒唐无稽之至”，[①]那实在是太书生气的看法。如果缺少了这些人神之战的描写，全书鼓舞人心的作用势将减弱不少。雪莱诗剧的最后，只写了暴主宙斯之被打倒；而郑振铎此篇，则是整个神族之推翻。雪莱写取火者最后被人类所释放，郑振铎为加强悲剧色彩，却让他最后也在宙斯自取灭亡的疯狂进攻中与神族一起沉沦。（新中国成立后，作者对此略有修改，删去了“连柏洛米修士在内”一句话。这也符合读者心愿。）郑振铎在序中曾指出：“在神话里而预言了‘神’代的没落者，仅有北欧 Saga 里叙述的 Odin 及其群的故事而已。”而他创作此篇小说时，无疑也正是受了北欧神话的启发的。就在郑振铎开始创作《取火者的逮捕》的半年前，茅盾便曾根据北欧神话，创作发表了一篇同名小说《神的灭亡》（在文末茅盾点明了与郑振铎同名小说完全一致的主题思想），郑振铎应该看过这篇作品；实事求是地说，从艺术上看，郑振铎的《神的灭亡》是远远超过了茅盾的那一篇的。

通观郑振铎这四篇小说，在总体上说来也是写得相当成功的。

---

① 见郑振铎为本书写的《新序》。

首先,它的这种可分可合的写法,为这类小说探索了从短篇到中、长篇发展的路子。这本集子不仅各篇的层次清楚,张弛有致,而且各篇间的联系也极其自然,互相呼应。这里再举一个例子,在最后《神的灭亡》一篇中,作者在描写起义者时特地添上一笔:"可怜的埃娥的子孙们自然也在内",这就和前一篇《埃娥》相照应了。整部小说就像一部具有四个独立乐章但又相互联系的交响曲。第一乐章奏出了全曲的核心主题,而这一主题又在全曲中反复再现。整部作品就这样具有壮丽宏伟的交响性构思和戏剧性结构。作者在《新序》中说,"每一篇东西都是一鼓作气地写成的";但他每隔二三个月写一篇、发一篇,却能做到整部小说如同一气呵成,浑然一体,这在结构艺术上真是颇为难得。

其次,整部小说充满了诗意,其语言都是散文诗式的,非常壮美,对场景、气氛的描写,也都相当高超。例如,《神的灭亡》中对爱坡罗庙精美的浮雕等的描写,是一段神采飞扬的文字,显然得力于作者对古希腊雕刻艺术和神话故事的深度造诣,令人联想起作者在《欧行日记》中参观欧洲艺术博物馆时的有关描写。雪莱在《诗辩》中说得好:"凡是抱有革命见解的作家必然都是诗人,这不仅因为他们是发明者,也因为他们的语言是以种种形象来参预生命的真理,从而揭露万物之间的永恒相似;也还因为他们的文章既和谐而又有节奏,本身就包含韵文的要素,是永恒的音乐的回响。"将这段话来说明郑振铎这部小说,是很合适的。

第三,整部小说栩栩如生地塑造了主要人物普罗米修斯的高大形象与宙斯的丑恶形象。前者主要通过语言描写,后者主要通过心理与行为描写。而对一些次要人物形象的塑造也很成功,如"天上的铁匠"海泛斯托士之富有同情心,但又很懦弱的形象就很真实。而对所有诸神的形象描写，都基本符合希腊神话中原型的特征，有时略有夸张和改造。

这几篇小说发表后，引起较大的反响，“读者佥称气魄雄壮，不可多得”。[①] 连苏雪林也说，一开始人们不识“郭源新”是谁，“但以天才学力两皆充实的缘故，已引得一般读者刮目相看，一篇刊出，群相传观”；“后来秘密揭穿”，影响更大。[②] 此后，甚至还出现一些模仿作品。如进步作家聂绀弩在八年后写了《第一把火》，以取火者来比喻与纪念鲁迅，并承认是“受了作为这篇作品的蓝本的《取火者的逮捕》（郑振铎）的影响。”（《〈天亮了〉再版序》）持反共立场的苏雪林则说：“他（郑振铎）的文章我也颇为欢喜，像《取火者的逮捕》……，内容虽谬，文笔则优美可爱。去冬（按，即一九五七年）我在三民书局出版《天马集》，亦以希腊神话做题材，正针对郑氏此书而作。”（《最近坠机丧身的郑振铎》）苏氏此书笔者尚无由得读，但参照其以前所作《蝉蜕集》中历史小说的低档水平，加上如此“坚定”的政治态度，其价值是不读可知了。此处提到苏氏此作，只想说明郑振铎的这部作品在过了几十年后，还能令某类人悻悻难忘，甚至再写“小说”来“针对”，亦可见其力量、影响之一斑了。

下面，我们再论述作者同时期创作的另外几篇历史小说。

收在《桂公塘》一书中的第一篇历史小说《桂公塘》，主人公是宋末爱国英雄文天祥。小说从文天祥等十二人深夜逃遁、躲宿于桂公塘大牛栏写起，倒叙出文天祥出使元军前后的一段曲折故事：文天祥毁家勤王，被封为丞相，他想先把握住朝廷的实权，然后徐

① 傅东华《本刊下期创作专号内容一斑》，见 1934 年 3 月 1 日《文学》第 2 卷第 3 期。

② 苏雪林《二三十年代作家与作品》。

图展布，彻底地来一番革新。然而那些把国家当作私家产业，把国事当作家事的老官僚，却怀着“宁愿送给外贼，不愿送给家人”的隐私，设下一个毒计，推他去敌军的大营谈判。在不下百余个贵官大僚们聚议派谁去谈判时，满朝文武相互推诿、临难退缩的丑态使文天祥极为愤怒；对那班老奸巨猾的老官僚的用心，他也洞若观火；但他考虑到和谈或许可争得一丝生机，又想借此前去观察敌人的虚实，便不顾个人安危毅然出使了。一到北营，他便失去自由。面对威逼利诱，他一直痛斥敌酋和卖国求荣的奸贼。即使在得知宋帝已经上表求降以后，他仍然寄希望于南方二王。后来，他历经惊险，终于从镇江潜逃，到达真州。他立即四处发信，诚挚地号召两淮将士们团结对敌，共谋恢复。岂料由于敌人离间，恶徒造谣，他们一行被骗出并拒于真州城外，甚至差一点遇害。如此遭到国人的摈弃，比陷在北营里更觉悲愤。但他始终咬紧牙关，鼓励同人抖擞精神。小说以他们继续踏上艰难的征途而结束。

小说作成于一九三四年二月二十八日，刊于四月一日《文学》第二卷第四期“创作专号”，[①]发表时作者有一段附记很重要：

> 读文天祥《指南录》，不知泪之何从，竟打湿了那本破书。因缀饰成此篇，敬献给为国人所摈弃的抗敌战士们！为行文方便起见，曾略略改动了原作的几个小的地方。这是预先声明，省得别人说话。因为这一段事过于凄惨，自己写完了再读一过，却又落了一会泪。

---

① 这里必须提及，当时国民党当局加紧了对《文学》的压迫，郑振铎在茅盾紧急通知下去上海研究对策，决定连出几期“专号”的对付办法（详见本书第四章有关论述）。而这篇《桂公塘》即是为“创作专号”赶写出来的，且作为该期特大号的首篇。这又是多么紧张而特殊的战斗啊！

《指南录》是文天祥的一部叙事诗集，记载了他在德祐二年出使敌营后被拘，北驱，脱逃，过江，渡海，辗转四明、天台，最后到达永嘉（温州）的悲壮经历。郑振铎写此小说的一年后，曾亲自将《指南录》校点，并收入他主编的《世界文库》中。这段故事对他来说是极为熟悉的，因为永嘉就是他出生的地方，至今温州江心屿还完好地保存着文天祥的祠庙，文天祥在温州写的诗也几乎是当地人民家喻户晓的。

那么，郑振铎怀着如此激动的心情创作这篇小说，其主题思想是什么呢？几乎所有的评论、介绍文章都不假思索地说：是为了歌颂民族英雄文天祥，鼓舞人们投入抗日救亡运动。这当然不能算错，但这样理解其实并未看到作者深意之所在。试想，如果只是为了塑造文天祥的英雄形象，那么文天祥一生英雄事迹多矣，为何单取这一段来描写？即使文天祥从敌营脱逃以后，所遇惊心动魄的生死关头亦多矣，这里，我们引一段《指南录》的《后序》来看看：

呜呼！予之及于死者不知其几乎！诋大酋当死；骂逆贼当死；与贵酋处二十日，争曲直，屡当死；去京口，挟匕首以备不测，几自刭死；经北舰十余里，为巡船所物色，几从鱼腹死；真州逐之城外，几彷徨死；如扬州，过瓜洲杨子桥，竟使遇哨，无不死；扬州城下，进退不由，殆例送死；坐桂公塘土围中，骑数千过其门，几落贼手死；贾家庄，几为巡徼所陵迫死；夜趋高邮，迷失道，几陷死；质明，避哨竹林中，逻者数十骑，几无所逃死；至高邮，制府檄下，几以捕系死；行城子河，出入乱尸中，舟与哨相后先，几邂逅死；至海陵，如高沙，常恐无辜死；道海安、如皋，凡三百里，北与寇往来，其间无日而非可死；至通州，几以不纳死；以小舟涉鲸波，出无可奈何，而死固付之度外矣！

这是一段千古伟词，其间共说了十八个"死"，而至"桂公塘"不过其中之半而已，其后更为惊险之事还有不少，郑振铎如果只是为了塑造文天祥的英雄形象，不写完即终止，岂不可惜？何况文天祥此行的终点是永嘉，郑振铎对他在永嘉的活动不是更为熟悉吗？人们都说《桂公塘》为《指南录》所拘，但《指南录》共四卷，小说采用了卷一、二，及卷三之大半，如果郑振铎真是为《指南录》作"演义"，那么为何不一鼓作气写到底呢？再说，小说开篇时所引文天祥《旅怀》一诗，本已是他离开扬州城下后，又经过高邮、高沙、泰州等地，在去通州的路上所作的，何以小说只写到离开扬州便结束了呢？

如果我们思索了这些问题，再联系上引郑振铎在发表此作时的那段附记，就可以恍然于作品的现实寓意之所在，即为了"敬献给为国人所摈弃的抗敌战士们"。小说的着眼点就是"摈弃"二字，因此只写到被拒于真州、扬州即结束。当然，这里所谓的"国人"，只是借用小说中文天祥的话，而不是指全国人民，只是指大敌当前还致全力于内战的国民党当局。被摈弃的抗敌战士们指谁呢？这当然包括国民党军队中被排斥与镇压的爱国抗日战士，[1]但主要指的当是正在遭到第五次大"围剿"的中国工农红军，以及一九三三年九月底被野蛮镇压的察绥抗日同盟军等共产党影响下的爱国军队。本书第一章曾提及，一九三三年一月中国共产党方面发表共同抗日的三个条件，曾极大地鼓舞了郑振铎，使他认为"中国已

① 例如，在小说发表两年前的"一二八"战役中，国民党第十九路军就曾在民众的支持下违背蒋介石当局的指令，英勇回击日本侵略军；但最后却被令撤退，后来并被调往福建去"剿共"。他们不满于蒋介石的这种卖国反共政策，于 1933 年 11 月成立抗日的福建人民政府，又遭到蒋介石与日军的镇压。苏雪林在《二三十年代作家与作品》中就注意到，郑振铎此作"正当闽变戡定之后……足知作者写这篇文学动机之所在了"。我觉得，苏氏在这一点上比我们的一些研究者目光要尖锐得多。

奔向某一出路”。但国民党当时非但拒绝了共产党的联合抗日要求,反而不顾外患大举“围剿”,这不能不引起人们极大的愤怒与忧虑。郑振铎正是在这样的心情下创作这篇小说的。

由此,我们更可以恍然明白,小说于叙事中所引三首文天祥《指南录》中的诗,都是与情节发展相一致的(如被拒于真州时,即用《出真州》),为何在小说一开头所引一诗,却是在文天祥离开桂公塘以后好久写的诗呢?原来此诗写的:“天地虽宽靡所容!长淮谁是主人翁?江南父老还相念,只欠一帆东海风。”第一句“天地虽宽靡所容”,即是小说的主题;而“江南父老还相念”等句,则寄托着郑振铎怀念爱国抗日军队的心情。同样,我们也可以恍然明白,小说结束时何以倒过来引用文天祥初诣北营时所作的一首诗:“英雄未肯死前休,风起云飞不自由!杀我混同江外去,岂无曹翰守幽州!”显然,这是暗暗祈愿英雄的红军战士杀败“围剿”,获得自由,为中国人民守疆卫土!

明白了小说主要描写的是忠贞的爱国者反被摈弃的悲剧,我们才能进一步看出其构思与结构艺术的高超之处。小说开头描写文天祥毅然赴敌营谈判并处处凛然不屈,又描写他伺机脱逃历尽惊险,再描写他到了真州后披心沥胆呼吁各方团结抗敌,等等,固然都是为了塑造文天祥高大的爱国者形象;但这些着力描写更都是为了与他最后之被摈弃作强烈的反衬。“有比被怀疑被摈弃于国人的烈士们更可痛心的事么?”作者正是这样,先将人间最崇高的东西充分地描绘出来,然后写出这些美好的东西如何被残酷地撕毁,从而引起人们莫大的悲哀与愤恨。作者写道:“怀疑与猜忌,难道竟已成了他们不可救药的根性了么?”“敌人们便利用了这,而实行分化与逐个击破的不战而胜的政策。”这里,对国民党当局的谴责是十分明显的。只有理解了小说的主题，我们才不会像某些研究者那样，因为作者没有让文天祥继续作更“充分的表现”，没有对其生平行事作更“淋漓尽致的描绘”，因而皮相地认为这篇作品“与同类题材的作品比，文天祥的形象还嫌单薄”云云了。

《桂公塘》在艺术方面是相当成功的，除了上述整体构思的高妙外，在具体布局上用了倒叙的方法，舍弃原作中某些材料，做到简洁明了，头绪清楚，而无拖泥带水之嫌；同时，又充分利用原材料中的生动细节，在剪裁上是独具匠心的。在人物描写上，文天祥的忠贞刚毅，杜浒的义忠耿直，余无庆的机智多谋，吴渊的勇敢壮烈，贾余庆的老奸巨猾，家铉翁的怯懦颟顸，刘岊的无耻逢迎，等等，个性与形象都如在目前。许多场面描写，虽然着墨不多，但很动人，如留远亭上刘岊的丑秽表演、真州城下杜浒的投水与嚎哭等，都给人留下深刻印象。在对话描写方面，文天祥怒斥敌酋的几段写得有声有色，他在敌营见到本朝“祈请使”时的对话催人泪下。小说中共引用文天祥原诗五首，开首结尾两首，或点明主题或寄托意境，已见上述；文中所引三首，一用在杜浒等人为国宣誓热血沸腾之时，二用在镇江夜遁紧张危急之际，三用在被拒真州极度失望之日，都用得极妙，绝无生硬插入之弊，而更加强了小说的感染力。民国时期新文学作家的历史小说中，引用旧体诗始于郁达夫的《采石矶》，但运用神如、恰到好处的无疑当首推此篇。此外，整篇作品亦如《取火者的逮捕》一样，充满悲壮的诗意，例如最后结尾，便有如一首散文诗，使读者的情感随着那简短的句段不断地高涨。

关于《桂公塘》在艺术上的成就失得，现在的研究者常喜引用鲁迅在当年五月十六日写给郑振铎信中的一句话：“以为太为《指南录》所拘束，未能活泼耳”。确实，作品的故事情节基本照《指南录》中所述，甚至很多细节均有所本。例如：杜浒之阻行与随行，文天祥与元酋之对话，船泊谢村初闻鸡鸣，刘岊与村妇调戏，文天祥袖怀匕首，杜浒装醉以寻船，带路的老头关键时醉酒，其妻欲声张坏事，夜遁时突有马群挡路，船遇查问，被拒于真州，杜浒欲跳濠一死，等等。但正如郑振铎所说，也有略为改动了原作的地方。如原作写到北兵未入桂公塘牛栏搜查，是因为"时大风忽起，黑云暴兴，数点微雨下，山色昏冥，若有神功来救助也"；而小说则舍弃这一情节，改成北兵因牛屎臭气而未入。这就避免了可能使读者感到因过于巧合而觉得不真实。原作在他们一行未到桂公塘前，余元庆等四人即卷金叛逃；但小说却写他们一直是十二个人，并将余元庆塑造成一个很有谋略的正面人物。这样写，看来是为了减少枝蔓。①

对于鲁迅信中的这句话，我认为不能片面理解，以为鲁迅否定了《桂公塘》的艺术性；更不能就此得出郑振铎的历史小说是与历史上的传统演义小说属于同一写法的结论（关于这一点，下文还将详论）。鲁迅也并不反对依据文献、言必有据的历史小说，相反却认为"其实是很难组织之作"。（《故事新编·序言》）我认为，《桂公塘》在情节描写上较少虚构与发挥想象，其主要原因是这一段故事本身即十分曲折、惊险、凄惨，作者实在不需虚构什么，便已惊心动魄了。鲁迅与郑振铎是老朋友，他信上如此说，既是随心而论，又是出于高标准。以鲁迅之博学强记，对《指南录》自是十分熟悉，故

---

① 但这一改写是否妥当，我认为值得研究。尽管余元庆是个次要人物，但将一个变节者作为正面人物来写，对于了解历史本事的读者说来，总觉不妥。再说，出现动摇叛逃者，正说明斗争之艰苦曲折，这一节如照原作来写，亦未尝不好。但这一改写证明至少《桂公塘》没有全为《指南录》所拘束。

读了小说后易有“曾似相识”的感觉;而一般读者则未必如此。例如,当时有很多读者激动地说:“我相信不少读者,也因阅而心酸罢。作者却能运用他自由的笔,在峰回山转疑无路之中,突然柳暗花明又一村。情节一幕紧张一幕,读者的心,完全被作者摄住了。”[①]“其结构的完整,与创作态度的谨严,在现代的中国作者中,实所罕见。”[②]“《桂公塘》,这是较上一篇《文天祥评传》要有价值得多。……这样地把这故事底发展写出来,自然地给予了读者以深刻的印象,而会被感动得和作者一般地流下同情之泪了。”[③]“无疑的,《桂公塘》是一篇成功的叫人满意的佳作。”[④]

在一片叫好声中,也有说不好的,甚至还引起争论。比较有代表性的是《新垒》月刊与《春光》月刊(及《中华日报·动向》)二者的尖锐对立。《新垒》的政治背景及其倾向都不好,[⑤]但它在四月十五日出版的该刊上就发表了主编李焰生(化名“马儿”)的《郭源新的〈桂公塘〉》。其人对郑振铎主编的《文学》本是态度对立的,[⑥]说什么看《文学》不过是“催眠之用”;但读了《桂公塘》后,却惊叹:“真是满腔热血千行泪写成的作品”,是“一棵壮丽的花树”,“实是新文坛上没有见过的一篇东西”。激动得觉也不睡,通宵写了这篇文章予以推奖。他又发了一通攻击左翼文坛的议论:“普罗文艺的英雄们,他们的民族国家观念,给共产党反民族国家的纲领取消了。此

---

① 俞遥《〈文学〉的“创作专号”》。

② 束萌《〈文学〉创作专号》。

③ 苏蜚《读〈文学〉创作专号》。

④ 汪家瑜《读〈文学〉创作专号后》。

⑤ 《新垒》受汪精卫改组派部分政客支持。

⑥ 《新垒》上评《桂公塘》的诸作者,当时都不知道“郭源新”即郑振铎;而《春光》上的有关评论者则知道他是“老作家”。

种没有灵魂的傀儡文艺，除了一些描写共产党人的浪漫故事之外，就是千篇一律的工人于罢工之后去参加共产党。”而同时，他又责问国民党右翼文坛：“提倡民族文艺的英雄们，你们看看《桂公塘》罢。你们看看你们的《陇海线上》，看看你们《国门之战》，有多少相同没有？”作者站在所谓反对“党派文学”，也反对“假冒民族招牌的文学”的立场上，认为《桂公塘》才是当前中国需要的“真正民族国家的文学”。

而四月二十三日，由左翼进步青年主编的《中华日报·动向》上发表的耶夫的《郭源新的〈桂公塘〉》，却认为它毫不动人，“而且感到烦厌”，“只能算得一个文天祥的纪事，对于当时的社会实况以及文天祥以外的人，是丝毫没有触到的。这种历史小说的创作方法，不客气地说，是要不得的。”甚至认为“连题材也没有加以仔细的取舍和组织”。第二天，该刊又发表艾淦（宋之的）的《新作家与老作家》，认为“这篇作品是可以当起‘老’而无愧的。题材老，见解老，笔法老，不但老，而且有点滥。其所以然者，因为郭君根本就没有以新的历史眼光去认识和处理他所选取的题材的缘故。”五月一日，左翼进步青年主编的《春光》杂志上，又发表同一位作者写的《〈桂公塘〉和〈天下太平〉》，认为老作家“一天一天的逼向着坟墓了。其所以不甘没落，而必需卖卖名字者，也不过略示自己的挣扎之意而已”。还说应该“清除那本质上已经死去而仍靠着招牌吃饭的人”，并举《桂公塘》为例子。他认为采用《指南录》这样的材料，“不但不会有什么精华开采出来，甚至还会开出毒蛇来的”，并再次认定“作者根本就没有描写历史题材的能力”。

这样，便出现一个很奇特的现象：个别政治背景不好的刊物谬托知己，击节赞赏；而个别进步青年的杂志、副刊却将其贬得一无是处。对此，郑振铎未免感到遗憾、气愤、哭笑不得，于是他于五月十二日致信鲁迅，反映了这一情况。鲁迅于十六日复信，分析说："《文学》中文，往往得酷评，盖有些人以为此是'老作家'集团所办，故必加以打击。至于谓'民族作家'者，大约是《新垒》中语，其意在一面中伤《文学》，侪之民族主义文学，一面又在讥刺所谓民族主义作家，笑其无好作品。此即所谓'左打左派，右打右派'，《铁报》以来之老拳法，而实可见其无'垒'也。《新光》(按，当为《春光》之误)中作者皆少年，往往粗心浮气，傲然陵人，势所难免，如童子初着皮鞋，必故意放重脚步，令其橐橐作声而后快，然亦无大恶意，可以一笑置之。"鲁迅认为那些贬斥《桂公塘》的文章是"酷评"，也就是肯定了小说的成就。鲁迅形象地批评了当时一些青年易犯的"左派幼稚病"，认为可以宽恕。至于《新垒》，鲁迅揭露了它的"老拳法"，但也未将它都划入反革命营垒中去。这样的分析，对于我们深入认识《桂公塘》是大有帮助的。

鲁迅写信前一天出版的《新垒》上，又发表天狼的长文《评〈桂公塘〉》，除了继续"左打左派，右打右派"外，主要从艺术上较详尽地分析了《桂公塘》的成就，并驳斥了艾淦等人的贬评。应该说，此文的艺术分析还是颇为中肯的，甚至还看出了小说正是当时现实的"绝妙的写照"。其后，该刊还发表潇潇的《〈桂公塘〉的"毒蛇"问题》等文，继续驳斥艾淦的观点，但又继续玩弄"老拳法"。以后，《动向》上则有虹子的《论向历史上找创作题材》，指责郑振铎的小说"是畸形的，非正态的。而且，是建设新的写实文学当中所不可忽视的阻碍"。此文完全否认历史小说的价值和作用，认为"现实底形色，五花八门，简直美不胜收，但此辈作家，偏偏舍本逐末，拼命地去挖化石在七拼八凑；我觉得是把心血葬送了"。作者甚至在看出一点郑振铎历史小说的现实寓意后，还要挖苦说："作者自然是有苦衷的：比如自想要说几句如今的话，但如今的话偏又不好说'如今'，只得抓个躯壳来，可以占一些小便宜。"另外，徐懋庸也在《大晚报》上认为《桂公塘》"是失败得无可救药的"(《三卷一号〈文学〉杂评》)。当然，也有著名左翼文学批评家王任叔、张香山的正确评价(这留待下文再说)。

对于以上各种"酷评"，郑振铎根据鲁迅信中"大可置之不理"的指示，一篇答辩文章也没有写。但我们今天在回顾这场围绕着《桂公塘》的风波时，却不能不作出公正的评定。我认为，《新垒》中文章对左翼文艺的攻击当然是错误的，但他们看出《桂公塘》是当时中国文坛(包括左翼与右翼)少见的优秀作品，并对其艺术技巧作了一点分析，反对过分的贬评，这却是有可取之处的；《春光》及《动向》中的"酷评"文章，则没有什么道理，或出于对"老作家"的对立情绪，或出于对当时新的历史小说产生的意义的不理解，用语又轻薄，过"左"，甚至通也不通(如"开出毒蛇来"云云)，而且对《新垒》上攻击左翼文艺的谬论又毫无回击。然而，这两派批评文章对于《桂公塘》的真正主题思想却都没有把握。不管怎样，出现了那么多的评论文章，就证明这篇作品是很有影响的。《桂公塘》的思想价值与艺术价值本是客观存在的，经过半个多世纪，我们看得更清楚了。

同年六月三日，郑振铎又写出第二篇历史小说《黄公俊之最后》，发表于七月一日《文学》月刊上。小说写的是，主人公黄公俊原是一个读书人，他的祖上，因参加反对清廷的斗争，而从台湾被俘后流放到长沙。到了他这一代时，洪秀全领导的金田起义终于爆发了。他热烈"盼望着这大火立刻延烧到整个中国"，并和穷人王阿虎一起去投奔太平军。在太平军遭到曾国藩的湘军的严重威胁时，他因是湘人而被派去与曾国藩、左宗棠谈判。他慷慨陈词，晓以民族大义，但被拒绝，且险遭不测。太平军遭到帝国主义洋枪队与清军的合击，内部又出现腐化现象，几次大败，天京被围，天王服毒，局势十分危急。这时，黄公俊奉李秀成命，再次冒险找曾国荃谈判，表示只要对方脱离满廷，什么条件均可让步。但这最后的努力也失败了。他身陷囹圄，天京城破后，他拒绝“赦免”，毅然就义。

小说一开头引用的黄公俊诗的第一句，即点出了作品的主题：“最痛有人甘婢仆，可怜无界别华彝!”(当然，郑振铎决不是提倡狭窄的“华夷之别”。)本篇作品就是一曲民族志士高风亮节、视死如归的悲壮颂歌；同时揭露了民族投降派为了可耻的私利，不惜为异族统治者当走狗婢仆，并残酷镇压革命的罪行。这是一个悲剧题材，不仅写了民族英雄壮志未酬饮恨千古，也写了轰轰烈烈的农民起义在中外反动派的合力围剿以及内部的腐化倾轧下终于失败。读罢掩卷，令人悲愤不已。同《桂公塘》一样，本篇也不是单纯为“发思古之幽情”，而是具有强烈的现实战斗意义的。

蒋介石集团在当时进行第五次“围剿”时，把“攘外必先安内”作为其根本政策，倾全力进攻中国共产党的根据地；同时，蒋介石又把镇压太平天国、主张“借洋兵助剿”的曾国藩奉为先师，在庐山等地举办“中央训练团”时把曾的书当作教材，言必称“曾文正公”，竭力吹捧他为英雄和圣人。郑振铎在这时敢于针锋相对地揭露曾国藩的本来面目，并歌颂在民族危亡之际不惜作出重大让步和牺牲的光明磊落的民族志士，这需具有何等令人钦佩的胆略！当人们读到小说中曾国荃之流诬蔑太平天国革命为“流寇”，“逆贼叛徒,千古未有的穷凶极恶,集张角、黄巢、李闯、张献忠于一身”云云,并大肆歪曲太平军的行为与主张时,会很自然地联想到国民党当时对于红军的相似的诬蔑宣传。而作者则在黄公俊读了太平军的文告后,借黄公俊的想法表示:“他觉得这便是一道光明,他所久待的光明。写了这样堂堂正正的檄文,决不会是什么草寇。”可以说,郑振铎笔下的黄公俊,融入了作者及当时很多进步知识分子的影子。黄公俊这样一个知识分子,从一开始对革命有所顾虑,到坚定信念,并亲身加入革命队伍,以至舍生忘死地斗争,这样一个人物形象出现于一九三〇年代的历史小说中,是发人深思的。

小说具有深刻的思想性,不仅表现在上述对于现实政治的影射上,而且表现在作者能够比较正确地运用历史唯物主义的观点来看待历史上的革命运动。而这篇小说对于现实的影射讽喻,正是建立在对于历史本质的正确把握上的。作者在小说中指出了太平天国革命的正义性与合理性,反映了广大人民对它的热烈响应,说明“这是崭新的气象与人物”,“这决不是偶然的侥幸”,并认为“太平军的兴起,不单是一种民族复兴运动,且也是一种经济斗争的运动。”同时,又指出太平天国后期腐化的倾向和失败的原因:“太平军吸引了过多的复杂的分子,初出发时的人物,不是阵亡,便成了名王大将,安富尊荣,而新加入的,没有主义,没有认识,只是为了功名富贵,强盗、土棍、乃至妖军里的腐败分子和贪污的官吏们也都成了太平军中的主要的一部分人物,锐气和声誉在大减。”而“当战争日久,领兵者都成了肠肥脑满的富翁的时候,又为了军需,而不得不横征暴敛的时候,当许多新的大姓富户出现于各地,择人以噬的时候,农民们却不得不移其爱戴之心而表示出厌恶与反抗的了。”我们今天,对于太平天国的历史意义及其失败原因等,已有了远为深刻的认识；但在一九三〇年代初，能达到如上清醒的认识，却是十分难能可贵的。更何况，作者并不是像十多年后郭沫若写《甲申三百年祭》这样的史论，而是在写小说啊！在历史小说中反映这一重大的理论问题的，本篇无疑是第一篇。

小说在结构艺术上也相当巧妙，通篇贯穿着两条线索：明的一条是写主人公思想、性格的发展变化，和参加革命的经过。较细致而形象地描写了他，如何从小受到家庭的教育；如何盼望革命，又心怀疑虑；如何加入革命的队伍；如何成为太平军的重要人物，而两度入敌营谈判，以至凛然殉道等等。暗的一条线则写太平天国革命的发展变化。比较简单地作为背景，来写了它的掀起、兴盛、挫折、腐化以及失败。作者把黄公俊的性格、思想的发展，与太平天国运动从爆发到失败的过程，联系了起来，从而既充分地塑造了主人公的典型形象，又较成功地描写了典型环境，也初步总结了历史的经验教训。小说一开始写了铁栅中的人物和门外的士兵等，却并不点明究竟是什么地方，给读者造成一个悬念；接着，通过"踱方步"的描写巧妙地带出倒叙，从血写的家史、参加革命的经过、两次入敌营谈判，一直写到革命的失败和他的决心献身；最后，结尾与开头呼应，悬念方才解开。这样的布局也是别具匠心的。小说的对话描写与主人公心理描写也很不错，两次谈判写得十分精彩，又并不雷同。前面说过，鲁迅曾认为《桂公塘》为史料所拘；而这一篇，却完全与这无关。

这里就需探讨《黄公俊之最后》的史实出处了。这是从未有人指出过的。苏雪林说："历史上黄公俊本有其人，大约与王韬、钱江等同为倾向太平军的知识阶级"。(《二三十年代作家与作品》)其他论者也有相似的说法。其实这完全是不懂装懂,“想当然”耳。[①]我综合了著名学者罗尔纲、胡道静和杨天石诸先生的分别赐教,好容易才查清楚了这篇小说的“本事”。原来,黄公俊历史上实无其人,而是胡怀琛在一九一三年虚构的。其文初载《民立报》,[②]同年又收入胡氏《黛痕剑影录》一书;十年后,由凌善清编入《太平天国野史》,但对原作虚拟的诗略有删节;后来,这几句诗又被罗邕等人作为“断句”辑入《太平天国诗文抄》中。而最早怀疑其真伪的,是罗尔纲于一九三四年秋在《大公报》上发表的论文。郑振铎创作此小说时,显然取材于《太平天国野史》(因其所引诗句也是不全的),而且不可能读到罗尔纲发表在后的辨伪文章;但郑振铎有深厚史学造诣,显然也不以原作为信史,所以更充分地驰骋其想象。原作极为简短,除了几首诗写得甚佳,此外所述黄公俊行事并无什么积极意义;而郑振铎的小说,与之相合的只有三点,即主人公是湘籍,最后为曾国藩所囚,及那几句诗而已。原作提到黄公俊少时“放荡不羁,乡里多忌之。乃剃度为僧,不能守戒,见逐于老僧。会洪氏起兵于广西,黄改名公度,徒步数千里,走粤谒洪,进策万言,洪氏不能用,拂衣去”,以及“曾国藩既灭太平,闻黄名,招之不应,执之至”云云,与郑振铎的小说迥不相侔。可见,郑振铎这篇小说完全是为了现实斗争的需要而“凭空”创作的。

这篇小说发表后,也很受人注意。特别值得一提的是,三年后阳翰笙创作的揭露抨击国民党的著名历史剧《李秀成之死》中,也出现了去敌营谈判英勇不屈的“黄公俊”这一人物。据笔者当面请

---

① 而且,苏氏所说的钱江与太平天国的关系,也纯属后人附会。

② 胡怀琛在 1935 年 4 月 21 日《时事新报·学灯》上撰文提到《黄公俊》初载 1913 年《中华民报》上;今查乃刊于 1913 年 8 月 22 日《民立报》,未署名。

教,阳翰笙说明就是受了郑振铎这篇小说的启发的。但是,《黄公俊之最后》发表时也出现过一些“酷评”。例如,有人认为它比《桂公塘》“有了进步”,但还“不能令人满意”,因为“这篇里面我们看不到活跃的群众”,“这是很大的缺点,描写一个群众运动,怎能不从正面画出为主角的群众呢?”[①]这位评论者首先自己就弄错了,这一短篇小说并不是全面描写一个群众运动的,它的“主角”是黄公俊而不是“群众”;再说,其中也并非看不到活跃的群众,陈麻皮、王屠、胡阿二、王阿虎这些人物难道不都是么?在《动向》上,还有人认为它比“没有把握住当时社会的本质”的《桂公塘》更差,“写来写去,只把黄公俊写成一个没有灵魂的躯壳而已。”[②]那就只是意气用事的贬低而不是批评了。徐懋庸则认为这篇小说“题材本来是好的,出身于地主阶级的‘黄公俊’如何的反抗自己的阶级,这本来有许多意义可写,然而,在作者笔下,仅以指出了黄公俊的民族意识……这是最大的错误。”[③]我认为这是徐氏没有看懂作者的本意,再说当时的年代也正是民族矛盾上升为主要矛盾的年代,反映民族意识决未可厚非。徐氏还认为“作者的最大的失败”,“仍然在技术上,作者的文笔,是根本不宜于写小说的”,这样说也是太过分的。如果要对本篇提意见的话,我认为有两点,一是对曾国藩兄弟(尤其是曾国荃)的本质的揭露和心理的刻画还可以更深入更充分一点;二是对太平天国反对帝国主义的一面尚可再作加强(这一点,一九四九年后修订的《李秀成之死》就做得比较好)。

和前两篇以赞颂正面人物为主的写法相反,收入《桂公塘》一

---

① 张雄武《读〈文学〉一周纪念号》。

② 何兰人《与张雄武君略谈〈文学〉一周年纪念号的两篇创作》。

③ 徐懋庸《三卷一号〈文学〉杂评》。

书的第三篇历史小说《毁灭》则是以揭露和勾勒民族败类的反面人物形象为主的。《毁灭》写的是南明时阮大铖等权奸，在国难当头的年头还大肆玩弄权术，打击异己和迫害爱国者，结果毁灭了国家也毁灭了自己。小说的现实意义与主题思想与前面两篇是相近的，但写法则另辟蹊径。有不少评论者认为这三篇历史小说都是以历史上有民族气节的人物为中心写的，这显然不符合事实。

小说一开始就描写了信奉“无毒不丈夫”哲学的阮大铖的迫害狂心理。他大肆逮捕爱国人士和“复社”成员，直欲置之死地而后快。这时，中原发生兵变，许定国杀了防河大将并与清兵相勾结，南明小朝廷受到极大威胁。但阮某却完全出于私心，献计于马士英，对叛将不予惩治反予奖赏。阮、马处心积虑地防备的只是反对他们的爱国将士，但许定国却不受笼络而向北廷通款投降。清兵渡过黄河，南朝危在旦夕，阮、马等人又不组织抵抗，只考虑身家财产，甚至密谋迎降。当左良玉以“清君侧”为名发兵征讨马、阮时，他们又不惜调动防淮大军予以镇压，终于让清兵乘虚南下。正当阮、马准备迎降时，愤怒的民众却捣毁与焚烧了他们的老家。

小说写成于一九三四年九月二十九日，发表在十一月《文学》月刊上。当时正是日本帝国加紧侵华，而中国工农红军第五次反“围剿”斗争终于失利并被迫开始长征的严峻日子。国民党当局毫不以外患为念，却得意忘形于“剿匪胜利”之中，扬言要彻底消灭革命的力量，并抓紧迫害一切与他们政见不同的爱国者。这篇小说，正是借南明兴亡史事对现实生活中的统治者作了深刻的揭露和严正的警告。同前几篇小说一样，本篇的战斗性与讽喻性也是十分强烈的；不过，与前几篇相比，本篇没有借正面人物之口“直斥”现实中的反动统治者，因而又更为“隐蔽”一点。

明朝末期，宦官集团大兴党狱，镇压“东林”、“复社”诸文人，“激而愈甚，后忿深前，身家两败，而国运随之”。（计六奇《明季北略·门户大略》）特别是南明王朝成立后，“魏阉余孽”马士英、阮大铖出掌重权，“大铖一出，凡海内人望，无不罗织巧诋；贪夫佥人，无不湔洗拔用”（《明季北略·门户杂志》），更加速了南明的毁灭。本来，当时国人都渴望收复中原，而南明尚拥有大半壁江山和两百万左右军队，如能政治开明，团结对敌，是完全可以消灭刚刚入关不久、占地不多、人数仅十余万的清朝军队的；即使暂时不出师北伐，至少也可以像东晋、南宋初期那样，坚守江淮，以徐图恢复。可是，仅仅一年，这个曾经一度为国人瞩望的南明政权顷刻被毁灭了。关于这段历史，后来史家有大量的记述与研究，而文学家也有试图通过创作来反映并揭示其毁灭的原因的。其中最有名的，就是清人孔尚任的《桃花扇》传奇。

《桃花扇》通过复社文人侯方域与秦淮名妓李香君的爱情故事，来反映南明一代兴亡史，并做到基本情节严格符合史实。戏中不仅故事曲折动人，而且鞭挞了马、阮之流，揭露了统治者腐朽的内幕，因而一直受到群众的欢迎。在二十世纪三四十年代，由于国民党当局的有关行径与明末马、阮之流十分相似，因此有好几个革命作家便用改编历史剧《桃花扇》的方法，引起人们的联想，来揭露反动当局的面目。例如，欧阳予倩在一九三七年初冬，就怀着满腔忧愤将《桃花扇》改成京剧，一年后又将它改成桂剧，一九四七年又改成话剧上演。（前两次都上演不久即为当局禁止。）一九四六年，谷斯范也将它改成过小说《新桃花扇》。而我认为，民国时期文学史上最早取材于《桃花扇》以创作影射现实的作品，就是郑振铎的《毁灭》。

郑振铎对于南明史和《桃花扇》的研究都有很深的造诣,[1]这篇小说显然脱胎于《桃花扇》。例如,小说一开头写到侯方域等三人被阮大铖在"三山街蔡益所书坊"逮捕,即出自《桃花扇》第二十九出《逮社》,连地名店名都一样。但《毁灭》所述,大约只相当于《桃花扇》的下半本,即从阮、马拥立福王、权握中枢后大捕复社党人写起,而对原剧上本中的有关情节则作了虚写。例如,小说写到阮某在"逮社"后曾想起以前"丁祭时候的受辱,借戏时候的挨骂,求交于侯方域时的狼狈"等,就隐含着原剧上本第三出《哄丁》、第四出《侦戏》、第七出《却奁》中的有关情事。我认为小说脱胎于《桃花扇》,还有一个有力的根据:作者在创作该篇的一个月前沿平绥铁路旅游时,曾携带《桃花扇》一书重读。在他的《西行散记·跋》中回忆最后一天在列车中,"情绪很恶劣,老在看《桃花扇》",并与同车旅客"慨叹于《争坐》、《移防》的几出",认为"现在的情形也还不是那个样子!"这段记述恰能窥见作者的创作动机。

然而,《毁灭》与谷斯范的《新桃花扇》不同,完全跳出了原剧的格局,不仅舍弃原来的侯李爱情这一主线,且也不以复社与阉党的斗争为主线,而只是以阮大铖为主角、马士英为配角,着重描写了奸臣的弄权毁国。因此,本篇是全新的了无痕迹的创作,将原来的悲剧改写成喜剧性的讽刺小说。作者而且也没有拘泥于史实。例如,根据《樵史》等史书记载,许定国杀高杰并投降北廷,时在乙酉正月,而阮大铖"逮社"则在三月。《桃花扇》正是照此写的,而《毁

---

① 我国著名南明史专家柳亚子,后来就得到过郑振铎的帮助。而对《桃花扇》,郑振铎在《文学大纲》中就曾自述:"我少时尝读之,一再读之,至鄙夷《西厢》、《拜月》,不欲再看,至于《燕子笺》,则直抛之庭下而已。"并说"《桃花扇》崇高,伟大","能博得热情少年的狂爱!"

灭》则写阮某在"逮社"的同一天得到许定国叛变的消息。显然,这样改写正是为了更有力地造成矛盾冲突,以洞见阮、马在这严重关头的内心世界。再如,小说写到左良玉起兵"清君侧"后,阮某在惊慌中忽想起被囚的侯方域对左有恩,阮即以释放侯为条件,要杨龙友让侯写信劝阻左师东向。这一描写于史并无根据。而在《桃花扇》上本中原有《修札》一出,写的却是一年半以前左良玉因兵饷不继、兵士闹事而准备移师东向、就食南京,当时兵部尚书熊明遇曾让杨龙友请侯写信劝阻。小说用了"缀合法",将此事换了场合、时间而写到阮某的头上。显然,同样也是为了更好地刻画这个奸臣的狡猾心计。

鲁迅在《中国小说史略》中曾指出,"寓讥弹于稗史"的讽刺作品在我国久已有之,"然此类小说,大抵设一庸人,极形其陋劣之态","往往大不近情";而即使一些较胜之作,也常常"词意浅露",不懂得"婉曲"之妙用。而郑振铎的这篇小说,则可称是十分成功的讽刺小说。它避免了将反面人物作简单的脸谱化与漫画化,而注重从心理活动、语言谈吐、趣味爱好,以及景致、环境、氛围等的描写,来塑造栩栩如生的人物形象。如小说第一节描写阮某大捕社党后"自足的得意的迷惘"心理,第六节描写他听到左良玉发兵讨伐时一刹那间的心理活动,虽然用笔不多,但都比较真实。写阮、马密谋的几段文字,通过对话描写,使两个奸佞现身纸上,声态并作,虽无甚贬词,而情伪毕露,真可称"微辞之妙选"、"狙击之辣手"(鲁迅语)矣!小说写阮、马搜罗了很多珍秘的钞本、宋元刻本之类,不仅表现了他们附庸风雅的一面,同时也刻画了他们贪得无厌的本性。小说在一些小景致的描写方面十分有味,请看第一节的结尾:"窗外的桃花正在盛开,一片的红,映得雪亮的书斋都有些红光在浮泛着。他的黄澄澄的圆胖的多油的脸上，也泛上来一层红的喜色。”“他亲手培植的几盆小盆松，栽在古瓮钵里，是那样的顽健苍翠，有若主人般的得时发迹。”寥寥数笔，色彩丰富，不仅暗暗点出故事发生的时节，而且生动地衬托了主人公的焰势。

《毁灭》技术圆熟，讽刺辛辣，不留斧凿痕迹，深受读者欢迎，在郑振铎的作品中也是比较突出的。当时，它就被人选入《一九三四年小说年选》(开华书店出版)、《历史小品集》(艺峰丛书社出版)等书中；过了十多年后，一九四六年晨钟书店(又作正气书店)出版的《历史小品集》，一九四七年香港新流书店出版的《抗战前后八十家佳作集》等书，都也没忘记选收这篇作品。

对于上述这两本小说集，王瑶曾称为“历史讽喻小说”(《中国新文学史稿》)。如果就鲁迅《故事新编·序》中说的“神话、传说和史实的演义”的意义上来理解和使用“历史小说”这个概念，这两本集子是都符合的。这七篇小说，虽然或披着神话的外衣，或借着古人的躯壳，但“说的却是当时当地的事”(郑振铎《〈取火者的逮捕〉新序》)。在他写作和发表这些小说的一年左右时间里，国民党在军事上发动最大规模的第五次“围剿”，同时也强化了在文化战线上的“围剿”。新中国成立后，作者曾多次明确地说明他写这些小说时的心情与动机。在一九五六年八月所写的《中国文学研究·序》的初稿(未刊手稿)中，他说：“日本帝国主义者的魔爪，越伸越近了。北平时时在它的乌黑黑的魔影的笼罩之下。而国内的蒋帮还在大屠杀，青年们常常被捕失踪。日月减光，风云失色。我愤慨地写了《取火者的逮捕》，写了《桂公塘》等等小说”。毫无疑问，郑振铎的这些小说是比附现实、寄托愤慨之作，与中国传统的演义式的历史小说截然不同，属于鲁迅《故事新编》所开辟的中国现代新的战斗的历史小说的行列。

但是，在当今一些研究者中，有一种人云亦云的说法却相当普遍，即认为“郑振铎历史小说的缺点，在于艺术虚构不够，过于拘泥历史事实，忠于历史，未能跳出历史”。因而认为他与鲁迅、郁达夫等人不同，属于所谓“拘牵史实，袭用陈言”的“传统写法”，是写《二十四史通俗演义》的蔡东藩的“后继者”，或者说他“正是遵循了《三国演义》这种传统的写法”。有的甚至还把他的作品与中华书局在一九三〇年代出的历史故事小丛书相提并论。我是完全不同意这类看法的！

首先，这种说法的研究者都把鲁迅信中说《桂公塘》拘于《指南录》一句话作为根据，对此，上文已有分析；而且，我更不能同意将鲁迅对一篇作品说的话，扩大而成为对郑振铎所有历史小说的评价。如前所述，《取火者的逮捕》中有不少地方是“全无故实”的，《神的灭亡》一篇尤其“最架空无据”；《黄公俊之最后》则全然是作者虚构的；即使《桂公塘》一篇，也有新的构思与改动。这以后，郑振铎写的《王秀才的使命》、《风涛》等历史小说，都是如此（下面将详述）；只有《汨罗江》一篇，因是新中国成立后，为国际屈原纪念年而作，不是比附现实或寄托自我之作，但也并非一般的“屈原的故事”。可见，上述那种对郑振铎历史小说的总体评价是不确切的。

其次，鲁迅开创的新的历史小说的写法，与传统历史演义的根本区别，并不在于是否忠于史实，或者是否充分虚构，关键在于鲁迅在一九二一年就指出的：“取古代的事实，注进新的生命去，便与现代人生出干系来”（《〈罗生门〉译者附记》）。郁达夫说过，新的历史小说有两种写法，一是“以古人的生活，来制造出他（按，指作者）的现代的生活体验”，二是“把我们现代人的生活内容，灌注到古代人身上去”。(《历史小说论》)郑振铎的这些小说正是这样。在小说发表的当时,就有读者正确地指出它们“注进去以现代式的精神”,是“近代化了的”(東萌《〈文学〉创作专号》),是“以新的意识,方法,给历史以一新的评价”(张香山《论以历史的题材为题材的文学作品》)。因此,如果要说“后继者”的话,郑振铎只能说是鲁迅的后继者。而且,我认为他写《毁灭》等作品,就是直接受鲁迅启示的。鲁迅当时给他的信中常提到:“昔读宋明末野史,尝时时掷书愤叹,而不料竟亲身遇之也,呜呼!”①而郑振铎的历史小说多取材于宋、明、清之末,这决不是偶然的。

把一九三〇年代写的这些小说,与他在前一时期写的小说相比较,可以看出不仅在艺术上有很大的提高,②在思想上也是如此。如用他自己的话来说,前一时期的小说“是胸中凄然的重温着已逝去的幸福与悲哀的回忆的时候”写的;而这时却“是热血涌沸,大声疾呼着,欲以战鼓似的声势,催激着人们去奋斗,去为民众,为自由而战的时候”写的。③ 虽然,从表面上看,是从现实生活退到了神话、历史领域;实际上,却是更深入地投入了现实斗争中去。这也是实践了他自己在开始创作这些小说的前夕所写的《我们所需要的文学》中所提出的:“当前的大时代在走来,在站在这里等候着!在等候伟大的文学的诞生!力的文学,争斗的文学,为群众而写的文学,刺激的,呼号的,热烈的文学,这——乃是我们所需要的。”尽管他的这些历史小说表层上披着保护色,但仍然是“力的文

① 见鲁迅1934年8月5日致郑振铎信。

② 苏雪林反对郑振铎这些小说的思想倾向,但认为“文笔之横恣泼剌,老练雅洁,在近代作家中实罕伦比”(《二三十年代作家与作品》)。

③ 郑振铎语见1924年1月《小说月报》的《卷头语》。

学，争斗的文学”，充满着阳刚、战斗之美。

最后还想指出，鲁迅无疑是中国近代新的历史小说的开山，然而他在一九三五年以前只发表了《补天》等三篇，其他都发表于一九三六年。郭沫若是另一位有名的历史小说作家，他当时也只发表《鹓》等两篇，其主要作品都发表于一九三五年以后。此外，郁达夫发表过两篇，茅盾有三四篇，施蛰存有三四篇等，其后他们就不再写了。而郑振铎在当时却一口气发表了七篇，并集成两本书，其后还继续有所创作，这对鲁迅开创的这一文学新品种的发展是起了很大的作用的。而且，郑振铎的历史小说，比起郁达夫等人来，又有很大的进步。王任叔当时就曾指出：“文学作品，以历史为题材，从前不是没有。郭沫若先生的好多剧本，都是取材于历史的，如《三个叛逆的女性》。郁达夫先生也写过《采石矶》等。但自去年来，郭源新先生在《文学》上发表了几篇历史小说以来，其间有个显然的变化。即是前者以个人主义的立场，借古人的尸体，来还自已的灵魂，作为表现自己底思想与性格底一面的。后者，却从社会学的某一个观点，截取历史事件底某一现象，从而反映现实社会的一面的。”（《中国现代小说发展的动向底蠡测》）张香山也以《桂公塘》为例指出：“以历史的题材为题材的文学作品之出现，并不是最近才初有”，“可是到了最近，这种文学作品，因为给灌进了浓厚的进步的现代性，所以惹动了许多人的注目，而且是成了一种强固的新倾向。”（《论以历史的题材为题材的文学作品》）从这二位著名的左联文艺批评家的话中，我们可以清楚地看出郑振铎的历史小说在民国时期文学史上的地位和作用。何况郑振铎正是非常明确地意识到这个历史小说创作的“新倾向”的。他在一九三四年底，对燕京大学新闻系的同学讲话时就指出：“中国文坛最近的趋势，因检查的严紧（按，指当局文化专制的加强），发生两方面好现象（按，指坏事变成好事）：第一，技巧更深刻，当年太阳社口号式的写法没有了，注重现实，以深刻老练的写作技巧来表现。第二，利用旧传统，将历史著名人物，旧小说传奇上之英雄，用新的写法，叫他复活”。他同时又指出：“但利用旧传说，有点害处，妨碍作者意识之发展。受它的束缚，非有极高超的手腕不易成功。”（娴丝《郑振铎先生访问记》）我认为，郑振铎本人的历史小说创作，就是用了新的写法，并未受束缚，而有着高超的手腕的成功之作；而且，他发表这些作品时，正是一个寒凝大地、雾塞苍天的年代，他的这两部小说集，无疑是呈献给革命文坛的两束夺目的鲜花！

（五）

一九三五年，郑振铎只发表了两篇小说。其一是《陈士章传》，载于三月号《文学》杂志上。该篇小说在新中国成立前未曾收集，新中国成立后又失收于《郑振铎文集》，因此几乎为人们遗忘。

小说的主人公陈士章是一个地主家庭出身的青年，从小养成懦弱懒惰的性格。中学毕业后，其父便要他闲居在家。虽然他当时很佩服穷人家出身的同学李书怀，也曾想像李书怀那样去当个小学教员，但又不敢违背父亲的意愿。“他被供养在家里，软瘫瘫的像他家里的鹅和羊和猪一样，只是逍遥自在，不做一点事。偶然也去催催租，或到坟头上走走。”李书怀有几次想介绍他去教书，却再也鼓不起他的兴致。后来，他的父亲死了，他就继而成为一个有着“好脾气和惰懦的性格”的地主，继续其寄生虫般的生活。（在这里，我们不难看出作者显然是借鉴了俄国小说中“多余的人”的形象。）但是，几年后农村中酝酿起革命的风暴，随着别的有钱人纷纷逃往城里，他也进了县城，住到大财主、姑丈刘焕祥的家。刘表示出很欢迎的样子，因为他也想逃到市里去，正好让陈士章替他看家。后来，农民起义被“平定”，陈士章的家成了一堆废墟，于是他只得又回到县城里。这时，李书怀“逃亡”了，他找不到一个可以帮助他的人，而刘焕祥则无情地赶他出门。他只得又回到乡下，住进破庙，成为一个乞丐。小说通过陈士章的生活道路，向人们指出，一个出身于剥削阶级家庭的青年，如果不劳动，不思考，不奋发，不靠近进步力量，不投入真正的生活，就必将成为一个废物，是没有前途的。这一主题，在当时对一部分有相似情形的人是有现实的教育意义的。

值得注意的是，小说虽然没有正面描写革命，但仍然隐约地反映了它的群众性与正义性。例如，陈士章的雇农阿狗，离开他从县城回乡去看父母，“一去便不再来”；陈士章回到农村后，见到其他人家的长工们也“都不知道到什么地方去了”；而一个“老太婆”说，他们都“跟了大队去了”。开酒店的王大嫂的长工阿丑，也参加了革命军，“从此不再回来”。小说从侧面写出了广大农民热烈投奔革命队伍，是十分真实的。小说又通过“老太婆”和王大嫂等人的口，多次说明陈士章的长工去参军时，他家里的东西都放得好好的不曾动。“可是，那些天杀的——一把火，什么都完了。”小说虽未明写，但谁也能看出，放火的并不是起义农民，而是借口“剿匪”的反动军队。这些如实描写，都体现了作者的爱憎与立场。

小说中的反面人物刘焕祥，作者用墨不多，亦无贬词，但比较生动地写出了他虚伪、奸诈、势利、无情的本质。对正面人物李书怀，作者写到他“是穷人家的儿子，他父亲做过书办，死得很早。他寡母替人家洗衣服，做针线活，好容易养活大他，还送他入学校。

在中学里，书怀是著名的刻苦用功，成绩常冠于一班。教员们都很看重他”。很明显，这与作者自己的家世、经历几乎是相同的，令人产生联想。小说的开头、结尾遥相呼应，并生动地描写了一只沉默无声地蜷伏在主人公身边的瘦狗，“和它主人有同样的好脾气和惰懦的性格”，而它原先是吃得很肥胖的。可见，写狗正是为衬托它的主人，发人深思。然而，这篇小说总的看来，艺术上比较平，对正面人物李书怀形象的塑造也不够丰满。

同年四月十五日，作者又写了另一篇小说《漩涡》，后发表于十二月出版的《文学季刊》上，新中国成立后由作者编入文集中。这篇小说中的人物李书怀，以及周希哲、胡方思、王英等，都是上一篇小说中出现过或提到过的；而且，这篇小说还曾提到陈士章的名字呢。《漩涡》写县立第一高等小学校长李书怀逃亡以后，信奉蒋介石“攘外必先安内”方针的周希哲继任了校长。周在学生中宣布李书怀是“有色彩的”、正在被通缉的“××党”；但学生们却都深深地怀念他。于是周希哲与王英密谋策划，要对这些“中毒已深”的学生的脑子“想个法子洗涤清净”。他们施展了种种计谋，大批更换教员，利诱和分化学生，并用造谣诬蔑等手段将一位正派的教师武克刚排挤走了。小说写的是革命的大风涛怒卷过后，因逆流的袭来而在一个县城小学校里造成的一个“漩涡”。也就是同上一篇小说一样，从侧面描写了革命，具有积极的思想意义。

《漩涡》生动地描写了音乐、图画教师武克刚从动摇到坚定的思想转变过程。他本是一个“浪漫的不修边幅的艺术家。他有时候过分的好脾气，也有时候无端的暴躁发怒起来，有时候很固执、守旧，有时候却激烈异常，说着使听者惴惴危惧的大言”。他受有李书怀相当的影响，但一开始却是“一个软软的瘫卧在自己的旧环境里的懒汉”，“思想是有的，却时时刻刻的在自己矛盾，冲突着”。然而，他在学生们追求光明和正义的热忱的感动下，特别是在“反面教员”周希哲等人与黑暗现实的教育下，最后终于认定自己应该“确切的站在正义的一边”，“他觉得，他已不复是一个易于动摇的人！他要开始踏着坚定的足步，为正义而奋斗”。他虽然被排挤走了，但人们相信他在其他工作岗位上一定会更坚决地为正义的事业而奋斗。小说还描写了受过李书怀教导的王洵、周效文等“早熟的”少年学生。王洵敢于用李书怀传播的革命理论，在课堂上怀疑与责问周希哲宣扬的卖国论调，并和周效文等同学支持武克刚。人物描写得十分可爱。

如果说，在《陈士章传》中虽然出现了正面人物李书怀，但他的形象并不丰满，甚至他为何“逃亡”都没交待；那么，在《漩涡》中李书怀尽管从未出场，却始终令人感到他的存在。作者正是通过描写武克刚和王洵等学生的倾向进步，使李书怀的高大形象呼之欲出。这是本篇作品十分成功的地方。小说对周希哲等人收买学生、造谣生事、排斥异己等卑劣手法的揭露和描写也是十分生动的。值得指出的是，我认为这当中也是融入了作者自己的生活经历的。就在写作这篇小说时，作者在燕京大学因受到顽固势力的造谣诬蔑而愤然离去。

上面这两篇小说，虽然各自独立，但显然有着内在的联系。不仅人物有连续性，从时间上看也是相衔接的，各自还都留下不少可以接续的线索和伏笔，而且第二篇小说从写成到发表又隔了七个多月，因此，我认为很可能作者原先是有写一部长篇小说的打算的。而如果能写一部长篇，其内容看来一定是反映知识分子与中国革命的关系的。从现在读到的这两篇来看，第二篇胜于第一篇。

作者未能继续写下去,实在是很遗憾的。但从这两篇看,作者已经为我们描写了两个不同道路的知识分子的典型:陈士章从懒惰而走向没落,武克刚则从懒惰而走向奋斗。在二十世纪三十年代的中国,这无疑很有教育意义。

距上述两篇小说创作后一年多,作者在一九三六年八月十六日写了一篇历史小说《王秀才的使命》,载八月二十五日《光明》半月刊。这篇小说也是从未收集的。据作者文末附记,此篇系据英国牛津大学一图书馆所藏鸦片战争时的汉文文件之一而写。这是庚子年(一九〇〇)英舰攻陷舟山、侵略宁波的危急关头,一个中国秀才写给英军舰长的通敌叛国信件。这个汉奸向侵略者表示自愿效劳,且措辞之卑鄙令人心胆俱战。郑振铎"姑更易其姓名,并隐其地名"写成此篇。小说很短,共三部分,一是描写王秀才与林监生等人密谋叛国投敌,二是描写林监生起草了叛国密信后由王秀才交去,三是王秀才完成罪恶的使命后他们集聚在一起密谈。可见小说是取一点因由而点染成篇之作。作品中写王秀才有这样一段议论:"我们儒者是最能达观应变的。叔孙通在秦时独免于坑儒,在汉时便建立了'立朝仪'的大功业。洪承畴知明人不足有为,便投靠助了皇朝,立下百年之洪基。士为知己者死,女为悦己者容。患无用我之人耳。"比较尖锐地揭露了叛国投敌者的心理。小说在日本帝国主义全面侵华战争爆发前夕发表,其现实意义不言而喻。可惜的是这完全是急就章,或者说是一篇速写,在艺术上比较粗糙。作者在题目下写有"《庚辛之际》之一",可见原先打算写一系列这样的小说的,但后来因为工作太忙而未继续。

直到一九三九年六月十五日,郑振铎在参与主编《大时代文艺丛书》时,才又写了一篇历史小说《风涛》。当时,上海已成为"孤岛”，郑振铎仍就地坚持战斗。主编这一套丛书，就是他与王任叔、孔另境等革命作家在当时的一项战绩。他在亲自撰写的丛书序言中号召：“文艺工作者在这个大时代里必须更勇敢，更强毅的站在自己的岗位上，以如椽的笔，作为刀，作为矛，作为炮弹，为祖国的生存而奋斗。”这套丛书中有一本《十人集》，收入了坚持战斗在“孤岛”上的十位作家的小说，其开卷第一篇就是《风涛》。

小说写的是明代后期东林党人与魏忠贤集团的政治斗争。所描写的时代（约一六二四至一六二六年）略前于作者五年前写的《毁灭》所反映的时代（约一六四五年）。小说主人公李应升，明熹宗时任御史。据《明史》传，“应升知（魏）忠贤必祸国，密草疏列其十六罪，将上，为兄所知，攘其疏毁之，怏怏而止。”未久，“杨涟劾忠贤，得严旨。应升愤，即抗疏继之。”后又代高攀龙草疏劾崔呈秀，“呈秀窘，昏夜款门，长跪乞哀。应升正色固拒，含怒而去。”接着，他又与魏大中等人弹劾魏广微，结果却被“夺禄一年”。最后，被魏党逮捕，酷掠至死，年仅三十四。据《明季北略·天鉴录》，李应升实非东林，只因他为人正直，不附魏党，也被杀害。此外，关于他的事迹，诸书所载均不详尽，例如《荆驼逸史》中有《李仲达被捕纪略》，亦极简单。郑振铎基本根据这段历史，发挥想象，演化成一篇动人的小说。

小说主要描写李应升等人慷慨聚议，联袂上章，拒绝疏解，罢官隐居，直至毅然就捕，以李应升义无反顾地踏上殉道的征途而结束。小说歌颂了李应升等清流文人所表现的舍生忘死与权奸斗争的爱国精神，充满悲壮的意味。而在结尾处，还描写了江南人民自发地聚集起来反抗东厂缇骑逮人的情景，在苍凉的悲剧气氛中加添了热量。据郑振铎夫人高君箴回忆：“上海沦为‘孤岛’后，国民党特务一度在租界上活动仍很猖獗。广大爱国人民和革命者身受着国民党特务，以及汪伪特务、日寇宪兵的残酷镇压与迫害。振铎也是身受其苦的，他十分痛恨蒋介石假抗日、真反共的反动政策"，《风涛》即是"借古讽今，抨击了蒋家王朝的腐败特务统治，和'攘外必先安内'的反革命立场。文章发表后，曾引起社会上强烈的反应。"（《"孤岛"时期的郑振铎》）可以说，《风涛》是作者创作了《桂公塘》一书之后的又一篇力作。其中，李应升的年少气盛、激昂慷慨，黄尊素的老谋深算、临危不惧，以及崔呈秀的奸诈做作等，都描写得比较生动。但与《桂公塘》等几篇相比，本篇在艺术上略嫌粗糙。例如，小说从李应升被罢归写起，后文却缺少照应；在语言上，有的地方也有点诘屈；等等。这可能是与作者当时忙于各种工作和救亡活动，写作太仓促有关。[①]

这以后，过了七年，直到抗战胜利后，在激烈的政治斗争的催迫下，他又执笔写了两篇紧贴现实的小说。其一是《访问》，作于一九四六年五月初，载于作者主编的五月九日《联合晚报·文学周刊》上。[②] 关于这篇小说，有研究者说它是抨击国民党警察骚扰民宅的，或说它是揭露国民党实行"警管区制度"的。这样说似乎也不错，但仍属隔靴搔痒，同时还让人以为国民党真的实行了"警管区制度"。要真正体味这篇小说的战斗艺术，必须弄清楚当时的创作背景与动机。

一九四六年五月五日，上海《大公报》等报突然公布国民党上

① 据《十人集》编者孔另境在序中说，该书"从约写至集成，共费去两个多月"。孔另境序作于6月24日，而郑振铎该小说作成于6月15日。

② 该小说收入《郑振铎文集》第一卷时，出版社编辑说明："是否曾经发表，一时还未查明"；又，小说末所注"1946年6月写"，亦误。

海市警察局的所谓“警员警管区制”，规定由一个特别挑选出来的警察，在分局范围内管辖八十至一百二十户，或四百至六百个居民，可以随时闯入民宅“访问”，以“明了各户详情，警民打成一片，俾宵小无法匿迹”云云。并宣布从六月一日起强制实施。这一法西斯专政的制度，一经公布，群情激愤，郑振铎一连写了很多篇政论坚决反对(详见本书第一章)。当时，郑振铎的好友、著名学者李健吾、钱钟书、傅雷、戈宝权等人还针对上海国民党当局胡说什么这种制度在西方民主国家也是有的狡辩，“引经据典”予以批驳。在全市人民的强烈反对下，这一反动制度最终没敢公开实施。而在这一激烈斗争中不仅用政论文而且用小说来参加战斗者，则仅有郑振铎一人。

国民党的这一制度是五月五日公布的，《访问》则在九日就发表了。可见作者是怀着多么强烈的战斗精神，多么及时地写出了这篇作品！小说发表时还有一个副标题《一个未来的故事》(收入文集时被删去了，以致容易被人误会是纪实作品)，表明作者是意图通过这篇作品形象地向人民群众揭示：一旦当局的这一制度实施，人们将遭受到怎样的侵扰与压迫。小说以一个忠厚老实、安分守己的小职员周荫甫为主人公，前半部分主要描写他读了有关批驳“警管区制度”的文章后的心理活动，后半部分则着力描写警察对他家“访问”时的对话。小说写得极为真实，毫无夸张，对那个警察也没有随意丑化(最后还写到他对周荫甫的贫困生活流露了同情)；但却惟肖惟妙地写出了反动当局对人民的敌意、猜忌，和普通群众对警察的惊恐、厌恶。小说虽然写的是“未来的故事”，但警察的这种扰民查访本不少见；而如果形成正式的“制度”，那对人民的危害又将如何？小说便将这样的迫在眉睫的现实问题，提到了每个读者面前,从而起到了强烈的宣传、战斗作用。小说首尾呼应,写了阴沉沉的天气,并通过人们盼望天晴来表达人们盼望解放的心情。

同月十七日,他又写了一篇《变》,载六月一日马叙伦主编的《昌言》杂志上。这篇小说未曾收集,故从未被研究者提及,然而却是值得注意的。小说写的是抗日战争胜利前后这个历史的大转变时期,一个汉奸如何摇身一变的故事,同时深刻地揭露了国民党反动派与汉奸的勾搭关系。小说主人公、奸商应村仁,战争期间在上海与各色人物打交道:"有日本的军官和翻译,有同僚,有同伙做生意的肠肥脑满的人物,也有说是做地下工作的同志们。"他大发国难财,并干着卖国的勾当,无耻吹捧"皇军攻无不胜,战无不克",还为他们推销货物;同时,又与国民党的"内地潜来的工作同志"大做倒买倒卖、囤积居奇、抢购美钞之类罪恶行为。这个奸商在心中暗暗高叫:"好不侥幸!这次战争虽死了不少人——他妈的——却打肥了我";但当他从国民党要人方一醒、刘见瓯等人那里得知郊外有新四军在活动着时,就害怕了,因为"这条路,他并没有走通"。抗战胜利后,当人民狂欢之际,他却感到恐栗与颤抖。但他给刘见瓯送了一大笔钱,刘就给他"一个名义",让他神气十足地汽车进进出出地在那里"办公"了。不久,刘某自己劣迹暴露、声名狼藉,眼看奸商应村仁也将保不住时,方一醒却找他来了。他们谈妥了"交易"后,在一次高级宴会上,方某便向"盟军"头面人物介绍应村仁"是一位大胆无畏的地下工作者"。但不久,应的某个同伙因问题暴露而被捕,应又求救于方某,方装着同情他的样子,要他"舍弃一切",最后帮助他逃去香港。不言而喻,应的大笔奸产也就被方某吞没了。

本篇写的是当时极为重要的题材，不仅涉及“锄奸”问题，而且揭露了国民党要人包庇汉奸，隐匿、吞没汉奸财产的严重问题。这在当时的小说中，可能是首次涉及的，充分体现了作者的胆略。作者在小说中不仅揭露了国民党“地下同志”及“内地的一些人”在抗战期间同奸商相勾结，大发国难财；而且把“新四军”作为鲜明的对立面，歌颂了真正抗日和爱国的政党与军队。作品还反映了广大群众对于这些摇身一变的汉奸和包庇怂恿他们的国民党当局的强烈不满。小说虽然篇幅很短，而且看得出是仓促写成的，但仍比较注意艺术构思，对反面人物的描写避免了脸谱化。应村仁这个见利忘义、无恶不作的奸商，以及狼狈为奸、阴险狡诈的方一醒等国民党要人的形象，都是塑造得比较生动的。

此后又过了十一年，作者才在一九五七年九月的《收获》杂志上发表了一篇历史小说《汨罗江》。这也是作者在新中国成立后发表的唯一一篇小说。从现存手稿上所留某刊编辑部的收稿章来看，这篇作品写于一九五三年五月。一九五三年的六月十五日是端午节，是我国古代伟大的爱国诗人屈原逝世二二三〇周年纪念日。当时，世界保卫和平委员会和我国有关部门都曾举行隆重的纪念活动，而郑振铎正是我国文化部门主持这一活动的主要负责人。在他的精心领导下，当时影印出版了保存最早、最完备的宋刻本《楚辞集注》，和他亲自编选的《楚辞图》。他还写了好几篇关于屈原的论文，被译成世界各国语言发表。他把宣传屈原的爱国主义精神、介绍屈原的生平与创作，严肃地看作“这是一个政治任务”。[①] 正是在这一思想指导下，他创作了这篇小说。但是，当他

① 见 1953 年 4 月 22 日致刘哲民信。

把这篇小说投寄某刊后，却未获发表，这曾使他十分不悦；四年后，巴金主编、他参与编辑的《收获》创刊，才将此稿发表。[①]

在中国新文学史上，写屈原的作品不少，最著名的无疑是郭沫若一九四二年创作的历史剧《屈原》；同时，在现代学术界中，对屈原的生平与作品研究作出最大贡献的，也是郭沫若。郑振铎在这两方面都受到郭沫若的影响和启发。但他的《汨罗江》却并不与《屈原》重复或雷同，而有其自己的特色。首先，《屈原》只写了屈原青年时生活中的一天，通过这一天反映了他的主要爱国事迹；《汨罗江》则写了屈原晚年最后的二、三个月的生活，并通过他的回忆等表现了他一生的爱国精神。其次，《屈原》是在抗日战争中期国民党统治区的险恶的政治环境下写的，主要动机是"借了屈原的时代来象征我们当前的时代"（郭沫若《序俄文译本史剧〈屈原〉》），通过屈原的爱国事迹的演出，来号召人民投入当时争取民主、自由，反对分裂倒退的斗争；而《汨罗江》则创作于新中国成立后，因此自然没有借古讽今的意义，主要创作动机是介绍与宣传屈原的爱国事迹与精神，并以之纪念他的投江自沉。因此，前者以历史事实做基础而更多的是虚构、发挥的成分；后者则历史本身的东西多一些。这是自然的，也是可以理解的。有研究者看不到这些差别及其原因，把《汨罗江》看作是作者具有"拘泥于史实"的"毛病"的作品，这很难让人理解。

在艺术方面，《汨罗江》亦颇有特色。明代的郑瑜曾作过《汨罗江》剧本，写屈原在江畔遇见渔父，吟出了《离骚》，竟把《离骚》全文都引录了，有损于整个作品的结构。郑振铎这篇小说的构思却很

---

① 见周而复《悼念郑振铎同志》。

巧妙。前半部分主要写屈原清晨在汨罗江边散步，在写他散步的同时描写他的思绪和回忆，概括地引出了二十多年来国家的沦落与个人的遭遇；接着，描写他遇到渔父，以及渔父与他的对话。关于屈原与渔父的对话，在《史记·屈原贾生列传》上就有记载，但那是屈原刚被流放到汨罗江时的事，渔父开头问的是："子非三闾大夫欤？何故而至此？"而屈原的回答是何以被流放的原因。而《汨罗江》中则将它改写成九年后的事，渔父开头问的是："你大夫昨夜又没有睡好吧？"而屈原回答的话虽然与《史记》所记大体相同，却主要是说明他为何伤心的原因。这种改写，显示了作者的匠心。小说的后半部分，虚构的成分更多。作者写屈原在散步时听到村里人声鼎沸，急忙赶回去，闻得村里景家与项家的儿子（均是作者虚构的）杀出重围，带来楚国首都沦亡的消息，屈原悲痛欲绝。接着，描写屈原创作寄托亡国哀痛的《哀郢》，以及应村人要求创作追悼和歌颂楚国阵亡将士的《国觞》等诗篇的情形。最后，写他在极度悲愤之中写了《怀沙》，自沉于江。小说关于汨罗江畔景色的描写，及屈原人物形象的勾勒，均十分生动，文笔优美。最后写到渔父见屈原投江而呼救等，亦与前文相呼应，显得针脚绵密。总之，《汨罗江》作为郑振铎一生的最后一篇小说，称得上是优秀作品。作者批评"有的编辑限于政治思想和业务水平，鉴别欣赏文学作品的能力不高"，①因而轻率地将此篇作退稿处理。这一批评是正确的。

最后，要谈谈郑振铎一部未完成的小说《向光明走》。作者在一九五八年六月二十日致人民文学出版社的一封信中说："《向光

① 周而复《悼念郑振铎同志》。

明去》虽是断片，但没有发表过，是描写五四运动的，似还可用。”后来，《郑振铎文集》第一卷于一九五九年十月由该社出版时，这一小说断片首次被发表。由于郑振铎在交稿后仅三四个月即不幸牺牲，以致有关编辑连该作品的确切的创作时间也未及问他。据了解，该手稿交去时纸张已较陈旧，作于新中国成立前当无疑问。我认为，最有可能作于一九四六年。这一年“五四”纪念日前后，郑振铎集中发表了《前事不忘》、《五四运动的意义》、《五四运动的精神》、《迎“文艺节”》、《说“文艺节”》等多篇关于“五四”的文章，还为纪念“五四”而给《世界晨报》题词等。也许正是当年抗战胜利后为争取科学与民主而斗争的现实形势，激励他创作这一小说的。小说今见前六章，字数在两万五千字以上。从已出场的人物数量之繁夥、伏笔线索之纷杂，以及场面环境之宽阔等来看，作者原拟写成一部长篇殆无疑义。小说正写到微妙之处却戛然而止，看来一定是因为作者当时另有更重要的工作，而无暇将它完成了。我们从以前《取火者的逮捕》等作品中已可看出作者具有撰写长篇小说的能力；而从这部未完成的稿子中，我们又看到了这一点。

小说从“五四”的第二年开始写起，描写轰轰烈烈的北京学生运动。第一章写以刘仲芳为中心的几个爱国学生的放谈与辩论，第二章写王周意、刘仲芳等人忙着准备第二天的游行和讲演，第三章写学生游行、讲演以及被军警捕捉而关囚于天安门的经过，第四章写刘仲芳设法营救被捕同学和回忆去年“五四”那天的情景，第五章写刘仲芳等欲给关囚在天安门的同学送食物衣服而遭军警拒绝，第六章写江新甫追求女朋友的故事。由于小说突然中止，我们很难推测作者接下去将如何发展其情节；但即从已成的这些章节来看，也可知在结构、描写上是十分高妙的。有回忆，有穿插，错落有致。既描写了热血沸腾的政治活动，又描写了心猿意马的初恋心理，有张有弛。第一章主要通过会话描写来塑造人物形象，第六章则主要通过心理描写来塑造人物形象，各异其趣，均很生动。

在前六章中多次出现的人物已有十多个，在他们身上我们可以看到很多"五四"老战士和郑振铎的老朋友的影子。虽然小说尚未充分展开，但不少人物的形象已经相当生动、丰满，个性鲜明。例如，刘仲芳的慷慨激昂、注重实际，江新甫的天真活泼、心有旁骛，王周意的干练沉着、善于指挥，柳东秀的诚实木讷、从容稳重，等等，都已给读者留下较深的印象。从这六章中已可看出，小说的主角是刘仲芳；而在这个人物的身上，正有着作者自己的影子。例如，小说第四章写刘仲芳回忆起"五四"那天下午他在住所看到"火烧赵家楼"一幕，以及巡警追捕学生的情景，第五章写刘仲芳和一位朋友孔匡世（按，疑是耿济之的化身，"匡世"与"济之"意通）去天安门为被捕同学送衣服等事，都与作者回忆文章《前事不忘》中所述自身经历完全一致。

小说中最感人的一节，是第四章中刘仲芳想起老母亲时的一段心理描写。"五四"第二天，刘仲芳借宿其家的亲戚要他别去参加学生运动，说："你母亲……千辛万苦的抚养你成人。要有什么危险，你想她要如何痛心？"这时，他便浮想起"一个中年的因焦愁与苦作而早老的母亲仿佛现在他面前。……他父亲死得很早……他之能由小学而中学而大学的一步步上去读书，其费用完全由他母亲东借西挪，卖田集会来的。他母亲对他属望极深，差不多全个性命都寄托在他的身上。他因此也很能刻苦用功。"小说描写了他曾见到母亲一针一线地制作玩具以换取极低的价钱而供他读书的往事，母子俩抱头痛哭的一节写得催人泪下。这些完全是作者自己家世的真实写照。而小说不仅写了这些，更写出刘仲芳自觉的高尚的革命意志：

> 但现在，他却被一种更伟大的光明的目的，把他苦作的母亲暂时忘记了。……他的胸中炎沸着青年的勇敢与青年的责任的自觉。这个勇敢与责任的自觉，他曾时时因他母亲而燃起，现在却另为一个更大的目的而燃起了。他忘记了他母亲，他忘记了他母亲的辛苦，他忘记他以前的意愿，他所记得的只有一个更伟大的责任，更伟大的目的……

这是感人至深的一段话，体现了这部小说的题目和主题思想。

郭沫若曾经说过，要创作反映整个北伐革命的小说，“我觉得我自己是最适当的人：因为从广东到广东的那个巨大的波动，我是整个地参加了的。”（《北伐途次·小引》）可惜，他创作的反映这一“巨大的波动”的长篇小说《克拉凡左的骑士》却不幸遗失，只剩开头一小部分残稿。而要创作反映五四运动在北京掀起的“巨大的波动”，我认为郑振铎是最适当的人，因为他不仅“整个地参加了”这一爱国运动，[①]而且还是一个积极分子和学生代表。因此，这部小说之未能写完，也就和郭沫若描写北伐的小说之遗失，冯雪峰描写长征的小说之焚毁一样，成为中国文学史上无法弥补的遗憾了。而且，时至今日，直接描写“五四”运动本身的小说仍极少见；[②]因而郑振铎的这部小说即使仅成断片也仍是十分难得的。

---

① 试想，鲁迅当时虽然也在北京，但他毕竟已不是学生了；而茅盾、郭沫若、叶圣陶、巴金等人，又都不在北京。

② 1937年生活书店曾出版“蔷薇园主”写的《五四历史演义》，是描写“五四”运动的难得的作品；但它是传统“演义”式的作品，与现代小说者不同。

（六）

综上所述，郑振铎一生陆陆续续共发表了三十六篇小说（其中有四篇可称一部中篇，有一篇为长篇未完成稿）。总起来说，除去初期不熟的以及不很重要的个别作品以外，他的小说大体上可分三大类：

第一类是创作于一九二〇年代描写家庭生活的小说。其中又可分为两种，一是前半期的《淡漠》、《猫》、《风波》、《书之幸运》、《失去的兔》等，内容描写小资产阶级知识分子的家庭生活；二是后半期在国外写的《九叔》、《三年》、《五老爹》、《王榆》、《春兰与秋菊》、《五叔春荆》、《三姑燕娟与三姑夫》、《元荫嫂的墓前》、《赵太太》等，记录了即将消逝的封建宗法式大家庭的片影。

第二类是主要创作于一九三〇年代的新型历史小说。其中也可分为两种，一是取材于希腊神话的《取火者的逮捕》、《亚凯诺的诱惑》、《埃娥》、《神的灭亡》；二是以中国历史上动荡时期为背景的《桂公塘》、《黄公俊之最后》、《毁灭》、《风涛》（以及后来的《汨罗江》）等等。

第三类是创作于二十世纪三四十年代的反映社会政治生活的小说。其中也可分为两种，一是描写知识分子道路的《陈士章传》、《漩涡》以及《向光明走》等；二是紧贴社会政治斗争的《访问》、《变》。

这三大类小说基本上是顺序写作的，反映了郑振铎的小说创作道路，与其人生政治轨迹的一致性。创作于二十年代的家庭小说，大多取材于作者的生活经历，有一定的认识价值，富有生活情趣，在当时文坛上别具一格。其中如《淡漠》、《三年》等，是相当优秀之作;但也有一些作品开掘欠深。三十年代的历史小说,则都是借古讽今的战斗作品,具有强烈的革命精神,艺术上也相当高超,在当时产生较大影响。这是作者小说创作的最高成绩,也是三十年代左翼文学的优秀作品。作者描写现代知识分子生活道路的小说,可以发展成两部长篇小说,可惜均未能写成;而值得注意的是,在其主要人物的身上均融入了自己的真实生活。四十年代直接为当时政治斗争服务的两篇小说,则都是十分及时、十分锋利的。这几类小说,在各时期我国文坛上都戛戛独立、富有新意,不与他人重复。在艺术上,也大部分在水平线以上。总的说来,他的小说写得不算多,第一流的杰作也不多;但是我认为,他的成绩仍然是值得重视的,尤其是那两本历史小说集。如果不对其应该得到重视的成绩给予应有的重视,这就是一种不公平。

三、儿童文学创作

(一)

郑振铎从事儿童文学工作,我认为可以从"五四"前后他翻译印度著名诗人泰戈尔《新月集》中的"儿歌"(Child Poems)时开始算起。他把《新月集》与丹麦著名儿童文学家安徒生的作品相提并论,说:"我喜欢《新月集》,如我之喜欢安徒生的童话。……《新月集》也具有这种不可测的魔力。它把我们从怀疑贪望的成人的世界,带到秀嫩天真的儿童的新月之国里去。"虽然,他认为从严格的意义上来说,《新月集》还不是真正的儿童文学,"太戈尔之写这些诗,却决非为儿童而作的。它并不是一部写给儿童读的诗歌集,乃是一部叙述儿童心理、儿童生活的最好的诗歌集。”(《〈新月集〉译者自序》)但通过翻译《新月集》,无疑使他增强了对儿童文学的兴趣,并促使他进一步为发展中国的儿童文学事业而工作。一九二一年七月十七日,他正式主编著名新文学副刊——《时事新报》的《学灯》,而从同月二十四日起,他就在《学灯》上开辟了《儿童文学》专栏,主要发表文学研究会会员的有关翻译作品。这是我国报刊史上第一个儿童文学专栏,虽然其后存在时间不长,影响也不大,但却值得一提。同年九月二十二日,他起草了《儿童世界宣言》,十二月起发表于《时事新报》、《晨报》、《妇女杂志》等南北各大报刊上。这也是一篇重要的理论文章,“宣言”两字充满自信与气魄,从某种意义上可以说,这篇文章也就是中国近代儿童文学即将正式诞生的宣言。

一九二二年一月七日,郑振铎主编的我国第一本真正称得上儿童文学刊物的《儿童世界》周刊创刊于上海。他亲自编辑了整整一年,并在上面不断发表自己的译述与创作;同时,在他的大力怂恿鼓励下,叶圣陶也在该刊上发表儿童文学创作,后集成《稻草人》一书,由郑振铎作序出版。日本儿童文学理论家上笙一郎认为,世界近代儿童文学的真正的诞生,是以一八三五年安徒生的处女童话集《讲给孩子们听的故事》第一集的出版为标志的。[①] 那么,我们如果以相似的标准来看,中国近代真正的儿童文学的诞生,不能不以一九二三年出版的叶圣陶的第一本童话集《稻草人》为标志。正如鲁迅说的:“《稻草人》是给中国的童话开了一条自己创作的路的”。(《〈表〉译者的话》)而无疑,这一条路的开创,郑振铎也是有功的。

---

① 见上笙一郎《儿童文学引论》。以下凡引上笙语,均引于此书。

郑振铎专职从事儿童文学工作的时间仅仅一年有余(当然,以后他仍作了不少儿童文学的翻译、创作工作,还曾在自己主编的《小说月报》上开辟《儿童文学》专栏等),但就在这关键的一年里,在他积极地参与提倡和有计划地组织下,中国"儿童文学运动"(陈独秀、朱自清语)终于正式开展起来了。我认为,郑振铎对中国近代儿童文学的主要贡献,在理论倡导与组织编辑两个方面(这是叶圣陶所不如的);但他的作品仍值得我们充分重视与认真研究(虽然这不及叶圣陶),因为这也正是先行者留下的脚印。

郑振铎的儿童文学作品,大致有这样几类:根据外国童话、故事,译述、改写的作品(如收入《天鹅》一书中的部分作品);直接翻译的外国寓言、故事(如《莱森寓言》、《印度寓言》、《高加索民间故事》、《英国的神话故事》等书);根据中国古代寓言或其他故事改写、节述的作品;创作的童话、故事;创作的儿歌、歌词;图画故事的文字部分(内有少许可能是改写、译述的);儿童游戏的文字说明等。其中数量最多的是前两类。其第二类纯属翻译的作品,本节因篇幅所限不予评述。

(二)

郑振铎译述、改写的童话、寓言作品,严格说来也许不能算是他的创作。但是,我们必须充分考虑到这样两点:首先,这些作品的原作,有的并不是严格意义上的儿童文学,有的虽是,但并不完全适合中国儿童,而郑振铎或对其作了再创作,或加入了再创作的成分。日本上笙一郎认为,民间文学、成人文学样式的童话、包含儿童文学因素的成人作品等,严格地讲并不是儿童文学,但可以通过"改编"使其儿童文学化。因此,他认为改编"既是儿童文学创作的一个重要方法，也是儿童文学的一种形式”。其次，这类作品的数量，在郑振铎全部儿童文学作品中，占有重要的比例；不仅如此，当时发表的儿童文学作品，除了叶圣陶写的以外，大多数作家（如沈雁冰、赵景深、胡天月、严既澄、沈志坚、高君箴等）的作品，大多也都是翻译、译述，这是我国儿童文学发轫期的一种普遍现象。因此，我们有必要在这里首先提到郑振铎的这类作品。

在《儿童世界》上，郑振铎发表了三十多篇童话及寓言故事。其中能确认和大致肯定是他自己创作的只有四、五篇；其他二十多篇，除了一篇显系根据中国古代寓言改写的以外，都是根据外国作品而作的译述与改写，有十六篇后由郑振铎收入与夫人高君箴合作的《天鹅》一书中。这以后，他又“采用‘重述’法”译述了欧洲的长篇民间故事《列那狐的历史》，共分四十四节，在一九二五年的《小说月报》上连载发表。最后，在出版社纪念他创刊的《儿童世界》发行十周年时，他又应邀在该刊发表童话《贵族与狐》，看来也是译述改编的作品。除了上述这些作品外，郑振铎还译述过杜柏(K. Dopp)博士的长篇儿童故事《巢人》，内容系讲述原始社会人类巢居时代的生活情况。郑振铎在前记中指出：“这种书对于儿童有两重的价值：一方面是给他们以故事的趣味，一方面是给他们以科学的知识。而对于中国素未受科学洗礼的儿童尤有重大的价值。所以便把把它介绍过来。”（该作品连载于《儿童世界》第四卷，后因郑振铎调离该刊，由该刊编辑何其宽续译，改名《树居人》，由商务印书馆于一九二四年出版，为“儿童史地丛书”之一。）[1]

---

① 茅盾在 1936 年写的《不要你哄》一文中曾提到《树居人》，说：“十年前我们把《树居人》、《穴居人》之类当作宝贝”。可见此书的译述在当年是十分难得的。

从这些译述和改写的作品中，我们首先可以看到，为了建设中国的儿童文学，为了给祖国千百万少年儿童以新的精神食粮，郑振铎从域外的儿童文学花圃中采撷和移植时，是多么的眼界开阔，多么的不辞辛劳。他在《儿童世界宣言》中说过，“因为这是儿童杂志的原故，原著的书名及原著者的姓名也都不大注出”，这对我们今天的研究工作带来了困难；但我们读该刊上他译述的童话等，根据内容考察，仍能判断其部分来源。例如，有欧洲古代的伊索寓言（如《伊索先生》），欧洲中世纪的列那狐故事（如《狐与狼》），日本民间故事（如《竹公主》、《八十一王子》、《米袋王》、《两个生瘤的老人》），印度民间故事（如《聪明的审判官》、《花架之下》），阿拉伯民间故事（如《骡子》、《狮王》），奥地利民间故事（如《柯伊》），匈牙利民间故事（如《狮子与老虎》）等；外国作家个人的创作，则有丹麦安徒生的童话（如《一个母亲的故事》），英国王尔德的童话（如《安乐王子》、《少年皇帝》）等。除了这些译述、改写以外，郑振铎当时及以后还翻译介绍了俄国克雷洛夫和梭罗古勃的寓言、印度寓言、德国莱辛寓言、高加索民间故事、英国神话故事等等。并不夸张地说，在短短的一年时间内，当时世界上比较重要的儿童文学作品，郑振铎几乎都有所介绍。为了祖国儿童文学事业的开拓，郑振铎所付出的辛勤劳动是十分令人感动的。

其次，我们又可以看到，为了“最可爱最有望的中国儿童们”（郑振铎语）能够接受、看懂和喜欢这些外来的作品，郑振铎又进行了双倍的创造性劳动。这方面最生动的例子是他译写的万余字的《竹公主》。该作品取自日本文学史上享有崇高地位的“物语始祖”（紫式部语）《竹取物语》。原故事叙述一位伐竹老翁在竹子中得到寸许长的小仙女，经抚养，长成美貌绝世的姑娘；有五个贵公子来求婚，都在她出的难题前失败；天皇亦闻名而来求婚，也被谢绝；最后，她在八月十五夜被仙使召回月宫，天皇派重兵来也阻止不了；临去时，她遗赠天皇不死之药，天皇将它焚于山顶，即成为后来富士山顶漂流的云烟。与原作相比较，《竹公主》有重大的删削，例如删去了原作中的日语双关语、语言游戏及和歌等，因为这些都是中国儿童所难懂的；特别是干脆利索地删去了天皇求婚及临别赠药等情节，这样不仅使故事矛盾更为集中，而且汰除了原作中某些庸俗因素。同时，郑振铎更有重要的改写，例如，原作中中国儿童难记的日本人名等，全改成人物身份的代称；原作写伐竹翁在五个贵公子求婚时曾劝告甚至逼迫姑娘结婚，姑娘无奈，才想出难题来摆脱困境，郑振铎则改写成在五个贵公子的压力下老竹匠非常害怕，而姑娘则十分镇静，安慰老人，想出妙计；特别是最后一节改写成姑娘在老翁老媪相继病逝后才升天回月宫去，并把富士山顶的烟云改写为姑娘升天时的梯桥所化。通过这些重大删改，使竹公主的心灵显得更美，更有人情味，也使作品更富有诗意，更符合儿童文学的要求。从语言文字、结构布局等方面来看，我认为也都超过了原作，而又不失原作之精粹，真可谓改写的高手。这在当时的中国，可以说是无人可比的。

早就有日本学者认为《竹取物语》是“脱胎自我国《汉武内传》西王母的故事”，[①]近年又有日本学者发现它与我国藏族古代民间故事《斑竹姑娘》有异乎寻常的相似之处，这些都引起世界比较文学学者莫大的关注；如果他们还知道在一九二〇年代初郑振铎还如此成功地将它改写为儿童文学，那一定会引起研究者更大的兴

---

① 见郑振铎《文学大纲·中世纪的日本文学》。

趣。上笙一郎在论述儿童文学的改编时指出,“改编并不比创作儿童文学作品更容易,它需要付出同样艰巨的精神劳动”。而且,郑振铎的这类作品已经可以看作近于创作的作品。这在世界儿童文学史上也是有先例的,例如上笙一郎就曾谈到过,布尔芬奇(T. Bulfinch)改写了希腊罗马神话,兰姆(Lamb)姐弟改写了莎士比亚(W. Shakespeare)的戏剧,均成为优秀的儿童文学作品;且兰姆姐弟改写的作品,已没有了原作的戏剧特点,变成一种新的文学品种,因而可说是兰姆姐弟的创作了。我认为郑振铎译写的《竹公主》,亦可作如是观。《竹公主》不仅曾连载于《儿童世界》,后又收入《天鹅》一书中,而且一九二七年还曾出版单行本,甚至单行本的广告曾在《儿童世界》上连载四年之久。可见其流传之广、影响之大了。

郑振铎在译述、改写外国儿童文学作品时,总是力求使其中国化、乡土化。例如,《聪明的审判官》共包括了七个故事,是取材于印度有关拉孟的传说而改写的,为了吸引小读者,郑振铎采用老祖母(中国人)给三个活泼可爱的孩子讲故事的形式来写,几个故事的头尾都描写了孩子们纠缠着老祖母讲故事的情节,令人感到十分亲切。另一篇《花架之下》,包括了四个印度的寓言,则是通过哥哥在花园里的花架下给弟妹们讲自已从老师处听来的故事的方式来写的。作品最后还写到弟妹们听了故事后的议论,写了他们高兴地唱歌等等,生动地反映了孩子们渴求知识、亲切友爱的生活。这种故事中讲故事的形式,是较为别致的,也“较合于年龄较小的儿童的心理”。①

① 见《儿童世界》第4卷第1期郑振铎答读者信。

我们还可以看到，这些译述作品大多寓教育于趣味之中，寓有为于无为之内。虽然写的大多是猫、狗、狮、狐之类动物，带有泛神论的原始朴素的想象色彩，不一定每篇都有思想意义；但总的说来，作者歌颂的都是勤劳、善良、仁爱的美好品德，鞭挞的则是懒惰、凶残、贪婪。例如，《太阳、月亮、风故事》就教育孩子们要孝敬父母，《怪猫》表扬了少年兵士为民除害的精神，《狮子与老虎》则揭露了动物园老板为了赚钱骗人竟雇用穷人扮动物的丑闻，等等。郑振铎当时强调儿童文学"在儿童期的教育里"的重要性，认为是"传达道德训条和儿童期必要智识的最好的工具"；同时，他又指出儿童文学常常"超越常理"，应允许某些"没有意义"甚至"全无意义"的作品存在，而且"须使故事自己去教育儿童"，"务使儿童自己赞美故事中的人物"，而不宜作者生硬地"单独表白出"。（《儿童文学的教授法》）郑振铎自己的作品正是做到了这一点。他译述改写的《列那狐的历史》，讲述了很多关于狐狸列那的生动的故事，他在《小说月报》上发表的介绍此书的广告中指出："这是一部伟大的极有趣的禽兽史诗，内容充满了对于当时无知的君主、横暴的贵族与一切僧侣的冷隽的讽刺，而把这些人都穿上了禽兽衣服。"列那狐又用其智力、谎言，不仅玩弄了兽国的王与后与贵族，也欺压了无告的兔与羊与鸡等，这则是反映了"在那时，惟有他这样的人才能得胜，才能生存于当时的社会。作者在这里真是满蕴着他的悲愤的冷讽与热嘲。"郑振铎如此深刻地理解原作的含意，因此他在译述时能恰到好处。他译述的这篇作品，并不像某些论者认为的那样，是光"赞美"列那狐的，而是对其也有谴责、否定之处；但没有丝毫的说教气，如同他在序中说的，不能为了顾全道德而失去文学的趣味。他首先让小读者进入儿童文学的奇妙世界，让他们在审美愉悦中去分辨善与恶，去培养正确的爱与憎的感情。郑振铎译述的《列那狐的历史》在我国儿童文学领域影响甚大，后来陈伯吹的《万兽之狐》、董纯才的《狐狸的故事》、许达年的《兽家村》等等，都明显地受到他的译述的影响。

在一九二〇年代初，中国近代儿童文学还处于草创阶段，国内充斥着浓重的封建意识与愚昧之见，而郑振铎能够这样成功地引进、改写外国儿童文学作品，这是十分难能可贵的。

（三）

在译述、改写的同时，郑振铎也进行了儿童文学的创作。从《儿童世界》创刊号开始，第一年各期所载儿歌和图画故事的文字部分等，大多是他的手笔。而作为儿童文学最主要品种的童话故事，他创作得不多。他说过，“我们对于童话的兴趣都很高，但在现在的工作环境里，创作的欲望是任怎样也引不起”。（《〈天鹅〉序》）但他实际上也还是写了几篇。

《儿童世界》创刊号上发表的第一篇童话《兔的幸福》，我认为就是他的创作。作品描写了兔子与狐狸的对话：兔子告诉狐狸，他今天结婚了，狐狸表示祝贺；但兔子说他不快活，因为妻子又丑又悍，于是狐狸表示同情；但兔子又说妻子家产很多，于是狐狸又表示羡慕；但兔子又说妻子家今日火灾全烧完了，狐狸再次表示同情；兔子却笑道：“不，不，我不是一个不幸的人，因为房子被火一烧，我妻子的性情倒变成温柔了。”这篇作品十分短小，但构思精巧，经过两次“否定之否定”，讲述了“兔的幸福”。作品表达了妻子的性情比财产更重要的幸福观，也是很有意思、令人回味的。

另一篇讲兔子的童话《兔之祖先》，我认为也是郑振铎创作的。

作品一开头便出人意表地写到天上的小孩子都在哭。为什么?因为没有东西可玩:星灯都熄灭了,雷鼓被打穿了,虹带又扯断了,雨缸已晒干了。于是,仙母让他们掷雪球玩,不料雪球又从白云做的地板的空隙中逃走了,天上的孩子又哭了起来。仙母便去追,并用火把打去,把雪球的尾巴都烧焦了。但它们还是逃到大地上,就成了白球似的带着小小的黑尾巴的兔子了。这篇短短的童话充满了一系列十分新奇的想象,而这些想象又完全符合儿童的心理,同时作品还成功地运用了复沓、回环的表现手法。其艺术成就是非常高超、引人注目的。

《风的工作》则更显然是郑振铎的创作无疑,而且是取材于现实的童话。作品写了一个名叫"张名"的儿童盼望起风,为的是他可以放风筝玩。但他出门后遇见磨房主人唱着歌也盼望起风,为的是用风车磨米磨麦;又遇见做饼师傅唱着歌也盼望起风,为的是磨出麦粉好做饼;又遇见洗衣大妈唱着歌也盼望起风,为的是把她洗的衣物吹干;又遇见货船船主唱着歌也盼望起风,为的是扬帆出海去运货。张名听了他们的歌声,心情忧闷,忽然,终于刮起了风,街上的人都快活地唱起了歌,张名也唱着歌放风筝。这个故事诗文并茂,并接触到民生苦辛,注意引导儿童们的感情与底层劳动者相通,在艺术上与思想上都是相当成功的。

《爱美与小羊》与《张儿》两篇童话,也肯定是郑振铎的创作。但故事情节都比较简略,与作者当时创作的不少图画故事的说明文字差不多,主要抒发了儿童热爱小动物的感情,是较好的幼儿读物。

除了上述在《儿童世界》上发表的童话创作外,作者后来还曾在一九二六年三月号、四月号《小说月报》上发表过《朝露》、《七星》

两篇童话。由于郑振铎主编的《小说月报》凡发表自己及他人翻译、译述的外国儿童文学作品时，都明确地注上原作者之名，因此这两篇只署“西谛”笔名的作品可知是他的创作。《朝露》写两个狠心的哥哥弄瞎了弟弟的眼睛，并把他抛弃在深山，但弟弟偷听到魔鬼的秘密，用朝露擦亮了眼睛，接着他又用同样的方法分别治好了盲眼的老鼠、蜜蜂和鸽子。他后来去当牧童，碰上两个哥哥，他们又恶意地怂恿牧主给他出了很多难题，但他都在老鼠、蜜蜂与鸽子的帮助下克服了。最后，弟弟过上了好日子，两个哥哥则受到了惩罚。《七星》写美丽的公主被恶龙劫走，国王派首相去求救于龙母，龙母派了五个儿子去抢救，历经艰辛，终于成功。不料五个龙子与首相都恃功争欲娶公主为妻。最后，他们听从了龙母的劝告，把公主当作妹妹，同住天上，那就是“七星”的由来。这两个童话，情节都较曲折，美丽动人，歌颂了善良、勇敢、友爱的美德。它们都被介绍到国外，一九六一年，苏联出版的《东方文选》中就有斯聂捷尔(М. Е. Шнейдер)选译的这两篇作品。

郑振铎在《儿童世界》上更发表了大量的图画故事(文字部分)，约有四五十篇。其中除了个别作品有可能是根据他人作品改写的以外，大部分均是郑振铎自己创作的。这是以图画为主、文字为辅的幼儿读物，但文字亦可独立成篇。上笙一郎认为，这也是一种“儿童文学样式”，“它是十八世纪中期在欧洲、德川时代末期在日本出现的供儿童欣赏的一种带有插图的书的发展”。由于这是给更低龄的儿童所读的，所以其中不少作品更明显地带着想象的主观随意性和非理性，而且文字更加浅显，情节较为简单，大部分都是拟人的动物故事，其娱乐意义显然大于教育意义。但郑振铎的这类作品中仍有不少即使我们今天的成人读来也觉得很有意义的佳作。例如《小羊旅行记》，写老羊嘱咐几个小羊："应该出去见见世面，学学'做人之道'。……如果你不亲身吃过些艰苦，也未必见得我的话有用。"小羊们出去后果然得到不少见闻，如：蛇想如狗一样讨人喜欢，结果却被人打死；黄蜂不劳动，专向别人求乞，最后饿死，等等。小羊回来后，老羊说："唉！你们现在知道了么？做坏人是没有好处的。已做了坏人，就是再想做好，也没有人肯相信他了。再说，懒惰的人饿死也应该。"这则图画故事给孩子幼小的心灵中灌输了良知。再如，连载十一期的《河马幼稚园》，写河马夫人开办幼稚园的故事，根据幼儿们的心理与爱好，栩栩如生地描写了想象中的小动物顽皮、有趣的幼稚园生活，深受小读者的喜爱。后来，在郑振铎调离该刊主编后，这个图画故事仍作为保留栏目，由郢生（叶圣陶）等人继续撰写（不过后来的"老师"河马夫人改成熊夫人，而"学生"如虎儿、猪儿等仍全照旧，连画面形象也一样）。郑振铎开创的这个图画故事影响颇大，后来成为著名儿童文学家的陈伯吹、郭风等人在童年时都很喜欢读它。陈伯吹在为纪念《儿童世界》出满五百期时写过《念完了五百册》，就借小孩"华儿"（寓中华儿童之意）之梦，表达了广大儿童对这个连载图画故事的怀想；郭风后来也在《你是普通的花》一文中说，这个作品"深深打动了我童稚的心"。

更令人注目的是，在郑振铎写作的图画故事中，还有几篇取材于现实的作品。例如《杂货店里》和《婴儿看护》，都是写贫苦儿童阿茂的。前者写他到杂货店学生意，在取货时因个子小不慎从梯子上跌下，又卖错了东西，遭老板臭骂，被迫辞去；后者写阿茂帮人家看护婴孩，由于对婴孩哭闹无能为力，又被人辞退。两个故事虽然都写阿茂没能干好工作，但因为他自己还是那么小的孩子，所以十分令人同情。作品反映了童工这一社会问题，在当时的儿童文学中是十分难得的。它们无疑为十几年后张乐平创作的《三毛流浪记》开了先路。值得指出的是，这些作品反映了郑振铎一个相当重要的进步观点，即进步儿童文学家可以而且应该把“成人的悲哀”融化在作品里，因为儿童“需要知道人间社会的现状，正如需要知道地理和博物的知识一样”。(《〈稻草人〉序》)郑振铎的另一篇图画故事《战时》，写儿童李明“被政府强迫到前线去”打仗，但他巧妙地设法使敌人的子弹打不着他，战事结束后他想到许多阵亡者，心中十分难过，“因为他们也是被政府强迫去当兵的，可惜他们没有法子保护他们自己”。这个故事让孩子们从小对当时的战争和政府有比较正确的认识，含意颇深。

童谣(歌词)、儿童诗歌等，也是郑振铎当年实践的儿童文学创作的主要形式。这方面，他大约留下了近三十首作品。中国近代儿童诗歌是在白话新诗登上文学舞台后才产生的。最初，刘大白、刘半农等新诗人就曾采用过儿歌、民谣形式来丰富自己的诗作，但他们真正能为儿童喜欢的作品却很少。我认为，中国近代儿童诗歌也是在郑振铎创办《儿童世界》以后，在他与叶圣陶等人的创作实践下，才真正走上轨道的。在这方面，因为郑振铎具有诗人的才情和赤子的童心，成就也就特别突出。

他的童谣大多由友人许地山及S. K.(疑亦为许地山的化名)谱上曲后，发表于《儿童世界》。其中佳作甚多，例如，《海边》诗句十分美丽，描写孩子们在沙滩上嬉玩得愉快，充满儿童情趣；《早与晚》则形象地教育孩子们应养成早起早睡的好习惯；《黎明的微风》用拟人手法描写微风一路上向晓雾、航船、森林、小鸟、水稻等问早，洋溢着清新的气息；《小小的星》则以孩童的口吻，向天上的星星发出种种有趣的问题；另外，《春游》、《小猫》、《湖水》等，也都是不错的。我认为，这样的诗意与稚气相结合的儿歌，即使在今天也还是十分需要的，值得作为遗产发掘出来，重新播放。近年，有研究者在论述“我国近八十年儿童歌词创作”时，从近代的“学堂乐歌”、李叔同等人的作品等，一下子便跳到一九三〇年代田汉的《毕业歌》。[1] 其实，这些都称不上是儿童文学，《毕业歌》更是大、中学生所唱的；而且，照这样论述，就把郑振铎和叶圣陶、许地山等人在一九二〇年代前期为创作儿童歌谣而作的贡献一笔抹煞了。这是相当令人遗憾的！

郑振铎创作的儿童诗中也有不少佳作。例如，《散花的舞》充满了色彩与动态的美；《运动》描写了运动会的热闹场景，并鼓励孩子们从小锻炼身体；《初春》则描写孩子们滑冰的快活；《雀子说的》用小鸟的口吻，讲述如何从小长大以及学会飞行，极富儿童情趣。作者的儿童诗的风格与形式亦富有变化，例如《谁杀了知更雀》，可以说是儿童诗与童话、叙事诗、图画故事等多种体裁结合的作品，它用一问一答的形式，叙述了知更雀被杀害后众鸟查凶手、办丧事诸事，每段诗还配有插图，十分生动有趣。另外如《儿童之笛声》，也是每段配有插图的。而《纸船》一诗，不仅充满了童稚的美丽的幻想，而且从形式上说是一首标准的优美的散文诗。而儿童文学中的散文诗，在二十世纪的中国可说是极为罕见的。

上笙一郎认为，摇篮歌和游戏歌是儿童文学的特殊形式，是“儿童文学中的边缘艺术”。它们是“以实际效用为首要目的的”，即为了达到催眠或促使孩子游戏的效果。对于大人来说这些是实

---

① 见彭斯远《儿童文学散论》，重庆出版社 1985 年版。

用性的，而对于达到某种发育阶段的儿童来说则具有艺术的效果。这两种形式都有悠久的历史，前者主要是由母亲们创作的，后者则主要是由成为集团的儿童们自己创作的。上笙一郎又认为，这两者都具有浓郁的民族性，儿童们通过哼唱，就会在不知不觉中掌握民族的思维方法和感受方法。日本学者的这些见解很深刻，可惜我们对此长期不够重视；然而，难得的是，郑振铎却在这方面也发表了几首创作。他曾与沈志坚合作过一首较长的《催眠歌》，虽然不够口语化，却表明了他对这种特殊形式的儿童文学创作的探索与尝试。他还写过游戏歌，例如《风之歌》两首，就是由四个小学生表演的。第一首《北风起了》，由四人分别唱出刮北风后雀儿、燕子、蜜蜂、刺猬各自的生态活动变化，最后四人合唱，唱出小学生奔跳取暖的情景；第二首《风做了什么事》，让四人分别扮演东风、南风、西风、北风，唱出四种风的各不相同的功用。这两首表演游戏歌不仅十分生动有趣，而且给孩子们增加了自然知识。还有一首《农夫》，写农民春天耕地种麦、秋天收割打麦，作者加了注："唱者注意（一面唱，一面双手须作撒麦，打麦式）"。让孩子们从小在游戏中初步了解农民的劳动情况，这就更有意思了。

（四）

综上所述，郑振铎在中国现代儿童文学开创时期，在创作方面也作出了重大的贡献。他比较全面地在各种形式上作了大胆的尝试，呕心沥血地写出了不少优秀作品。虽然，他在儿童文学方面的主要贡献，被他的理论倡导与编辑组织之功所掩盖了；虽然，他的童话真正自己创作的不多，取材于现实生活的也较少，因此，我们把"给中国的童话开了一条自己创作的路"（鲁迅语）的崇高评语让给叶圣陶；但是，郑振铎在儿童文学创作方面的劳绩与贡献，却仍然是不应该忘记与评价过低的。在这方面，他无疑同叶圣陶一样也是早期开山者之一。当我们在充分掌握史料的基础上，来研究与评价其早期的儿童文学创作时，就会深深体会到它们对滋养与繁荣我国近代儿童文学所起过的作用。

四、散文、杂文创作

（一）

郑振铎创作最多、一生不辍的，是散文。

朱自清认为，“散文”有三个层次上的意义：“广义的散文，对韵文而言。狭义的散文似乎指带有文艺性的散文而言。那么，小说、小品文、杂文都是的。最狭义的散文是文艺的一部门，跟诗歌、小说、戏剧、文学批评并立着，小品文和杂文都包括在这一意义的散文里。”（《关于散文写作》）本节要论述的，正是这种“最狭义的散文”。对这“最狭义的散文”，又有人提出更细的区分，例如郁达夫说过，有“想以实写，抒情，说理的三项来包括的”，他认为这种分类有一定道理，“但有些散文，是既说理而又抒情，或者兼以描写记叙的，到这时候，你若想把它们分类合并，当然又觉得困难百出了”。（《中国新文学大系·散文二集·导言》）确实，郑振铎的散文，大体上也可分为这样三类，而且有时候他的散文创作或偏重于其中某一类；但总的说来，这三类写法在他的散文中更常常是融为一体的。

郑振铎生前，从一九二七年起，曾出版过六、七个散文集子。

近年，后人整理出版了《西谛书话》、《西谛书跋》等书，《郑振铎文集》第四卷所收杂文等，也大多是第一次收集。合而观之，已可见他的散文数量十分浩瀚，内容相当精彩。但必须指出，尚有相当数量的散文仍失收于他的文集中，其中包括一些非常优秀的作品。

从“五四”时起，他即开始散文创作。一开始写的主要是“说理”类的随感录和文艺杂论等。“五卅”期间，他创作了一些集“实写、抒情、说理”于一体的反帝爱国散文，在当时影响较大，也成为他散文艺术成熟的标志。在此前后，他也写过《蝴蝶的文学》这样的知识性随笔。一九二六年夏秋，他发表了十来篇记述避暑生活的散文，集为《山中杂记》，于一九二七年一月出版。这是他的第一本散文集。大革命期间，他又写了一些政治散文、社会批评等，也写了《插图之话》、《宴之趣》等随笔。大革命失败后，他被迫渡海避难，在船上写了八篇或述自己别情离绪，或写沿途所见所闻的散文，寄回国发表。后与其他几篇散文合编成《海燕》，于一九三二年七月出版。同时，他从上船之日起，每天记下自己的生活与思想，过一段时间即整理好寄给国内的妻子，后仅保存下“半部之半”，题为《欧行日记》，于一九三四年十月出版。

一九二八年他归国后，又大力提倡散文创作。他在自己主编的《小说月报》上特辟《随笔》专栏，并在《文学周报》上刊登启事，欢迎“犀利的短评”和“尖利的打狗文章”。他带头写了一些尖锐批评旧文化、旧文学的杂文。其间，他也写有《黄昏的观前街》这样优美的抒情写景散文。一九三一年秋，他去北平工作，年底，他写了极其重要但很久不为人提及的优秀散文《纪念几位今年逝去的友人》（共四篇）。这时，他又写了几篇有关文坛现状、有关“访笺”等的随笔。一九三四年夏，他参加了由冰心夫妇发起的平绥铁路沿线旅行，途中曾给家里的妻子写了十四封信，记述沿线所见，后经整理发表，并于一九三七年六月出版，集名《西行书简》。鲁迅逝世后，他写了《永在的温情》等深情的散文。

抗战爆发初期，他发表了大量政论式的杂文，表达了强烈的战斗爱国精神。其中尤以未署名发表的《送旧中国入净火》等篇，艺术水平最臻上乘。这时，他又发表数百则《劫中得书记》(新中国成立后，一九五六年十月曾出单行本)。上海沦陷后，他被迫隐居，失去了公开发表作品的可能。但几年内他陆续写了大量的古籍题跋与读书记，为我国特有的这一古老的散文形式增添了精彩的篇章。(他一生写的题跋等，后经吴晓铃整理，一九九八年十二月出版，书名《西谛书跋》。但仍有遗漏。)抗战胜利后，他立即奋笔写了大量揭露帝国主义与汉奸的杂文，和抨击国民党的杂文；同时，创作发表了总题为《蛰居散记》的二十来篇散文，记述在日军占领期间上海人民的生活与斗争(后篇目略作调整，于一九五一年五月出单行本)。这以后，他又写了不少悼念亡友的散文，还发表了《求书日录》。一九四六年夏，他介绍自己的学生、散文作者吴岩进《大公报》社编副刊，他自己也为之写了《云澹月黄话七夕》等优秀散文。

新中国成立后，他在繁忙的工作之余，仍时常为报刊写一些散文，如出国访问随记、国内考古游记、祖国风土小志、观剧随感，以及读书札记、古籍题跋等。在他主编的全国政协内刊《政协会刊》上，还专门开辟"杂感"、"杂谈"栏，他带头写了关于"双百"方针、关于批判资产阶级思想的杂文。一九五六年底，他曾打算把自己在新中国成立前未经收集的一些散文编成《灯火集》，并将《访书日记》整理出来；同时，打算把在新中国成立后写的一些散文编成《到处是花是春天》，把一些序跋散文集编成《艺林杂话》，还打算再增写几篇游记和读书笔记，以编成《考古游记》、《漫步书林》等散文集。可惜这些计划均因作者工作过忙，后又不幸牺牲，而未能完成。他生前发表的最后一篇抒情散文是《春天在呼唤》。可以说，他一生所写的散文，篇篇都是为人类美好的春天而呼唤的。

（二）

郁达夫说："现代的散文之最大特征，是每一个作家的每一篇散文里所表现的个性，比以前的任何散文都来得强"。（《中国新文学大系·散文二集·导言》）郑振铎的散文，最鲜明的个性，是始终充满着追求光明、热爱祖国的激情。爱国主义思想和进步的时代精神像一条红线，贯穿在他的全部散文中。这在同时代的作家中是十分突出的。这里，我们仅举几个历史转折关头他的散文来谈谈。

首先是"五四"时期，那是我国现代散文的开创时期。一开始得到重大发展并起了深远影响的，是议论性散文，即后来人们通称之"杂文"。从《新青年》开辟"随感录"专栏起，鲁迅、陈独秀、李大钊、钱玄同、刘半农等人就都写了配合思想革命与文学革命的犀利有味的杂文，成为现代议论性散文的最初开拓者。而郑振铎在主编《新社会》时，从第四期（一九一九年十二月一日）起，也专设了"随感录"栏目；后来他主编《人道》时，也继续保持这一专栏。他自己在这一栏目中发表了不少作品，而且在这一栏目外他发表的有些文章也可视作杂文。可以说，他也是我国新文学家中较早创作议论性散文的作者之一。

他最早在《新社会》第四期上发表的随感录《万恶的社会》，谈的是当时学生自杀的社会问题，文中就燃烧着爱国主义感情的火焰。他早期写作的随感录，大多不仅注意“议论”，而且总是带着感情，富有文采，即比较注意到文学性。如在《人道》上发表的《中国人与人道》，对笼统地说“中国人最人道”的说法表示异议，不仅用“反话”的形式作了强烈的讽刺，而且举了军阀镇压人民的很多事例，画出了旧中国血淋淋的现状。同刊他发表的另一篇《天地人》，更全篇都是象征性的形象描写，揭露旧社会的黑暗，十分有力。这类社会批评和文明批评型的杂文，他当时和后来还写过不少。例如，在《批评》上发表的《人的批评》、《新的中国与新的世界》，在《民国日报·觉悟》上发表的《几天来的感想》等文，都具有很强的战斗性和拥抱真理的激情。随着《小说月报》的改革与《文学旬刊》的创刊，他又大量写作了另一种文艺杂谈型的议论性散文。《小说月报》从第十二卷第一期(一九二一年一月)起，就辟有《文艺杂谈》专栏，《文学旬刊》从第二期(一九二一年五月二十日)起，辟有《杂谭》专栏，他都是主要撰稿人。他写的这类文艺评论型杂文，在当时文艺界影响很大。例如《血和泪的文学》一文，不仅在新文学运动史上提出了一个革命的文学口号，而且文章本身就是文学评论与抒情散文高度结合的作品，读了令了激奋。在这类散文中，同样贯注着强烈的爱国主义激情。

“五卅”期间他创作的散文，更是历来受到人们称扬。阿英认为，这是“五四”时战斗的小品文的第一步发展，“在反对帝国主义方面，是特耀着光彩，飞扬着战斗的精神。……郑振铎关于五卅的诗文，就是很好的例。”(《现代十六家小品·序》)然而，如果我们仔细读一下他在这时发表的诗与散文，还能发觉两者在思想内容上还各有偏重。如果说，他的诗主要是揭露与控诉帝国主义的暴行，号召与激励人民起来斗争；那么，其散文除了对帝国主义的揭露、抗议外,更侧重指出民众中的落后面。他的散文名篇《街血洗去后》,主要以质朴的笔调描述了在大屠杀后一个多小时的南京路上的所见所闻,表达了作者悲愤欲绝的感情;但最后写到作者当夜第二次去南京路,却见到依然是灯火通明、店门大开、顾客拥挤,有的地方竟然还在开"游艺会"呢! 文章临末笔锋陡然而转,又戛然而止,留给读者的是深深的思考。如果说,这篇散文对于那些无动于衷的人们的批评还是比较含蓄的话;那么,接着发表的《迂缓与麻木》、《止水的下层》等,则更尖锐地批评了某些市民的迂缓迟钝和麻木不仁。当然,作者在这些散文中对群众的某些看法也许不无偏激,但无疑是完全出于一片爱国至诚。在此期间,他写的《六月一日》一文,记述了这一天的又一次屠杀,再次控诉帝国主义的罪行,描写了在人民的"眼中,脑中,红红的被屠杀者的血,是永远洗涤不去的。红色的帘,似永远的挂着。"这篇散文比《街血洗去后》写得更为激越而又深沉,文笔流畅生动,节奏铿锵有力,记事、写景、抒情结合得很好。此外,作者当时还在他为首编辑的《公理日报》等处,发表了一些政论性散文。值得注意的是,他在当时的议论性散文中还提醒广大同胞,我们反对的是侵略者和压迫者,并不反对全体外国人;他还希望"站在指导地位上的人"有以劝导之。郑振铎当时的散文表达了这样一种清醒的的认识,是十分难能可贵的。

收集于《海燕》中的几篇抒情散文,记述了作者在大革命失败后被迫离开祖国时在船上的复杂心情与所见所闻。《我们在Athos上》是一篇序文,说:"我们离开了中国,我们的心愈萦念着中国。我们在可以允许我们写些东西的环境中写作着,告诉我们的亲友和读者以我们在Athos(按,船名)上所感到的,所想到的,所见闻到的。”其后的第一篇《离别》，共分三段：第一段首先向亲爱的祖国告别，第二段向祖母、母亲及其他亲友告别，第三段向妻子告别。三段写法各别，均极细腻动人。尤其是第一段，还表达了自己对祖国的誓言。这一段文章在新中国成立后被编入小学语文教材，感染、教育了千万后人。《离别》曾在一九三五年被郁达夫选入《中国新文学大系·散文二集》，郁达夫在该书导言中说：“且取他的叙别离之苦的文字来和冰心的一比，就可以见得一个是男性的，一个是女性的了。”这说明这篇散文在依依惜别之情中蕴含着雄健阳刚之美；而更重要的，我认为郑振铎的《离别》等文比起当时冰心的叙别离的散文来，具有强烈得多的爱国激情。另一篇《阿拉伯人》，写的是船到亚丁时遇见的丧失国土、受尽欺凌的阿拉伯人。作者用了先扬后抑的手法，先写了历史上曾给人类以“强大的战栗”的阿拉伯人祖先的英雄形象，也写了当时有关阿拉伯人专干劫盗之类事情的谣传；然而，作者亲自遇见的却是和善可亲、坚苦耐劳、又备受凌辱的阿拉伯人。作者看到他们被外国人殴打，“心中突感着一种难名的苦楚和悲戚”。这是被压迫民族之间的伟大同情，是作者高尚的爱国感情和民族意识在海外的流露，读来令人激动。

郑振铎同时开始写的日记体散文，也充满动人肺腑的爱国感情。在《欧行日记》的第一天里，他就写下了可与《离别》对读的一段话：“中国，我爱的中国，我们再见了！……我虽然离了你，我的全心都萦在你那里，决不会一刻忘记的，我虽离开你，仍将为你而努力！”作者在海外为祖国而努力，主要体现在发愤学习，充实自己，以便更好地回国工作。后来出版的《欧行日记》虽然只保存了作者原日记的四、五分之一，文笔又相当朴质，但让每一个读者都深受感动。如作者在七月二十四日写道:“巴黎的四个星期,不过是如此草草的过去,时间不嫌得太浪费了么?!”“一点成绩也没有,愧甚!”他甚至自责:“再不学,将奈何?”然而,这四个星期他究竟是如何度过的呢?从书中可知,他曾十三次去国立图书馆,攻读了二十二个半天,有时甚至连午饭也顾不上吃,共研究了四十多种中国古代小说、戏曲;此外,还曾到东方语言学校去看书;同时,还曾去参观(其实这也是一种学习)卢森堡博物院、洛夫博物院、克鲁尼博物院、罗丹博物院、拿破仑别离宫、拿破仑墓、巴黎圣母院、美术沙龙等等,其中如卢森堡博物院甚至去了五次。他是如此紧张、如此勤奋地学习着,然而自己却还感到“愧甚”。试想,这是何等严格和自觉的要求啊!八月十八日,作者记述参观某个反映巴黎历史的博物院时写道:当他看到法国“革命时代的巷战情形,那发狂似的民众的暴动情形,尤使我忆起了今年三月间上海的一个大时代”。在这朴素无华的字句底下,潜流着作者对祖国的眷恋、对上海工人起义的怀念的激情。爱祖国,必是与爱人民紧密相连的。日记中满载着对国内亲友的深沉的爱,特别是深深怀念着“正用他们的血建造着新的中国”的“勇士们”,甚至萦诸梦寐。例如,七月二十九日,作者写到梦见瞿秋白,深为其肺病而担心;八月二十三日,又梦见“玄珠”(茅盾),“我是天天为他担心着”,并“祝他是平平安安的在这个大时代中过着呀!”这些描写虽然笔墨不多,却是十分动人的。(此外,《欧行日记》特别吸引人之处是作者以一个学者的目光,描绘了巴黎的历史文化、名胜古迹等。这些,下文还将谈到。)

他回国后,一九三四年二月在《文学》月刊上化名发表的《学者与文人》、《从“不文的文人”说起》两篇杂文,颇可一提。当时,天津《大公报》(三月十六日)上有《鲁迅的沉寂》一文,竟误以为这两篇杂文是鲁迅之作，说:“这二篇东西，仍不缺少‘刁钻尖辣’的气质，而意味是更沉痛的。而且有了‘意识较积极的使人起冲动的会心的共鸣’的力了!”还说第二篇“里的论‘幽默’是有着最尖锐的透视的，虽则甚短，但在这一般崇拜幽默的时候，却是一种应当作为另一种人对幽默的反响的意见看。”可以看到，这两篇作品的思想性和艺术性都是很高的。一九三〇年代，唐弢有一篇文章被人误以为是鲁迅之作，因而名声骤起，为此享受了一辈子的荣光;殊不知，郑振铎当时一下子就有两篇被人认为是鲁迅之作呢!

抗战爆发前后，他又写了很多政论性杂文，十分尖锐，也十分及时;然而大多文学性不很强。值得一提的是在《文学》月刊《前哨》栏发表的三篇杂文。[①] 虽由于未署名而不为人们所知，然而却是文理并茂的佳作。第一篇题为《送旧中国入净火》，文章首引但丁《神曲》中的著名描写:“从‘地狱’升到‘天堂’，不能一步就跨上去，必须要通过一重惨苦的‘炼狱’。”文章以此比喻抗日战争是“一片炎炎的净火”，这火原是魔王放起的地狱火，但对于旧中国“却将发生以毒攻毒的效验，而尽着神圣净火的功用了”。文章连用许多排比句，表达了对于祖国必将在“净火”中新生的信念，写得精练而富有哲理。第二篇《四维大张》痛斥了汉奸电台对共产党的诬蔑，辛辣地写道:“说共产党泯灭纲常，不知礼义廉耻，这话少说也已有了十来年的历史，听起来倒也不觉新鲜，然而这礼义廉耻四个字竟会从那‘披发左衽’者的口里喊出来，我真不知管夷吾泉下有知，要

① 《文学》月刊因1937年上海“八一三”战事而一度中辍，从10月起改成小型刊物，出两期后因上海沦为“孤岛”而停刊。这两期卷首均辟“前哨”栏，郑振铎所写三篇，均署名“编者”。后由石灵等人收入所编《第一年代续编》(1939年5月香港未名书店版)时，方改署“西谛”。

作何感想!”文中还表彰了抗日的中国士兵、英国士兵在战争中表现出来的真正的礼义廉耻,以此再次说明抗战的“净火”“可以把我们民族的余垢逐渐洗涤,而使人类高尚的道德慢慢抬起头来”。另一篇《礼之用》亦是妙文。文章一开头说,“四维”中礼义廉耻一向被人们平等看待,其实价值并不一样;特别是“礼”,决不能与其他三种德目同日而语。作者描写和讽刺了从前皇帝的“躬耕”之礼和民国时“长官”的“植树”之礼,接着笔锋一转,揭露了当时救亡运动中国民党当局的虚假礼仪,尖锐地指出:“礼”是“‘诚’之仇”,对人民必须“相见以至诚”,“若平日视民若犬马,临患难而责民以执礼尽节,是缘木而求鱼也!”这样的好杂文,在抗战初期是不多见的。

抗战胜利后,郑振铎更以一个激进的政论家的姿态现身文坛。他发表了大量以抨击国民党当局反民主、搞内战和贪污腐化为主要内容的政论时评,其中不乏富有文采情志的篇章。例如,《为正义与人道而呼吁》一文,是为国民党特务制造的“南通血案”而作的,作者抑压不住满腔的愤火,短促有力的句子像排枪一般喷射而出,读之震人心肺。这样的杂文,真可谓“厉鬼不能夺其正,利剑不能折其刚”(谢榛《四溟诗话》)。再如《党和群》一文,既评论,亦抒怀,有激情,又形象。一开头便生动描写了自己的郁怒心情和幻想感觉,把反动派想象成一群摇尾乞食的狗;接着,作者运用丰富的历史知识,说明“党”在历史上是用来诬陷政敌的一个名词,但对内专横镇压的政权都没有好下场。汉有党锢之祸,但汉代江山也随着送终;宋有元祐党人碑之建,但北宋也便为金人所灭;明有对东林党的镇压,但明帝国也不日覆亡。这对现实生活中反动派的反共行径,不啻是严重的警告。最后,文章说到现代各种各样的“党”都应运而生,但是作者认为只有真正为人民服务的政党才可称为“党”，反之只配称作“群”——以私利相勾结的乌合之“群”。这篇文章的激情和文彩，都远远胜过宋人《朋党论》之类名文。

郑振铎当时最有名的散文，是在《周报》上连载、后又出集子的《蛰居散记》。这不仅是描述上海沦陷时期人民痛苦生活的地狱相，日军汉奸横行一时的鬼趣图，同时也是歌颂中华儿女英勇不屈的正气歌。作者在《记刘张二先生的被刺》、《记几个遭难的朋友们》、《记复社》等文中，满怀激情地描写了爱国者可歌可泣的斗争、受难和功绩。在这些散文中，作者从不表白自己如何如何；但我们在全书中，特别是《最后一课》、《烧书记》等文中，却深深地为作者的爱国斗争精神所感动。我认为，这本书不仅是作者一生中最好的散文集，也是中国散文史上一九四〇年代后期第一流的佳作。它不仅可以激发中国人民的爱国热情，帮助人们认识帝国主义的反动本质；而且对于广大日本人民，也具有生动的教育意义。因此，它很快就被日本知识界翻译了过去。[①] 翻译者之一的斋藤秋男在一九四七年就盛赞这些散文是“贵重的文章”，“具有亲切感人的魅力”，并认为《最后一课》“表现了‘殉道者的最后的晚餐’般的

---

① 《蛰居散记》日译本（书名改译为《烧书记——日本占领下的上海知识分子》），1954年7月20日由岩波书店出版。由于当时中日尚无外交，所以郑振铎生前似未曾见过。我承译者斋藤秋男、安藤彦太郎两位的雅意，读到了这本几十年前出版的在彼邦知识界颇有影响的日译本，方知两位译者当时亦未曾读过1951年5月上海出版公司出版的《蛰居散记》一书，而是直接从《周报》上翻译的（另又增加郑振铎《悼夏丏尊先生》及《日本投降以来的中国政局的清算》两文）。因此，日译本与中文本的篇目及次序均不全相同。译者前言的第一句话说：“我们开始体验到‘占领下’的生活了。当新中国向颓废告别的时候，东京却呈现出上海曾经有过的模样。”我认为，虽然这两种“占领”在性质上是并不一样的；但译者联系日本的现实而翻译郑振铎的这本散文集，并加了详细的解说，这对于广大日本人民来说，确实是很有教益的。

肃然悲壮”,《烧书记》则“可以见出幻影般屹立着的民族的不屈精神”。(《新中国人物传·郑振铎》)鲁迅的老友、也认识郑振铎的日本友人内山完造先生,在一九五四年专门发表了读后感,题为《心如刀绞》。同年,一位大学教授大塚金之助也写了充满激情的《读〈烧书记〉》。

(三)

郑振铎是我国文化史上一位著名的渊博的学者。郁达夫在一九三五年就说过,他的知识素养“已经积到了百分之百”,因此他的散文自将“有着惊人的长进”。(《中国新文学大系·散文二集·导言》)确实,深湛的多方面的学识,正是他的散文的一个显著的特点,并使其成为“学者散文”的一个最有代表性的典型。读他的散文作品,往往令人如置身知识的高山大海,神游其中,流连忘返,享受高雅的情趣。他的散文中,社会历史、民俗风尚、海外奇闻、国内名胜、文物书画、史料考据、小说戏曲、诗词名句等等,均被顺手摄来,织入文中,因而总显得流光溢彩,益人心智。不仅如此,他还经常漫步于一般散文作家较少或难以涉足的领域。而且,他很早就开始写一些知识性极强的散文。

他作于一九二五年,后被郁达夫选进《中国新文学大系·散文二集》的《蝴蝶的文学》,就不仅文笔粲然,而且广征博引,从梁朝诗人刘孝标的《咏素蝶》到日本诗人的俳句,从庄子梦蝶的寓言到梁祝化蝶的传说,从《六朝录言》中的蝶变女子到日本《飞的蝶簪》中的冤魂化蝶等等,或比较其异同,或指出其嬗变,让人领受无穷的趣味和启示。而且,时有言简意赅的评骘,如最末一节谈到唐明皇宫中逐蝶投宿,和《聊斋》中一个“罚令纳蝶”的县官受到“风流之小谴"的故事,指出前者没有什么意义,而后者则带有人道主义的精神,品评适当,颇有新意。由于此文涉及中外文学掌故不少,近年甚至还被人收入比较文学论文集子呢。作者第二年所写的《插图之话》也是这样,从自己孩童时玩的花纸画片说到国外图书的插图,从屈原《天问》所咏庙堂壁画说到汉武梁祠石像等等,内容极为丰富、生动。特别是说到中国历史悠久的版画时,作者神采飞扬,洋溢着强烈的自豪感;说到当时国内儿童读物之不重视插图,则态度严肃,提出尖锐的批评。这样融知识、趣味、批评、爱国精神于一体的散文,确是不可多得的。一九三三年,作者和鲁迅合作编印笺谱,负有选购笺纸之责,后作《北平笺谱序》,并有《访笺杂记》记其事。这两篇文章均得到鲁迅的赞赏,认为"序文甚好,内函掌故不少",[①]又说《访笺杂记》"是极有趣的故事,可以印入谱中"。[②] 这两篇散文,一用文言,一用语体,一隐括笺纸流传历史,一叙述笺样搜求经过,相映成趣,均体现了作者对中国古代版画史的极深的功力,既"掌故"丰富,又生动有趣,是郑振铎以外的散文家所写不出来的。自然,鉴赏这样的散文,要知识层次较高的读者。

他还写过不少最赋有个性的有关求学、求书的散文,更一直深受知识分子的喜爱。近年香港刊物上还有人提到:"在郑振铎的论文随笔集《痀偻集》中,就有几篇关于买书的文章,在他的《欧行日记》里也有一些话,而旧书店中买书的快乐和艰苦,几乎被他说完了。"(克亮《旧书店》)他在《欧行日记》中所记在巴黎求学访书的情景,感人至深。《痀偻集》中《钞本百种传奇的发现》这样的文章,将

① 鲁迅 1933 年 12 月 2 日致郑振铎信。

② 鲁迅 1933 年 10 月 21 日致郑振铎信。

叙事散文与书目报告相结合,更是作者的创造。(当然,其中有关书目部分对于非专业研究者来说,可以不读。)文章最后描写得书归来时的苍茫暮色与自己的喜悦心情,虽寥寥数句,却极有韵味。这类散文中最感人的,当推作者记述自己在抗日战争时期为国家抢救文化遗产的《劫中得书记》(及《续记》)的几篇序文、《清代文集目录》的序与跋、《求书日录》等。作者在世变方殷、劫火遍燃之际,以愚公移山、精卫填海的精神,尽一切力量搜购善本图书。每得一书,往往大喜数日,"如大将之克名城";失之,则扼腕不已,甚或数日食不甘味。有时,他因生计所迫,只得把一部分自己的藏书出让给图书馆,书去之日,心意惘惘,作者心酸又风趣地说,有如"李后主之挥泪对宫娥也";而一旦又赎回,则若睹阔别之契友,秋窗剪烛,娓娓语不休。作者将自己这种与爱国主义紧紧相连的爱书如命的心情,极为真实地坦露于读者之前,令人起敬。不仅如此,在有些文章中他还详细地记述了求书的艰辛,如《跋脉望馆钞校本古今杂剧》的第二节,记述自己抢救这部稀世国宝的曲折经过,极其生动。《求书日录》在抗战胜利后发表了一部分,读者更纷纷反映"实在太使我们感动了"。(郭天闻《从郑振铎先生求书说起》)

抗战胜利以后,郑振铎目睹国民党政府非但不重视劫后幸存的文物的保护工作,甚至有的要人还监守自盗,出卖国宝。他曾气愤地公开对记者说:这样的执政者,"简直是民族文化的大罪人"。[①] 为了保护文物,宣传其价值,提醒民众,教育后人,他不仅不顾一切地收购了大量的陶俑雕塑之类,而且编印了很多古代名

---

① 见刘岚山《从文学转到考古的郑振铎——作家访问记之一》,载 1948 年 5 月 30 日《新民晚报》。

画集、陶俑明器图录等。而他当时写的《〈看俑录〉序》、《〈韫辉斋藏唐宋以来名画集〉序录》、《跋唐宋以来的名画集》、《写在〈西域画〉之后》等文,就都是具有高度学术性的优秀序跋散文。例如,他在“时春暮犹寒,天阴欲泣,落花如雨,地上膏滑,独对如林的古俑,如在墟墓间也”的情怀下写的《〈看俑录〉序》,便不仅说明了自己何以要凭一己之力做收集陶俑这类“没有人做的傻工作”,而且生动地描写了自己“七八月来,已聚俑一室。窗前案面,橱顶地上,无非俑也。立者,坐者,舞者,奏乐者,武装者,胡服者,骑者,倦乏的旅行者,众态毕具。瓦屋,磨,龟,牛,马,多有之。黑泥白彩,红彩,绿釉,三彩,白泥画彩等等,自汉迄唐,皆略备。六朝小俑数十件,尤精绝。”令人如临其境。这类散文,在中国现代散文史上可说是“独此一家”。

郑振铎更写过直接取材于历史古籍的散文。仿“历史小说”之名,我们姑称之为“历史散文”吧。一九三八年五月,他开始写《民族文话》,原来的计划是从我国春秋时写起,一直到民国初年为止,来写出“我们民族的整个的生存与发展”的一个轮廓。他认为:“在这个伟大的时代,把往古的仁人志士、英雄先烈的抗战故事,特别是表现在诗文小说戏曲里的,以浅显之词复述出来,当不会是没有作用的。”可见,他写这些散文的目的极其明确。可惜大概因为时间太紧迫,写得稍逊文采;后又因发表的刊物停刊而只写到孔子为止。尽管如此,郑振铎运用自己丰厚的历史知识,尝试创作这类散文,来为现实斗争服务,这种精神是令人钦佩的;而且,在当时产生了积极的影响,例如赵景深就学习这种写法,写了《民族曲话》、《民族小说话》等。郑振铎在抗战胜利后将自己这些文章收集出书时说:“像这样的写法,似乎还不算陈腐。自己校读了一遍,也颇为喜悦。"他对自己的这一尝试也是肯定的。而在战后新的形势下,他又创作了一组类似的散文《故事新谈》,发表在自己主编的《民主》周刊上。该刊"编者按"明确指出,这些散文是"拿现代的眼光,来叙述历史上的大小事情",目的是借古喻今。他写至二十四篇时中辍,内容从秦始皇焚书坑儒,到张汤之虚诈迎合,主要取材于《史记》。这组散文的文笔,较之《民族文话》要活泼生动,在简单叙述完历史上的一件事情后,作者常常还加上极短的一句话,点出与现实的相似处,十分警辟。

郑振铎也写过一些游记。他的游记自成一格,除了语言风格等方面与众不同外,特别注重于描写所到地方的历史和文化的遗迹等。香港文学评论家王俊东在《书话录》中,曾把同在一九三四年出版的郑振铎的《欧行日记》、巴金的《旅途随笔》和郁达夫的《屐痕处处》三本散文集作比较研究,认为"这三种游记虽然各有自己的风格和内容,却同样为游记文学开了新见解和新风格的面目"。他认为郑振铎的这本,虽然缺乏巴金那样的热情表现社会生活的图画,也没有郁达夫那样的对山川景物的优美赞歌,但"他却是以一个学者的生活过程为主,而以朴素亲切的笔致来叙述他的研究和印象,我们可以看到一个孜孜不倦的学人的生活史,又可以得着文坛上的一些人物介绍和学术资料的提供,所以他的游记,对于我们年青人是最有启示作用的"。

一九三四年夏,郑振铎与冰心等人一起沿平绥铁路旅游,他们两人都写了游记,如果对照读,郑振铎的《西行书简》的特点也是十分鲜明的。他不仅生动地描写了沿途景色、风土人情、民众困苦等等,同时,每到一处总凭借其渊博的知识,介绍当地的历史、古迹。有时,他引用古籍上的记载和传说中的故事,与所到之处相对照,令人益增趣味；有时，他把云岗的佛像与法国洛夫博物院的“维纳斯”相比较，更显示前者的伟大；有时，他略作考证语，却有重要的发现（如他认为“大茹茹即蠕蠕国”等）。而这一切，又都是与他热烈的爱国精神融合在一起的。作者的艺术想象力伴随着他的知识学力而发挥，请看《云岗》中的一段描写：

在这古窟宝洞之前，在这天黑星稀的时候，在当前便是一千五百年前雕刻的大佛，便是经历了不知多少次的人世浩劫的佛室，听得了这一声声的呜呜托托的乐调，这情怀是怎样可以分析呢？凄婉？眷恋？舒畅？忧郁？沉闷？啊，这飘荡着的轻纱似的无端的薄愁呀！啊，在罗马斗兽场见到黑衫党聚会，在埃及的金字塔下听到土人们作乐，在雅典处女庙的古址上见旅客们乘汽车而过，是矛盾？是调和？这永古不能分析的轻纱似的薄愁的情怀！

真有“观古今于须臾，抚四海于一瞬”（陆机《文赋》）之概！这样的散文，在冰心的作品中就不易读到。

新中国成立后，郑振铎负责全国的文物工作。一九五七年，他写了记叙视察西安、洛阳、郑州、开封的四篇游记散文，总其名曰“考古游记”。在这些游记中，他以饱满的热情歌颂社会主义建设，赞美这些古都，认为每一寸土、每一处遗迹“都可以有它们诗般的美丽的故事给人传诵”。作者还提出了“古”与“今”如何结合的重要问题，并揭露了在建设中有人不重视、甚至破坏地下文物的严重情况。当他听到郑州发现殷代城墙时，立即想到：“这个远古的城墙遗址是相当于荷马史诗所歌咏的特洛伊古城的，是相当于古印度的摩亨杰达罗遗址的。”这样简单质朴的一句话，便说清了事情的全部重要性，同时也显示了作者学识的渊博。当见到部分殷代的文化遗址被无知地毁坏时，作者动人地描写了自己几乎落泪的痛苦心情，并认为："我们至少要负一半以上的责任。为什么斗争性不强呢？为什么不执法如山呢？为什么不耐心用力，多做些教育说服工作呢？"因此可见，他的这几篇游记散文不仅具有艺术性和知识性，而且还难得地体现出政策性。

郑振铎还写过大量的题跋。题跋是我国具有悠久传统的一个散文品种，特别是宋代以后，获得较大的发展，欧阳修、黄庭坚、陆游等人甚至有专集传世。"五四"以后的新文学家中，从事于此者则不多，而郑振铎却是十分喜欢这种文体并写得最多最好的一个。在抗战期间写的《求书日录》中，他曾充分肯定宋人题跋的文学价值："我对于宋人题跋，很喜欢看。……这些题跋，在小品里是上乘之作，其高者常有'魏晋风度'，着墨不多，而意趣自远。"在抗战后写的《求书日录》的序言中，他把在沦陷期间"写了好些跋尾"作为自己的一项重要成果来看待。他的题跋，在他生前身后曾在报刊上发表过少许。一九六三年文物出版社出版的《西谛书目》，附录其题跋一百七十三则；一九九八年该社又出版吴晓铃整理的《西谛书跋》，计六百四十余则。[①] 郑振铎从一九二〇年代初即已开始写作题跋了，[②]而写作最多的则是在抗战期间和新中国成立后的五十年代中期。从他的题跋中可见，涉及的学术领域极为宽广，有文学、历史、民俗、艺术、文献学以及政治、经济等等方面。这些题跋，长的如《录鬼簿跋》、《女贞观重会玉簪记跋》等，亦不超过千字，大多则不过数十字，但内容十分丰富。不仅像前人题跋那样，有记述

① 所辑题跋尚有遗漏。另，此书所录的内容包括了郑振铎写的一些读书记、得书记。

② 例如1923年3月17日郑振铎就为所藏《宋六十名家词》作题跋。

得书之经过，表明整理之辛劳，考证版本目录之源流，评论书中内容之得失等等；还有控诉帝国主义的侵略罪行，自述生平经历的片段，记载书友之情谊，提出科研项目的设想等等。可见郑振铎拓展了这一古老文体的表现内容。而且，他的题跋大多短而有味，不少是极富文学意味的佳作。

作者在抗战期间沦陷区写的跋语，总是流露了一种悲愤的情感，如在《芥子园画传跋》的最后，他写道："大地黑暗，圭月孤悬，蛰居斗室，一灯如豆。披卷吟赏，斗酒自劳。人间何世，斯处何地，均姑不闻问矣。"而新中国成立后，他的心情完全不同，试看《绘事发微跋》末所记："时晴日满窗，残雪未消，间有鸟雀飞鸣觅食。披卷一过，心旷神怡。"真可谓"着墨不多，而意趣自远"的上乘之作。与题跋相近似的，作者还写过不少"读书记"、"得书记"等。上述吴晓铃整理的《西谛书跋》内，包含这类文章。写得最多的是在抗战时期，例如在上海"孤岛"时写的《渭南文集》得书记中说："余幼时即喜诵放翁诗，今置全集案头，几日日快读数十首。每不觉悲从中来，泪涔涔下，渍透纸背。然念今时局面，决非昔比，则又自壮！"写得何等悲壮，何等激励人心！又如在沦陷时期，他在一页残稿上写的《张司业诗集》读书记（未刊），末云："初冬午后，日丽风和，晴窗展卷，俗尘尽涤。然诵'共知路旁多虎窟，未出深林不敢歇'句，却憬然悟此身仍在虎窟中也。"多么生动地反映了他当年蛰居虎穴之旁的大智大勇、惊险紧张的生活！

在"文学研究会"一派作家中，有两位散文作家是最以其博学多识而著称的，那就是郑振铎和周作人。周作人的知识性散文亦有特色，他也写过大量读书记、题跋等，在文字的潇洒飘逸、趣味的驳杂广泛等方面，甚至还超过郑振铎。但是，"五卅"以后的周作人在思想上开始逐渐落伍,他的散文也就越来越缺少郑振铎那种热烈的进步倾向。(当然,新中国成立后周氏又有新的进步。)至于抗战时期周作人的知识性散文,大多乃谈蛇说鬼、品茶评诗,充满了封建士大夫情趣;有的甚至宣扬卖国主义,则更是毫不足取了。而与之形成鲜明对照的,则是郑振铎此时写的散文、题跋,显示了极为动人的爱国情操。在这一点上,他们的散文已不可同日而语。

(四)

与郑振铎的人品、个性完全一致,他的散文的一个鲜明的特色是感情真挚。他的老友、著名散文家俞平伯说,郑振铎"最难得的是他的天真",他的"光风霁月的神情,海阔天空的襟怀,将永远活在凡认识他的,无论新知旧友的记忆里。"(《哀念郑振铎同志》)我觉得,这些也永远活在他的散文作品里。他的散文,大部分写得朴素无华,澄清见底,犹如清水出芙蓉,天然去雕饰;然而,正如郁达夫说的,"却也富有着细腻的风光"。(《中国新文学大系·散文二集·导言》)有一些优美散文,即使置诸中国新文学第一流的"美文"之中,也毫不逊色。也就是说,他的散文不仅情真,而且文美。上面提到的不少作品已反映了这一点,这里再举些例子说说。

郑振铎一生写过不少悼念亡友的散文。古人云,"一死一生,交情乃见"。这类散文最易见出作者真挚的个性。最早,他在一九二五年十一月写了悼念"五四"学生运动积极分子郭梦良的《哭梦良》,生动地回忆了五年前他们"几于每日必见,至少亦一周数见,见则必笑谑杂作,无所不言,言则必直揭胸臆;所见合则欢呼称快,不合则至于拍案叱骂"的情景。而他的这类散文,最多的要数纪念鲁迅的了。鲁迅逝世的当年,他就写了《永在的温情》、《鲁迅先生并不偏狭》、《悼鲁迅先生》;后几年,他又写了《忆冲锋的老战士鲁迅先生》、《"失去了的导师"》、《鲁迅先生逝世十年祭》等;新中国成立后,他还写了《鲁迅——民族魂》等。其中《永在的温情》一文写得最动人,以质朴的文笔通过记述与鲁迅交往中的几件事,揭示了鲁迅伟大的心灵世界,歌颂了他的"可爱的直率的真挚的友情"。而我们从这几篇散文中,不仅看到了真实可亲的鲁迅,同时也很自然地看到作者自己也正是具有这样"可爱的直率的真挚的友情"的。

值得充分注意的是他的一些悼念牺牲在反动派屠刀下的共产党人的散文。这方面首先令人想起的,是他回忆瞿秋白的两篇散文——《回忆早年的瞿秋白》、《记瞿秋白同志早年的二三事》。前一篇写于新中国成立前夕,离秋白牺牲已十多年了;后一篇为纪念秋白牺牲二十周年而作,可以说是前一篇的放大与补充。作者怀着深厚的感情,主要记述了秋白"五四"时期的生活和战斗,文笔质直而耐读,事迹真实而生动,成为研究烈士生平的重要文献。郑振铎在一九三一年底写的《纪念几位今年逝去的友人》(其中包括四篇可独立的散文),是长期被忽视的优秀散文。作者悼念了同年被杀害及被迫害而死的三位共产党人,以及因飞机失事而遭难的一位诗人。在文章的一开头,作者便悲愤地写道:"当这个'万方多难'的年头,逝去了几位友人,正有如万木森森的树林里,落下了两片三片的黄叶,那又算得什么事!""然而在这个'万方多难'的年头,逝去了的那几位友人,却正是无数的受苦难的民众的缩影。我们为那几位友人而哭,而哀悼,除了为我们的友情之外,也还有些难堪的别的情怀在。"作者无所畏惧地痛斥反动派摧残民族的"新生的根芽"的罪行:"那不全是被'屠杀'——当然那是最重要的一个原因——也还有无数的别的不可说的法术儿，被用来销铄他们，毁亡他们。总之，要使意志坚定的最好的最有希望的青年们，在全国不见了踪迹。这是我们最可痛心的事。”他首先悼念的是“左联”烈士胡也频。文章谈了胡也频的生活、创作、革命，以至最后“战士般的死去”，记述了胡也频从“绅士”而成为战士，从颓唐的文人“一变成为一位勇敢的时代的先驱”，赞扬了他的爽直的性格、真纯的意志、充足的生活力和追求光明的精神。特别是描写胡也频将《到莫斯科去》一书初稿给自己看的一节，生动地反映了烈士生前对作者的信任和尊敬。作者悼念的第二位，是与胡也频同时牺牲的中共南京市委书记(曾是陈云同志的入党介绍人)恽雨棠(洛生)。文章从自己发表恽雨棠的投稿《苏俄文学概论》说起，追述了与这位“神秘”的革命者的几次交往。虽然着墨不多，但一个身材高大、表情严肃坚定、有时化装活动的地下党员的形象如在目前。另一位作者悼念的共产党人，是因受反动派通缉而逃亡日本并病逝的杨贤江。作者正要写这一节时，读到了上海某商业机关出版物上一篇歪曲和诬蔑死者的文章，“不禁愤然，更不禁由愤而悲了”，于是，“便赶快的将这篇文字写出”。(见该文作者附记)文章一开始就描写了杨贤江的身体一直是“出群拔萃的壮健”，说明他的病逝完全是生活艰辛和反动派迫害所致。文章通过日常生活中的平凡小事，写出他“具有真实的伟大的人格”；更写到了他从事于“政党的活动”，“显出他的坚贞纯一的崇高的精神”。因此，“他的逝去真是一个民族的损失！”(顺便提及，作者在新中国成立前夕，还曾写过一篇《忆贤江》，可与此篇对读。)作者同时写的悼念诗人徐志摩的一篇，也是带着诚挚的友情的。作者认为很多人对这位诗人有误会，而他则强调指出诗人“宽容”、“恳挚”的一面，并认为诗人有转变为进步的可能。然而,他意味深长地写道:“也频洛生的死,是战士般的牺牲;志摩的死,却是何所为的呢?”这是发人深思的,也可见他更是把最大的悲痛与崇敬献给为人民事业牺牲的革命者的。

对其他为革命、为祖国而献身的友人,他也写过不少情真意挚的回忆文章。《蛰居散记》中有一篇《韬奋的最后》,十分生动地描写了在邹韬奋生命的最后时刻,作者如何在地下党同志的安排下,秘密前往医院探视的情景,热情歌颂了邹韬奋与病魔顽强搏斗、渴望继续为人民工作的伟大精神。后来,他还发表了《忆韬奋先生》等文。对在抗日战争中被敌寇杀害的刘湛恩、张似旭、姚名达、陈三才、平祖仁等友人,他后来都写过感人的散文。一九四〇年代后期,李公朴、闻一多两先生相继被国民党反动派杀害,他更一连写了两篇悲愤的悼念文章。与前面提到的那些散文不同的是,在这两篇悼文中他无暇写自己与两位先生的友情,而主要是猛烈地斥责反动派无耻的暗杀行径,并表示:“凡有坚定的信仰和主张的人,生死早已置之度外”,“反因战友的死,而更燃起了向前冲去的勇气”。作者在同时期写的悼念陶行知、悼念昆明爱国师生于再等烈士的文章,也都是这样把悼文与声讨反动派的檄文相结合的优秀散文。

此外,他对于老友耿济之、何炳松、许地山、朱自清、谢六逸、吴瞿安、王统照、夏丏尊、胡咏骐、伍光建等人,都写过文情并茂的悼念文章。其中《悼伍光建先生》一文,是作者在上海被日军占领时期,冲破封锁发表在后方刊物上的唯一的一篇文章。文中高度赞扬了一个贫穷而有骨气的知识分子,指出:“一个国家有国格,一个人有人格。国之所以永生者,以有无数有人格之国民前死后继耳。……狐兔虽横行于村落中,但鹰鹞亦高翔于晴空之上。”这样的悼文，真是一曲浩然《正气歌》。他还写过一篇《忆愈之》，是在抗战胜利后因听说胡愈之已在南洋病故而写的，后虽证明这是“海外东坡”之误传，但这篇真挚的散文却深深地感动了千万读者，包括胡愈之本人。上述这些悼念类散文，文笔大多十分朴素，不假雕饰，但因作者描写真实，特别是情感真挚，既洋溢着正义感，又充满了人情美，所以很吸引读者。在中国新文学史上，像作者这样写了这么多的悼念散文的，并不多见，值得注意。

郑振铎写过一些描写思想、意境的散文。发表在“五卅”周年纪念日的《向光明走去》，就是一篇充满浓郁诗意的抒情与议论相结合的散文。有人便干脆把它当作散文诗。作者把深刻的思想、哲理，化作鲜明的艺术形象；把人类社会的必然发展，比喻成在黑夜中向着光明的行进。文章节奏鲜明、张弛有致，语言纯净流畅，达到了朴素与优美的统一。作者在一九三四年写的《幻境》，更是一篇象征隐喻的作品，艺术手法上近似鲁迅《野草》中的作品，更可视为散文诗了。作者写了一个梦，但又似梦非梦。所谓的“幻境”，实际正是黑暗现实的形象化。在阴冷的绿光、凄惨的叫声中，“我镇定而无视的踏着坚实而稳定的足步向前走”，终于迎来“玫瑰色的曙光”。整篇散文音响丰富，色彩鲜明，在艺术处理上是十分成功的。

郑振铎也写过一些描写情景、氛围的散文。大革命失败后他离开祖国在船上写的《海燕》，先用细腻的工笔描绘了家乡春天时燕子归来的美妙画图；接着笔锋一转，传神地描写了此刻在船上见到的海燕在万顷碧波上奋飞的英姿。通过这种从远而近、由彼及此的移步换景的写法，作者不仅在小燕子身上倾注了自己的满腹乡愁，而且又随着海燕的飞翔而抒发了自己迎风搏击的壮怀。燕子化为写实与抒情、主观与客观统一的形象，令人感到文中有画，画中有诗。作者从国外回来后不久写的《黄昏的观前街》，也是一篇触景生情、情景交融的佳作。它欲扬先抑，先写白昼苏州观前街的纷杂喧闹；接着笔锋陡转，饱蘸浓墨描绘了黄昏时观前街的繁华亲切的景象与温馥燠暖的气氛，并以自己刚刚去过的"不夜之城"的巴黎与伦敦的冷漠空虚来作强烈的对照。文中用了一连串有趣而夸张的比喻和排比句，将江南名城的美妙黄昏描写得令人心驰神往。这样的散文，可以像朱自清的《桨声灯影里的秦淮河》一样，被称之为"白话美术文的模范"而无愧了。

除了前面说过的哀痛或悲悼的壮美型散文外，作者还写过不少充满温暖的人间情谊的优美型散文。如《宴之趣》，也用了先抑后扬的手法，先写交际社会中种种宴会的无聊和没有生趣；作为强烈对比，作者又写了与知心朋友的聚餐和温暖的家庭共餐等，令人如临其境，心醉神怡。作者在被迫出国避难的船上，还写过一篇《回过头去——献给上海的诸友》，也是令人多读不厌的佳作。文章先写船上整天看到的"墨蓝色的海水，海水，海水"，由这样的"无生趣，无变化"的眼前景色，写到"那末生动，那末有趣的过去"。接着，他一口气分别回忆、描写了在上海的十多位好友。对每个人以寥寥数笔，或写出了其人神态（如面色焦黄的胡愈之、风度清俊的周予同、美秀的叶圣陶、瘦削的傅东华、矮小的徐调孚等等），或写出了其人品格（如老成谦和的王伯祥、谦抑而又坚强的叶圣陶、勤奋著译的傅东华、镇静而足智多谋的沈雁冰等等），或写了其人带有鲜明个性的琐事细节（如傅东华的一度喜爱赌博、李石岑的耳朵会动等等）。十分传神，栩栩如生，充满感情。我认为这些描写可与古代散文名作《世说新语》中的某些片断比美。文章的后半，则回忆、描写了与这班朋友在上海时的生活片断,如喝酒(可与《宴之趣》对读)、逛旧书店、通宵达旦地聚谈等等,虽平凡无奇,却令人向往。结尾则与开头呼应,又写到"墨蓝色的海水,海水,海水",使读者更加回味人间友情的至贵。《蛰居散记》中的《秋夜吟》一篇,节奏极为缓和,抒情十分优美,在整本书中是一个例外。主要描写沦陷期间作者与一个学生小石在秋夜的一次散步。看似闲散之文,但形散而神不散,全篇紧紧环绕着小石的诚挚朴实的品质来描写。联系该文开头描写的蛰居生活的艰苦与危险,小石及一位老太太对作者的安危与生活上的关怀更令人"饫饮这善良的温情而陶然了"。读罢此篇,就像在秋夜月下静听秋虫的合唱似的,感到濯心涤神。

除了前面提到的作者写的"考古游记"外,他对祖国的江山风光也曾呈上过不少标准的"美文"。新中国成立后,他还曾有写一组"风土小志"的计划,可惜因工作太忙未能多写。这里且举其中的一篇《石湖》为例。这篇散文在他的作品中是很普通也是有代表性的一篇,现已作为范文收入中学语文教材中。文章简繁得当,布局自然。先写第一次乘船经过石湖,匆匆一瞥,未作实写,而引出南宋诗人范成大在石湖的一段插叙,提示了小湖的不平凡的历史。继写第二次从陆路去石湖,则着力细致描写它的各种胜景,远望近观,并登高俯视更远的太湖,写得神采飞扬、淋漓尽致。最后,又写到石湖建设的远景规划,把读者的视线从眼前的实景一下子推延到理想中的更美好的未来。由于作者成功地运用了虚实结合的手法,短短千余字的散文中包含了石湖的过去、现在与将来,并将远方的太湖也作为"借景"写了进去,使该文在尺幅之内产生了思接千载、视通万里的艺术效果。文中关于湖光山景的描绘,色彩十分鲜艳,又充满情感,在语言的提炼上也是下工夫的。

（五）

鲁迅曾经说过，“五四”以后，“散文小品的成功，几乎在小说、戏曲和诗歌之上。”（《小品文的危机》）朱自清也认为，现代散文的发展，“确是绚烂极了：有种种的样式，种种的流派，表现着、批评着、解释着人生的各方面，迁流曼衍，日新月异”。（《论现代中国的小品散文》）而在中国现代散文的百花园中，郑振铎是不可忽视的有特色的一家，在文学研究会一流派中，他更是有代表性的。对中国现代散文的成功与发展，郑振铎作出了不可抹煞的贡献。综上所述，有这样几点是应该充分肯定的：

首先，从他开始写随感录起，终其一生，创作的散文数量十分可观，品类亦相当齐全。从内容上说，议论的、抒情的、叙事的都有，不少是一篇中即兼而有之。从形式上说，随感录、书信、日记、读书记、得书记、序跋、题跋、游记、书话、传记、悼文等等体式，应有尽有。这是一笔相当丰厚的文学遗产，以前对它重视不够，是不应该的。

第二，在散文形式的开拓或发展上，他都有所贡献。他是随感录的早期作者之一，直到新中国成立后他还提倡写作杂文。他也是写作读书记与书话的较早的探索者之一。朱自清在一九三五年曾说：“读书记需要博学，现在几乎还只有周岂明先生一人动手。”（《什么是散文》）此话不确。其实，早在一九二三年郑振铎接手主编《小说月报》的第一期起，就特辟了《读书杂记》专栏，他自己就带头写了不少读书记，后来写得就更多了。抗战期间，他又写了大量“得书记”，更是一种新的散文品种。以新文学家而撰写大量古书题跋，他也是数一数二的。直接取材于历史的《民族文话》、《古事新谈》，也是一种尝试。此外如《求书日录》，更是得书记与日记体散文的结合。

第三,他的散文以其不可替代的个性特点和成就,丰富了新文学的实绩。郁达夫说:“我们只消把现代作家的散文集一翻,则这作家的世系,性格,嗜好,思想,信仰,以及生活习惯等等,无不活泼地显现在我们的眼前。”(《中国新文学大系·散文二集·导言》)这在郑振铎的散文中尤为特出。他的散文即生动地反映了他热情、真挚、爱国、勤学、战斗的人格;而他的散文的总的风格也就是率性见真、爱憎分明、明快坦荡、博学多识,有时也相当细腻。在现代散文作品中,像他那样充满爱国激情和闪烁学识之光的,并不多见。

最后,他的散文在艺术、思想质量上,在真善美、才学识诸方面,都取得了相当的成就;但无须讳言,由于他创作个性的明快率直,有时随兴所至,或是过于激动,语句可能推敲不够,缺乏修饰,布局可能嫌得粗糙一点;又由于他是一个学者,有时引征考证过多,包括一些难懂的文句,不免使艺术性淹没于学术性之下;又由于他一生各时期的思想发展有急有缓,生活视野有宽有狭,从而也影响到他的某些散文的意境;等等。然而,总的说来,他大部分的散文文字平淡而见新意,章法轻松而见严谨,读者能直接接触到作者的热烈的心,犹如当面倾听其谈吐,浑然忘却这是一种文学的表现——这不正是一种相当高超的艺术境界吗?

五、翻译和译述

(一)

从“五四”时起,郑振铎就开始了翻译工作。与不少著名作家一样，他也是一个勤奋的翻译工作者。

最初，他在《新社会》杂志上发表所译有关国际工人运动的消息、国外社会学论著，以及托尔斯泰论教育的书信；在《人道》杂志上发表所译泰戈尔的诗；在《曙光》杂志上发表所译有关苏维埃俄国的政治、经济、军事方面的文章；在《新青年》杂志上发表所译高尔基的文学论文、罗素(B. Russell)的自述；等等。特别引人注目的是，他还在一九一九年十二月的《新中国》杂志上发表了所译列宁的《俄罗斯之政党》及列宁的另一篇文章。这是较早传入中国的列宁文献。他还与耿济之一起，在一九二〇年夏最早翻译了全世界无产阶级的战歌《国际歌》的歌词。从这些译作来看，他一开始的翻译工作主要是在社会、政治方面，文学只在其次。

一九二〇年代初，郑振铎开始把主要精力投于新文学运动之中。《小说月刊》改革和《文学旬刊》创刊后，他的翻译也随之主要集中于文学作品。但他也还翻译出版过《民俗学浅说》等文化类专著。大约从一九三〇年代后叶起，他因为工作太忙等原因，基本上没时间亲自翻译了。(在抗战时期沦陷中的上海，以及新中国成立初的北京，他都曾一度从事过翻译工作，但后来或因条件恶劣，或因公务太忙，都没能译完而中辍。)可是，他仍然从事介绍外国文学的工作，有关译作的发表、出版的工作，以及对翻译作品发表评论的工作等等。一九五四年，我国第一次全国文学翻译工作会议在北京召开，他还是大会主持者之一，并在开幕式上讲话。这些，有力地说明了他一生没有离开过翻译事业。

郑振铎在翻译工作方面的贡献，主要是他在一九二〇年代的翻译理论建树，和他一生对翻译的提倡、组织之功。(这些，我们在其他章节有论述。)而他自己的翻译实绩，也仍然是相当可观的。

这里要论述的是他的文学翻译作品。本书前已论及，郑振铎很早在理论上就对翻译艺术有所探讨；而他自己的译作，也是很有艺术特色的。早在一九二〇年代初，就有读者写信给沈雁冰，指出郑振铎的有关译作可以“拍案叫绝”。[①] 关于他的翻译艺术与技巧的得失，可以作专门的研究；笔者限于篇幅与学力，不拟向这方面展开论述，而主要想论述他的文学翻译在民国时期文学史及翻译史上所起的作用与影响，并对他有关主要的译著作一点分析与评价。

郑振铎熟练掌握的外语，主要是英语。而他最早接触的外国文学，则是十九世纪以后的俄罗斯文学（英译本）。他一生翻译的文学作品，主要有三类，一是俄国（包括苏联）文学，二是印度文学，三是希腊罗马文学；而对英美文学的介绍反而最少。除去零散发表的单篇译作外，成书的就有十多种。这是他一生文学业绩中不可忽视的一个方面。

（二）

从“五四”的前一年开始，郑振铎常常到北京基督教青年会的图书馆去看书。在青年会干事、美国人步济时的介绍下，他开始接触俄国文学的英译本。他后来回忆说：“在那里面，有契珂夫的戏曲集和短篇小说集，有安特列夫的戏曲集，托尔斯泰的许多小说等。我对之发生了很大的兴趣。这小小的图书馆成了我常去盘桓的地方”。（《想起和济之同在一处的日子》）也是在那里，他认识了后来成为我国著名的俄国文学翻译家耿济之，以及瞿秋白、许地山等人。他们在一起不仅热烈地讨论社会人生问题，而且都“特别对

---

① 见1921年12月《小说月报》的《通信》。

俄罗斯文学有了很深的喜爱”。（郑振铎《记瞿秋白同志早年的二三事》）据他自述，当时耿济之有一位姓叶的前辈在办《新中国》杂志，需要文艺方面的稿子，于是他就和耿济之、瞿秋白等人开始翻译俄国文学。“我自己也从英文里，重译了一篇俄国小说，登载在《新中国》里。这是我第一次由写稿获得稿费的事。记得那时候够多末高兴!”（《想起和济之同在一处的日子》）虽然，我们在《新中国》上未能找到他记得的那篇俄国小说译作；[①]但是，他确实是最早在一九二〇年代初开始翻译俄国小说的。据已知材料，他的第一篇俄国小说译作，发表于一九二〇年《时事新报·学灯》双十节增刊上，是俄国当时著名作家谢尔盖耶夫－青斯基（Сергеев-Ценский）的《神人》。这期《学灯》还发表了鲁迅、郭沫若的创作和周作人的译作，在当时是引起了一点注意的，因为郭沫若的有名的关于“媒婆与处女”的议论，便是针对这一期《学灯》而发的。

我国翻译界从晚清时林琴南大量翻译西洋小说以来，直至二十世纪二十年代，有一个特点或缺点，就是对西方文学缺乏较全面的了解，“抓到篮里便是菜”，偶然见到什么就译什么，以至翻译介绍了很多二、三流以下的作品。虽然，从总的来说这还是扩大了国内读者的眼界；但正如郑振铎后来多次指出的，他们的劳动“大半归于虚耗”（《林琴南先生》）。这是初期很难避免的“无意识的介绍”（郑振铎语），即盲目性。郑振铎的翻译活动就与之不同。因为他的翻译目的一开始就比较明确，而且在这一工作的过程中不断地更加明确。他一开始接触俄国文学，有其偶然性；但又是受当时

① 我认为这可能是误记。在《新中国》上发表的是他翻译的列宁的政论，和他撰写的关于俄国现实主义文学的论文。

整个新文化运动在俄国影响下的必然性的制约，也是与他当时追求进步的思想相合的。他第一篇翻译的俄国小说《神人》，虽然也许谈不上是第一流的，但却是原作者的代表作之一。这以后，他翻译的作品（包括俄国以外的），都是经过他选择的，或是其内容对中国读者有参考意义，或是艺术上有鉴赏学习价值，或是外国文学史上的名人名作。这从他翻译的第二篇俄国小说就选了最杰出的作家高尔基的《木筏之上》，即可明显地看出。这篇译作发表在改革后的第二期《小说月报》上，描写木筏工人父子间的矛盾，艺术水平颇高。在译文前，郑振铎还详细地介绍了高尔基的生平，指出“在现代的生存的文人中高尔基该算是最老而且最有名望的人了”，而这篇作品“也是他的短篇小说中很好的著作”。这一评价在当时很难得。① 十多年后，郑振铎还把这篇译作收入他的《俄国短篇小说译丛》中，并在序中指出此篇小说“有如逢到大自然的黑夜，风雨交加，电鞭不时的一闪的情景，那‘力’是那样的伟大。”这篇作品后来多次被汉译，②深受中国读者喜爱。

在一九二〇年代前期，郑振铎翻译的俄国文学单篇作品，还有象征派作家梭罗古勃的童话作品《飞翼》、《芳名》、《独立之树叶》、《锁钥》、《平等》、《你是谁》等；寓言作家克雷洛夫的寓言《林语》、《天鹅、梭鱼与螃蟹》、《箱子》、《骡子与夜莺》、《雨云》、《杜鹃鸟》等；还有普希金（А. С. Пушкин）的小悲剧《莫萨特与沙莱里》，③安特列夫（Л. Н. Андреев）的名作《红笑》（按，未译完，后郑振铎在《小

① 鲁迅后来曾说：“当屠格纳夫，柴霍夫这些作家大为中国读书界所称颂的时候，高尔基是不很有人注意的”。（《译本高尔基〈一月九日〉小引》）

② 例如，1922 年 9 月的《晨报》上，就有姜靖昌等人的译文。

③ 阿英认为，普希金剧本的中译，以此为最早。（见阿英《翻译史话》）

说月报》上发表了鲁迅推荐来的梅川的全译),屠格涅夫(И. С. Тургенев)的散文诗《麻雀》,阿志巴绥夫(М. П. Арцыбашев)的小说《血痕》、《巴莎杜麦诺夫》等等。从体裁上看,是丰富多彩不拘一格的。

一九二〇年代末以后,他对俄国文学仍偶有翻译,并更重视选择其思想性与艺术性优秀的作品。例如,他在一九二九年三月《小说月报》上撰文介绍美国出版的苏联作家小说选集《蔚蓝的城》,认为此书"颇足以代表苏俄的今日的创作界",并认为"对于许多想知道这个'共产国'的真实情形的人,这部书确是很重要。"此书"将一个社会,一个崭新的社会,真切无伪的表现出来","一切正面的或反面的宣传文字,都敌不过"此书。他并将《文学周报》第八卷第十四至十八期合刊编成《苏俄小说专号》,还亲自翻译发表了《蔚蓝的城》中著名女作家赛甫琳娜(Л. Н. Сейфуллина)的《老太婆》。这篇小说描写了一个对无产阶级革命不理解,甚至不理睬自己的儿子(共产党员)的老太婆。《文学周刊》所载《本号苏俄小说作者传略》认为,赛甫琳娜的小说"写出人间有力的乡下男女,宣传新的福音,新的信仰,勇敢的反抗旧势力,做新潮的先锋"。两年后,鲁迅也翻译介绍了她的作品《肥料》,肯定了她"是现在很辉煌的女性作家",并肯定了郑振铎等人对她的作品的翻译介绍。

一九三二年一月的《小说月报》上,原本要发表郑振铎翻译的奇里科夫(Е. Н. Чириков)的小说《魔术家》,可惜该刊被日本侵略军炸毁。翌年七月,继承《小说月报》的《文学》月刊一创刊,郑振铎便连载二期发表了所译奇里科夫的小说《严加管束》。小说描写了一个帝俄时代的大学生因参加革命而被捕入狱,在被释放时当局责令其父母"严加管束",其父也要他去见见作为"义父"的警察局长，但他断然拒绝，不愿向反动当局屈服，最后并以自杀表示抗议。郑振铎在“译者附言”中明确指出：“我很喜欢他的东西。这篇《严加管束》，尤使我读了发生感动。所以把它译出，献给为光明而争斗的青年勇士们。”他还写道：

> 我们读了，将有怎样的感想？在我们这边，在此刻，有没有这类的事发生？有没有比这类事更残酷若干倍的事发生？受苦难的青年们所遇到的是怎样的待遇？……但青年的勇士们是扫荡不尽的；明知那是火，那是阱，为了光明，为了群众，却偏要向前走；人类是有那末傻，是有那末勇敢！悲剧，不过造就无数像 Prometheus[普罗米修斯]般的伟大的人物而已。

可以说，这段附言和这篇译作，是郑振铎所有译品中现实斗争性最强烈的一例。他在一九三〇年代翻译这篇作品的目的与意义，已不用我来喋喋分析了。

除了单篇发表的译作外，郑振铎翻译成书的俄国文学作品，有三本戏剧、两本长篇小说和一本短篇小说集。

一九二一年四月出版的契诃夫的剧本《海鸥》和史拉美克的剧本《六月》，是郑振铎主编的《俄国戏曲集》丛书中亲自翻译的两本。该丛书中其他剧本，如果戈理的《巡按》（今译《钦差大人》）、奥斯特洛夫斯基（A. H. Островский）的《雷雨》、托尔斯泰的《黑暗之势力》等等，也都是他曾经专门撰文介绍与论述过的。他另外翻译的一个剧本是奥斯特洛夫斯基的《贫非罪》，一九二二年三月出版，收入《俄罗斯文学丛书》中。而这部丛书也是他参与主编的，其中收入的屠格涅夫的《父与子》、普希金的《甲必丹之女》（今译《上尉的女儿》）等，还是他写的序言。这两套丛书，**是民国时期最早的俄国文学丛书**，意义十分重大。鲁迅在十多年后写的《祝中俄文字之交》

中，就郑重地提到："俄国的作品，渐渐的绍介进中国来了，同时也得了一部分读者的共鸣，只是传布开去。零星的译品且不说罢。成为大部的就有《俄国戏曲集》十种……"

郑振铎译的这三个剧本，在艺术上思想上都很有特色。在《贫非罪》的译序中，他指出此剧"在俄国剧场上继续的占了五十多年的势力"，而且它揭露的黑暗社会相"现在还是普遍于人间社会——尤其于中国社会——里呢！"他还认为"在艺术一方面"，也"可以给未来的作家一点帮助，贡献现在的演剧家一点材料。"在他后来写的《俄国文学史略》中，称奥斯特洛夫斯基在俄国戏曲文学史上的地位如"孤松高耸于丛林之中，实无与他并肩而立者"，其《贫非罪》一剧，"几乎全俄罗斯都得到很大的印象"，特别因大批评家杜勃罗留波夫专门作了评论，更使此剧有名。契诃夫虽以小说闻世，但《俄国文学史略》中认为他是继奥斯特洛夫斯基之后最伟大的戏剧家，《海鸥》则是他"很伟大的作品"；当时俄国还专门成立了规模巨大的"海鸥剧场"（即以演此剧而得名），并成为俄国戏剧史上的一件转折性的大事。因此，郑振铎翻译的这几个剧本，正如冯至等人指出的："无疑地，这对中国的戏剧改革有过很好的影响。"（《五四时期俄罗斯文学和其他欧洲国家文学的翻译和介绍》）

郑振铎翻译的两部俄国长篇小说，一是路卜洵（B. Ропшин）的《灰色马》。这部译作先是在一九二二年下半年的《小说月报》上连载，后于一九二四年一月作为《文学研究会丛书》之一出版。另一部是阿志巴绥夫的《沙宁》。先是在一九二四年五月号《小说月报》上发表郑振铎写的译序《阿志巴绥夫与〈沙宁〉》，并在下一期该刊开始发表译文，但仅发表一节便中辍；后在该刊一九二九年第一期重新发表译序并开始连载，一年内载完；又请耿济之根据俄文原版校订，于一九三〇年五月作为《文学研究会世界文学名著丛书》之一出版。郑振铎在《俄国文学史略》中指出：在二十世纪初俄国的所谓“个人主义的作家”中，阿志巴绥夫和路卜洵二人“尤趋于极端”；这两部小说都是反映“当时一部分青年的极端个人主义趋向”的。那么，他为什么要翻译这两本书？我们对这两本书以及译者的工作应该如何评价？由于这两部小说本身性质的复杂性，也由于它们是郑振铎一生中翻译出版的仅有的两部长篇小说，所以我们要花费一点篇幅进行分析。

首先，我认为这是与鲁迅当时翻译出版阿志巴绥夫的《工人绥惠略夫》有关的。[①] 在开始发表《灰色马》译文的那期《小说月报》的《最后一页》中，沈雁冰就写道：“我们去年登过《工人绥惠略夫》的译本，我们初以为这本书里所提出的‘爱与憎的纠纷’的问题将引起中国青年莫大的讨论，然而竟寂然！”“我们今次不禁对于《灰色马》的介绍抱有同样的希望，或者我们不至于和前次一样的失望么？”这表明沈雁冰也是很自然地把这两者联系起来的。郑振铎翻译《灰色马》等书，其动机与目的确实与鲁迅有相近处。[②] 郑振铎在《灰色马》的《译者引言》中指出，此书对于了解从十九世纪末至一九一七年大革命的“俄国人的生活”、“俄国人的内部的精神的变化”，具有认识价值。他认为此书“就是描写这个时代的俄国内部生活的一部分，就是赤裸裸的表现出所谓恐怖党的一部分的‘心的变化’的一本最好的作品。以前在英、美出版的许多讲俄国恐怖党

① 鲁迅这本译著曾连载于1921年下半年的《小说月报》，该刊主编沈雁冰在发表前的预告中指出：“阿尔支拔绥夫的作品从肉的享乐里喊出现代人的烦闷的呼声和对于新理想之坚信，曾赚了俄国青年无量眼泪的，现在译成中文来赚我们的眼泪了。”

② 《灰色马》出版后，郑振铎立即就寄赠鲁迅一本。

的事的,都不是真实的记载。惟这部书才是真切的叙述。因为作者本身就是“恐怖党”的重要成员,所以无论哪个研究俄国革命运动的人都必须要读这部书。”

其次,此书以第一人称的日记体裁,塑造了一个名叫“佐治”的恐怖党人形象,具有典型意义。郑振铎指出:“他是一只无舵的舟,在生命的海上飘泊着”,是一个无思想、无主义、厌世、冷酷、病态的青年;而这不光是他一人,“便是近代的人也至少有一部分是充满了这怀疑与厌倦,带了佐治式的冷酷与忽视一切的色彩的。所以这实是近代的问题”。因此,此书“便有了普遍的价值了,便与《沙宁》同样的有研究的必要了。”他又指出,佐治与十九世纪九十年代的俄国革命家相比,“骨子里的精神则已全异”;佐治只能代表当时一部分人,另外还有“有异常的忠实之心的”革命者。“所以《灰色马》在表现俄国革命的精神的地方,只可算是一部分重要的恐怖党的叙述”。从艺术方面说,他认为“这书的成就也是很可惊骇的。路卜洵的文字,句法短劲而美丽,叙述活泼而深入,带有很强的感动力与吸引力。”①

因此,郑振铎说明:“我所以译这部书的原因有二:第一是我自己读这书时,极受他大胆直率的思想与美丽真切的艺术所感动,便起了要把它介绍过来的心。第二是我觉察得佐治式的青年,在现在过渡时代的中国渐渐的多了起来。虽然他们不是实际的反动者,革命者,然而在思想方面,他们确是带有极浓厚的佐治的虚无思想的——怀疑,不安而且漠视一切。这部书的介绍,也许对于这

① 据查苏联有关路卜洵(原名萨文加夫)的资料,其人生平如同郑振铎所介绍,后在1924年被捕,有忏悔表现,翌年在狱中自杀。关于他的作品,苏联文学界也认为比较真实地反映了恐怖主义的没有前途。

一类人与许多要了解他们的人,至少有可以参考的地方。"曹聚仁后来在《文坛五十年(续编)》中谈到巴金的作品时就指出,"佐治式的青年,也正是巴金小说中人物的写照"。这也可说明,《灰色马》对于观察当时中国部分青年的思想行为,确实有用。

当时,沈雁冰、瞿秋白和俞平伯曾分别为此书写了序或跋。特别是沈、瞿两位的序,对此书的价值和翻译的意义作了相当精当的评论。沈雁冰指出,此书是以"俄国近三十年来思想界的混乱与剧变"为背景的,可视作"一段极重要的革命的人生的实录",因而"在俄国文学史上占重要的地位"。他还认为此书描写了"一个灵魂在特殊环境中所起的变态",并且又是显示了俄国民族性的作品。最后,他提醒读者须牢记:"社会革命必须有方案,有策略,以有组织的民众为武装;暗杀主义不是社会革命的正当方法。"瞿秋白详细分析了佐治这一"文学作品里的特殊'派调'(тип)"所产生的社会环境(按,俄语"тип",今译作"典型"),论述了恐怖主义的政治意义、暗杀的性质与作者的经历等。他同意郑振铎说的作者"不是一个真实的反抗者"的看法,同时指出作者做到了"艺术的真实",反映了俄国社会革命党的错误路线必然导致失败。当时,"社会革命党差不多已成历史上的陈迹",而"《灰色马》真是此'社会革命党陈列馆'里很优美的成绩——真正尽了它'艺术的真实'之重任。它确确实实能代表俄国社会思想史——文学史里一时代一流派的社会情绪呵!"由上可见,这两位早期中国共产党人也都是从认识价值与艺术价值两方面着眼,对此书作了评价。他们的观点与译者基本一致,而通过小说分析所指出的对社会革命与社会运动的认识则比译者深刻。这两篇序,实际上同时也充分肯定了翻译此书的意义。

《沙宁》是郑振铎在《灰色马》译成后不久就开始翻译的，译序即写于一九二三年五月。上引《〈灰色马〉译者引言》中，他已提到两书有同样研究的必要；在《沙宁》的译序中，他还引用了鲁迅的《工人绥惠略夫》的译序。这都说明了他对这两本书的翻译动机是相似的。但因他当时工作太忙，以至只发表了一节译文就中辍。这一拖就拖了四年半，到一九二八年他从国外回来后才继续翻译，从翌年起重新发表。[①] 在重新发表五、六年前写的译序的后面，他添了一段话，说明原作者的书在十月革命后都被苏俄有关当局列为禁书，作者并被驱逐出境，于一九二七年无声无息地死在波兰华沙。这表明译者对作者的政治处境并非不了解。有的研究者对于郑振铎花了这么多时间来翻译这部小说表示不满，认为这是他思想上落后的表现。我觉得这种看法值得商榷。

首先，郑振铎翻译这本书，不仅是为了偿还数年前欠下的“文债”，而且仍然是从它的认识价值与艺术价值二者着眼的。《沙宁》是阿志巴绥夫的代表作，在世界文坛上有名（虽然它最初是因在国内受批判而出名），拥有较多的读者，引起人们研究的兴趣。郑振铎在译序中指出，它是“第一个用最坦白的态度去描写人的性欲冲动的，又是第一个用最感动人的、真切的文字去描写‘革命党’与革命时代的。”因此，“在俄国思想史上又有了极大的价值”，成了“一部最好的表白无政府个人主义的书”。“《沙宁》之能引起全世界的注意即在于此；我之所以译此书的大原因，也即在于此。”译者并引用作者自己的话，说明此书的写作时代是一九〇五年革命之前，并

① 同样的，郑振铎在 1924 年 7 月《小说月报》上发表了所译安特列夫的《红笑》的一节，后也没有空续译；直到 1929 年 1 月，他在该刊发表了梅川的全译，才算了却了一件宿愿。

非一九〇七年后反动期出现的淫秽读物的同流。同时,郑振铎又指出"《沙宁》的艺术,是很可赞美的",虽然有不可讳言的缺陷,但它的"纯粹客观的写实"方法,"对于现在中国的文艺界便又有了一层的必要",可作为那种"矫揉的非真实的""病象的最好的药治品"。

其次,郑振铎对此书的思想性也是有分析的,多次指出它体现了作者"无政府的个人思想"和"厌世思想"。虽然,郑振铎把这说成是作者的体弱多病的产物并不确当;但显然他看到了本书的病态特点,并不是完全赞同与欣赏它的思想。有研究者指责郑振铎"把书中主人公沙宁这样一个淫乱的无原则的叛徒当成'英雄'来推崇",其实郑振铎说的是"他(按,指作者)的英雄"、"这部小说中的英雄",并不是译者承认、甚至"推崇"沙宁为英雄。译者主要是介绍和提供了一个供人们研究和解剖的标本。而且,他把已有世界影响的作品,与作者后来对革命政府的态度与其处境区分开来,这对于一个拥护苏联革命的译者来说,是有胆略有见识的。(据了解,后来苏联有关当局对阿志巴绥夫的作品也是开了禁的。)

再次,我认为瞿秋白、沈雁冰对于《灰色马》的评价分析的原则与立场,也完全适用于《沙宁》。在郑译《沙宁》单行本出版的差不多同时,潘漠华也翻译出版了此书。① 显然,不能说这位不久后便牺牲的年青的共产党员在政治上是落后的。潘漠华为此书写的译序很值得我们重视。他指出:"以历史的见地来观察,它实在只是一部为反动的小资产阶级底个人主义辩护的小说"。他并分析了

---

① 1930 年 2 月光华书局出版。另,该书在 1930 年代还有伍光建、周作民等人的译本。

沙宁这个典型人物代表了"小资产阶级知识分子,经过一个政治烦闷的时期,向自身底资产阶级性投降"。因此,此书有认识价值。他指出,只要用这种观点来读,"可把它当作文学遗产而接受"。这是很有见地的。

最后,我认为同样不可否认的是,在一九三〇年代初翻译出版此书的社会意义,当然不能同翻译出版《母亲》、《毁灭》、《铁流》等苏联革命小说相比。蔡元培在一九三一年写的《三十五年来中国之新文化》中说:"最近几年,译本的数量激增;其中如《少年维特之烦恼》、《工人绥惠略夫》、《沙宁》等,影响于青年的心理颇大。"事实上,后两本书翻译进来,主要是起一种"借鉴"的作用,即用这两块镜子来照照中国某些虚无主义青年的思想行为;而对中国青年心理上的直接影响并不大(前引沈雁冰为《灰色马》写的序言中即可看出这一点);随着中国革命的发展,人们越来越把它们当作文学遗产来接受。《沙宁》至今仍有一定的认识价值,所以现在还有论者建议重印,"以俾今天的读者从中认取历史的曲折的轨迹,并认真地观察、分析与解剖沙宁这一形象,也许会获取若干教训与启示。"[①]我认为这是有道理的。那种认为只要谁翻译了某本书,谁就是赞同原作者的观点与思想,是太简单化了的看法。

郑振铎翻译的《俄国短篇小说译丛》,于一九三六年三月出版。收入奇里科夫的《浮士德》、《严加管束》、《在狱中》,柯罗连科(В. Г. Короленко)的《林语》,梭罗古勃的《你是谁》,高尔基的《木筏之上》等六篇。[②] 译者在《引言》中说:"我们计划着要翻译许多重要

① 胡从经《〈沙宁〉书话》。按,近年国内已经出版了《沙宁》的新译本。

② 其中《在狱中》一篇是王鲁彦译的。

的俄国短篇小说，集成一套的《俄国短篇小说译丛》。这一册是开头的一本。"可惜的是，这套书其后未能继续出版下去。由于这是"译丛"，所以这六篇小说的性质、作风都是各不相同的；但郑振铎说"对于这几篇我都很欢喜"。尤其是对于奇里科夫，郑振铎指出他是一九一七年俄国大革命后逃亡国外的作家，但他在大革命之前"却也是一位讥嘲沙皇的虐政而同情于革命运动的作家"。郑振铎还认为《严加管束》与《在狱中》是两篇"革命的故事"，"在此时此地读来，也竟觉得有些同感呢"。这充分反映了他对外国作家及其作品的态度是实事求是的，有相当高的分析能力。据查有关《苏联大百科全书》，对于奇里科夫的评价与郑振铎基本一致。

（三）

郑振铎翻译的印度文学作品，主要是泰戈尔的诗歌，以及印度古代寓言。

泰戈尔是具有世界声誉的印度作家，东方第一个诺贝尔文学奖的获得者，也是印度近代对中国影响最大的作家。尤其是他的诗歌，在中国获得了众多读者的欣赏。郑振铎从事泰戈尔诗歌的翻译工作，主要是在一九二〇年代初。据他自述，大约在一九一九年初，他由许地山的介绍，读到了泰戈尔《新月集》的英译本，从此对泰戈尔的诗歌发生了浓厚的兴趣；随后，他又在许地山的鼓励下，开始翻译这些诗。而我们现在见到的他最早发表的翻译泰戈尔的诗，是一九二〇年八月《人道》月刊上的泰氏《吉檀迦利》中的二十二首；在这组译诗前，又有他译的《新月集》中的一首《我的歌》作为序诗。（应该指出，这些译诗也是他最早发表的翻译文学作品。）同时，还附有他在六月二十一日写的关于泰戈尔的生平介绍。

一九二一年《小说月报》改革后，和《文学旬刊》创刊后，他更在上面经常发表泰戈尔诗的翻译，总数有几百首之多，分别选自泰戈尔当时所有已有英译的六本诗集《园丁集》、《新月集》、《采果集》、《飞鸟集》、《吉檀迦利》、《爱者之贻与歧路》等。

一九二二年十月，郑振铎出版了他翻译的《飞鸟集》。翌年九月，又出版了他翻译的《新月集》。上述二书都属于《文学研究会丛书》。一九二五年三月，他又将除了上述两诗集以外的自己所译的泰戈尔诗编成《太戈尔诗》，作为《小说月报丛刊》之一出版(但没有把他两诗集以外的译诗收全)。与此同时，他又从事泰戈尔作品与生平的研究，早在文学研究会成立时，他就在会内组织了一个“太戈尔研究会”。“中国专研究一个文学家的学会，这会还算是第一个呢。”[①]一九二五年，他出版了我国第一本《太戈尔传》。另外，他还为瞿世英等人翻译的泰戈尔戏剧作了热情的介绍等。

我国的印度文学研究专家石真指出：“可以说中国最早较有系统地介绍和研究泰戈尔的是西谛先生。”(《〈泰戈尔诗选〉前言》)据查考，泰戈尔诗最初被译进中国，是一九一五年十月《青年杂志》(后改名《新青年》)第二期上，陈独秀用五言古诗体翻译的《吉檀迦利》中的四首诗。一九一八年《新青年》完全改成白话文后，在五卷二期、三期上，又刊出刘半农用白话译的《新月集》中的四首。这八首短诗是泰戈尔作品最早的中译；但由于太零星、数量太小，在当时没有引起较大的影响。我国比较有系统地大量地翻译泰戈尔的诗歌，是从一九二〇年代初开始的；而出力最多的，就是郑振铎。他译的《飞鸟集》，就是我国最早的一本泰戈尔译诗。而后泰戈尔

---

① 郑振铎 1921 年 4 月 17 日致瞿世英信。

的主要的(或大部分)英译的诗歌,郑振铎几乎都作了重译。正是在他的辛勤劳动下(再加上其他译者的劳动),我们邻国的一个大作家的创作才广为我国读者所熟知。

当然,泰戈尔的思想本身,有积极与消极两方面。一九二四年泰戈尔访华前后,中国掀起一股"泰戈尔热"。泰戈尔同情被压迫人民、反对暴力、歌颂大自然和人情美的思想与作品,受到中国广大读者的热烈欢迎;但同时,中国的一些先进分子也敏锐地指出,某些人别有用心地、或者是盲目地鼓吹泰戈尔思想中的消极面。在后一方面,鲁迅、周恩来、瞿秋白、陈独秀、沈雁冰、郭沫若等人都有评说。[①] 郑振铎是热烈欢迎泰戈尔的来访的。一九二三年底的《文学》周刊上,曾发表闻一多从美国寄来的《泰果尔批评》,在该文前郑振铎加了一段"编者附言",指出:"我们以为若要讨论'请太戈尔来华'的是否有多大意义,应该从两方面看:一是思想家的太戈尔对于我们现在青年思想的关系;二是文学家的太戈尔对于我国新文学的关系。"就前者而言,他表示同意当时共产党的机关刊《中国青年》和郭沫若等人的观点;就后者而言,他认为其影响不论大小,总的来说是好的。他的这一关于泰戈尔作品对中国新文学的关系的评价,符合实际。泰戈尔的诗歌,对中国新诗的发展就起了良好作用,郭沫若、冰心、郑振铎等人早期的诗歌都受其影响。

冰心在八十岁生日时,当有人问她是怎样写起诗来的,她说,开始并没有想到写诗,只是想起什么便在本子上写上几句,"后来

---

① 参见鲁迅《〈狭的笼〉译者附记》、《论照相之类》,周恩来《致衫峙》,瞿秋白《弟弟的信》,陈独秀《我们为什么欢迎泰谷儿》,沈雁冰《对于太戈尔的希望》、《太戈尔与东方文化》,郭沫若《太戈尔来华之我见》等文。鲁迅后来在《骂杀与捧杀》等文中也谈及当年泰戈尔来华时的情形。

看了郑振铎译的泰戈尔的《飞鸟集》，觉得那小诗非常自由……就学那种自由的写法，随时把自己的感想和回忆，三言两语写下来。”[①]著名女诗人的这段自述，也可以看作是对郑振铎当时翻译泰戈尔诗歌的肯定和好评。郑振铎的这些译作，对于我国新文学建设和中外文学交流，都是有意义的。一九二〇年代我国诗坛上小诗及散文诗的流行，与郑振铎翻译泰戈尔诗很有关系。当然，郑振铎没有把泰戈尔诗全译进来。在郑振铎出版所译泰戈尔诗集时，梁实秋、成仿吾等人在《创造周报》上发表过批评文章，其中即涉及这个“选译”问题。梁实秋认为选译是“大大的要不得的”。郑振铎则认为，首先，泰戈尔的诗集，用孟加拉文所写的当时有二十来种，而英译本本身就已是“选译”；再说，诗歌各自为篇，不像小说那样不能单译其中的一段。因此，他指出“选译”是无可厚非的；同时，他说明他也不是提倡“选译主义”，只是因为时间与能力所限而这样做的。他希望将来有泰戈尔诗全译的出现。

印度是世界上寓言发展最早的国家之一，它与中国、希腊并列而为世界寓言的三大发源地。印度寓言广泛流传于世界各地，受到各国人民的珍爱。郑振铎早在一九二二年主编《儿童世界》周刊时，即有过印度寓言的译述；而在一九二四、一九二五年间，他曾在自己主编的《小说月报》、《文学》周刊上发表过六十多篇印度寓言。一九二五年八月，出版了《印度寓言》一书，共收他的译作五十五篇，译自 P. V. Pamasrwami Raju 所选的一本印度寓言英译本及其他书。郑振铎此书，本来是作为上册出版的，其下册拟选译《百喻经》及其他印度寓言。可惜他除在刊物上发表了七篇选自《百喻

① 卓如《访老诗人冰心》。

经》的译作外，未能继续译下去，也未能再出版下册。但即这一册《印度寓言》，亦曾深得中国读者（包括少年儿童）的欢迎。（我们知道，《百喻经》在我国六朝萧齐时就有译本，我国读者还是比较熟悉的；而郑振铎此书所译的几十篇，比较起来更令当时中国读者感到新鲜。）他当时还写了专文，论述印度寓言的特点、地位和传播等，使中国读者对于这一印度文学奇葩更增了解。值得注意的是，原作在寓言本文之外，往往还有不少注明故事的结果，以及说教之类的文字，郑振铎则把这些删去了。他认为"这可以使读者更感得直捷的兴趣，而不受繁辞的厌倦"。郑振铎的这一翻译工作也是很有意义的。①

印度学者海曼歌·比斯瓦斯在一九五八年《悼念郑振铎》一文中指出："我们印度人是把他当作最早的印度学者来热爱的，在当代，他可能是第一个把印度古典和现代的文学介绍给中国读者的人。他同样也是当前中印文化交流的先驱。"对郑振铎在印度文学翻译方面的贡献作了高度的评定。

（四）

郑振铎也很早就对希腊、罗马文学有所介绍了。例如，一九二四年三月的《文学》周刊上，就有他译述的《阿波罗与妩芬》。当时，有关希腊神话的中文书籍极少，在商务印书馆的《说部丛书初集》中，有薄薄的一本《希腊神话》，未署译述者名字。郑振铎在《阿波

① 附带指出，郑振铎在1920年代还翻译介绍过德国莱辛寓言、俄国克雷洛夫寓言等等，在1930年代又整理出版了不少中国寓言（收入《世界文库》中），并写过一些研究文章。他对寓言这一文苑品种的介绍、整理和研究是作出过贡献的。可惜的是，今人有关寓言史的专著中却忘记记上应有的一笔。

罗与妩芬》文末注释中，提及"此书为中国唯一的关于希腊神话的书籍，但它的叙述很不好。"在文前他还说：

> 我近来对于神话，很感到兴趣，它们不惟是研究初民的思想及其他所必须注意的，而在文学上也有极高的价值，尤其是希腊的神话。
>
> 希腊的神话具有永永不磨的美丽与趣味，它们的故事，常常为欧洲许多最好的诗人、画家、雕刻家、论文家、小说家等等的最好的原料。它们的血液，已倾注入欧洲文学的脉管里；我们如非知道它们，则对于欧洲诸诗人、诸画家、诸雕刻家等等的作品，必有难以领解之苦。

这就把他最初翻译介绍希腊神话的目的动机，阐述得十分清楚了。他的这篇关于阿波罗与妩芬的故事的译述，在发表时原有一个副标题："希腊神话之一"，他还在文中表示要继续译述和发表下去，但因为工作太忙而未果。[①] 郑振铎在这时，还曾计划编辑出版一套《希腊罗马文学丛书》，可惜后来没有编成(参见本书第四章第二节所述)。而与此同时，他在撰写《文学大纲》时，在第四章《希腊的神话》、第九章《希腊与罗马》中，曾相当全面地译述了希腊罗马神话传说，共约五万来字。因此，如果说郑振铎是我国较早的比较系统地介绍希腊罗马文学的人之一，是决不为过的。当时有许多文学青年，就是由《文学大纲》的这些译述介绍入门，开始了解西方文学的。

一九二七年他避居西欧，秋天住在浓雾迷漫的伦敦。开始时，

---

① 约此时，他还拟主编一套希腊罗马丛书，其中拟亲自译《希腊罗马的神话》和《希腊文学史》，后未果。今存他签名的丛书约稿信。

他每天在不列颠博物院的阅览室里看书，研究有关变文、古典戏曲等。在感到单调与疲乏时，他就看看有关希腊罗马文学，尤其是神话。就这样，使他原先就对它怀着的爱好重新燃炽起来。于是，他又译述起希腊神话来了。在译述过程中，他形成一个计划，即在《希腊罗马的神话与传说》的总题下，共编译成三部书。第一部为《神谱》，第二部为《英雄传说》，第三部为《恋爱的故事》。但因他孤身海外，时常思念祖国，也想念亲友，特别是妻子。所以先从《恋爱的故事》入手。随译随寄给上海《小说月报》，从一九二八年三月起，以《希腊罗马神话传说中的恋爱故事》为题连载，至十二月号止，共成二十六篇。一九二九年三月，以《恋爱的故事》为书名出版。他回国以后，又着手《希腊罗马神话传说中的英雄传说》的译述，后于一九三〇年一月起，在《小说月报》上连载，至翌年六月止，共分七部三十八篇。后在一九三五年二月以《希腊神话》为书名出版，篇幅为前一书的三、四倍。

这里必须说明郑振铎自己，以及本书这里为什么用“译述”一词。这是因为：一、郑振铎在翻译希腊神话时，并不完全照译，常有删节，或在描述上有所发挥；二、希腊神话本身有各种不同的“版本”，互有详略，甚至有异说，郑振铎在博览群书的基础上更放出自己的眼光加以选择与组织。（这两本书都附有《根据与参考》，一一指出其译述的来历。）指出上述两点十分重要，表明这不仅仅是一种翻译活动，而且也是一种研究工作。当时就有读者指出：“郑先生没有老老实实为我们翻译一部希腊神话集”，这样的著作在西方多极了，而“他不贪图这种事半功倍的懒办法，却伸张他编《世界文学史大纲》同样的野心，从原有的材料里，从古代的文学与记载里去‘编著’一大部‘神话’。……这种编著的方法是很可贵的。”①

这两部书风格有异，但都具有艺术魅力。郑振铎主编的《小说月报》的《第二十一卷内容预告》中说：

> 这部《英雄传说》便是继续《恋爱的故事》之后而写的；彼胥为缠绵悱恻，哀感顽艳的故事，此则以雄健奔放的笔调，写云驰电掣的古英雄的冒险与争斗，其中更杂以恋爱的遭遇，若美狄亚，若狄杜诸故事，皆足以震人肺腑，似较《恋爱的故事》为尤哀艳。取材方面，也更为广博；于《神谱》、《图书记》、《变形记》诸作之外，更尽量的引用希腊诸大悲剧家的著作与罗马Virgil诸人之作。

这两部书在当时连载发表于全国最大的文学刊物上，加起来一共近两年半，其影响是很大的。赵景深当年就写过文章，提及他家里人抢着看《恋爱的故事》的情形。而这两部书在新中国成立后也都再版过，一直是最畅销、读者最多的书。正如上引预告文中说的：“读此，不仅明了古典的神话与传话，且更可知道古典名作的概略。”

郑振铎在《希腊神话》的序中指出：

> 希腊神话是欧洲文化史上的一个最弘伟的成就，也便是欧洲文艺作品所最常取材的渊薮。有人说，不懂得希腊神话简直没法去了解和欣赏西洋的文艺，这话是不错的。只要接触着西洋的文学和艺术，你便会知道不熟悉希腊神话里的故事，将是如何的苦恼与不便利。

---

① 罗念生《郑振铎编著希腊神话》。按，文中所说《世界文学史大纲》当是《文学大纲》。

但是，正如他说的，“希腊神话，在中国却成了很冷僻的东西”，在当时一直没有较系统的译述。周作人在为此书写的序中也谈到，他对希腊神话很有兴趣，而且他还懂希腊文，但他当时“尽是空口说白话”，只有郑振铎才踏踏实实地译述了。郑振铎后来虽然没有照原计划将《神谱》部分也译过来，但我认为这几乎不成为缺憾，因为那正是最缺乏文学性的部分。郑振铎在《希腊神话》的序中说：“在这书里，许多重要的希腊故事，除了《伊利亚特》和《奥特塞》的二大故事之外，大致都已不缺失什么了。”而这二大史诗，他当时也是译述成稿的，可惜在一九三二年“一二八”战事中被日本侵略者炮火炸毁。(但正如郑振铎说的，比较起来这二大史诗在当时中国读者中知道的较多。)因此，郑振铎对希腊罗马神话传说的译述，不仅是国内较早的，而且也是较全面的。所以周作人在序中说：“我相信这故事集”“足与英美作家竞爽”。

更值得指出的是，在一九三〇年代郑振铎译述希腊罗马文学时，已不仅仅从文学意义角度着眼，而且还具有社会学、美学的新的目光。他在《取火者的逮捕·序》中指出：

> 神话里的天和地，根本上便不是人类幻想的结果，而是记录着真实的古代人的苦斗的经过，以及他们的心灵上所印染的可能的争斗的实感与其他一切的人生的印象的。
>
> 所以，所谓神话的“美”，并不是像绿玉、白璧、乃至莹圆的珠，深红的珊瑚般的只供观赏赞叹之资的，而有着更深入的社会的意义在着。

他认为希腊神话充满着对立面的斗争，和被压迫者的“反抗的调子”。新中国成立后，他在《希腊神话》再版本(改名为《希腊神话与英雄传说》)的新序中，还引用了马克思在《政治经济学批判导言》中关于古代神话的著名论述，来分析希腊神话何以有永久的吸引力。这就更赋予这两本译著以新的意义了。

（五）

除了上述主要的三大类翻译作品外，郑振铎另外还翻译过美国欧·亨利的短篇小说、德国莱辛的寓言、丹麦的民歌、高加索民间故事，以及欧洲童话《列那狐的历史》等等，这里都不一一评述了。我们看到，他一生没有离开过翻译事业，但他亲自执笔翻译主要是一九二〇年代，和一九三〇年代前期。俄国文学和印度文学的翻译主要集中于一九二〇年代前期，而希腊罗马文学的译述则主要是在一九二〇年代末、一九三〇年代初。他掌握的外语，主要是英语；但他对英美文学却翻译得最少。而上述三大类外国文学，他都是从英文转译的。因此，可以说他主要做的是重译的工作。在这一工作中，他既有全译，也有选译、节译、译述等等，从多方面作了实践。

郑振铎的翻译活动，对中国新文学的发展无疑起了进步作用。他主要从事翻译的时期，正是我国新文学翻译事业的基建阶段。他的译作起了一定的示范作用。而且，他往往注意了别人很少注意的国度的作品，带有填补空白和开风气的意义。因此，尽管他的有些翻译作品并非是某方面最重要的最有代表性的作品，尽管他的译作数量也不算特别多，但其成绩仍是不可抹煞的。在中国文学翻译史上应该占有一页。我们在研究他的文学活动时，是不能不涉及他的翻译的。

结 语

尽管郑振铎确实不是一心从事创作的“专业”作家，他一生中最主要的贡献也不在这上面；但如上粗线条的论述已足够证明，即使在文学创作以及文学翻译方面，他的贡献仍然不可忽视和抹煞，而且也是卓然成家的。当然，我无意于将他挤进某些人所谓的“一流”作家中去；因为那种分等论流的标准本身之是否科学、合理，就可疑得很。在我看来，在这方面人云亦云、随声附和的情况是严重存在的。郑振铎的大部分优秀创作都自有其意义在，他自己也从未着意于同一般的作家争一日之长，那些右翼文人所谓的“意斯披里纯”之类玩意更是无须用来比较的。我们至少可以断论：郑振铎的创作，决非如某些人所贬诬的那样一无可述。那些对他的创作显出不屑一顾的鄙夷态度的人，不过只表明其自己的无鉴赏力或有偏见而已。

综观郑振铎的创作（以及翻译）活动，我觉得有这样几个特点（有的特点正是包含着优点与缺点两个方面）：

第一，他的创作品类很全，很丰富，他作了多方面实践，起步也较早，但他却无心做一个纯文学作家。除了戏剧文学，虽然他在理论上写过多篇论文，对戏剧史也深有研究，但在创作上确实是“浅尝辄止”，基本上没有正式的作品。此外，他对诗歌、小说、儿童文学、散文等文学体类，则都写了不少作品；而且，在每一种体裁中，他又都不拘于单一形式，而是多有探索，有创新，丰富多彩。例如，在诗歌创作中，他在散文诗和小诗等方面就很有独创；他的散文创作，在抒情、叙事、议论等各种类型的作品中，都有相当精彩的篇章；他的小说创作，涉及家庭小说、历史小说、政治小说等等门类，取得不可抹煞的成绩。而且，这些文学体裁的创作与发表，都是在一九二〇年代初（或更早）就已开始了，比茅盾、老舍、巴金等人都要早。在翻译方面，涉及面也较广，特别是较早介绍了俄国文学，以及介绍了印度文学、希腊罗马文学等等，具有开风气和补空白的意义。但因种种原故，他没有较长期地连续将最大的精力集中投放于创作之中。他的不少作品是分散发表或化名发表的，很多作品也没有及时收集出书。他虽然有几次显露出欲写长篇小说的意愿，但始终未能写出里程碑式的大作品。（同样，他也几乎没有译出里程碑式的世界名著。）这些，都使他失去获得大创作家的声誉。而我认为他本来也是有这种可能的，虽然他自己并不以此为可惜。

第二，他的创作鲜明地反映了他的全人格，在文坛上树立了不可替代的个人风格，也发挥了很好的社会功能 。他以全身心热爱祖国，热爱人民，在作品中处处洋溢着追求光明、争取解放的真挚的激情，甚至可说是无邪的童心。他的大多数作品，都是“有所为”，都是为反映人生和改造人生而作的，充满着公私感愤，道义激扬。有人攻击他的作品“显不出一点真实的热情”（杨光政语），这完全是颠倒黑白，不值一驳。他创作于“五四”时期的诗歌，奋发向上，善于思索；“五卅”时期的诗文，悲愤激昂，勇于抗争；三十年代的一些小说，虽然披着神话与历史的外衣，但写的却是“铁的人物和血的战斗”（鲁迅语）；四十年代的杂文、小说，更是他手中匕首般的有力武器。他的作品（包括翻译）实践了他一贯主张的“为人生”的文学思想。但由于工作和斗争的紧张与急迫，有时他未及仔细修饰文字和塑造形象，描写有时不免过于直露和粗糙，使得作品的审美价值有时不及认识价值。但即使如此，也仍如鲁迅说过的，属于“虽然粗制，却并非滥造”，他的大多数作品仍然“实在够使描写多愁善病的才子和千娇百媚的佳人的所谓‘美文’，在这面前淡到毫无踪影。”(鲁迅《关于翻译的通信》)更不用说他还有一些思想性与艺术性达到高度完美地结合的作品了。

第三，他的作品也显露了他的学识才情。我们不同意那种认为郑振铎本质上不是一个作家的胡说；但他确实不是一位平凡的一般的作家。他不仅首先是一名新文化运动的战将，而且也是“五四”以后一位令无论新旧学者都不得不佩服的大学者。他是最典型的学者型作家。因此，尽管他的作品大多在文字上是平易的，在风格上是朴素的，但并不浅薄，实由厚积。在创作的储材、剪裁、炼意、结构、议论、抒情等等方面，都显示了作者的学力。近年来，已有有识者提出当代作家队伍非学者化的严重问题，指出有些只凭生活经验和机智才气的作家，虽然也写出一时轰动耳目的作品，但往往缺乏后劲，难以为继，原因即在缺乏学识素养，读书太少。这是非常中肯的批评。唐弢认为，郑振铎的作品“也许可以算是作家学者化、或者学者作家化的具体的例子”。(《〈郑振铎选集〉序》)在这方面，最突出的是他的历史小说，大多决非等闲之作。但鉴赏者也须有较高的学识，才能读懂并产生共鸣。只有深入了解其创作背景(当时的现实，现在亦已成为历史)、取材本事，以及如何缀合、改写、点化等等，并具备一定的古典文学修养和历史知识，甚至还要加上考证本领，才能真正领会其妙。因此，可以说这是一种高层次的综合性的审美对象。但也正因如此，又难免得不到浅薄者的好评。我相信，随着我国一般读者文化水平的提高，对郑振铎有关创作的评价也一定会相应提高。当然，鲁迅说过，创作与研究这两件事是有矛盾的，创作需要热情，研究需要冷静，“看外国，兼做教授的文学家,是从来很少有的。"(《两地书》)郑振铎作为一个著名的学者、教授,有时在创作上也不免学问性有余而艺术性较差。但总的说来,正如郁达夫说的,学者一般是不大会创作的,但郑振铎的作品"却也富有着细腻的风光"。(《中国新文学大系·散文二集·导言》)

第四章　文学组织活动及其他

他组织了许多有力的刊物与团体，但从来不把持着它们；……他的眼光是那样的远大，他的见解是那样的明晰，他的思想是那样的彻底，他的心胸是那样的博大，人家被包罗在内而往往尚不自知。（郑振铎《忆愈之》）

在中国新文学史上，郑振铎不仅是一个理论工作者、作家与研究家，而且还是一个实际的组织工作者和活动家。他不仅发表了大量的文字，直接创造精神财富，著作等身，人所共见，是大名人；同时，他又脚踏实地，为新文学事业做了许多十分辛苦而又长期为人忘却的组织工作、编辑工作等，发现和培养了许多文学新人，因此，他又可说是一个无名英雄。关于在后一方面所做的大量的实际工作，他自己总是闭口不谈，一般读者也不大知道，有些则湮没已久了。

研究一个文学家，要不要涉及这后一方面？关于这一类活动的论述，可不可包括在作家论之中？一个文学家在这些方面的贡献，应不应记入文学史？评价一个作家的影响与作用，能不能兼顾他在文学社团和报刊编辑部里的实际地位和作用？关于这些问题，笔者有感久矣；然而迄今似乎没有见到明确而肯定的见解。在不少有关民国时期文学史的著作中，主要只是对于作品的分析和文学论争的叙述等，对这类文学舞台幕后的工作是根本不提的。

然而,在鲁迅研究等个别领域,已有人涉及鲁迅等人在这方面的活动的研究,可见研究要深入,是不能忽视这些问题的。本书《绪论》中曾引用过柯灵的话:"郑振铎同志在'孤岛'时期与沦陷时期,作品并不多,但他对祖国文化的贡献,却远在一般的笔耕墨耘之上。"(《关于"孤岛"文学》)这是非常正确的。而且,还远不止这两个时期,郑振铎整个一生中为新文化事业所作的实际组织工作,其意义都未必在一般的笔耕墨耘之下。我认为,正如柯灵所指出的,要"知人论世"是绝不能让这类事湮没的。这位老作家实在提出了一般文学理论家所未能提出的深刻见解。

有一种看法认为,只有关于作品的评论,或关于文学思想的评论,才算得上是"论文",才具有理论意义;而关于作家在文坛上的组织、编辑活动之类的论述,不属于文学研究的范围。我觉得这很片面。这种看法实际把文学研究看成单纯的文学批评,而不是一种综合的研究。在不少研究者的头脑里,"现代文学"与"现代文学史"是两个完全可以互相替代的概念,这个"史"字似乎是可有可无的。这说明历史的观念,在有些研究者的头脑里相当淡薄。而作为文学史,不仅要注意作品和思想,也应注意行动与事件。事实上,长期以来我们的某些文学史著作和论文总是令人感到历史感不强,史料不丰富,史实面貌不清晰,甚至缺少说服力,往往就是因为只注意前者(作品、思想)的论述,而完全排除了后者的缘故。

关于一个作家在文学史上的实际地位与作用,研究者几乎都只是根据其作品的质量与数量来评定。这有道理,但我认为光这样看问题并不全面,有时甚至是错误的。例如,人们在说起"文学研究会"时,总是第一个写到茅盾,好像他一开始便是这一社团的第一带头人物，其次则写到叶圣陶、王统照等等（这显然是按照创作上的成就排列的），郑振铎则往往被排在末尾，甚至连提也不提。久之，这就似乎成为一种既成事实了。近年，台湾陈敬之的《文学研究会与创造社》一书中说，郑振铎是文学研究会中"继沈雁冰之后，对它负起了实际领导责任的第二个代表人物"，似乎比我们的一些研究者重视了郑振铎的作用，但我认为仍然是不正确的说法。再如，关于《小说月报》的改革，人们都只知道这是茅盾的重大功劳；虽然茅盾本人客观地说明过当时的实际情况，但很多人还是把此事看成似乎是他一个人单枪匹马的战绩。更有一种很"势利"的现象，是根据作家后来名气、地位的高低，来"调整"他在原来文学史上的地位，有时甚至出现了谁活得年长，谁早年的作品的评价就越高，谁的选集和资料集就编得越厚的现象。

由此可见，加强关于文学史，包括文学社团史、文学报刊史等等的研究，已是刻不容缓的事了；而在作家研究中，这也是不可忽视的内容。当然，这是一种历史的研究，而不是美学的研究；同样，这主要是实证的研究，而不是冥证的研究。这里容不得"才子"式的信口发挥。但是，谁能说这里面就没有理论？就不需要理论与方法论的指导？就得不出理论性的结论？理论本身就应该是从史实中得出来的，那种所谓的"以论带史"式的八股文早就应该休息了，那种为"新方法"而"新方法"的调头也应该少唱了。

基于以上考虑，本书专列此章来研究郑振铎在文学组织、编辑、培养新人等方面的工作。我的本意并不仅仅在罗列材料，"评功摆好"；而是想说明郑振铎的这些活动在文学史上是否乃可有可无的？这些活动对新文学的发展起了何种作用？我们今天应该如何给予评价？等等。由于不少材料的湮没无考，所述也许还并不全面，但我认为所举事实已经是非常雄辩的了。尽管我的"理论"是何等贫乏，但我相信我的结论仍然是有说服力的。

一、文学社团的组织与领导

新文化运动造就了郑振铎从事组织活动的才能。前面说过，他是从参加政治活动而走向文学活动的；同样，他也是先参加组织政治性的社团，而后组织文学社团的。在本节中，我们主要只谈他在新文学社团方面的组织活动，其他非文学社团（例如，他在"五四"时期参加发起的"永嘉新学会"、"批评社"，以及加入的"曙光社"等等），就不予论述，或只在必要时提一下。

在新文学社团运动史上，首先值得大书一笔的，是他在一九二〇年代初带头发起了我国第一个最大的新文学社团——"文学研究会"。但这须从他最初与瞿秋白等人一起参加"北京社会实进会"，并结成《新社会》旬刊编辑部这一"小集团"（郑振铎语）说起。《新社会》编辑小组虽然未标明为社团，但实际确是一个政治宗旨鲜明、具有一定战斗力的新文化社团；而该刊被迫停刊后，由该小组原班人马另行编辑《人道》月刊时，即对外称为"人道社"。[①] 该小组至迟于一九一九年十月已成立，[②]成员最初有四位：郑振铎、

---

① 例如"人道社"曾与李大钊等领导的"少年中国学会"、周恩来等领导的"觉悟社"等社团一起，组成名为"改造联合"的社团联盟。是"五四"时最进步的社团之一。

② 《新社会》旬刊创刊号出版于1919年11月1日。

瞿秋白、耿济之、瞿世英。二、三个月后，许地山由瞿世英介绍加入。[①] 据郑振铎后来回忆，他们五个人当时“成为极要好的朋友”，“几乎天天都见面”，其中瞿秋白“最为老成”，“早熟而干练”，许地山也是一位“老大哥”。[②] 但是，从《新社会》及《人道》编辑出版的实际情况来看，这个“小集团”的领袖人物却无疑是郑振铎。[③] 这五个人，除了瞿秋白以外，后来都是文学研究会的发起人。[④] 因此，我认为《新社会》小组即文学研究会的胎胚或雏形，这是无可置疑的。然而，这一点在我们以前的论文及著述中，却未曾有人说过；迟至一九七九年，才由日本学者松井博光在《薄明的文学》一书中提出。松井正确而明确地指出，“从组成文学研究会的过程来分析，归根结底，其中心人物肯定是郑振铎”；同时还分析了该会十二个发起人的概况与关系。但有些重要史料他当时尚未见到，个别论述不免粗略或带有猜测性。[⑤] 这里，有必要再清理一下该会成立过程和几个发起人的作用及相互关系。

关于该会的发动缘起，在一九二一年第二期《小说月报》上发

---

① 见 1920 年 1 月 11 日《新社会》第 8 期《北京社会实进会消息》。其后，2 月 1 日，《新社会》编辑部又增加了郭梦良、徐六几二人（均为北京大学学生、《奋斗》周刊社社员）。虽然郭、徐后来也参加了文学研究会，但此二人在《新社会》编辑部所起作用不大，与前五人不能相比。

② 见郑振铎《想起和济之同在一处的日子》、《回忆早年的瞿秋白》等文。

③ 其次则当是耿济之。郑振铎是《新社会》发刊词的起草者，另外又写了很多重要文章。耿济之最早与郑振铎相识，他们二人任社会实进会编辑部正、副部长。《新社会》创刊后，是他们二人携刊去访问陈独秀的。后来改出《人道》，也主要是郑振铎所决定，瞿秋白略有不同意见，但“不足为重”。参见本书第一章所述。

④ 瞿秋白因为正好离京去苏俄，不然肯定亦为发起人。但他在回国前（据考证，至少在 1921 年 2 月以前）即参加了该会，会员登记为第 40 号。1923 年他回国后，又曾任该会机关刊《文学旬刊》的编委。

⑤ 此书的中译本还有一些译得不确切的地方。

表的《文学研究会会务报告》的第一部分《本会发起之经过》中，有较详细的记载：[①]

一九二〇年十一月间，有本会的几个发起人，相信文学的重要，想发起出版一个文学杂志：以灌输文学常识，介绍世界文学，整理中国旧文学并发表个人的创作。征求了好些人的同意。但因经济的关系，不能自己出版杂志。因想同上海各书局接洽，由我们编辑，归他们出版。当时商务印书馆的经理张菊生君和编辑主任高梦旦君适在京，我们遂同他们商议了一两次，要他们替我们出版这个杂志。他们以文学杂志与《小说月报》性质有些相似，只答应可以把《小说月报》改组，而没有允担任文学杂志的出版。我们自然不能赞成。当时就有几个人提议，不如先办一个文学会，由这个会出版这个杂志，一来可以基础更为稳固，二来同各书局也容易接洽。大家都非常的赞成。于是本会遂有发起的动机。

这里说的“十一月间”当是“十月间”之误（详见下述），也就是说，《新社会》小组成立一年后，文学研究会就开始正式酝酿了。而“几个发起人”中，最主要的是郑振铎及耿济之。郑振铎后来在《中国文学论集·序》中明确提到：

革新之议，发动于耿济之先生和我。我们在蒋百里先生处，遇见了高梦旦先生，说起了要出版一个文艺杂志的事。高先生很赞成。后张菊生先生也北来，又谈了一次话。此事乃定局。由沈雁冰先生负主编《小说月报》的责任，而我则为他

① 这个“经过”显然是郑振铎写的。在该报告的第二部分《成立会纪事》中，即说明在成立大会上“首由郑振铎君报告本会发起经过”。

在北平方面集稿。

这里说的“革新之议”，指的是改革《小说月报》；实际如上所述，一开始他们是想自己编一个文学杂志，而且与商务印书馆方面的接洽过程并不那么爽快。据张元济（菊生）日记，张是一九二〇年十月六日先到北京的，而后十月十日高梦旦也到北京。他们这次到北京，是为了争取新文化运动的支持。据张元济日记，他在十月九日访问胡适、蒋百里，十四日蒋百里请他吃饭。[①] 郑振铎在蒋百里家遇见高梦旦，必在此时（即十月中旬）。因为十月二十二日，郑振铎就与耿济之两人去找张元济了。张元济二十三日日记记载：

> 昨日有郑振铎、耿匡（号济之）两人来访，不知为何许人，适外出未遇。今晨郑君又来，见之。……言前日由蒋百里介绍，愿出文学杂志，集合同人，供给材料。拟援北京大学月刊《艺学杂志》例，要求本馆发行，条件总可商量。余以梦旦附入《小说月报》之意告之。谓百里已提过，彼辈不赞成。或两月一册亦可。余允候归沪商议。

从这则日记中可知，张、高两人在二十二日前已经商议过出版文学杂志一事，并已通过蒋百里向郑振铎他们转达了意见。郑振铎这次直接与张商谈，是作再次努力。张元济于十月三十日启程回沪，而这时郑振铎等人已决定要成立文学社团了。郑振铎后来

① 蒋百里是日本士官学校毕业的高材生，后成为著名的军事专家。他可以说并不是新文学工作者。但他曾与梁启超一起访问过欧洲，此时则回国不久，对新文化运动很关心，并与梁一起组织了“共学社”，编辑《共学社丛书》，由商务印书馆出版。今知该丛书至迟在1920年9月即已出书。蒋百里还让郑振铎主编《俄罗斯文学丛书》、《俄国戏曲集》，收入该丛书出版。

在《想起和济之同在一处的日子》中回忆说：

第一次开会便借济之的万宝盖胡同的寓所。到会的有蒋百里、周作人、孙伏园、郭绍虞、地山、秋白、菊农、济之和我，还约上海的沈雁冰，一同是十二个人，共同发表了一篇宣言，这便是文学研究会的开始。

这第一次会，据周作人日记，是十一月二十三日下午召开的；[①]又据周作人日记，到会共七人，[②]而参考郑振铎上述回忆，当是：郑振铎、耿济之、瞿世英（菊农）、许地山、周作人、蒋百里、孙伏园、郭绍虞。[③] 这几个到会者，再加上沈雁冰、叶圣陶、王统照、朱希祖，也就是十二个发起人了。十一月二十八日，周作人受委托起草该会宣言。[④] 二十九日，他们又借李大钊工作室开会，决定积极筹备该会的发起，推举郑振铎起草会章，并决定将《小说月报》作为该会的"代用"刊物。[⑤]（郑振铎给沈雁冰写信联络，以及给在日本的郭沫若、田汉写信邀请参加发起，均当在这以后。）十二月四日，又在耿宅开会并通过会章（当包括宣言）。会章与宣言以十二个发起人名义于十三日起在各报发表。三十日，他们又在耿宅开会，讨论要求入会者的名单，并议决于翌年一月四日在中山公园来今雨

① 有研究者认为1920年11月29日郑振铎等人在北京大学图书馆主任李大钊工作室召开的会，是第一次筹备会，实误。

② 周作人日记所说"七人"，可能不包括主人耿济之，或不包括他自己。

③ 郑振铎回忆中说有瞿秋白到会，乃误记，因为瞿已于10月16日离开北京转赴苏俄。

④ 此据周作人日记。而《文学研究会会务报告·本会发起之经过》中说是12月4日"讨论并通过会章，并推周作人君起草宣言书"，疑有误。这一天当是同时通过郑起草的简章与周起草的宣言。

⑤ 见《文学研究会会务报告·本会发起之经过》。

轩召开正式的成立大会。[1]

从上述筹备经过,可以看出郑振铎所起的作用;而从他同另外十一个发起人的相互关系,更可以很清楚地看到他在其中的核心地位,以及该会与其他社团的关系。首先,郑振铎、耿济之,瞿世英、许地山四人是原《新社会》小组成员,这不用多说了。周作人是《新青年》社成员、北京大学名教授、文学革命提倡者;还不可忽视的是,在他的背后还站着他的哥哥鲁迅。用后来"创造社"的话来说,他俩是该会的"偶像"。[2] 郑振铎从一九二〇年五月开始,与周作人时常通信并见面,在酝酿发起该会期间来往更为频繁。朱希祖是周作人的同事、北大教授,也是鲁迅的留日同学。他参加发起,当是因周作人的关系。在该会筹备期间,周作人好几次都是同时给郑、朱写信的。周作人当时又参加了北大"新潮社",并任该社编辑主任;而郭绍虞、孙伏园、叶圣陶也都是该社社员。郭当时在北大旁听,与郑振铎相识,经常在一起。孙则在编《晨报副刊》,郑与他可能是通过投稿认识,也可能是周作人介绍的。[3] 叶当时不在北京,因与郭是同乡,又较早就从事创作,由郭向郑推荐作为发起人。王统照当时在北京中国大学读书,为"曙光社"主要成员。《新社会》小组成员除许地山外都给《曙光》写过稿,而郑、耿、瞿(世英)三人都参加了该社。该社也是"改造联合"组织的集体会员。蒋百里是"共学社"主要成员,与梁启超"研究系"关系极深(但未加入该系),与商务印书馆当局也有交情,郑振铎帮蒋编书,另外蒋还

---

① 见《文学研究会会务报告·本会发起之经过》。

② 郑振铎当时曾邀请鲁迅参加,但鲁迅因所谓"文官法"的限制而不参加。但他与该会关系极深,周作人起草的该会宣言,即经鲁迅审读。

③ 郑振铎从 1920 年 7 月初开始向《晨报副刊》投稿。

认识沈雁冰。沈雁冰则当时已在商务的《小说月报》社当编辑，据沈晚年回忆录中说，当时他写信向王统照（未见过面）约稿，却意外地接到郑振铎的回信，说他与王是好朋友，并告以他们筹备该会的情况，同时邀请沈作为发起人的。但郭绍虞在《"文学研究会"成立时的点滴回忆》中，曾说是他介绍郑与沈通信的。松井博光不了解郭与沈的关系，甚至怀疑郭的回忆有误；其实郭在上北京读书前曾在商务所办的尚公小学任过教，所以他完全有可能向郑介绍沈。[①]除上述发起人以外，我们不应忘记郑振铎当时还曾自告奋勇写信邀请鲁迅参加；另外，他还写信给田汉，请郭沫若和田汉作为发起人。[②]

一九五八年五月底，郑振铎接待山东师范学院教师、研究生来访，回答关于文学研究会的提问。今存他写的提纲手稿，在谈"这个会的前身"时，他提到了新社会小组、人道社，以及新青年社、新潮社、曙光社和共学社。由上所述，该会确实主要与这样几个社团有较大的关系。[③] 而这些有关社团，以及十二个发起人，在当时各自所起的作用是并不相同的。简单说来，新社会小组（人道社）是该会的核心、最初的发起单位，并且是全员加入。内中郑振铎更是中心人物，耿济之则是其主要副手，许地山后成为该会主要创作家之一，而瞿世英则偏重于文学理论。新青年社的周作人，以及他的同事朱希祖，是作为前辈、知名学者来参

---

① 但郭绍虞在回忆中说，沈雁冰当时在文学研究会发起人中唯一认识的人就是他，此说不确。而沈雁冰回忆说，他当时只认识朱希祖、蒋百里，却忘了郭绍虞。

② 但郭沫若当初却未接到信，后又因为自组"创造社"，所以未参加。

③ 该提纲手稿中还写到"北大的一部分人没有加入（胡适、康白情等）"。这是否意味着郑振铎当时还曾邀请过胡、康诸人作为发起人？此事从未有人说过，谨录以备考。

加的。周主要处于顾问的地位，朱可能负责读书辅导之事。[①] 新潮社诸君，郭绍虞在当时作了一点牵线工作，孙伏园掌握重要发表阵地（而且郑当时与鲁迅的联系，主要通过孙与周），叶圣陶虽然筹备工作中未起作用，但不久即成为该会的重要作家。曙光社的王统照也是该会重要创作家，而且该社不少成员后来都参加了文学研究会；后来，他又在北方主持该会北京分会的工作。共学社的蒋百里也是作为知名人士参加的，而且在该会创办初期对出版界、甚至政界起了某些引荐作用；[②]随后，他与朱希祖一样，实际脱离了该会。而沈雁冰，不仅随即掌握了当时全国最大的文学刊物阵地，而且后来起的作用越来越大，成为该会第二个核心人物。

从以上分析可知，文学研究会虽然总的说来是一个散漫的文学团体，但它创办时期，在郑振铎为中心人物的联络组织下，还是井井有条的。而从他一开始就欲邀请鲁迅、郭沫若、田汉（可能还有胡适等）参加来看，他的胸怀是很博大的。（试想，这几位如果都参加，整部新文学史将完全改观！）从上引该会会务报告的“发起经过”中可知，该会宣言等发表后，只过两个星期，就有不少人报名参

---

① 朱希祖参与了该会的“读书会简章”的起草工作。在 1921 年 3 月 31 日的大会上，他又提议大家应该积极参加读书会。

② 蒋百里除了在 1921 年出版了一本《欧洲文艺复兴史》，以及偶尔发表一点译作与文艺札记以外，没有其他文学著作。他对文学研究会的作用，很少有人注意。我认为他还是起了一定作用的。例如，因他的推荐介绍，郑振铎、耿济之、瞿秋白等人早期的译著得以在商务印书馆出版。因他的关系，文学研究会有时能在欧美同学会礼堂召开会议。另外，文学研究会在“研究系”控制的上海的《时事新报》和北京的《晨报》都有副刊阵地，也当与他的推荐、支持有关。正因为此，创造社后来攻击文学研究会“好和政治团体相接近”。（见郁达夫《友情和胃病》）

加，其中最早的就有两位女作家庐隐和冰心。[①] 出席成立大会的，就有二十一人。[②] 从此以后，该会在郑振铎挂帅下不断发展，一九二一年三月初已有四十八名会员；[③]至一九二八年，正式登记的会员至少已有一百七十二人。

叶圣陶多次说过："郑振铎是最初的发起人，各方面联络接洽，他费力最多，成立会上，他当选为书记干事，以后一直由他经管会务。"（《略叙文学研究会》）郭绍虞说："文学研究会的组织振铎是核心人物之一。正因为如此，所以后来振铎到上海，文学研究会也就跟着移到上海来了"。（《"文学研究会"成立时的点滴回忆》）孙伏园说："那时郑振铎先生奔走文学研究会最热心"（《怀耿济之》）。这些发起人说的都符合事实。郭绍虞后来又说："文学研究会之成立以振铎为骨干；至此以后文学研究会之发展，则又以雁冰为主体。"因为"雁冰的思想相当进步，在当时可能已是共产党员，所以我说此后的发展，则又是雁冰的力量。"（《关于文学研究会的成立》）现在人所共知，早在一九二一年沈雁冰就是党员，总的说来他在政治理论与文学理论上的水平，在该会作家中是最高的，后来他的创作成就也最高。他在该会成立后所起的作用越来越大，成为另一位主要代表人物，这是事实。但我觉得"以后以沈为主体"的说法，并不甚确切。[④] 事实上，郑振铎自始至终是该会的中心人物，沈雁冰的作用与地位一直没有替代他。胡愈之说："后来郑振

① 1920 年 12 月 25 日《小说月报》的《特别启事》中，沈雁冰即已将她俩列入"文学研究会诸先生允担任撰著"的名单中了。

② 还不包括因病未出席的周作人，以及不在北京的沈雁冰、叶圣陶、郭绍虞等人。

③ 见 1921 年 3 月 3 日郑振铎致周作人信。

④ 郭绍虞后来逐渐疏离文学研究会核心，又走入古典文学研究之路，关于该会后来的情况，有的也许不一定了解。

铎同志因工作分配到上海，和雁冰同志紧密结合起来”，从而更促进该会的发展。(《早年同茅盾在一起的日子里》)这样说比较更符合实际些。

我认为，不能因为沈雁冰后来在文坛上以及政治上地位的增高，而夸大他在该会组织与领导上的实际作用。必须看到：第一，郑振铎的政治思想也可说是“相当进步”的；在一九二〇年代初，郑与沈的文学思想是基本一致又各有千秋的。他们互相配合，共同战斗。从当时的影响及发表文章的数量来看，郑并不亚于沈。沈在文学思想上超过郑，并开始拉大距离，是以一九二五年五月发表的《论无产阶级艺术》为标志的；但对该会大多数会员来说，郑的文学思想更易于接受，因而也就更有影响。再说，思想进步不一定直接体现在社团的组织作用上。一九二六年以后，该会的组织也并没有大的发展。第二，大型的《文学研究会丛书》，会刊《文学旬刊》(包括后来的《文学》周刊)、《星海》，以及从一九二三年起该会的“代用刊物”《小说月报》，一直主要都是由郑振铎总负责。这些刊物、丛书无疑是维系该会的纽带。第三，沈雁冰有不少时间须从事地下党务工作和政治活动，也不可能将很大的精力花在该会的具体组织工作上。

关于郑振铎当时的思想影响，以及他所主编的有关书刊等，我们在其他章节详述；这里主要再说说他在该会成立后的几件较大的组织活动。在该会正式成立大会上，曾作出两项比较重要的决议。一是决定在会内成立“读书会”，分若干组活动，并推郑振铎与朱希祖、蒋百里、许地山为读书会简章的起草人。简章后来很快写出来了，规定每个会员均须参加。分为两部：甲部以国别分，暂分为中国文学、英国文学、俄国文学、日本文学四组；乙部以文学类别分，为小说、诗歌、戏剧、批评四组（后又增加杂文组）。[①] 二是决定建立该会基金，凡会员在《小说月报》上发表作品，所得稿酬的十分之一要上缴。[②] 另外还决定会员应互相借阅藏书，各人须整理自己的书目并交给郑振铎。据有关老人证实，上述议案的主要提出者就是郑振铎。这些决议，后来虽然没有始终严格执行；但该会的读书气氛确实是最浓厚的，而上缴部分稿费这一条不仅解决了该会活动经费问题，且也加强了会员的组织观念。

成立大会上还决定以郑振铎的住处"为接洽一切会务之处"，但他在一九二一年三月底就因毕业而去上海工作。这以后，该会总会名义上虽然仍一度设在北京，但实际却因他的南下及大部分重要作家聚集在上海而重心转移。此后的六、七年，为该会最兴旺的时期。郑振铎此时在会务方面作出的贡献，主要有这样几端：一、与沈雁冰、胡愈之、叶圣陶等人结成新的有力的核心，团结了大批作家，发展了百余名会员，还成立了广州分会。[③] 二、以商务印书馆（后期则又有开明书店）为大本营，主编出版了许多该会的（以及以该会会员为主要作者的）丛书与报刊（详见本章下面两节）。三、发起和带头批判"礼拜六派"及其他错误文艺思潮（详见第二章）。四、以该会名义积极参加"五卅"运动以及大革命运动（详见第一章）。在该会最盛时期，郑振铎无疑仍是最主要的挂帅人物。这只要看看那些报刊、丛书的发刊词、序文、按语等大多是由他署

① 该简章后载第 12 卷第 2 期《小说月报》。郑振铎参加了乙部的小说组、戏剧组和批评文学组；甲部的几个组，估计他也大多都参加了。

② 后来又曾扩大到收入《文学研究会丛书》中的会员著作的稿酬，亦要上缴一部分。

③ 广州分会 1923 年 8 月在郑振铎、沈雁冰支持下成立。

名或执笔的，以及他写的文章的分量和刊载时的显要地位，即可明白。用台湾的王平陵的话来说："这时，郑氏在中国文坛的声望，几乎有压倒前辈、领导后生的气派！"(《北伐前后的文派》)①

大革命失败后，郑振铎与沈雁冰，胡愈之等人，或被迫逃亡国外，或转移躲藏，该会虽不曾解散，但基本停止发展和活动，只是有关刊物和丛书由叶圣陶、徐调孚、赵景深等人维持着。郑振铎回国后，曾想重整旗鼓，恢复该会以前的声势，《小说月报》与《文学周报》在他的主持下，确实也有新的起色。但由于经过大革命的失败，中国社会状况有很大变化，该会成员也有分化，终究未能恢复二十年代前期那样的气势。一九二八年底，《文学周报》停刊；一九三二年一月，《小说月报》因日本侵略军轰炸而终刊。该会因失去刊物阵地而无形中消亡。(但其核心人员则始终在精神联系上没有离散过，一直在文坛上起着重大的作用。)

一九二〇年代前期，郑振铎还参与组织过一些与文学研究会有关系的社团。例如，一九二一年五月，他与沈雁冰等参加发起了"民众戏剧社"。该社虽不是由他具体负责，但其宣言中认为"戏剧在现代社会中确实占着重要的地位，是推动社会使其前进的一个轮子，又是搜寻社会病根的 X 光镜"，这是完全符合郑、沈的文学观点和文学研究会的指导思想的。其另外的发起人柯一岑、陈大悲、滕固、汪仲贤等人，又大多是文学研究会会员(或后来加入)。因此，该社实可称作文学研究会的外围组织。再有，一九二三年一月，郑振铎与周予同、顾颉刚、胡愈之、沈雁冰、王伯祥、叶圣陶、谢

① 这时，沈雁冰及叶圣陶在该会地位也越来越重要。沈主要是思想领导。叶从1923年底起，因郑工作太忙而接手负责《文学周报》的一些编务。叶移家宝山路后，门口即挂上"文学研究会"的牌子，并担任处理日常事务及信件往来之事。

六逸、陈达夫、常乃惪(燕生)等人组织“朴社”，一九二六年三月，他又参加夏丏尊、叶圣陶、朱自清、胡愈之、丰子恺等人组织的“立达学会”等，这些虽不是纯文学社团，但其成员极大多数均是文学研究会会员，郑振铎在其中也是起了一定的组织作用的。至于在文学研究会之内，他不仅曾组织过各种读书会，在北京时还曾与许地山、瞿世英等人组织过“太戈尔研究会”，并曾指出“中国专研究一个文学家的学会，这会还算是第一个呢”。[①] 在上海时，他还曾与赵景深等人组织过“儿童文学研究会”，也应该“算是第一个呢”。

郑振铎在一九二〇年代初带头发起文学研究会，对于新文学运动有什么历史意义呢？

首先，我们知道该会成立之前，国内还没有一个大型的新文学社团。若说旧文学社团，那也只有柳亚子等人于一九〇九年发起成立的“南社”。南社参加人数累计达千人以上，规模不可谓不大；但它不仅局限于旧体诗，而且在民国成立后便“寂然无声了”(鲁迅语)，正如柳亚子说的，在新形势下，“抱残守缺的南社，就渐渐不为社会所注目，连社友也觉得无甚意味起来了”，至一九二〇、二一两年中，“社务进行，完全停顿”。(《南社记略》)若说非纯文学的新社团，至一九二〇年末，著名的《新青年》杂志虽然还存在，但该社实际却已分化，该刊已成为上海共产党发起组织的机关刊物，无暇更兼顾新文学了。再如原先比较重视发表文学作品的新潮社，此时也因几个骨干先后出国，无人主持，而逐渐消沉，难以为继了。正在整个新文学运动面临如何深入发展的关键时刻，郑振铎等人及时地发起文学研究会，实在具有不失时机、填补空白、承先启后的

---

① 1921年4月17日郑振铎致瞿世英信。

重大意义。从此，新文学运动才开始脱离倡导期的混沌状态，从一般的新文化运动中独立出来；才开始出现了创造社、语丝社、新月社等等新文学社团，进入了各种流派发展与竞争的新时期。

第二，该会的成立显示了新文学运动发展的方向。叶圣陶曾深刻地指出，该会宣言中提到“著作工会”、“同劳农一样”诸语，“非常特别，所说的意思很新鲜”。这是它受到新思潮影响的证明，“要不是受到马克思主义思潮的影响，宣言里决不会用‘著作工会’这个名词。要不是把文学工作看成关系群众的共同事业而不仅是个人的劳动，宣言里也不会提到什么‘著作同业的联合’和‘谋文学工作的发达与巩固’。”（《略叙文学研究会》）不仅如此，正由于该会的诞生，才使得《新青年》曾经高张的“三大主义”大旗赖以不堕，才使得当时在新文化统一战线分化中衰退而趋于孤寂的现实主义文学得以振兴和成为主流。沈雁冰后来多次说过，该会“没有什么‘集团’的主张”，宣传“为人生的艺术”只是“个人的主张，并非集团的”；而创造社当时提倡“艺术至上主义”，倒是“一种集团的活动”。（《关于“文学研究会”》）他这样的说法是有一定道理的，因为该会会员百余人，其思想、主张并不统一，相对说来创造社的倾向则较为一致。该会所以被人们视为我国现实主义流派的代表，主要就在其核心人物之大力主张现实主义，同时又有“礼拜六派”的对立和创造社的陪衬。或许可以说，正是因为该会以郑、沈为首的领导核心（当然还有虽然没有参加该会，但一直给予重大支持的鲁迅）的大力提倡，中国现实主义主潮才得以汹涌向前。

第三，该会的影响极为深远。一九四〇年代有一篇文章的评价十分公允，可惜《文学研究会资料》等书中却未提及。这里引录一段：

文学研究会不但历史悠久，而且影响非常深远，其他文艺团体如创造社、语丝社等，一经消灭以后，作家便告星散，再不能集合在一起，重振过去的规模，尽继往开来的任务，惟有文学研究会不然，且不必说近代中国新文学界几个最活跃的角色如茅盾、丁玲、巴金等，都和文学研究会有关，就是在《小说月报》已经停刊，文学研究会已经不再存在以后，属于文学研究会系的作家也并没有忘记他们在文学上的任务，他们一方面分头活动，另出文艺刊物，一方面尽力提拔新作家来接他们的后队。《小说月报》停刊后不久，便有三种大型文艺刊物紧接着出版，一是丁玲主编的《北斗》，二是施蛰存主编的《现代》，三是姚蓬子主编的《文学月报》，这三人都是属于文学研究会系的作家。尤其是后来傅东华主编的《文学》，[①]和当初的《小说月报》非常相像，简直可说是《小说月报》的后身。此外如巴金主编的《文学季刊》、[②]《文季月刊》、《文丛》等，也都属于《小说月报》型的。这种盛况，决非创造社和语丝社所能企及。……它们的根基却是浮而不实的。唯有文学研究会才算植基深厚，蔚为文坛唯一重镇。中国古语说："其始作也简，其将毕也钜。"移之赠与文学研究会，允可当之无愧。（史谭《记文学研究会》）

下面，接着谈一九二〇年代后期和一九三〇年代郑振铎的文坛组织活动。他这一时期的文坛组织活动，主要与"中国左翼作家联盟"有关。这样说，肯定会引起疑问：郑振铎并没有参加左联，怎

---

① 按，该刊是郑振铎参与主编的，详见本章第三节。

② 按，该刊为郑振铎与靳以主编，巴金后来参与编辑。

么能说与之有关？其实，如同本书第一章内已经提到的，左联前身组织的成立与左联本身的解散，郑振铎都是参与的。这里，我们再从文学组织活动的角度来作些论述。由于左联的成立与解散的工作，在当时都是秘密进行的，有关文献记载非常少，回忆材料也不多，许多过程与细节都不甚清楚。这对我们的研究带来不小的困难。但经过探究，郑振铎在其中所进行的组织活动及其作用，还是可以看出来。

钱杏邨（阿英）晚年曾指出："在左联成立之前，有一件事是值得说的，那就是中国著作者协会的成立。这件事与后来左联的成立有直接的关系。"[①]这一论述相当重要。这是左联成立后几十年来，在关于左联的回忆与论述中第一次提及此事。但此说并非"孤证"。左联最初成员冯润璋在一九八四年发表的《从中国著作者协会到左联》中，也提及中国著作者协会，郑重指出："这个协会，虽然存在时间不长，没有起过多大作用就自动解散了，但它有重要的历史意义，我认为这是酝酿左联的第一阶段，是值得提出并注意的。"据钱杏邨回忆，当时他曾在《海风周报》上化名写过关于该协会成立的消息。今查该刊，一九二九年一月六日第二期上所载《国内文坛消息》（署名"鲁亚"）是这样报道的：

> 中国著作者协会，经过两个月的筹备，已于一九二八年十二月三十日正式成立。于是日下午二时假上海北四川路广肇公学开成立大会。计到郑振铎，孙伏园，张崧年等九十余人。选举结果，郑伯奇，沈端先，李初梨，彭康，郑振铎，周予同，樊仲云，潘梓年，章锡琛九人为执行委员，钱杏邨，冯乃超，王独

① 见吴泰昌《阿英忆左联》，发表于1980年《新文学史料》第1期。

清，孙伏园，潘汉年五人为监察委员。

根据钱杏邨的回忆和上引消息所披露的该会领导人名单，我认为它虽然不称为文学社团，但无疑正是左联的前身。因为，它的执行委员与监察委员中的郑伯奇、沈端先、钱杏邨、冯乃超四人，后来都是左联成立时的常委，已占左联常委人数一半以上。（左联成立时常委共七人，此外还有鲁迅、洪灵菲、田汉。）而据一九二一年一月出版的《思想月刊》上公布的该协会发起人（共四十二人）名单，中有夏衍、沈起予、洪灵菲、彭康、冯乃超、郑伯奇、钱杏邨等，这些人后来都是左联的发起人，并也已占左联发起筹备人的半数以上。（左联发起筹备共十二人，此外还有鲁迅、冯雪峰、柔石、阳翰笙，蒋光慈。①）另外，潘汉年等共产党干部以及很多知名左翼作家也都已在内了。

我们知道，郑振铎是一九二八年六月回国的。该会“经过两个月的筹备”，即是说他回国之后不久，就参与了这一组织工作。参考反面材料——杨甫在一九三三年九月写的《普罗文艺运动史》，我们可以看到郑振铎正是该会的主要筹备发起人。据杨甫说，就在郑回国后，张崧年从北京跑到上海，看见上海的出版事业颇有蓬勃气象，便想来干一番事业。但是，虽然他的资格很老，②但他在上海出版界、文化界没有什么基础，也缺乏组织能力。于是他找了郑振铎（以及李达、樊仲云等人），③也找了一些左翼作家，想组织

① 这里的名单根据冯雪峰回忆；另，阳翰笙、夏衍、冯乃超各人的回忆，在个别人名上有出入。

② 按，张崧年甚至还是周恩来和朱德的入党介绍人。但他在1925年脱离了共产党组织。

③ 张崧年与郑振铎早在“五四”时期就认识了，见本书第一章所述。

一个文化团体。他算是找对人了，因为郑振铎正有着丰富的社团组织经验，而且在出国以前就曾在上海参与发起过“上海著作人公会”，并担任该公会执行委员。当时该公会的《缘起》里还曾表示过今后要组织“全国著作人联合会”的意望。虽然，随着大革命的失败，该公会已不复存在；但基础还在，郑振铎回国后也正想重整旗鼓，继续奋斗。更重要的是，当时在上海的中共中央为了更好地开展革命文化运动，特设了一个直属江苏省委的“文化支部”，来作为领导文化运动的中心机关；但党还缺少一个公开的文化团体。为此，当郑振铎等人想发起这样一个协会时，就正好符合革命事业的需要，得到党的支持。

据钱杏邨回忆，潘汉年曾亲自作了布置（这也就是为何有这么多左翼人士来参加的原因了），而该会宣言“是我们几个人起草的”（《阿英忆左联》）。我认为，起草者中一定有郑振铎，因为该宣言的思想以至用语，都与他参与起草的《上海著作人公会缘起》和他后来写的《编辑者发刊词》极其相似。（详见本书第一章）该协会的一大缺憾是鲁迅没有参加。钱杏邨说，那是因为创造社（后期）、太阳社等与鲁迅的隔阂还没有消除。据《海风周报》的报道，该会曾有宣传言论出版自由、刊行创作年鉴、发行会刊、聘请法律顾问等计划。但后来却没有进行什么活动，并很快就在无形中解散了。据钱杏邨说：“其中原因很多，有一点是，成立大会那天，来了一些太阳社的成员，和中华艺大的青年学生，他们之中有些人在会上发表了一些激烈的意见，很可能使一些朋友起了疑虑，怕又卷入什么论争中去，所以，协会成立不久，甚至连有些发起人也不那么积极参与其事了。”（《阿英忆左联》）但不管怎样，它毕竟是党领导下成立的第一个大型文化团体。它的发起组织的经验，包括缺点和教训，都成为随后成立的左联的借鉴。因此,郑振铎参与发起该会,不仅是他一生文学组织活动中的大事,也是左翼文学运动史上必须提到的。

一九三〇年三月二日,左联正式成立。这是具有深远意义的大事件。但作为其前身组织的主要发起人之一的郑振铎,却被排除在外。[①] 这里毫不含糊地用了"排除"一词,是因为我不同意近年有论者说"郑振铎未参加左联是当时党的一种策略考虑"的说法(一些理由已见第一章所述)。左联筹备时为何将郑排斥在外?当然是因为"关门主义";而其中一个重要因素我认为是与郑当时参与发起"笔会"有关的。(关于这一点,从未有人指出过。)左联大概是从一九二九年十月开始筹备的,而差不多同时郑振铎参加筹备发起笔会。这也是他一生文学组织活动中应该提及的,但有关资料相当缺乏,今把所知情况作一简述。

首先,笔会是国际性文学组织,为当今世界上历史最久、规模最大的作家团体。[②] 柯灵近年这样评价它:

> 六十年来,在国际风云变幻、动荡不安中,岿然兀立,坚持正义,反对法西斯,反对侵略,反对霸权,力主不同国家与民族之间,通过文学的渠道,疏浚淤塞,期于"人类在同一世界和平

---

① 此外,原"中国著作者协会"领导班子中的周予同、章锡琛、樊仲云、孙伏园,发起人中的耿济之、赵景深、胡仲持等等(这些人大多是文学研究会的会员),以及另外一些文学研究会主要成员如胡愈之、叶圣陶、陈望道、王统照等,都没有参加。可以说,文学研究会的重要作家,除了后来茅盾、王任叔等少数几个参加了左联以外,几乎全被排除在外。

② "笔会"是从英文"P. E. N. Club"翻译来的,为1921年由著名英国女作家道森·司各特在伦敦发起。"P. E. N."为Poest(诗人)、Essayists(散文家)、Novelists(小说家)三个词头组成,PEN又正好是"笔"的意思,以此泛指各类文学家。

共处的理想”。中国读者所熟悉的著名作家，如高尔基、罗曼·罗兰、泰戈尔、梅特林克、高尔斯华绥、哈代等等，曾是国际笔会的负责人，赞助人，名誉会员。我国的梁启超、戈公振，也曾列名会籍。现在全世界已有六十多个国家和地区，建立起七十多个笔会中心，拥有一万多名会员，影响所及，遍于全球。(《〈国际笔会作品集〉卷头语》)

柯灵接着提到一九八〇年代初北京中国笔会中心，以及广东、上海两地笔会中心的成立(并都已加入国际笔会)；但他没有说到我国最早在上海于一九二〇年代末，就有人发起筹备笔会。[①] 据有关记载，该会系由蔡元培、杨杏佛、胡适、曾孟朴、叶誉虎、宗白华、徐志摩、戈公振、谢寿康、林语堂、郑振铎、邵洵美、唐腴庐、郭有守等人发起，于一九三〇年五月十二日在上海华安大厦开发起人会。后于十一月十六日在华安大夏召开正式成立大会，出席者除发起人外，还有宋春舫、杨哲子、赵景深、章克标、罗隆基、李青崖、王国华、吴德生、沈亮等人。会上选举蔡元培、叶誉虎、徐志摩、郑振铎、邵洵美、戈公振、郭有守七人为理事，又互推蔡为理事长、戈为书记、邵为会计。会上通过的章程说明该会的目的是：“在国内则为各地作家的一种友谊结合，在国外则与世界各国笔会联络，为文艺及友谊的协助。”规定“本会会员不得假借本会集会为政治活动或营业性质之宣传”。并决定每月聚餐一次，餐费自备等。

据郑振铎在一九三一年底写的《悼志摩》一文，可知该笔会的实际发动人应是徐志摩：

他在上海发起笔会。他的主旨，便在“使文人们不要耗废

---

① 今台湾的笔会中心，即声称与此有承续性。

时力于因不相谅解而起的争斗之中”。他颇想招致任何派别的文学家，使之聚会于一堂，俾得消泯一切无谓的误会。他很希望上海的“左翼”文人们，也加入这个团体。同时，连久已被人唾弃的“礼拜六”派的通俗文士们，他也想招致。（我是最反对他要引入那些通俗文士们的意思的。）虽然结果未必能够尽如他意，然他的心力却已费得不少了。

在当时国内阶级斗争十分激烈的状况下，徐志摩的这一愿望自然是很难实现的。最后成立的只能是这样一个以中上层文化界人士为主（其中有一些政治上中间偏右的人）的“文艺沙龙”性质的团体。这个团体在当时除了“聚餐”外有什么实质性活动？郑振铎作为理事起过什么作用？这些我们都了解不多。[①] 但该会并不是以反对左翼文艺运动为目的，则是可以肯定的。郑振铎在上一文中还说徐志摩：

> 他宽容，他包纳一切，他无机心，这使他对于任何方面，都显得可以相融洽。他鼓励，他欣赏，他赞扬任何派别的文学，受他诱掖的文人们可真是不少！人家误会他，他并不生气；人家责骂他，他也还能宽容他们。

徐志摩的心胸是否真的这样宽广，这还值得商榷；[②]但我觉得郑振铎参加发起笔会，倒正是出于这样一种“宽容”的精神的。（当然，他也反对无原则地招引“礼拜六派”。）但是，他的这一行动，[③]

---

① 今知 1931 年 1 月 12 日，郑振铎出席在静安寺雪园举行的常会，会议欢迎新从法国归来的盛成。同年 8 月 9 日，他又出席在北京路邓脱摩西餐馆举行的常会，并在部分理事改选中再次当选。

② 例如，徐氏在《新月》创刊号上发表的《〈新月〉的态度》，就标举了所谓“健康”与“尊严”两大“原则”，而斥责了他认为不能相容的十多种文学（尤其是左翼文学）。

③ 以及郑振铎在 1930 年初与郭泰祺、李金发等人筹备“光明大学”一事等。

却得不到当时一些左翼青年的谅解，随之而来的是讽刺与责骂。[①] 其中最典型的，就是本书第一章已提到过的《笔社与聚餐》一文。该文不仅称笔会是“饭桶集合”，是资本家的“走狗”与“斗争的武器”；而且骂“郑先生是资本家豢养的‘伙色’”，“根本是现在统治者的帮手”，即使“把他划入在‘中间阶级’的一类中去”，也是“估量的太高了”。该文还要求“笔社[会]诸君子”，“应大胆提出自己主张，旗鼓整整，来和左联拿起聚餐的刀，对垒一下。且剥下你们绅士的脸，来，奔上前来吧！”这就把参加笔会的人全视作敌人，人为地激化了矛盾。[②]

据茅盾晚年回忆录中说，他在一九三〇年四月从日本回到上海后，不久参加了左联，但发现郑振铎没参加，心中纳闷，问了冯雪峰，冯说是“因为多数人不赞成”。可见当时这种“左派幼稚病”还是很普遍的。虽然，后来这一情形有所改变，郑振铎尽管没参加左联，仍为左联做了很多工作；[③]但正如钱杏邨晚年说的：“事后看来，左联将这样一些有成就的进步作家排除在外，对左联的威信有影响，对现代革命文艺运动也是相当的损失。”（《阿英忆左联》）我认为，特别是郑振铎，由于他曾经是文学研究会这一最大的新文学社团的挂帅人物，排除了他，也就等于排除了团结在他周围的一大

---

① 见左联成立前后在《萌芽》、《巴尔底山》等左翼刊物上连柱、穆如、王泉、戎一、狐尾等人发表的文章。

② 当时受攻击的还有耿济之、夏丏尊、章锡琛、俞平伯、刘大白、丰子恺、谢六逸、孙福熙、孙伏园等文学研究会和中国著作者协会的成员。这种过“左”的做法，也给敌人利用了。当时，敌人就曾冒用左联名义给郑振铎等人写信恐吓，挑拨离间，因而《巴尔底山》上不得不发表《左联给复旦大学文学系诸教授的信》，以揭露敌人。

③ 例如，郑振铎在上海时曾帮助过丁玲，营救过胡也频；在北平时曾支持北平左联的工作，写过悼念胡也频的文章，在潘漠华牺牲后推荐出版他的遗作等。他还曾在左联的一些报刊上发表过文章，参加左联发起的关于“文艺大众化”的讨论等。

批作家。左联联合了鲁迅，是一大进步；但排除了这一大批作家（其中不少人是相当进步的），则不能不认为有“关门主义”之过。

关于左联的解散（及“中国文艺家协会”的成立）的经过，近年来由于主要当事人发表了回忆文章，人们已经比以前的了解深入多了。但是，对于郑振铎在其中所起的作用，则似乎尚无人深入论述过（本书第一章已略有涉及）。在将有关材料综合研究后，我认为应该强调指出长期被湮没的郑振铎在这一重大事件中所作出的贡献。

从茅盾与夏衍分别所写的回忆录中，我们第一次了解到：当时商量左联解散这一大事，有三个人经常碰头研究，那就是夏衍、茅盾与郑振铎。有好几次还在郑振铎家里。夏衍是左联发起人之一，又是地下党文委的主要负责人；茅盾曾任左联行政书记，是当时国内仅次于鲁迅的文坛领袖。而郑振铎既不曾加入左联，又不是党员，怎么也参与这一大事呢？这除了因为郑振铎当时的言论行动都表明他是左联的战友和同志以外，我认为一定与左联驻莫斯科代表萧三关于解散左联的一封来信有关。

信是一九三五年十一月八日写的，经内部交通送到鲁迅手里，然后转给左联及文委领导人。萧三的信中严厉批评了左联过去在工作中犯有“关门主义—宗派主义”，“未能广大地应用反帝反封建的联合战线”，“许多有影响的作家仍然站在共同战线之外”。信中并且透露左联去年给“国际革命作家联盟”的报告中，已主动承认了这一点，认识到“巴（金）、王（统照）、叶（圣陶）成了革命的普洛文学底友军和源泉之一”。萧三信中还充分肯定了当时在大众语讨论、推广手头字运动、《我们对于文化运动的意见》的签名、《中国本位的文化建设宣言》的讨论等工作中的“联合战线的成功”。（而在这些事中,郑振铎都是积极参加的。)信中不仅指示“在组织方面——取消左联,发宣言解散它,另外发起、组织一个广大的文学团体,极力夺取公开的可能”;而且特别提到应该重视以前“人权保障大同盟”的统一战线的宝贵经验,“这些经验从来没有被左联利用过,其实文学界的郑(振铎)、陈(望道)……亦何尝不可以作政治组织的宋(庆龄)、蔡(元培)……”这里,以宋庆龄等人在政治组织中的地位,来期许郑振铎在文学界的作用,其中意义是十分深刻的。这不仅是对郑振铎政治上高度信任,而且也是高度肯定了他在文学界的组织活动能力。

这里,有必要谈谈鲁迅在解散左联与成立文艺家协会一事上的看法,包括对郑振铎的一些看法。这是一些研究者避而不谈的棘手问题。虽然,这些看法大多是当年鲁迅在私人书信中非正式发表的,但这些书信公开已久,我们不应回避。

茅盾回忆录中提到,“鲁迅对萧三的信取看一看再说的态度”,对联合某些人作朋友表示怀疑。这从鲁迅当时致茅盾的信中即可看出。例如,他对左联成员周立波、何家槐等人文章中适当肯定林语堂就有反感(而萧三信中正是适当肯定林语堂的),觉得“似这边有一部分人,颇有一种新的梦想”。[①] 他一开始不赞成解散左联,并认为筹备中的“作家协会一定小产”。[②](按,文艺家协会一开始拟取名作家协会。)鲁迅对战斗的左联的深厚感情,对无产阶级领导权的重视,对资产阶级文人的警觉等,都是非常可贵的;但他的某些估计未必完全正确。由于当时左联的某些领导者未能充分尊

① 鲁迅 1936 年 1 月 17 日致茅盾信。

② 鲁迅 1936 年 2 月 14 日致茅盾信。

重鲁迅，有的情况未能及时同他商量、通气，加上已有的成见与隔阂，[①]使鲁迅对有些内幕并不了解，有的看法也并不正确。例如，一九三六年五月二日鲁迅致徐懋庸信中说：

> 集团要解散，我是听到了的，此后即无下文，亦无通知，似乎守着秘密。这也有必要。但这是同人所决定，还是别人参加了意见呢，倘是前者，是解散，若是后者，那是溃散。这并不很小的关系，我确是一无所闻。

这说明，关于解散左联一事征求了鲁迅的意见之后，便无下文，更没有与鲁迅从细商量。这当然是很不应该的。但鲁迅这里说的“别人参加了意见”，“别人”指的是谁呢？这似乎从未有人深究过。是指国民党方面吗？那是不可能的。[②]我认为只能是指郑振铎（以及胡愈之、陈望道）这样未正式加入左联的文化界进步人士。然而，为什么说这样的同志参加了意见就是“溃散”呢？这却实在费解。

当时，郑振铎受有关方面委托，出面积极组织文艺家协会。鲁迅对此也很反感。他在致曹靖华的信中一再提到此事：

> 谛君（按，即郑振铎）曾经“不可一世”，但他的阵图，近来崩溃了，许多青年作家，都不满意于他的权术，远而避之。他现在正在从新摆阵图，不知结果怎样。（一九三六年四月一日）

> 这里在弄作家协会，先前的友和敌，都站在同一阵图里

---

① 例如，茅盾回忆录中已公正地指出，在《译文》停刊事件中郑振铎出力做调解工作，最后鲁迅却对他有误会。（参见鲁迅 1935 年 12 月 3 日致台静农信，12 月 19 日致曹靖华信）

② 冯雪峰曾说这是指敌人。但这是说不通的。

了,内幕如何,不得而知,指挥的或云是茅与郑,其积极,乃为救《文学》也。(四月二十三日)

此间莲姊(按,指左联)家已散,化为傅(按,指傅东华)、郑所主持的大家族,实则藉此支持《文学》而已,毛姑(按,指茅盾)似亦在内。……《作家》,《译文》,《文丛》,是和《文学》不洽的,现在亦不合作,故颇为傅郑所嫉妒,令喽罗加以破坏统一之罪名。但谁甘为此辈自私者所统一呢,要弄得一团糟的。(五月三日)

《文学》之求复活,是在依靠一大题目;我因不加入文艺家协会(傅东华是主要的发起人),正在受一批人的攻击,说是破坏联合战线……(五月十五日)

从这些信中我们可以看出,鲁迅确实对"内幕如何,不得而知"。例如,关于这一件事的主持者,先认为是郑,继而听说是茅与郑,后又说是傅与郑主持、茅参加,最后又说主要是傅。实则傅东华似乎并没有起什么重大作用,地位更从未居于郑振铎之前。关于解散左联的意图,鲁迅以为乃在"救《文学》",这也显然不确。《文学》不过是一个刊物而已,何必如此兴师动众,以解散左联为代价?我认为,实事求是地指出鲁迅在这方面有误解,也有助于公正地评价郑振铎在这件事上的作为。

一九三六年六月七日,"中国文艺家协会"正式成立,但主要发起人之一的郑振铎却没有出席成立大会。是何原因?令人纳闷。可能与该协会最后未能得到鲁迅参加,而他又受到误会有关。但他仍被大家推选为九名理事之一。① 本书第一章已指出过,不管

---

① 理事为:茅盾、夏丏尊、傅东华、洪深、叶圣陶、郑振铎、徐懋庸、王统照、沈起予。候补理事为:郑伯奇、何家槐、欧阳予倩、沙汀、白薇。

今人对解散左联和成立文艺家协会一事作如何评价,郑振铎当时则是以坚决听从共产党方面的意见的态度去做工作的。我还认为,文艺家协会与左联相比,最重要的实质性变化,就是加入了以郑振铎为首的原文学研究会的大批成员,以及后来团结在他周围的一些进步作家。但是,鲁迅(以及他周围的部分作家)却拒绝参加,则是重大的缺憾。历史好像走了一大圈又重复回到原地——与七年半前左联的前身组织"中国著作著协会"的情形相类似了。这一客观事实使我们不能不承认,在左联的开始与结束,团结问题一直处理得不够理想。这是永远留给后人的一面历史的镜子。

在解散左联之际还发生过一场关于"国防文学"的口号论争。(对其是非问题,此处不拟评论。)夏衍回忆录中说,郑振铎是同意"国防文学"口号的。这是可信的。[①] 但郑振铎为了团结,在这场论争中始终未发表一篇文章,并尽力做了一点调解、疏导工作。值得大书一笔的是,在鲁迅逝世之前,进步文艺界的大联合终于露出了真正的曙光,而郑振铎为此作出了重要的贡献。那就是鲁迅等二十一人于这年九月联合签名发表的《文艺界同人为团结御侮与言论自由宣言》。夏衍回忆证明,宣言是郑振铎与茅盾起草,冯雪峰定稿的。夏衍认为这"可以说是使这场论战逐渐停止的很重要的文件",他特别强调指出:

> 像我们这些经历过这一事件的人们看来,组织发表这样一个宣言很不容易,因为联名发表这个宣言的二十一人中既包括了萧三来信中提到的巴金、叶圣陶、王统照,而且争取了

① 例如,1935年6月郑振铎在《中国儿童读物的分析》一文中即指出:"积极的建设国防的儿童教育,尽量的写作着适合于时代与国防的儿童读物是必须立刻着手去做的!"

林语堂这样的人也同意签名,[①]更不用说像包天笑、周瘦鹃这样的作家了。促成发表这个宣言,茅盾和冯雪峰起了很大的作用,但我认为也不能忘记"二郑"(郑振铎、郑伯奇)[②]的功劳。郑振铎一九三五年从北平回到上海之后,就和"左联"保持了很密切的联系。为了在《文学》上发表"左联"作家的文章,他不止一次和傅东华"争吵"过。鲁迅以前在文章中讽嘲过振铎,在周扬和胡风之间,他也是亲周扬而不满胡风的。但是在坚持联合、反对分裂这个问题上,他表现了难能可贵的高尚品质。……这个宣言是第一[二]次国内革命战争时期文艺界第一个大联合、大团结的文件,在现代文学史上,应该说是有很重要的意义的。

我认为,夏衍的这段论述对于这个宣言的评价十分准确,同时他第一次指出了郑振铎在其中的重要贡献,值得我们充分重视。

抗日战争全面开始后,郑振铎又参与发起了一些文学社团组织。[③] 例如,一九三七年七月二十八日成立的"上海市文化界救亡协会"(按,有时"文化界"又写作"文艺界"),郑振铎就是发起人之一;该会的机关报《救亡日报》,他又是编委之一。另外,还有一个"上海战时文艺家协会",他也是主持者之一,曾于一九三七年十月十八日与郭沫若、冯雪峰、田汉等人在该协会的会议上作纪念鲁迅的讲演。十月十九日,"上海市文艺界救亡协会"与"上海战时文艺家协会"于浦东大厦七楼举行"鲁迅先生周年纪念座谈会",到会共

① 按,萧三信中也提及林语堂。

② 按,郑伯奇的主要功劳是争取到在日本的郭沫若的支持和签名。

③ 这以前,1930 年代他在各大学中还参加组织与领导过一些学生文学社团,如清华大学的中国文学会、暨南大学的文学研究会等,这里就都不详论了。

百余人，推选郑振铎和沈钧儒、郭沫若、胡愈之、陈望道、巴金、汪馥泉七人为主席团，郑振铎在会上报告了这次会议的筹备经过。于此可见他在其中的地位与作用。这次会议还决定组织“文艺界救亡协会”（文救），当场选出临时执行委员十一人，为郭沫若、王统照、郑振铎、汪馥泉、陈望道、巴金、欧阳予倩、田汉、傅东华、戴平万、谢六逸。[①] 郑振铎在其中的地位，看来是仅次于郭沫若。十月二十三日，文救举行临时执委会议，郑振铎担任会议主席。会上并议决由郑振铎出面，代表文救与商务印书馆联系，加速进行《鲁迅全集》的出版工作。[②] 十一月三日，国民党方面想争旗子、抢牌子，匆忙拼凑同名团体，并拉拢郑振铎为“常委”，遭到他的愤怒拒绝，已见本书第一章所述，这里就不重复了。

文救成立后不久，上海就在十一月二十一日沦为“孤岛”，大批会员撤退到后方，它就无形中消亡了。据夏衍回忆，当时文救开过一次理事会，“参加的人，除振铎和阿英已决定留在上海之外，其他大部分都将陆续撤离，所以沫若建议，‘上海文救’今后在上海的工作，请郑、钱两位和各爱国救亡团体联系，可以根据具体情况，有必要时也可以改换名称，分散作战。”（《懒寻旧梦录》）从郭沫若的提议中可知，这以后文救实际上就全权委托郑及钱“守摊子”并坚持到底了。

这里，还必须提到郑振铎积极参加“鲁迅先生纪念委员会”工

---

① 原上海市文艺界救亡协会去掉“上海市”三字，推选出的领导班子又加上“临时”两字，显然意味着它已是全国性的文学组织了。因此，我认为文救应视作后来在武汉成立的文协的前身。这一点从未有人指出，应提请研究者注意。

② 后因战事等因，商务出版《鲁迅全集》的计划未实现，而由郑振铎等人组织的复社完成。

作一事。本来,鲁迅逝世后,在一九三六年十一月成立并公布的“鲁迅先生纪念委员会筹备会”的名单(七人)中,并没有他。[①] 可是“鲁迅先生纪念委员会”于一九三七年七月十八日在上海华安大厦正式开成立大会时,郑振铎却是大会主席,不仅在会上首先讲话,而且是由他报告了纪念委员会筹备会的工作经过。[②] 这是为什么?鲁迅研究界从无人提出过和解答过这个疑问。我认为,一定是因为郑振铎在其中默默地主动做了大量的实际的负责工作,并获得了其他七位筹备会成员的推戴。关于这一点,虽然缺少更具体的史料,但却是不应湮没的。另外,郑振铎与胡愈之、许广平等人发起组织的“复社”,既是出版社,又是抗日政治组织,同时也是文学社团。这在本书第一章内已有论述,此处也从略了。

一九三八年三月二十七日,“中华全国文艺界抗敌协会”(文协)在武汉正式成立。这是整个抗战时期和解放战争时期(后一时期该会全称中改去“抗敌”二字)全国最大的唯一的联合组织。虽然因为郑振铎一直坚守在上海,抗战时未能直接参与该会的筹建与领导工作,但由于他历来的功绩与地位,在成立大会上仍被大家推选为理事。一九三九年四月文协改选第二届理事会,一九四一年三月文协改选第三届理事会等,郑振铎均当选。由此可见,他在全国文艺界的威望是相当高的,即使在他被迫息影文坛,大家甚至都不知道他的近况的情况下,仍被选入领导班子。

抗战一胜利,郑振铎立即恢复了全国文坛中心人物之一的作用,并积极从事文学组织活动。一九四五年九月二十一日,夏衍在

---

① 七人为蔡元培、宋庆龄、沈钧儒、内山完造、茅盾、许广平、周建人。

② 见1937年8月15日《救国时报》。

周恩来亲自指示下，从重庆回到上海工作。二十三日，他即访问郑振铎等文学界人士，并带去文协的《慰问上海文艺界书》。信中高度赞扬郑振铎等人在抗战中的表现(按，已见本书第一章，此处从略)，并提到，“真正的艰苦的建设工作还放在我们的前面”，因而“我们期待着诸位的领导力量”。最后，信中说：“本会已设立机构，负调查文化汉奸之责，但因情形隔阂，进行不易，现特恳诸位先生分神着手调查并搜集证据，由景宋、振铎、健吾三先生负责约集与推动”。郑振铎等人见信后，立即行动起来，由他领头，共二十四人署名，向重庆寄去了《上海文艺界复中华全国文艺界抗敌协会书》。[①] 复信中表达了久被隔绝的心情和团结战斗的决心，并及时地提议“文协既已取得合法地位，只要省去‘抗敌’两字，继续领导全国文艺界，从事建国工作，名正言顺”。关于调查文化汉奸事，复信中说已在设法进行。这再次充分显示了郑振铎的组织能力。

文协于十月十四日在重庆召开理监事联席会议，讨论抗战胜利后的工作，决定改名“中华全国文艺界协会”(简称仍为“文协”)，并决定成立文协上海分会，委托郑振铎及夏丏尊、许广平等人筹备。十月二十日，文协在重庆召开记者招待会，日常工作负责人老舍宣布了上述决议，并宣布总会将移往上海，已委托郑振铎等人着手准备。郑振铎挑起了重担。经过他的联络发起，起草了分会的会章、宣言等，于十二月十七日在金城银行七楼召开了分会成立大会。他任大会主席，首先讲话，总结了上海作家在抗战中经受的巨大锻炼和严峻考验等，并指出：

现在内地已经有十几位作家到上海来……听说还有大批

① 并于10月20日在《民主》、《周报》、《文汇报》、《建国日报》等报刊上同时发表。

的会员要来，将来上海也许要改为总会。我们中国应该团结一致，文艺界也不应该有派别。[①]

他还谈了分会的工作任务和目的等，会上通过了要求政府迅速开放言论自由、保障作家权益、组织特别委员会检举汉奸文人等三项提案。会上，他当选为分会理事。二十四月，理事会又推选他为五个常委之一，并兼任总务股主任。实际上，他是分会的第一负责人。

以郑振铎为首，迅速、及时地组织的文协上海分会，对一九四〇年代后期的文学运动有十分重要的意义。抗战胜利后，随着大批作家、文化人的复员返乡，原设在"陪都"重庆的文协总会势必解体或转移；而上海如果不恢复左联十年时的文坛中心地位，则势将不利于全国文学运动的发展。成立了分会，就为文坛重心和文协总会移往上海作了准备与接应。不仅使当时许多路过和回到上海的作家有了落脚点，而且使经过了八年抗战考验的中国作家们继续保持了密切的联系。文协总部大约在一九四五年十月下旬就停顿了日常工作；翌年二月，文协总部日常主持工作者老舍到上海，但不久便出国，由叶圣陶接替，这时郑振铎也就参加了文协总会的领导工作。此时，总会的工作也就是分会的工作，在不少场合两个名称是互用的。再过几个月（大概是五月），总会正式迁到上海，分会也就完成了它的历史使命，并入文协总会了。

在民主斗争与解放战争的几年里，文协的领导力量更明显地掌握在左派手里，而且团结面更广，活动也更丰富多彩了。在头两年里，文协偏重于"文艺复兴"（郑振铎语）的工作；而后两年，则侧

---

① 据赵景深当时的记录。

重于政治斗争了。香港学者司马长风在《中国新文学史》中看到了这一点，并且肯定前两年文协的活动“相当活泼，有人情味，有文艺气氛”；但他却认为这是“害了绝症自己还不知道”，是所谓“夕阳残照”，并完全否定文协后两年的工作。这是非常错误的看法。文协这四年，是光辉的四年。它后来的偏重于政治斗争，是反动当局逼出来的。而这正是文协的光荣。值得指出的是，这些组织活动，例如各种会员聚会，文艺欣赏会，庆祝“文艺节”、“诗人节”，纪念鲁迅，以及后来为李公朴、闻一多被害事件向国民党抗议，向国外文化界控诉等重大政治活动等等，郑振铎大多是重要主持者和参与领导者。这一时期，中国文学界始终保持着团结的阵容，不仅几乎没有一个重要作家倒向反动阵营，而且很多作家眼睛更擦亮，觉悟大提高。文协在这时起的重大作用是不可低估的，而郑振铎在其中作出的贡献也是不可忘记的。

一九四九年三月十八日，郑振铎与叶圣陶等一起到达新解放的北平。二十二日，他就参加了全国文协理监事与华北文协理事的联合会议，商议筹备中华全国文学艺术工作者代表大会(第一次文代会)，并被推选为大会筹备委员。二十四日，他又参加了全国文代会筹备委员会第一次会议。[①] 两个月后，他从国外回到北京，继续参加文代会的组织工作。六月二十五日，他写了《文代大会的前瞻》，回顾总结了整个新文化运动的历史，并对新中国的文学事业作了展望。七月，他出席了第一次文代会，[②]并在会上对茅盾作的《十年来国民党反动派统治区革命文艺运动总报告》作了重要的

---

① 为大会筹备委员 42 人之一。

② 为大会南方代表团第一团成员、大会代表资格审查委员会委员、大会主席团成员、大会常务主席团成员等。

补充论述。在这次大会上，他被大家推选为中华全国文学艺术界联合会全国委员会委员、常务委员、兼福利部负责人，中华全国文学工作者协会全国委员会委员、常务委员、兼研究部负责人。新中国成立以后，一直到他牺牲为止，他一直是全国文联与作协的领导成员之一。他在新时期的文学组织活动与贡献，这里就不多谈了。

二、文学丛书的创办与编辑

民国时期著名作家中，几乎没有不曾做过编辑工作的。鲁迅、郭沫若、茅盾、郑振铎、郁达夫、叶圣陶、巴金等等，都或长年或短期在编辑出版园地里辛勤耕耘过。如果从从事编辑工作的时间、成绩，所编读物的数量、质量、影响等方面来看，我认为郑振铎尤其是其中的佼佼者。但是，他的这一份劳绩却往往被他的其他文学活动等等所掩盖，甚至被忘却；更少有人注意研究他的编辑活动对中国新文学运动发展所起的作用与贡献，以及他在这方面的思想和理论（这些和他的文学思想和理论其实是密切相关的）。而我认为，对这方面的研究，也理所当然地应该属于文学史研究、作家研究的范围之内。

郑振铎一生主编或参与编辑的书刊，数量多得惊人。我们这里当然只论述其文学（包括文学理论）方面的书刊，而对于其他有关政治、历史、考古、美术等方面的，则不予涉及。为了论述的方便，本节先说他主编（及参与主编）的丛书，下一节再说报刊。这里为何只取丛书来评述呢？因为考虑到郑振铎一生经手编辑的书多得无从说起，而丛书则相对集中，并且最能体现他的编辑思想、计划、与其贡献；再说，有系统地编辑丛书，正是他编辑活动的特色之一。在民国时期文化史上,恐怕不大会有第二个作家比他编辑的丛书更多的了。

郑振铎很早就打算编辑丛书了。在一九一九年他主编《新社会》旬刊时,他就曾着手筹备编辑出版有关"通俗丛书"的工作(后因条件限制而未成)。一九二〇年七月二日,他又写了《我对于编译丛书底几个意见》,[①]从理论上对丛书的编辑工作谈了自己的看法,特别强调编辑丛书"在精不在多",不能光追求数量,而更需注意质量,"要慎重一点";同时,要照顾各学科、各门类,要有全局计划,"应该略有系统,先出门径的根本的书,后出名家的专著"。他尤其反对赶"时髦"和单纯追求利润。他的这篇论文,肯定引起了蒋百里的注意。当时,蒋百里陪同梁启超刚游历欧洲归来不久,正在梁的指示下主编《共学社丛书》,由上海商务印书馆出版。[②] 约在此时,郑振铎由人介绍认识了蒋百里,蒋就约郑振铎他们译些俄国小说、戏剧,加入这个丛书里。例如,该丛书于一九二一年三月出版的耿济之译的托尔斯泰《艺术论》,就有郑振铎在一九二〇年八月写的序。郑振铎更主编或参与主编了《俄罗斯文学丛书》和《俄国戏曲集》两套丛书,加入《共学社丛书》内出版。

《俄罗斯文学丛书》,今见有八种,一九二一年二月至一九二三年一月出版。其中有瞿秋白、耿济之译的《托尔斯泰短篇小说集》,郑振铎译的奥斯特洛夫斯基的《贫非罪》,耿济之译、郑振铎作序的屠格涅夫《父与子》,安寿颐译、郑振铎作序的普希金《甲必丹之女》(今译《上尉的女儿》),耿济之译的托尔斯泰《复活》,沈颖译的屠格涅夫《前夜》,

---

① 刊于1920年7月6日《晨报》和8日《民国日报·觉悟》。

② 梁启超等人1920年3月回国,4月成立"共学社",并与上海商务印书馆签订《共学社丛书》出版合同。约9月出版丛书的第一本书。

柯一岑译的奥斯特洛夫斯基《罪与愁》，耿济之、耿勉之译的《柴霍甫短篇小说集》（“柴霍甫”今译“契诃夫”）等。这些都是俄国小说、戏剧的代表作品，也大多是第一次被介绍到中国来。该丛书未印主编者名字。译者都是郑振铎的朋友，他们虽有可能是直接应蒋百里的约稿而译作的；但从郑振铎在他们中的核心地位，以及他为好几本书作序的情况来看，至少说他参与主编了这套丛书是不会错的。[①]

《俄国戏曲集》则是郑振铎在一九二〇年八月起主编的，于一九二一年一月至四月出版，共十本。按顺序为贺启明译的果戈里《巡按》（今译《钦差大臣》），耿济之译的奥斯特洛夫斯基《雷雨》，耿济之译的屠格涅夫《村中之月》、托尔斯泰《黑暗之势力》，沈颖译的托尔斯泰《教育之果》，郑振铎译的契诃夫《海鸥》，耿济之译的契诃夫《伊凡诺夫》、《万尼亚叔父》、《樱桃园》，郑振铎译的史拉美克《六月》。郑振铎不仅亲自译了两种，而且还在第一本《巡按》卷首，发表了整套丛书的《叙》，指出：“自一六九二年波龙斯基的《浪子》出现后，到了现在，俄国文学界里出产了许许多多的著名的戏剧作品，有普遍的和永久的价值的约有四十余种。我们于此四十余种之中选出……十种，编为这个《俄国戏曲集》。”他说明，除了这十种外，因字数限制，还有不少优秀作品如高尔基《夜店》、安特列夫《人的一生》等，都未能收入。[②] 但他又指出：

然而现在所选的十种剧本，虽不能说是完备，却也可以由此略窥见俄国的戏曲的一个大概；多方面的，性质不同的剧

---

① 1923年8月，郑振铎在《关于俄国文学研究的重要书籍介绍》一文中，更把《俄罗斯文学丛书》与《俄国戏曲集》通称为“《俄国文学丛书》”，亦可见两者都是他一人所编。

② 安特列夫此剧后来由耿济之译出，郑振铎作序，并收入《文学研究会丛书》。

本，也差不多都有一个代表在这集里。如喜剧可以用《巡按》及《教育之果》代表它；悲剧可以用《黑暗之势力》及《海鸥》等剧代表它；农民的戏曲及宗教的戏曲，纯艺术的戏曲，也都各有代表在里边；俄国的各方面的黑暗悲惨的情况，也大概可以由此见其一斑……

他并认为，演这些戏曲，“较之演《华伦夫人的职业》及《青鸟》等的象征派的戏，似乎于中国更为合宜，更为有益。”在丛书最后一本《六月》的后面，他又发表了两万余字的《作者传记》，详细介绍了这六位俄国著名戏剧家的生平、创作；并发表了《俄国名剧一览》，介绍了四十种俄国戏剧。可见，他是很系统地研究了整个俄国戏剧史以后，才主编这一套小丛书的。

这两种丛书是当时中国最早的俄国文学丛书，影响很大；而且，除了郑振铎是从英文转译的以外，其他大多是从俄文直译的，这在民国时期文学史上也是首次。因此，编辑这两套丛书对于介绍俄国文学、推动我国新文学运动的发展，都有重要的意义。鲁迅在一九三二年底写的《祝中俄文字之交》中，就郑重地提到“成为大部”（即丛书）的《俄国戏曲集》等，给予了高度的评价。虽然，这两套丛书都是“屈居”于《共学社丛书》之内，但我们如果看看蒋百里主持的《共学社丛书》的其他书目，就可以发现有关文学方面的书，除此以外也就寥寥无几，即使还有几本，也是没有什么影响的。另外，还值得指出的是，这两种不仅是郑振铎最早开始编辑的丛书，而且可以看作是他后来主编的《文学研究会丛书》的前身。[①] 因为

① 《俄罗斯文学丛书》的后几种书出版时，郑振铎主编的《文学研究会丛书》已开始出版了。

这些译者后来几乎都是文学研究会的主要成员，而且郑振铎正是通过编辑这两套丛书得到了经验，并得到了商务印书馆主持者的信任，从而使后来《文学研究会丛书》的宏大编辑计划顺利地得到商务主持者的通过。我认为迄今关于文学研究会的研究论著中都忽视了这一点，故值得提一下。

主编《文学研究会丛书》是二十世纪二三十年代郑振铎对新文学史最大的贡献之一，值得大书一笔。

早在郑振铎筹备发起文学研究会时，他就开始设计主编这套丛书。他起草的该会会章第四条，就提出该会有两种事业，一是研究，二就是出版，包括“刊行会报”与“编辑丛书”。一九二一年三月二十一日，在他因学校毕业后要去上海工作而召开的该会临时会上，他便报告了丛书契约已得到商务印书馆的同意。五月，他进商务工作，《文学研究会丛书》的编辑工作就在他主持下顺当地进行了。

五月二十五日，《民国日报·觉悟》发表了《文学研究会丛书缘起》（后又载五月二十七日《时事新报·学灯》、六月十日《东方杂志》第十八卷第十一期等报刊）；五月二十六日，又在《民国日报·觉悟》上发表《文学研究会丛书编例》（后又载五月二十八日《时事新报·学灯》、六月十日《东方杂志》第十八卷第十一期、八月十日《小说月报》第十二卷第八期等报刊）；五月二十七日，又在《民国日报·觉悟》上发表《文学研究会丛书目录》，共八十七种（后又载五月二十八日《时事新报·学灯》，题为《文学研究会丛书出版预告》；还载于六月十日《东方杂志》和八月十日《小说月报》，但书目有所不同，共八十三种）。在这些当时影响最大的报刊上连续发表这些消息，造成的声势是很大的。

《缘起》显然是郑振铎起草的。不仅其中批判封建旧文学观“对于文学,不是轻视,就是误解,他们以文学为贡媚之物、进身之阶,或是游戏消遣之品”的思想,完全是郑振铎的;而且其中提出文学是人类“最高精神的表现”,“是人生的镜子”,翻译是世界“文学界的联锁”,“是人们的最高精神与情绪的流通的介绍者”等提法,都是郑振铎在《文学旬刊宣言》中说过的原话。《缘起》鲜明地体现了郑振铎当时的为人生的文学思想,并指出:

> 我们在文学研究会的名义底下,出版这个丛书,就是一方面想打破这种对于文学的谬误与轻视的因袭的见解,一方面想介绍世界的文学,创造中国的新文学,以谋我们与人们全体的最高精神与情绪的流通。

这就把编辑这一丛书的目的说得非常明确了。《编例》的第一条也说:“本会为系统的介绍世界文学,并灌输文学知识,发表会员作品起见,刊行本丛书。”因此,该丛书不仅收入创作,还包括翻译和文学理论、文学史著作。郑振铎特别重视后两类著作,在《缘起》中认为,科学的“批评文学与文学史的著作”,“在中国是向来没有过的。我们把它们介绍来的原因,就是要使文学的基本知识,能够普遍于中国的文学界,乃至普通人的头脑中。”在《编例》中,列于最前面的书类是:“(1)文学原理及批评文学之书。(2)时别的、地别的及种类别的文学史及文学概论。(3)各作家之评传,个人的及集体的。”在所拟的《目录》中,更能看出这一点。排在最前面的是:

文学的近代研究	美国莫尔顿著	郑振铎译
文学的原理与问题	英国亨德著	沈泽民译
文艺思潮论	日本厨川白村著	谢六逸译

文艺概论	英国黑特生著	瞿世英译
文学之社会的批评	英国蒲克著	李石岑、沈雁冰、柯一岑、郑振铎译
诗歌论	英国皮利士著	傅东华、金兆梓译
戏剧发达史	英国布兰特马太著	王统照译
近代戏剧	德国列费森著	李之常译
日本文学史	周作人编	
意大利文学史	胡愈之编	
俄国文学史	郑振铎编	
英国文学史	沈雁冰编	
德国文学史	蒋百里编	
法国文学史	冬芬编	
美国文学史	瞿世英编	
北欧文学史	刘健编	
西班牙文学史	郑庆豫编①	
匈牙利文学史	匈牙利李特尔著	沈泽民译
俄国文学的理想与实质	俄国克罗马特金著	谢六逸、沈雁冰、沈泽民译
艺术家及思想家之托尔斯泰	俄国斯卞皮柴夫斯基作	耿济之译
太戈尔研究	郑振铎、瞿世英编	

……②

① 此人是郑振铎的叔父，曾去西班牙留过学。

② 以上书目据《小说月报》等所载；另，《民国日报·觉悟》等所载的书目及译者略有不同，例如还加入文齐斯德的《文学批评原理》等。

上面列出的这些书,后来因故并没有全部出版;但我认为即使就这样提一下,也是具有启蒙与提倡的意义的,更何况后来还是出版了一些。叶圣陶后来就说过,当时"商量印行《文学研究会丛书》,拟订译本目录……这也要翻,那也要翻,我才知道那些名著的名字。"(《略谈雁冰兄的文学工作》)而从当时郑振铎发表的一些文学评论来看,上述书目显然主要是由他提出来的。在一九二〇年代初期的中国,没有第二个文学社团,没有第二套文学丛书,这样重视理论建设的。

丛书从一九二一年十月开始出版,约至一九三七年四月止,陆续共出版百十来种。在一九二七年五月后郑振铎出国避难一年半期间,丛书的工作他委托胡愈之、徐调孚负责;但这期间胡、徐编辑的书不超过十种。因此,可以说这一丛书的主编工作,几乎是郑振铎一人之力。该丛书在翻译介绍方面是下了大工夫的,共翻译了亚里斯多德(Aristoteles)《诗学》、厨川白村《苦闷的象征》等八本外国文学理论名著;翻译了泰戈尔、高尔斯华绥(J. Galsworthy)、莫泊桑(G. Maupassant)、肖伯纳(Shaw,G. B.)等三十五位外国作家的五十多部作品。此外,瞿秋白的《饿乡纪程》(《新俄国游记》)、《赤都心史》,叶圣陶、老舍、冰心、庐隐、许地山、王统照、朱湘等人最初的几本创作集,鲁迅的不少译作,等等,都是由郑振铎亲自编入这套丛书中的。郑振铎自己的著译先后收在这里的有:《飞鸟集》、《新月集》、《灰色马》、《俄国文学史略》、《太戈尔传》、《莱森寓言》、《印度寓言》、《恋爱的故事》等等;还收入他与人合作的、或由他校阅并作序的:《雪朝》、《天鹅》、《春之循环》、《阿那托尔》、《将来之花园》、《人之一生》、《稻草人》、《诗之研究》、《太戈尔戏曲集》(一、二集)等等。

属于《文学研究会丛书》系统的，二十年代还有《文学研究会通俗戏曲丛书》，一九二四年一月起出版，已知至一九二八年十月共出九种。这也是郑振铎主编的，其第一种熊佛西的《青春底悲哀》与第二种侯曜的《复活的玫瑰》二书前，均有郑振铎一九二三年九月作的序，文字完全一样，其实也就是这套丛书的总序。他在序中指出：

> 现在提倡戏剧的人很多，学生的爱美的剧团也一天天的发达起来。但剧本的产生，则似乎不能与他们的需要相应。到处都感着剧本饥荒的痛苦。到处都在试编各种剧本，而其结果，则成功者极少。……所以在现在的时候，通俗的比较成功的剧本，实有传播的必要。我们印行这个通俗戏剧丛书的主要原因，即在于此。

该丛书共收入了二十个剧本，在当时都算得上是“通俗的比较成功的”。应该指出，这是民国时期文学史上第一套新的剧本丛书，尤其在二十年代，它对我国现代戏曲事业的发展是起了促进作用的。就是后来，除了四十年代后期孔另境编的《剧本丛刊》以外，专门的剧本丛书也极少见。

属于《文学研究会丛书》系统的，在一九三〇年代还有《文学研究会世界文学名著丛书》和《文学研究会创作丛书》，都是由郑振铎主编的。前一套丛书从一九三〇年五月起出版，至一九三九年十月共出十四种。这套丛书的第一本即郑振铎自己译的阿志巴绥夫的长篇小说《沙宁》，其他还有李劼人译的福楼拜的《萨郎波》、映波译的路卜洵的《黑色马》、高寒（楚国南）译的涅克拉索夫（B. П. Некрасов）的《在俄罗斯谁能快乐而自由》等书，都是长篇小说；而此外则大多是不同国家、或一个国家内不同作家的作品的选择，例如朱湘选译的外国诗集《番石榴集》，卞之琳选译的外国诗、散文、短篇小说集《西窗集》，傅东华选译的外国短篇小说集《化外人》，卢任钧选译的日本散文、短篇小说集《乡下姑娘》，黎烈文选译的《法国短篇小说集》，黄源选译的《现代日本小说译丛》和郑振铎自己选译的《俄国短篇小说译丛》等等，这些作品都是很受中国读者欢迎的。

后一种"创作丛书"是郑振铎从北平回上海工作后开始组稿、编辑的。为了促进创作事业，壮大声势，他决定以一次同时出版十本书的方法来出这套丛书。第一批十本于一九三六年三月出版，收入了巴金的短篇小说集《沦落》、杂文集《生之忏悔》，叶圣陶的《圣陶短篇小说集》，沈从文的散文集《湘行散记》，张天翼的短篇小说集《万仞约》，朱自清的散文集《你我》，李广田的散文集《画廊集》，何其芳等人的诗集《汉园集》，萧乾的短篇小说集《篱下集》，顾一樵等人的戏剧集《西施及其他》等。第二批十本于一九三七年六月同时出版，收入他自己的历史小说集《桂公塘》、书信散文集《西行书简》，王任叔的短篇小说集《流沙》，靳以的散文集《渡家》，李健吾的戏剧集《这不过是春天》，蹇先艾的短篇小说集《乡间的悲剧》，杨骚的诗剧集《记忆之都》，萧乾的杂著《小树叶》，艾芜的短篇小说集《芭蕉谷》，涟清的短篇小说集《黑屋》等。出了二批之后，因为抗日战争的爆发，在一九四〇年以后，只出了王任叔的短篇小说集《佳讯》、郑振铎的论文集《困学集》、许杰的《许杰短篇小说集》等三种。从上述书目来看，可见郑振铎不仅注意收入著名老作家的作品，更注意收入当时初露头角的新作家的作品；不仅注意到作品的质量（其中不少是一九三〇年代最佳作品），而且还注意到了各种文学品种（甚至包括杂著）的搭配。郑振铎主编上述这两套丛书时，文学研究会其实即将或已经解体了；而他仍以该会名义编这两套丛书，其宗旨也还是为了贯彻他的初衷——发展我国的新文学事业。

综上所述，郑振铎主编的属于《文学研究会丛书》系列的书，总数在一百五十种以上，延续出版达二十多年，包括了各种体裁的创作、译作，以及文学理论、文学史等。其中引进了五十来位外国作家的作品，发表了一百多位中国作者、译者的作品。在这些书中，虽然大多是文学研究会作家的著译品，但郑振铎一直不局限于本会作家之内，特别是一九三〇年代以后，更收入了很多非会员作家的作品。就其数量规模、存在时间、内容质量、启蒙意义、历史影响等方面来看，在整个新文学史上是极少可与相比的。[①] 郑振铎的这一功绩，实在值得彰诸史册。就连台湾的民国时期文学研究者、老是贬低郑振铎的陈敬之，也认为《文学研究会丛书》"内容包括了文艺的理论、批评、创作、翻译；作家也包括了老的、新的、会内的、会外的。在新文艺的'量'和'质'的表现上，都相当可观。而那时的新进作家，由于得到了'文学研究会'的提挈和培护而因以成名的，也实在不少。这是它最开明、最卓越，也是最值得称道的一点。"(《春云初展的文学研究会》)

除了《文学研究会丛书》等以外，一九二〇年代郑振铎还主编了四种文学丛书。

一是《童话》(第三集)小丛书。一九二三年一月由商务印书馆出版，出了四种(《猴儿的故事》、《鸟兽赛球》、《白须小儿》、《长鼻矮

① 唯一可以提的，是巴金在二十世纪三四十年代主编的《文学丛刊》。但《文学丛刊》不收译作，也很少收理论批评书。

子》)后,因为他调离《儿童世界》主编职务,不专门搞儿童读物了,所以没再编下去。《童话》前两集是孙毓修以及沈雁冰编辑的,共出一百几十种。孙毓修是“中国编辑儿童读物的第一人”(茅盾语),功不可没,但他编的《童话》质量不高,文学性思想性都较差;郑振铎虽然只编了四种,质量上却有明显的提高,其中收有如沈雁冰译述的《十二个月》这样的优秀作品。另外,在这四种小书前,他还每一本都认真地写了《编者的话》。

二是《小说月报丛刊》。一九二四年十一月至一九二五年四月由商务印书馆出版,每十二册为一集,共出六十册。郑振铎当时是《小说月报》的主编,这套丛书是曾在该刊上发表过的作品的选辑,当然也是他主编的(而徐调孚为助编)。这套丛书是四十八开的小书,每本大约七八十页,售价便宜,很便于携带或保存,所以也深受读者欢迎。在其第八种《歧路》中,收了郑振铎《忧闷》、《无言》、《工作之后》、《湖边》四首诗;第十三种《创作讨论》中,收了他的论文《平凡与纤巧》;第十八种《或人的悲哀》中,收了他的小说《淡漠》;第三十一种《近代丹麦文学一脔》中,收了他的论文《丹麦现代批评家勃兰特传》;而第二十六种则是他选译的《太戈尔诗》。

三是《文学周报社丛书》。一九二五年十二月起出版,至一九三〇年五月共见出有二十八种。该丛书除了文学作品及理论外,还收有丰子恺的两本漫画集。丛书最先出版的第一本书,就是郑振铎亲自约稿、编选、取名、作序的《子恺漫画》。这是我国第一本漫画集,“漫画”一名即自此而广为我国读者所知。必须提及的是,现在人们说到这部丛书,都说是开明书店出版的,其实开头几本出书时，开明书店尚未诞生。[①] 该丛书在郑振铎出国期间曾由叶圣陶等人代编。丛书中收入了郑振铎译述的《列那狐的历史》，他与鲁迅、胡愈之、沈泽民等人合译并由他作序的《血痕》，彭家煌的第一本小说集《怂恿》等，最后收入了茅盾的《蚀》三部曲。

四是《鉴赏丛书》。一九二五年五月起，郑振铎为《时事新报》主编《鉴赏周刊》，并开始在该刊上连载他选的《白雪遗音选》等。同年十二月，他编选的《白雪遗音选》由鉴赏社（实际是尚未正式成立的开明书店）出版，标明为《鉴赏丛书》。《白雪遗音》是清代华广生编的俗曲、马头调等民间歌谣，郑振铎此书选录了其中的一百三十四首。今见该丛书仅出了这一本；郑振铎在一九二九年写的《挂枝儿》一文[②]中说，他将清代浮白山人所选《挂枝儿》“收入《鉴赏丛书》之内印出”，但今未见。可见他原先是打算较大规模较系统地出版一套民间歌谣丛书的，可惜因当时条件所限，未能完全如愿。

以上四种丛书有一个共同的特点，那就是都与郑振铎当时主编的刊物或副刊有关系。其中大多是收辑已在有关报刊上发表过的作品以成书的，又大多取小型形式，装帧简易，出版周期很短。这样就容易推广与销售。

这里，还应该提一下一九二〇年代初郑振铎与沈雁冰计划出版的一套系统的文学理论普及读物《文学小丛书》。最早，在一九二一年十一月二日《文学旬刊》上，郑振铎在答读者信中便透露说：

---

① 1925 年初，商务印书馆《妇女杂志》主编章锡琛因发表关于新的性道德的文章，而被资方开除。在郑振铎等人的支持下，章办起了“妇女问题研究会”，郑振铎并把《文学周刊》及其丛书都交给该会印行。章锡琛主要靠这些有力支持，于 1926 年 8 月 1 日正式创办了开明书店。

② 载 1929 年 2 月 10 日《文学周报》第 8 卷第 7 期。

"现在我们还想暂时先出一种'文学小丛书',把文学的根本常识,简简单单的介绍给大家。"十一月三日,他致周作人的信中也谈到这套丛书,并提到沈雁冰打算将它收入《新时代丛书》内出版。一九二二年二月九日,他在致周作人的信中又谈到该丛书第一批已拟定八种,其中两种并已有成稿,拟最晚于五月内付印。而在三月号的《小说月报》上,沈雁冰在答读者的信中,更详细地介绍了该丛书的编辑意图及其计划:他们有鉴于当时的文学爱好者"最大的难处在没有书籍可看——尤其缺乏浅近的入门的书籍",因此"约了几个同志,想来办这件事,编几部浅近的入门的书籍。每部在两万字左右,取其代价廉,容易读完。编辑方法现拟先分四类搜寻题目:(一)通论文学原理之书,(二)研究一个派别或通论'时代别'与'种类别'的史论,(三)国别的文学史,(四)各个重要文学家的研究。"[①]同时还附有已拟书目三十二种,并说希望年内能出齐。可惜的是,由于经济方面等原因,郑振铎等人花费了很多心血的这一套丛书最后未能出版。但原拟的很多题目,有的后来写成大书收入《文学研究会丛书》出版(如郑振铎的《俄国文学史略》、《太戈尔传》等);有的后来作为单篇论文发表在《小说月报》等报刊上(如郑振铎的《何谓古典主义?》等)。

郑振铎在一九二〇年代前期计划编辑而未能出版的,还有一种《希腊罗马文学丛书》。这是谁也没有提起过的。今见郑振铎当年签署的该丛书的约稿信油印件,信云:"数年来,国内文学者,对欧洲近代文学颇着意介绍,而对于古代的名著则未遑顾及。在此

---

① 从傅东华所译此书的出版时间,我推测郑振铎这封约稿信当作于 1925 年或略前。

无人做这种工作之时，我们拟编希腊、罗马丛书一种，作最初的垦植者。兹将拟定的已有人担任的书名列下……”信中共列了十种书名，其中《希腊罗马的神话》、《希腊文学史》二种，注明是“郑振铎译”。信上还说：“希望先生在此十种之外，能再选一种或数种，担任翻译加入这个丛书中，期以半年或一年完功。在选定之后，乞将书名先行示知，以便通告大家，免得重译。”这也是一个非常有意义的丛书选题，可惜未成功，不知何故。不过，计划中列于第一本的傅东华译的亚里斯多德《诗学》一书，一九二六年一月由郑振铎收入《文学研究会丛书》中出版了。郑振铎自己拟译的《希腊罗马的神话》，后来实际也是完成了的（见本书第、章第五节所述）。

一九三〇年代，郑振铎除了继续主编《文学研究会丛书》、《文学研究会世界文学名著丛书》、《文学研究会创作丛书》等，以及列名编选《中国文学珍本丛书》[①]等以外，还以很大的精力主编了当时最有影响的《世界文库》。

该文库所收都是中外文学名著，在鲁迅、茅盾等人大力支持下，由生活书店从一九三五年五月起出版。他所拟的该文库的第一集就有六十到八十册，“世界的文学名著，从埃及、希伯莱、印度、中国、希腊、罗马，到现代的欧美、日本，凡第一流的作品都将被包罗在内；预计至少将有二百种以上。”（《世界文库编例》）他指出，介绍外国文学的工作，当时虽然已有三四十年的历史，但却不曾有过有计划的介绍；有的译者很盲目地去译一些二三流的作品。而该文库所收入的外国名著，都经过好几次的讨论和商榷后才开始翻

---

① 该丛书 1935 年 9 月起由上海杂志公司发行，施蛰存主编。据 1935 年 9 月 2 日《申报》载《〈中国文学珍本丛书〉预约广告》，郑振铎为该丛书编选委员之一。

译。对每一个作者、译者都将给以详尽的介绍，译文在必要时还加以注释。对有一些已译过的名著，则在可能的范围内避免重复；但对过于重要的著作不能不收入的，或旧译不能令人满意的，则仍将不避重译之嫌。对于中国文学名著，他更强调了有计划的整理，至少做到加以标点和校勘，还有新序和必要的注释。他指出："一般社会生活与经济情况，是主宰着各别的内容与形式的。我们特以可能的努力，想在新序里阐明这种关系。这工作便将不是无系统、无组织的一种重印与介绍。"(《世界文库编例》)他邀集了鲁迅、茅盾等一百几十位当时国内最著名的作家、学者担任编译委员，在当时国内不少大型报刊上刊登了宣传广告，指出这是"中国文坛的最高努力"，"有伟大名著的翻译，有孤本秘笈的新刊，是文学知识的渊源，是世界文化的总汇"。

在正式出书前，他还编了一本宣传用的样本，上面还刊登了许多著名人士对这一空前的大事业的赞语。这一样本现已极为罕见，这里略选若干名家刊在上面的评语。胡愈之首先指出："各民族的文学就好比花草，只有栽种在广大的花园里，让百花争芳斗妍，才格外显出了芬芳和艳丽。这《世界文库》便是一座广大无比的花园，你在这里面可以随你的爱好，自由欣赏，而且可以详细品评古今中外的名种。"茅盾指出："看了《世界文库》第一集的目录，非常高兴。'中国之部'收了许多'传奇'，其中有三十多种罕见的秘本，重要名著又注重最近于原本的抄本或刻本，且加初步的整理。'外国之部'介绍主要的名著。单是这第一集已经称得研究文学的基本书籍的集大成了。这种伟大的计划在现今居然就实现了，无论如何可说是极有价值的工作。至于代价低廉，能使购买力不大的读者都有购读的机会，也是空前的快事。"谢六逸认为：

"……这部《世界文库》包罗中外的杰作，编排得极有系统，选拣也极精当。爱好文学的人，有了这一部书，便可满足鉴赏名作的欲望，不必他求了。"朱光潜说："《世界文库》的计划中最使我感觉兴趣的是外国之部[多]年来我们对于翻译事业东打一拳，西踢一脚，不但力量不集中，而且选择得很乱，重其所轻，轻其所重，不能使读者对于外国文学得到一个很正确的认识。《世界文库》是近来翻译事业中第一个有计划、有系统的，所以我们应该希望并且赞助它的成功。"傅东华认为："出版家尽管在喊不景气……《世界文库》偏偏挑着这么沉闷的一个时代来出版，可见它的主持者，赞助者，乃至担任出版者，都是抱着一种冒险和试验的精神来干的。"陈望道指出："刊行《世界文库》……在中国却要算一件大事，无论出版者，编辑者，都要有一点傻劲儿才好干。……我希望这种工作扩大开去，对于世界美术、世界历史、世界政治经济等等，也有人这样干起来。"叶圣陶指出："系统地介绍外国文学，这句话说了十多年了，直到现在《世界文库》出版，才算是走上了实做的路途。我最高兴的是这一点。"此外，许地山、夏丏尊等人也写了热情的评语。

一开始，他想创造一种丛书与期刊相合的新样式，每月定期出版一册，每年出十二册，每册四五十万字，中国与外国的作品各占一半。凡长篇的著作均连载，但除了极少数的以外，不使连载超过一年。他这样做，一是为了出得快一点，二是想以最方便、最廉价的方式印出。但出了一年（十二册）以后，他便改变方式了。这看来主要是因为长篇连载不便读者阅读，中外杂糅不便读者挑选。他发表了《〈世界文库〉第二年革新计划》，决定：一、改成出单行本，全年出十八卷；二、增多外国文学部分，每月出版外国部分一卷，每隔月出版中国部分一卷；三、加刊近年重要名著，他认为"这是最适合这时代与这时代的中国的读者需要的。中国部分,也特别注意到这一点。这是选择材料方面的最大优点";四、附赠《世界文库月报》,"本月刊专载关于本年所刊各种名著的批评论文,及记载作者们的遗闻轶事等等,于每卷出版时附赠读者,更可增加阅读的兴趣,和对作者的认识。"但改成单行本后,出版就断断续续,约共出了十六种,抗日战争一爆发,就不出了。正如茅盾在晚年写的回忆录中说的:"以后再也没有人,也没有书店,有这样的气魄来继续这一工作。"

但是,在该文库出版的当时,听到的也并非全是称赞声。如有的朋友认为这是"不急之务",施蛰存则借此为一年前因劝青年人读《庄子》与《文选》而遭到鲁迅批评一事叫屈。关于这些,茅盾当时都写过文章批驳,在他晚年回忆录里也都提到,可以参阅,这里就不说了。但茅盾没有提到,更有一些进步青年,有的甚至还应邀担任该文库的编译委员,也用了讽刺与挖苦的话来反对郑振铎的这一大有意义的文化建设工程。例如,左联东京支盟主办的《杂文》上,就有"勃生"的《从"文学遗产"到"世界文库"》,说什么"郑先生是有名的中国文学研究'专家',但把自家的全副蕴蓄、见闻和珍本之类来在'世界文库'的名义之下出售,却未必是好办法。"左翼青年办的《夜莺》杂志上,有"叶独宰"的《关于〈世界文库〉》,大肆指责郑振铎。甚至巴金也在《作家》及其他杂志上发表《大度与宽容》、《一阵春风》等文,不点名地嘲讽郑振铎"大批地"翻印和流布"虫蛀的古籍和腐儒的呓语"。[①]《作家》等杂志报纸上,有甘奴(聂绀弩)的《关于世界文库底翻印旧书》、《一年来的中国文化动态》,

---

① 巴金在晚年写的最后一篇未完稿《怀念振铎》中,诚恳地承认了错误。

也攻击了郑振铎。[①]《作家》发表的“白燕”的《关于“大度与宽容”》一文中，甚至诬蔑郑振铎整理发表古典名著，“其唯一被翻印的原因：当然是由于死人不会要版税，而活人却可以藉此赚一笔钱。”这里所以提到这些，也是为了指出，郑振铎主编的这一大型丛书的出版显得有点“虎头蛇尾”，是有各种主客观原因的，其中也包括了这类“左”的反对意见。

《世界文库》尽管前后两种形式分别只各出版了十几种，但仍造成了很大的影响，并翻译、整理了不少中外名著。在前一年所出十二册中，包括了中国古典文学名著六十六种，外国文学名著六十一种。[②] 在后来出版的单行本中，有十三种是外国文学名著，三种是中国古典文学名著。这些中国古典文学名著，基本上都是郑振铎以一人之力标点、校勘、整理的。例如《金瓶梅词话》，虽然全书未连载完毕，但郑振铎对它的标点、校勘，特别是删节其中不洁文字并标明删节字数等，都为后人如何整理出版这部名著做出了榜样。再如《警世通言》、《醒世恒言》等书，也是他整理而首次排印出版的。《晚清文选》的编选出版，更耗费了他大量的心血，终于赶在抗日战争全面爆发的前夕问世，成为丛书的最后一本，而且其内容则更有着重要的现实借鉴意义。在第一年出版的中国古典文学作品中，郑振铎还作了二十多则整理题记；后来出的单行本，也有他写的序及说明。在外国文学名著方面，最值得提起的有鲁迅翻译的果戈里长篇小说《死魂灵》，这是他一生翻译工作中最后也是最高的成就。茅盾翻译了外国作家散文集《回忆·书简·杂记》，他

① 聂绀弩在晚年诚恳地承认了自己当时是不对的，见他的《谈〈金瓶梅〉》。

② 这二类作品均有少许未能载完的。

晚年在回忆录中说:“这是我翻译的唯一的一本散文集,在我的所有的译作中,这本散文集是比较难译的,也是我比较满意的。”此外如梁宗岱译的《蒙田散文选》、徐梵澄(诗荃)译的《苏鲁支语录》、傅东华译的《唐吉诃德》、罗稷南译的《安娜·卡列尼娜》等,都十分有名。文库中还收入了一些外国文学理论名篇,如巴尔扎克(Balzac)的《人间喜剧总序》、雨果的《克林威尔序》、泰纳的《英国文学史序论》等。这也是颇难得的。

总之,虽然因为种种条件所限,《世界文库》远远未能完成其原订计划,但它还是收入了不少优秀作品;而它在民国时期文学史上留下永久魅力与佳话的,更在于主编者当时的一番宏伟规划与气魄。几十年后的读者,当他读了郑振铎当年草定的该文库的缘起、编例和拟目,也仍然会为他的高度的事业心、恢宏的目光和旺盛的干劲所深深感动!

抗日战争一爆发,郑振铎就认为一个大时代已经到来。一九三九年七月,他与同时坚守在“孤岛”上海文坛的王任叔、孔另境一起,主编《大时代文艺丛书》,由世界书局出版。已知共出十一种,其中第六种是“孤岛”十位作家写的短篇小说集,第一篇就是郑振铎的历史小说《风涛》。另外还有王任叔(巴人)的论文集《扪虱集》,陈望道(化名“齐明”、“虞人”)翻译的卢那察尔斯基的《实证美学的基础》,柯灵的短篇小说集《掠影集》,王统照(容庐)的《繁辞集》,王行岩的长篇小说《突围》,白曙、石灵的散文与诗集《松涛集》,王任叔、孔另境等人的杂文集《横眉集》,冯夷译苏联维尔塔(H. E. Вирта)长篇小说《孤独》,王任叔(笔名“屈轶”)译德国格莱塞(E. Glaeser)长篇小说《和平》,石灵的五幕悲剧《当他们梦醒的时候》等。这套丛书的总序署“主编者”,实际是郑振铎写的。一开头就表示了战斗的意志：

> 文艺工作者在这个时代里必须更勇敢的，更强毅的站在自己的岗位上，以如椽的笔，作为刀，作为矛，作为炮弹，为祖国的生存而奋斗。

据孔另境回忆，这套丛书是他们当时坚守在上海的“上海作者协会”（按，当即“文艺界救亡协会”留沪会员的秘密组织）开会决议编辑的。出了这一辑以后，“环境日非，不能续出，等到敌人占领租界，连纸型也给查抄去销毁了。”（《记“廖化时代”的王任叔》）据金性尧回忆，这套书一次印成，“但没有在上海发卖过，书一出就寄到内地”（《〈鲁迅风〉掇忆》）。因此，此丛书广泛销行于后方，展示了上海“孤岛”文学的战绩，鼓舞了全国人民抗敌的意志。

在上海“孤岛”时期，郑振铎还积极参加了一项可称抗战时期最了不起的编辑、出版工程，那就是编辑、出版《鲁迅全集》。鲁迅的博大精深、门类繁复的全集，称得上是一部丛书；《中国近代现代丛书目录》中，也收入了《鲁迅全集》书目。因此，这里来谈谈郑振铎在其中所做的工作。这项伟大的编辑、出版工程，是很多人共同劳动的成果，总的说来，如许广平所说：“编辑责任，归鲁迅先生纪念委员会；复社则主持出版，代理发行”，“而实际责任，不得不集于少数人身上。”（《鲁迅全集编校后记》）前已说过，郑振铎是“鲁迅先生纪念委员会”的重要负责人之一，和“复社”的发起人之一。他就是负全集编辑工作责任的“少数人”之一。早在一九三七年十月十九日，他主持的鲁迅逝世周年纪念会上，就作出了由他负责催促商务印书馆从速出版《鲁迅全集》的决议。同月二十三日，他又主持召开新成立的“文艺界救亡协会”临时执委会，会上决定由他署名“鲁迅周年忌座谈会出席者”，致函商务印书馆，请商务从速印行

《鲁迅全集》。当时商务初步表示同意，后因战事等因，终未实现，郑振铎等人就决定自己筹款来印行了。据金性尧回忆，《鲁迅全集》出版前曾印过宣传品，其中有一篇未署名的总说明是郑振铎写的。[①] 这篇总说明大概就是《鲁迅全集发刊缘起》，今从文字上看，确实可以判定是郑振铎的手笔。文章最后说：

> 这是一个火炬，照耀着中国未来的伟大前途；也是一个指针，指示我们怎样向这前途走去。在这个民族抗争的期间内，这全集的出版，将发生怎样的作用，是可以想象的到的。

据胡仲持回忆："许广平、郑振铎、王任叔三先生是编辑计划的起草者。起草完成以后，经过了上海著作界诸友的审查，方才正式决定。"（《〈鲁迅全集〉出世的回忆》）在具体编辑中，郑振铎也做了许多工作，例如，许广平在《编校后记》中就提到，在编辑鲁迅所译《近代美术史潮论》时，因北新书局版译本插图不清晰，而原书日本也已绝版，无从购得，郑振铎却千方百计从美术专门学校借得日文原版。"得此一书制版，使全集更加灿烂；中心感激，已非笔墨所能形容。"许广平还提到，《会稽郡故书杂集》等书，郑振铎参与标点工作，而郑振铎"于国学极有研究，想可稍免于错误"。特别是全书的编排工作，"此项工作最为繁难，既须顾及作者年代，又须适合每册字数。过厚则装订为难；过薄则书式不一。几经煞费苦心，使成今日的排次"，"此一工作，以郑振铎、王任叔两先生用力为多"。郑振铎不仅在编辑工作中出了大力，而且在发行工作中也是如此。例如，他为当时在重庆的叶圣陶等人预订此书；他还找当时暨南大学学生、该校地下党支部书记周一萍，让他通过"学协"的渠道，在进

---

① 见《〈鲁迅风〉掇拾》。

步学生中征求预订，“这样，既能解决编辑出版的经费问题，又能使这些著作在‘孤岛’上广为流传，使广大青年从中吸取营养，起到宣传和教育的作用。”（周一萍《疾风劲草识良师》）

一九三八年六月版的《鲁迅全集》，已被作为民国时期出版史上的一大奇迹载于史册；然而，许广平、郑振铎等人在一九四一年十月出版的《鲁迅三十年集》，却不常为人提起。那已是“孤岛”即将陷没的前夕，《鲁迅全集》早已售罄，郑振铎他们便以原纸型印行《鲁迅三十年集》，即把原二十卷《鲁迅全集》中的翻译部分除去，并改成平装单行本，共三十册。这是为了更便于普及与流传。在九月六日的《上海周报》上，曾发表“上海文化工作者百五十六人谨启（签名从略）”的《〈鲁迅三十年集〉推荐》，郑振铎无疑是主要发起人之一。该文中指出，出版《鲁迅三十年集》是对鲁迅逝世五周年“最有意义的纪念”，“纪念会与出版社排除万难，甚至担负了巨额的债务，并且以最低的定价来出版此书。”郑振铎在十月四日致唐弢的信中，也提到此书的发行“尚须特别努力一下。因‘成本’恐尚未能收回也”。郑振铎在编辑出版鲁迅著作方面的功绩，我们是永远不能忘却的。

抗战胜利以后短短的几年里，郑振铎又主编或参与主编了一些文学丛书。先是在一九四六年一月，他与李健吾主编创刊了《文艺复兴》月刊，由上海出版公司发行。同年五月，该公司又开始出版《文艺复兴丛书》，郑振铎参与主编。该丛书收入了师陀的《果园城记》，柯灵、师陀改编的高尔基剧本《夜店》，吴祖光的《后台朋友》，唐弢编的《鲁迅全集补遗》，许广平的《遭难前后》，杨绛的《风絮》，师陀的《历史无情》等；最后一本是郑振铎的《蛰居散记》，出版时已是一九五一年五月了。其中的《夜店》，郑振铎曾写过推荐文章;唐弢编《鲁迅全集补遗》,得到郑振铎的支持;许广平的《遭难前后》,则有郑振铎充满激情的序言。丛书中郑振铎与许广平的两本,都是控诉日本帝国主义侵略罪行的优秀散文集,后来都被日本友人译成日文。

一九四六年七月十三日的《文汇报》报道,郑振铎当时参与编辑一部《大同文学丛书》,[①]"由大同文化事业股份有限公司出版。并且已组织了一个编辑委员会,编辑委员五人:茅盾、郭沫若、叶圣陶、郑振铎、洪深,由茅盾代表。这部丛书包括文学各部门,理论、作品、翻译均收。注重学术性和时代性。以十二册为一集,每册自五六万字至二三十万字。出满一百册的时候,另出纪念专册,由该丛书的参加者执笔。"八月二十六日《文汇报》又报道,该丛书"第一集十册业经全部决定",九月份即出版洪深《戏的念词与诗的朗诵》、萧红《呼兰河传》、郑振铎《劫中得书记》、茅盾《时间的纪录》等四种。可是,该丛书出版时却改名为《大地文学丛书》,由上海大地书屋出版;而且只见出版了洪深与茅盾二书。(郑振铎那本书是新中国成立后由上海古典文学出版社出版的。)[②]但不管怎样说,当年郑振铎是参与筹备、编辑了这套原先计划十分宏大的丛书的。

郑振铎在新中国成立前夕最后编辑的一套丛书是《美国文学丛书》。据赵家璧调查,丛书的编译,最早是在抗日战争末期的重庆,由当时美国驻华大使馆文化参赞费正清(J. K. Fairbank)提出

---

① 据叶圣陶同年7月9日日记,该日大同书店经理张某招宴,即商量编丛书事。到者有茅盾、郑振铎、郭沫若、冯乃超、田汉、洪深、冯雪峰、叶圣陶等。

② 据叶圣陶同年11月16日日记,"五时……至金门饭店,应大地书屋之招宴。此大地系由大同改组,由雁冰主编一文艺丛书,而列余与沫若、洪深、振铎之名。书已出两种。宴中,主人蒋寿同君致辞……"

酝酿的，并得到中国共产党方面的支持。抗战胜利后，费正清调到上海任美国新闻总处处长，正式向郑振铎提出编译该丛书的建议，经文协上海分会讨论通过，郑振铎就成为中方的主持人。一九四六年六月，费正清回国，主要任务落在郑振铎一人身上。后在他的领导下，组成了上海、北平两个编委会，委员有郑振铎、夏衍、钱钟书、冯亦代、黄佐临、李健吾、王辛笛、徐迟（以上上海）、马彦祥、焦菊隐、朱葆光（以上北平）。① 一九四九年三月，由晨光出版公司一次出版该丛书共十七种十九册；另有一种是在一九五〇年八月补出的。出版前出版社临时改名为"《晨光世界文学丛书》（美国之部）"。

赵家璧指出："现在回顾这套丛书的选目，除两种没有出版外，已出十八种都编列书号，安排先后，具见匠心。"（《出版〈美国文学丛书〉的前前后后》）第一种是冯亦代译《现代美国文艺思潮》，是属于文学史论；接下去为焦菊隐译《海上历险记》、毕树堂译《密士失必河上》、朱葆光译《珍妮小传》，都是长篇小说；再有马彦祥译《康波勒托》，为中篇小说集；罗稷南译《漂亮女人》、焦菊隐译《爱伦坡故事集》、吴岩译《温士堡·俄亥俄》、马彦祥译《在我们的时代里》和《没有女人的男人》，为短篇小说集；徐迟译《华尔腾》，为散文集；袁水拍译《现代美国诗歌》、高寒（楚国南）译《草叶集》、简企之（荒芜、朱葆光）译《朗费罗诗选》，为诗歌集；荒芜译《悲悼》、石华父（陈麟瑞）译《传记》、袁俊（张骏祥）译《林肯在依利诺州》、洪深译《人生一世》，为戏剧集。这样，各个文学部门都有了代表作。至于作家，

---

① 据叶圣陶日记，1948 年 1 月下旬，美国洛克菲勒基金会通过中国福利基金会与郑振铎联系，商谈翻译文学作品之事，美方将给予经济支助。2 月 7 日，由郑振铎与冯亦代开出选译书目。在 9 月 24 日的会议上，郑振铎被推定为该翻译工作委员会的主席。

既有老一代的朗费罗（H. W. Longfellow）、爱伦坡（A. Allan Poe）、惠特曼（W. Whitman）、马克·吐温（Mark Twain）等，又有当时较年青的海明威（E. M. Hemingway）、德莱塞（T. Dreiser）、奥尼尔、萨洛扬（W. Saroyan）等，也很有代表性。而译者，又都是我国文坛上的进步的知名人士和有经验的翻译家。郑振铎的这一番“匠心”实在令人敬佩。正如赵家璧指出的：“这样一套比较完整而有系统的介绍一个国家的文学代表作的成套丛书，洋洋大观，可说是我国外国文学翻译史上的一大盛举。”（《出版〈美国文学丛书〉的前前后后》）这套丛书对我国读者认识美国的历史、社会风貌与人民思想，都能起到一定的作用。冯亦代说：“为了这部丛书的编译组织工作，郑振铎是花费了很多气力的。”（《〈美国文学丛书〉始末》）赵家璧特别指出：“这套丛书，事实上应当写上‘郑振铎主编’五个大字”。

新中国成立后，郑振铎在百忙之中仍主持编辑了一些文学丛书。如《文艺复兴丛书》，出版延续到新中国成立后。又如，据《新华月报》一九五〇年八月十五日第二卷第四期“文化动态”报道，当时中央文化部艺术局编委会开始编辑两套丛书。一是由郑振铎主编，有三十多位专家参加的《中国古典文学》；一是由郭沫若、郑振铎、艾青主编，有十多位专家参加的《中国历代诗选》。这两套丛书后来出版情况不详，据了解，这是因苏联有关方面的要求编选的。又如一九五〇年，北京来薰阁书店主人陈济川邀请郑振铎、魏天行、傅惜华、老舍等人主编《古今民间文艺丛书》，曾出了三种，又专刊二本。后因私营书店不能兼做出版工作，未再出下去。另外，郑振铎从一九五四年二月起，主编影印出版了规模宏大的《古本戏曲丛刊》，我们将在本书第五章第一节中详述，这里就不说了。

由于郑振铎过早地献出了宝贵的生命，使得他在新中国成立后有许多宏伟的计划均未能实现。例如，《古本戏曲丛刊》在他生前只出版了三辑。另外，从他的遗稿和笔记中，我们知道他还打算主编不少文学丛书，多是独辟径途、气魄壮阔、前无古人的，如《中国文学史资料丛刊》、《古本散曲丛刊》、《古本小说丛刊》、《清代批评文钞》等等，其中不少已初拟了书目。[①] 他的赍志以殁，使得他不可能实现这些计划。差可欣慰的是，他生前设想的不少丛书编辑计划，有的已被后人接替完成；有的如《古本戏曲丛刊》，被引入国家重点出版规划之中。我们永远不应忘记郑振铎一生中编辑那么多文学丛书的杰出贡献；当然，也不能忘了先后协助过他工作的沈雁冰、叶圣陶、胡愈之、徐调孚、王任叔、孔另境、郭沫若、赵家璧等等编辑家的劳绩。

三、文学报刊的创办与编辑

郑振铎从开始参加新文化与新文学运动时起，就与编辑杂志、报纸的工作结下不解之缘。且不说他在“五四”期间主编或参与主编的《救国讲演周刊》、《闽潮》、《新社会》、《新学报》、《人道》、《批评》等非文学刊物；就说本章前已提及的他在一九二〇年十月间动议筹备的文学研究会，就正是以计划编辑出版文学杂志为起因的。后来，这个拟创办的文学杂志，即以改革后的《小说月报》为代用刊物。我们论述郑振铎主编或参与主编的文学报刊，就从该刊开始。

---

① 新中国成立后，他还最早提出重新校勘、标点《二十四史》、《十三经》等，因为这些不宜称为“文学丛书”，所以这里就不说了。

一个有着十多年历史的有名的旧文学刊物《小说月报》，被改造成为全新的高质量的新文学刊物，这是中国新文学运动在一九二〇年代最重大的成果之一。人们在谈论新文学刊物《小说月报》时，无不首先说到沈雁冰，那是对的。因为，首先是从一九二〇年开始，沈雁冰参加了该刊第十一卷“小说新潮”栏的编辑，使该刊开始了“半改革”；而从一九二一年第十二卷起该刊全面革新，沈雁冰又是其主编。但是，如果把该刊改革和编辑的功劳完全归于他一人，而忽视了郑振铎的贡献，则是很不公正的。这不仅是因为，从一九二三年起，该刊就改由郑振铎主编，一直到一九三二年一月因遭战火而停刊止，整整九年里该刊一直印着主编郑振铎的名字（按，其中约有一年多一点时间，由叶圣陶代理主编）；[①]而且，更因为在它开始全面改革的时候，郑振铎就出了非常关键的大力。

沈雁冰在当时就说过：“《小说月报》今年改革，虽然表面上是我做了编辑，而实在这个杂志已不是一人编辑的私物，而成了文学研究会的代用月刊”。[②] 我们已知道，文学研究会最主要的发起人和负责人就是郑振铎，最初该会的主要成员除沈雁冰外几乎全在北京，因此对这“代用”会刊郑振铎肯定起了重要作用，这是仅从推理上就可以得知的；而在事实上，也完全是如此。郑振铎在后来回忆时也明确说过：该刊“革新之议，发动于耿济之先生和我”，与商务印书馆负责人在北京会谈后，“此事乃定局。由沈雁冰先生负主编《小说月报》的责任，而我则为他在北平方面集稿。”（《〈中国文学论集〉序》）当时他们是如何会谈定局的，具体情节我们不得详知，

① 这里还应提及，从1924年起，徐调孚担任该刊助编，一直到停刊为止。

② 沈雁冰致李石岑信，载1921年2月3日《时事新报·学灯》。

甚至连沈雁冰也未必了解。据沈在晚年回忆录中说，商务负责人张元济、高梦旦是十一月下旬找他谈话，让他当该刊主编，并同意进行改革的。这时，离明年一月号稿子的发排时间只剩两个星期了(最迟须四十天内结束)，而该刊所积旧稿则几乎全不能用，特别是创作稿连一篇也没有。相当精明的商务负责人也明明知道这一情况，何以敢于如此大胆地改换主编并同意改革？我认为，这必是因为他们已与郑振铎谈妥，心中有了把握。查周作人日记，他于十二月五日即托人给郑振铎带去为《小说月报》撰写与翻译的两篇稿子。可见，郑振铎也至迟从十一月下旬起，便开始为该刊改革号组稿了。[①] 而正当沈雁冰十分焦急于"无米之炊"时，郑振铎便从北平及时地寄来了很多稿子。

郑振铎在这第一期上究竟出了多大的力呢？让我们看看这一期的目录便能知晓：

小说月报第十二卷第一号目录

一、改革宣言	(无署名)
二、圣书与中国文学(论文)	周作人
三、文学与人的关系及中国古来对于文学者身份的误认(论文)	沈雁冰
四、创作	
笑(小说)	冰心女士
母(小说)	叶圣陶
命命鸟(小说)	许地山

① 许敦谷(许地山之哥)应郑振铎之邀为该刊作画，时间为 11 月 28 日。

不幸的人(小说) 慕 之
一个确实的消息(小说) 潘垂统
荷瓣(小说) 瞿世英
沉思(小说) 王统照

五、译丛

疯人日记(小说) [俄]郭克里著 耿济之译
乡愁(小说) [日]加藤武雄著 周作人译
熊猎(小说) [俄]托尔斯泰著 孙伏园译
农夫(小说) [波兰]高米里克基著 王剑三译
忍心(小说) [爱尔兰]夏芝著 王剑三译
新结婚的一对(剧本) [挪威]般生著 冬芬译
邻人之爱 (剧本) [俄]安得列夫著 沈泽民译
杂译太戈尔诗 [印度]太戈尔著 郑振铎译

六、脑威写实主义前驱般生(论文) 沈雁冰

七、书报介绍 郑振铎

八、海外文坛消息(六则) 沈雁冰

九、文艺丛谈(五则) 振铎 雁冰

十、附录

文学研究会宣言 文学研究会简章

第一篇《改革宣言》,我认为郑振铎是参与了意见的(详见本书第二章第五节)。第二篇,是郑振铎寄来的(根据茅盾回忆录,下同)。“创作”栏七篇小说,茅盾回忆录中说有五篇是郑振铎寄来的,另外两篇(即慕之与潘垂统所作)是他“刚收到的投稿”;其实,“慕之”就是郑振铎(考证详见本书第三章第三节),潘垂统一篇也

是郑振铎组的稿。[①] 也就是说,“创作”栏皆为郑振铎所组织。“译丛”栏八篇,除了“冬芬”(即沈雁冰)与沈泽民(沈雁冰之弟)的两篇外,余六篇均是郑振铎寄来的,其中包括他自己的译作。“书报介绍”是郑所作。“文艺丛谈”有三则是郑振铎写的。最后“附录”的两篇,当然也是他寄来的。也就是说,该期改革号的重要文章,大多是由郑振铎组稿(包括自撰)的。从题目上看,占十分之七以上;从篇幅字数上算,约占十分之六。甚至这一期的封面及扉页插图,都是郑振铎请许地山的哥哥许敦谷画的。把这一事实揭示出来,就非常有说服力了。

在该刊改革后的第二期上,沈雁冰发表了他的《讨论创作致郑振铎先生信中的一段》,认为今后采用稿件不能由自己一人决定,而提议请郑振铎在京会商鲁迅、周作人、许地山等人,“决定后寄申,弟看后如有意见,亦即专函与兄,供诸同志兄审量,决定后再寄予弟。”这也表明郑振铎在该刊编辑方面的地位,表明了沈雁冰对他的尊重。这以后,该刊的重要稿件有不少是郑振铎组织、审定的。最有意思的是,第五期发表落华生(许地山)的小说《换巢鸾凤》时,文末有“慕之”写的附注,称赞了这篇小说,并高度赞扬鲁迅小说“‘真’气扑鼻”,今人不察,都以为这必是主编者所加,于是纷纷赞许说这是茅盾早期对鲁迅小说的精彩评价。但其实这却是郑振铎写的。茅盾晚年回忆录中说:“郑振铎之进商务编译所减轻了我的负担。他那时虽然不是《小说月报》的编辑,却在拉稿方面出了最大的力。我因为担任中共联络员,跑路的时间多,就没有时间

① 今存1921年3月3日郑振铎致周作人信中就提到“潘垂统兄的稿费”事,可知该稿由他经手。

写信拉稿了。”因此，在郑振铎正式担任该刊主编前两年，如果说他是该刊的不挂名的副主编，我看是一点也不夸张的。

一九二三年，《小说月报》从第十四卷起，由郑振铎接替沈雁冰任主编。关于商务当局这一人事变动的背景及意图，茅盾晚年回忆录中分析得很清楚，这里就不多说了。郑振铎本来就一直参与该刊的工作，他正式当主编后当然继续保持两年来革新的方针。有研究者认为主编沈雁冰被易调后，鲁迅即与该刊的关系疏远了。这不符合实际情况。由于郑振铎当时在新文坛上的名声，和他对该刊的辛勤耕耘，《小说月报》越来越受读者的欢迎。[①] 他主编该刊后，除了保持原有的特色，发表创作与翻译作品外，还体现了他个人的特色。较显著的有这样几点：一、注意发表有关整理中国古典文学遗产的理论探索和研究成果方面的文章。例如，在第十四卷第一期上，他就开辟了《整理国故与新文学运动》的讨论专栏，并发表了自己的论文《读毛诗序》等。二、注意发表有关文学原理方面的文章。例如在上述同期上，即发表他写的《关于文学原理的重要书籍介绍》等文。三、注意发表有关中外文学史方面的论著与资料。如连载了他自己的《文学大纲》、《俄国文学史略》，以及他与沈雁冰合作的《现代世界文学者略传》等等。另外，继沈雁冰主持编辑《俄国文学研究》号外以后，他又主编了《法国文学研究》号外，尤其是主编了上下两册的《中国文学研究》号外。这些都受到当时读者的热烈欢迎。可见，郑振铎主持该刊，除了很注意发表翻译、创作和批评以外，还非常注意文学理论和文学史研究方面的启蒙与

① 郑振铎1925年4月25日致周作人信中提到，该刊当时印数为一万四千。并说：“如欲鼓吹什么，倒是很好的地盘。”

建设。这是十分了不起的,在一九二〇年代的中国,除了他参与主编的《文学周报》外,没有一个刊物可以望其项背。

到一九二七年五月,因为大革命运动失败,郑振铎被迫出国躲避,该刊即由叶圣陶代理主编。郑振铎于一九二八年六月八日回国后,于九月三日恢复主编该刊。[①] 一九二九年该刊第一期是个特大号,"篇幅多至三百三十余页,较平时增加到三倍"。[②] 我认为,这是郑振铎以此暗示他恢复主编后准备重新大干一场的决心。而从这一期上,就可以看出有三个重大的变化。一是加强了对封建旧文化的批判。这期的第一、二篇文章,是何炳松的《论所谓"国学"》和郑振铎的《且慢谈所谓"国学"》,在何文前郑振铎还加了千余字的按语。他以这样突出的编排方式和尖锐的批判文章,对当时甚嚣尘上的提倡"国学"、"国故"的潮流作了有力的反驳。二是加强了对苏联文学,特别是对苏联文学理论的介绍。在该期上就发表了刚从莫斯科回来的刘穆(刘思慕)翻译的《苏俄革命在戏剧上的反应》,并在该期《最后一页》中指出此文"所说当甚确切",同时提及"近来文坛上讨论文学的'普罗'化,很显得活气。但在苏俄的本身是怎样的呢?日本冈泽秀虎君新近发表了《苏俄十年间的文学论研究》一文,颇可使我们注意。陈雪帆君特地译出,将于二月号起陆续刊于本报。耿济之君也答应着供给我们以关于他们的新颖的材料。"后来,该刊即连载发表陈雪帆(陈望道)的这篇译文,并指出这是"一篇

---

① 叶圣陶晚年在《我和商务印书馆》、《重印〈小说月报〉序》等文中,都说郑振铎是1929年2月回国的,并说郑振铎恢复主编《小说月报》大概是5月间。按,叶圣陶此说有误。鲁迅在1928年12月27日致章廷谦的信中就已提到:"振铎早回,既编《说报》,又教文学",所谓《说报》即《小说月报》也。王伯祥1928年9月3日日记更明确记载:"振铎今日复任《小说月报》编辑,圣陶仍回国文部。"

② 1929年1月《小说月报》《最后一页》。

对于苏俄今日的文学论的极有系统的介绍”,“是很值得我们的注意与研究的。”[①]郑振铎还特邀在苏联工作的老友耿济之(蒙生)担任《小说月报》驻苏特约通讯员,发表了他写的《社会的定货问题》、《苏俄的文学杂志》以及他翻译的《新俄的文学》等文,并指出“这末直接这末有系统的通讯,可以说是开了一个新纪元”。[②] 此外,该刊还发表了洛生(恽雨棠)翻译的《苏俄文艺概论》和冯雪峰翻译的普列汉诺夫(Г. В. Плеханов)的《文学及艺术的意义》等文,这两位当时都是共产党员,郑振铎是了解他们的政治面貌的。三是该刊从这一期起特辟了《随笔》专栏。郑振铎并加了按语,指出在这一栏里,“我们所谈的,有庄语,有谐语,有愤激的号呼,有冷隽的清话,有文艺的随笔,有生活的零感……”。这表明他重视与提倡散文、杂文的创作。

郑振铎恢复主编后的该刊,除了以上新的特色外,仍保持了他从一开始就形成的办刊风格。在该刊最后三年里,发表了不少优秀创作和大量新人新作,特别是巴金的第一部长篇小说《灭亡》、丁玲的第一部长篇小说《韦护》,还有胡也频、沈从文等人的短篇小说等等。在中国文学研究方面,郑振铎连载发表了自己的《中国文学史》的若干章节和《元曲叙录》等,还连载发表了老友郭绍虞的力作《诗话丛话》等等。在外国文学介绍方面更为出色,特别是邀请了老友胡愈之、孙伏园及彭补拙为驻法国特约通讯员,耿济之为驻苏联通讯员,茅盾为驻日本通讯员等,以加强信息交流。郑振铎自己连载发表了《希腊罗马神话传说中的英雄传说》。该刊一九二九年七、八月两期是“现代世界文学号”(上、下),这是作为该刊创刊二十周

① 1929 年 3 月《小说月报》《最后一页》。

② 1929 年 5 月《小说月报》《最后一页》。

年的纪念特刊的。郑振铎在六月号的《最后一页》郑重介绍说：

这一个特刊的名称是：《现代世界文学号》。内容材料极为新颖，多半是未经国人介绍过的。且叙述也极有系统，包括的范围也极广漠，自英、美、德、法、新俄、西班牙、意大利、斯堪德那维亚的三国，东方的日本，以至波兰、斯罗伐克诸国的文学无不有极详细的叙述。其他不能成为专篇者，则皆归入《现代文坛杂话》一栏。其能成为专篇的文字，如《现代法国文坛鸟瞰》，如《新俄的文学》，如《二十年来的德国文学》等，都可自成为一册的专书。对于留心世界文学的人，这一个专号，一定可以给他们以极浓挚的趣味。要晓得现代世界文学的趋势的人，似乎更应该一读这个专号。这个专号的本身便是一部欧洲大战前后，即二十世纪以来的"世界文学史"，一部极详赡的最近的"世界文学史"。像这样的一部弘巨的"最近的世界文学史"的出版，恐怕不仅是中国文坛上的第一次的创举吧。

以上所言洵非虚夸。仅以郑振铎自己写的《现代的斯堪德那维亚文学》一文来说，就有三万余字，详尽论述了当时国人并不太熟悉的丹麦、挪威、瑞典三国的最近的文学概况与大势，至今仍有重大参考价值。这样两厚册的专号，当时也只有像郑振铎这样有魄力、有胆识、有组稿能力的人，才编得出来。

一九三二年一月，正在装订中的《小说月报》第二十三卷第一期，因遭到日本侵略军的炮火而被毁灭。延续二十一年半的该刊，就这样停刊了。正如茅盾说的，该刊"在社会上发生广泛影响，却只有十一年，即一九二一年到三一年"。（《影印本〈小说月报〉序》）这十一年内，茅盾主编了两年（郑振铎助编），叶圣陶代理主编了一年三个月，其余就都是郑振铎主编的。茅盾在《影印本〈小说月报〉

序》中指出：

这十一年中，全国的作家和翻译家，以及中国文学和外国文学的研究者，都把他们的辛勤劳动的果实投给《小说月报》。可以说"五四"以来的老一代著名作家，都与《小说月报》有过密切的关系，像鲁迅、叶圣陶、冰心、王统照、郑振铎、胡愈之、俞平伯、徐志摩、朱自清、许地山等，以及二十年代后期的巴金、老舍、丁玲、沈从文等。值得提到的是，巴金、老舍、丁玲的处女作都是在《小说月报》上首先发表的，我的第一篇小说《幻灭》也是登在《小说月报》上。十一年中，《小说月报》记录了我国老一代文学家艰辛跋涉的足迹，也成为老一代文学家在那黑暗的年代里吮吸滋养的园地。

这十一年中，《小说月报》广泛地介绍了世界各国的文学，首先是介绍了俄国文学和世界弱小民族的文学，也介绍了西欧、北欧、南欧的以及曾为西班牙殖民地的拉丁美洲一些国家的文学。

该刊取得这样伟大的成绩，当然不只是郑振铎一人的功劳，但茅盾认为："他若健在，这篇序该归他写。"叶圣陶在为影印本《小说月报》写序时也提到，即使在他代理主编时，郑振铎在旅途中和异国他乡也时常写信回来给该刊出主意，寄稿子(包括他自己写的稿子和他组织的稿子)。"他对《小说月报》的系念和关切，只能用不得已远离家乡的父亲对他子女的心情来比拟，不但使我感动，还感染了我。"郑振铎主编该刊对推动新文学发展的功绩，完全应该在新文学史上大书一笔！

我们再回述到一九二〇年代初。当郑振铎于一九二一年三月底，因毕业分配而到上海工作后，即被《时事新报》社聘请参与编辑当时被称为全国“四大副刊”之一的该报副刊《学灯》。七月十七日起，他正式担任该副刊主编，至翌年一月底辞去。也就是说，他参与编辑了三个半月（其时主编为李石岑），主编了六个半月。关于《学灯》，有这样一种看法：“从编辑人的思想倾向来说，除了张东荪是臭名远扬的资产阶级改良派以外，大多也是资产阶级知识分子，或多或少是受张东荪的影响的。……而《学灯》虽以宣传新思想闻名，实际上从开始起就属于新文化运动中的右翼，质量比《晨报》副刊差得多，和《民国日报》的副刊《觉悟》更不能比。”甚至认为：“《学灯》在新文化运动和民主主义政治运动中始终是处于右翼的”。[①]我不同意这一看法。《学灯》对新文化和新文学运动的贡献不可一笔抹煞。中国新文学最杰出的诗人郭沫若，就是从这里产生的，光凭这一条，它就是有功的了。再说，至少在郑振铎主编期间，决不能说它是“处于右翼的”。《学灯》与《觉悟》有矛盾与“党见”，在宣布郑振铎正式主编该刊后两天，《觉悟》上就借题发挥，对他攻击。[②]郑振铎当时感到“吃惊而且悲哀”，“对于他们这种行为真有些不解”，“真是可以痛哭不已！”他甚至“因此痛苦了好几天，打算把它辞掉不干，后来想想还是干下去”。他说：“我只尽我的能力，本我的良心做去”，以求使该刊为新文学运动作出点贡献。[③]

郑振铎确实是这样做了。《学灯》本不是纯文学副刊，在他主编期间，又加强了“现代学术界”、“俄国研究”、“社会主义研究”、“社会运动家”、“读书录”、“书报介绍”、“国内学术界消息”等栏目，

---

① 见《五四时期期刊介绍》，三联书店 1979 年版。

② 参见本书第一章第二节。又可参见拙文《一次被搞错与被遗忘的文坛论争》，《鲁迅研究动态》1985 年第 3 期。

③ 见 1921 年 8 月 4 日郑振铎致周作人信。

并表示:"我们今后的最大的注意点就在——(一)研究到自由之路的方法与——(二)介绍关于哲学、文学、社会科学、自然科学各方面的知识。"[1]他自己就在上面连载发表了所编《研究劳农俄国的参考书》、所译《列宁的宣言》、所写批判假社会主义者戴季陶的文章,以及瞿秋白从俄国寄来的《莫斯科之耶苏复活节及五一节》等文、许地山的文字学研究文章、瞿世英的哲学研究文章等等。但他同时也十分重视新文学方面,他自己就发表了不少论文、诗歌、关于文学研究的通信,以及连载发表自己译述的文齐斯特的《文学批评原理》等等。他经手发表的名家著译还有鲁迅的好几篇译作,郭沫若《女神》的序诗及其他新诗,郁达夫的第一篇小说《银灰色的死》、第一首新诗《最后的慰安也被夺去》、第一篇散文《芜城日记》,叶圣陶、俞平伯、王统照、郑伯奇、冰心、徐玉诺、谢六逸等人的新诗,许地山、黄庐隐等人的小说,胡愈之、冰心等人的文艺评论,朱自清的散文,李之常的历史剧,耿济之等人的翻译作品,等等。还值得一提的是,他从一九二一年七月起,还在该刊专辟"儿童文学"一栏,这是我国现代报刊上的第一个这方面的专栏。张静庐在一九二〇年代后期就已指出:"《学灯》自宗白华、郭虞裳以至郑振铎的编辑,仍还能够保留其独立发展的精神,郑去,后继无人,归并报尾,以至今日,已没有人再提起这一张曾经脍炙人口的《学灯》了。""虽犹存在,已无生气,迥非往日之有左右学术界的势力了。"(《中国的新闻记者与新闻纸》)是的,郑振铎参与编辑及主编时期,是该刊比较光辉的,也可说是最后的黄金时期。

郑振铎参加《时事新报》社的工作后,不到一个月,他就争取到

---

① 郑振铎《今后的学灯》,1921年8月1日《时事新报·学灯》。

了在该报创办主编一份《文学旬刊》的机会。而这一旬刊的创刊，可以认为比他主编《学灯》具有更远为巨大的意义。一九二一年四月二十三日，《时事新报》以头张头版的地位刊出《本报特别启事》，宣告将出版《文学旬刊》，并刊出郑振铎起草的《文学旬刊宣言》与《文学旬刊体例》。旬刊于五月十日正式创刊，两年多以后，改为周刊，其名称、版式、出版发行处等，有过多次变动。[①] 至一九二九年十二月二十二日，出至第三八〇期终刊。在它存在的八年七个半月中，除了一九二七年大革命失败后一个多月内，以及一九二九年六月至十一月内的出版有些脱期以外，其余时间都基本上正常按时发行。一个文学旬刊（周刊）能够坚持出版这样长久，这在整个新文学史上是罕见的。该刊开创者与主编者的功绩是不可低估的。该刊的主编人员虽然有过多次调动，[②]但从一开始至一九二

① 该刊自1923年7月30日第81期起，改名为《文学》，成为周刊，仍附《时事新报》发行，并算是第2卷的开始。到1925年5月10日，该刊创刊四周年时，从172期起，改变原来8开2页的形式，成为16开4页，并改名《文学周报》，作为第3卷的开始，并脱离《时事新报》而独立发行。1926年11月21日第215期起，扩充篇幅，又改成32开32页，作为第4卷的开始，并归开明书店发行。以后大致上每半年为一卷。至1929年1月1日第351期起，作为第8卷的开始，并改归上海远东图书公司发行。同年11月24日第376期起为第9卷，恢复16开4页的版式，但仅出5期，即停刊了。

② 该刊的第一位主编是郑振铎，具体工作都由他一人负责。至1922年12月1日第57期起，因他要主编《小说月报》，实在忙不过来，文学研究会开会决定请谢六逸为“主任编辑”。实际主持者仍是郑振铎。1923年5月12日第73期，公布“本刊的责任编辑人”名单，按笔画顺序为：王伯祥、余伯祥（按，疑为“余祥森”之误）、沈雁冰、周予同、俞平伯、胡哲谋、胡愈之、叶圣陶、郑振铎、谢六逸、严既澄、顾颉刚等12人。年内，12人名单又有调整，顾颉刚换了瞿秋白（见该刊第100期公布名单）。1923年12月20日第102期上，发表《郑振铎特别启事》，说明：“我因事务太忙，已将关于《文学》一部分的事，移交给叶圣陶君经理。”到1927年5月后，因郑振铎避难欧洲，叶圣陶接编《小说月报》，从7月起《文学周报》改由赵景深主编。一年后郑振铎回国，该刊从1929年1月1日第351期起，又改为郑振铎、赵景深、谢六逸、耿济之、傅东华、李青崖、樊仲云、徐调孚等8人集体负责编辑。

三年底两年另八月时间内，他一直实际担任主编，共百余期。一九二三年五月十二日该刊出版二周年、并公布十二人编委名单的第七十三期上发表的《给读者》，同年七月三十日该刊改为周刊的第八十一期上发表的《本刊改革宣言》，同年十二月十日该刊出至百期发表的《本刊的回顾与我们今后的希望》等重要文章，都是郑振铎写的，这就可以清楚地说明问题了。百余期以后，虽然由叶圣陶等人负责，但郑振铎仍然是编委会主要成员之一，参与重要决策，并参加具体的劳动。① 正如赵景深说的："在它的整个刊行期间，郑振铎作出了最大的贡献"(《〈文学周报〉影印本前言》)。叶圣陶也指出："《文学旬刊》的编辑，发稿，往报馆校对排样，经常由郑振铎担任。"(《略述文学研究会》)。

该刊是一九二〇年代最重要的小型文学刊物。正如郑振铎说的，该刊创刊时，"中国文艺界里尚未曾发现过与本刊同性质的出版物"。(《本刊的回顾与我们今后的希望》)它有这样一些特点：首先，与作为文学研究会的"代用月刊"《小说月报》不同，它公开标明是文学研究会的机关刊。② 前者有时要受控于商务印书馆当局，例如在打算改变刊物名称、刊登广告、主编易人等方面，甚至有时在刊物内容方面，都受到制约；后者则不同，一开始就基本独立(后来脱离《时事新报》后就更完全独立了)，可以比较充分自由地表达自己的主张。第二，与前者是月刊相比，它的出版周期短，反应快。当郑振铎

---

① 例如，郑振铎在1926年11月10日该刊发表《"自己动手"之最后一次》，提到自1925年5月10日该刊独立发行以后的一年半中，每次都是他们几个编委自己"亲自动手折叠，检点打包，写套封，粘邮票，而且寄发的"。

② 该刊是创刊一年时，从第37期起，在报头印上"文学研究会定期刊物之一"的；但这以前它早就说明这一点，读者也都知道。

获知文学研究会北京同人也将发刊《文学旬刊》时，在一九二三年五月十九日致周作人的信中便提出：“最好是周刊，旬刊似乎太久了些。”不久，七月三十日，上海的《文学旬刊》也改成了周刊。因为有上述两条有利条件，所以该刊的批评性、战斗性的特点就比《小说月报》还要强，正如一九二一年九月三日郑振铎致周作人信中说的：

《文学旬刊》不得不尽力从攻击方面做去，《小说月报》出版太迟缓，不便多发攻击的文章，而现在迷惑的人太多（按，指迷惑于旧观念的人），又急需这种激烈的药品，所以我们都想把《旬刊》如此的做去……

确实，一九二〇年代初郑振铎、沈雁冰等人对“鸳鸯蝴蝶派”文学的批判、对复古主义的“学衡”派的反击，以及对创造社宣传唯美主义的主张的批评等等，主要都是在该刊上进行的。当然，它除了“攻击”以外，还有理论建设。例如，郑振铎提倡“血和泪的文学”，沈雁冰《论无产阶级艺术》等文，就都是发表于该刊的。

在该刊发行的八九年间，发表了大量的作者（包括文学研究会以外的作者）的文章，培养了很多文学青年；也发表了很多研究中国古典文学的论文；更显著的成绩是对外国文学作了大量的译介工作，而且在内容上注意于被压迫民族的作品。在它一至九卷中发表的翻译作品在三百篇以上。总的看起来，郑振铎亲自主编时期，该刊办得最为出色；一九二七年以后该刊渐趋消沉，但也仍是当时国内最好的文学周刊。一九二九年一月起，郑振铎打算“重整旗鼓”，“继续本报历年来在阴霾重雾之中与险恶势力奋斗的精神”。[①] 他又组织了批评梅兰芳、批评封建性报刊的文章，以及主

① 见1928年12月30日《文学周报》第350期所载“紧要启事”。

编了一期《苏俄小说专号》[1]等，虽有起色，但终于未能恢复到该刊黄金时代那样的吸引力。下半年内又严重脱期，改版后虽然每期刊载“优待定户特别启事”，但却只出五期，因远东图书公司的停办而终刊了。尽管这样，该刊总的说来，的确实践了郑振铎在创刊宣言中说的：

> 在此寂寞的文学墟坟中，我们愿意加入当代作者译者之林，为中国文学的再生而奋斗，一面努力介绍世界文学到中国，一面努力创造中国的文学，以贡献于世界的文学界中。……总之，我们存在一天，我们总要继续奋斗一天。

郑振铎创刊与主编该刊的功绩是不可忘却的！

一九二〇年代，郑振铎还主编过三个文学杂志和副刊。

一个是一九二二年一月七日创刊的《儿童世界》周刊，由商务印书馆出版。这是商务当时出版的唯一一份周刊，也是当时全国第一份儿童文学专刊。这以前，商务曾于一九一一年创刊《少年杂志》，中华书局也出刊《中华童子界》，但这些刊物虽然旨在给少年儿童阅读，而其内容与形式却不都适合于少年儿童，思想性很糟，而且更缺乏起码的文学性。郑振铎主编的该刊，借鉴国外先进的儿童文学理论，做到图文并茂，除了图画、歌谱、游戏等以外，主要是儿歌、故事、童话、儿童剧本、寓言等等，内容都力求做到童心与诗意的结合，形式则注意丰富多彩。它的创刊，是我国真正的儿童文学产生的标志之一。随后，中华书局立即仿效，也出版了《小朋友》周刊。这两个刊物，在民国时期延续出版多年，是好几代少年儿童的好伙伴。郑振铎刚创刊该刊时，编辑、校对、甚至作者都是

---

① 该专号后来受到国民党当局的查禁。

他一人兼任,几乎所有的稿子都是他创作与编译的。[①] 后来,他约了叶圣陶、赵景深等人撰稿,但他自己也仍编写了不少。在他的心血浇灌下,这本薄薄的小册子竟然风行全国,远及香港、澳门、日本、新加坡等地,都有它的小读者。

郑振铎主编《儿童世界》的一个重大成果,就是热情邀请叶圣陶写稿,使叶圣陶写出了《稻草人》这本童话集,鲁迅称之为"给中国的童话开了一条自己创作的路"(《〈表〉译者的话》)。除了叶圣陶以外,郑振铎自己,以及赵景深、耿济之、周建人、胡天月、严既澄、高君箴、章锡琛、谢六逸、胡愈之、胡怀琛、俞平伯、汪静之、沈志坚等等,都在郑振铎主编期间编写了儿童文学作品,初步建成了民国时期最早的一支儿童文学创作队伍。而且,郑振铎还注意在该刊发表儿童自己的创作,并开展儿童征文有奖活动。例如,在一九二二年九月公布的第二次儿童征文入选名单中,我们看到了周一良、赵家璧、张政烺等后来长大成为知名文人的名字,感到十分有意思。

该刊编满一年后,郑振铎被调去主编《小说月报》,于是他编了厚厚的一本一九二三年"新年特大号"后,就交给继任编辑了。但他一度仍被列名于该刊十四个编辑人之中。(可见商务印书馆当局这时已非常重视郑振铎开创的这份小刊物了。而在刚开始时,编辑人就只是郑振铎一人而已。)郑振铎创刊主编这份儿童文学专刊的功绩,人们是不会忘记的。例如,直到一九三一年十月二十四日,当该刊出至五百期时,该刊编辑沈百英虚构了一篇《儿童世界

① 郑振铎后来回忆说:"一开始稿子几乎是我一个人写的,画配得很好,是许敦谷画的。"(《最后一次讲话》)

庆祝大会纪盛》，“会场”为“儿童世界乐园”，“会员”有“约三十万人”（指小读者），“主席”为商务总经理，而第一个“演讲者”就是郑振铎。该刊编辑让郑振铎回顾了十年前该刊创办的历史，真是意味深长。再如，一九四七年，著名儿童文学作家贺宜在《新儿童世界》创刊号上，还撰文回忆自己童年时读了该刊，“看了西谛先生所介绍的印度童话和安徒生的作品，竟跑进另外一个世界里去了”。而著名翻译家、学者戈宝权，直到一九八二年写的《我怎样走上翻译和研究外国文学的道路》中，还深情地说：“童年时……我最喜欢的儿童文学读物，就是商务印书馆出版的由郑振铎主编的《儿童世界》。……一直到今天我都无法把它们遗忘！”饮水思源，确实应该记住郑振铎的这一贡献。

一九二四年八月，郑振铎又主编了《星海》。在他写的《发刊缘起》中说明，这是文学研究会会刊的第一册，同时又是《文学》周刊（原《文学旬刊》）出满百期的纪念刊。他说，“我们久想出版一种文学研究会会报，但因我们的时间与能力都忙不过来之故，延搁至今还未曾动手编辑——虽然在不少时候以前，已在征稿。”确实，“刊行会报”是该会简章上就提出的，成立会上则“议决每年出版四册，材料取给于读书会及本会各种纪事。”（《文学研究会会务报告（第一次）》）一九二二年七月八日的“南方会员年会”上，也讨论了会报征稿办法。同年十月三日郑振铎致周作人信中又提及：“文学会报，尚未付印。先生最好能为作一文寄下。”一九二三年十一月，郑振铎等人商议编辑《文学》百期纪念册时，决定将这两者结合起来。百期纪念应是这年十二月十日，而《星海》则又拖延至第二年八月方出，而且仅出版了上册。该刊原拟每三月出一册，并拟定了以后各期的名称，如《欧洲十九世纪的文学》、《创作集》、《戏剧研究》等等,后均未见出版。看来,主要因为主编郑振铎实在忙不过来;而作为“会报”的任务,《文学》周刊和《小说月报》其实已经担当起来了。虽然如此,这一期《星海》的内容仍然是十分精彩的,其中瞿秋白写的《最近俄国的文学的问题》最令人注目。

一九二五年五月十一日,郑振铎又为《时事新报》创刊主编了《鉴赏周刊》。刊头就是他题字制版的。这大概是因为《文学》周刊从这时起与该报脱离关系而独立发行,为了表示对报社的“弥补”而创办的一份周刊。据《小说月报》等报刊上的广告,这是当时国内唯一的“书报评论”性质的文艺副刊。该刊连载发表了郑振铎写的《中国小说提要》(共刊二十则,未完)和所编选的《白雪遗音选》等。到这年十月底,该刊开始没有郑振铎所写的或编的文字了;至年底,出至第三十期,终刊。该刊的影响与贡献,没有郑振铎在一九二〇年代主编的其他报刊大;但作为一种文学批评与鉴赏的专刊,也算是开创性的。

在一九二〇年代,郑振铎参与编辑的刊物还有《戏剧》、《诗》和《一般》。

《戏剧》月刊是我国新文学运动中第一个戏剧专刊,一九二一年五月三十一日创刊,“民众戏剧社”主编,上海中华书局出版。而郑振铎是该社发起人之一。(该社实际可看作文学研究会的派生社团,参见本章第一节所述。)郑振铎曾在该刊上发表《光明运动的开始》等重要论文。该刊共出十期,至第二卷第四期停刊。

《诗》月刊则是我国新文学运动中第一个新诗专刊,一九二二年一月一日由叶圣陶、刘延陵、朱自清、俞平伯等人创办,上海中华书局出版。郑振铎从一开始就过问此事,创刊号上就发表了他的多首诗作，还亲自为该刊组稿等。[①] 上述创办四人均为文学研究会会员，因此，在郑振铎的提议下，从第五期起标明为文学研究会刊物之一。该刊共出七期，至第二卷第二期停刊。

《一般》月刊创刊于一九二六年九月五日，为上海"立达学会"的刊物，虽非纯文学刊物，但文艺色彩颇浓。夏丏尊主编，开明书店出版。郑振铎是立达学会会员，据一九二六年四月三十日《立达半月刊》第十三期《园讯》，和八月八日《文学周报》第二三七期《〈一般〉的诞生》，郑振铎是该刊筹备创办者和责任编辑者之一。后来，他的《文学大纲》的补充章节等文发表于该刊。

在一九二六年一月号《小说月报》的《文坛杂讯》中，郑振铎提到："介绍世界文学给中国，是一件超出于仅止于介绍的工作。我们知道，在一个大转变的开端，至少总有许多外来的鼓激与影响。希腊、罗马作品的介绍，开始了欧洲的文艺复兴。同样的，在如今中国文学史的大转变期内，外来的鼓激与影响，天然是不可少的。几年来，我们的翻译界也零星的出了些译品，但都没有什么大影响。文学研究会近拟出版《世界文学》(季刊)，专致力于这个介绍的工作，将于五六年之内，陆续介绍三五十种的世界大著进来。"这又是一个很好的计划，可惜，后来却未能办成。大革命失败后，他更被迫避难国外。

郑振铎于一九二八年六月从国外归来，仍回商务印书馆工作；至一九三一年九月离开，去北平工作。如前所述，他回上海后不久，即继续主编《小说月报》，参与主编《文学周报》。后者在一九二九年底停刊，前者则在他离沪后不久的一九三一年底停刊。他到

① 参见周作人1921年12月25日、1922年2月12日的日记。

北平后，在清华大学与燕京大学两校中文系任教授，随后在两校都参与了有关文学刊物的编辑工作。一九三一年十月二十八日，清华大学学生的文学团体“中国文学会”举行本学期第一次常会，特邀郑振铎参加。会上选举该会本届执行委员，他被同学们推为学术委员。(执行委员全是学生，仅郑振铎一人是老师。)该会编有《文学月刊》，从该年十二月十五日第二卷第一期起，郑振铎被聘为该刊的顾问。他不仅热情指导该刊的编辑工作，而且多次在该刊发表文章，尤其是在第二卷第一、二期上连载发表了自己的《纪念几位今年逝去的友人》，沉重悼念了被害的共产党人胡也频、恽雨棠、杨贤江，以及意外失事的徐志摩。翌年七月，燕京大学国文学会创刊了《文学年报》，也聘请郑振铎为该刊顾问。创刊号的稿件均一一由他审阅，并发表了他的长篇论文《宋金元诸宫调考》。这两种刊物，前者偏重于创作，后者是文学研究专刊；前者由学生主编，后者则主要发表教授的论文。在郑振铎的帮助下，办得都是比较成功的。

一九三〇年代郑振铎在文学报刊编辑方面最大的贡献，是他倡议创办并参与主编了《文学》月刊。

关于创办《文学》月刊的动因，茅盾与黄源的回忆文章中都已说到。总起来说有两点。一是左联成立后，曾出版过《萌芽》、《文学导报》、《北斗》、《文学月报》等刊，但都未久即被国民党当局禁止。“在一九三三年左联的文艺刊物，要公开地、长期地出版，已是不大可能了。但文艺杂志是文艺战线的重要阵地，左联自己办的文艺杂志已无法出版，出路何在呢？采取什么政策，什么方式才能不仅继续战斗，而且扩大战线的范围与影响？”[①]这不能不引起每

---

① 黄源《左联与〈文学〉》。

个革命的文学家的思考。二是一九三二年“一·二八”战事中商务印书馆编译所被日军炸毁,《东方杂志》、《小说月报》等停刊,不久商务当局陆续恢复了原先所出各种期刊,唯独《小说月报》不予复刊。[①] 这样,当时全国文坛上便缺少了较为稳定的第一流的大型文学刊物。[②] 就在这时,郑振铎于一九三三年春从北平到上海,向茅盾提出了创办“一个‘自己’的而又能长期办下去的文艺刊物,像当年的《小说月报》”的建议,[③]自然立即得到了茅盾的赞成。他们共同商定了“观点是左倾的,但作者队伍可以广泛,容纳各方面的人。对外还要有一层保护色”[④]的办刊方针和编委会的名单。具体物色编辑人员与出版社等组织活动,主要是由郑振铎去完成的。

他动员了傅东华出来当编辑,因为傅是文学研究会会员,政治上又无色彩,暗地里却倾向进步,其哥哥是江苏省教育厅厅长这层社会关系也可成为一层保护色。因此,茅盾也认为很合适。郑振铎又约了胡愈之一起找邹韬奋商谈,决定在邹韬奋创办不久的生活书店出版。四月六日晚,郑振铎出面在会宾楼请客并开会,出席者有鲁迅、茅盾、胡愈之、叶圣陶、陈望道、郁达夫、周建人、巴金、王伯祥、傅东华、徐调孚、谢六逸、施蛰存、樊仲云等,共十五人。[⑤] 据茅盾回忆,本来他和郑振铎商定编委会成员十人:鲁迅、叶圣陶、郁

---

① 商务当局不愿恢复《小说月报》,主要原因是郑振铎等人与商务资方王云五有矛盾。黄源说得好:“沈雁冰、郑振铎、胡愈之他们三位与王云五的斗争,不仅仅是编辑者与资方代表的斗争,而且是政治斗争。”(《左联与〈文学〉》)

② 当时上海唯有《现代》月刊较为大型,也发表一些进步作家的作品;但主编者中有杜衡这样的“第三种人”。另外,南京有《文艺月刊》,则为国民党所控制。

③ 引文见茅盾《我走过的道路》。

④ 引文见茅盾《我走过的道路》。

⑤ 出席者名单据王伯祥日记的明确记载,茅盾和黄源后来回忆的名单不尽相同,而且都不全、不确。

达夫、陈望道、胡愈之、洪深、傅东华、徐调孚、郑振铎、茅盾；会上决定鲁迅不列名，即以九人正式组成编委会，郑振铎、傅东华为主编，黄源为助编。（此后，鲁迅实际担任顾问；郑振铎除了主要负责平津地区的组稿外，实际也处于主持编辑大计的顾问地位。）会上并决定七月一日正式创刊。郑振铎在回沪度假的短期内，办成了这样一件大事，充分显示了他在文坛上的组织能力。从郑振铎在筹备会上还邀请了《现代》月刊的主编施蛰存，和当时还名气不大的文学青年巴金来看，他的胸襟确实是很宽宏的。①

五月六日，《生活》周刊上刊出《〈文学〉出版预告》，正式公布：

> 编行这月刊的目的，在于集中全国作家的力量，期以内容充实而代表最新倾向的读物供给一般文学读者的需求。它为慎重起见，特组九人委员会负责编辑。聘请特约撰稿员数达五十余人，几乎把国内前列作家罗致尽净。内空除刊登名家创作，发表文学理论，批评新旧书报，译载现代名著外，并有对于一般文化现状的批判；同时极力介绍新近作家的处女作，期使本刊逐渐变成未来世代的新园地；又与各国进步的文学刊物常通消息，期能源源供给世界文坛的情报。

后来证明，该刊基本做到了上述预定的目的；而且，正如茅盾回忆录中说的："它算得上是三十年代上海大型文艺刊物中寿命最长，影响也最大的一个刊物。""实际上是左翼作家、进步作家驰骋的阵地。"从当时公布的编委会和特约撰稿员名单来看，前者九人中有七人为文学研究会会员，后者约半数为文学研究会会员。怪

---

① 《现代》是当时文坛上唯一比较有影响的较大型的文学杂志，照理是《文学》月刊的"竞争对手"。巴金当时初出茅庐，这次宴会是他第一次见到鲁迅、茅盾、叶圣陶等人。

不得当时的小报说:“性质将与前之‘文学研究会’相类”,[①]特务报纸更称鲁迅、茅盾、郑振铎等人为该刊的“台柱”,“并将循文学研究会派的路线进行”。[②] 但其实,为首的茅盾与鲁迅,已是公开的左联成员,郑振铎、胡愈之等人又都是支持左联的。因此,正如黄源指出的:“左联处于主导地位”(《左联与〈文学〉》)。更由于郑振铎的卓越的组织活动,使“左翼作家们和五四以来的一些老作家、名作家,也就能在同一个刊物上并肩战斗,这不仅使读者的范围扩大了,革命的影响也扩大了。”(黄源《左联与〈文学〉》)正如茅盾回忆录中说的,当时读者不仅反对国民党的官办刊物,即对那些从头到底都喊着“革命”而内容空虚的刊物也有点厌倦。所以,《文学》创刊后,立即风行全国,创刊号即再版了五、六次之多。

郑振铎对该刊的贡献,除了上述发起、筹备工作,以及后来大量的组稿与自己写稿等以外,更表现在对外反对国民党的斗争,以及对内加强团结的工作中。

如上所述,《文学》创刊后,很快打出了一个新局面,就像茅盾回忆录中说的,一开张就“气势不凡”,“一鸣惊人”,而且“开始就以战斗的姿态出现”。它的问世,更使南京王平陵他们主持的《文艺月刊》之类黯然失色。这当然就引起了国民党当局的注意。一九三三年下半年,国民党当局配合着对苏区的军事“围剿”,在文化阵地上也执行了“类似军事上的碉堡政策的书报检查制度”。[③] 他们放出风声,要查禁《文学》,但又不敢立即下手。他们通知生活书

① 见1933年4月16日《出版消息》。

② 见1933年5月6日《社会新闻》。

③ 黄源《鲁迅与〈文学〉》。

店，从一九三四年一月第二卷起，稿子要送审，刊物要署编者的名字。[①]（于是郑振铎和傅东华便把名字印上了版权页。）编好的刊物受到“检查官”的大砍大抽，致使很多左翼作家的作品不能发表，二卷一号被迫脱期半个多月。面对如此严峻的形势，茅盾写急信请郑振铎南下商量对策。

郑振铎于一月二十二日赶到，与茅盾、傅东华等人一起研究。他们看穿了国民党方面色厉内荏的本质，同时决定了“一万全之策，避开这三斧头，化被动为主动”，即“决定从第三期起连出四期专号（第二期的稿子已送审），一期为翻译专号，一期为创作专号，一期为弱小民族文学专号，一期为中国文学研究专号。”（茅盾《我走过的道路》）他们立即在刊物上大登这四期专号的预告。[②] 这样做，一方面是认定那些“检查官”都是些不学无术的蠢货，他们对外国文学翻译和中国文学研究之类是抓不到什么把柄的；一方面，这样又扰乱敌人的视线，迷惑敌人，使他们认为刊物真的“转向”，去搞“纯文学”了；同时，大登预告也是表示该刊将继续出版下去的决心，并以此争取更多的读者，造成更大的影响，迫使敌人不敢轻易下毒手。这一决定，向鲁迅汇报后，也得到他的赞成。这一着果然有效，使《文学》扎稳了阵脚，顺利地度过了危机。现在回顾，这个决定真是相当高超的斗争艺术的结晶，而郑振铎无疑是其中最主要的决策者与设计者。郑振铎在“创作专号”中化名发表了历史小说《桂公塘》，愤怒而巧妙地抨击了国民党的反动政策。他亲自主编的“中国文学研究专号”中，也充满了借古讽今的内容。关于这

① 《文学》第一卷署“文学社”编，以示集体负责。第二卷起署郑振铎、傅东华编。

② 除了在《文学》月刊上以外，例如在北平《文学季刊》上也刊登了预告，还刊载了“中国文学研究专号”的征稿启事。

些，请参见本书其他章节的论述，这里就不多说了。

在内部团结问题上，郑振铎也起了很大作用。茅盾晚年回忆录中就提到，就在郑振铎这次赶回上海研究对敌斗争之事时，茅盾就要他去做鲁迅的工作，并说只有他去最合适。（因为几个月前，傅东华在《文学》上发表《休士在中国》一文，态度轻浮，误伤了鲁迅，鲁迅一气中止了对《文学》的投稿。）郑振铎与茅盾去拜访了鲁迅以后，鲁迅即为"翻译专号"特撰了译稿。这以后，在该刊其他一些内部纠纷上，例如傅东华后来不愿担任主编而改请王统照担任等事中，郑振铎都发挥了重要的团结作用。

《文学》一直坚持到抗日战争爆发以后，从第九卷第三期起，改为三十二开小型刊物，又出两期，至上海成为"孤岛"后，才被迫停刊。这最后两期虽然署傅东华编，实际主编者却是郑振铎，这从他以"编者"的名义在这两期卷首发表的三篇短论即可看出。[①]《文学》坚持出版了四年四个月，共五十二期；此外，在它出版一周年与二周年之际，还分别另外出版了纪念专辑《我与文学》和《文学百题》（郑振铎也均参与主编）。它确实是一九三〇年代最杰出、生命力最强的刊物，而郑振铎从头至尾与之结下不解之缘。

一九三三年十月，郑振铎又在北平筹备创刊《文学季刊》。[②]

该刊原是北平立达书店约文学青年章靳以编的，章觉得自己的资历、能力都不能胜任，于是去找郑振铎商量，郑振铎一口就答应参与主编。据章靳以后来写的《和振铎相处的日子》回忆，郑振铎当时就指出：

---

① 该刊卷首的"论坛"栏，从第七卷王统照主编时起取消了。这时又恢复，但改名为"前哨"。郑振铎这三篇文章后均收入《第一年代续编》一书中。

② 该刊从第4期起，改为自行出版，上海生活书店发行。

> 《文学》在上海的处境一天天地困难,有许多文章都被"检查老爷"抽掉,我们正好开辟一个新的阵地,这个阵地敌人还没有注意到,可以发挥作用。

可以说,这段话就是该刊办刊的方针与路线吧。十月二十二日,郑振铎给鲁迅去信,报告了此事。二十七日,鲁迅回信表示赞成,并告诉他:"《文学季刊》一有风声,此间(按,指上海)即发生谣言";鲁迅还赞成"《季刊》中多关于旧文学之论文,亦很好",并表示对该刊"当勉力投稿"。

《文学季刊》于翌年一月一日正式创刊。创刊号的声势也十分不凡,正文即有三百六十多页(后来还有四百五十多页的),为当时国内最厚的文学刊物。在郑振铎起草的《发刊词》中,一开头就说:"胡适之先生的《文学改良刍议》,开始了文学革命运动,周作人先生的《人的文学》奠定了新文学的建设基础。"文中没有提到鲁迅。近年有研究者认为,这表明了主编者认识上的糊涂;其实不然,肯定胡、周在新文学运动初期的贡献,本来是符合实际的,而这时打出此二人的招牌,更是为了应付、迷惑国民党当局的一种巧妙的编辑艺术。《发刊词》指出,这列名的百十人,"作风未必完全相同,观点未必绝对的无歧异,却也自有一个共同的倾向,那便是:以忠实恳挚的态度为新文学的建设而努力着。在这个共同的目标之下,我们将:(一)继续十五年来未竟全功的对于传统文学与非人文学的攻击与摧毁的工作;(二)尽力于新文学的作风与技术上的改进与发展;(三)试要阐明我们文学的前途将是怎样的进展和向什么方向而进展。"可以看出,这也是一个"统一阵线"性质的刊物,正如茅盾当时在《文学》上化名撰文指出的:"发刊词里所揭橥的'共同目标'和'工作分配'粗看去何尝不是'老生常谈',然而在此文坛上不断地出现卖身投靠造谣攻讦等等怪现象的今日,能够在'老生常谈'的范围内下苦功的,已属难得可贵了。"(《〈文学季刊〉创刊号》)该刊创刊后,深受读者欢迎,创刊号即再版多次。第二期卷首者有书局的启事:"本刊自发行以来,销数至广,虽经再版,供不应求。"

该刊发表了不少优秀作品。例如,创刊号就发表了鲁迅化名"唐俟"的《选本》,和瞿秋白化名"商霆"的《读房龙的〈地理〉》。此外,茅盾、王任叔、奚如、胡风等左翼作家都曾发表文章。郑振铎自己则更发表过不少文章,其中如《论元人所写商人士子妓女间的三角恋爱剧》一文,曾多次受到鲁迅的赞扬,称为"真是洞见隐密",[①]并且还向国外友人推荐。[②] 曹禺的剧本《雷雨》,在该刊一次载完,使这位青年戏剧家在中国文坛一举成名。还有巴金的小说《电》,本来在上海《文学》月刊已排成校样,却被"检查官"抽掉;后来改题为《龙眼花开的时候》,并化名"欧阳镜蓉",而在《文学季刊》上发表。胡风的著名文学评论《张天翼论》,也是先投《文学》,被"检查官"禁止,而由黄源转给《文学季刊》发表的。这两个例子也可生动地说明该刊在对付国民党的文化"围剿"中所起的作用。该刊共出八期,至一九三五年十二月十六日第二卷第四期终刊。版权页上署郑振铎、章靳以主编,实际参加编辑工作的还有李长之、巴金、李健吾等人。[③]

一九三〇年代郑振铎参与主编的文学刊物,还有《太白》半月刊和《水星》月刊。

《太白》一九三四年九月二十日创刊于上海,生活书店出版。

---

① 见鲁迅 1935 年 1 月 9 日致郑振铎信。

② 见鲁迅 1935 年 4 月 9 日致增田涉信。

③ 现在,竟然有人称该刊是巴金主编的,不知何以势利如此!

《水星》同年十月十日创刊于北平，文华书局出版。这两个刊物，分别与《文学》月刊、《文学季刊》有密切关系。卞之琳将《文学季刊》与《水星》比作“大餐与小点心”，因为前者是大型刊物，后者是小型刊物。他比喻为“正餐与茶点作用不同，人也各有所偏好”，但两者都是需要的。他还指出，后者实际是前者的“一个‘副刊’，因为有同一个菜源，只需一副炉灶、一副人手。”（卞之琳《星水微茫忆〈水星〉》）《水星》的编委会为：卞之琳、巴金、沈从文、李健吾、靳以、郑振铎。（该刊据当时繁体字姓氏笔画排列。）基本就是《文学季刊》的原套人马。《太白》与《文学》的关系也与之相仿佛。《太白》的编委会为：艾寒松、傅东华、郑振铎、朱自清、黎烈文、陈望道、徐调孚、徐懋庸、曹聚仁、叶绍钧、郁达夫。（该刊据当时罗马字母拼音顺序排列。）半数以上为《文学》的编委，而鲁迅、茅盾、胡愈之等也都参与其事，只是不列名于编委会而已。（当然，《太白》的主要负责人是陈望道，与《文学》还是有点分工的。）《太白》至一九三五年九月五日第二卷第十二期终刊，共出二十四期。《水星》则于同年六月十日第二卷第三期终刊，共出九期。郑振铎在两刊上都写了文章。

上述郑振铎主编和参与主编的四个文学刊物，都是与二十世纪三十年代文学运动有密切关系的。总的说来，由于上海是左翼文学运动的中心，是鲁迅、瞿秋白、茅盾战斗的地方，因此，上海的两个刊物更为左倾和革命。例如，《太白》与《水星》的刊名都与星有关，但前者是“启明星”，暗寓为迎接解放曙光而战斗之意，①而后者只是部分编者某夜在北海商议筹备时，面对星水微茫之景而

---

① 《太白》刊名是鲁迅最后决定的，含义有三：一、太白金星，为启明星，寓追求光明意；二、太白旗，为革命的旗帜；三、“太白”即“白而又白”，“比白话文还要白”，喻当时大众语运动。（以上从曹聚仁说，并参考陈望道说）太白旗，典出武王伐纣故事。

取的带有诗意的名字。但是,北平的两个刊物,无疑也是进步的。再说,三十年代中国文学界,有点像卞之琳说的:“当时北平与上海,学院与文坛,两者之间,有一道无形的鸿沟。尽管一则主要是保守的,一则主要是进步的,一般说来,都是爱国的,正直的,所以搭桥不难。”“当时文学上硬分南派北派实属无稽,乱搬用戏曲界‘京派’‘海派’名称,并不适当,就思想倾向论,却自有也并非截然的分野。”(《星水微茫忆〈水星〉》)我认为,郑振铎就正好成为这两者之间的一座桥梁。他分别参与南北这几个刊物的编辑活动,无形中就使双方加强了交流与团结。由于郑振铎当时在北平工作,很自然地成为北方进步文学界的中心人物,并与上海的鲁迅、茅盾保持着密切联系。上引卞之琳文中还说:“独立而不事论争的《文学季刊》显得无形中接受了上海当时较为踏实的文坛主流派的影响”。其关键就在于郑振铎的领导。卞之琳又说,“这里是否有一条政治路线的引导,郑振铎也许明白”。这正是说对了。郑振铎在思想上明确倾向于以上海为中心的左翼文坛,而人则在北平就近直接指导两个刊物,对其政治方向是一个重要的保证;同时,如前所述,他也参与上海两刊的编辑大计。同样的,鲁迅、茅盾也很关怀北平两刊,茅盾就经常在《文学》月刊上撰文评介《文学季刊》。南北各两个刊物,大小配套,各自互相调济,又南北照应,时常交流稿件。大致说来,《文学》是最中心的骨干刊物,名类稿件兼顾;《文学季刊》为副,略偏重于长篇作品与研究论文;《太白》比较灵活,侧重杂文、科学小品和报告文学;《水星》则侧重散文与短篇小说。这几个刊物,在鲁迅、茅盾、郑振铎等人指导下,几乎将全国所有进步作家(包括中间作家)都吸引、团结了过来,从而使国民党的文艺统管者一筹莫展。鲁迅等人实际掌握了这些公开刊物,做到进退有据，南呼北应，共同演出了三十年代文学运动史上最令人激动、最令人怀想的一幕。写到这里，令我想起了毛泽东在《新民主主义论》中说的：

> 其中最奇怪的，是共产党在国民党统治区域内一切文化机关中处于毫无抵抗力的地位，为什么文化“围剿”也一败涂地了？这还不可以深长思之么？

这确实是令人“深长思之”的。我在研究上述几个文学刊物时，就时时想起这个问题。

一九三〇年代中期，郑振铎从北平回上海工作后，除了主要参加《世界文库》、《文学》月刊等编辑工作以外，还曾在一九三六年夏创刊了一个小刊物《世界文学月报》。该刊标明为“非卖品，附《世界文库》内赠送，每月一期，月底出版”。但实际未能按月出版。由于它是附赠的薄薄的非卖品，一般读者和图书馆不注意保存，故今极罕见，亦从未见人说及，值得在此一提。关于它的发刊缘起，可见本章上一节引述的郑振铎《〈世界文库〉第二年革新计划》。今知该刊一共出了五期（第四、五期为合刊）。该刊曾刊载了郑振铎的《晚清文选序》和仅见于此刊的重要论文《鸦片战争后的中国文学》、《〈金史后妃传〉与〈金主亮荒淫〉》，以及他的数则复读者信等。还曾发表过郭沫若、王任叔、李健吾等人的文章。

抗日战争爆发后，“孤岛”时期的上海，出现了很多小型抗日刊物，其中有一些是文艺刊物，不少是郑振铎参与主编或亲自指导的。如一九三七年八月二十五日，《文学》、《中流》、《文丛》、《译文》等文艺刊物出版“战时联合刊物”《呐喊》周刊，茅盾、巴金等人主编，郑振铎参与。创刊号的《创刊献词》后所载第一篇，即是郑振铎的作品。该刊出版后没几天，就与《救亡日报》（郑振铎是编委）、

《抗战》三日刊等一起，被“公共租界”当局扣留，报童被打。郑振铎即与茅盾等人去“租界”工部局抗议。当了解到这是根据国民党上海新闻检查所的要求所干的以后，郑振铎与邹韬奋、茅盾、胡愈之四人便联名向国民党中央宣传部发去抗议电。邵力子回电，要他们“速办登记”云，于是，郑振铎等人便决定将《呐喊》改名《烽火》，坚持出版。该刊坚持到上海成为“孤岛”后，于十一月二十一日出至第十四期停刊。[①] 另已前述，这年十月间，《文学》曾谋复刊，但仅出两期而止。

一九三七年十一月，上海沦为“孤岛”后不久，中共地下党组织就拿出一笔钱，要阿英创办一个综合性文艺刊物。阿英、于伶即去找郑振铎商量，郑振铎推荐刘西渭（李健吾）为公开的主编，于十二月二十日创刊了《离骚》。《离骚》的封面是屈原仰望苍空的图画，含意深刻。创刊号中有周予同、谷人（郭沫若）、戴平万、刘西渭（李健吾）、赵景深、景宋（许广平）、寒峰（阿英）等人的创作或论文，质量很高。这是“孤岛”上最早出现的进步文学刊物，但仅出一期，就被“租界”当局查禁。

《离骚》被禁后，“孤岛”约有半年几乎成为文艺沙漠。这时，暨南大学郑振铎的学生、中共地下支部书记周一萍在党的指示下，联合学校内进步文学青年，准备创办一个文学刊物《文艺》。据周一萍回忆：“我把这个设想告诉了郑振铎同志，他非常热情地表示赞许，并给我们以很大的鼓励。”（《疾风劲草识良师》）他还从经济上给予资助。《文艺》创刊于一九三八年六月五日，至翌年九月十日

① 后于1938年5月1日，巴金、茅盾等人又在广州复刊《烽火》，改为旬刊，又出了8期。

停刊。郑振铎虽然因为太忙而没有为它写文章，但周一萍提到："《文艺》出版后，他每一期都认真阅读，经常向我们提出改进意见。鲁迅、高尔基的纪念特辑，都是根据他的倡议编辑出版的。"（《疾风劲草识良师》）据该刊一位编者舒岱回忆，当时郑振铎还让她代表《文艺》去出席梅益、王任叔等中共地下党员主持的"编辑人出版人座谈会"。另一位编者吴岩回忆，该刊停刊后，"他还是关心着这个刊物。有一天，他特地在走廊上叫住我们，悄悄地说道：'听说你们的刊物有合订本，给我两份，我现在还有条件可以把它们寄给北京图书馆，请他们设法保存起来。'"（《西谛先生二三事》）该刊出版过程中，远在香港的茅盾就对它很注意，曾在《文艺阵地》上撰文介绍说："我们已经介绍过'孤岛'上的许多新刊，但纯文艺的新刊，以我所见，还只有这半月刊。几位年青朋友的努力是值得敬佩的。"（《西北高原与东南海滨》）同样，郑振铎对该刊的支持、指导也是值得敬佩的。

一九三九年一月十一日创刊的《鲁迅风》周刊，[①]也是与郑振铎密切有关的一个刊物。这个刊物也可以说是前一时期"孤岛"进步文学界关于"鲁迅风"杂文的争论的产物。当时在论争中，郑振铎支持了正确的一方，又注意促使双方的团结。为了发扬鲁迅精神，重振杂文雄风，巴人（王任叔）与郑振铎支持创办了该刊。例如，二月十八日该刊召集的聚餐会，郑振铎就出席了。实际编辑者金性尧，是郑振铎的学生；后来接编的石灵，则是郑振铎在暨南大学的助教。郑振铎不仅参与该刊的有关决策，而且积极撰稿。该刊在宣传、发扬鲁迅精神方面作出较大贡献，成为在民国时期杂文

① 5月20日第14期起改为半月刊。

史上不可不提的重要杂志。

一九三九年十一月，郑振铎又与徐调孚主编了"孤岛"时期最大的综合性文学杂志《文学集林》，由开明书店出版。此刊约在七月间就由郑振铎提议筹备，最初他拟办成《文学月报》，但在四川的老友叶圣陶认为"孤岛"环境恶劣，形势多变，不如办一个不定期刊物。[①] 因而即名"集林"而不称月刊。但前三期基本上还是月出一辑，后来便隔数月一出，直至一九四一年六月出了第五辑，后形势恶化，被迫停刊。这五辑《文学集林》，每辑都另有一个题目：一、《山程》，二、《望》，三、《创作特辑》，四、《译文特辑》，五、《殖荒者》。该刊的内容和风格，都令人联想起郑振铎以前主编的《小说月报》、《文学》月刊和《文学季刊》。他自己主要发表了《跋脉望馆抄校本古今杂剧》、《劫中得书记》、《中国版画史自序》等，另外，还发表了坚持在"孤岛"及部分撤退到后方的著名作家，如叶圣陶、王统照、耿济之、巴金、夏衍、李健吾、萧红等人的作品，质量在当时的文学刊物中是比较高的。

一九四〇年九月一日创刊的《西洋文学》，是当时上海一些青年翻译工作者办的刊物。该刊聘请了郑振铎、李健吾、巴金等人为"名誉编辑"。它除了发表翻译的创作外，还注意发表翻译的论文等。在"孤岛"后期也是一个受欢迎的刊物。

在"孤岛"即将完全沦陷前，郑振铎还支持暨南大学部分进步学生于一九四一年四月十五日创办了《杂文丛刊》。该刊一共出版了九期，前六期《杂文丛刊》又各都以一把古代宝剑名称作为刊名：《鱼藏》、《干将》、《莫邪》、《湛卢》、《纯钧》、《巨阙》；后三期《杂文丛

---

① 见1939年8月6日叶圣陶致章锡琛信。

刊》改名为《棘林蔓草》，每期又各以一种生命力强韧的植物名作为刊名：《紫荆》、《菖蒲》、《水莽》。最后一期《水莽》出版于一九四一年十一月十六日，离上海全部沦陷只有二十来天了。据该刊负责者钱今昔等人回忆，当时他们经常向郑振铎汇报、请示，"所以有些文章的观点，甚至修辞方面"都曾得到他的指导。当该刊锋芒过露，引起学校国民党方面注意时，郑振铎又"及时告诉他们，要《丛刊》警惕，善于把握当时形势，进行斗争，坚持办下去。事隔四十年，今日思念及此，犹感良师呵护的深情厚意啊。"（钱今昔《重振"孤岛"杂文》）该刊不仅是"孤岛"后期的重要杂志，也是民国时期杂文史上应该提及的杂文专刊。

除了上述杂志外，在"孤岛"时期郑振铎还支持与关心多种报纸的文艺副刊。例如，《大英夜报》的《七月》。[①] 该报负责人为暨南大学教授翁率正，翁拉王统照编副刊，王又请秦瘦鸥为助编。王统照在该刊正式出版前，就与秦一起去找郑振铎商议，听取他的意见，从而更明确了编辑立场。"孤岛"上影响最大、水平最高的副刊，当推柯灵主编的《文汇报·世纪风》。郑振铎对此副刊十分关怀，发表了自己不少作品，也推荐了不少作品（如钱今昔的《神灯》等）。而且，从一九三八年五月八日起，他更为《世纪风》不露名地亲自主编了一个《书评专刊》（周刊）。他写了这样的《发刊词》：

> 战时的文化运动，不仅不应该停止，且较平常时更为需要。一切战时常识及其他有关战事的书报，均为我们当前的重要的粮食，其重要决不下于柴米油盐。
>
> 我们的文化界在战时，曾经努力过，且还在继续的努力

---

① 该副刊1938年7月4日创刊，原名《星火》，第七天后改名《七月》。

着。可惜许多的出版物都已移地刊行，在上海很不容易读到。但即在上海，努力于写作的作家，也还不少。

本刊的目的便在把战时的中国的出版界的全般面目介绍给一般的读者，当然不免要加以选择并批评。

这里所以抄录了这一篇发刊词，是为了让读者看看，在当时那样艰难的条件下，郑振铎还怀抱着这样的文化建设与批评的大志，能不令人感动吗？而且，这篇佚文他也没有署名。《书评专刊》共出了九期，至七月三日后停刊。

上海全部沦陷后，郑振铎秘密隐居起来，当然被迫停止了报刊编辑活动。这以后四年间有一事可记，那就是柯灵从一九四三年七月一日《万象》月刊第三年第一期起接手主编，奇迹般地将一个原先是鸳鸯蝴蝶派文人掌握的小刊物，变成一个日军占领下上海唯一的一个正派的文学刊物，不少进步文人化名为它写了稿。郑振铎与柯灵有密切联系，也是暗地支持的一个。他在六月二十八日就看到了该刊，并在日记中记了阅读“柯灵新接手编之《万象》”，评为：“尚佳，面目一新矣。”

在抗日战争期间，全国最重要的文学刊物，当推中华全国文艺界抗敌协会总会主办的《抗战文艺》。该刊一九三八年五月四日创刊于汉口，后转至重庆等地，坚持出版到抗战胜利。由于郑振铎一直坚守在上海，不可能实际参与该刊编辑。但是，值得提及的是，在该刊创刊之际，他却被大家推选为编辑委员会三十三人之一。这也是表明了文学界对他的尊重。

抗战胜利以后，值得大书一笔的是郑振铎与李健吾主编的大型文学月刊《文艺复兴》。据郑振铎日记，可知该刊在一九四五年十月初即已开始筹备了，正式创刊则在翌年一月十日。刊名是郑振铎取的，“有气魄，也有识见，朋友们都说好”。[①]《发刊词》也是他写的，表示要“大声疾呼着，为中国的文艺复兴而工作”。他认为，“欧洲的文艺复兴终结了中世纪的漫长的黑暗时代，开启了新的世界，新的时代”，“在文艺上，和在科学、政治、经济上，都同样的有了一个新的面貌，新的理想，新的立场，新的成就。”而战后的中国，“也面临着一个‘文艺复兴’的时代。文艺当然也和别的东西一样，必须有一个新的面貌，新的理想，新的立场，然后方才能够有新的成就。”他号召全体作家“应该配合着整个新的中国的动向，为民主，为绝大多数的民众而写作。”正如李健吾说的，这篇发刊词，“文字慷慨激昂，从欧洲文艺复兴说起，从晚清说起，从鲁迅说起，有声有色，铿锵有力，是一篇难得的号召文章。”(《关于〈文艺复兴〉》)

该刊的封面设计就显示了战斗性。那主要出于李健吾的匠心，当然也是受到郑振铎的启发的。第一卷选用了欧洲文艺复兴时绘画大师米开朗基罗(Michelangelo)的《黎明》，意味着抗战胜利，人民觉醒，国家有前途了。未久，国民党的反民主面貌暴露，策动内战，杀害闻一多，人民怨恨极了，于是第二卷的封面改成米开朗基罗的《愤怒》。第三卷的封面又改为西班牙著名画家戈雅(Goya)的《真理睡眠，妖异出世》，喻指当时国统区民不聊生、一片黑暗的状况。最后出版的三册《中国文学研究号》的封面，则用了我国清代画家陈洪绶的《屈原》，既与古典文学研究的内容相合，又令人想起屈原的悲愤与爱国主义精神。

该刊的内容更是十分精彩，名家荟萃，佳作叠现。钱钟书的

---

① 见李健吾《关于〈文艺复兴〉》，载1946年11月1日《上海文化》。按，李健吾曾先后发表同题文章两篇，后一篇载1982年8月《新文学史料》第3期。本文下引李健吾语，见于后一篇文中。

《围城》、巴金的《寒夜》、李广田的《引力》等四十年代著名长篇小说，都是在该刊连载的。还发表了郭沫若、茅盾、叶圣陶、朱自清、郭绍虞、许寿裳、周予同、曹禺、沈从文、许杰、赵景深、靳以等等著名作家的稿子。丁玲、陈明、刘白羽、周而复等解放区作家的作品更引人注目。除了名家以外，该刊还发表了许多无名作者的作品，就像郑振铎说的："我们并不怎样注意作者们的名字，只要他们的作品值得发表，即使是很生疏的名字，我们也常常使他和读者们相见的。"[①]该刊确实培养了不少新人，如汪曾祺、阿湛等等。该刊还办过好几期纪念专辑，如纪念抗战八年间死难作家、纪念鲁迅、纪念闻一多（两次）、纪念耿济之等，质量都很高，富有史料价值。

为了编辑出版这份月刊，郑振铎等人克服了种种艰巨的政治上和经济上的困难。在第二卷第一期郑振铎写的《编后》中就透露："出版的条件，够多末困难；且不说有什么干涉、没收等等的外来风险，就谈到本身的经济问题，也足以扼杀好些刊物而有余。"在第三卷第六期的《编余》中，他坚定地表示："在任何的困难情形之下，我们这本杂志，仍是要继续的奋斗下去的。在未被高物价的重担压倒在地，一口气咽不过来的时候，我们是不会停止了工作的。"他们坚持到一九四七年十一月一日第四卷第二期（该期已隔了两个月）后，就出不下去了。以后，又于一九四八年九月十日出版《中国文学研究号》上册，中册是十二月二十日出的，下册则是上海解放以后的一九四九年八月五日出版的。

李健吾指出："《文艺复兴》这份杂志，是日本投降后，上海方面出的唯一大型文艺刊物，也是中国当时唯一的大型刊物。"（《关于

① 《编余》，见《文艺复兴》第3卷第6期。

〈文艺复兴〉》)当时报刊上的广告也是这样说的:“水准最高,读者最多,期刊权威,风行全国”,是“战后唯一巨型文艺月刊”。郑振铎为此作出的贡献,是十分巨大的。正如该刊发行人刘哲民说的:“《文艺复兴》是填补了抗战胜利后三年真空的文艺园地,也是西谛心血的结晶,在中国文学史上应该占有相当的一页的。”(《西谛与〈文艺复兴〉》)当然,我们不应忘记全国文协总会在战后也曾办过一个大型刊物《中国作家》月刊,由开明书店出版。然而,该刊从一九四六年九月开始筹备,直到一九四七年十月方出第一期,又因种种原因一共仅出三期就停刊了。因此,在影响上与《文学复兴》是不能相比的。而且还须指出的是,对于《中国作家》的创刊与编辑,郑振铎也是出了力的。最初参加研究创办该刊的,就是他与叶圣陶、冯雪峰、巴金、胡风。该刊创刊号上就发表了他的重要论文《论古西域画》。另外,当时上海还有一个《文艺春秋》月刊,范泉主编,也是倾向进步的文学刊物,不过规模、质量比不上《文艺复兴》。郑振铎对它也是支持的,曾在它上面发表过文章。

抗战胜利后,郑振铎还曾为上海《联合日报晚刊》(第五期起改名为《联合晚报》)主编过一个《文学周刊》。《联合晚报》系为《联合日报》复刊而于一九四六年四月十五日先行出版的,表面上是“民营”报纸,持“无党派立场”,实际是中共支持,周恩来亲自关怀的报纸。因此,请郑振铎主编副刊,也就并非偶然了。《文学周刊》于四月十七日创刊,郑振铎发表他的代发刊词《文艺作家们向哪里去?》,号召文艺作家们“走在时代之前”,“走向光明去”。他在该刊上发表过自己的小说《访问》等。最后,在连出三期纪念鲁迅专辑后,该刊于同年十月二十五日停刊。

新中国成立后,郑振铎也参与编辑了一些文学刊物。如《译文》月刊。一九五三年七月一日创刊于北京，茅盾主编，但据陈冰夷回忆，郑振铎是编辑委员会成员，成员名单是茅盾亲自拟定，经全国文协主席团会议讨论通过的。一九五七年三月创刊于北京的《文学研究》，是新中国成立后最大的文学评论专刊，他是编委之一。该刊后改名《文学评论》，出版至今。同年七月创刊于上海的《收获》，是同类大型文学刊物中最早的一个，他也是编委之一，该刊也出版至今。关于这些，这里不多说了。

综上所述，郑振铎一生主编及参与编辑的文艺报刊，数量是很多的，极少有人可以企及。特别是其中从《小说月报》、《文学周报》到《文学》月刊、《文学季刊》，再到《文艺复兴》，在民国时期文学史上(除了抗战中几年外)，是一脉相承的。这几个刊物，都是各时期全国第一流的最高水平的文学刊物。可谓居全国文坛之中心，执全国文坛之牛耳，影响深远，至今充满魅力。在这些刊物上，荟萃了全国著名的老作家，发现和培养了大量的青年作家，发表了无数的好作品。如果没有这些刊物，新文学运动的发展简直就是不可想象的了。当我们想到这一点时，不能不充分肯定郑振铎在这方面作出的卓越贡献。同样的，我们也不能忘了在各时期配合他、或代理他编辑这些文艺报刊的沈雁冰、叶圣陶、徐调孚、赵景深、傅东华、王统照、章靳以、巴金、李健吾等人的贡献。

四、文学新人的发现与培养

中国新文学作家，都可说是郑振铎的同时代人。然而，根据这些作家登上文坛与成名的先后，其作出文学贡献的主要年代，以及年龄的大小等等，又可分为若干年辈。我认为，大致说来，新文学的第一代人，就是《新青年》时代的一批新文学运动最早的先驱者，如鲁迅、陈独秀、胡适、周作人、钱玄同、刘半农等等；第二代，是文学研究会与创造社时代的文坛骁将沈雁冰、郭沫若、郁达夫、叶圣陶、老舍、王统照等等；第三代，是活跃于新文学第二个十年的巴金、丁玲、曹禺、沈从文、周扬、夏衍等等；第四代，是崛起于新文学第三个十年的赵树理、钱钟书、端木蕻良、刘白羽、周而复等等。郑振铎属于上述第二代作家，他对于前一代作家如鲁迅等人，也有过“回报的影响”，[①]但这不属于本文议论的范围；这里，我们要谈谈他对同辈以及后辈中的许多作家所起的重要作用。

由于郑振铎是一位非常热心、诚恳、团结面广、“爱友若命”（郭绍虞语）的人，由于他长期身居文坛的中心，在一些文学社团和文学报刊编辑部中处于为首的地位，也由于他眼光敏锐，有伯乐之才，所以在他一生中发现、帮助、提携、培养的作者（以及文学研究者、翻译者和编辑者等），其数量实在不少。这是他对新文学事业重大贡献的一个方面。间接地受到他的影响与教育的且不说，直接在他帮助下走上文坛的就有不少。关于这些，有些作家写了感人肺腑的回忆文章，更有大量的事迹则被湮没了。我认为，这些事迹是很生动、很有说服力的，应该在评述他的文学活动时提及。但具体事例太多，这里不可能全部叙述，只能选择若干有代表性的人事，并偏重于新文学运动前期。这当然也是因为时间越早，对新文学发展的意义就越可贵。

在郑振铎的同辈作家中，如果我们说创造社元老、著名作家郁

---

① 郭沫若指出，比鲁迅年辈低的瞿秋白、茅盾等人“在接受了鲁迅的影响之一面，应该对于鲁迅也发生了回报的影响”。（《鲁迅与王国维》）

达夫是在他的帮助下走上文坛的，大概会有不少人感到吃惊吧。何况，正是郁达夫，在一九二一年九月起草发表的《纯文学季刊〈创造〉出版预告》，和在翌年五月创刊的《创造》中发表的《艺术私见》等文中，曾暗射攻击郑振铎等人"垄断文坛"、"压制天才"呢。但是，郁达夫的这些说法不仅是偏激的，而且也是严重误会的。郁达夫在一九二一年七月三十日写的《〈沉沦〉自序》中说，"《银灰色的死》是我的试作，便是我的第一篇创作，是今年正月初二脱稿的"，"寄稿的时候我是不写名字寄去的，《学灯》栏的主持者，好像把它当作了小孩儿的痴话看，竟把它丢弃了；后来不知什么缘故，过了半年，突然把它揭载了出来。我也很觉得奇怪"。这段话，实际就是针对郑振铎的。据郁达夫《友情和胃病》和郭沫若《创造十年》所记，这年六月初，郭从上海回日本，向郁介绍国内情况，大谈上海文坛的"党同伐异，倾轧嫉妒"，便引起了郁达夫想到向《学灯》投稿逾半年没见发表之事，郁达夫便要郭沫若回上海后去要回稿子。（郁达夫当然从郭沫若那里得知当时《学灯》主编是郑振铎。）后来，郁稿于七月七日至十三日在《学灯》上连载发表，而郁达夫却仍然对郑振铎表示不满。但这却是冤枉了郑振铎的。郁达夫不知其中的缘故：他当初投稿去时，《学灯》的主编是李石岑，郑振铎还没有从北京到上海工作呢，拖延未发的责任当然不在郑振铎；郑振铎是四月才进《学灯》工作的，不久实际主持《学灯》。郁稿得以见报，显然是因郭沫若回国后去催索，郑振铎在前任主编的积稿中找出并发表的。[①] 郁达夫这篇处女作署名"TDY"，不久，他又以颠倒的

① 台湾有人胡说郁达夫的第一篇小说《银灰色的死》是王平陵发表的（见《郁达夫年谱长编》所引），我已撰文予以痛斥，见《是"佳话"还是编造？》。

“YDY”笔名寄去他的第一首新诗《最后的慰安也被夺去!》,这次郑振铎立即将它发表于七月二十七、二十九日的《学灯》上。郁达夫的第一篇文学评论《〈茵梦湖〉的序引》,通过郑振铎发表在同年十月一日《文学旬刊》上。郁达夫的第一篇散文《芜城日记》,也是由郑振铎发表在同年十一月三日《学灯》上。这四个“第一篇”,有力地说明了郑振铎决没有对郁达夫“倾轧嫉妒”和“压制”;相反地,可以毫不夸张地说,郁达夫之走上新文坛的第一步,是得力于郑振铎的帮助的。

文学研究会中更有许多最早的会员,得到过郑振铎的大力帮助。该会发起人之一许地山,就是在他的怂恿鼓励下走上创作道路的。《小说月报》改革号上许地山发表的《命命鸟》以及后来的《商人妇》、《换巢鸾凤》、《缀网劳蛛》等小说,就都是郑振铎组织并转寄给沈雁冰的。因为当时沈雁冰不认识许地山,所以许地山的处女作《命命鸟》发表时,就有郑振铎写的“附注”,称许地山为“我的许哥哥”(许比郑大五岁),并介绍许地山“小时就在缅甸念书,对于缅甸的风土,非常的熟悉。这篇小说是写他在那里的时候亲见的一段故事。”再如,本书第四章第三节已提到,在一九二一年五月号《小说月报》上发表的许地山《换巢鸾凤》后,也有郑振铎化名“慕之”写的附注,肯定了许的作品富有浓厚的地方色彩与写实精神。这是对许地山作品的最早的评价。许地山最初创作的新诗《看我》、《情节》、《邮筒》、《做诗》、《月泪》等等,也都是郑振铎拿去发表于一九二四年的《小说月报》上的。

该会另一位发起人叶圣陶,在认识郑振铎以前就发表过不少作品(包括一些文言小说),他的文学生涯开始得较早。但他最早的几本创作集,都是郑振铎收入《文学研究会丛书》中出版的。尤其在儿童文学创作方面，叶得到了郑振铎的大力促进与帮助。叶圣陶多次说过，他最初写童话，“有个促使我试一试的人，就是郑振铎先生，他主编《儿童世界》，要我供给稿子。《儿童世界》每个星期出一期，他拉稿拉得勤，我也就写得勤了。”（《我和儿童文学》）叶圣陶的第一本童话集、后来被鲁迅盛誉为“给中国的童话开了一条自己创作的路”[1]的《稻草人》，就由郑振铎收入自己主编的《文学研究会丛书》中，并亲自作序，第一次从理论上深刻地阐扬了叶圣陶童话的价值。

黄庐隐是郑振铎在“五四”运动时在福建旅京学生会中认识的福建同乡，并邀请她第一批参加文学研究会，还邀请她为改革后的《小说月报》写稿。她的小说处女作《一个著作家》，由郑振铎推荐发表于一九二一年二月号该刊。事后她回忆说：“当然我没有敢希望一定可以刊登，所以心情也很紧张，直等了一个多月，我看见《小说月报》居然把它登了出来，这一喜，真正等于金榜题名时，从此我对于创作的兴趣浓厚了，对于创作的自信力也增加了。”（《庐隐自传》）可见这对于她后来成为新文学第一代著名女作家具有多么大的推动力。[2] 从此，她继续创作，而最有名的那篇《海滨故人》，也是由郑振铎亲自发表在自己主编的《小说月报》上的。（关于郑振铎与这篇小说的关系，本书第三章第二节有所论述，请参看。）

王任叔之登上文坛，更是郑振铎一手提携的。一九二二年五

---

① 鲁迅《〈表〉译者的话》。

② 有研究者提及，庐隐最早发表的小说，是 1921 年 1 月 25 日《时事新报》的《海洋里底一出惨剧》（署名“庐隐”）。但此篇从未收进庐隐的集子，庐隐本人以及她的同学好友也都未曾提起过，值得辨考。从上引《庐隐自传》来看，此篇至少可以肯定不是她的第一篇小说创作。

月二日，他给《文学旬刊》主编郑振铎寄去一篇题为《对于一个散文诗作者表一些敬意！》的文章，评论了诗人徐玉诺的作品，被郑振铎立即刊登在同月十一日该刊。郑振铎还特地在王文后加了一段按语："我对介绍玉诺兄的任叔先生也表示十分的敬意。玉诺的诗已出现半年多，却不曾有谁批评他。一直到了现在，才有一个任叔先生留意到。"这篇文章是王任叔首次发表的文字，极大鼓舞了这位浙东农家出身的青年。六月一日该刊上，郑振铎又发表王任叔的来信。信中说，他当时写了一本诗《恶魔》，"鼓足勇气"寄来，"先生看了这些诗如谓艺术林中可占一位的，那就不妨为我出一专集。如谓艺术手段还差，内中或有好的，那末不妨择好发表。如谓都是不好的，那末还是寄给我还再来堆在书堆中吧！"因为王任叔没写回信地址，郑振铎就在下一期刊物上发表回信说："我们虽不曾见面，但我却在《恶魔》中看见一个较见过面的更袒露更真切的一个你了"，并表示："此集我必尽力为谋出版。现在且先在旬刊上陆续选登出来。"从这一期起，该刊选载了王任叔的《遣闷》等诗。这年七月一日该刊，又发表王任叔的来信，信中激动地说："承你的厚爱，奖励到我要哭了。""我学识的浅薄，经验的偏狭，真是在你谬赞的话中，觉有非分的忧虑了。"同年八月二十一日，该刊又开始发表王任叔最初的小说，特别是十月十日该刊发表王任叔的《吃惊的心》、《大树》，郑振铎并在同期《杂谭》中指出："中国的小说，向来少有真实的生活描写。所以'农民小说'，中国是没有的"，而王任叔的这两篇小说，"在中国可以说是创始之作"。这一评价是否偏高，尚可斟酌；但对王任叔走现实主义创作道路无疑是极大的鼓励。一九二三年，郑振铎接手主编《小说月报》的第一期，还一口气发表王任叔的四篇小说及六首《山居杂诗》。在这前后，郑振铎亲自介

绍王任叔参加了文学研究会。在郑振铎逝世后,王任叔在《悼念振铎》中说:

我从事于文学事业,他无疑是我的导师和益友。这不仅因为在他的许多的著作中,使我增加了不少的文艺知识,而且还因为他的一些著作中某些健康的思想,使我敢于直面人生。

王任叔还提到自己早年沉浸于悲愁和颓伤的心境的时候,忽读到郑振铎的一段话而得以"自救",[①]王任叔说:"人常有闻一言而受用一生的,振铎用'西谛'的笔名写下的这一段话,对我说来就是如此。"直到王任叔晚年写的自传中,还说:"一生中,文学事业上给我以最大帮助和影响的是郑振铎。"

上述王任叔提到的徐玉诺,是一九二〇年代初出名的诗人与小说家。他也是郑振铎发现和大力培养的。在一九二一年七月三十日《文学旬刊》上,郑振铎发表了徐玉诺最早的散文诗《冲动》,以后该刊又发表了他很多诗;同年八月三十日该刊,发表徐玉诺最早的小说《遗民》,后又推荐徐玉诺的小说发表于《小说月报》。一九二二年一月郑振铎编选文学研究会作家(徐玉诺也参加了该会)诗选集《雪朝》,便选入徐玉诺诗四十八首,为集子中收入诗歌数量最多的一位。同年八月,郑振铎又将徐玉诺的第一本诗集《将来之花园》收入《文学研究会丛书》中,并亲自作序,引用俄国大批评家杜勃罗留波夫的话,称赞徐玉诺"是中国新诗里第一个高唱'他自己的挽歌'的人"。在一九二三年五月二日《文学旬刊》上,郑振铎发表的《我们的杂记》中,认为徐玉诺是一个大有希望的文学新人,"竭望"他能够"有伟大的感人的作品出来",并"很慎重的"推荐他

① 据查,这段话为1926年12月号《小说月报》的《卷头语》。

当时写的小说《一只破鞋》。该小说后由郑振铎发表于《小说月报》,茅盾在三十年代还把它选入《中国新文学大系》,并给予很高评价。

作为文学研究会小说大家的老舍,他的处女作与成名作《老张的哲学》,是在一九二六年下半年郑振铎主编的《小说月报》上连载发表的。据老舍回忆,当时他在伦敦大学东方学院教汉语,业余写了此部小说,是写在普通的学生作文簿上的。在许地山的建议下,他寄给了国内的《小说月报》,而且是马马虎虎地用纸卷一卷就寄出了。不料就得到了郑振铎的青睐。[①] 在发表之前一期该刊的《最后一页》中,郑振铎就预告:"舒庆春君的《老张的哲学》是一部长篇小说,那样的讽刺的情调,是我们的作家们所尚未弹奏过的。"第七期开始发表时,赫然登在首篇。在郑振铎写的该期《卷头语》中,语重心长地指出:"中国小说数量之少,真使人惊诧","且看屠格涅夫一身[生]重要的作品有多少,杜思退益夫斯基有多少,托尔斯泰有多少,佐拉、莫泊桑有多少,史格得、狄更司有多少,'质'的一方面姑[且]不要说,就'量'的一方面而论,已经要使我们愧死了!""我们的作家,我们的新进作家,你们应该如何的努力!"我想,老舍后来成为中国现代长篇小说创作量最丰的大作家,肯定是与郑振铎的这些激励和帮助有关的。[②]《老张的哲学》至年底登完,郑振铎又在第十二期《最后一页》特地指出:"今年所登的创作,《老

---

① 有一种说法,这篇小说是老舍寄给鲁迅的,不确。今见 1926 年 9 月 30 日老舍致胡适信(胡当时正在伦敦参加中英庚款会议),提到:"我前者作了一个小说[按,即《老张的哲学》],寄给上海郑振铎。他已允代刊印,我又后悔了! 因为,我匆匆写好,并没加修正,可是郑说,已经付印,无法退回。"

② 我认为,郑振铎的这段话,就是对老舍说的。因为在这期上只发表了老舍一个人的小说创作(翻译小说不算)。

张的哲学》特别的可以使我们注意。”并预告说：“明年老舍先生还有一部《赵子曰》，一部比《老张的哲学》更重要更可爱的长篇，将在本报发表。”还作了内容介绍与评价，认为是可以“使我们始而发笑，继而感动，终而悲愤”的佳作。这段话最早指出了老舍小说的基本特色，后为朱自清等人所赞同。一九二九年郑振铎主编《小说月报》期间，又发表了老舍的第三部长篇小说《二马》。以上三部小说都是老舍在国外写了寄回国的，而一九三〇年春老舍一回国，就被郑振铎请到家里住，并在郑振铎家写完了长篇童话小说《小坡的生日》。老舍创作向革命方向转变的第一部小说《黑白李》，也是郑振铎发表于《文学季刊》创刊号上的。在郑振铎逝世周年纪念会上，老舍曾声泪俱下地发言说：

> 郑振铎的一个特点是爱朋友。他有热情，见你有一技之长便帮助你。他不给你浇冷水，和“百花齐放”政策一样，从不浇冷水。他不是一个平凡的朋友。你有一点好处，就鼓励你前进。①

文学研究会老作家许杰，在晚年写的回忆录《坎坷道路上的足迹》中写道：“我在《小说月报》上最早刊出来的便是一篇读后感，其次是一篇类于诗又不像诗、是散文又不像散文的抒情文章《祈祷》。以后引起大家注意的，而且得到茅盾在《中国新文学大系·小说一集》的导言里特别提起的，就是《惨雾》。”他说的那篇“读后感”，载一九二三年三月号《小说月报》；《祈祷》，载同年六月该刊；《惨雾》，载翌年八月该刊。都是由郑振铎发表的。尤其是小说《惨雾》，是许杰看了郑振铎在该刊一九二四年六月号《最后一页》中提到将出

① 摘自会议记录稿，未刊。

"非战文学"专号的话以后赶写出来,并亲手交给郑振铎的。郑振铎在这篇《最后一页》中说:

> 中国虽是一个以和平之国著称的国家,中国的人民,虽是以爱好和平著称的人民,然而,这不过一种很好听的饰词,在实际上,中国的内地,哪一处没有战争,——残酷无比的战争——某村与某村,或某姓与某姓之间有械斗,兵与匪,匪与人民之间有争斗屠戮。……我们几乎每一天都有听见最恐怖的战争新闻。我们虽没有大力量,去直接阻止他们的行动,却愿以文字的感化力,来向国民为反对战争的宣传!

这段话感动和启发了许杰,《惨雾》的主题与意义亦即在这方面。而长期来,人们对《惨雾》的分析评价局限于"乡土文学"一面,没有充分注意到它更是"非战文学",尤其没有注意到这篇小说与郑振铎的关系,许杰也认为应该指出这一点。许杰还指出:"这篇作品对我影响是比较大的。因为以前我发表的是读后感或抒情散文之类,真正的通过故事与人物的遭际来体现主题思想的小说创作,就从这一篇《惨雾》开始。""郑振铎对这篇小说还比较满意,于是引起我毕生从事文学创作的决心。"(《坎坷道路上的足迹》)

文学研究会内还有很多作家得到过郑振铎的巨大帮助。例如,赵景深在一九二〇年代初,还是一个棉业专门学校的学生时,便与郑振铎通信,并创作《稻草煤炭和蚕豆》、《好小鼠》等童话,发表在《儿童世界》上。他最早翻译的安徒生的《小松树》,收入郑振铎主编的《童话》第三集。他最初的小说创作《红肿的手》,由郑振铎发表在一九二三年七月号《小说月报》上;后来并被茅盾选入《中国新文学大系》中。此外,如诗人朱湘,与郑振铎"相交最深"(赵景深语),郑振铎给过他有力的帮助。广东作家刘思慕、梁宗岱等人参加文学研究会，并在创作上取得较大成就，也都是得力于郑振铎的，这里就不再一一论述了。

在民国文坛上成名较上述作家迟，但骤享盛誉的巴金，虽然没有加入文学研究会，但不少人也将他视为该系作家。这是有道理的。而且，他最初在文坛上露面，也是在郑振铎主编的《文学旬刊》上。一九二二年七月二十一日，他以"佩竿"笔名，在该刊发表了最初的创作《被虐者底哭声》（诗），随后又陆续在该刊发表一些诗和散文。同年九月十一日，该刊发表了他的来信，表示热烈拥护郑振铎关于文学"应该与这腐败的社会争斗"的思想，并极为推崇郑振铎的新诗《悲鸣之鸟》，说："我读这篇时已陪了不少的眼泪了"。他还请求："我很希望你们与我常通信教导我"。一九二三年五月，巴金在成都《孤吟》杂志发表新诗《报复》，实际是对郑振铎《死者》一诗的应和。可见，郑振铎在文学思想与创作上都对巴金有影响。使巴金正式走上文坛，一举成名的，是一九二九年发表的第一部长篇小说《灭亡》。这是连载在该年一至四月号《小说月报》上的。该稿从国外寄回上海时，郑振铎已经恢复《小说月报》主编之责。小说开始发表时，郑振铎已回国半年了。[①] 小说载完后，郑振铎在该刊《最后一页》中说："曾有好些人来信问巴金是谁，这连我们也不能知道。他是一位完全不为人认识的作家，从前似也不曾写过小说。然这篇《灭亡》却是很可使我们注意的。其后半部写得尤为紧张。"在这一年最后一期该刊的《最后一页》中，郑振铎还特地提到《灭亡》和老舍的《二马》，认为"它们将来当更有受到热烈的评赞的

① 巴金晚年反复多次口口声声说，这部小说是叶圣陶做责任编辑的；现在一些人提到巴金之被"发现"，也都只提叶圣陶一人。这完全不符合事实。

机会的。”[①]权威刊物的这些编者按，对这位文坛新秀的鼓励有多大，可想而知。巴金自己就多次说过：“在发表《灭亡》之前，我做梦也想不到我会成为‘作家’。《灭亡》是我的第一本小说。”(《谈〈灭亡〉》)那以后，巴金创作的第一篇短篇小说《房东太太》，也是由郑振铎发表于一九三〇年一月号《小说月报》上的。

不过，郑振铎也曾退过巴金的稿子。巴金一九八二年春在回答某研究生的提问，在讲到最初郑振铎发表过他的作品时，就清楚地记得：“一九二四年，我还写过一个反战题材的短篇，投给《小说月报》，给退了回来。当时的编辑也是郑振铎，没有采用。”[②]尤其值得一提的是，巴金在发表《灭亡》“一举成名”后写的第二部小说《死去的太阳》的初稿，于一九三〇年春寄给郑振铎，却被郑振铎退回了。巴金后来诚恳地说：“编者的处理是很公平的。”“为了退稿，我至今还感激《小说月报》的编者。一个人不论通过什么样的道路走进‘文坛’，他需要的总是辛勤的劳动、刻苦的锻炼和认真的督促。任何的‘捧场’都只能助长一个人的骄傲而促成他不断地后退。”(《谈〈灭亡〉》)可见，这样的退稿也是一种帮助。这以后，巴金继续得到郑振铎的帮助，例如一九三三年年底，他就住在郑振铎家里创作了《爱情三部曲》的最后一部《电》。巴金后来深情地说：“我应该感谢他。”(《写作生活的回顾》)郑振铎逝世后，巴金又写道：“我一直敬爱他”，他“喜欢毫无保留地帮助朋友”，“三十几年来有不少的人得过他的帮助，受过他的鼓舞，我也是其中之一。”(《悼振

① 这些评语，现在也被一些人认为是叶圣陶写的，甚至被收入叶圣陶的集子中。实际都是不对的。

② 巴金的这篇“反战题材的短篇”，显然就是同许杰的《惨雾》一样，是响应郑振铎1924年6月号《小说月报》要出“非战文学专号”的征文。

铎》）

顾仲起是现在已被人忘却的一位作家，但在一九二〇年代曾经很有名气，这与郑振铎在他身上付出了大量心血分不开。顾仲起原是南通通州师范学校学生，因参加学生运动而被校方开除，又遭顽固家庭责骂，遂流浪到上海，曾作码头工人及其他杂工等，并尝试给《小说月报》投稿。一九二三年七月，郑振铎发表了顾仲起的三首小诗。顾仲起在激动之余又创作一篇小说《最后的一封信》，亲自跑去交给郑振铎，并哭着诉说自己与家庭和社会奋斗的经过。第二天，他又给郑振铎写信说因为思想苦闷，想去投水自杀。郑振铎在八月号《小说月报》上发表这篇小说时加了一段附记，说明了上述情况，并深深地为他担心。郑振铎并在该期《最后一页》特地再提到这篇小说，认为"应当以十二分的哀感读它。他写这篇文字时，我们可以想见，一定是一面在流涕，一面在写着的。"小说与郑振铎的上述文字发表后，引起社会轰动，读者纷纷给郑振铎写信，表示对作者的同情和对黑暗社会的抗议。还好，这次顾仲起没有自杀，不久他又寄来一篇小说《归来》（以自己那几天亲身经历为素材），郑振铎又加了按语，发表在九月号《小说月报》上。顾仲起就这样走上了文坛。郑振铎还想推荐他到商务印书馆工作，因馆方不接受而未成；后便与沈雁冰二人写介绍信并资助路费，送顾仲起去黄埔军校参加革命。顾仲起不久加入中国共产党，大革命失败后回上海参加"太阳社"，从事过革命文艺工作。[①]

燕志儁也是得到郑振铎的帮助而走上革命文艺道路的青年，

---

① 顾仲起后于1929年初，真的跳黄浦江自杀。其原因是多方面的，这里不能详述。他走上轻生之路是错误的，也十分令人惋惜。当然，这不影响我们对郑振铎培养顾仲起一事的评价。

他的名字现在可能也不甚为人熟知。而他的事例更动人，因为他甚至从未见到过郑振铎。一九八二年七月的《柳泉》杂志上，载有燕遇明的《忆振铎老师》，文中说，一九二四年，[①]作者因病休学，回到山东泰安农村，因读了郑振铎主编的《小说月报》泰戈尔专号，便模仿泰氏作品的形式写了两首诗，"用在农村中能够买到的那种粗草纸抄写出来"，寄往《小说月报》。"出乎我的意料之外，《小说月报》竟然于一九二五年春季[②]刊登了这两首诗。人所共知，一个青年（严格说只是个少年）作者的作品初次得到发表，是会兴奋得睡不着觉的。"从此，作者就不断地给郑振铎寄稿子去，也不断地登出来。郑振铎曾去信给予热情鼓励与指点，还曾邀请他参加文学研究会（但因燕志儁当时年幼无知而未报名参加）。查一九二〇年代初的《小说月报》，就可知道这位作者就是燕志儁。当时郑振铎发表他的作品确实不少，甚至经常一期登载二、三篇。就这样，拉他走上了新文学之路。燕志儁说："以后，我才认识到是振铎老师引导我走向新文学这条道路的，对我的一生来说是很重要的"。燕志儁后来参加了革命武装斗争，并从事党的文艺工作，新中国成立后任山东省文联副主席。他认为"振铎老师在我青年时期把我引向进步文艺这一点，确实是其中的重要原因。""当时振铎老师对一个北方山村青年幼稚的处女作如此关怀，这种品格是极为可贵的。"尤其值得一说的是，据燕志儁夫人张萃熏告知，此文是燕志儁晚年在病榻上写成的，而文章发表时作者已告别人间。燕志儁在临终前回顾自己的一生时，这样深切的感谢郑振铎这位不曾见过一面

---

① 据我查考，当是1923年。

② 据我查考，当是1924年2月。

的“老师”，这是何等动人的一个事例！

以上所说的，均是一九二〇年代郑振铎培养青年作家的事例。这样的例子还有一些可举，就不再多写了。甚至有一些老一辈无产阶级革命家，如张闻天、陈毅等人的早期的文学活动，也曾得到郑振铎的帮助。一九二六年，陈毅以自己的经历为素材所描写的一个青年毅然告别慈母外出参加革命的小说《归来的儿子》，就由郑振铎发表于《小说月报》。陈毅在四十年代军旅倥偬中，还向人回忆起此事。[①] 到三十年代，郑振铎继续培养了很多文学新人。例如，一九三〇年三月，郑振铎在《小说月报》上发表了青年学生章靳以的处女作《偕奔》，随后又发表了他的《沉落》、《变》等小说。章靳以后来回忆说，正是由于郑振铎的热情帮助，“给了我勇气，使我选定了文学工作做为我终身的事业。”(《和振铎相处的日子》)一九三三年，他又热情支持青年作者端木蕻良创作长篇小说《科尔沁旗草原》，为端木蕻良的这一处女作“喜而不寐”，表示：“我必尽力设法，使之出版！”[②]一九三六年八月，郑振铎又在参与主编的《文学》月刊上发表了端木蕻良的第一篇短篇小说《鸶鹭湖的忧郁》，这也是作者在文学刊物上发表的第一篇作品。一九三五年后，商务印书馆一下子出版了萧乾“最早的三本书，即《篱下集》(小说)、《小树叶》(散文)和《书评研究》。一个二十五岁初出茅庐的青年，怎么会那么大走文运？”(萧乾《我与商务》)原来，这都是郑振铎推荐的，前两种还收入郑振铎主编的丛书中。萧乾就靠此稿费读完了大学，

---

① 见方行《给〈上海文学〉编辑部的信》。

② 1933 年 12 月 18 日郑振铎致端木蕻良信。后该书稿因为有对国民党当局的“违碍之处”，出版社没有接受。一直到 1940 年，才在茅盾、郑振铎等人支持下由开明书店出版。

萧乾后来感激地说:“那不啻是雪中送炭。”(《我与商务》)一九三六年二月《文学》上,郑振铎发表了夏衍署名“夏衍”的第一篇小说《泡》。[①] 据夏衍自述,当时他是左联的领导人,如果他把作品交给左联的杂志或朋友们编的杂志,那是肯定会发表的,即使不合格也会照顾他的“面子”。为了试一试自己的作品真的够不够格,他请人代抄了稿子(因怕被认出字迹),并托人从外地寄给郑振铎等人主编的《文学》,结果登载了出来。作者说:“这是我第一次用夏衍这个笔名。这一试作的发表,也增进了我写作的信心。”(《懒寻旧梦录》)同年三月《文学》上,郑振铎发表了萧军到上海后写的第一篇小说《职业》(是鲁迅转给郑振铎的),这是萧军在上海文坛上迈出的第一步。再如曹禺的《雷雨》,也是一九三四年七月发表在郑振铎、章靳以主编的《文学季刊》上,从而使曹禺一举成名的。四十年代,郑振铎仍呕心沥血培养、帮助了不少青年作家,如吴岩、华铃、舒岱、陈恩凤、钱今昔等等。钱钟书的著名长篇小说《围城》,也是在郑振铎的热情鼓励下,在《文艺复兴》上连载的。新中国成立后,他还热情鼓励周而复创作《上海的早晨》,并提出了很多重要意见。关于这些,我们就不多说了。

抗日战争期间,汉奸刊物上曾有文章说,郑振铎“做着编辑的时候,无名小卒的心血稿投寄过去,看都不看一眼,总是退的退,丢的丢。”还说:“事实上,他所主编的杂志丛书,也的确大都是他自己和他朋友的‘大作’,不过他们常常在换着笔名,冒充一下新进作家罢了。”(杨光政《大编辑郑振铎》)一九五〇年代,台湾的国民党文

---

① 夏衍曾以笔名“沈宰白”在1924年12月1日《狮吼》半月刊发表小说《新月之下》,当是其第一篇小说。

人又说郑振铎"态度骄傲，使初次接近他的人，实在无法忍受，心眼儿异常狭窄，他所控制的园地，如不是同乡、亲戚、'文学研究会'的会员，难得采用外稿，即有佳构，亦遭排斥"。(王平陵《北伐前后的文派》)这些说法只不过是出于政治偏见的诬蔑之词，上面我们举出的大量令人感动的事实，都可以充分证明这一点。就拿王平陵来说吧，郑振铎早在一九二二年一月的《文学旬刊》上，就发表过他的文章，不知道王平陵算是什么"同乡"、"亲戚"、"会员"？王平陵胡说郑振铎"排斥佳构"，却又想把郑振铎发表的郁达夫的处女作说成是自己发现和发表的，正是无耻之尤！当然，我们不能说郑振铎在具体编辑工作中所选用的篇篇都是佳作，所退还的篇篇都是劣文。但是，他确实是出于发展新文学事业的公心，无私地培养了大批文学新人；如果他发现自己有错，也一定立即主动承认，并加以改进。这一点，可举一个生动的例子。彭家煌在一九二六年初创作了一篇小说《Dismeryer 先生》，趁没有人的时候放在郑振铎的办公桌上(当时彭家煌也在商务工作)，后来郑振铎退还了他。彭家煌又寄到北京《晨报》，被刊用。郑振铎看了报后，就主动向彭家煌道歉，说自己当初实在没有细看，并鼓励他继续努力。后来，彭家煌在郑振铎主编的报刊上发表过不少作品，彭家煌的第一本集子《怂恿》也是收在郑振铎主编的《文学周报社丛书》里的。郑振铎还发展彭家煌加入了文学研究会。正如彭家煌的友人说的："他是经过这一点小挫折，这一点鼓励，才迈步走上文坛的。"(汪雪湄《痛苦的回忆》)

以上所说的郑振铎发现、培养的文学新人，都是从创作角度说的；另外，不可忘记他还发现和培养了很多从事文学翻译、编辑、研究的新人。这后一方面，这里就稍许举些例子说说了。翻译方面，如文学研究会最早的发起人之一耿济之，是我国最早、最勤奋的俄国文学翻译者，他早期的译著如《俄罗斯名家短篇小说集》(与沈颖等人合译)、《艺术论》、《黑暗之势力》、《父与子》、《人之一生》等书，就都是由郑振铎作序推荐的。文学研究会发起人瞿世英、郭绍虞等人一九二〇年代初最早的译作，如《春之循环》、《阿那托尔》、《太戈尔戏曲集》等等，也都是由郑振铎帮助作校改，以及写序的。曹靖华一九二四年翻译了契诃夫剧本《三姊妹》，经瞿秋白介绍，由郑振铎列入《文学研究会丛书》出版，这是这位著名翻译家的第一本译作。二十世纪二三十年代，傅东华翻译了很多文艺理论著作，也曾得到郑振铎的大力帮助和指导。在文学编辑工作方面，徐调孚、傅东华、章靳以等人，都是郑振铎亲自带教出来的，赵家璧、刘哲民等人也得到过他的热心指导。至于在文学研究方面，郑振铎培养的新人就更多了。例如，许地山成为我国最早的中印文学关系研究者，就得到郑振铎的大力帮助。赵景深则说过："我在中国古典小说和戏曲以及民间文学、儿童文学方面都是他的忠实的追随者。"(《郑振铎与童话》)王任叔也说："一生中……郑振铎那种博学而无所归的治学作风，我也多少受他影响。"(《自传》)王任叔后来写出了我国第一本系统的、努力运用马列主义观点的文学概论《文学读本》，[①]他在初版后记中说："最后，我有两点要特别声明，第一，对于中国文学的形式，我得到振铎兄的不少提示。我还应在此谢谢他借我许多参考书。"陈望道的名著《修辞学发凡》的初稿，最早得到他的关心和指教。吴文祺研究联绵词和修订《辞通》，得到

---

① 此书1940年由珠林书店出版。1949年海燕书店再版，改名为《文学初步》。1953年新文艺出版社出版修订本，改名为《文学论稿》。

过他最关键的支持。吴文祺在一九三〇年代回顾自己十年来的人生道路时，第一个就提到郑振铎："历年来对于我的热心的鼓励，使我永远不能忘记他。"（《我为新文学奋斗的经过》）还有李长之，香港研究者王俊东指出："最先赏识李长之的才华者，不是别人，正是当时以编各类文学杂志名重一时的郑振铎"（《书话集》）。此外，还可举出钱钟书、王哲甫、吴晗、林庚、余冠英、吴晓铃、谢国桢、孔另境、季羡林、吴世昌等等一长串学者的名字。

这里，要特别谈谈从未为人提到的郑振铎帮助吴世昌的故事。郑振铎的名著《插图本中国文学史》出版后不久，从一九三三年三月至翌年三月，燕京大学学生吴世昌就一连发表好几篇文章，对该书大肆贬斥，甚至对自己的老师郑振铎作人身攻击。（关于此事，本书在第五章第二节中还将写到，可参看。）但是，郑振铎却以异常难得的学者、师长风范，从爱护一个有才气的青年人出发，仅对其有关学术问题作了答辩，而不计较其他。不仅如此，他在创办《文学季刊》时，还一视同仁，邀请吴世昌写稿。在一九三四年元旦出版的该刊创刊号上，就发表了吴世昌的论文《诗与语音》，吴世昌在文末即写道："谢谢西谛先生督促我，得以写成此篇。"当时，刘半农看了吴文后，给郑振铎寄来了表示反对意见的论文，郑振铎又把刘文交给吴看，热情鼓励吴世昌继续发表自己的看法，并表示可以在发表刘文的同时发表吴世昌的答辩文章。吴世昌写成《〈诗与语音〉篇的声明和讨论》后，郑振铎就准备刊用，但后来因故未能发出，他还特地写信向吴世昌作了解释。[1] 郑振铎当时是闻名国内

① 此文后载 1934 年 10 月 19 日《北平晨报》。上述经过，即是吴世昌在文末附记中自述的。

外的大学者、教授(刘半农也是),而吴世昌还不过是初出茅庐、而且刚刚错误地攻击过郑振铎的一个普通大学生,郑振铎能够这样关怀、帮助他,实在是太令人感动了!真可借用吴氏在其他一篇教训别人的文章中的一句话来说:"这是何等风度,何等胸怀,何等虚心,何等实事求是!"[①]

最后,还必须提出的是,本节所述,主要是从郑振铎在编辑、出版等文学活动中对文学新人的发现与培养,基本上没包括他在教育活动中对文学新人的发现与培养。事实上,他自一九二〇年代在上海大学、神州女校、立达学园等校任教起,到后来在复旦大学、中国公学、光华大学、清华大学、燕京大学、暨南大学等校任教,以及"孤岛"时期在社会科学讲习所、中法剧艺学校等校任教,直至新中国成立后在文学讲习所讲学等等,其中也培养了大批文学青年,"他开了十几门课,无保留地把自己的心得传授给别人。"(端木蕻良《追思》)[②]关于这些,不拟再详述了。写到这里,或恐难逃被高明嗤为不像"论文";但是,我为了论证郑振铎在培养文学新人方面极其崇高、罕见其匹的贡献,就不得不举出大量的例子。其实,早在鲁迅生前,端木蕻良就在给鲁迅的信中提到,当时的文学青年中就流传着"对新进作家爱护的有南迅北铎"的口碑;[③]近年,季羡林也强调:"西谛先生对青年人的爱护,除了鲁迅先生外,恐怕并世无二。"(《西谛先生》)我想,通过上面的论述,端木蕻良、季羡林二位的见

---

① 借引自吴世昌《罗音室学术论著》第一卷《文史杂著》第313页。

② 另外,他还指导过一些外国研究者,带过留学生,后来著名的就有捷克的普实克、米列娜,苏联的艾德林、李福清等等。

③ 见1936年7月18日端本蕻良致鲁迅信。当时,鲁迅在上海工作,郑振铎在北平工作,故称"南迅北铎"。

解应该可以得到公认了吧。

结语

郑振铎是新文学运动的实干家。他在文坛上的组织活动、编辑活动，以及他对文学新人的培养工作等等，在以往的民国时期文学史论著中，极少被提及，许多事迹已几近湮没。但是，这些史实却是极其重要的，对新文学运动有过巨大的实质性的意义。本书特列此章，不只是有意对过去似乎已经定型的“作家论”的写法的突破；而且，我拟通过这些内容的初步论述，对民国时期文学史上不少带有全局性的、或是比较专门的似乎已有“定论”、实则似是而非的说法，提出“挑战”。而“挑战”，是要有根据的，不能信口胡说。

首先，任何一场大的文学运动，都不仅仅是几篇作品、几篇论文就能形成的。它必须是有组织的行动，需要有文学的社团、流派或阵线，需要有人来召集、带头、指引；更必须有宣传阵地、发表苑园，必须有书籍报刊作为它的载体；还必须不断地有新的作家来加入、充实和接队。只有看到这些实实在在的活动，一部文学运动史才是可以理解的，才是活的、发展的。因此，我认为无论是研究文学史，还是研究某个著名作家，关于这方面内容的论述都是不可或缺的。

毛泽东同志曾指出，以鲁迅为旗手的新文化生力军，锋芒所向，在很多领域都起了极大的革命。“其气势之浩大，威力之猛烈，简直是所向无敌的。”（《新民主主义论》）多年来，我们一直缺少一部《民国时期文学社团史》，也缺少像样的《民国时期文学报刊史》和《民国时期文学出版史》，因此，不少人对于毛泽东同志的这一精辟论述的体会是不够全面的。有些对民国时期文学运动的宏观描述,也缺乏说服力。例如,我们重视对鲁迅的研究,高度评价鲁迅的伟大作用,这是不错的;然而,如果我们不同时重视对鲁迅的战友、对同时代的其他重要作家的研究,那么即使鲁迅研究得再细,也仍然只是局部的研究。而局部研究所得出的结论,有时并不全面。鲁迅是最伟大的旗手,但他决不是单枪匹马,也不是所有重大的工作和活动都是由他亲自来进行的。我认为,充分论述郑振铎在新文学组织活动等方面的功绩,对于更全面地认识整个新文学运动,具有特别重要的意义。

通过本章的论述,可以说,郑振铎不仅是鲁迅的一名战友,而且也是新文坛的“祭酒”与旗手人物之一。他的组织力与团结力,在新文学家中是数一数二的。对此,茅盾、叶圣陶等人都多次表示过叹服。他气魄大,心胸大,联系面大,吸引力大。如同臧克家说的:“得识郑先生以来,对他有一个‘大’的感觉。他身材高大,一‘大’也。他为中国文化、文艺工作,抱有雄心大志,二‘大’也。他胸中城廓[郭],四门洞开,三‘大’也。即使在小事上,也表现出他的落落大方。”(《忆念郑振铎先生》)他勤勤恳恳,任劳任怨,热心为公,不谋私利。在新文坛上整整四十年,始终发挥着组织的才能和团结的作用。一九二〇年代初他带头发起文学研究会,为该会的中坚与灵魂。他参加发起左联的前身组织,虽然后来未参加左联,但可以说是“没有参加左联的左联成员”。[①] 左联后期,就有中共党内同志认识到他在进步文坛上的地位,可相当于政治舞台上的蔡元培与宋庆龄;敌对阵营中,也有人看出他是鲁迅为首的左翼文

① 有人称叶圣陶为“没有参加左联的左联成员”。我认为郑振铎更是如此。

坛的"台柱"。在鲁迅逝世前夕和抗战爆发前夕，他为促成全国文学界第一次大联合、大团结作出重大贡献，"表现了难能可贵的高尚品质"（夏衍语）。抗战初期，他参加发起的文救，实是后来全国文协的前身。抗战胜利后，他又发挥了"领导力量"（全国文协语），为全国文坛重心的顺利转移立下大功。他的这些工作与作用，是其他作家很难替代的。

一九三〇年代，他就被人称为"是个最好的杂志编辑者"（郁达夫语），当然，他所编的不止于杂志。从参加主编《共学社丛书》中的两套俄国文学丛书开始，他一生几乎不间断地编辑了大量书籍。特别是一九二〇年代初开始的几乎是他一人主编的《文学研究会丛书》系列，总数达一二百种，延续达二十余年，为新文学运动最重大的实绩之一。一九三〇年代他主编的《世界文库》，也是新文学史上伟大的创举。另外，"孤岛"时期他参与编辑的《鲁迅全集》，以及新中国成立前夕主持编译的《美国文学丛书》等，都是值得在历史上大书一笔或留下记载的。他更主编了很多有影响的文学杂志和副刊。他参加改革《小说月报》的工作，功绩不在沈雁冰之下。从主编全国"四大副刊"之一的《学灯》开始，他长期编辑或挂帅主编了《文学旬刊》、《小说月报》、《文学》月刊、《文学季刊》、《文艺复兴》等等一脉相连的全国最大的中心文学刊物。他主编的文学书刊，在一九二〇年代做了大量的启蒙工作和批判旧文学的工作，一九三〇年代为打破国民党的"文化围剿"立了功劳，一九四〇年代又为祖国的文艺复兴和民主建国大声呼吁。他主编的书刊，既重视创作，更重视研究，也收入翻译作品和整理的古代作品，为人民提供了大量的丰富的精神食粮。

他一生还引导、奖掖、培植了很多作家。其中包括不少同辈作家，甚至像郁达夫、许地山、黄庐隐、王任叔、老舍、巴金等等一大串闪闪发光的名字之升上文学天空，都是与他的直接帮助或推动有关的。他更发表了很多生活在底层的不相识的青年作家的作品，包括农村、山区、工厂、码头的工农作家、流亡学生的处女作。有一些青年正是在他的直接、间接的影响和帮助下，走上了革命的道路。他在各个学校的教学工作中，也发现和培养了不少文学工作者。他无愧为文学青年的导师。

郑振铎所做的这样一些实际工作，对于推动新文学运动所起的作用，是难以估量的。如果没有这些幕后进行的过程，中国现代文学的正面舞台上要演出那样壮观的场面，简直就是不可想象的。写到这里，我忽然联想到梁启超对公元四世纪佛教人物道安的评价。道安本人不懂梵文，但梁氏指出："安为中国佛教界第一建设者。虽未尝自有所译述，但苻秦时代之译业，实由彼主持；苻坚之迎鸠摩罗什，由安建议；四《阿含》、《阿毗昙》之创译，由安组织；翻译文体，由安厘定。故安实译界之大恩人也。"（《翻译文学与佛典》）这体现了梁氏卓越的史家眼力。我认为，用相似的眼光来看，即使仅凭本书这一章所论述的郑振铎的有关主持、建议、组织等等功绩，也完全可以称他为中国新文学运动的伟大的"建设者"和"大恩人"了；更何况他还有理论、创作、翻译、研究等各方面的杰出贡献呢！我们的研究者如果对这样一位置于鲁迅、郭沫若、茅盾之列毫无愧色的新文学家继续视而不见，那就不仅仅是缺乏史识，而且实在是对于实事求是的时代精神的荒谬背反了！

第五章　文学遗产的整理研究

> 他的治学精神，和他的最勇敢的战士的精神一样，黑白分别得很清楚。他嫉恶如仇，但却以最公正的态度出之。他有最公平的判断，但却不作依违两可之论。他以最深刻的研究，最尖锐的观察，来作这种判断的基础。（郑振铎《鲁迅先生的治学精神》）

中国新文学运动不是无根之木、无源之水。它也不是以完全否认传统文学，简单地割断自身与历史的联系为目的的。正确的态度，应该是既批判，又继承，用现代科学的观点和方法来清理和研究传统文学，作出正确的评价，并以之作为创造新文学的借鉴。新文学运动在文学遗产方面的工作做得好不好，有些什么经验与教训应该记取，这是另外值得研究的一个问题。但是，我不能同意时下有的论者说的，新文学运动是对传统文学的"断裂"，而且断言这个"断裂"还一直延续至今。更不能同意这样的一种"整体观"归纳：从"五四"到当今，中国新文学对传统文化的"基本态度"，经历了从二十世纪二三十年代的"片面的总体批判"，到四十年代"片面的部分肯定"，一直到今天才到达"重新评价"的阶段。[①] 因为这种大胆的立论，无异于认为中国新文学运动对于传统文学遗产的态

---

① 参见陈思和《中国新文学整体观》。

度从来就不曾不片面过。果真如此，那么新文学运动能取得历史性的胜利，也就成了不可思议的事了。

这种论点显然不符合事实；至少，我们可以说郑振铎的"基本态度"就决不是这样。我注意到了，在提出上述观点的论文中，从来没有提到过郑振铎。然而，这恰恰是存有问题之所在。如果说，在有关研究新文学现实主义理论的论文中，没有谈到郑振铎的有关文学思想，已经是令人遗憾的话；那么，在论述中国新文学与文学遗产的关系的专论中，竟然也对郑振铎其人其言其事无一字涉及，那就实在更让人感到疑惑不解和惊异了。因为在这方面，他是最有代表性的数一数二的新文学人物，他取得的成绩也是最突出的。早在一九二〇年代初，他就提出对旧文学应该"重新评价"的问题。他关于中国古典文学的论文，总字数达三百数十万言；他更撰著了共计一百五十万字的中国文学史专著。此外，他还整理出版了大量的古典文学作品。一直到新中国成立后，他还是国务院古籍整理出版规划小组最早的负责人之一。如果绕过了这样巨大的客观存在物，而想说清楚中国新文学运动对待传统文学的历史，难道这有可能吗？

近年来出版的有些关于民国时期作家的研究著作中，比较重视分析所研究对象与传统文学的关系。这是值得肯定的。但我见到一种说法：许多民国时期文学家在攻击传统文学的社会价值的同时，也怀疑其审美价值，而只有废名、沈从文、冯至等"极个别"的作家才是例外。这种说法也是令人惊异的，鲁迅、郑振铎等人对于古典文学中优秀作品的审美价值，不就有过大量的肯定性的论述吗？这里还不仅仅是有没有提到郑振铎的问题，而是这样突出地强调这样几位作家，而否认其他更多的更重要的作家，这是很使人费解的。我还注意到，在有的评论某作家的专著中，不顾该作家对传统文学的实际造诣与见解的高低，硬给他凑上“某某与中国古典文学”的专章，结果写得空洞无物。看来，现在存在的问题是：一方面对不应该忽视的对象全然无视，一方面又对相对来说并不杰出的对象过分突出。这些，都使我益加认为在本书中专章论述郑振铎在文学遗产方面的工作，是完全必要的。

关于郑振铎对中国文学遗产的有关理论见解，我已在本书第二章第五节专门论述过了，请参看。本章同前一章相似，主要论述的是郑振铎在这方面的有关“工作”与“成绩”。我认为这些了不起的成果，从一个角度有力地说明了新文学运动与传统文学遗产的关系。我不同意有的论者那样，把“工作”与“认识”完全分裂开来，认为不管新文学工作者做了多少整理文学遗产的工作，也不表明他们主观上改变了对传统文学的片面态度。相反，我认为如果主观上没有比较正确的认识，是不可能在工作中作出大的成绩的。关于郑振铎在中国古典文学的研究方面的成绩，因篇幅限制，我们只谈谈他的几种中国文学史专著，而不能更全面地论述他的数百万字的单篇论文。这肯定不免有所遗漏。然而，他的文学史著作正是以最完整、系统的形式贡献出来的他对于中国文学遗产的清理与研究的成果。

同时，我们在本章中还论述他对外国及世界文学史的有关著作。这不仅是相类而及，更因为中国新文学运动既然大量引进了外国文学，那么就同样不能割断其本身的历史联系。外国古典文学作为文学遗产，也应该是全人类共有的。郑振铎对此早就有比较明确的认识（请参见本书第二章第四节），并且在这方面的整理研究中也取得了重大的成绩。本章第三节，只论述他在这方面的两本文学史专著,此外他还有很多单篇论文,以及对个别外国作家作品的研究论著,如关于古希腊罗马文学、欧洲史诗、印度文学(古代寓言与近代泰戈尔的作品)、北欧文学、英法文学等等,值得今后进一步继续研究。值得指出的是,关于郑振铎在外国文学史研究方面的成绩,也是几乎被某些论者忘却了的。例如,在很多论述中国新文学者介绍俄国文学的文章、专著中,都不提郑振铎以及他最早撰写发表的《俄国文学史略》。有论者提到一九二〇年代中国文坛因印度诗人泰戈尔来华而引起的一场论争,认为这是与对中国传统文化的观点相关联的一个典型事例,[①]指出当时许多新文学运动的中坚分子都对泰戈尔取了不一定公允的态度;然而却唯独没提到郑振铎,而当时郑振铎在有关评论与专著中,正恰恰是对泰戈尔取了比较正确的态度的(参见本书第三章第五节)。因此,本章列专节论述郑振铎关于俄国文学史与世界文学史的两部专著,虽然还比较粗略,但至少表明决不可忽视他在这方面的成就,并希望能起到抛砖引玉的作用。

一、中国古代文学的整理

这一节,论述郑振铎在整理中国文学遗产方面的功绩。首先应该说明,自一九二〇年他提出“整理中国旧文学”口号起,他所说的“整理”就包含着“研究”的意义在内;但本节所述则主要取“整理”一词的狭义,即指他在古典文学的编目、提要、题跋、发掘、编

① 这一看法我是同意的。同时我还认为,这一争论也表明了对外国文学遗产的研究,与对中国文学遗产的研究,是不可完全分割开的。

选、校勘、影印、出版等等方面的工作。本来,即使这些整理工作也离不开学术研究,其本身就是一个研究的过程,或是研究的一个阶段;但关于郑振铎的文学史专著等研究成果,本书将有专节论述,故此节便主要从狭义的角度来评述其整理工作。

第一,郑振铎在整理书目,撰写提要、解题、年表等方面的工作

郑振铎对中国古典文学的研究和整理,可以说是从《诗经》以及有关《诗经》的专著开始的。一九二二年他发表《整理中国文学的提议》,在提及中国文学"吃了传袭的文学观念的亏"时,就首举《诗经》被历代儒家"曲解强释"为例。一九二三年一月号《小说月报》,以头篇地位刊出他的论文《读毛诗序》,指出研究《诗经》"是一件极不容易的工作",因为"久已为重重叠叠的注疏的瓦砾,把它的真相掩盖住了"。他以开辟草莱的精神,清除种种荒唐的注疏,指出原作真正的价值,并在三月号《小说月报》上发表了《关于诗经研究的重要书籍介绍》。他指出,在当前研究《诗经》,就像去大沙漠中旅行一样,什么东西都得自己预备,而对历代有关《诗经》的重要书籍的整理,就是"这种很辛苦的工作"。从多得汗牛充栋的这类书籍(约有千种)中,他选出比较重要的共二百十种,并分为四类:一、关于注释及见解的,二、关于音韵名物的探究及异文的校勘的,三、关于辑佚的,四、其他。在每种书的后面,他不仅注明作者、版本等,还时有简单的评述。在第一类书目中,他又细分为宋以前、宋代、元代、明代、清初到当前等五个时期,每期后都有提纲挈领的综述,分析各时期《诗经》研究的趋势、流派等,并指出其优劣异同。在第二类书目中,他细分为名物疏释、音韵研究和异字异义校勘等三小类,每一小类后也有综合性的论述,简叙了这三种研究的发展。对第三、四类书目,他也各有综述,如关于辑佚类,他就略述了从欧阳修至马国翰的成绩。如将这些综述合而观之，可视为相当齐全的一篇《诗经》研究的简史。后来，他又进一步为初学者开列了研究《诗经》非读不可的十本书目。[①] 郑振铎对有关《诗经》书目的清理，不仅是他在古籍整理方面的最初的成绩，而且是国内关于《诗经》研究书目的首次科学整理。他从新文学观念出发，一举理清了几千年来的这一笔糊涂账，涉猎极广，又不滥收，更撰有题解、简述，对于研究者很有用处，可以按图索骥，收事半功倍之效。《诗经》为一部中国文学史的光辉的首页，但有关它的材料却一直是最紊乱不堪的，郑振铎的整理工作一开始就从这里着手，正是需要勇气与眼力的。其意义不仅仅局限于《诗经》研究本身，在当时尤带有方法论的启示。[②] 后来陆侃如编的《诗经参考书目提要》、胡朴安编的《研究诗经学之书目》等，都是踵步其后的成绩。

郑振铎从一九二〇年代初期起，就显示了勇于开拓、气魄宏伟的非凡特点，作了许多综合性的整理工作。一九二三年，他开始撰写《中国文学者生卒考》。其序言发表于该年年底的《文学》周刊上，并在翌年一月号《小说月报》上开始连载。关于这一整理工作的目的，他说得很清楚：从积极方面说，"当我们着手研究一个作家时，必须先知道他生活在何时代，同时对于他所生活的时代也必要先有个概念；这不独是研究一个作家的生活的过程与背影所必要的，而且也是要明了他的作风与思想所必要的"，因此必须了解他的生卒年。从消极方面说，我国过去的文学史著作，大多不注作家

① 见 1923 年 5 月《小说月报》通信栏。

② 当时，钱玄同读了郑振铎的文章，就击节曰"极好"。有读者来信赞扬："这是何等的胆识！"还有读者在信中说，读了郑振铎的文章，"仿佛放了一线光明，就用一付新的眼光去读国风了。"（以上均见 1923 年 6 月《小说月报》通信栏）

生卒年，即使有，也是以帝王年号为主的混乱的符记，推算起来很不方便，因此需要一本“一劳永逸”的作家生卒年的工具书。而其实，这也是他撰写《中国文学史》的准备工作之一。这一《生卒考》很有特色：第一，“为要避免太干枯的记述”，除了生卒年以外，还附有作家的传略、著作简目，以及资料出处等，有时还有整理者的略评。第二，所收范围较广，不仅收入比较纯粹的文学家，而且“对于一般的史学家、注释家、文字学家以及其他作家，其作品带有文学性质，或对于文学界有功绩、有影响者”，也均予以收入。这样，此《生卒考》不仅十分实用，而且有利于扩展读者的眼界。他最先的整理计划，是从汉初开始，至清末为止。（汉以前的作家，因生卒年大多不明了，且需费许多考证，故打算在全书完成后，再辑为补录附后。）《生卒考》在《小说月报》上连载七次后中辍，后作者在一九二七年《小说月报》的《中国文学研究》号外上发表《〈中国文学者生卒考〉出版预告》，说明“已将全书草成，并细加以订正”，“即将付印，由商务印书馆出版”。可惜的是，郑振铎因政治原因被迫出国游学，此书也就未见问世。尽管如此，正如作者自己说的：“本书为草创的著作”，“实可称为中国文学家辞典”。其已刊出的部分（从汉贾谊起，至唐刘昫止，共近四百人），仍然为后来的中国文学家生卒年表、辞典等专著开了先河。一九二六年十月，他还撰写了一份《中国文学年表》，该《年表》始于公元前五五一年孔子生，止于一九二四年林纾亡。凡中国古代至近代文学家（当时生存者不收）中之生卒年、行事、著作有可系年者，以及文学史上的大事，均予列入。该《年表》后刊于一九二七年《小说月报》的《中国文学研究》号外。作者自述：“本表之纂成，时间至为匆促，亦未及细校，疏漏很多，错误想亦不少。等以后时力较裕时，拟补充完备，作为单行本。”①尽管后来因种种原因(包括被迫出国)未能修订出书，但这一工作无疑也是开了风气的。

一九二四年一月号的《小说月报》上，郑振铎发表了重要文章《中国文学研究的重要书籍介绍》。由于此文用了笔名“子汶”，故以前很少有人知道作者是郑振铎。文章开宗明义：“我做这篇文字，其目的乃在把最好的、最易购的关于中国文学的书籍，介绍给平素对于中国文学没有系统的研究的诸君。”文中整理、介绍了从《诗经》到当时刚出版的鲁迅的《中国小说史略》，共二四七部书。郑振铎认为：“重要的伟大的创作与研究中国文学的门径书，大概都已包罗在内了。如果有人全读了这些书，或选读其中尤其重要的几十或百余部书，大略已可明白中国文学的源流与重要的内容了。”他的这一整理、介绍，目的很明确，标准也很明确，对于庸俗的通行选本(如《古文观止》、《古唐诗合解》)，剽窃他书而成的书(如《元曲大观》)，不甚重要的选本(如《四六法海》、《古今文综》)，以及比较少见的书等，均未予选入。每本书下，他都注出其不同版本，有时还有简评。在书目后，他还有大段文字指示具体的读法等等。郑振铎的这篇书目文章，实在远较胡适、梁启超等人开列的“国学书目”要科学和实用得多。

郑振铎在一九二七年出版的《小说月报》号外《中国文学研究》上刊载的《〈中国文学名著叙录〉出版预告》，就从胡适等人所开书目说起：

近来开书目的风气很盛，然大都为一般读者计；他们把无

---

① 据《〈中国文学者生卒考〉出版预告》，该书中亦拟附有《中国文学年表》。

论什么好书，自历史地理，以至修养、政治诸书，都一鼓作气的介绍给他们。这样的介绍法，对不对且不去批评他，但我们现在却要换一个方法，把关于中国文学的名著，介绍给高兴研究中国文学的人们，并不是一般的读者；一方面开列书名、著者，并略述其内容，使大家容易选书，一方面并详述其出版处或见于某种丛书，或何时出版，使大家容易购求。这样的介绍，也许较他们的无所不包的介绍法可以更好些，可以更有用些。

这个"叙录"所载的书可不算少；任举一部分，如关于传奇类，大凡重要的，为编者所获见而确知其有传本的，已无不包括在内；又如弹词类，大凡世间流行的许多重要的弹词也俱已包括在内了。

他拟撰著的该《叙录》，以自己独创的中国文学的总分类法（详见本书第二章第五节所述），分为九大类，"颇足以使混淆不清的中国文学的分类，为之彻底的澄清了一下"。该预告并说明此书已完成了一部分，唯因卷帙巨大，或将由商务印书馆分卷出版。遗憾的是，此书亦因作者被迫出国等原因而未完成。

一九二五年十月，郑振铎曾在《时事新报》上发表过一篇《四库全书中的北宋人别集》。文中提到："我自小便喜欢书，便喜欢翻翻书目一类的书，颇思将《四库》中的书，都注明传本，没有传本的也作一个记号"。他认为这是很有意义的工作，可惜也因工程太大，时作时辍，迄未成书。当时，传说上海商务印书馆准备影印《四库全书》，郑振铎认为，虽然清廷编纂《四库全书》的目的本不纯正，编也编得并不好，但如能全部影印，便"可以保存了无数的古籍，较零星的翻印什么堂什么斋的常有重复的丛书，已是好得多，省力得多了"。更有鉴于《永乐大典》之被毁，他愈加希望这一影印工作能早日实现。为了说明此书之值得影印，他便先将自己已经注好的关于北宋人别集的一部分成稿抄出来发表。该文介绍了一二二部书，其中约五分之一是没有传本的，还有许多是只有明刊或清初刊本，现在也很难得到的。他的这篇书目论文，虽然只公布了他对《四库全书》书目整理工作的一部分，但也带有示范性质，表明书目整理工作对于保存祖国文化遗产可以起到决策的作用。

郑振铎对于中国古代戏曲的整理研究工作，也是从一九二〇年代初开始的。一九二三年七月号《小说月报》上，他发表了《关于中国戏曲研究的书籍》，指出当时"中国的研究戏剧的书，有系统的论述与研究的极少"。因此他整理开列了这方面的书目，"对于想研究中国戏剧史和想研究中国文学史的人，也许有些用处"。这种为研究者提供方便的戏曲资料整理工作，他做过很多。例如一九二六年底，他就编过《缀白裘》索引；一九二七年底，他孤身远在英国游学时，还编了《戏剧家索引》等。一九三三年，戏曲研究者钱南扬发表了一篇关于清人姚梅伯(燮)戏曲著作的考证，其中提到姚氏《今乐府选》共有五百卷云。郑振铎即撰文指出那是"捕风捉影"之谈，为防以讹传讹，他将自己早些时亲赴宁波(姚氏故乡)所搜访到的该书全目公布出来，写成《姚梅伯的〈今乐府选〉》。不仅首次向戏曲研究界披露了该书全目，并且对该书的价值、疏误等作了精湛的评述。一九三七年五月，他在《暨南学报》上发表长文《〈词林摘艳〉里的戏剧作家及散曲作家考》，分戏文、杂剧、南曲作家、北曲作家等四个部分，分别考索了《词林摘艳》中涉及的五本戏文、三十三本杂剧等。文末还附有《〈词林摘艳〉引剧目录及作者姓氏索引》和《〈盛世新声〉及〈词林摘艳〉所载套数首句对照表》等。他的这些资料工作都须耗费巨大的心力，正如他自己说的："对于研究元明剧曲及散曲的人，这一个表和一个索引，我相信不会没有用处”，而且“已足补正近来古剧辑佚的工作的疏漏的一部分了”。

对于中国古典戏剧的“折子戏”的整理，他是第一个人。一九二七年，他在所主编的《小说月报》号外《中国文学研究》上发表了长文《中国戏曲的选本》，就首次系统地整理了历代有关折子戏（选本）的书目。他指出，“这种戏曲选本，向不为研究中国戏曲者所重视。他们所要读的是全剧，他们所要考究的是版本。”他认为，“这种见解，这种轻视的态度，是完全错误的。中国戏曲选本，在中国戏曲研究上是有很大的价值的，对于一般读者也很有用处。”他精辟地指出其三点价值：一是保存了不少重要资料，有的剧作早就散失了，或传本极少，而据此可以辑佚，不致全然灭绝；二是研究者据此可以知道当时最流行的剧本究竟有多少，是什么，还可知道演出最多的是哪几折等；三是虽然未必选择得尽善尽美，但毕竟把许多重要剧本的精华选上了。他在此文中列举了最流行的十六种戏曲选本，一一作了详尽的评价；更将其中五种最有名的选本中所录的一百四十余部剧曲的出名详细列表，以便研究者更清楚地看出“三百年来剧场上演剧的变迁与所演最多的是何剧，及何剧的某某几出”。这是在中国古典文学研究中较早使用抽样调查、定量分析的实例。表后，他又整理了一百四十多个剧本的作者及版本的情况。除了杂剧、传奇以外，他在文中更把《梨园集成》及《戏考》二书的内容各列成一表，以说明皮黄戏内容之一斑。由这两个表，他分析指出了皮黄戏题材的四个来源：昆剧、小说、梆子腔和创作。

元曲，是中国古代戏剧的高峰。为了向更广大的读者系统介绍元曲的光辉成就，他以“宾芬”为笔名，从一九三〇年一月起，以近两年时间，在《小说月报》上连载发表他整理编写的《元曲叙录》，共七十五则。在这个叙录(提要)中,他首先介绍了关汉卿的生平、作品全目,以及当时所见的关氏几乎全部剧本;接着,他又分别介绍了马致远、王实甫、白朴、高文秀等二十多位作家的七十多本有代表性的戏曲。如果《小说月报》不因日本侵略炮火轰炸而停刊的话,郑振铎可能还要写下去。但是,即从已发表的这十来万字《叙录》看,已经相当全面地把元曲的基本面貌反映了出来,完全可以成为一本专著了。

一九三四年,他又想进行一项更为浩大的戏剧整理工程——编撰一部《中国戏曲总录》。他在《文学季刊》上发表《元明以来杂剧总录序》,其中说,姚燮所作《今乐考证》,大概是第一本有系统的中国戏曲总目录,可惜未曾付梓;王国维的《曲录》出版后,在当时算是最全的了,但此后二十年间又有不少新的资料出现;虽然曾有任中敏等人作过校补,但郑振铎认为仍有"整个变动的必要"。于是他发大志愿:"尽我力之所能,我见闻之所及,写为此书。"他计划"本书以作者为纲,体别为纬;先及杂剧,后著戏文及地方戏。间有同一书名而未断定为某一曲家所著者,本书必互见之,而加以说明。"他又认为:"仅录书名及极简单的作者生平,固为一般书目的通例。但本书为供给一部分比较重要的资料研究计,于每书的序跋凡例,假如有的话,也必载之。有未见者,则从诸总集及文集里钞辑出来。"这就有点像朱彝尊的《经义考》、谢启昆的《小学考》的写法了,其规模之大可以想见。他计划全书大致共分四大部分,并先将有关杂剧部分开始发表于《文学季刊》。而即使这一《元明以来杂剧总录》,也已有五大卷:一、杂剧总集及杂剧选,二、元代杂剧(上),三、元代杂剧(下),四、明代杂剧,五、清代杂剧。后来,由于各种条件的限制,他的这一宏伟计划没有完成。尽管如此,他的这种精神仍然是永远令人敬佩的。[①] 他曾经称赞姚燮："像他那样的有网罗古今来一切戏曲于一书的豪气的人，恐怕自古时到今日还不曾有过第二个人！"认为姚氏是"一个伟大的先驱者"。(《姚梅伯的〈今乐府选〉》)其实，郑振铎本人才更是一个豪气凌云的伟大的先驱者，永远激励着后来的人。新中国成立后出版的徐调孚编撰的《现存元人杂剧书录》，傅惜华编撰的元、明、清诸代杂剧、传奇全目，庄一拂编撰的《古典戏曲存目汇考》，北婴编撰的《曲海总目提要补编》等书，就都是在郑振铎精神的鼓舞下完成的，甚至有的还是他亲自指导或题签的。

郑振铎对中国古代小说作全面的整理研究，也是从一九二〇年代开始的。他曾从一九二五年五月起，在所主编的《时事新报·鉴赏周刊》上连载发表《中国小说提要》。他在该《提要》的序中说："中国小说向来没有人加以有系统的整理"，[②]直到当时刚出版的鲁迅的《中国小说史略》，才"可算是一部较好的有系统的书"；然而，当时他认为此书仍嫌"叙述得并不详细"。因此他表示自己"颇有野心欲对于中国小说作一番较有系统的工作"，但因时、力之不足，只好先下手做这一《提要》的工作。"一方面给自己搜集进一步的研究材料，一方面也可顺便的将中国小说的宝库的内容显示给大家。"他还指出，中国小说的一部分，水平令人失望，如果研究者都去费很多工夫读那些数量很大的劣等作品，是不值得的。因此，

---

① 除上述对戏剧的整理工作外，他还在当时编选影印了《清人杂剧》初、二集及《博笑记》、《修文记》等，抗战时期又抢救并选印了《脉望馆抄校本古今杂剧》和影印了《长乐郑氏汇印传奇第一集》等，新中国成立后又主编影印了《古本戏曲丛刊》等。这些都将在下面详述。

② 其实，当时鲁迅已经做了不少系统的整理研究工作，不过他的《古小说钩沉》、《小说旧闻钞》、《唐宋传奇集》等，当时均尚未出版，郑振铎看来不知道。另，黄人曾在1908年《小说林》第9期发表《小说小话》，初开小说目录学之先河。

把它们的内容写成提要，可以省却研究者的精力，这也是他做这一工作的原因之一。因为这一工作量太浩大，最后他没有做完，提供发表的更只有二十种小说的提要，从《开辟演义》到《杨家将传》，均属“讲史”类小说。从其性质的单一和集中来看，可见作者无疑已阅览了大部分中国小说，并已做出了自己的分类。《提要》除了简述各书的故事外，还附带论及小说的来源、创作年代、版本、作者生平等，给后继者开示了法门。例如，后来孙楷第的《中国通俗小说书目》一书（由郑振铎作序），可以说就是继步以成之作。

关于中国古典诗歌的整理研究，除了上面已提到的他最初对《诗经》及其有关书籍的整理以外，在一九二三年五月号《小说月报》上，他还发表过书目文章《中国的诗歌总集》。该文整理介绍了我国历代最重要的二十六种诗歌总集，以“供研究及好读中国古诗者之参考”。与此同时，他整理了从《诗经》起，以至陶潜、李白、杜甫、白居易、李煜、苏轼、李清照、马致远诸人的作品，拟编辑一部《中国诗人丛书》，其计划已在三月号《小说月报》的《国内文坛消息》中披露，可惜后来因故未成。与古代诗歌相关的，还有他从一九二〇年代起就开始收集和整理古代民间讲唱文学。变文是千余年前的民间叙事诗之一种，郑振铎认为后来的弹词与鼓词等，俱从变文演变而来。变文最早于二十世纪初被发现于敦煌石室，对它的整理并非自郑振铎始；但他是最早将它们作为文学作品来注意，并最早为之写提要的。在《小说月报》号外《中国文学研究》上，他就发表了《佛曲叙录》，共介绍了四十三种变文，[①]给文学爱好者带

---

① 郑振铎后来指出，“佛曲”一词并不科学，应称为“变文”（详见本章下一节所述）。又，该《佛曲叙录》尚未写完，因作者被迫出国等原故，后未见续刊。

来不少启示。同期号外,还发表他的《西谛所藏弹词目录》。弹词为南方流行最广的一种民间文学,郑振铎自己说:"为弹词作目录,恐将以此为第一次。弹词的重要,决不下于小说与戏曲,其中几部著名的作品也可与小说戏曲中之最好者相提并举。但在今日以前,似没有什么人注意到这一类的文艺著作。"他经过好几年在上海、苏州、杭州、南京、扬州等地的搜集,共得百余种,编成此目。因此,这不仅是弹词的首次编目,而且完全是以一人之力所收集的作品目录。这是很不简单的。后来,一九三五年凌景埏发表的《弹词目录》,就是在这一基础上增补的。有了郑振铎上述的叙录和目录后,才又有后来的《弹词宝卷书目》(胡士莹编,一九五七年版)、《宝卷综录》(李世瑜编,一九六一年版)等等专著。胡士莹在序文中就指出郑振铎在这方面的开创之功。还值得提到一事:直到一九八〇年代,台湾西南书局出版的《中国俗文学论文汇编》一书中,还收入了上述郑振铎的《佛曲叙录》和《弹词目录》。(但被删去作者名字。而且,此书一共收入八篇文章,其中郑振铎所作共四篇,但封面上却印着别人的名字,书中亦不提郑振铎名字。)

一九二七年五月,郑振铎被迫出国;但即使在欧洲异国,他也没有停止对中国古典文学的整理工作。他把主要的精力花在查阅外流在他国图书馆里的中国文学资料。该年十一月,国内的《小说月报》上发表了他寄回的长篇研究报告《巴黎国家图书馆中之中国小说与戏曲》。该文将他在巴黎国家图书馆中花了两个月所查阅的"认为罕见的或可注意的,可资研究的小说及戏曲"介绍给国内研究者。共计四十二种。他说,他并不以这些为"珍秘之籍",但他却有一个私愿:"愿能因这一篇小小的报告,可以使国人注意到许多向来不注意的作品。如果有一部分藏书家能因此而从灰尘层积的书籍中把它们理出来，或把它们翻印出来介绍给世人，则不独我个人的荣幸，亦是凡研究中国小说与戏曲者的幸福。”该文对每一种书，均详记其作者、版本、内容等等，并时有相当精当的评论。例如，在介绍《花笺记》时，评论了该书评点者钟戴苍，认为他的评点虽远不及金圣叹，但金圣叹尊小说戏曲，以与诗文并列，而钟戴苍则尊弹词，而与小说戏曲并列，“其功不在圣叹下，实可以算是第一个重视弹词的人”。他在文末还说：“将来到伦敦，到柏林，到莫斯科，也将作此同样的报告。”虽然后来他没有再发表类似文章，但他的这样一种域外研究报告的整理方法，对后人是很有启示的。不仅如赵景深所指出的：“这个介绍是极可宝贵的，日本长泽规矩等也常称引到这篇文章”(《中国文学论集》)；而且后来孙楷第的《日本东京所见小说书目提要》(一九三二年版)、柳存仁的《伦敦所见中国小说书目提要》(一九八二年版)等等，就都是继承了郑振铎的。

在郑振铎所作的古籍整理工作方面，还有一个重要的内容，是他对自己藏书的编目、作“得书记”和题跋等。他对藏书的题跋，今知至迟在一九二三年就开始写作；他对藏书的编目，今知至迟在一九二六年就开始编撰了。(上述《西谛所藏弹词目录》即是。)抗战前期，他曾出版过《西谛所藏善本戏曲目录》和《西谛所藏散曲目录》两本书目，并集中发表《劫中得书记》及其《续记》，共计一百五十来篇(内中有些不是文学书)；其他零星发表在报刊上的这类文字还有不少。更有大量的书目是从未发表过的。这方面据我所知就有抗战期间编写的《纫秋山馆藏清代文集目录》(共八三六种)、《纫秋山馆书目》(共九一二种)、《玄览堂书目》、《纫秋山馆鬻余书目》、《幽芳阁藏明本书目》等等。此外，还有不少拟购书目、参考书目和新中国成立前他因生活困难而被迫售书的书目等等。一九五八年他牺牲后，北京图书馆根据他家属捐献的全部郑振铎藏书整理了《西谛书目》，[1]并附录发表了郑振铎的题跋一百七十余则。而据吴晓铃计算，共得郑振铎题跋六百四十余则。[2] 这些题跋，大部分与古典文学研究有关，其本身就已是一份极为珍贵的文学遗产，值得后人好好研究。

新中国成立后，他在文学遗产的书目整理等方面，更做了很多工作。在他的遗稿中，我见到他开列的《文学基本丛书目录（初稿）》，从《诗经》、《楚辞》，一直到《白雪遗音》，共三五〇种；又有《中国文学读本目录（初稿）》，从《诗经选》、《楚辞选》到《聊斋志异》，共五十二种；等等。这都是他为有关出版部门所拟的书目。从他的日记与手稿中，我还看到在一九五八年春短短两个月时间内，他就整理撰写了《唐人文集目录》、《宋人文集目录》、《元人文集目录》、《明人文集目录》、《清人总集目录》等书目；此外，还见有《清词集（附词话集）目录》、《清诗文评目录》等等，以及《徵访宋人集目录》、《徵访元人集目录》、《徵访丛书目录》等等。这是何等勤奋的工作！

第二，郑振铎在发掘文学遗产，编选、校勘并出版古典文学书籍方面的工作

大约从一九二〇年代中期起，郑振铎把整理工作的重点转移到发掘被湮没、被忽视的优秀古代文学作品，并加以编选、校勘和出版。对于古典文学中的诗歌，上面已提到他在一九二〇年代曾拟出版一部《中国诗人丛书》，但因故未成功；而到一九三〇年代中

---

① 总计有 17224 种，共 94441 册。

② 《西谛书跋》，1998 年 12 月文物出版社出版。吴晓铃统计的题跋，包括“得书记”等。

期他主编《世界文库》时，便亲自整理刊载了很多著名诗集。他亲自写了校勘附记和跋语的，就有：初唐诗人陈子昂的《陈伯玉诗集》，他以《四部丛刊》影印明杨澄编订本为主，并校以明嘉靖活字本、明刊《唐十二家诗》本、明抄《唐百家诗》本、《四库全书》本、杨国桢本等等，他自己也认为"比较的可说是较为完善的一个读本"。盛唐诗人的，有《王右丞诗集》，以刘须溪评本为底本，而校以顾可久、顾元绩、赵殿成、凌初成诸家之本，有的地方并重加编次并剔除他人之作；《孟浩然集》，以《四部丛刊》本为主，而校以《全唐诗》及许自昌、李梦阳、汪立名、汲古阁诸本，成为"集大成"的一本，所收诗作数量超过以前任何一本；《高常侍诗集》，以活字本为主，校以《唐十二家诗》、《四库全书》及《畿辅丛书》等，他自己说："可算是比较完善的一个'校定'本了"；《岑嘉州诗集》，以影宋本为根据，校以士礼居抄本、《全唐诗》本、明李本芳刊本、明正德蜀中刊本和济南刊本等。他还亲自整理刊载了《南唐二主词》，以明万历刊本为底本，校以侯文灿、王国维诸人之本，并与《尊前集》、《花庵词选》、《草堂诗余》、《全唐诗》等书互校；还根据罗振玉《敦煌零拾》、刘半农《敦煌掇琐》、朱祖谋《彊村丛书》《彊村遗书》等书，校定刊载了《云谣集杂曲子》，使这些敦煌石室保存下来的词曲以当时最全的面目出现，"可称研究唐五代词者的大幸"（《郑跋》）；还刊载了《王梵志诗》，以巴黎国家图书馆所藏敦煌卷子、胡适所录有关残诗，以及费衮、黄庭坚等书中引文整理而成。此外，他在《世界文库》上还整理发表了《花间集》、《尊前集》、汤显祖《玉茗堂全集》、《李卓吾诗集》、文天祥《指南录》、《指南后录》、《李贺诗歌集》等等著名诗集。

他也整理刊载了不少古代民间讲唱文学作品，如调宫调《刘知远传》、子弟书《东调选》、《西调选》、变文《八相变文》、《大目犍连冥间救母变文》、《维摩诘经变文》、《舜子至孝变文》、《王昭君变文》等等。将这些民间俗文学作品列入世界文学名著之林，是破天荒的事。

他对明代民歌的整理与出版更是倾注了大量的心血。约一九二五年初，他从商务印书馆同事周越然的言言斋藏书中发现了清人华广生编选的《白雪遗音》一书，极为欣喜。同年五月，他主编《时事新报·鉴赏周刊》，第一期便发表了他写的《介绍百年前的一部歌谣集》，并开始在该副刊上连载发表他从《白雪遗音》中挑选出来的民歌。读者非常欢迎。于是，他在同年十月编成《白雪遗音选》一书，重新写了序文，共选一三四首，交某书店出版；不料该店不愿或不敢出版（因为有的人认为其中内容"有伤风化"），后于翌年十二月由开明书店以"上海鉴赏社"的名义，作为《鉴赏丛书》第一种出版了。《白雪遗音》原有七百余篇，其最精彩的部分是民间情歌，此外还有一些小剧本、小叙事诗、滑稽诗等等，大多十分真挚、坦率；但也有几首较差，或涉及猥亵。因此，郑振铎作了精选。[①] 他在序中指出：

> 此书的价值实较所有无病而呻的古典派无生命的诗集、词集高贵得多多。虽然也许有一部分不大好的东西，然一大部分却可算是好的，真实的，不下于《读曲歌》、《子夜歌》，不下于《国风》里的好诗。

不久，他又偶从小书摊上买到一本《挂枝儿》，匆匆翻阅一遍后，"便觉得这并不是一本寻常的小书"（《挂枝儿》）。于是，他又决

---

① 后汪静之又编了《白雪遗音续选》出版。新中国成立后，《白雪遗音》及本书下面提到的《挂枝儿》、《山歌》等书，均由中华书局内部出版（近年又由上海古籍出版社重版）。

定将它收入《鉴赏丛书》中出版。[①] 此书原系清代浮白山人从明代冯梦龙编写的《童痴一弄·挂枝儿》中选出来的,共四十一首。当时郑振铎尚未能见到冯氏原书,但他赞扬冯氏是"放浪不羁的才士","是我们所不能忘记的文士之一",并认为这四十几首诗"几乎没有一首不是很好的恋歌。一方面具有民间恋歌中所特有的明白如话,质朴可爱,而又美秀动人的风趣,一方面又蕴着似浅近而实恳挚,似直捷而实曲折,似粗野而实细腻,似素质而实绮丽的情调。"

一九三四年,上海传经堂书店朱氏从徽州访得明版冯梦龙《童痴二弄·山歌》,携归上海,郑振铎一读之下,盛赞"山歌实在是博大精深、无施不宜的一种诗体"(《跋〈山歌〉》)。他认为,山歌固以咏唱恋情为主,同时也可以抒写其他题材,并指出书中有部分是文人的拟作。他力劝店主将其付印出版,并作了精彩的跋语。[②] 后来,他还将原书作价购为已有。

此外,他还曾辑集了《明代民歌集》一书,原拟收入《世界文库》,但后因故未能出版。总之,郑振铎对古代通俗诗歌,尤其是明代民歌的发掘整理与出版,是出了大力的。赵万里认为,郑振铎是"搜集和研究俗曲的第一人"(《西谛书目序》),此语也许有点过誉;但说他是先驱者之一和有大贡献者之一,则是不会错的。[③] 唐弢指出,正是郑振铎出版了《白雪遗音选》等书之后,"印行民间情歌

---

① 后未见开明书店出版,而由华通书店出版,未知是否郑振铎所交付者。

② 其他作序跋者还有马隅卿、顾颉刚、周作人等。

③ 北京大学歌谣研究会成立于1920年,1922年创刊《歌谣》杂志。但他们主要注意于搜集当时的民歌俗曲,对古代的却不够重视。郑振铎的工作对此是一个重要的补充。

才成为一时的风气"(《西谛先生二三事》)。[①]

在中国古典小说的整理出版方面,长篇小说著名的如《红楼梦》、《西游记》、《儒林外史》等的标点、整理、出版工作,都由汪原放、胡适等人着了先鞭。而一般说来,这些工作的难度不是很大,比较困难的倒是短篇小说的整理工作。郑振铎则正是从一九二〇年代起,在短篇小说的搜集、整理、出版方面作出了巨大的贡献。

一九二五年初,郑振铎看到日本近代社刊行《世界短篇小说大系》的广告,即托友人从日本抄来了其中《支那篇》一卷的目录。该卷共收十六篇中国小说,他看了以后"发见了不少可以使人遗恨的地方"。于是,即在五月八日写了《评日本人编的支那短篇小说》一文,刊于十一日创刊的他主编的《时事新报·鉴赏周刊》上。该文指出,第一,日人所编遗漏了不少好的作品(如《霍小玉传》、《虬髯客传》、《南柯太守传》等),却选了好些无价值的东西(如《汉武内传》、《迷楼记》等);第二,他认为中国短篇小说可分为两大派别——传奇派(唐人所作及后人仿作)和平话派(宋人所作及后人仿作),而日人所选太偏于前者;第三,书中还有不少史实性错误(如作者姓名搞错之类)。因此,他认为外人对中国短篇小说了解太少,所编未免令人失望;但他又反躬自问:"然而我们自己的学者又如何?言至此,殊有无穷的希望对于未来的我们的学者。"而就在这一年,他自己便开始发愤整理编选一部《中国短篇小说集》了。

---

① 郑振铎对民间讲唱文学,也曾计划出版过。如据《小说月报》号外《中国文学研究》的预告,他曾编成《佛曲十二种》一书,选收敦煌发现的变文,以及民间流传的宝卷。又据该号外预告及《中国俗文学史》所附书目,他还曾编成《变文与宝卷选》一书,拟收入《中国文选》中出版。后均因他被迫离国避难等原因而未出版。此外,对中国古典诗歌,新中国成立后他还主持影印过宋本《楚辞集解》等。

在上述书评发表后没几天(五月二十五日),他就写出了《中国短篇小说集》的总序和例言。在总序中,他首先论述了“短篇小说”的概念,分别引用了美国著名短篇小说作家爱伦坡和汉密尔顿(C. Hamilton)的话,指出其概念有广狭二义。他认为,现代的“短篇小说”,应该是狭义的,这包括:一、作品虽包括动作、人物、环境等要素,但重点常集中于其中某一要素;二、文字要求经济,删尽一切繁文枝词;三、具有较强的感染力。因此,短篇小说并不等于简短的故事,也不是长篇的缩短。他指出,如果照这个现代意义上的标准去衡量我国古代的短篇小说,那么“合格”的就很少了;因此,今人整理选择的标准只能是广义的。(顺便指出,郑振铎在这里关于短篇小说的理论论述,已经远远超过胡适在一九一八年发表的《论短篇小说》的水平。可惜这从未为研究者提及。)他又指出,本书取材标准虽然须适当放宽,但仍注意三点:一、“故事本身的文艺价值”,二、“可以略略的窥见某时代社会生活的一斑”,三、对后来小说发展的影响大小。这三个标准体现了艺术性、时代性、社会性和历史性各方面,因而是相当全面的。郑振铎认为,“中国人之着意于作短篇小说,乃始自唐之时。”(按,这个观点与鲁迅相通。)因而,此书即从唐时选起。他认为,我国古代的短篇小说,“传奇系”始于唐,直至近代其流未绝;“平话系”始于宋,却至清代乾、嘉间即已中衰。他并分析了原因和二者的差别等。这篇总序的理论水平相当高,从而也保证了全书的整理编选质量。

全书共分三集,一集为唐人传奇,共收三十八篇;二集(分上下二册)为宋至明的短篇小说,共六十篇;三集(仅出了上册)为清之短篇小说,共二十六篇。全书共出了四册,收作品一二四篇,从一九二六年至一九二八年四月,陆续由商务印书馆出版,后又多次重版。第一册前，他又都写了序言，论述各个时期短篇小说的发展流变。合而观之，是相当精彩的一篇中国短篇小说史论。同时，对具体整理编选的情况也有所交代。例如，第一集序言中指出，《唐代丛书》（即《唐人说荟》）一书谬误甚多，而《太平广记》则最为可靠，该集即据后者而编选。第二集序言中提到，当时搜罗宋人平话小说极不易，也不全，今后当继续发掘、整理、印行。（多年后，他果然整理出版了"三言"中的两本。下面将提到。）三集上册序言作于一九二六年九月八日，下册原拟收清末民初的作品，后未见问世，令人遗憾。但尽管如此，这部书仍然是很长时期内选辑范围最广、校勘较精、数量最多的第一本中国短篇小说选集。其整理编选之功是不可抹煞的。

郑振铎在此书总序的最后特地提到："本书受鲁迅先生的帮助与指导不少，特此致谢！"鲁迅搜辑唐宋传奇等比郑振铎早，他的《中国小说史略》在这以前已经出版；但他的《唐宋传奇集》则比郑振铎此书第一集出版要晚。因此，鲁迅编《唐宋传奇集》时参考了郑振铎此书，并有所引用，尤其是在《序例》中高度评价了郑振铎此书（第一集）：

> 今夏失业，幽居南中，偶见郑振铎君所编《中国短篇小说集》，埽荡烟埃，斥伪返本，积年堙郁，一旦霍然。

这指的就是郑振铎在选收唐宋传奇时，不用《唐人说荟》诸书，而独取《太平广记》等，并对不少"妄制篇目，改题撰人"之处作了纠正，这些深得鲁迅之心。鲁迅同时又批评："惜《夜怪录》尚题王洙，《灵应传》未删于逖，盖于故旧，犹存眷恋。"因为这两篇的作者在《太平广记》上均未标明，《唐人说荟》诸书则题了王、于之名，鲁迅认为不足信。郑振铎对此当然也曾考虑过，看来他倾向于相信旧说；而鲁迅书中则题作者“缺名”。相比之下，鲁迅更为谨慎。[1] 鲁迅在该书《序例》中还说：“复念近数年中，能恳恳顾及唐宋传奇者，当不多有。持此涓滴，注彼说渊，献我同流”。很显然，鲁迅是十分亲切地把郑振铎视作不可多得的恳恳于古小说整理工作的“同流”的。

如果将郑振铎此书（主要是第一册）与鲁迅一书作一比较，是很有意思的。首先，可以见到他们在很多地方是相同的。因为他们都作了全面的挖掘整理，所以取材、参考书目基本相合，对版本之类的见解也几乎完全一致。他们的艺术批评与考证方面的文字也有不少相通之处。但是，他们的编选方针又各有特色。鲁迅共收四十五篇；而郑振铎所选唐宋传奇（包括第二集中宋人部分）的篇数，较鲁迅所收约多十来篇。两书相同篇目共有三十二篇。鲁迅所收，专在单行之篇，若为某书中之一篇则不收；郑振铎则不受此限制。这样，裴铏《传奇》中的《昆仑奴》、《聂隐娘》，牛僧孺《玄怪录》中的《元无有》、《崔书生》诸篇，鲁迅未收而郑振铎则皆收入了。鲁迅只收唐宋传奇，“唐文从宽，宋制则颇加抉择”；而郑振铎则因广收唐至清末的传奇及平话，故对某些艺术性不高的唐文宋制则不予收入。这样，李吉甫《郑钦说》等，鲁迅也认为“文亦原非传奇”，“盖其事奥异，唐宋人固已以小说视之，因编于集”；而郑振铎则舍去了。另外，鲁迅在书后附有精审的以考证为主的《稗边小缀》；而郑振铎则在书前冠有以述评为主的序言，并对每篇小说作有简注。这也是两书相辉映的。总之，郑振铎编选的这部书，与鲁

---

① 郑振铎后来在新中国成立初写的《中国小说史家的鲁迅》一文中，承认自己这本书“仍有考证未精之处”，而认为鲁迅的《唐宋传奇集》“校订、考证得极为周详”。

迅的书一样，是民国时期文学遗产整理工作中的一大成果。有关研究者很少提到郑振铎的这一贡献，是不公正的。

后来，在一九三五年以后郑振铎主编《世界文库》时，他又集中对中国古代小说作了很多整理出版工作。如《世界文库》第一辑中所收裴铏《传奇》、第十辑中所收牛僧孺《玄怪录》等，就是他十年前从《太平广记》等书中辑佚的。第一辑起开始连载的《金瓶梅词话》，是他校勘和删节的。另一部同时开始连载的《警世通言》，也是他所校勘，后并出版了单行本。同时出版单行本的，还有他校勘并删节的《醒世恒言》。另外，他还整理、作跋、刊载了《斩鬼传》、《捉鬼传》、《剪灯新话》、《剪灯余话》等书。一直到新中国成立后，一九五〇年夏天开始，他还和王利器、吴晓铃等人，以明万历汪道昆序刻本为底本，参照各种版本，校勘、整理、出版了一部百二十回本的《水浒全传》，成为《水浒传》最完善的一个本子，“一方面能满足读者要求读水浒全部故事的愿望，另一方面也供给古典文学研究者以研究的资料。”（郑振铎《水浒全传序》）①

对中国古代散文，郑振铎也做过整理工作。如在《世界文库》中编选出版了李贽的杂文、书简等。这方面最值得一提的，是他在一九三七年编选出版的《晚清文选》。他从浩瀚的清人文集与期刊报章中，选辑了近百三十人的四百八十来篇文章。他在序中说，这是很艰难的“无所依傍的工作”，“‘椎轮为大辂之始’，苟能因此引起大家对于这一时代的文献和文学的注意，则更完备的工作，‘成

---

① 另外，他当时在《世界文库》中，还整理发表过不少中国古代寓言作品，如传说是苏轼的《艾子杂说》、陆灼《艾子后语》、马中锡《中山狼传》、屠本畯《艾子外语》《憨子杂俎》、耿定向《权子》、江盈科《雪涛小说》等等，并把这类作品提到文学名著的高度。这也是很令人注目的。

功正不必自我'。"关于他编选此书在政治思想上的意义，本书第二章第五节里已经说过，此处不赘；而它在晚清文学遗产整理方面的意义，也值得我们充分注意。他还拟在自己主编的《世界文库月报》里详细刊载参考书目，①并在此书序中提出希望人们"对于这一类的有重要性的书籍能够尽量的搜罗、收藏，不要以其'不古'而弃之。"

关于中国古代戏剧（包括散曲）作品及研究资料的整理出版工作，郑振铎做得更多了。研究资料方面，如一九三一年夏，他与赵万里、马廉三人在宁波天一阁访见明蓝格抄本《录鬼簿》，曾当夜分头影写，后并将影抄本交北京大学出版组影印出版。从此，中国戏剧研究必读的这一抄本才广为研究者所知。在作品方面，他最早自费影印的有明三径草堂本《新编南九宫词》，时在一九三〇年三月。翌年三月，他又影印了《清人杂剧初集》，为"西谛所刊杂剧传奇第一种"，共一函十册。他在跋文中说明，此集之成，为功非易，"发愿刊行，盖在五载之前；规划出版，亦近一年。"他在序文中又指出，清代杂剧"撰作虽夥，汇辑莫闻。邹氏之《杂剧新编》虽多载易代诸家，并及于令、梅村、西堂；然康、雍以后，类多单本，殊鲜汇编。其幸存于今者，仅亦什一而已。"因此，"及今而不为辑录，则什一之仅存者，几何不消亡殆尽乎！"郑振铎不仅指出了这一整理出版工作的急迫性，同时也说明了这是带有首创精神的。要知道，王国维《曲录》所著录的清剧，仅八十四本；而当时郑振铎经十多年搜集，所藏清剧已逾二百六十本，超过王氏所知二倍多。其功甚伟！郑振铎因经费所限，只得先以六分之一编为初集影印。初集共收清

---

①　按，此事后未见办成。

剧九家四十种，每家作品后他都附有精彩的跋语，论述作者生平、作品内容与思想等。该书出版后，学界一片赞扬声。赵景深就指出："以校勘而论……差不多都是校勘极精的"，"振铎的序跋是很有价值的文学批评，可谓先获我心"，"总之，《清人杂剧初集》之出世，对于中国文学史料的供给，是有其伟大的功绩的。"(《清人杂剧初集》)陈子展也指出："郑先生有此宏愿，艺林有此快事，这又是足以使我们爱好文艺的人引为欣幸的一件事了。"(《清人杂剧》)此外，当时的《燕京学报》、《北平晨报》、《编辑者》、《开明》等等报刊，都曾载文赞许这一工作。

同一年，郑振铎还曾与商务印书馆同事叶圣陶、王伯祥、徐调孚等人，一起计划翻印明代毛晋所编的《六十种曲》。拟将全书加以圈点，弁以新序，并各出自藏善本勘比异同等等。这也是一个大工程。该书后于一九三五年由开明书店出版，郑振铎虽因去北平工作而未能参加具体标点校勘，但他原是一个重要的发起者与筹划者。一九三二年五月，陈乃乾主持的上海传真社影印了明刊本传奇三种，各二册，其中词隐《博笑记》与屠隆《修文记》两种，均印有郑振铎写的跋。可见这一影印工作也是在他的指导下进行的。

《清人杂剧初集》出版时，最末附有《西谛影印元明清本散曲目录》和《西谛所印杂剧传奇目录》等，表明了他大规模整理出版戏剧、散曲的计划。《清人杂剧初集》出版时，《二集》也已编就待印，所请吴梅写的序，即成于同年七月。然而正式出书时，却已在一九三四年十月以后。他在《二集》题记中说："数年来，人事倥偬，屡经大变"，"二集之编印，历时三载，备尝艰苦。其间中辍于乱离播迁，或无力印刷者不止一次"，"亦几至典衣减食以赴之矣。措大生涯，乃复好事，其不中途蹶倒者幸耳。"《二集》共一函十二册，收入清剧十三家四十种。合《初集》四十种，超过了明人沈泰所编《盛明杂剧》初、二集的六十种，已为清剧整理立了大功。但他在题记中说："然所欲流布者，尚不止此。三集已裒然成书待印。三集以下正在拟目。"他担心的是"三集之能否继之以出，固在不可知之数"。而后来果然未能继续出下去。值得一提的是，对郑振铎编印的这两集清剧，鲁迅也是十分喜欢的。他收到郑振铎的赠书后，还曾特地重新装订过。① 鲁迅对郑振铎在这两本集子的序言中所说的这种"好事"精神极为赞赏，曾对许广平说："他是老实的，还肯印书。"又说："在唯利是图的社会里，多几个呆子是好的。"②

除了影印古代剧作外，他在一九三〇年代中期主编《世界文库》时，还亲自校勘、排印了不少戏剧作品。例如，他写了校记、跋语的就有：《杀狗记》，以暖红室本与《六十种曲》本对校；《教子寻亲记》，以《六十种曲》本与富春堂本对校；《赵氏孤儿》，以富春堂本为底本，而校以明徐元的《八义记》，他认为"经这番整理写定后，《孤儿记》当可成为一个定本了"；《娇红记》，据《花阵绮言》及《国色天香》，并校以《绣谷春容》、《燕居笔记》等；《诈妮子调风月》，经大力气写定后，他也认为"较可诵读"；《投笔记》，以罗懋登本重刊，并参考富春堂本、世德堂本、魏仲雪批评本等。另外还有《钱大尹智勘绯衣梦》、《西游记杂剧》、《白兔记》、《中山狼院本》、《中山狼杂剧》、《东窗事发》、《赵匡义智娶符金锭杂剧》、《岳飞破虏东窗记》等等，都是他整理发表的。

郑振铎在抗日战争时期还影印了不少古剧，这些我们留待下

---

① 见 1934 年 12 月 2 日鲁迅致郑振铎信。

② 见许广平《鲁迅和青年们》。

面详述，这里先跳过去，谈谈新中国成立后他对中国古代戏剧的整理、出版工作。这方面值得在中国戏剧研究史上大书特书的，是一九五三年他与吴晓铃、赵万里、傅惜华等人组织了《古本戏曲丛刊》编刊委员会，并开始编选、影印这一大型丛刊。吴晓铃回忆："实际上，西谛先生担负起了全部的编集之责，我们不过是献藏书、备谘询和提些一管之见供他参酌而已。"(《重纂〈古本戏曲丛刊〉抒怀》)郑振铎当时在《光明日报》的《文学遗产》创刊号上，发表了《影印〈古本戏曲丛刊〉缘起》，并在该丛刊初集的序言中，回顾了以前对于古代戏曲的整理出版工作，认为规模都还不够大。他指出：

> 我们研究中国戏曲史的人老想把古剧搜集起来，大规模的影印出来，作为研究的资料，却始终不曾有机会能够实现这个心愿。今日欲得一部明刊本传奇，正像乾嘉时代欲得一部宋刊本善本那样的不易。只有从事搜集资料的人，只有研究戏曲史的人，方才知道搜集资料是如何的困难。那工作是艰苦的，是可遇不可求的，是要一点一滴的累积起来的。古剧收藏家的辛勤，诚如"如鱼饮水，冷暖自知"。幸而集腋成裘，更幸而历劫仅存，怎能不急急的想使之化身千百，俾古剧能为今人所用呢？

按照他的计划，该丛刊将"征集北京图书馆、北京大学图书馆等公私家所藏，并联合国内各大学、各图书馆、各戏剧团体和戏剧研究者们，集资影印这个《古本戏剧丛刊》六百部，作为内部参考资料。初集收《西厢记》及元、明二代戏文传奇一百种，二集收明代传奇一百种，三集收明、清之际传奇一百种，此皆拟目已定。四、五集以下则收清人传奇，或更将继之以六、七、八集收元、明、清三代杂剧，并及曲选、曲谱、曲目、曲话等有关著作。若有余力当更搜集若干重要的地方古剧，编成一二集印出。期之三四年，当可有一千种以上的古代戏曲供给我们作为研究之资，或更可作为推陈出新的一助。”真如郑振铎自己说的，“此愿甚弘”。可是在他生前，由于各种客观原因，仅印成三集；第四集是在他牺牲后两个月出版的。即使这样，这四集每集各十二函、一百二十册，其规模与气魄之大已是空前的了。唐弢曾生动地指出：“《古本戏曲丛刊》给研究者提供了一个浩如大海的材料的宝库。就像孙行者拔下毫毛一样，这些比我们八代十代前祖宗还要年长的书籍，一下子出现成千上万的化身，通过这种方式，居然能够和人民接近，能够为社会主义服务”(《书》)。郑振铎牺牲后，除了吴晓铃等人在一九六四年按照郑振铎原先计划编印了一个第九集（满清宫廷剧本，升平署）以外，就再也没有出下去。一九八〇年代后，国务院古籍整理出版规划小组决定以国家的力量，来继续完成郑振铎这一未竟的建设工程。李一氓郑重地指出：

> 这件事不仅是中国戏剧界的大事情，也是中国文化界的一件大事情。……既然郑西谛已开其端，我们这些人就应该给他继续下去。(《怀念郑西谛》)①

新中国成立后，郑振铎担任国务院科学规划委员会委员，并兼任该委员会领导下的古籍整理出版规划小组的负责人之一。除了上述古代戏剧的整理出版工作外，他还做了大量的工作，直到他牺牲前，他还亲自主持制定了《1958—1967年整理出版中国历代文学著作的规划草案》，并亲撰了序言。他在给潘景郑的信中曾说：“薪尽火传、承前启后的事业，正待我辈从事之也。”这是何等强烈

① 可惜的是，李老也已逝世，但是这一工作至今尚未完成！

的事业心啊!

第三,郑振铎在反侵略战争年代对古典文学和其他文化遗产的抢救、影印工作

本来,这些也可以放在上面谈;但为了突出抗日战争时期郑振铎从事这一工作的献身精神与伟大意义,我们单列于此集中论述这一点;同时,还想不局限于文学古籍,略为旁涉他对其他文化遗产的抢救与出版工作,因为这些工作都是在同一思想指导下进行的。

前面说过,郑振铎在上海"孤岛"时期曾发表《劫中得书记》及其《续记》。然而,这些得书记中所记,不过是他当时以个人的经济力量所购致的图书(而且不过是其中的一部分)。另外,他还曾争取用公款为国家抢救购致了很多珍贵的古籍。这方面首先要提到的,是一九三八年他抢救下来的一部《脉望馆抄校本古今杂剧》。这是我国古代保存下来最大的一部戏剧总集,共有元明杂剧二四二本,其中有一百多种是仅见的孤本。这部巨著隐晦近三百年。先是清末王国维曾发现明黄尧圃旧藏《元刊杂剧三十种》上题有"乙编"二字,王据此推断有"乙编"必有"甲编",并可能有"丙编"、"丁编"等。从此,研究者们便一直盼望着有朝一日发现这个未知的宝藏。一九二九年《国立北平图书馆月刊》上,发表了丁初我《黄尧圃题跋续记》,透露其曾见过《古今杂剧》六十余册,郑振铎阅后极为重视,立即去信查询,对方却含糊其辞。但郑振铎能感到这部巨著的精光若隐若现地直冲斗牛之间,激励他想尽办法去发掘。他在自己的论文中常常提到这部书。他自己所编《元明杂剧辑佚》一书,早已积稿盈尺,也因此一直不急于拿出去出版。一九三八年五月,他偶从友人处得知此书出现的消息后,为防此书流出国门和遭到毁坏,便如战士之决斗于战场一般,为保护这一国宝而拼上了全部的心血。由于售价实在太高,他个人无法购下,终于设法争取到当时在重庆的教育部的拨款,为国家保存了这一国宝。其间历尽惊险曲折,受尽冤枉怀疑,而他均置之不顾。详情可见于他的《跋脉望馆抄校本古今杂剧》和《求书目录》诸文。

关于这一抢救工作的意义,他在当时便指出:

这弘伟丰富的宝库的打开,不仅在中国文学史上增添了许多本的名著,不仅在中国戏剧史上是一个奇迹,一个极重要的消息,一个变更了研究的种种传统观念的起点,而且在中国历史、社会史、经济史、文化史上也是一个最可惊人的整批重要资料的加入。这发见,在近五十年来,其重要,恐怕是仅次于敦煌石室与西陲的汉简的出世的。(《跋脉望馆抄校本古今杂剧》)

在新中国成立后,他又再次指出:

肯定地,是极重要的一个"发现"。不仅在中国戏剧史和中国文学史的研究者们说来是一个极重要的消息,而且,在中国文学宝库里,或中国的历史文献资料里,也是一个太大的收获。这个收获,不下于"内阁大库"的打开,不下于安阳甲骨文字的出现,不下于敦煌千佛洞旧抄本的发现。(《〈劫中得书记〉新序》)

他的这些话是并不夸张的,很多研究者都作了相似的评价;诗人徐迟更用了形象的语句指出:

你能想象吗?这是多么惊人的发现!仅仅发现了莎士比亚的一个签名,全欧洲为之骚动。如果发现的是莎士比亚的一个从未见过的剧本,你想,又将如何?试想文艺复兴距今不

过三四百年。我们的元代，至今却有六七百年之久。(《火中的凤凰》)

郑振铎当时不仅为此书奋力撰写了一篇长跋，而且还作了一番整理与挑选，并与商务印书馆订了合同，委托该馆排印出版其中的精华部分。后该馆于一九四一年出版了线装三十二册的《孤本元明杂剧》，共收剧本一四四本，其中包括久已失传的孤本一三六本。从此以后，这些极其珍贵的古剧就为研究者所熟知了。新中国成立后，中国戏剧出版社又据商务原版纸型重印，订成平装四册，流行更广。郑振铎在编《古本戏曲丛书》第四辑时，也将原抄本影印了进去。

抢救这一巨著，是郑振铎用公款为国家购致古书的开始。这一杰出的工作成绩，甚至引起了国民党政府有关人士的注意，郑振铎也从中得到了经验与启发。一九三九年底，郑振铎邀集了沪上著名学者张咏霓、张元济、何炳松等人，数次联名给重庆当局朱家骅、陈立夫等人打电报，要求正式秘密拨款抢救文献。这是郑振铎一项十分英明、十分及时的决策。因为已有抢救脉望馆一书的巨大功绩在前，所以此事几经周折，竟获实现，成立了以郑振铎为核心的秘密的“文献保存同志会”，由“中英文教基金董事会”(即原“中英庚款董事会”)拨款购书。将三十多年前沾满了中国人民血泪的所谓“庚子赔款”的一部分，用来抢救再次惨遭帝国主义毁灭抢掠的中国古籍文献，此中包含着多么深刻的历史意味啊！

关于郑振铎这一壮举所蕴含的政治思想意义，本书第一章中已有论述，此处从略，主要再从保护古籍文献的角度来论述其意义。当时，江南文献处于怎样一种境况呢？“八·一三”战事后，江南藏书家多有烬于炮火者，但更多的是急欲出售所藏以赡救家属。

例如，常熟瞿氏铁琴铜剑楼被燹，其中普通书荡然一空，幸而特别珍贵的善本则尚存上海，有出售意；苏州滂喜斋的善本，也因迁藏于沪，不致散失，而其普通书也常被劫盗；南浔刘氏嘉业堂、张氏适园之所藏，则均未迁出，岌岌可危；常熟赵氏旧山楼及翁氏、丁氏之所藏，时有在旧书摊上发见者（如前述脉望馆一书即是）；南陵徐氏藏书，也有一部分流出以易米。对于这些动态，郑振铎了如指掌、洞若观火。这时，北平等地的书贾云集上海，购去大量图书，捆载北上。美国、日本、伪满有关机构，以及汉奸陈群、梁鸿志等人，都将这些古籍珍本视为猎取目标。郑振铎还看到，尤为严重的是敌伪所购之书，"都以府县志及有关史料文献者为主体，其居心大不可测。近言之，则资其调查物资，研究地方情形及行军路线；远言之，则足以控制我民族史料及文献于千百世。一念及此，忧心如捣！"（《求书日录》）此时，如果没有力挽狂澜的措施，这些珍贵藏书将以更快的速度散失，其中精品则将为帝国主义所掠去。郑振铎及时地将这一万分危急的情形明确地向有关当局指出，终于争取到经费，在当时中央图书馆馆长蒋复璁、故宫博物院古物馆馆长徐森玉等人士的支持下，从事这一惊天地泣鬼神的工作。一开始，便阻挡住了江南藏书之北运；而当郑振铎他们一举购下苏州玉海堂刘氏藏书及群碧楼邓氏藏书后，引起书贾们震动，迅速扭转了局势，甚至反而使平贾们将北方的古书拿来让售。这样，便有效地从敌伪与外国人手里夺下了大量民族文献。此后陆续购入的大宗，就有嘉业堂刘氏明刊本一千二百余部，及蕴辉斋张氏、风雨楼邓氏、海盐张氏、涉园陶氏等家在沪的部分珍品，和南浔适园张氏的全部珍品。一直到一九四一年底太平洋战争爆发，这一工作被迫停止。虽然前后不过两年时间，但这是极关键的两年。正如郑振铎说的：

在这两年里，我们却抢救了、搜罗了很不少的重要文献。在这两年里，我们创立了整个的国家图书馆。虽然不能说“应有尽有”，但在“量”与“质”两方面却是同样的惊人，连自己也不能相信竟会有这末好的成绩！（《求书日录》）

而这批珍贵的图书，现大多保存在国家图书馆中；虽然有一大部分精品于一九四九年被国民党当局用舰船运往台湾，但终究还在中国领土内。其中有一部分当时寄存在香港的书，在香港沦陷后被日军掠去，共百余箱；抗战胜利后，被追回。郑振铎等人为子子孙孙做的这件好事，实在应该在中国文化史上大书特书，永垂汗青！[①]

就在郑振铎全力以赴抢救文献的战斗中，他仍然没有忘记古典文学和文化遗产的整理、出版工作。他在一九四一年一月十七日致张咏霓的信中，便提议利用所购古籍重编《全唐诗》及编撰《明史长编》等。他说：“得书不易，应用尤雅。我辈如能在短时期内，尽量应用所得书，则诚不虚此番购置之苦心矣。我辈对于‘学问’，野心甚大，每苦时力不足以赴之。姑妄言之，未必有成也。然‘自古成功在尝试’，此二大工作，安知必不能成为‘事实’乎？”遗憾的是，他提出的这两大工作，在当时紧张、艰苦的环境下，终于没能成为事实。但他的这种精神，将永远激励后人。

抗战后期上海完全沦陷后，他被迫停止为国家抢救收购古书的工作，但却历尽艰险影印了好几部大书。如一九四四年，他整

① 这一点是台湾的学者也高度肯定的，见苏精《藏书家的郑振铎》等文。但台湾发表的一些有关此事的文章中，却大多有意抹去郑振铎的名字。

理、影印了《长乐郑氏汇印传印第一集》,共二函十二册,收传奇六种。其中四种为明万历刊本,一为崇祯刻本,一为旧抄本,均极罕见。在该书序言中,他指出元明杂剧自臧晋叔所选百种外,复有息机子、龙峰徐氏、黄正位、顾曲斋、孟称舜、沈泰、邹式金诸人选本,更有由他自己择印的脉望馆一书中的孤本百余种,因而他认为"颇谓取之尽锱铢矣";而清代杂剧,自从他先后印行二集八十本后,也已稍见规模;独明清传奇,则自汲古阁结集后,继之无人。因此,他"欲继此绝业",以自己多年所集公诸于世。可见影印此书,实在也是填补空白的大事。他计划在这第一集后,"继之或将有二集、三集,以至十集、廿集之印行。夫唯力是视耳,固不仅以续阅世道人之'六十种'自域也。"这是何等的气魄!可惜因为当时条件实在太恶劣,只出了这第一集。值得提及的还有,他为了迷惑敌伪,书中印"甲戌八月印成"(甲戌为一九三四年),序末又署"民国二十三年",可见当时斗争之艰苦。①

同年,他又整理影印了《明季史料丛书》,共十册二十种,大多为清人关于明史的著作。由于条件所限,不得已印成缩印本。为迷惑敌伪,不仅化名为"纫秋山馆主人",并又署"共和甲戌八月圣泽园印成"字样。另,在一九四一年,他还曾整理影印了《玄览堂丛书》,共十大函一百二十册,所收大多为明人所撰晚明史料。他化名"玄览居士"写了序言。这部丛书,战后他又继续编印了二集和三集(未完)。这三大集一共有二七二册,收明史著作七十多种。这两大部

① 可是,这竟也"迷惑"了我们的研究者,不少文章都径认为此书印于1934年,连近年出版的《郑振铎古典文学论文集》亦如此。其实,此书序言一开头所说"天时不正,河山如墨,泥泞载道,跬步不得"诸语,就已隐晦而形象地点明了出版的时代。据郑振铎日记,此序作于1944年7月8日。

丛书不仅为明史研究提供了珍贵史料，而且反映了郑振铎“史不亡则其民族亦终不可亡”(《〈明季史料丛书〉序》)的强烈的爱国信念。①

郑振铎在抗战时期抢救、影印古籍的工作，在我国文化史上写下了最动人的篇章。

二、中国文学史的撰著

在中国新文学运动史上，郑振铎最早发出“要求一本比较完备些的中国文学史”的呼吁；②不仅如此，他还身体力行，从事文学史的撰著工作。他在二十世纪二三十年代一共撰写出版了四种文学史：一是四大册《文学大纲》，为世界文学通史性质，其中约四分之一篇幅是中国文学史；二是《中国文学史(中世卷第三篇上)》，为断代专题史性质；三是《插图本中国文学史》四册，为通史性质；四是《中国俗文学史》二册，为分类史性质。总计字数约一百五十万字(《文学大纲》外国文学部分以及各书插图所占篇幅均不算在内)，又有相当高的学术价值，在“五四”以来的新文学工作者中，以一人之力做出如上成绩的，没有第二个人。

本节，我们对这几部文学史的学术价值及贡献等，分别加以评述。

《文学大纲》(中国部分)
——一九二〇年代最杰出的中国文学史著

---

① 除上述影印书籍外，抗战时期郑振铎还根据自己多年收藏，编选影印出版了精美绝伦的《中国版画史图录》数辑，以作为“历劫不磨，文事精进，乃卜民族前途之伟大光荣”的象征。

② 见1922年9月《文学旬刊》上《我的一个要求》。

《文学大纲》共约八十万字，其中中国文学部分约二十万字。(以上数字均已将插图所占篇幅除外。)一九二三年下半年起，郑振铎开始撰写。边写边发表，从一九二四年一月起开始在《小说月报》上连载。至一九二七年一月止，共连载三年余，其中还有些补充章节发表于《一般》等刊物上。一九二六年七月九日，郑振铎重写了全书《叙言》，可知已基本完成，开始交商务印书馆出版。第一卷于一九二六年底出版，第二卷以下出版时作者已被迫逃亡欧洲，全书的跋即作于一九二七年六月十日赴法国的远洋轮上。最后第四卷是一九二七年十月出版的。本书在一九三一年四月前曾由商务印书馆印行了三版；一九三三年八月该馆又出"国难后"(按，指"一二八"事变后)第一版，并列入《大学丛书》中。(一九八六年，上海书店据商务版影印；一九九二年，上海书店又影印重版，收入《民国丛书》；一九九八年，商务印书馆国际有限公司重排再版；二〇〇三年，广西师范大学出版社又重排再版。)本书不仅连载发表三年余，轰动一时，又多次精装再版，在中国文学界影响十分巨大。

促使郑振铎撰著此书的动力或契机，我认为有两个。一个主要是来自国内的。一九二二年九月，他把当时所能找到的中国文学史共九种(内有一种还是从日文翻译的)，以及英国人翟理斯的一种，一一作了研究，认为实际上可以说还没有一本真正的《中国文学史》。于是，他发出了要求一部《中国文学史》的呼吁，并暗自下决心自己动手来撰著。另一个更重要的是来自国外的。一九二三年二月起，英国伦敦的佐治·纽奈斯公司(George Newnes Ltd.)开始出版英国著名戏剧作家约翰·德林瓦特(J. Drinkwater)撰写的《文学大纲》(*The Outline of Literature*)。此书与威廉·俄彭撰写的《艺术大纲》合在一起，每半月出版一册(每册二书各占一半),预计一年出全(实际最后出了二十六册)。郑振铎在刚读到其第一册时,感到这个编辑方法很好,而当时中国又正缺乏全面叙述世界文学的书,于是他便与沈雁冰、胡愈之、谢六逸、费鸿年等人打算将这部《文学大纲》翻译进来。关于此事,在同年四月的《小说月报》与《文学旬刊》上均已作了披露。然而,这一工作最后却没有进行。为什么呢?郑振铎在《小说月报》上发表的《文学大纲》的叙言中明确说明:在读到原书的后来几册后,他们翻译此书的热情就冷却下来了,因为原书的叙述完全是以英美两国为中心,对于中国文学几乎没有提及。这样,他就决心自己来撰写一部同名著作。

我认为,指出以上两个撰著动因很有必要,因为这都是与中国文学史有关的;正因如此,我们在评述郑振铎在中国文学史研究与撰著方面的贡献时,首先必须重视《文学大纲》此书。然而,人们往往比较看重其对外国文学的评述部分,谈中国文学史专著的很少提到此书。直到近年陈玉堂的《中国文学史旧版书目提要》才正确地指出,《文学大纲》中国部分若独立出来,实是一部体系完整的中国文学史。不仅如此,我认为此书的中国文学部分,实在还是一九二〇年代国内最优秀的一部《中国文学史》。就其开创意义来说,甚至高于著者后来的《插图本中国文学史》,后者的不少精彩论点,已在前一书中提出或露其端倪;而且,从所述时间跨度来说,前者也超过后者(后者只完成到明清之际,而前者一直写到"五四")。

为了更好地说明此书中国文学部分在中国文学史专著撰写史上的地位与价值,我们先来考察一下这以前出版的《中国文学史》是怎样的一个面貌与水平。

首先,最早出版《中国文学史》的,不是中国人,却是外国学者。

人们以前一般认为这方面的第一本著作，是英国人翟理斯于一九〇一年在伦敦出版的《中国文学史》。翟氏本人在此书序中也说："在当时，在无论何种文字里，都还没有这样一本讲中国文学的书出现过。"[1]其实根本不对。据我研究所知，第一本《中国文学史》，当是俄国人王西里（В. П. Васильев）于一八八〇年在彼得堡出版的《中国文学史纲要》。另外，日本学者末松谦澄的《中国古文学略史》（一八八二）、日下宽《中国文学》（一八九〇）、藤田丰八《中国文学史》（一八九五）、古城贞吉《中国文学史》（一八九七）、笹川临风《中国文学史》（一八九八）、中根淑《中国文学史要》（一九〇〇）等书，都出版在翟氏一书之前。[2] 这些外国人写的书，当时郑振铎只读过翟理斯的那本，和根据古城贞吉一书翻译的《中国五千年文学史》；其中王西里一书，一百年来一直不为中国读者所知。

关于翟氏一书，郑振铎在一九二二年曾写过书评，[3]肯定它将中国向来受轻视的小说、戏剧写入文学史，和能够注意到佛教对中国文学的影响；但更着重指出其错谬甚多。认为它的主要缺点有四：一是"疏漏"，有很多重要的作家作品都没提到；二是"滥收"，将那些法律条文、花草书类甚至玉历钞传之类都收入了；三是"详略不均"；四是"编次非法"，所叙时代多有颠倒，史实亦多错乱。王氏一书，篇幅更少，约翟氏的三分之一，它的优缺点也与翟氏相仿佛。比较起来，日本人写的《中国文学史》，比西方人写的水平要高一点。我认为有这样几个特点：第一，他们大多反对中国历来轻视小

---

① 郑振铎在《插图本中国文学史·绪论》及其他文章中都提到这一点。1981 年版《鲁迅全集》的《中国小说史略》的注释也这样认为。

② 日本学者中岛长文先生曾辛苦地为我查找这些难找的书目，特在此致谢！

③ 见 1922 年 9 月《文学旬刊》上的《评 Giles 的中国文学史》。

说、戏曲的封建文学观，而将这些载入史册，并对《红楼梦》、《西厢记》等作品作了较高的评价。这是优点。第二，虽然他们对中国小说、戏曲有较正确的看法，但其评价均基本未走出我国清代批评家金圣叹诸人的藩篱。例如，一九〇三年出版的久保天随的《中国文学史》，是质量较高的一部，但他就说明其立论主要跟从"中国先贤"，如评诗即据沈德潜、赵翼诸人之说。因此，缺乏新鲜、独到的见解，对《诗经》等作品的评价尤为陈腐。第三，其分期分段，大体均以中国帝王朝代变迁为划归。第四，他们大多未能划清文学与其他学术的区别，而将经、史、文字学、诸子哲学等等，与诗、赋、小说、戏曲等合在一锅煮。第五，他们都遗漏了不少重要的作家作品，尤其是民间文学作品。

中国人自己写的文学史书，在一九二四年以前也出版了几种，有的水平甚至比外国人的更差。一般认为，林传甲(归云)的《中国文学史》是最早的一本。此书最初作为京师大学堂的讲义，于一九〇四年内部印行，一九一〇年由杭州谋新室出版，日本宏文堂印刷。作者自己说明是参照日本人的书写成的。关于此书，郑振铎曾有评论："名目虽是'中国文学史'，内容却不知道是些什么东西！有人说，他都是抄《四库提要》上的话，其实，他是最奇怪——连文学史是什么体裁，他也不曾懂得呢！"(《我的一个要求》)书中第一篇的题目就反映了这一点，请看："古文籀文小篆八分草书隶书北朝书唐以后正书之变迁"，与文学毫无关系；而且所言文字、书法的变迁的源流，又完全拘于旧说，错误甚多，如"伏羲作八卦"、"右文因《说文》而存"云云。此外，书中还充满了音韵、训诂、修辞、文体，及政治、文化等杂乱的内容，却完全排斥小说、戏曲，所述亦仅至宋代，字数仅七八万字。可以说，是一部很令人失望的书。

约与林氏同时，还有上海国学扶轮社出版的黄人（慕庵）的《中国文学史》。此书字数远较林著为多，竟达一百七十多万字，线装本共有二十九册。但是，绝大部分都是摘录或全抄的原材料，作者自己的论述很少。而所抄录的材料包括命、令、制、诏、敕、策、书、谕、赦文、制艺、金石碑帖、音韵文字等等，杂乱无章。全书甚至连一个完整的目录也没有，可以说是根本不知"文学史"为何物者；即使作为一部"文选"，也显得太乱了。当然，书中倒也收入了若干明代戏曲以及所谓"闺秀诗"等等。另外，在作者的论述中也偶有一点新见，这颇受近时一些研究者的青睐。但我认为，即使有那么一点微小的亮色，它作为一部"文学史"毕竟仍然是很奇怪的。关于此书，郑振铎与近代其他文学史家几乎从未提起过。

一九一四年，上海商务印书馆出版了王梦曾的《中国文学史》，为民国初年国内中学教材。郑振铎曾评为"浅陋得很"（《我的一个要求》），但又认为它是一九二五年以前出版的比较可读的三四种文学史之一。（见《中国文学研究的重要书籍介绍》、《各国"文学史"介绍》）我认为这样评价是公正的，比起当时其他诸书来，此书还算有点特色。例如，它首次打破以朝代为纲目的写法，而将先秦至清代分为"孕育时代"、"词胜时代"、"理胜时代"、"词理两派并胜时代"等四编来写；对各种文体、体裁的叙述，注意其滥觞、回翔、兴盛、式微、重振等发展流变；而且也简单地提及小说、戏曲之类。本书还算是我国文学史书中第一部经"教育部审定"的教材。而且还经日本青木正儿标点评注，于一九一八年在日本出版。但是，书中陈腐之说亦不少，字数又仅二三万字，实在与真正的"文学史"相差还远。

一九一五年，上海泰东图书局出版的曾毅（松甫）《中国文学史》,是郑振铎认为当时"略为可观"的最好的一本。(见《中国文学研究的重要书籍介绍》、《各国"文学史"介绍》)此书约十四万字。作者写作时正在日本东京,参考了当地的一些著作。如其自述,分整个中国文学史为上古、中古、近古、近世四期,即"本自东籍也"。作者对外国学者的研究成果,取比较开明的态度:"果东邻文献,有足供吾人之采获者,夫亦何嫌而不为"。因而"不避因袭","意搜众长,不矜已出",同时又力求"每抒独见,不肯苟同"。[①] 不过,书中亦不乏陈调,如谈文字变迁只及"六书"而未及甲骨钟鼎文,全书以诗文为主而将词曲小说与经学史并列为从,还夹入了一些训诂、哲学、史学方面的内容等等。而且,此书撰写较为草率,据一九二九年作者重作修订时自述,当时他"亡命日本,方研求政治经济之学,未暇深讨,漫从友人怂恿而为此书"。

朱希祖(惕先)于一九一六年由北京大学出版部出版了《中国文学史要略》,为北京大学文科教材。此书共分六期,从上古讲到清代。书中文学与学术不分,谈及戏曲但排斥小说,观点甚为陈旧。字数也很少,不足四万。郑振铎在《我的一个要求中》中提及此书时说:"他(按,指朱氏)自己说,这书'与余今日之主张,已大不相同……且其中疏误漏略,可议必多,则此书直可废矣。'"只因朱氏与鲁迅等人同为章太炎的弟子,旧学有闻,所以此书有时被人提起。

一九一八年,上海中华书局出版谢无量(蒙)的《中国大文学史》。郑振铎认为此书"略为可观",但又指出它"不完备,也没有什

---

① 1932年出版的胡云翼《新著中国文学史》指责此书完全抄袭日人儿岛献吉郎的著作,似乎过分。

么自己的主张与发现"(《我的一个要求》)。此书旧时流行甚广,再版达十七次以上。其分期与曾氏同,可见也是参考了曾氏及日本人的书,字数则达三十三万字。所述包括小说、戏曲等,内容较他人为详;但亦"大"而至于与学术史不分,用了相当篇幅讲述经学、文字学、诸子哲学、史学、理学等等,且所谈尽多陈言。正如郑振铎评价:"叙述散漫而无甚精彩处,见解也不见得确妥"。(《各国"文学史"介绍》)

一九二〇年,北京大学又出版了刘师培(申叔)的讲义《中古文学史》。字数六七万字,仅述汉魏之际和魏晋时期文学的概略。此书体裁甚为别致,如同作者自述,主要只是"摘史乘群书之文涉及文学变迁者",而加以"条例",并加以少许按语而成。鲁迅说它是"辑录这时代的文学评论"之书,"对于我们的研究有很大的帮助"。[①] 今人肯定此书的学术价值,亦多着眼于它对这一段较重要的文学批评史料的整理辑集之功。郑振铎曾批评此书"也没有新的见解"(《我的一个要求》),这也许与一般人看法不同;但我觉得此书总的说来精辟见解确实不多。然而,此书作为文学史的一种写法,我倒认为很可备一格,但踵其后武者几乎绝无。

一九二四年,胡怀琛(寄尘)的《中国文学史略》由梁溪图书馆出版。本书受到"五四"新文学思潮(包括郑振铎)的影响,其第一章《绪论》谈及"文学之界说与分类"、"文学与人生的关系"等,附录中还谈及"中国小说之源流"、"中国之地方文学"、"古今儿童读物之变迁"、"民间传说之故事"、"民间流传之歌谣"等,值得注意与嘉许。但所述仍多不确当处;且全书从上古述至清代,仅五万字(另

---

① 鲁迅《魏晋风度及文章与药及酒之关系》。

附录一二万字),故过于简单,不少地方仅写上作家的姓名籍贯而已,以致被人讥为“简直是一本流水账簿”。[1] 而此书出版时,郑振铎的《文学大纲》已经开始在《小说月报》上连载了。

除上述者外,还有作为专题史的王国维的《宋元戏曲考》(一九一五年版)和鲁迅的《中国小说史略》(一九二四年版)。这两部书则是非常突出的,正如郭沫若说的:“毫无疑问,是中国文艺史研究上的双璧;不仅是拓荒的工作,前无古人,而且是权威的成就,一直领导着百代的后学。”(《鲁迅与王国维》)当然对于郑振铎的文学史研究也具有启示作用。他在《文学大纲》的注释中对此二书都曾提到,并说鲁迅的书是叙中国小说发展史的第一本,审慎可靠,本书有所取资,应致谢意。然而,二书所述都是整个文学史的一个分科专史(而且王氏的还是断代史),所以我未放在上面评述。此外,胡适的《国语文学史》(《白话文学史》的前身),虽然已在一九二〇年代初作为“国语讲习所”的教材内部少量印过,但要到一九二七年才正式出版,更要到下一年改写重版后才产生较大影响(这时《文学大纲》早已问世了)。而且,胡适此书只写了半截,并自囿于“白话”的樊篱,连《诗经》、《楚辞》都未提及。至于其他还有窦警凡《历朝文学史》(一九〇六年油印)、张之纯《中国文学史》(一九一五年版)、钱基厚《中国文学史纲》(一九一七年版)、葛遵礼《中国文学史》(一九二〇年版)、凌独见《新著国语文学史》(一九二三年版)、李振镛《中国文学沿革概论》(一九二四年版)等等,都是流传甚少,内容更凡庸无可采者,乃不一一论及了。

以上所以不惮烦费地评述了十来本国内早期的文学史著作,

---

① 见胡云翼《新著中国文学史·序》。

不仅是因为迄今尚未见有研究者比较全面地做过这一工作,更因为有比较才有鉴别,只有通过这样的巡视与清理,才可能更清楚地看出郑振铎《文学大纲》中国部分的价值与建树。与前述那些中外出版的中国文学史的疏漏、简略相比,《文学大纲》中国部分就显得全面、博淹多了。前述几本文学史,除了谢无量的"大文学史"以外,字数很少超过十几万的(其中黄人的那本字数特别多,但实际不能称为"文学史"),而且还杂有大量非文学的内容;而《文学大纲》的中国部分则有二十万字。中国历史上重要的文学作家与作品(除了部分当时还未发掘整理的俗文学作品等以外),郑振铎基本上全都谈到了。不仅论述了诗、赋、小说、戏曲等文学作品,[①]而且对那些"在文学上也有他们的不朽的价值与伟大的影响"的史学家与哲学家的作品,如《左传》、《战国策》、《孟子》、《庄子》、《史记》等,也都给予了应有的文学史上的地位。对于文学评论专著如《文心雕龙》、《诗品》及著名批评家如金圣叹等,也有论述。对于骈文作品,他也没有一笔抹煞,而对其中"气壮而文达,辞丽而理明"的作品给予较高的评价。与前述几本文学史的滥收、杂混相比较,《文学大纲》中国部分又显得十分精审、得当。郑振铎严格地划清了文学与其他学术的界线。《文学大纲》即使也涉及文字学、诸子哲学、史学、理学等等,但都因其与文学史有关,或者本身具有相当的文学性,才给予论述的;在论述中也不像其他书中常见的那样汗漫无垠。在编次与详略上,比其他诸书要科学合理得多。

郑振铎为撰著这部书,付出了比其他作者远为艰巨的劳动。

---

① 其中尤其值得提到的是论戏剧。直到 1927 年 2 月 17 日,黎锦熙在给胡适的信中还提到:"至于戏剧,从明初的五大传奇经昆曲而变化到京调,材料可真不少;但还没有较好的戏剧史,姑且参考参考《文学大纲》罢。"

例如，同时开始在《小说月报》上连载的他写的《中国文学者生卒考（附传略）》，和他与沈雁冰合作的《现代世界文学者略传》，以及他后来发表的《中国文学年表》等等，就都是与此书有关的。同时，他还曾在《小说月报》上登载征求中国文学者传记、年谱、家谱、墓志之类的启事等，可见他在资料方面下过很大的工夫。从书中每章后所附的极为丰富的参考书目来看，[①]也可知他是博览群书、力求尽可能充分地掌握史料，包括新发现的史料。例如，书中第一章《世界的古籍》提到："中国的文字，发明得极早，最初的文字，在现在所能得到的，是商时的龟甲文。"必须指出，这是甲骨文发现以后第一次被文学史书所记述，其时比殷墟的正式科学发掘还早了四、五年！在这以前以及以后的很多年内，尽管不少中国与日本出版的《中国文学史》中都不必要地夹杂了很多关于文字学的议论，但都是什么"伏羲作八卦"之类陈腐说法，而未提及甲骨文。又如，《文学大纲》在论述唐宋文学时，提到"清光绪中，敦煌石室里发现的钞本小说数种"，虽然尚未详细叙述，但这也是关于敦煌文学在文学史著作中较早的记述。[②] 此外，对于当时新发现不久的《宋本通俗小说》、《大唐三藏法师取经诗话》等，书中都已有引述了。本书不仅史料较全、较新，而且对资料的考证辨析也很有成绩。例如，对于《古诗十九首》的创作时代，历来被认为是西汉前期枚乘、苏武时期的作品；虽然刘勰、苏轼、顾炎武、梁启超等人表示过怀疑，但信者仍甚众。如曾毅的文学史中，就认为苏轼等人之说"未免诬矣"。胡适在《国语文学史》中也相信的，[③]甚至鲁迅在《古代

---

① 全书共有"参考书目"898条，其中中国部分为323条。

② 文学史专著中最早提到此事的，当是鲁迅的《中国小说史略》。

③ 后来胡适改写成《白话文学史》时，才予以纠正。

汉文学史纲要》中也是相信的。[①] 而郑振铎不仅吸取了以前某些学者的考证成果，而且还运用“文学进化论”断定“此种完美的五言诗，在西汉决不会发生。最初的五言诗作家至早当生在东汉之初期。”他的这一看法现已为学界所公认。在这个问题上，我们不能不承认他比鲁迅、胡适当时的看法正确。

作为一部文学史，最重要的是必须卓具“史识”。从上面谈到的一些问题中，已可看出郑振铎此书在这方面是比较突出的。下面，我们就此书所具有的前人没有的“史识”，分五点来谈谈。

首先，《文学大纲》中国部分是作者通观了整个世界文学史后，将中国文学史置于世界文学史之中论述的。这就使得它比起其他人写的文学史来，具有远远超过它们的高屋建瓴的宏观的目力。也就是说，《文学大纲》中国部分首先最突出的，是具有“比较文学”的史识。（关于郑振铎当时的比较文学思想，我们在第二章已有论述，请参看。）作者自己也称《文学大纲》“系‘比较文学史’的性质”。[②] 正因如此，他就在中国文学史的叙述中看出了当时别人未及见到的问题。例如，他一开始便提出一个疑问：“中国在她的文学史的第一章，乃与前述的希腊与印度不同。中国无《依里亚特》

---

① 此书于1938年被《鲁迅全集》编者改名为《汉文学史纲要》，实乃不妥。（笔者对此有考辨文章，见1987年《鲁迅研究动态》第8期，此不备述。）今采用鲁迅自取书名。鲁迅在该书中已对《初学记》中所谓苏武、李陵诗的真伪表示怀疑，但对《古诗十九首》的年代未予置疑。

② 见郑振铎《明年的〈小说月报〉》，1923年12月25日《晨报副刊》。按，1903年，法国学者洛里哀出版过一本《比较文学史》，郑振铎在1925年初曾作过介绍。1930年傅东华译为中文。该书很简略（中译本22万字），也极少提到中国（仅几句话），且有史实方面的硬伤。1991年，四川人民出版社出版了一本《比较文学史》，称“从世界范围来看”，从洛里哀以后“尚无另外的比较文学史专著问世”。言下之意他们这本就是世上第二本。但郑振铎《文学大纲》作为“‘比较文学史’的性质”是不可抹煞的。

与《奥特赛》,无《马哈巴拉泰》与《拉马耶那》",中国为什么缺少这类史诗呢？他对此提出了自己的看法与解释。这种看法与解释是否圆满准确,是另一问题;他能够提出这一问题本身,就属于比较文学中的文体学的缺类研究,是对人们极有启发的。同时,也正因为将中国文学置于世界文学之中,有了宽广的参照,就能更清楚地阐明中国文学的地位与价值。例如,书中指出《楚辞》不仅"占于中国文学史里的一个最高的地位;同时,它的本身,在世界的不朽的文学宝库中也能占到一个永久不朽的最高的地位。"书中指出,中国的汉代"约当罗马的黄金时代的前后",不过汉代一般文学缺少独创的精神,与罗马黄金时代相比,似觉有愧;但是,"有一件事却较罗马的为伟大",即汉代的史传文学。"司马迁的《史记》,实较罗马的李委与泰西托士的著作尤为伟大,他这部书实是今古无匹的大史书,其绚灿的光彩,永如初升的太阳,不仅照耀于史学界,且照耀于文学界。"书中还指出,"中世纪的欧洲文学,可算是在黑暗的时代,重要的作家极少,不朽的名著,除了《神曲》及诸国民歌外,也并不多见;但在这个同一的时代,中国的文学,却现出十分绚烂的光华,重要的诗人产生了不少,不朽的名著也时时的出现于各时代的文坛里,到了中世纪的末期,且有伟大的小说家及戏曲家的出现。(在这个时候,欧洲的小说家还没有出现。)"这样的论述,在当时都可算是石破天惊的。郑振铎一贯主张"文学是没有国界的",在本书《叙言》中他还认为"文学的研究著不得爱国主义的色彩";但是,上面这样的论述,不仅使世人看清了中国文学的地位,同时对增强国人的民族自信心,也是很有意义的。《文学大纲》以四分之一的篇幅论述中国文学,这不仅因为此书主要是为中国人写的;而且,人口占世界四分之一的中国人的文学,本身也应该在世界文学史上占有相当的地位。由于郑振铎此书的出版,这一点首次得到了体现,意义实在非同一般。

此书不仅具有比较文学史识,而且也开拓了我国比较文学的先河。在第一章里,郑振铎在提到古代东西方的民歌与民间传说经常有相同处时,就介绍了当时西方有关比较文学的三派理论。一派认为"这种的相同,完全是偶然的事",此说郑振铎不同意,认为是"很可笑的话";另一派认为"所以相同者,因为他们的祖先是同源",对此他也不赞同;又一派说这"是普遍的经验与情感的结果",他认为此说是"最令人满意的解释"。当时,国外的比较文学理论亦尚在初建阶段,郑振铎对此作了介绍,并有比较明确的个人见解,这是很难得的。在书中的有关论述中,他更时时应用了比较文学的方法。例如,他指出《诗经》到了孔孟时代,就"具有如《旧约》《新约》及荷马的二大史诗之对于基督教徒与希腊作家一样的莫大的威权";到了汉以后,《诗经》便更成了"中国圣经"。在这样的比较中,人们也就更理解了诗三百篇本来的文学价值及其"圣化"的过程。在论述屈原时,书中提到当时有人怀疑屈原的存在,以为他也像古希腊的荷马、印度的瓦尔米基(Valmiki)一样,是后人虚拟的大作家;书中便将屈原的诗与荷马及瓦尔米基的诗作了比较研究,认为其间"截然不同","荷马他们的史诗,是民间的传说的集合融冶而成者,屈原的诗则完全是抒写他自己的幽苦愁闷的情绪,带着极浓厚的个性在里面,大部分都可以与他的明了的生平相映照"。所以,他指出荷马等人可以说是"零片集合者",而屈原则不能说他是"虚拟的人物"。这样的论述是很有说服力的。在论述《战国策》时,他指出"它如一部中世纪的欧洲的传奇",这一品评虽然十分简短,但含意很丰富,使读者更深切地理解作品产生的时代“是一个新的时代，旧的一切，已完全推翻，完全摧毁，所有的言论都是独创的，直捷的，包含可爱的机警与雄辩的；所有的行动都是勇敢的，不守旧习惯的，都是审辨直接的利害极为明了的，因此，《战国策》遂给读者以一个新的特创的内容。”郑振铎与鲁迅一样，认为自唐代传奇出现后，我国始有“真正的小说”，他并指出后代的诗人、戏剧家还常取唐人传奇为创作的题材，“所以唐人传奇在中国文学上便成了文坛的最初资料之一种，便有了与《荷马史诗》，《亚述王故事》以及《尼拔龙琪故事》在欧洲文学上的同样位置了。”他通过这样的平行比较，也就更有力地阐明了唐传奇在中国文学史上的地位。书中还把唐代佛教故事《目莲救母》的有关遍历地狱的情节，与但丁(A. Dante)《神曲》相比；将清人李汝珍的小说《镜花缘》所述主人公历游海外诸国的部分，与斯威夫特(J. Swift)的《格列佛游记》相比。都对读者加深体会作品的艺术价值有很大的启发。书中在论述康海的戏剧《东郭先生误救中山狼》及马中锡的传奇《中山狼传》时，还提到朝鲜、南斯拉夫等国均有相类似的民间故事。他的这些运用比较文学方法的论述，在当时其他人写的文学史中是见不到的。

第二，书中在论述中国历代作品与作家时，都注意从历史发展的角度着眼，而不是像有些文学史那样，只是作品赏析与作家评价的简单组合。也就是说，书中体现了历史的观念，较好地揭出了中国文学发展的脉络。例如，书中在论述《诗经》时便指出，“就文学史上看来，《诗经》的影响亦极大”，并举了汉代至六朝韦孟的《讽谏诗》、《在邹诗》，东方朔的《诫子诗》，韦玄成的《自劾诗》、《诫子孙诗》，唐山夫人的《安世房中歌》，傅毅的《迪志》，仲长统的《述志诗》，曹植的《元会》、《应治》、《责躬》，乃至陶潜的《停云》、《时运》、

《荣木》等诗为例;然后又指出:"不过,自此以后,《诗经》成了圣经,其地位益高,文人学士都不敢以文学作品看它,于是《诗经》的文学上的真价与光焕,乃被传统的观念所掩埋,而它的在文学上的影响便也渐渐的微弱了。"这些论述简明扼要,但却是很有历史深度的。同样,在论述《楚辞》时,书中指出由于其幸而未被蒙上"圣经"的黑面纱,因而其在文学上的权威及影响反较《诗经》为更伟大。书中历述了汉代的贾谊、司马相如、枚乘、扬雄等人的作品与《楚辞》的关系,并认为自曹植以后,乃至清末的作家,都可看出多少受其影响,"所以在实际上我们可以放胆地说,自战国以后的中国文学史全部,几乎无不受到《楚辞》的影响。"关于中古时期诗的发展,书中认为可划为两期,一是自沈约等人变古体为近体起,中经五七言律绝之大发展,至唐五代此种诗体之衰落为止;二是自五代词的开始发展起,至宋元之际此种诗体之衰落为止。此后则是曲的盛行,他称之为"剧诗"。这样的划分也是卓具史识,十分新鲜独到的。至于对具体诗歌流派的论述,书中也时有创见,如历来人们将黄庭坚、秦观、晁补之、张耒诸人称为"苏门四学士",但郑振铎则认为"大抵所谓'苏门'的这几个人,在词的这一方面,实际并没有受到苏轼的什么影响,所以归之于'苏门',原是委屈了他们;倒是柳永的影响,在他们之中颇可显著地看出。苏轼的影响是直到后数十年才在辛弃疾、刘克庄诸人里发现出来的,他们才可算是真的'苏派'。"从流派的发展和风格、内容等方面来看,我认为确是如此。郑振铎的这一见解,很值得重视。后来钱钟书在《宋诗选注》中亦所见略同。

第三,书中在叙述各种作品、流派等时,总是坚持以其文学性、艺术性本身的高下,来作为评价的必要标准。例如,以前被"正统"

文人高度评价的汉赋，郑振铎认为大多乃雕饰浮辞，敷陈故实，强搜异字，硬凑成篇。除了少数作家如东方朔等人的作品外，已见不到作者的情感，失去了一开始屈原、宋玉辞赋中的抒情诗意。“所以汉赋虽甚发达，在中国文学史上却不能占重要的地位。”他提出一个新论点：“故汉代文学，昔之批评家多称许其赋，实则汉赋多无特创的精神，无真挚的情感。其可为汉之光华者，实不在赋而在史书。”史书本属史学范围，但他肯定《史记》以及《汉书》、《新序》、《说苑》等书中的作品，也正是从文学的情感性、独创性上着眼的。在说到汉代的论文时，虽然“中国的批评者多重汉之论文，以为浑厚”，而他却认为“远不如战国时代之炳耀”，因为其思想几乎皆秉孔子遗言而莫敢出入，不复有战国时电闪风发般雄伟的论难。他指出，只有二三人是例外，如王充，他便充分肯定其《论衡》“实为汉代最有独创之见的哲学著作”，并认为文学史上也应提及，但其文章仍然略输文采，没有战国论文之比譬美丽而说理畅顺，所以他认为“这是很可惜的”。书中指出西晋诗人潘岳的《悼亡诗》是“不朽之作”，即因为“这是他从极深挚的情感里流泻出来的”，“像这种至情的作品，在充满了刻板的虚伪的情感的中国诗歌中，真可算为极珍异的宝石。”同样，书中称陶潜的《闲情赋》为古代“最好的情歌之一”，而批评萧统指责此赋为渊明的“白璧微瑕”之说为“殊迂腐可笑”。在评价北宋诗人欧阳修时，书中认为他是以提倡“古文”得大名的，在古文里虽摆出一副道学家面孔，但在他的词中“却完全把他的潜在的热烈的诗人真面目现出了”。因此，书中指出他的词远比他的古文有文学价值。有人力图否认这些词是他所作，以“使他完成他的严肃冷酷的护道者的面目”，郑振铎斥为“此种手段殊无谓”。对于宋代出现的所谓“理学诗”，如邵雍的《伊川击壤集》，书中认为除了偶有几首可看外，大多不过“类似格言或教训文的韵文”，“简直不能复称之为诗”。这就揭出了这一派诗的“大病”。上述这些见解，在当时都是很新鲜的。

第四，书中在评论历代作品时，突出地强调反对各种不科学的“附会”之谈，而这类“附会”之谈在旧时十分普遍。例如，郑振铎在论述《诗经》的文学价值时，再三提出要冲破历代儒家设置的重重迷障。他认为原有的“风、雅、颂”的分类法就十分混乱，决不可靠，以前的解释也大多是附会的，极其牵强。因此，他大胆地提出“我们应该勇敢的从诗篇的本身，区分它们的性质”，并首倡新的分类法。他认为可分为三大类：一是诗人的创作（如《正月》、《十月》等）；二是民间歌谣（如恋歌《静女》，《中谷》等，结婚歌《关雎》、《桃夭》等，悼歌及颂贺歌《蓼莪》、《麟之趾》等，农歌《七月》、《甫田》等，及其他）；三是贵族乐歌（如宗庙乐歌《下武》、《文王》等，颂神乐歌或祷歌《思文》、《云汉》等，宴会歌《庭燎》、《鹿鸣》等，田猎歌《车攻》、《吉日》等，战事歌《常武》等，及其他）。他的这一分类法，虽然尚可斟酌，但显然是一种全新的创见，较之旧说远远符合原作的实际。关于杜甫的诗，他认为从中最能见出诗人的性情及行为，又可见当时社会状况与历史事件等，因此称之为“诗史”是对的；但是，“颇有些附会的杜诗解注家，把他的所有的诗歌都认作‘忧时怀君’之作，直埋没了不少的好的抒情诗”，因此他指出：“我们欲看见杜甫的真价，对于此种解注自不能不加以扫除。”在评述明初著名杂剧《荆钗记》与《琵琶记》时，他又提到传说很久的什么《荆钗记》是为了诬蔑王十朋的，《琵琶记》是为了讽刺王四的等等附会之谈，指出：“像这类的错误的解释，在中国文学上是无时不遇到的。我们应该彻底的扫清了它们。”连汤显祖的名剧《牡丹亭》，也曾有人说是为了讥刺县阳子的云云，书中指出这种说法“不足以置信”。对于明代以来的几部著名小说，他更是力辟种种附会之谈。如《西游记》，曾有悟一子、悟元真人、张书绅等人的《真诠》、《原旨》、《正旨》等书，或以为它是讲道的，或以为它是谈禅的，或以为它是劝学的，恰如郑振铎所说：“一句句的加解释，一节节的加剖白，使完整的文艺作品成为支解的佛经，道书，或《大学》《中庸》，使如无瑕的莹玉似的巨著，竟蒙上了三寸厚的尘土，不能见其真的文艺价值。”因此，“我们要见《西游记》的真面目，便非对于这一切的谬解都扫除了，廓清了不可。”再如《金瓶梅》，也有沈德符等人捕风捉影的“索隐”，郑振铎认为对这些附会“尽可完全打翻，不必去注意他们”。至于《红楼梦》，人所共知其“索隐派”就更多，郑振铎认为“这是《红楼梦》的大不幸，也就是读者的大不幸。我们只要一染上了这种研究的色彩，一戴上那些索引[隐]式的眼镜，对于《红楼梦》便要索然的感着无味了。正如一位无端自扰的侦探一般，苦闷的摸索着，而得到的却是‘空虚’!”郑振铎的这些论述，在当时都可谓喝破迷津。

第五，书中在分析评论历代作品时，坚决地反对封建时代流行的庸俗的、虚假的“大团圆”主义，反对掩盖旧社会对美的毁灭，赞扬崇高的悲剧美。例如，宋、金院本中有一个叙王魁科场得意后背叛妻子桂英，桂英愤而自刎，并化为鬼魂报仇的悲剧。明代戏曲作家王玉峰将其改成传奇《焚香记》，却力翻原案，换成大团圆的结局，改为王魁并不负桂英，而是因有奸人从中作梗，后来冥世对案，桂英还阳，复与王魁偕老。郑振铎对此深为不满，指出：“此种翻案的作品，颇减少了悲剧的崇高的趣味。”对清初孔尚任的著名悲剧《桃花扇》，郑振铎给予极高的评价，认为“剧中随处沁染着亡国的余痛”，使人“悲而零涕，怒而奋拳击案”，“低徊忧叹，不能自已”，

“与一般传奇之以生旦团圆为结束者完全不同”。而后来有一个作家顾彩，却把《桃花扇》改成《南桃花扇》，使生旦当场团圆。郑振铎指出：“这把全剧的新隽可爱的风度，一变为陈腐，真可谓点金成铁。”他认为这种改写作品的为人唾弃是必然的。清人夏纶的《南阳乐》传奇，硬使诸葛亮复生，消灭吴、魏而得天下，郑振铎认为这是“强盗式的大团圆的结局”，不仅违背史实，而且“即使表演得好也是很无深味的”。而最荒唐的，大概无过于清人周文泉的《补天石》传奇八种。他“补”的八块“天石”，是让燕太子丹兴兵灭秦，诸葛亮灭吴魏而一统天下，李陵归汉而灭匈奴，王昭君复返汉宫，屈原复生而受重用，秦桧被诛而岳飞灭金，邓伯道得子而不绝嗣，荀奉倩夫妇终得偕老。郑振铎指出，这是“竭力以文字之权威，来弥补历史上、人心上许多最早遗恨的缺憾。这种努力，当然是不足道，而且近于儿戏，而其风格与文词自亦不会很崇高的了。”

对那些一反大团圆结局的改作，他则给予好评。白居易名诗《琵琶行》所叙故事，元代名作家马致远及明代顾大典等人就早已写成过剧本，但均以弹琵琶的商人妇为白居易旧相识，因事离散，至此不期相遇，后乃终得团圆，郑振铎认为这类改写真是“画蛇添足”，把白居易的原文“完全污损了”；至清人蒋士铨，重将此诗改编成《四弦秋》，以白居易听商妇弹琵琶致引起伤心，为全剧的骨架，郑振铎认为这样改写“完全洗涤这种生旦团圆的恶习”，是很值得肯定的。对洪昇的名剧《长生殿》，郑振铎认为他写杨贵妃与唐明皇的恋爱，一雪数千年“妇人亡国”之诬蔑，这是作者的大成功处；但是，“可惜作者为了求结构的完整与抱有大团圆的结局的信念，遂生生的把隆基、玉环二人在天上扭合做一处，被上帝‘命居忉利天宫永为夫妻’，致后半所努力布造的悲剧的空气完全的重复消失了。”书中这样的艺术分析，真可说是入木三分！即使不是悲剧作品，郑振铎认为这种庸俗的大团圆的情节处理也往往是没有艺术价值的。例如，清剧中卢见曾的《旗亭记》，演唐代诗人王之涣、王昌龄、高适三人旗亭听唱诗事，郑振铎认为“这件故事本是富有诗趣的，但硬把双环与之涣团圆在一处，未免减杀原来故事的趣味不少。”

应该指出，对我国古典文学作品中的这种团圆主义，王国维最早注意到了，他在《红楼梦评论》中说：“吾国人之精神，世间的也，乐天的也，故代表其精神之戏曲小说，无往而不著此乐天之色彩”，“若《牡丹亭》之返魂，《长生殿》之重圆，其最著之一例也”，“彼《南桃花扇》、《红楼复梦》等，正代表吾国人乐天之精神也。”王氏是提倡叔本华的悲剧理论的；但他没有从理论上指出我国古典文学中的团圆主义是一种陈腐的“恶习”，没有指出其破坏艺术美的弊病。他称此为“乐天的”，更容易使人以为是值得肯定的东西。直到“五四”以后，鲁迅、胡适、郭沫若等人，才坚决地反对这类团圆主义。而郑振铎也正是在此时，在文学史的更广阔的背景上，对这种团圆主义作了如此深刻的抨击。我认为这是一九二〇年代前期我国美学思想、文艺思想转折期的一件不可不提的事。

以上所谈的几点史识，很明显地，是远远高于以前和当时的其他文学史的撰写者，而接近于鲁迅的见解。正是这些在当时极为难得的史识，保证了这部书的中国文学部分，成为斩葛藤而清面目的一部中国文学史的开创之作。但是，对中国文学史的科学研究工作在当时还是刚刚开头，人们对它的认识是一个不断深化的无限的过程。以今天的认识程度来看，此书当然还有不少不足的地方。例如，由于当时史料等方面的原因，作者对民间讲唱文学等尚未充分提及；对于某些具体作品的评价，也有不够妥当的地方，如对《天问》的评价过低并否认其为屈原所作，对《世说新语》、《木兰词》等作品论述过于简略，对《红楼梦》"自传说"缺少分析，等等。但这些比起全书的巨大成就来，就显得很微小了。而难得的是，作者当时公开表示欢迎读者的批评，对于读者正确的意见虚心地接受。[①]《文学大纲》发表后，受到读者的热烈欢迎，而且，也有读者看到"其中最能使人满意的，便是关于中国文学这一部分的文字。以前编中国文学史的人，往往将许多不相干的东西插进去，有些弄得像学术史，有些弄得像文体史，本书一洗此弊，使从事研究中国文学史得于此有所遵循。编者这一部分的文字，全是自己从国故中斩荆披棘地整理出来的，有许多地方都有他独创的见解。"[②]此书后来为不少文学史研究者借鉴取材，例如，直到一九三〇年代谭正璧写的《新编中国文学史》（一九三五年版），仍从本书中大量取材，其卷末所附《本书的重要参考书一览》中的第一本，即是本书。

《中国文学史》（中世卷第三篇上）

——虽是文学史片断，却是第一部词史

郑振铎在《文学大纲》完成、出版以后不久，就产生了撰著一部详尽的《中国文学史》的计划。一九二八年六月，他从西欧回国，即应复旦大学等校之聘，授讲中国文学史。同时，继续主编《小说月报》。一开始，他本拟撰写一部《西洋艺术史》供《小说月报》连

---

① 如胡云翼在1925年5月的《晨报副刊》上，指出《文学大纲》关于宋词部分在《小说月报》上发表时，有三个失考处。郑振铎在正式出书时，便参照修正了。

② 佩书《〈文学大纲〉》，1927年1月《一般》第2卷第1期。

载，[1]但《中国文学史》的写作欲望终于超过了写《西洋艺术史》，以至后者未能写出，而从一九二九年三月号《小说月报》起，开始发表《中国文学史》中世卷第三篇。至年底，共发表了五章。最早发表的是第三章《敦煌的俗文学》，文末有郑振铎于一九二九年二月写的附记，说明此章是“去年九月间匆促写成”，可知他回国不久就开始《中国文学史》的撰写了。

这五章在《小说月报》上发表后，他者经过少许修订，于一九三〇年五月由商务印书馆出版单行本，书名为《中国文学史（中世卷第三篇上）》。郑振铎在同年三月一日写的该书《后记》中说：“全书告竣，不知何日，姑以已成的几章，刊为此册。我颇希望此书每年能出版二册以上，则全书或可于五、六年后完成。”从这里我们已可窥知原书计划之宏大。但是，“中世卷第三篇上”是什么意思？原书共拟分几册？由于全书仅出版此一册，后作者在北平出版《插图本中国文学史》时计划已有更改，因此人们一直无从详知。我在郑振铎遗稿中幸运地查到了他在一九三〇年四月二十二日（此书已经付印）修订的《中国文学史草目》，方才解开了这个哑谜。

根据这个《草目》，我们知道郑振铎拟写的《中国文学史》，上下五千年，自上古（公元前三千年）至一九一九年“五四”前夕。共分“古代卷”、“中世卷”、“近代卷”三卷。从上古至西晋末年为古代卷，共分三篇，每篇各一册；从东晋初至明中期正德年间为中世卷，共分四篇，每篇各二册；明嘉靖初至“五四”前为近代卷，共分三篇，第一篇三册，后二篇各二册。这样，全书共有十篇，约一百章，拟分十八册出版。大致估计，全书完成将有三百万字左右。这是何等

① 见《小说月报》第20卷第1期《最后一页》。

气势磅礴的前无古人的文学史撰写计划！可惜的是，这个计划最终未能完成。而其“中世卷第三篇”，内容是五代、两宋期间的文学史，计划分上下两册，已出的此书即为上册。上册共五章，题目为：《词的启源》、《五代文学》、《敦煌的俗文学》、《北宋词人》、《南宋词人》。除了敦煌文学及五代文学中涉及的诗、散文等以外，主要讲的都是有关“词”的历史，正如作者在此书《后记》中说的，“这一册所叙者以‘词’为主体”。因此，尽管此书作为断代文学史（五代两宋文学史）也仅成半部，令人遗憾；但却颇有单独存在的价值——可以当作一部《词史》来读。（宋以后，“词”仍有一定的发展，但已趋衰落，影响很小了。）

前已论及，郑振铎在《文学大纲》中提出，中古时期中国诗的发展可分为两个时期，即诗（近体、律体）的时期与词的时期，并将“自五代时‘词’之一体的开始发展起，至宋元之间此种诗体之衰落为止”，称作中世“第二诗人时代”。自一九二四年十一月郑振铎在《小说月报》上发表《文学大纲》的有关章节，对词史作了简明的论述后，关于这一特殊诗体的发展史的研究，一直没有大的进展。在本书之前出版的其他各种文学史中，虽然也提到了词，但都很简略。曾在报上指出《文学大纲》几处小误，并称也对宋词研究深有兴趣的胡云翼，在一九二六年出版了专著《宋词研究》，书中说：“本书行世前，尚无此类专著”。胡氏此书约十万来字，除了通论部分外，主要是作家评传。胡氏此书有一定学术价值，但作为通论、评传尚可，却不是一本“词史”。因为它主要是鉴赏、评述性质，而缺少历史的观念。要论“词史”的话，我们不能不推郑振铎《中国文学史（中世卷第三篇上）》为正式出版的第一本。在郑著此书问世后，有关词史的专著开始多起来了，一九三一年就出版了刘毓盘的《词史》，[①]王易的《词曲史》，陆侃如、冯沅君的《中国诗史》(其第三册专论词与曲)，一九三三年出版了胡云翼的《中国词史略》、《中国词史大纲》、郑宾于的《中国文学流变史》(其下册专谈词)，等等。但是，从史料的丰富与立论的正确等方面来看，一九三〇年代出版的一些词史似均未能超过郑振铎这本书。

此书约有十七万字，其中专论词的部分有十四万字。(而《文学大纲》有关词的部分的文字，不及这一字数的十分之一。)本书论及词作者近二百名，引录词作约三百七十首，即使将这些词作单独抽出作为一本"词选"，也是相当丰富的了。由此可见本书的内容是相当详赡的。而在见解上，书中更有不少独创。首先，关于词的来源，《文学大纲》未及论述，本书则认为有"两个大来源"，即"胡夷之曲"与"里巷之曲"，一个是西域来的，一个是取之民间的。他不同意历来认为词是"诗余"的说法，也不同意词是"古乐府的末造"的说法，认为这些说法"是完全违背了文体的生长与演变之原则的"，也是不符合史实的。他指出："词自有它的来历，它的发源，它的生命"，"它不是旧诗体的借尸还魂，也不是旧诗体的枯杨生稊，更不是旧诗体的改头换面。新诗体是一种崭新的东西。"它新就新在敢于大胆摄取域外文学与民间文学的养料，因此就"与五七言诗大异其面目与性质"。关于中国文学接受外来影响与民间养料的问题，是当时的很多研究者所讳言或忽视的。郑振铎强调指出这些，恢复了历史的本来面目，很有意义。本书第一章《词的启源》先在《小说月报》上发表时，著名词学家、郑振铎的小学同学夏承焘就

① 此书在1920年代曾作为北京大学讲义，内部少量印行，约8万余字。

给予很高的评价。[①]

关于词的发展，书中认为大致可分为四期。一是胚胎期，即“引入了胡夷里巷之曲而融冶为己有”的时期，这时的词是有曲而未必有辞的。二是形成期，即“利用了胡夷里巷之曲以及皇族豪家的创制，作为新词”的时期，“曲旧而词则新创”。三是创作期，即词作家“进一步而自创新调，以谱自作的新词，不欲常常袭用旧调旧曲”，这时的曲与词（辞）有一部分均是新创的。四是模拟期，即作家“只知墨守旧规，依腔填词，因无别创新调之能力，也少另辟蹊径的野心”，“词的活动时代已经过去了。”他认为唐初至开元天宝时为词史发展的第一期，开元天宝至唐末为第二期，五代至南宋末为第三期，元初至清末为第四期。这是发前人未发的见解，与鲁迅后来关于词从兴起到衰落的宏观见解，[②]在精神上颇为一致。郑振铎不仅从宏观上将词史分为四个发展期，在具体分析时他又将北宋词的发展与南宋词的发展分别分为三个阶段。他认为北宋词经历了从清隽健朴，到奔放雄奇，到循规蹈矩这样三个阶段；南宋词则经历了奔放，改进，凝固（雅正）这样三个阶段。他指出，这些变化跟词这一文体本身的发展规律、文人在其间所起的作用等有关；而且也跟当时的社会、政治情况有关。例如，南宋词第二阶段以后

① 夏承焘 1929 年 9 月 14 日日记：“阅《小说月报》二六六号郑振铎《词的启源》，谓词与五、七言诗不发生关系。据《旧唐书·音乐志》：‘自开元以来，歌者杂用胡夷里巷之曲’句，谓‘里巷与胡夷之曲，乃词之二大来源’。又谓依腔填词，始于裴谈、温庭筠。以绝细腻之笔，写无可奈何之相思离绪，始为文人之恋歌，而非民间之情曲。余所见郑君文字，此篇最不苟者矣。”近年，华东师范大学中文系古典文学研究室精选编集了一本 1911 年至 1949 年的《词学研究论文集》（上海古籍出版社出版），即收入郑振铎《词的启源》，并置于全书首篇。亦可见其学术价值。

② 见鲁迅 1934 年 2 月 20 日致姚克信等。

渐趋僵化,就因为这时它“不仅与民众绝缘,也且与妓女阶级绝缘”,成为“差不多已不是民间所能了解的东西了”;这时的词失去豪迈的气概,也是当时统治阶级“升平已久”、“晏安享乐”的社会现象的反映。郑振铎的这些分析与见解,体现了卓越的史识,已可略见唯物史观的星星光芒了。

书中通过独立思考,对胡适有关学术观点作了争鸣。例如,胡适据《杜阳杂编》,以为《菩萨蛮》调出于大中初,因此断定相传为李白所作的《菩萨蛮》决非真品。但郑振铎指出,《菩萨蛮》一调实已见诸《教坊记》,胡应麟《少室山房笔丛》亦提到开元时即有此调,因此李白当然有填写此词的可能。虽然,这到底是不是李白所作,至今尚无定论,郑振铎也没有绝对肯定;但他强调指出不能用孤证来推翻一切他证,这显然比胡适要慎重得多。胡适还认为五代的词都是无题的,因为其内容都很简单,不是相思便是离别,不是绮语便是醉歌,所以用不着什么标题。郑振铎不同意这种皮相的看法,指出:“花间词人的作品,诚多咏离情闺思之作。然离情闺思之作,原是一切抒情诗中最多的东西,不独花间词为然。且这一期中,也不完全是离情闺思、宴席歌曲之作。”那么,为什么“无题”呢？他认为,这是词创作初期的一种现象,“大多数的词牌名,已是它们的题目了,它们的内容也和词牌名往往是相合的,所以更无需乎另立什么题目。”例如,当时《更漏子》写的便大多与更漏声有关,《杨柳枝》便与杨柳有关,《天仙子》便与仙女有关,等等。发展了一段时间后,词的内容与词牌不大切合了,但尚未完全离开词牌所含的意思,例如《渔父》,填词者未必直接歌咏渔家生活,但仍含有该词牌原有的鄙薄名功、甘隐江湖的意味。再发展到后来,内容与词牌没有必然的联系了,这时才必须另外再有一个题目。郑振铎的这些论述，显微烛隐，无疑比胡适高出一筹。

在具体作家作品分析评论中，书中也时有新见。例如，关于王安石在宋词史上的地位，前人均无特别的好评，郑振铎在《文学大纲》中也不过附带一说而已。但此书中不仅肯定他在政治上变法图强的精神，而且认为他正因为有这种精神，其词“宜乎气格与别的词人们不同”，盛赞其“脱尽了《花间》的习气，推翻尽了温、韦的格调、遗规，另有一种桀骜不群的气韵”，“无论在格式上，在情调上”，都“大胆无忌的排斥尽旧日的束缚”。因此，郑振铎认为，王安石在词史上的地位是“为苏、辛作先驱，为第二期的词的黄金时代作先驱”。这是非常独到的创见，郑振铎自己也指出，这是“很少人注意及之”的。书中对柳永的词作了十分细致的艺术分析，并将其与《花间集》作了艺术上的比较，指出《花间集》的风格在于“不尽”，“有余韵”；而柳永则在于“尽”，在于“铺叙展衍，备足无余”。他认为这是两种不同的艺术境界，不好随便评其优劣；“但这第二种的境界，却是耆卿（柳永）所始创的，却是北宋词的黄金时代的特色，却是北宋词的黄金期作品之所以有异于五代词，有异于第一期作品的地方。所以五代及北宋初期的词，其特点全在含蓄二字，其词不得不短隽；北宋第二期的词，其特点全在奔放二字，其词不得不铺叙展衍，成为长篇大作。当时虽有几个以短隽之作见长的作家，然大多数的词人，则皆趋于奔放之一途而莫能自止。这个端乃开自耆卿。”这样精辟的分析，在当时其他论著中极为少见。不仅说透了柳永词的艺术特点，而且更进一步阐明了词从前期到黄金时期转化之际艺术风格上的变化脉络，以及柳永在其间所起的作用等。

除了关于词史以外，本书关于敦煌文学的论述在当时也是开创性的。陈子展对此就有高度评价。[①] 在《文学大纲》中，有关敦煌文学只是极简单地提到了一句；虽然这是在文学史著作上较早的记载，但毕竟过于简略了。（这当然是与当时很多材料流失至国外后尚未整理与公开有关的。）而本书中却有近三万字的论述。对于敦煌抄本的整理与研究，郑振铎并不是国内外最早的学者；但他无疑是迅速吸取当时敦煌学研究最新成果，并较早从文学史的角度对其进行研究评价的人，而且他还是我国较早亲赴法、英等国去查阅有关原件的人。书中指出，敦煌写本中“在文学上最可注意者则为俚曲、小说及俗文、变文、古代文学的钞本等等。”（按，所谓“俗文”的称呼，后郑振铎作了纠正，详见下述。）并认为，“就宗教而论，就历史而论，就考古学而论，就古书的校勘而论，这个古代写本的宝库自各有它的重要的贡献，而就文学而论，则其价值似乎更大。”因为，第一，发现了许多已佚的杰作，如韦庄的《秦妇吟》、王梵志的很多诗等；第二，发现了大量的俗文学作品，使人们知道了小说、弹词、宝卷及很多民间小曲的来源。“这是中国文学史上的一个绝大的消息，可以因这个发现而推翻了古来无数的传统见解”。而推翻传统旧说，正是靠像郑振铎这样的研究者，用敏锐的史识对这批材料进行研究后取得的。

书中分别介绍与评述了敦煌发现的诗歌（包括民间杂曲、民间叙事诗和最初的词调）和散文（包括民间通俗小说），但认为：“敦煌抄本的最大珍宝，乃是两种诗歌与散文联缀成文的体制，所谓‘变文’与‘俗文’者是。”（按，“俗文”其实是变文的误称。）郑振铎强调

---

① 陈子展在1929年出版的《最近三十年中国文学史》第8章《敦煌俗文学的发见和民间文艺的研究（上）》之后，特地专门加了一段附记，指出郑振铎此书《敦煌的俗文学》一章，“是介绍敦煌发见的俗文学最详实而又最有见解的一篇文字。”并深为遗憾地说：“可惜我作文时不曾得着这篇文字作为参考材料，现在又来不及改动前稿了。”

指出变文是敦煌抄本中最可珍贵的发现,这很有眼力。他强调"它们本身既是伟大的作品,而其对于后来的影响,又绝为伟大。我们对于它们决不应该忽视!"他认为,变文对于后来中国文学的影响,可分为四个方面,即对宝卷[①]与弹词的直接影响,和对小说与戏剧的间接的影响。这些论述可以说是自有中国文学史著作以来,第一次将这批封存了一千多年、而又大多流失至国外的中国民间俗文学,公然抬到了文学殿堂的高座,其意义非同一般。这对于我国一九三〇年代民俗学与民间文学的研究,是很有促进作用的。

在论述具体作品时,书中也有不少精彩见解。例如,关于《目连救母变文》,他在《文学大纲》中已简单地提及,并把它与但丁《神曲》并提,但当时他误以为它是小说;在本书中,他指出这是在中国文学作品中最早叙述周历地狱的情况的,并把它与古希腊荷马的《奥特赛》、古罗马维吉尔的《阿尼尔》、但丁的《神曲》等相比较,指出:"在中国,本土的地狱,或第二世界的情形,则古代的作家绝少提起,仅有《招魂》、《大招》二文略略的说起其可怖之景色人物而已。(那里所指的并不是地狱,不过是第二世界,即灵魂所住的地方而已。)直到了佛教输入之后,于是印度的'地狱'便整个儿的也搬入了中国。"而这以前的地狱描写还不够详细,直到这本《目连救母变文》出现,我们才知道在唐代已有了这样详细的描写。郑振铎的这一精辟分析,对读者是深有启发的。

当然,本书亦略有不足之处。首先是作为断代史还缺少下半篇,作为"词史"则尚缺第四期(元初至清末)。其次是有些论述还不

① 书中指出:"宝卷在今日尚未成为一种公认的文学的著作,然而其中也有不少是可以列于文学名著之中而无愧的。"

够精当，这或因当时史料缺乏所限，或因考订不周所致。例如，书中将敦煌发现的民间讲唱文学区别为“变文”与“俗文”两种，并试图指出其间的几点差异，但其实“俗文”是今人给这些作品编目或引用时自取的名称，其原本的名称就只有“变文”一词。后来，由于几种重要的首尾完备的变文写本的公布，才使郑振铎了解了这一点，并在《插图本中国文学史》及《中国俗文学史》等书中作了郑重的纠正。再如，本书中谈到有人怀疑五代时《花间集》中的词作家张泌，与《全唐诗》中南唐的张泌不是一个人，但又认为“没有充分的证据”，所以“姑从旧说”，仍以其为一人。其实这是两个人，后来郑振铎在《插图本中国文学史》中作了有力的考辨，纠正了此书中的说法。另外，我认为书中对变文的评价也略嫌过高（这一点留待下面再评述）。但是，这些不足之处显然是微瑕，而不足以蔽其美玉的光华的。

《插图本中国文学史》

——新中国成立前最好的一部中国文学史

郑振铎在一九二九年《小说月报》第二十卷上，陆续发表了《中国文学史》中世卷第三篇上册的五章后，没有紧接下去写下册，也没有回过头去写这以前的文学史，而是跳过十几章，写了《杂剧的转变》（载《小说月报》第二十一卷第一期）和《传奇的繁兴（上）》（载《小说月报》第二十一卷第四期）。[①] 看来，他是打算将自己研究最

① 按原计划章目，这两篇文章当属他拟写的《中国文学史》近代卷第一篇的第一章与第二章（上）。又据 1929 年 12 月《小说月报》载《小说月报第二十一卷内容预告》说：“中国文学史正在草创之期，特别是近代史，几乎是涉笔无人。近代史的史料也正层出不穷，搜访未已。郑君本其现在所能得到的史料，加以整理，写为《中国文学史近代卷》：其第一篇自明嘉靖至崇祯业已积有成稿，特再加校正，先行在本报发表。”

深的部分先写出来。但是,在上述这一篇半文章发表后,就再也未见续载了。这表明他当时各种工作实在太忙,未能有时间从容撰著文学史。

一九三一年一月,郑振铎积极领导和参加了商务印书馆编译所工会反对资方王云五的斗争。斗争虽然取得了一定的胜利,但王云五并未下台。适在这时,在北平燕京大学任教的老友郭绍虞来信,邀请他去该校任教,他遂于这年九月离开工作了整整十年的商务印书馆,去北平工作了。他去北平的另一个重要原因,便是想摆脱繁忙的出版社编辑工作,以便有较多的时间来继续撰著中国文学史。当时,上海左联的外围刊物《文艺新闻》等,就多次报导了"郑振铎赴燕大授课,并搜集中国文学史材料"的消息,引起各方的注意与期待。

郑振铎毕竟不负众望。他到北平后,在燕京大学、清华大学等校有繁重的教学任务,还要参加许多社会活动;但他在短短几个月时间内,不仅发表了不少文章,而且于一九三二年五月写了《插图本中国文学史》的《例言》,六月又写了该书的《自序》,随即都发表于《晨报》、《东方杂志》诸大报刊。七月,他又编定了该书的样本,由北平朴社出版部印行,公布了预约简章与全书目录等。年底即开始出书。① 也就是说,郑振铎到北平后,在还有其他许多工作的情况下,只花了短短两年时间,四大册近七十万字的文学史就出现在读者的面前了。这难道不是一个令人难以置信的奇迹吗?

当然,这是与他有长期的准备,包括《文学大纲》等书的撰写、

---

① 鲁迅在1933年2月3日收到郑振铎托人送去的该书前三册,9月17日收到第四册。

在复旦大学等校授课时写的讲稿等等有关系的。他在本书《例言》中说:“本书作者久有要编述一部比较能够显示中国文学的真实面目的历史之心,惜人事倥偬,仅出一册而中止(即商务印书馆出版的《中国文学史》中世卷第三篇第一册)。且即此一册,其版今亦被毁于日兵的炮火之下,不复再得与读者相见。因此发愤,先成此简编,供一般读者的应用。他日或仍能把那部较详细的中国文学史完成问世。”可见,郑振铎的发愤撰写此书,还与日本帝国主义一九三二年发动“一二八”侵略事件对他的巨大刺激有关。郑振铎的学术活动,就这样一直与其爱国活动紧紧联系。他称此书为“简编”,为的是能尽快写出。与原计划草目相比较,确实简略得多。大体说来,原计划共分三卷,此书照旧;原计划再分成十篇,此书取消;原计划共写九十七章,此书拟改为八十二章,另加《新文坛的鸟瞰》一篇以及《年表》、《索引》等作为附录;原计划分十八册出书,此书拟改成五册。估计原书字数在三百万左右,此书是其三分之一弱。[①] 例如,原已出版的中世卷第三篇上册的内容,即紧缩、改写成此书《中卷·中世文学》的第三十一、三十二、三十三、三十五、四十一诸章。字数从十七万字减至七万字,主要是减少了引文,也删去了一些较次要的作家。因此,虽然字数大为减少,却显得更为精粹了。而且,即使是字数不及原计划的三分之一,但其篇幅仍然是新中国成立前出版的文学史中规模最大的一种。

在论述此书的成就之前,我们仍先来检视一下此书问世以前(《文学大纲》出版以后)国内有关中国文学史的撰写出版情况及其

---

① 后此书仅出版了前四册,至第六十章止,又以人事倥偬,第五册未最后完成出版。新中国成立后重版,增加了第五册已写成的四章,共计 72 万字。未完成者约有 20 余万字。

质量。当时，在郑振铎等人的提倡与示范下，短短五六年来，中国文学史的编写出版，数量颇不少，但质量较为可观的却仍不多。正如郑振铎在此书《例言》中说的："中国文学史的编著，今日殆已盛极一时；三两年来，所见无虑十余种，惟类多因袭旧文。即有一二独具新意者，亦每苦于材料的不充实。"正因为其中大同小异、抄来抄去的不少，所以我们不必逐一给予评述，只挑其中比较突出的几位作者的书，按出版先后来谈谈。

谭正璧最先在一九二五年，由上海光华书局出版过《中国文学史大纲》(当时郑振铎《文学大纲》尚在《小说月报》上连载)，书中还提到现代新文学及其趋势；但此书过于简单，仅五万余字。谭氏自认此书只能作中学教材。其时他正在上海神州女校任教，而郑振铎也在该校任教，其受郑振铎影响颇深。一九二九年，谭氏在该社又出版一本《中国文学进化史》。此书大量吸取、引用《文学大纲》及鲁迅《中国小说史略》等书的议论见解(作者自己并不讳言，书后参考目录中首举《文学大纲》)，字数达到十七万字。但书中谈不上有新的见地。胡云翼便看出："谭著能将近代最进步的关于中国文学的著述，编辑成书，内容颇为完善，但其叙述的体例似嫌未妥，而小小的错误亦在书中常常发见。"①

赵景深在一九二八年，也由上海光华书局出版了《中国文学小史》。赵氏一生学术研究受郑振铎影响最深，此书也深受《文学大纲》的启发与影响，但提出了自己的一点看法。例如，他认为"文学

① 见胡云翼《新著中国文学史·序》，下同。前已提及谭正璧 1935 年又由该社出版的《新编中国文学史》，更是大量参照引用了《文学大纲》和《插图本中国文学史》。在该书最后所附参考目录中，也首列郑振铎这两本书。该书亦没有什么个人见解，但字数近 29 万，后曾被译成日语。

史中不应论及经，史，子和民间文学”，并认为字数不应太多，文字必须优美等等。赵氏并不轻视民间文学，但他这里认为文学史不应论及民间文学，却未免不对。本书的文字确实比较流畅、生动，甚至有时还很风趣，也时有小小心得。如谈到张衡《四愁诗》时提及鲁迅的《我的失恋》，论述司马相如时提及郭沫若的《卓文君》等，都是他书中少见的。由于此书适合初学，故多次再版；后又因余慕陶抄袭此书而引起的风波，使其更为出名。但此书仅八万余字，毕竟过于简略。胡云翼认为：“赵著自有见解，行文隽美，但可惜只叙及文人方面的文学，而忽视最有价值的民间文学，即《诗经》亦在其摒弃之列，这是一个很大的遗憾。”[①]

胡适的《白话文学史》，也于一九二八年由上海新月书店正式出版。此书体系特别，也颇有见解，在新文学史上有一定影响。但仅成上卷，字数约二十万。只写到元稹、白居易的诗便戛然而止。而且它的一个致命的缺点就是完全自囚于所谓的“白话”。胡云翼肯定其“眼光及批评的独到”，但也认为它“可惜过于为白话所囿，大有‘凡用白话写的作品都是杰作’之概，这未免过偏了。”郑振铎在新中国成立后更进一步指出，此书“乃舍文学的本质上的发展，而追逐于文学所使用的语言的那个狭窄异常的一方面的发展之后，以为中国文学的发展，只是‘白话文学’的发展。执持着这样的‘魔障’，难怪他不得不舍弃了许多不是用白话写的伟大作品，而只是在‘发掘’着许多不太重要的古典著作。”（《中国文学史的分期问题》）譬如，关于大诗人杜甫的作品，胡氏把精华都撇去了，只是烦

① 附带提及，赵景深又在1936年由北新书局出版了《中国文学史新编》。此书认真参考了《插图本中国文学史》，并补充了关于《诗经》、乐府、五代十国词等的内容，字数达15万。

琐地叙述着几首诙谐的“白话”小诗。因此，郑振铎不客气地指出这是入了“魔道”。

胡小石于一九三〇年，在上海人文社出版了《中国文学史》，也仅见上册，约九万字，仅叙至五代时为止。胡云翼认为此书“叙述周密，持论平允，是其特色；其缺点则亦嫌忽视民间文学的发展”。然而我觉得所谓“持论平允”，实际上是没有多少自己的见解。而作为一般教材，尚可用。

郑宾于从一九三〇年至一九三三年，由上海北新书局出版了《中国文学流变史》，共三册。在《插图本中国文学史》出版之前出了二册。此书的特点是字数较多，共有六十七万字，对于诗词的发展叙述比较详尽，而且比较注意到作者所处的环境与生活。但其缺点主要是明显的残缺不全，名为文学史，而主要只写了诗，连小说、戏曲都排斥在外。并且，全书只写到南宋为止。（原拟写到第四册，后未出。）在观点上也很少创新。

陆侃如、冯沅君夫妇于一九三一年，在上海大江书铺出版了《中国诗史》。篇幅也较大，约有五十万字。此书名为“诗史”，当然只论述诗的流变。书中有些独自的见解，较受读者欢迎。但此书有一大缺点，就是拘泥于每个时代各有其特殊诗体的见解，在宋时就只言词而不言诗，在元时就只言曲而不言诗与词，而不顾宋时还有不少优秀的诗，元时还有不少优秀的诗与词。这样，显然不能全面地论述诗体的发展。郑振铎在新中国成立后曾批评说：“论宋诗能够忽略了梅尧臣、陆游、杨万里们么？述元诗的，可以把元好问、虞集、范椁、杨载、揭傒斯和杨维桢他们的名字删去么？像他那样的《中国诗史》，究竟是一部怎样的半身不遂或肢体残缺的‘诗史’呢？在那里，怎能看得出中国诗歌发展的全貌呢？”（《中国文学史的分期问题》）一九三二年，陆侃如、冯沅君又在该社出了一本《中国文学史简编》，是简史性质，仅十万字，在立论见解方面也平平。

胡云翼在一九三二年，由上海北新书局出版了《新著中国文学史》。从此书的序言中可知，作者对文学史的写法还是比较有见解的，而且曾经较广泛地阅读了国内以前出版的各种文学史，并作了比较正确的评述。（本书上面曾有引述。）作者在主观上也力求理出各文体、文派、作者及作品之间互相联系的网络，在当时颇为难得。但此书实际上写得也很一般，作者承认"写定的时间还不到半年，其中疏漏错误之处，自所不免"。另外，字数亦仅十万余字而已。

其他，如陈冠同的《中国文学史大纲》（一九三一年版），以文学本身演进的系统为序，不以朝代划分，并附有美国文学理论家莫尔顿的文学分类演进表（按，郑振铎一九二〇年代初即对此介绍过），及我国历代文学家地区分布表等，较为别致；但字数仅八万字，且其中谬误观点不少，如将中国近代文学分为"日本化时期"、"欧美化时期"等，颇为牵强。又如贺凯的《中国文学史纲要》（一九三一年版），共十六万字，特点是初步运用新的社会科学观点及术语，并用近乎一半的篇幅论述"帝国主义侵入后的文学转变"（即"五四"新文学史）；但对古代文学史没有什么新见，且又过于简略。在郑振铎《文学大纲》出版后，到《插图本中国文学史》问世前及同时，国内出版的有关中国文学史书略为可观者，就全部举述如上，其他实在也举不出什么了。[①]

---

① 另外，鲁迅1926年曾在厦门大学内部油印出版过《中国文学史略》（后改题《古代汉文学史纲要》），但一直到1938年才正式出版，故此处省略了。

综上所述，我们可以看出这短短几年内的文学史撰著，比起《文学大纲》问世以前来，已有可喜的进步。这体现了新文学运动的成绩，自然也与郑振铎这样的先行者的努力大有关系。这些进步，主要有这样几点：一、大多数文学史著作都已划清了文学与非文学的界限；二、大多数论述到小说与戏曲；三、大多都是用语体写作。但是，还有许多地方不能令人满意。例如，一、除了郑宾于和陆、冯两位的关于诗史的专著较详尽以外，大多都很简单，字数在十万上下，不能充分、完全地反映文学史面目，一般只能用作中学教材；二、不少书都是互相转抄，陈陈相因，缺乏独自的见解，更缺少精当的史识；三、大多不努力发掘新的史料，也不重视已发现的新材料，特别是对民间文学不予重视。因此我认为，直到这时为止，仍然没有一部中国文学史著作从整体上超过《文学大纲》中国文学部分的水平。

郑振铎不仅对上述情况不满意，而且对自己已取得的成就也不满足。他在《插图本中国文学史》的《自序》中指出：

> 如今还不曾有过一部比较完备的中国文学史，足以指示读者们以中国文学的整个发展的过程和整个的真实的面目的呢……中国文学自来无史，有之当自最近二三十年始。然这二三十年间所刊布的不下数十部的中国文学史，几乎没有几部不是肢体残废，或患着贫血症的。易言之，即除了一二部外，所叙述的几乎都有些缺憾。本来，文学史只是叙述些代表的作家与作品，不能必责其“求全求备”。但假如一部英国文学史而遗落了莎士比亚与狄更司，一部意大利文学史而遗落了但丁与鲍卡契奥，那是可以原谅的小事么？许多中国文学史却正都是患着这个不可原谅的绝大缺憾。唐、五代的许多

"变文"、金、元的几部"诸宫调",宋、明的无数的短篇平话,明、清的许多重要的宝卷、弹词,有那一部"中国文学史"曾经涉笔记载过?不必说是那些新发见的与未被人注意着的文体了,即为元、明文学的主干的戏曲与小说,以及散曲的令套,他们又何尝曾注意及之呢?即偶然叙及之的,也只是以一二章节的篇页,草草了之。反而大张旗鼓的去讲什么河汾诸老,前后七子,以及什么桐城,阳湖。这是哪里说起的谬误观念呢!难道中国文学史的园地,便永远被一般喊着"主上圣明,臣罪当诛"的奴性的士大夫们占领着么?难道几篇无灵魂的随意写作的诗与散文,不妨涂抹了文学史上的好几十页的白纸,而那许多曾经打动了无量数平民的内心,使之歌,使之泣,使之称心的笑乐的真实的名著,反不得与之争数十百行的篇页么?(按,着重号原有)

郑振铎在这里深刻地指出了以前的文学史的不足与缺陷,而其中提到的变文、诸宫调、短篇平话等等,就是在他自己的《文学大纲》中,也是论述较少,甚至是未及论述的。在《例言》中,他又指出:

近十几年来,已失的文体与已失的伟大的作品的发见,使我们的文学史几乎要全易旧观。决不是抱残守缺所能了事的。若论述元剧而仅著力于《元曲选》,研究明曲而仅以《六十种曲》为研究的对象,探讨宋、元话本,而仅以《京本通俗小说》为探讨的极则者,今殆已非其时。

而郑振铎对于这些新发现的材料,一直是非常注意的。这些材料,不少在写《文学大纲》时尚未发现,有的是未能写进去。还有一个是分期的问题,郑振铎在《例言》中又指出,以前的文学史大抵抄袭日人的旧著，将中国文学史分为上古、中古、近古、近代四期，又每期皆以易代换姓的表面上的政治变动为划界。例如，中古期皆开始于隋，近古期皆终止于明，却不知隋与唐初的文学是很难分得开的；明末的文坛上的风尚到了清初的几十年间也仍相承未变，如何可以硬生生地将一个相同的文学时代劈开为二呢？而《文学大纲》中国部分，因为与外国文学部分合并叙述，在分期上也未能充分照顾中国文学发展的特点。凡此种种，都表明中国文学史的撰著，还需要一个新的突破；而郑振铎不仅明确意识到这一点，并以勇往直前的精神进行了新的努力。我认为，在相当程度上，他的这一努力与突破，实际就是对于自己的超越。

《插图本中国文学史》是继《文学大纲》后郑振铎一生中最重要的代表著作。但他在《自叙》中说，“我写作这部《中国文学史》，并没有多大的野心”，“也并不是什么‘一家之言’”。在《绪论》中他又说，本书“却只是‘述而不作’的一部平庸的书，并没有什么特殊的见解与主张”。这些无疑是过谦之语，实际情况恰恰相反。他在《例言》中透露：“本书的编著，为功非易。十余年来，所耗的时力，直接间接，殆皆在于本书。”因此，不用说《中国文学史》中世卷第三篇上册，即是《文学大纲》的中国部分，都应视作此书的准备。此书保持了前两本书原有的优点，坚持了原先的正确的创见与观点（而且对个别缺点作了纠正），因此，对前面已经指出过的前两本书的成就，和已经举过的例子，下面就不再重复。对此书的新的提高和学术价值，拟分五点来论述。

第一，初步的唯物史观。

李何林在一九四五年发表的《中西市民社会的文学共同点》一文中，论及从“五四”到当时出版的中国文学史著作，指出其中有一部分是学术史中加文学史；有一部分则注重形式上的数量列举，写成作家小传加上作品举例，没有什么见解（按，以上两类文学史，本文上面已举出不少）；还有一部分则应用社会学的观点，用时代社会因素来解释历代文学现象，对于作家和作品的形成，都大略找出它们的时代、社会背景。李何林认为，这后一种“算是中国文学史著作中最好的一类。不过，社会学的观点，虽已走进科学方法的大门，可惜尚未登堂入室：我总觉得所谓时代社会还嫌有些笼统，某一时代社会之所以成为那样，似乎还有另一种基本的东西作为主要的因素在决定着它。”李何林又指出，“在九一八前后，当新哲学和新社会科学方法大量输入中国，引起中国社会史问题论战时，记得有一二本文学史书是从社会经济基础上来论述的”。在这一论述的启发下，我认为《文学大纲》中国文学部分，无疑可算应用了社会学观点的一九二〇年代最好的一类文学史；但是，产生于“九·一八”以后的《插图本中国文学史》却不能认为只是一般地应用社会学观点的一种著作了，而是有了新的进步，历史唯物主义的因素已有了很大的增长。

关于郑振铎在一九三〇年代政治上的进步与学术思想上的转变，我在前面第一章中已有比较详细的论述。以此书问世前郑振铎发表的答《中学生》杂志社问、答《东方杂志》社问、《新文学的昨日今日与明日》、《汤祷篇》等文章来看，他当时对于人民群众在历史发展中的作用、历史发展的规律、帝国主义的本质以及新的社会科学方法等，都已有了比较明确的认识。如果说他在这时的政治思想上唯物史观已占有主导的地位，我认为是并不过分的。这种政治思想上的进步与转变对于此书的写作，当然有指导性意义；不过，政治思想与学术思想往往并不是完全同步发展的，而且因为他的这一进步与

转变尚处在开始阶段,这一倾向在此书中还没有上述那些文章来得更鲜明。但毕竟也反映了出来。在此书《绪论》中,郑振铎说:

> 自十九世纪以来,学者们对于"历史"的概念,早已改变了一个方向。学者们都承认一部历史绝对不是一部"相斫书",更不是往古的许多英雄豪杰的传记的集合体;历史乃是活的,不是死的,乃是记载整个人类的过去或整个民族的过去的生活方式的。所以现在的历史,对于政治上的大人物,已不取崇拜的态度,只是当他作为一个社会活动中间的一员……随了这个历史的观念的变更,文学史当然也便来了一个变更。

这段话,在此书后来重版时,作者在"历史乃是活的"之前添了一句"而是人民群众所创造的",使意思更为鲜明。但原文反对英雄史观的意思还是明确的。反对英雄史观也就是承认"历史活动是群众的事业"(马克思、恩格斯语,见《神圣家族》)。而这,正是唯物史观的基本原理。

在此书第一章《古代文学鸟瞰》中,郑振铎指出,在古代文学的各阶段的进展里,"中国的历史的和社会的经济的情况也逐渐在变动着,且在背后支配着文学的进展。"在论述元代复活唐时的"诗格"、"诗式"一类书并大为畅销这一现象时,郑振铎指出:"根本原因,还当在元代一般经济状况的进步。"在《近代文学鸟瞰》一章里,郑振铎指出在鸦片战争以后,小说与戏曲"俱有复由士大夫之手而落到以市民为中心之概:其一是昆腔的消沉与皮黄戏的代兴;其二是武侠小说与黑幕小说的流行。文坛的重镇,渐渐的由北京的学士大夫们而转移至上海的报馆记者们与流浪的文人们,像王韬、吴沃尧辈之手。"他认为"这正足以见到新兴的经济势力,正在侵占到文学的领域里去。"郑振铎这样的分析问题的眼光,已经注意到了隐藏在历史的表象后面的东西，不仅“承认精神的动力”，而且“进一步追溯到它的动因”(恩格斯语，见《路德维希·费尔巴哈和德国古典哲学的终结》)。也就是李何林说的，“是从社会经济基础上来论述的”，认识到社会经济状况支配着文学的进展。这显然是高于以前及当时国内的一些文学史著作的。

书中也体现了初步的阶级分析观点。例如，在分析《诗经》里的诗时，郑振铎认为《七月》、《硕鼠》等等，“活画出当时农民们宛转呻吟于地主贵族压迫之下的呼号”。这里的“农民”、“地主贵族”的阶级划分并不确切(当是“奴隶”与“奴隶主”)；但很显然，郑振铎已看到古代文学作品中反映了当时统治与被统治、压迫与被压迫的两大阶级的生活现实了。而这在当时的文学史著作中还是少见的。书中评论关汉卿的朋友王和卿时，说他是一位讽刺作家，“他的散曲，放在当代诸作家的作品里是尖锐地表现出其不同色彩来的”；但同时又尖锐地指出，“可惜他的滑稽和所讽刺的对象都落在可怜的下层阶级以及不全不具的人体上，并没对统治阶级有过什么攻击。所以他的成就并不高。”这里，不仅仅是从人道立场出发来批评王和卿，而且也是从阶级立场出发来作出分析和评价的。

当然，以上这样的论述，用今天的眼光来看，甚至以当年的马克思主义者的眼光来看，都还是比较粗浅的。正如李何林指出的：当年“从社会经济基础上来解释上层文化现象，无论是对历史、社会、文化、政治、或文学艺术各部门，在中国都还是很幼稚的学问”；即使“有一二本文学史书是从社会经济基础上来论述的”，也“似都嫌单纯和粗略”(《中西市民社会的文学共同点》)。而且，此书还不能说彻底地坚持了这一立场与观点。例如，在《绪纶》中就比较强调人是“社会的动物”，强调人受社会、时代的影响，因此研究文学必须注意时代、环境、人种等等。这当然也是不错的,但显然尚未超越一般社会学的观点。而且,书中有些章节的论述,有时还不如作者在一九三〇年代发表的某些研究文章来得深刻。例如,一九三四年四、五月,郑振铎写了《元明之际的文坛的概观》、《元代公案剧发生的原因及其特质》等文,都是从社会经济基础来研究文学的出色论文,曾得到鲁迅的赞赏。而他在此书中谈到元代杂剧兴盛的原因时,提出三个原因(一是因为沿了金代戏曲的基础而益加光大;二是因为元代停止科举,文人无所展其才学,遂转而致力于戏剧;三是元代民族压迫过甚,戏剧作者借此来消磨其悲愤),虽然也很有道理,却还没有稍后写的上述二文深刻。后来作者将此书重版时,特地加上了一段补充:"更重要的是,因了元代蒙古大帝国的建立,中外交通大为发达,城市的经济因之而大为繁荣,又农民们的负担似有减轻,手工业的销售量大增,农村的经济情况,一时似亦颇为好转。我们观杜善夫的《庄家不识拘阑》一曲,便知一些其中的真正的消息。"有了这样一段补充后,才深刻和全面多了。

这说明,郑振铎在写此书时,还未能纯熟地应用唯物史观,他在学术研究上尚处于转变与进步之中。还有一个较明显的缺陷,就是未能更充分地及时地吸收当时已经开始的有关中国社会史论战的积极成果。例如,书中对于中国社会历史的分期与性质的说法,还是比较混沌的。尽管如此,我认为在中国文学史著作中,此书仍是较早的一本闪耀着初步的唯物史观光辉的书。虽然,作者没有打出这一旗号,[①]在论述中也不很善于使用唯物史观的术语,

---

① 稍晚,1933年8月出版的谭丕模的《中国文学史纲》,是我国第一本公开宣布用"唯物论的辩证法"写的文学史。本书下面还将谈及。

甚至在主观上也许尚没有十分明确的自觉意识;但此书在这方面仍是一个开端,或更严格地说,是从一般社会学立场的文学史向唯物史观立场的文学史开始转变的一部书。

第二,完整的脉络体系。

与作者的历史观的提高有关,此书对于整个中国文学史发展的记述与分析更全面与清晰了。首先,是分期问题。正如作者指出的,他书往往抄袭日本人的旧说,又常以易代换姓的表面上的政变为划界,难免不生生地将相同的文学阶段劈开为二。此书则根据中国文学史本身的自然进展的趋势,参考西方文学史的分期,分为古代、中世及近代三期。中世文学开始于东晋,即佛教文学开始大量输入的时期;近代文学开始于明代嘉靖时期,即昆剧产生和长篇小说发达的时期。每一期之中,又分为若干发展阶段。而在具体分章论述时,又总是着眼于一个文学运动,一种文体,或一个文学流派的兴衰起落,而作论述。这样的分期与分章论述,当然高出当时其他作者多多。

将此书与一九三〇年作者撰写的《中国文学史草目》相比照,可以见到其分为三大期与《草目》一致,而每期所分阶段则又有所调整。这说明他是经过反复斟酌的。古代文学原拟分为三篇,今则改为四段;中世文学原拟分为四篇,今则改为三段;近代文学原拟分为三篇,今则改为四段。仔细体会其调整的理由,都是为了更自然更清晰地显出文学发展本身的阶段性。例如,上古文学,原先从上古至秦统一中国为一篇,今则以春秋、战国之交分为二段,这样就突出了第二阶段的散文创作高峰。中世文学,原先从唐开元初至明嘉靖前是以唐末、南宋末为界为分三篇的,今则以南、北宋之交改为二段,这样,对于变文的影响、词与散曲的起源等,就可以叙述得更为清晰。近代文学,原先从明嘉靖初至鸦片战争是以明清之交分为二篇的,今则以明万历二十年与清雍正末为中界点分为三段,这也是主要考虑到小说与戏曲的发展变化。郑振铎的这样一种分期分段法很有道理,在当时更是比较先进的。其优点是较充分地照顾到文学史本身的特殊性,注意到外来文学影响,而且有的地方还和今人有关社会史、经济史的分期暗合(如春秋、战国之交等)。一九五八年,郑振铎在《中国文学史的分期问题》一文中,认为自己的这一分期法"虽然已经注意到'时代'的影响,却过分强调每一种文体的兴衰,不曾更好地把文学的发展和历史的发展结合起来。"而新中国成立后撰写出版的一些文学史的分期,却过分强调了社会历史的发展,而忽视了文学发展的本身。因此,此书的分期至今尚有重大的参考价值。

其次,在写作中较好地掌握了点、线、面诸方面的关系。此书《绪论》中说,最早的文学史都只是注意于作家个人的活动,即专门记载作家的生平与作品,因此"不过乃是对于作家的与作品的鉴赏的或批评的'文学批评'之联合,而以'时代'的天然次序'整齐划一'之而已"。可以说,这只是注意了"点",而未能见出"线"与"面"。他推崇法国泰纳的《英国文学史》,与北欧勃兰兑斯的《十九世纪文学主潮》二书,认为"他们乃是开始记载整个文学的史的进展的"。他认为文学史不仅仅是"文学巨人"的传记的集合体,也不仅仅是对于许多作品的评判的集合体;但却仍须着重论述"文学巨人"及其代表作,同时必须论述其所处的环境和时代等。此书就是这样写的。同时,对某些本身并无甚内容,也无甚价值,但却是后来许多作品的祖源(出处)的作品,书中由流以溯源,也给予适当的论述。还有一些成为文学史上争论之焦点的作品或史料,或曾在文学史上发生过重大影响，成为一支较有影响的派别与宗门的，如“西昆体”诗、“江西派”诗等等，即使内容较空虚，书中也有评述，并揭出其“社会的背景与根据”。书中力图通过这样的论述，将中国文学的一切变异与进展充分地反映出来，并使文学史成为《绪论》中说的“表达这一国的民族的精神上最崇高的成就的总簿。读了某一国的文学史，较之读了某一国的一般历史书，当更容易于明了他们。”例如，魏晋时期是一个热闹的诗人的时代，书中不仅评述了嵇康等诗人及其作品，而且分析了当时著名的“竹林七贤”流派。指出他们那种疏狂自放的作品与行动，不仅仅如一般人理解的那样，是那些作者为了避世免祸而为，还“具有更深厚的意义”：一是因为当时动乱的时代破坏了礼教，二是新输入的佛教给老庄之说以一个新的同感，三是纷扰的政治需要的不是孝廉清谨之人。这样的分析就更深刻了，而且也与鲁迅的有关论述相通。书中对于这以前就已开始，至“竹林七贤”时更达推波助澜之致的“玄谈之风”的分析，不仅指出其对文学的影响，更指出其思潮流行的原因。认为汉代哲学家对儒家迂狭观念的冲击，可视作其远因；而汉代数百年文人学士以“清议”登庸所养成的心理，以及人们对曹操反“清议”命令的逆反心理，对经典章句之学的讨厌与反抗，佛教哲学输入后与老庄学说之互煽等等，都是起了作用的。这样的分析，也比其他人要细致深入。

总之，全书有独到的分期分段，又较好地处理了论述作家、作品、文体、流派、思潮、运动等等的关系，做到自成体系，从横的方面反映了各时期文学的面貌与成就，从纵的方面体现了文学史发展的线索与走向。

第三，全面的史料发掘。

此书《例言》中指出，以往的中国文学史，取材的范围往往未能包罗中国文学的全部，其仅以评述诗古文辞为事者无论矣，即有扩大到词曲小说者，也未能令人满意。而特别是近十几年来，已失的文体与名作的重新发展，几可使文学史全易旧观。郑振铎自述："本书作者对于这种新的发见，曾加以特殊的注意。故本书所论述者，在今日而论，可算是比较得完备的。"他特地写明"在今日而论"，这不仅是表示谦虚，而且体现了一种始终继续不断搜求发掘的眼光。

此书包罗既广，但又不流于滥收，即如《绪论》中说的，首先"廓清"许多非文学的著作，使其离开文学史的范围而回到经学史、哲学史等领域中；其次则"放大"纯文学的范围，不仅于诗歌包罗词与散曲，于散文包罗政论文学、策士文学、新闻文学等，"而更重要的是，于诗歌、散文二大文体之外"，"包罗着文学中最崇高的三大成就——戏剧、小说与'变文'(即后来之弹词、宝卷)。"与其他文学史书(包括《文学大纲》中国部分)相比，本书及时吸取了当时最新的发现与研究成果，因而有了重大的改观。例如，在论述"文字的起源"时，《文学大纲》已打破"八卦河图"之类陈腐传说而提及甲骨文；而在此书中，更采用了当时最新的安阳科学发掘成果。在论中国最古的记载文时，打破历来从《尚书》开始的旧说，而是从甲骨与钟鼎刻辞说起。有不少新的材料，还是作者亲自发掘而得的，恰如他在《绪论》中说的："我们常常感觉到，如今在编述着中国文学史，不仅仅是在编述，却常常是在发见。我们时时的发见了不少的已被亡失的重要的史料"，"有时，我们自己也许还是一个执铲去土的一个掘地的工役"。例如，关于"诸宫调"等，作者就是第一个系统研究者，曾发表数万言的考证研究文章，并首次将其写入文学史。

再如“永乐大典戏文三种”、“元刊全相平话五种”、《金瓶梅词话》等等，都是作者写作此书前不久才被发现的，他对这些都曾作了深入的研究，并首次写入了文学史。此外，关于汉代乐府古辞，在《文学大纲》中似乎忘了提及，而在此书中则作了详尽的论述。关于文学批评，《文学大纲》中略有涉及，此书则专列了《批评文学的发端》、《批评文学的复活》、《批评文学的进展》及《批评文学的发达》（按，此章未及写成）等章。而当时的中国文学批评史专著，还只有陈钟凡写的一本。

就发掘新材料而言，全书最重要的贡献在于对民间戏曲（包括散曲）、变文（包括所衍变的文体）等的评述。也就是说，作者特别强调民间俗文学、讲唱文学在文学史上的意义与地位。作者将变文与戏曲、小说并称为中国文学中“最崇高的三大成就”，这是一大创见，[①]从未有人这样说过，从而也就成为本书最显著的特点之一。关于变文，除了作者的《中国文学史》中世卷第三篇上册以外，其他文学史著作中都还未曾专门论述过。作者在此书《例言》中说：“本书所包罗的材料，大约总有三分之一以上是他书所未述及的：像唐、五代的变文，宋、元的戏文与诸宫调，元、明的讲史与散曲，明、清的短剧与民歌，以及宝卷、弹词、鼓词等等皆是。”一个人能刷新三分之一以上的文学史面目，这是多么了不起的贡献！[②]

第四，精当的分析论述。

在这方面，有不少是《文学大纲》中已有，或已见端倪，而在此

---

① 当然，中国又称“诗国”，中国古代诗歌的成就也是不可否认的。

② 遗憾的是，这其中有一部分（如明清的短剧与民歌、弹词、鼓词等，原都包括在第五册内），作者最后却未能写出。但是，这些内容大部分后来都由作者写入《中国俗文学史》内了。（详见本书下面论述）

书中则论述得更详尽。如关于《诗经》,《文学大纲》中已高度肯定了它的文学价值,而此书中则进一步指出其中“那些乱世的悲歌,与民间清莹如珠玉的恋歌,乃是最好的最动人的双璧”,这就论述得更清楚了。这样的例子很多,就不再举了。这里,我只谈《文学大纲》及当时其他文学史书中见不到的一些新鲜见解。

对于一时代的文学,此书常常分析得比前人全面。例如六朝散文,历来为人轻视。自隋初李谔指责其“连篇累牍,不出月露之形;积案盈箱,唯是风云之状”后,便一直为“古文家”所集矢。后人所谓“文起八代之衰”,便将其归在这个“衰”字里了。这似乎已成定论。但书中提出疑问:“六朝的散文果是在所谓‘衰’的一行列中么?其文坛的情况果是如后人之所轻蔑的么?”并特地列了专章评论六朝散文。书中认为,把公牍、记载之类应用文都写得骈四俪六,故意让大众看不懂,这当然是一种魔道;但个人的抒情散文写得绮丽一点,却不能说是一个罪状。在中国文学史上,本来抒情散文就不多,而六朝正是最富此类抒情小品的时代。因此他认为,这正是六朝的“最特异的光荣的一点”,并将它和当时的翻译文学、新乐府辞并称为六朝“鼎立的三大奇迹”。他还指出,中国文学史上抒情小品的发达,除了明清之交的一个时期外,六朝便是最重要的发达期了。[①] 明清之交的散文奇葩,不过如昙花一现,而六朝则维持几近三百年之久,故其重要性尤应为人们认识。另外,前人又皆以为六朝散文惟长于抒情,而于说理则短。郑振铎也认为这种说法不全面。六朝不仅是诗人云起的时代,且也是宗教家和卫道者

---

① 郑振铎的这一看法,与周作人是相近的。周氏在《〈近代散文抄〉新序》中就说:“正宗派论文高则秦汉,低则唐宋,滔滔者天下皆是,以我旁门外道的目光来看,倒还是上有六朝下有明朝吧。”(收入1934年3月《苦雨斋序跋文》)

最活跃的时期，六朝散文中，至少关于宗教的辩难要占有一个重要的地位。至于其他如描状的史传，也尽有高明的述作，不单是所谓“月露之形”、“风云之状”而已。这些论述卓具史识，足为六朝散文一吐不平。近年，中国散文史专家郭预衡也说：“历来谈‘六朝文’者，非议不少。所谓‘八代之衰’几乎成了定论。但是，东坡这话，只说对了一半。认真思索，并非全面。”（《六朝文说·总叙》）正与郑振铎所见略同。

对一些文学运动、思潮、流派等，书中亦常有新的见解。如唐代的古文运动，《文学大纲》中只有简单的论述，此书则列有专章，详细论述其由来，成功的时代原因和个人因素，及其局限性。书中指出，韩愈提倡古文运动却讳言其由来，实际是与开元天宝时萧颖士、李华等有渊源关系。这一见解现已成为公议。书中还指出，古文运动并不是真正的文学革命运动，他们去了一个圈套（六朝文）；却又加上了另一个圈套（秦汉文），是兜圈子走的，不是特创的，因此其成功毕竟有限。书中还提出一个新论点，认为唐代传奇文实为古文运动的附庸，唐传奇的产生为古文运动后比小品文远为伟大的一个成功。书中说，传奇文的开始当推原于隋唐之际，但至大历、元和间才开花结果，其间古文运动对促进其成长与有大力。一是在文体上打倒了不便于叙事状物的骈体，同时更使朴质无华的“古文”增加了文学的姿态；二是传奇文的著名作者沈既济、沈亚之等人都与古文运动有关系，韩愈自己也写过《毛颖传》之类文章。郑振铎的这一见解，后为刘大杰等人赞同。但也有人提出不同看法，如王运熙认为唐传奇的文体是上承汉魏六朝的志怪小说的，本来就基本是散文体；韩愈等人写的小说，与一般传奇有所不同。因此，传奇不是古文运动的支流（见《试论唐传奇与古文运动的关系》)。我认为后者的看法也有道理,但如果完全否认古文运动与适逢其时而勃兴的传奇之间的关系及影响,似也不妥。郑振铎说的唐传奇由"附庸"到"大国",含有乘机发展的意思。他反复强调传奇的兴盛为"从事于古文运动者所不及料的一个成功,也是他们所从不曾注意到的一件工作",后来的古文运动者也未必引传奇为"同道"。这便表明,郑振铎也并不认为古文运动者主观上旨在促进传奇的发展,但客观上却起到一定作用。总之,书中提出这样一个新的见解,是给人以启发的。再如,关于宋代"江西派",书中亦列有专章,指出这一流派势力可观,影响很大,但除了黄庭坚、陈师道数人外,很多自命为继承"江西派"衣钵的诗人,其实是"伪拟古"。黄、陈诸人原有其高处,并不屑拟古,故自成一派;而所谓"江西派"形成后,凡无病而呻、故作穷酸之态的诗人们便无不遁入其中,而该派遂为人诟病至今。其实,黄、陈是不任其咎的。这样言简意赅的分析,使人更认清了这一派的得失。对于明初的拟古运动,书中认为其结果并不高明,引导了一批人入于更黑暗的一层魔障中去了;但书中又进一步指出其还有别一意义,即"他们拨动了'反抗'的钟摆;他们挑起了争斗,提倡夸大的宣传的风气。他们以惊世骇俗的主张,冲破了以前的陈腐平庸的罗网。"这后一点,却是一般人很少看到的。再如,对明嘉靖年间茅坤、归有光等人的古文运动,书中指出其虽抛弃了秦汉的偶像,却搬来了"唐宋八大家"的偶像,仍未超脱奴性的拟古运动的范围;不过,由艰深而渐趋平易,由做作过甚而渐趋自然,总算是较近人情的一种转变。在这样的分析论证中,都显出作者的见解独到。

对于具体的作家、作品的评论,书中亦时有精辟见解。如晋人王羲之,近年郭预衡在《中国散文史》中指出:"世人囿于见闻,但知其有《兰亭集序》，或仅以书家视之，是很不全面的。”而郑振铎在此书中，早已指出王羲之的书信为“六朝简牍的最高的成就”，认为其书信及散文还能见出当时一部分社会情态与文士生涯。再如，关于朱熹在文学批评方面的贡献，人们很少提及，而此书中指出他最主要的功绩，是把《诗经》、《楚辞》两部伟大的古代名著，从汉、唐诸儒的谬解中解放出来，承认其为文学作品。因此，郑振铎认为朱熹和严羽是宋代文学批评家中的“两大柱石”。但同时，书中又指出朱熹的工作是破坏旧说有余，而建立新说不足。对于罗贯中，书中认为他是在元明小说发展史上占有极重要的无人可比的地位的。“他正是一位继往开来，继绝存亡的俊杰；站在雅与俗、文与质之间的。他以文雅来提高民间粗制品的浅薄，同时又并没有离开民间过远。”对于屠隆，书中认为他“代表了一个思想荒唐凌乱的时代”，即方士式的三教合一与长生不老的思想最流行的时代。他是被荒唐的方士欺诈的一人，也是足以代表荒唐文士之一人。书中说明了这一时代思想产生的原因，从而也说明了屠隆作品产生的背景。关于他的《修文记》，以前不少书（甚至包括《文学大纲》）都因为未见原作，而以为是写李贺的，其实却是写屠隆自己如何修道成仙的。书中纠正这一误说，并认为它“可说是一部幻想的戏曲体的自叙传”。对于伟大的戏剧家汤显祖的作品，书中更作了不少一洗凡见的新鲜评价。如《南柯记》一剧，书中认为其中心思想并非如一般人说的卑视蚁都的富贵，而乃是一个“情”字，即感叹空虚的爱情。郑振铎以自己的创见，指出了汤显祖对原作（唐传奇）的创造性改编所取得的成就。而《邯郸记》一剧，一般认为情调与《南柯记》相类，书中则指出其不同，认为此剧表达的则是对于现实的不满。对于汤显祖的诗文，书中也给予高度评价，把他与徐渭、李贽并称为当时独往独来的三大作者，并认为汤在艺术上超过了徐、李，可称为反抗拟古运动的一个急先锋。至于为人诟病的阮大铖，书中也肯定其“不乏佳作”，“是一位精细的诗人”。对“道学家”王阳明，则肯定了他的讲学方式对于寓言复兴的功绩。以上这些论述，均可谓发人所未发，令人耳目一新，而且又是经得起后人的检验的。

第五，广博的中西比较。

前已指出，比较文学的研究方法，在《文学大纲》中已有应用。在此书中则更是多见。据粗粗计算，此书有关中外文学比较的地方约有五十来处。而这在其他的文学史著作中则是很少见的。因为，中国文学研究者中像郑振铎这样同时具有世界文学史的渊博知识者并不多，尤其是像他那样具有自觉的全球统一意识来研究文学史的更少。

平行比较，是书中应用最多的。书中在论述文学时代时，常作中西横向对照。如在说到先秦文学时，书中指出其时适是希腊哲学的黄金时代，我国的孔子、老子、墨子等人，足以与希腊的苏格拉底(Sokrates)、柏拉图(Plato)、亚里斯多德诸人相辉映。在《中世文学鸟瞰》一章中指出，欧洲文学史上的中世纪，是一个黑暗的时代；我们的中世纪，虽然在政治上也常常是黑暗的，但在文学上却是一个辉煌灿烂的时代。在谈到唐诗的黄金时代只有短短的四十余年时，书中说：“希腊的悲剧时代，英国的莎士比亚时代，还不只是短短的数十年么？”通过这样的比较，读者的视野一下就被扩大了。书中在论述具体作家作品时，更注意与国外相似的作家、作品作比较。如在谈到先秦政论文时说，我们没有对公众讲演的大演说家狄摩西尼(Demosthenes)、西赛罗(Cicero)等人，但我们却有同样不朽的政论者苏秦、张仪。在提到贾谊的《鹏鸟赋》时,认为可以联想到爱伦坡写《乌鸦诗》的情景。论述"古诗十九首"中的《冉冉孤生竹》时,认为可与希腊的葡萄藤依附于橡树的比喻相比。书中指出唐初的《大唐西域记》价值极为宏伟,是一部最好的旅行散文,大类希腊人朴桑尼(Pausanias)的《希腊游记》。"朴桑尼之作,在今日,其价值益见巨大。《西域记》亦然。"书中在论述我国伟大的女诗人李清照的作品保存不多时说:"这个损失,大有类于希腊之损失了她的最伟大的女诗人莎孚的大部分的作品一样。"书中还有将好几部中外作品作交叉比较的,例如书中认为,如果说《封神传》颇似荷马的《依里亚特》及印度大史诗《马哈勃拉太》的话;那么《三宝太监西洋记》则大似荷马的《奥特赛》与印度的《拉马耶那》,而且是较《奥特赛》尤为怪诞,视《拉马耶那》不相上下的一部叙述神奇的历险与战争之作。这样生动的比较例子,书中是很多的。

在分析某些作品时,书中还常常运用英国民俗学者安德路·莱恩(Andrew Lang)提出的"类型学"比较方法。如认为干宝《搜神记》中写男子娶鸟女为妻的故事,是世界上流行最广的"鹅女郎"型的故事之一。认为敦煌发现的民间歌曲《孝子董永》中也有这一类型的情节。又如元曲《包待制智赚灰阑记》,书中指出它与《旧约圣经》中苏罗门王判断二妇争子的故事属于同一类型,认为可能受有外来的影响。书中还指出元杂剧《杀狗劝夫》、明初传奇《杀狗记》等,与欧洲中世纪故事书《罗马人的行踪》中一个杀猪的故事同类型。类于"中山狼"的故事与杂剧,《文学大纲》中早已作了中外比较,此书又指出这"实为世界民间传说里流行最广的负恩的禽兽系之一型"。郑振铎指出的这些同类型的文学作品,至今仍为国际比较文学界饶有兴趣地探索着。

以上例子基本上侧重于"识同"一类。书中通过这种比较，或让人们更清楚地认识有关作家、作品在中国文学史上的地位；或引起人们继续探索其间关系的兴趣。而书中在作家、作品的中外比较中，还有一类则是侧重于"辨异"的，即主要指出两者同中之异的地方。例如，书中在论述郦道元的《水经注》时，也把它与朴桑尼的《希腊游记》相比较。肯定《水经注》繁征博引，逸趣横生，一洗汉魏人注书的积习，保存了不少古代神话传说；而《希腊游记》也保存了各地的传说，并成为当今研究民俗学、神话学的宝库，但却没有前者伟大。"《希腊游记》只是干燥的旅行记载，而郦氏的《水经注》则为肌体丰腴的绝妙之文学作品。凡所状写，无不精妙。而于写景描声，尤为擅长。在一切文学史中，以注'古书'而其注的自身成为绝好之不朽名著者，此书而外，似无第二部。"这是说的中国作品胜过外国作品的例子。再如，书中在评述明人沈鲸的剧作《分鞋记》时，指出其故事本自《辍耕录》，为汉人被掳作奴婢的最沉痛的故事的代表，如果写得好，可以成为斯陀夫人(H. B. Stowe)《黑奴吁天录》的同类；可惜作者写得太残酷，无人性，竟污损了整个悱恻凄惨的故事情节。这是中国作品不如外国作品的例子。

书中也作了一些影响研究，主要是印度文学对中国文学的影响。《绪论》中认为，中国文学受印度文学的"恩赐"是很深的，如同俄国文学之深受英、法、德浪漫文学的影响一样，其重要性实过于我们所自知。书中把整个"中世文学"的千余年称作"印度文学和中国文学结婚的时代"。① 并认为许多伟大的新文体，如变文、诸宫调等等，都是因受印度文学的影响而产生出来的；而在思想上、

① 关于这一提法是否妥当等，本书下面将论述。

题材上受到的影响也很大。例如，书中谈到在东晋干宝《搜神记》里，已开始出现印度的影响，像所述天竺巫人"有数术，能断舌复续，吐火"者便是。南朝梁·吴均的《续齐谐记》中"鹅笼书生"故事，其来历也是印度的，但已将外来的故事改穿上中国的衣服了。六朝更有不少关于天堂地狱、因果报应的故事集，如刘义庆《宣验记》、王琰《冥祥记》、颜之推《集灵记》、《冤魂志》、侯白《旌异记》等，书中认为不少是从印度故事改头换面而来的。唐初由于出版了《大唐西域记》，更无意中将许多印度传说转变而为中土的典宝，书中举例指出唐段成式《酉阳杂俎》中关于中岳道士炼丹为人所破的故事，即出于《西域记》；而后李复言《玄怪续录》中的《杜子春传》、裴铏《传奇》中的《韦自东传》等，也都是上述故事的改写。郑振铎还认为，这同著名的《魔鬼的二十五故事》中的那位徒劳无功的国王的故事，有些异国同调的情趣之感。他指出："像这样的外来资料，如果肯仔细的抓寻起来，在唐人传奇里恐怕还有不少。"以上他举出的例子，有的是鲁迅等人研究的成果，有的则是他自己"抓寻"的结果。此书的有关论述，不仅大致勾勒了印度文学对我国文学的影响，而且对这种"渊源学"的研究方法提供了实例与线索。

在《文学大纲》中，郑振铎就作了文体比较学的"缺类研究"，认为中国戏曲的发展极为迟缓。在此书中，他更提出一个大胆的见解（或假设）：中国戏曲是从印度输入的。[①] 他推测，最初的戏曲当系作为酬神之用，从海上输入中国东南沿海的，并引天台山国清寺新发现的梵文写本《沙恭达罗》为旁证。他还比较研究了中印戏曲

① 他并认为印度戏曲至少受有希腊戏曲的感应。当亚历山大东征时，希腊文化是很流行于印度北部的，故其演戏的艺术很容易地输入到印度去；而中国与印度山海阻隔，戏剧艺术传入较难，所以他认为这也是中国戏曲后起的原因之一。

在体裁、组织上的五个共同点，并举出在题材上的奇巧可喜的相同处。后者包括《赵贞女蔡二郎》、《王魁负桂英》、《张协状元》等与《沙恭达罗》，《王焕》、《西厢记》与《沙恭达罗》，《陈巡检梅岭失妻》与《拉马耶那》等的情节比较。不管他得出的结论是否正确，他的这种研究方法在当时是十分新鲜、十分启发人的。（笔者对这一问题的看法，下面将谈及。）书中还曾提到："印度文学和僧侣们的讲演，本来富有寓言；很奇怪的，却在中国文坛得不到相当的反响。许多《佛本生经》里的妙譬巧喻，一部分无声无息的沉沦了，一部分却变成了死板板的传奇文。"而中国寓言直到明代嘉、隆后才得到复兴。他提出的这一问题，也很令人深思。这一比较方法，则略近于西方的"誉舆学"。

以上分五个方面谈了此书比较突出的几个特点，都是高于当时一般的文学史著述的。因此，此书问世后即受到热烈的好评。例如，一九三二年十月北平图书馆《读书月刊》就载文推荐，肯定"这不能不说是中国文化界和史学界上很大的贡献"，并认为此书既是历史的，又是批评的，读了此书不但中国文学的源流变迁可以知道得比较详细，而且对于各家的文艺的研究也可得相当的门径。文章还认为此书是最适宜于教学和普通阅读的书。赵景深在一九三四年为《我与文学》一书写的文章中，也称赞此书材料新颖广博，叙述美丽流畅，尤其在小说、戏曲等方面论述了别人从来未曾见过的作品。一九三五年，《人间世》杂志在学术界与读书界发起推荐"五十年来百部佳作"，著名作家、学者叶圣陶、夏丏尊、赵景深、陆侃如、冯沅君、章锡琛、王伯祥、徐调孚、周一鸿等人，都热情地推荐了此书。周一鸿指出："以前的文学史只注意正统的文学。这书于变文、戏剧和宝卷，叙述最详，是最大的特点。附了许多插图，在中国文学史中还是创举。量的方面,也推第一。"[1]日本著名学者长泽规矩也,则在一九三三年三月日本《书志学》杂志上介绍了此书,赞扬郑振铎特别对中国戏曲、小说有研究;他认为王国维对此也有成就,但王氏终究未脱儒家见解,而郑振铎完全摆脱了旧套。长泽氏还认为,日本汉学家写的中国文学史,与此书不可同日而语,差远了。据了解,直至今日,很多国家的中国文学研究者还都把此书作为入门的向导与必读书籍。

但此书问世后,也曾受到酷评。当时的燕京大学学生吴世昌,是唯一公开撰文全盘否认此书的一个。他先是在一九三三年三月的《新月》杂志上,发表一文批评此书的第二册,其中谈了关于变文产生年代、词的起源、对唐诗的评价等问题上的不同意见。这本来是可以商榷的学术问题,但当时吴氏的态度、用词等却轻浮得惊人。例如,郑振铎书中提到唐代李群玉的诗"风格如温李而略为明畅"(按,后来刘大杰的《中国文学发展史》中亦有相同看法),吴氏表示"不免令人要大惊小怪"。"大惊小怪"也就罢了;而吴氏却进而又说:"因为翻到李群玉诗,使我对于郑先生书中的史实的真确,根本怀疑。……我本来对于这本书的最低限度的信仰——本书至少可为中学生作参考书翻一下的信仰——至此已不得不根本动摇。"这真是典型的"攻其一点,不及其余"(且不论这一点攻得对不对),失去了起码的学术态度。最后,吴氏竟教训起郑振铎,说他根本就没资格写此书。当时"皆非素识,绝无偏袒之见"的何如(陈子展),就撰文指出:"吴先生为文态度,似在陵轹他人,轶出讨论学理范围。"(《一场变文官司》)对此,郑振铎写了一封信给《新月》编辑

① 有不少文章都对此书的插图予以好评。这当然也是此书特色之一。这里因着重论述其文学研究,故对此未作评论。另,《文学大纲》和《中国文学史》(中世卷第三篇上)二书也有插图。

(载六月该刊),就学术问题略作答辩,“其余的空话,实在没有工夫去一一的分辨”,显示了泱泱风度。可是,吴氏非但不接受陈子展的批评,却又在《申报·自由谈》上发表一封信,说什么郑振铎声辩的五点,“其中只有最后一点的半点有理由(而这最后一点在拙文中是最不重要的一点的五分之一)”,并无中生有地说这最后一点“据说是请某教授代作的”云云。翌年三月,吴氏又在《图书评论》杂志上发表两篇批评此书的长文,其中虽也有挑对差错的地方(郑振铎后来再版时即改正之);但也不少胡批,如对六朝书简文,郑振铎书中明明十分重视(本书前面也引用过其文),吴氏却说被遗弃了。但吴氏文中总算承认了:“平心而论,郑先生这部巨著在中国文学史中,以言赡博——特别是近代部分——可说是无与伦比。”[①]以上所以不惜用如许篇幅谈及吴氏的酷评,是因为我觉得此事不应被隐瞒,而可作后人戒。

此书到一九五八年,再次被全盘否定,而且更主要是从思想理论的角度。批判文章认为,此书是反马克思主义、反科学的,作者是“一面白色大旗”等等。[②] 这些极“左”的论调,断章取义的批判,无限的“上纲上线”等,当然我们今天皆知其非,不必一一去批驳了。[③] 另外,谭丕模在一九四七年也对此书作过一些批评,我们留

---

① 吴氏在这时在态度上略有变化,我认为当是与郑振铎的泱泱大度有关的。即使在吴氏无理贬斥他时,他仍在学术上帮助吴氏。详见本书第四章第四节。

② 文载 1958 年人民文学出版社版《文学研究与批判专刊》第 4 辑,和《文学研究》第 3 期等。

③ 当时对郑振铎的“批判”是错误的,但批判文章中有个别地方还算“歪打正着”,可以参考。例如,对此书中有关中印文学关系的看法的批判,郑振铎生前自己就表示接受意见。当然,批判文章说郑振铎是“宣传世界主义”,“为帝国主义的文化侵略服务”等等,则完全是胡说八道。

待下面再说。

这里,还想谈谈鲁迅关于此书的一些议论。首先应该指出,鲁迅生前没有发表过文章,主要是在私人信件中谈及,在当时本未造成影响。但鲁迅信中的有些话在一九五八年"批判"郑振铎时被人引为根据,今天也常为人引用,而且又比较尖锐,所以我们这里就不应讳避了。鲁迅于一九三二年十一月底,特地托许广平去开明书店预定此书(后郑振铎赠送一部给鲁迅),在此之前,八月十五日他在写给台静农的信中说的一段话,历来受到人们的重视:

> 郑君治学,盖用胡适之法,往往恃孤本秘笈,为惊人之具,此实足以炫耀人目,其为学子所珍赏,宜也。我法稍不同,凡所泛览,皆通行之本,易得之书,故遂孑然于学林之外……郑君所作《中国文学史》,顷已在上海豫约出版,我曾于《小说月报》上见其关于小说者数章,诚哉滔滔不已,然此乃文学史资料长编,非"史"也。但倘有具史识者,资以为史,亦可用耳。

这里涉及两个问题,一个是郑振铎的治学方法,一个是郑振铎此书的价值。

关于第一个问题,首先要指出,这里说的"用胡适之法"仅指"往往恃孤本秘笈"一点,并没说郑振铎的整个治学方法全同于胡适。后来的"批判"文章往往扩大这一点,是错误的。再说,郑振铎在治学中是否"往往恃孤本秘笈,为惊人之具"呢?这只能让事实来检验。他的代表著作《文学大纲》与《插图本中国文学史》的每一章后,都附有详尽的"参考书目"。前一书的中国文学部分的参考书目计有三百几十条,极大多数都是铅印本、石印本、流行的坊刻本、丛书本以及影印本。可以说和鲁迅一样,"皆通行之本,易得之书”，所谓“孤本秘笈”几乎没有。[①] 后一书的参考书目约有五百来条，另外还在该书页注中提及数百种诗文集，其情况也与《文学大纲》相同。而且，正如该书《例言》中说的，每于所论述的某书之下注明有若干种的不同版本，以便读者的访求；至于难得的珍籍，也并以所知者注明其收藏处。所谓“难得的珍籍”，只是极少几本戏曲、小说，以及诸宫调之类。注明其收藏处，是不得已而如此，并无炫耀之意，何况后者大多为当时一般学者所蔑视的民间讲唱文学，郑振铎把它们视作“珍籍”，正是抬高民间文学、通俗文学的地位，是无可非议的。

郑振铎在版本方面的观点是一贯的。早在一九二三年他撰写的《关于诗经研究的重要书籍介绍》中，就指出介绍研究用书，一是须“比较重要”，其次是“有很易得到的刊本”。在一九二四年发表的《中国文学研究的重要书籍介绍》中，又强调以“最好的、最易购的”，或“最有影响、最为伟大并有易得的单行本者”为推荐的条件；并明确地指出：“我们非‘为藏书而藏书’的藏书家，非以书为玩物的，只求实用，不求珍贵；所以不必购什么宋版元钞，只要购最完备的最无错误的校刻本。”郑振铎也重视孤本珍籍，但出发点仍在于研究的需要。而鲁迅也是这样的，他的《中国小说史略》后记中就指出“初刻多有序跋，可借知成书年代及其撰人”，并感慨于“旧本”之“希觏”。可见，郑振铎与鲁迅在这

① 只有极少几种，如戏曲《元明杂剧二十七种》，注明“此书未有翻印本，今藏江南图书馆”；《六十种曲》，注明“全书字迹完全而清晰的极不易得”等等；还有，如小说“三言二拍”、《西湖二集》等，注明有坊刻本，但不易得。而这些只是实事求是的说明，毫无哗众取宠之意。其中有关小说的那几本，鲁迅在《中国小说史略》中亦说明“印本今颇难觏”，而《西湖二集》一书还是鲁迅送给郑振铎的。

方面的见解与治学方法是完全一致的。我认为鲁迅在上引信中所说有误会。鲁迅所以会产生误会，我想可能是因郑振铎在出书之前发表的预告中强调了此书在材料上大有刷新，特别是在例言中强调了此书的插图十分“珍秘”，“其中大部分胥为世人所未见的孤本”、“不常见的珍籍”中采撷来的，这样的宣传可能引起了鲁迅的反感。但这并不是吹牛，郑振铎确实有搜集发掘之功。后来，鲁迅对郑振铎从“孤本秘笈”中发掘古代版画的做法是十分赞赏与支持的。

关于第二个问题，鲁迅强调写文学史不能写成“史料长编”（当然他肯定这也有用），而必须具有“史识”，这无疑非常正确，非常深刻。然而他这里具体所指的，也有误会的地方。他说，“我曾于《小说月报》上见其关于小说者数章”，但如本书前面所说，郑振铎在《小说月报》上只发表过《中国文学史》的中世卷中的五篇及近代卷中的一篇半，内容却均与小说无关。新版《鲁迅全集》的注释正确地指出，鲁迅这里指的是郑振铎在《小说月报》上发表的《〈水浒传〉的演化》、《〈三国志演义〉的演化》、《明清二代的平话集》等文。这几篇文章的字数分别在四万、五万、八万以上，难怪鲁迅要说“诚哉滔滔不已”。但是，这几篇文章确实可视作郑振铎为写文学史而作的“史料长编”，却并不是该书中的“数章”。郑振铎在《插图本中国文学史》中的《话本的产生》、《讲史与英雄传奇》等章中，也都是在注释中把这几篇文章作为参考资料的。可见，鲁迅这句话从根本上说不能视作对郑振铎此书的评价。如果说，鲁迅因为当时没有读到原书而有误会是可以原谅的话，那么，后人借这句话来贬低郑振铎此书就太无道理了。鲁迅后来在一九三三年二月致曹靖华的信中推荐了五种文学史著作，其中便有郑振铎此书。[①] 可见，他对此书还是很器重的。

最近，我又偶然读到一九八七年八月日本岩波书店出版的《文学》月刊上，刊有饭仓照平、木山英雄记录的与松枝茂夫的漫谈。其中提到，大约在一九三六年，松枝氏曾听到郭沫若对郑振铎此书的评论，认为此书最多只达到中学二年级的程度云云。我怀疑是松枝氏听错了，或者是郭沫若在转述吴世昌的话吧？不管是何人所说，这样的评价，其荒谬是显而易见的。

当然，金无足赤，我们也可以谈谈此书的不足之处。我认为主要有这样几点。第一，全书未能写完，尚有二十来章，以及《年表》、《索引》等，约二十万字未写出，遂使金瓯永缺，令读者长怀遗憾。[②] 第二，书中已有一点初步的唯物史观，但总的说来，还不是自觉地以马列主义为指导思想撰写的。作者新中国成立后也承认这一点。谭丕模在一九四七年修订再版的《中国文学史纲》的《绪言》中，曾批评此书对于科学的历史观念尚欠清晰，在《绪论》中的某些提法也不够准确。[③] 第三，书中论述了印度文学对中国文学的影响，但略有过分夸大之病。例如，书中认为中世文学是“印度文学和中国文学结婚的时代”，很多新文体都是这一“结婚”产出的“宁馨儿”，这一说法不够妥当。中国文学是在中国本土的社会经济基

---

① 另外几种是谢无量的《中国大文学史》，陆侃如、冯沅君的《中国诗史》，王国维的《宋元戏曲考》，及鲁迅自己的《中国小说史略》。鲁迅在信中还说：“但这些都不过可看材料，见解却都是不正确的。”这是泛论，同时也是从高标准而言的（包括对自己的著作）。

② 但作者另有一些论文，如《鸦片战争后的中国文学》、《清末翻译小说对新文学的影响》等，以及《中国俗文学史》中的部分章节，可以视作此书的补充。

③ 郑振铎在新中国成立后再版此书时，对《绪论》曾作了一定的修改。

础上生长起来的，印度文学确实对中国文学影响很大，但它却不可能与中国文学平等地“结婚”，新的文体也不能说是这种“结婚”之后的“宁馨儿”。[①] 书中认为戏剧是从印度输入的，并举出中印戏剧的“五个同点”以及交往的线索，这作为探讨是可以的，如作为定论则还欠说服力。正如判断两个人是否具有血缘关系，不能仅凭其容貌的近似以及来往的踪迹，而必须查出各自可靠的世系家谱，或检查 DNA。经过半个多世纪文学史家（包括郑振铎在内）的共同探索，中国戏剧从萌芽到成熟的世系家谱已大致显现，但仍不完备。现在，学术界赞同“输入说”的人不多，但一般都同意备此一说。（《中国大百科全书》即这样处理。）许地山在郑振铎大力帮助下写成的论文《梵剧体例及其在汉剧上底点点滴滴》的某些提法较易为人接受，因为即如其题目所示，印度的影响只能是点滴涓流，不可能成为我国戏剧的根本源泉。第四，书中强调了变文对后世文学的影响，但也时有夸大之病。（这是与上一条有关联的。）如认为宋元间产生的话本、弹词等等，都是变文“孳生”出来的“子孙”。其实，我国民间讲唱文学源远流长，《荀子》的《成相篇》就已采用民间唱词形式，四川成都天回山还曾出土过汉代的说唱俑等，[②]而这些都比变文的出现要早得多。因此，变文确实对后来的文学作品产生过影响，但却不能太夸大。这一点，郑振铎在晚年也诚恳地检查了，认为“变文可能倒是受寺院以外的影响”。（《最后一次讲话》）

郑振铎此书出版以后，在二十世纪三四十年代又出现了很多

① 这句话在 1958 年被重点批判，但批判者将它与胡适的思想联系在一起，却不免生硬粗暴。我认为这是从梁启超那里来的。1924 年梁启超在《印度与中国文化之亲属的关系》中，即把音乐、绘画等说成是“中印结婚产生的‘宁馨儿’”。

② 此俑一般被称为“说书俑”，今从董每戡说，改称“说唱俑”。

中国文学史书。比较著名的就有陈子展《中国文学史讲话》、谭丕模《中国文学史纲》、林之棠《新著中国文学史》、张振镛《中国文学史分论》、刘大杰《中国文学发展史》、刘永济《十四朝文学要略》、林庚《中国文学史》等,以及郭绍虞、罗根泽、朱东润各人的中国文学批评史、钱基博的中国近代文学史、阿英的晚清小说史等等。这些著作各有特色,在一些具体的方面有新的进展;但从整体上看,能够超过郑振铎此书的很少见。从规模和字数上看,则还没有一本超过此书。因此,李健吾盛誉郑振铎此书是"划时代的造诣"(《忆西谛》)。在相当长的一个时期内,此书作为中国文学史最优秀的著作,乃是无可争议的。郑振铎在此书《自序》的最后说:"这或将是一部在不被摒弃之列的'爝火'罢",是的,真如《庄子》中说的"日月出矣而爝火不息",它是至今还放射着光芒的著作![①] 而郑振铎提出的将来要写出一部更详细更正确的中国文学史的遗愿,则是应该由后人共同努力来完成的!

《中国俗文学史》

——一部迄今难被超越的广义的民间文学史

一九三八年八月,商务印书馆又出版了郑振铎的《中国俗文学史》,约三十七万字。这是一本命运寂寞的书,因为出版之际中国半壁江山战火弥漫,书是在长沙出版的;既无前言后跋,也未附有插图(这在郑振铎的书里是很罕见的现象);兵荒马乱之际,报刊上的评论也不多。直到一九五四年,才由作家出版社根据原纸型再

---

① 1957 年作家出版社、1982 年人民文学出版社、1999 年北京出版社、2005 年上海世纪出版集团等,都作了再版。另,据悉台湾的明伦出版社也在 1969 年再版了此书,大概又是删去或改了著者的名字的吧?

版(作者仅修订了个别错字);而又过四年,此书便遭到了激烈的"批判",从此很长时期内便被打入了冷宫。

但此书也是郑振铎的重要著作之一。第一章内提到:

> 著者在十五六年来,最注意于关于俗文学的资料的收集。在作品一方面,于戏曲、小说之外,复努力于收罗宝卷、弹词、鼓词以及元、明、清的散曲集;对于流行于今日的单刊小册的小唱本,小剧本等等,也曾费了很多的力量去访集。"一二八"的上海战事,几把所有的小唱本、小剧本以及弹词、鼓词等毁失一空。四五年来,在北平复获得了这一类的书籍不少。壮年精力,半殚于此。①

于此可见其准备之长久与艰辛。通过书中透露的若干线索考证分析,我认为此书至少在一九三四年郑振铎在北平任教期间即已开始写作了,而完成则大约在一九三六年底。理由如下:书中第三、第五章所附"参考书目"中都有《插图本中国文学史》,并注明北平朴社初版,上海商务印书馆再版;但是,事实上商务印书馆未曾再版过,而其再版预告则确曾刊于一九三四年六月一日的《文学》月刊上。于此可证此书必开始写于是年。(书中至第九章又提及《插图本中国文学史》,则仅注朴社版了。)书中《变文》一章提到一九三六年八月二十七日的《大公报·图书副刊》,说明完成时间必在其后。而第十二章(最后第三章)《弹词》所附"参考书目",提及阿英的杂论集《海市集》,而未及阿英的专著《弹词小说评考》。专著自然比杂论重要,此处未提,正足见后一书尚未问世。而前一书

① 郑振铎在《一九三三年的古籍发见》一文中就提到,1933年夏,他曾与许地山、孙伏园等人同去北平前门外老二酉堂书店搜寻到鼓词小说不下四百册。

出版于一九三六年十一月，后一书出版于一九三七年二月，均是上海出版，当时阿英与郑振铎交往又极密切，于此可以大致推知郑振铎此书完成的时间。

关于此书的这一写作时间的确定，是重要的。这不仅是因为迄今从未有人(包括郑振铎自己)说过这一时间，更因为由此可以知道此书是在《插图本中国文学史》出版后的一年之内就开始撰写的，这就决定了其观点、见解不会有大的改变；又由此可知此书完成后过了一年多，因商务印书馆欲编印《中国文化史丛书》才交予出版的，表明郑振铎原不急于发表，可能打算再作修订，但因所搜集的俗文学资料和此书手稿又面临被炮火毁灭的危险，所以就让它问世了。

什么是“俗文学”？书中一开头就作了解释：

> “俗文学”就是通俗的文学，就是民间的文学，也就是大众的文学。换一句话，所谓俗文学就是不登大雅之堂，不为学士大夫所重视，而流行于民间，成为大众所嗜好，所喜悦的东西。

这里，郑振铎把俗文学(通俗文学)与民间文学、大众文学等作为相等的概念而并提。以我们今天的眼光看，这几个概念有很多共同处，存在着密切的交叉关系，但并不完全重合。当今学术界对于这些概念，还有不尽相同的看法。钟敬文在新中国成立之际就指出：

> “民间文艺”这个名词，用法上颇有广狭的不同。有的人拿它去专指那些产生和流传在广大的劳动人民中间的口传文学兼及他们的绘画、舞蹈、扮演等；但也有人把城市中所创作和流行的唱本、通俗小说、小调和戏剧等也包括进去。这里所指出的两种文艺，自然多少有相通的地方；可是在性质、形态

和社会意义上是颇有明显的区别的。(《关心民间文艺的朋友们集合起来》)

由此可见,比较严格的狭义的民间文学,指的"主要是劳动群众的口头创作"(高尔基语);而郑振铎所说的"俗文学",包括前者,但其包罗更广,也包含那些"市民文学"(瞿秋白语)和抄本、刻本的通俗作品。因此,后者显然就是钟敬文指出的广义的民间文学,即与"庙堂文学"、"正统文学"、"雅文学"等相对立意义上的民间文学。如同郑振铎对"比较文学"等其他许多文学范畴的理解都带有开放性的特点一样,他对"民间文学"的理解亦复如此。

我认为,郑振铎这样的理解具有历史的合理性。本来,他提出"俗文学"这个概念,目的就是为了破除旧的文学观念,发掘被"正统文学"所长期排斥的一大批文学瑰宝,更全面地研究整个文学史。从这个目的出发,在肯定劳动人民的口头创作的前提下,这样开放一点很有必要,尤其在刚开始从事这一研究的时候。因此,一九五八年的"批判"者,抓住名词概念上的问题大做文章,是没有什么道理的。正如鲁迅在一九三四年指出的,有些"俗"的作品,"虽未必是真正的生产者的艺术,但和高等有闲者的艺术对立,是无疑的",因此,"注意于大众的艺术家,来注意于这些东西,大约也未必错。"(《"论旧形式的采用"》)而且,郑振铎在此书开卷即写道:"中国的'俗文学'包括的范围很广。因为正统的文学的范围太狭小了,于是'俗文学'的地盘便愈显其大。"那么,在今天对于研究者来说,自然更没有必要再将这"地盘"人为地缩小了。在郑振铎看来,俗文学应该包括部分与劳动群众有着密切关系的生活在底层的知识分子所写的为士大夫所鄙视的通俗创作,这些创作有不少取材于民众的口头;还应包括那些上升为"正统文学"之前的流传在民间的新文体，如诗、词、曲、话本等等。今天，随着“民俗学”、“社会学”等都重新成为我国社会科学的正式学科而获得承认，那么，“俗文学”也就不能像过去有一段时期那样被贬为“不科学”的了。

郑振铎此书是我国较早的一本俗文学史（作者在此书“目次”中说明“除小说戏曲外”），也是有文学史书以来很少的这类书中最突出的一本。前于此书，我只见到一九三四年上海群众图书公司出版过一本洪亮的《中国民俗文学史略》。此书涉及的范围比较广，从古代至民国，从小说、戏曲到歌谣、谜语，但字数仅七、八万字。作者着重参考的正是郑振铎当时已发表的成果，在书末所附“参考书目”中，便首举《插图本中国文学史》以及郑振铎主编的《小说月报》中国文学研究专号、《文学季刊》创刊号等。同时，作者在“结论”中诚恳地说：“因缺少参考的书籍，所以对于取材不免有错误和遗漏之处。还祈关心者负些责任，来完成一本伟大的最丰富的中国民俗文学史，这就是编者唯一的希望。”由于此书分量太轻，材料与观点都无自己的特色，所以影响甚小，几不为人所知。后于郑振铎此书，一直要到一九五八年底，才有人民文学出版社出版的北京师范大学中文系集体编写的《中国民间文学史》初稿二册。此书中的“导言”，花了五、六万字的篇幅来“批判”郑振铎的《中国俗文学史》，在正文中也不时有批他的文字。该书极端强调“阶级斗争”，把民间文学完全视为阶级斗争的工具，在具体论述中不科学的地方也随处可见。书中又把前辈专家和进步学者（郑振铎、钟敬文等）统统打成“资产阶级学者”。可见，此书是当年极“左”的“大批判”的产物，具有致命的缺点。同时，此书又是“大跃进”的产物，动员了百余人参加，只花一个月就写出了五十余万字。因此，它问世以后很少有人问津。[①] 自然,此书是决不能与郑振铎的《中国俗文学史》相比的。[②]

郑振铎此书出版后,即有读者指出:"这一部著作,起自先秦,下迄清末,从大体说来,确是关于中国俗文学的非常完善的本子,尤其是许多参考书,为平常所不易搜求的,所以,材料丰富,引证广博。"(曾迭《关于〈中国俗文学史〉之"弹词"部分的讨论》)。赵景深则进一步指出:此书"不特搜罗宏富,见解也是卓特的"(赵景深《〈中国俗文学史〉》)。关于此书的成就,我认为主要有如下几个方面。

首先是填补了空白。

这一填补体现在中国学术史上,如前所说,虽然它不能说是"空前绝后"的著作,但无论如何是最扎实、最有价值的一本中国俗文学史,而且很久以后也没有一本同类著作可以替代它。我们知道,我国科学的民间文学研究起步于"五四"前后,从那时开始征集民歌,创刊《歌谣》周刊,编选各种民歌集、故事集等等;但是,一直至一九三〇年代,大部分研究者的注意力都在当代民间文学,较少有人像郑振铎那样着眼于整个俗文学史的。而如果没有历史的参照与借鉴,当代民间文学的研究也难以深入与突破。因此,此书的问世对于这一学科的建设自然有重大的意义。郑振铎在第一章里说,此书所述"以著者自藏的为主,而间及其他各公私所藏的重要

---

① 当然,该书利用了以前和当时很多研究者(包括郑振铎、钟敬文等)的成果,所搜集和提及的资料还是比较丰富的,可以为研究者作参考。另外,在个别观点上,有时也有可取之处。可参阅赵景深在当时写的书评。

② 直到近年,才出版了王文宝的《中国俗文学发展史》(1997),祁连休、程蔷的《中华民间文学史》(1999),高有鹏的《插图本中国民间文学史》(2001)等。

者”，“许多的记述，往往都为第一次所触手的，可依据的资料太少；特别关于作家的，几乎非件件要自己去掘发，去发现不可。”这一方面说明了郑振铎辛勤搜寻材料之全面，竟然可以基本据一己所藏的史料来写一部文学史；另一方面也说明了该书确实具有无所依傍的开拓的性质。因此，此书即使从资料建设上来说，也具有重要意义。上引赵景深的文章也指出，此书不仅从《诗经》、《楚辞》、汉魏六朝乐府等古书中鉴别辑录出民间制作的部分，而且六朝民歌一章搜罗甚全，夹叙夹议，极便读者，“有此一章，便可不必翻检浩繁的乐府诗集了”。而这一章以下，“是最精彩的，因为著者提供给我们所不曾见过的。这些都是作者自己用重价买来的，现在都毫不吝惜地公开给读者来共同研讨了。”

此书的填补空白的意义，还体现在郑振铎自己的著作事业中，前已提及，他的那本《插图本中国文学史》没有写完，其未完成部分中包括十分重要的关于宝卷、弹词、鼓词、明清民歌及其搜集与拟作等章节，而本书下册的第十章以下五章，恰可弥补上述的缺憾。

其次是提出了一些理论。

正如著者所说：“惟因评断和讲述多半是第一次的，故往往也有些比较新鲜的刺激和见解。”例如，关于俗文学在文学发展史上的地位，书中认为它“不仅成了中国文学史的主要成分，且也成了中国文学史的中心”。这是因为，第一，中国向来的“正统文学”范围很狭小，只限于诗和散文，所以，中国文学史的主要篇章便不能不为“俗文学”所占领。在过去，小说、戏曲、民歌等，都被封建士大夫目为不登大雅之堂的东西，但任何一国的文学史却都是以这些作品为中心的。第二，所谓“正统文学”的发展，本是同俗文学的发展息息相关，很多“正统文学”的文体都是由俗文学“升格”而成。

像《诗经》,其中大部分原来就是民歌。五言诗、乐府、词、曲、诸宫调等等,也都是从民间产生出来的。可见,郑振铎正是从总的中国文学史(包括“正统文学”)发展的角度来指出俗文学的重要作用与地位的,并不是认为除俗文学外就没有优秀作品了,也没有否认优秀的文人创作在文学史上的地位。他的这一提法,不仅极大地提高了俗文学(民间文学)的地位,在当时有很大的进步意义,而且也是符合事实的。[①] 他认为,俗文学中有时“三五篇作品,往往是比之千百部的诗集、文集更足以看出时代的精神和社会的生活来的。它们是比之无量数的诗集、文集、更有生命的。”他强调指出:这些作品“产生于大众之中,为大众而作,表现着中国过去最大多数的人民的痛苦和呼吁,欢愉和烦闷,恋爱的享受和别离的愁叹,生活的压迫的反响,以及对于政治黑暗的抗争,它们表现着另一个社会,另一种人生,另一方面的中国,和正统文学,贵族文学,为帝王所养活着的许多文人们所写作的东西里所表现的不同。只有在这里,才能看出真正的中国人民的发展、生活和情绪。中国妇女们的心情,也只有在这里才能大胆的、称心的不伪饰的倾吐着。”他高度

---

① 这里,附带谈谈郑振铎的这一观点与后来一九四〇年代初向林冰等人提出的“民间文学形式为民族文学形式的中心源泉”的区别。第一,向林冰对于民间文艺采取几乎全盘肯定的态度;而郑振铎则是有肯定,也有否定,是一种分析的辩证的态度(详见本书下文所论),同时他对文人创作也不绝对否认。第二,向林冰的观点,是针对当时的文学创作而发,要求作家以民间形式作为创作的“中心源泉”;而郑振铎则是对以往几千年文学史的总结,要求研究者认识到俗文学实际占据着文学史(请不要忽略这个“史”字)的中心地位。第三,向林冰主要反对“五四”以后新文学的“欧化”、“西化”、“脱离群众”等等;郑振铎则主要是反对封建文人和旧文学观忽视、否认民间文学的地位。因此两者是风马牛不相及的。至于新中国成立后有人提出所谓“民间文学中心论”,借口提倡民间文学,轻视和打击知识分子和广大作家,反对学习外国文学和新的艺术手法等,那更是错误的,也是与郑振铎的观点无关的。

肯定了这些作品，是完全正确的。

又如，关于俗文学的特质，书中指出有六点：一是大众的，生于民间，为民众而写作，为民众所喜欢，故亦谓之平民文学；二是无名的集体的创作，不时被许多人发挥与润改，很难知道原作者与确凿的产生年月；三是口传的，流动性的，随时可能改样，到被写下来时方有定形；四是新鲜的，但又常是粗鄙的，有的地方描述很深刻，有的地方便不免粗糙；五是想象力往往很奔放，气魄往往很伟大；六是勇于引进新的东西，包括外来的事物，外来的文体。这样的分析，也是比较符合实际和科学的，指出了俗文学和民间文学的集体性、口头性、变异性、传承性等特点。特别是，郑振铎还指出："'俗文学'有她的许多好处，也有许多缺点，更不是像一班人所想象的，'俗文学'是至高无上的东西，无一而非杰作，也不是像另一班人所想象的，'俗文学'是要不得的东西，是一无可取的。"例如，他在分析明清时代的民歌时，即指出其中"有很粗野的东西，但也有极真诚的作品；有极无聊的辞语，也有极隽永的篇章"。他的这一看法是辩证的，不仅是俗文学，同样也适用于严格意义上的民间文学。（自然，后者的消极面要少一点。）以前的封建文人，主要是属于后一班人，认为这些是一无可取的；而新中国成立后有一些人，则主要犯了前一班人的错误，认为无一而非杰作。郑振铎指出，俗文学也有种种缺点，"许多民间的习惯与传统的观念，往往是极顽强的粘附于其中"，"有的时候，比之正统文学更要封建的，更要表示民众的保守性些。"这句话，与前面对俗文学的高度评价并不矛盾，而是清醒地指出了客观存在的另一方面事实而已。这也是符合马克思主义所指出的"任何时代的思想都是统治阶级的思想"的道理。而且，文中有"有的时候"的限制语，并非说所有俗文学都比正统文学还封建。一九五八年的“批判”文章抓住这句话大事讨伐，其实是不对的；而不加分析地绝对地肯定民间文学的反封建性，实际上倒是掩护了封建主义。

再如，关于俗文学的分类，书中从文体上将它分为五大类：一、“诗歌”，包括民歌、民谣、初期的词曲等等，从《诗经》中的一部分民歌直至清代的《粤风》、《粤讴》、《白雪遗音》等等都包括在内了。二、“小说”，专指“话本”，包括短篇的说话与长篇的讲史等。三、“戏曲”，包括初期戏文（传奇）、杂剧、地方戏等。四、“讲唱文学”，包括变文、诸宫调、宝卷、弹词、鼓词等。五、“游戏文章”，这作为不很重要的“附庸”。这一分类，在当时来说，还是比较先进的。例如，杨荫深在一九三〇年代出版的《中国民间文学概说》论及“民间文学的分类”时，只有“故事”、“歌谣”、“唱本”三类。当然，以今天的眼光来看，郑振铎当时这样的分类还有可议之处，例如，他没有明确指出古代神话、民间故事、笑话、谚语、寓言、谜语等等归于哪一类。而这些，显然也是不可遗漏的。

另外，关于俗文学发展史的论述，他认为必须实事求是，有一部分俗文学因为久已散佚，其内容就未便悬断；但他力求在可能的范围内讲述得“比较的有系统，尤其注意到各种俗文学的文体的演变与其所受的影响”。在论述各文体的演变时，他认为只需着重讲述其初期的发展，而当它已成为文人学士的东西时则不复置论（后者应由一般的中国文学史去论述）。他认为对一些易得的材料可以讲得少一点，反之则应较详，为的是方便研究者与读者。这与那种“恃孤本秘笈为惊人之具”者完全不同。他还认为应该做到“大胆”与“谨慎”相结合，他说有些论述尽管多半是自己久蓄未发之语，但也仍难免有粗率之处，好在“这只是第一次的讲述，将来是不怕没有人来修正的”。这种既勇于开拓创说，又欢迎批评指正的思想是十分可贵的。

再次是具体论述中颇富新见。

我们已知道，此书是紧接着《插图本中国文学史》而写作的，因此，其中有不少具体见解在前一书中已经发表过。这些见解当然也是“新见”，但我在前面已提过的，此外便不再谈。令人注意的是，尽管两书相隔没有几年，其中在个别问题的看法上却也有一些更新的见解了。例如，前一书中正确地指出《诗经》中乱世的悲歌与民间的恋歌乃是其“最动人的双璧”；而在本书中则进一步指出：“《诗经》里‘里巷之歌’近年一般人只知道‘桑间濮上’的恋歌；这一部分的民间恋歌自然不失其为最晶莹的珠玉。但尤其重要的还是民间的一些农歌，一些社饮、祷神、收获的歌。古代的整个农业社会的生活状态在那里都活泼泼的被表现出来。”他认为这些农歌“是最可珍贵的史料，同时也是不朽的名作”，“叹息着呼吁着，诉着自己的被剥削、被掠夺的苦闷”。这就比前一书中的分析更深了一层。再如，在论述“词”的兴起时，前一书中将“胡夷之曲”与“里巷之曲”并列作为它的源头；而在本书中则明确指出“词”是“从民间抬头”的，“在其间，也有许多是胡夷之曲”。显然，郑振铎更认为“里巷之曲”是最主要来源，“胡夷之曲”则退居第二位了。另外，书中仍体现了初步的唯物史观，如论述鼓词的发展时，就明确地指出“这种趋势是原于社会的和经济的原因的”。

书中也运用了比较文学的方法。例如，汉代的《十五从军征》描写主人公“十五从军征，八十始得归”，书中认为这是一首很悲痛的“社会诗”，而对于这类情绪，一般的文人作品往往便托之以仙佛的奇迹，即如美国欧文（W. Irving）的《睡乡记》也是如此，而此诗则"独具人间性,没有一点神怪的成分"。书中通过这样的平行比较,肯定了此诗高于《睡乡记》的独特的思想艺术性。(可笑的是,一九五八年的"批判"文章,连书中的意思也没看懂,就指责这一比较是"迷洋迷外","对我国古典文学加以一概否定"。)书中在分析敦煌所出唐代民间歌赋《韩朋赋》描写韩朋妻被迫告别阿婆外出寻夫的悲惨情景时,认为"其动人,在我们的文学里还不曾有过第二篇,恰好和印度剧圣卡里台莎(Kalidaso)的不朽之作《梭孔特娅》所写的梭孔特娅别了森林之居而去寻夫时的情景相同;其美丽的想象也不相上下。"从而对这个被埋没了千年的民间文学作品作了很高的评价。在评论同为敦煌所出的两篇《燕子赋》时,他把它们与伊索寓言和列那狐的故事相并提,并指出"《燕子赋》产生的背景,和《列那狐》有些相同,其讽刺的意味当然也相同。对于黑暗的中世纪的社会,在这里,我们可以略略得到些消息。人民不敢公然的对帝王、对卿相、对地方官吏、对土豪劣绅,报仇和指责,便只好隐隐约约的在寓言里咒骂着了。"这一比较与分析也是相当精彩的。书中也吸取了国外的情节类型比较研究方法。例如,认为民间董永行孝的故事是属于"鹅女郎型",和《罗汉格林》故事也是同一型的;不过后者是男的天使帮助了一个女郎,而董永故事则是天女帮助了孝子。到了敦煌发现的《董永行孝》叙事歌曲,则其中又加入了董仲觅母的情节,尤近于"鹅女郎"故事了。书中又认为《韩朋赋》最后关于复仇的情节,《舜子至孝变文》中关于舜子上亲娘坟的情节,都是属于"辛特里娅型"的。郑振铎不仅将有关作品与外国的著名类型相比较,而且还总结概括出中国民间故事的类型。例如,他认为韩朋(凭)妻的故事,就是"孟姜女型"的故事之一。并指出这类故事的流行,"可见出一般人对于荒淫之君王的愤怒的呼号”。

郑振铎自己认为，此书的写作“只是研究的开始，而尚不是结束的时代”，并希望将来能有机会加以修正。正因为此书是开拓性的著作，所以缺点与错误也是不可免的。据我看来，主要有这样一些：一是对印度文学的影响有过分夸大之处，对变文之类的宗教迷信的内容也未予以有力批判。（这是与《插图本中国文学史》相似的，前面已提过，此外不多说。）二是还有缺类，首先，书中说明因篇幅关系，“故把最重要的两个部门，即小说与戏曲，另成为专书，而这里只讲述到小说、戏曲之外的俗文学”；[①]而此外还遗漏了像古代神话、笑话、寓言等内容。三是若干论述的举例不当，如刘邦的《鸿鹄歌》、王褒的《僮约》等（这一点郑振铎在新中国成立后作过检讨）；有的地方又嫌材料堆积太多（这对研究者来说是有好处的），而议论较少。除这些外，还有郑振铎对于“俗文学”与“民间文学”（狭义）的界限有时分不太清。这即是他的一个特点，有时从某种角度来看又可说是一个缺点。他一生坚持对“民间文学”作广义性的理解，并成为我国民间文学研究界这一派观点的代表人物，[②]对此，本不应随便加以轩轾和否定；但他主要强调应该重视和搜集各地民间的抄本、刻本，直至新中国成立后还认为这是首先应做的

① 小说与戏曲两部分，已有鲁迅《中国小说史略》与王国维《宋元戏曲考》两书作了开拓性研究。因此，郑振铎《中国俗文学史》对这些阙而未论，从我国文学史研究整体来看则问题不大。在这里，我们也正可看出郑振铎此书的填补空白的意义。

② 另一派强调劳动人民的口头文学的代表人物是钟敬文。郑振铎曾风趣地说：“关于这一点，我跟钟敬文先生经常吵架。”（见《民间文学》1957 年第 5 期）他们经常就学术上的不同意见展开争论，而从不影响团结，老一辈学者的这种风范是很值得在今天发扬的。

事,“这就够我们忙一辈子的”,[①]而相对说来比较忽视口头文学的搜集、记录与整理工作,因此,书中缺少了像牛郎织女、梁山伯与祝英台、白蛇传这样著名的民间故事。(这当然与他个人的爱好搜集书籍等有关,也与他在旧中国的研究条件有关。)而且,钟敬文曾指出,俗文学与民间文学(狭义)“在性质、形态和社会意义上”是有区别的,而郑振铎似乎对此注意得不够。新中国成立后,郑振铎表示:“我过去重视书本上的,钟先生重视口头的,我们两人今后应该相辅相成,矛盾统一。”[②]这个认识,是十分正确的。

总之,尽管此书有一些不够的地方,但无疑是一部有价值的学术专著,所以一直深受学术界的重视。新中国成立后,曾多次再版。[③](台湾的商务印书馆到一九八〇年代止至少再版过七版,但却将著者名字改为“郑笃”。)郑振铎自己在一九五八年十月诚恳地(甚至是过头地)检查自己新中国成立前的学术思想时,仍然说:“《中国俗文学史》还自以为是有些进步思想的”。[④] 我认为,此书与王国维《宋元戏曲考》,鲁迅《中国小说史略》互为补充,鼎足为三,珠联璧合,均为研究中国文学史必读之基本典籍。

---

① 见《记民间文学在京专家座谈会》,《民间文学》1957年5月号。

② 见《记民间文学在京专家座谈会》。还应该指出,郑振铎也并非完全不重视口头的民间文学。例如,他在1929年3月就曾为陈穆如编的《岭东情歌集》作了一篇题为《研究民歌的两条大路》的序文。他认为,书面的与口头的,是研究民间文学的“两条大路”,两者不可偏废。而且,他认为从研究民俗、研究民间的原始心理与风尚的角度来说,“我们的目光便要专注于后者,而前者却要以并非原始的真实的民间产品而见摈弃了。近代的学者,最看重的是从人民口头上记载下来的东西,而已见于书本上的经过改削的东西却是研究的第二种资料或不大可靠的资料。”

③ 1954年,作家出版社以原纸型再版,作者略作一点修订。1996年,东方出版社收入《民国学术经典文库》重版。2005年,商务印书馆收入《中国文库》、《商务印书馆文库》重版。2006年,上海世纪出版集团收入《世纪人文系列丛书》重版,并加上插图。

④ 见《最后一次讲话》。

三、外国(世界)文学史的撰著

郑振铎不仅在整理、研究祖国文化遗产方面作出了巨大的贡献，而且他以宏伟的气魄，对整个世界文学遗产的整理与研究也作出了杰出的贡献。本书第二章里已提到，他一贯主张文学无国界，认为过去文学世界里伟大心灵的创造物应是全人类共有的遗产。在一九二〇年代初，他就呼吁要有一本真正的《世界文学史》，要研究和介绍各国文学史，并为之不懈努力。他是我国新文学工作者中较早从事外国文学史研究，并最早撰写这方面专著的卓有成绩的学者。正如他自己所说的，“这个工作真是一个伟大而艰难的工作”(《文学大纲·叙言》)；而我们今天连要研究他在这方面的成就与贡献，也是相当艰难的一个课题。但是，他在这方面的建树又实在不可不论及，不然就有重大憾缺。这里，我仅简略论述他的两部专著。

《俄国文学史略》
——中国人写的第一部俄国文学史专著

众所周知，对我国新文学运动影响最大的是俄国文学(包括稍后新兴的苏联文学)。正如鲁迅说的：“俄国文学是我们的导师和朋友。”(《祝中俄文字之交》)据研究，俄国文学在本世纪初就开始逐渐传入我国了。如一九〇三年，上海大宣书局就出版了戢翼翚根据日文重译的普希金《上尉的女儿》(译为“普希罄”《俄国情史·斯密士玛利传》)。随后，鲁迅、吴梼、周作人、马君武、林纾、刘半农、陈家麟、陈大镫、周瘦鹃等人，都零星有所译介。可是，正如郑振铎后来指出的，“虽以前也曾零星的译了几种进来，但绝未引人注意”。[1] 俄国文学开始大量地、有组织地译进来，是“五四”以后的事。而郑振铎等人对此有重大功劳。例如，前已提及，一九二〇年七月出版的由瞿秋白、郑振铎分别作序的《俄罗斯名家短篇小说集》，就是我国第一本俄国短篇小说选集；一九二一年一月开始出版的由郑振铎主编的《共学社丛书·俄国戏曲集》，是我国第一套俄国戏剧丛书；同年二月开始出版的由郑振铎主编的《共学社丛书·俄罗斯文学丛书》，是我国第一部俄国小说丛书；同年九月出版的由沈雁冰、郑振铎主编的《小说月报·俄国文学研究》，是我国第一本俄国文学研究专书。

郑振铎与瞿秋白、耿济之等人，是在“五四”运动中开始加深对俄国文学的热爱的。当时，郑振铎通过英文大量阅读俄国文学；瞿秋白、耿济之则因为本是俄文专修馆的学生，可从俄文直接阅读作品。据郑振铎自述，当时“济之、秋白知道译托尔斯太的著作，对于俄国文学的源流，却无书可资参考，便托我在英文书里找这一类的材料替他们作注解。”（《想起和济之同在一处的日子》）就这样，他便逐渐钻研进去，成为我国最早的较系统较认真地研究俄国文学史与俄国文艺理论的人。他在一九二〇年就发表了一系列有关的长篇论文（本书第二章第一节曾论及），在当时中国实无出其右者。而在此同时，他也开始了编写俄国文学史。

一九二〇年八月三日，《晨报》第一版刊载《共学社启事》预告出版书目，其中第二本就是郑振铎的《俄国文学概论》。并说明：“本社现已编译告竣，月内由商务印书馆出版，特此预告。”但此书

① 郑振铎《关于俄国文学研究的重要书籍介绍》。

当时并未出版，看来是因为郑振铎不满足于一般的编译，而要创造性地撰著。一九二一年五月公布的《文学研究会丛书》出版预告中，他又列上自己的《俄国文学史》。同年秋，他与沈雁冰打算编辑出版的《文学小丛书》中，也列入了《俄国文学史》。但最后，他的《俄国文学史略》是一九二三年五月至九月在自己主编的《小说月报》上连载发表的，并于翌年三月作为《文学研究会丛书》之一出版。可见，此书经过二、三年的孕育，绝非草率经营之作。

这本书是我国第一本俄国文学史，而且也是新中国成立前很少的这类专书中的一本。郑振铎在一九二四年一月二十八日写的《跋》中提到："瞿秋白君近亦编好了一部《俄罗斯文学》，将在商务印书馆出版(为《百科小丛书》之一)"。但瞿秋白此书当时却未曾出版，直到一九二七年十二月，创造社出版了蒋光慈的《俄罗斯文学》一书，才由蒋把瞿的书稿作了删改(经瞿同意)，收入此书(作为其下卷)。而蒋、瞿此书也就是我国第二本俄国文学史。其后，一九二九年一月出版了汪倜然的《俄国文学 ABC》，一九三三年四月出版了戴平万的《俄罗斯的文学》，也都是俄国文学简史性质。据我所知，新中国成立前国人所撰俄国文学史，仅此四种而已。

这四本书中，汪倜然一书太简略，字数仅四万字，只有郑著的一半，也没有什么新见解和特色；且在其附录的《参考书目》中，注明主要取材于郑著。戴平万一书，八万余字，篇幅与郑著相近，有一定质量；但虽然出版较迟，而在有关俄国文学批评、对高尔基的评述等地方，却显然还不及郑著精彩。郑振铎在自己此书的《跋》中曾说，瞿秋白一书的"编制与本书不同，读者很可以拿参看"。可惜瞿著原稿今已不存。今看《俄罗斯文学》一书，共十一万字，上下卷各约占一半。因蒋光慈认为十月革命及其后的苏俄文学比较重要，故将自己所撰写的部分题为《十月革命与俄罗斯文学》，共九节，作为上卷；而将删改后的瞿秋白撰写部分题为《十月革命前的俄罗斯文学》，共十九节，作为下卷。这两位作者都对俄苏文学有研究，故此书质量较高，然而上下两卷的风格、写法不够协调。郑著与之相比，不仅出书早，而且仍不失其长处与特色。例如，《俄罗斯文学》中介绍别林斯基等革命民主主义文学家的理论的地方，比较简单，只有八百来字；而郑著有关内容的字数则是它的四倍左右，就详细深刻多了。蒋、瞿一书，在新中国成立前多次受到国民党当局的查禁。比较起来，郑著出版最早，流传也最广。附带提及，除了上述四本书外，新中国成立前还有一九三〇年出版的韩侍桁译俄国克鲁泡特金《俄国文学史》（一九三一年又有郭安仁译本），和一九三一年出版的梁镇译英国巴林（M. Baring）《俄国文学史》两种。（关于这两本书，下面还要谈到。）

我认为，郑振铎此书具有重要的意义与价值。首先，在中国人民热烈欢迎俄国文学大量传来之际，比较及时地介绍了它的历史、发展与流派等等，叙述相当简明，又相当系统与全面，对于我国读者加深了解俄国文学起了巨大的启蒙作用。

正如郑振铎在《序》中说的，当时国内没有一部对俄国文学“自最初叙到现在”的专书，“所有的只是散见在各种杂志或报纸上的零碎记载；这些记载大概都是关于一个作家或一部作品，或一个短时间的事实及评论的。”这就不可能让读者全面了解俄国文学。而这样一本专著的出版，“实是刻不容缓的”。因此，此书在这方面的开创意义乃是不容争辩的。它一出版，就受到广大读者的欢迎。王统照曾在他主编的《晨报·文学旬刊》上评论说：

此书能用页数不极多的本子，将俄国文学的历史上的变

迁，以及重要作家的风格、思想，有梗概的叙述。可谓近来论俄文学的最好的小册子。(《新刊介绍》)

为了帮助新文学工作者进一步研究，郑振铎在书中还附录了我国第一份《俄国文学年表》和《关于俄国文学研究的重要书籍介绍》。年表是参照了巴林一书中的年表并有所增益，书目则是郑振铎根据自己多年搜集而编就的。书目分三大类：一是"一般的研究"，收国外的有关专史、理论著作等二十九种；二是"英译的俄国重要作品"(因为还包括介绍有关丛书，就很难计算种数了)；三是"中译的俄国文学名著"，共计二十六种。这在当时，实是最详尽的一份目录，虽然外国书目主要只是英文书。在这份书目前，他写了一段富有诗意的话，引导中国读者由此入门，去领略俄国文学的万千风光：

> 俄国文学的研究，半世纪来，在世界名处才开始努力。他们之研究俄国文学，正如新辟一扇向海之窗，由那窗里，可以看出向来没有梦见的美丽的朝晖，蔚蓝的海天，壮阔澎湃的波涛，于是不期然而然的大众都拥到这个窗口，来看这第一次发现的奇景。美国与日本也都次第的加入这个群众之中，只有我们中国的文学研究者，因素来与外界很隔膜之故，在最近的三四年间才得到这个发现的消息，才很激动的也加入去赞赏这个风光。但因加入得太晚之故，这个美景，却未能使我们一般人都得去观览。现在我在此且介绍几十本关于俄国文学研究的书，聊且当做这美学[景]的一种模糊的影片。至于要完全领略那海上的晨曦暮霭与风涛变幻的奇观，则非躬亲跑到海边去不可……

而他自己的这本《俄国文学略史》，也正是起了召唤人们去领略那美景的作用的。

第二，此书在当时国内有关资料相当缺乏的条件下，综合参酌了能见到的各种外文书籍（主要是英文），并得到刚从苏联归来的瞿秋白的有力支持，基本显示了俄国文学发展的历史，其中还体现了郑振铎自己的见解，是一部严谨的学术著作，为我国后来的俄国文学史撰著奠定了基础。

郑振铎后来多次回忆说，在"五四"期间，"小小的绿皮的家庭丛书里的一本《俄国文学》，就成了我们怀中之宝。"（《记瞿秋白同志早年的二三事》）他指的就是一九一五年伦敦出版的《家庭大学丛书》中的巴林一书，原名《俄国文学要略》（*Outline of Russian Literature*）。此书，在上述郑振铎开列的《关于俄国文学研究的重要书籍介绍》中列为第一本，并说明它"叙述很简明；初次研究俄国文学的人，这本书是必须看的"。原书共二百五十页，梁译中文本约有十万字。然而我觉得，此书如称为"十九世纪俄国文学简史"，也许倒更合适些。书中认为，自屠格涅夫和陀思妥耶夫斯基逝世后，俄国文学的伟大时代便告了终结。因而对契诃夫、高尔基、安特列夫等著名作家，都不过只在书的《结论》中略一提及而已。因此，这并不是很全面的一本书。郑振铎当时首先参考了此书，但并不是照搬，特别是郑著后半部分的内容，大多为巴林书中所缺。以前有些人认为郑振铎此书是对巴林一书的翻译，实乃误会。①

此外郑振铎主要参考的书，我认为就是上面提到的克鲁泡特金一书，原题《俄国文学：理想与现实》（*Russian Literature: Ideals and Realities*）。韩译中文本共二十五万余字，内容比较详尽。此

① 例如，茅盾 1934 年写的《关于文学史之类》中，也有这样的误会。

书原为克鲁泡特金根据他在美国波士顿市用英语讲学的讲稿改写而成，一九〇五年初版，一九一六年修订再版。在上述郑振铎译关于俄国文学研究的书目中也列入了，并称它“是一部不朽的作品”，“从古代民间文学到最近的作家，都有明晰而同情的叙述”。在一九二五年一月郑振铎发表的《各国“文学史”介绍》的俄国文学史部分，首举此书，并认为当时“在英文的所有俄国文学史中此书可算是最好的一本”。克氏此书理论性较强，并对俄国文学批评理论有详细的介绍评述（中译文计有一万五千字左右），这在当时是很难得的。郑著后半部分有不少地方参用了它。

除上述两本外，郑振铎在有关书目论文中提到的其他一些书，当然也是他都参考过的。另外，他在《跋》中说明，此书最后一章《劳农俄国的新作家》“为瞿秋白君所作，全书写成后，又曾经他的校阅。这是应该向他道谢的。”当时，一直写到早期苏联文学的俄国文学史，即使在国外也极难找。郑振铎后来回忆说：“关于这部分的材料，在那时候，我自己是一点也找不到的。”（《回忆早年的瞿秋白》）此书由于瞿秋白的帮助而更臻完美，在当时国内外实是第一流的。

值得指出的是，郑振铎撰写此书并不只是简单地译编国外现有的俄国文学史著（国外的俄国文学史书本身的观点就不尽一致），他有综合，有取舍，其间就体现了自己的史识。特别是书中对于作品与作家的分析评价，因为很大一部分作品都是他认真读过或译过的，所以谈的不少是他自己的见解，而不是转述袭用别人的看法。例如，书中对“民众小说家”分析时，就指出他们不是“为”民众而写作，而是“写”民众。这样的提出问题，显然与当年文学研究会关于“民众文学”的讨论有关。他并将西欧作家与俄国“民众小说家”相比，指出其间差别在于：前者虽也写到被压迫者，但多半是书中的陪角；而后者则是作为主人公。他还认为格里戈罗维奇(Д. В. Григорович)的《苦命人安东》，可与美国作家斯陀夫人的《黑奴吁天录》比美。这些，都显然是他自己的见解。正是上述种种辛勤的劳动，保证了此书的学术水平。

第三，书中不仅将以高尔基为最高代表的“民众小说家”，赫尔岑等“政论作家与讽刺作家”，各列为专章；而且还设立了“文艺评论”专章(这是巴林等人的书中都没有的)，特别是在我国较早较详细地介绍与评论了俄国伟大的革命民主主义文学理论家别林斯基、车尔尼雪夫斯基、杜勃罗留波夫等人，具有深远意义。

长期来，不少研究者认为别、车、杜是直到一九三〇年代才被介绍到中国来的。当代澳大利亚学者杜博妮(D. Bonnie)在其一九七〇年代出版的《中国现代引进的西方文学理论》一书中就说，“五四”以后，“这一时期，俄国文学批评大师被奇怪地忽略了，十九世纪中叶伟大的俄国现实主义批评家别林斯基、车尔尼雪夫斯基、杜勃罗留波夫、皮萨列夫的开创性著作几乎无人提及。”但是，事实上别、车、杜等人在当时并非“被奇怪地忽略了”；相反，只是今天的研究者——国内的和国外的——他们自己未了解许多基本史实。就说郑振铎的《俄国文学史略》一书，即对别、车、杜及皮氏(Д. И. Писарев)的开创性著作作过十分精当的介绍与评价。(关于这些，我在第二章第一节中已经论及，请参看。)

这里，我们想花点笔墨，探溯一下别、车、杜被介绍到中国来的经过，以说明郑振铎在此书中介绍别、车、杜不是偶然之事，同时又可看出他的贡献。据研究，别、车、杜的名字，至迟在本世纪初已传入中国。例如，一九〇二年十一月，梁启超在日本横滨创刊的《新小说》第一期上刊载的小说《东欧女豪杰》中，即三次提到车氏的名字(译为“渣尼斜威忌”，又作“遮尼舍威忌”)。一九〇三年六月，上海出版的《大陆》杂志第七期上《俄罗斯虚无党三杰传》一文中，也介绍了车氏(译为“契尔那威基”)，并说他的论文“固于俄国文学史中为不朽”。一九〇四年，金一(松岑)的《自由血》一书出版，中有《赫辰传》(即《赫尔岑传》)一文，提到别氏(译作“倍灵楚”)。以上这些吉光片羽式的文字，当然只不过提了一下名而已，基本上没有介绍他们的文学理论。一直到“五四”以后，主要是以郑振铎为代表的文学研究会骨干成员，才做了较详细的介绍工作。这集中体现在一九二一年九月沈雁冰(在郑振铎协力下)主编出版的《小说月报》第十二卷号外《俄国文学研究》中。

该号外有好几篇文章谈到别、车、杜等人，例如，耿济之译的俄国沙洛维甫(E. A. Соловьев)的《十九世纪俄国文学的背景》中，就提到别氏与杜氏的文学批评理论。陈望道翻译的日本昇曙梦的《近代俄罗斯文学底主潮》，也简略论及别、车、杜，及皮氏的文学主张。耿济之所作《俄国四大文学家合传》一文，引用了杜氏《真正的白天什么时候到来?》中对屠格涅夫的评论。明心(沈雁冰)所编《俄罗斯文艺家录》中，也简单介绍了别、车、杜、皮诸人。最令人注意的是沈泽民翻译的克鲁泡特金《俄国的批评文学》(按，即上面提到过的克氏一书中的一节)，较详尽地介绍了别、车、杜、皮等人。沈泽民另外所作的《克鲁泡特金的俄国文学论》一文，向读者介绍了上述克氏一书，指出该书第八章中“最重要的是在艺术批评一节，他历叙别林斯、杜薄罗林蒲夫、皮沙洛夫……俄国全部文学著作的精神差不多都在此处指出来了。”郭绍虞在该期上发表的《俄国美论与其文艺》，也是一篇力作，较详细地介绍了别、车、杜以及皮氏的批评理论。郭绍虞的文章，看来也是主要参考了克氏一书的。由此我们可以看到，郑振铎在《俄国文学史略》中，正是与上述文学研究会同人一起做了这样的介绍工作。对照克氏原著，我发现郑著有不少地方是直接采用的。而郑振铎把这些作为俄国文学史的独特的重要的专章，突出地评述了别、车、杜等人的文学理论对俄国文学事业发展所起的重大作用，这就比他的友人们所作的单篇介绍、评述文章更有力量了。

《文学大纲》
——第一部真正的开拓性的世界文学史

早在一八二七年，德国大文豪歌德提出了“世界文学”的思想。但是，一部记叙整个世界的文学发展的史书，却是过了相当年头也未问世。一九二一年初，郑振铎在《小说月报》改革号上的《文艺丛谈》中，提出了一本《世界文学史》“几时才得出现”的问题。一九二二年八月，他在《文学的统一观》中又提出：像威尔斯(H. G. Wells)的《世界史纲》那样的“一本人类的文学史不知哪一年才能出版呢?”“我只深深的希望第一本的人类的文学史的出现。”(着重号原有)一九二三年十月三十一日，他为自己的《俄国文学史略》作的序中，仍指出：“我们没有一部叙述世界文学，自最初叙到现代的书”。可见，他认为直至二十世纪二十年代初，我国以及世界上还没有一部真正可以称得“世界文学史”的书。因此，他庄重地说：“我们却不可不勉力!”(《文艺丛谈》)

我认为郑振铎的上述看法是符合事实的。我们环顾当时的世界文学史坛，名为“世界文学史”的书虽已出现，但犹如凤毛麟角，而且以并非苛求的标准来衡量，它们都显然还称不上“真正的”三字。一九二五年初，郑振铎发表《各国"文学史"介绍》，说明自己"致力于搜集这一类的书籍已有五六年"，但他在文中提到的国外出版的世界性的文学史书，却只有三、四种而已，[①]中国人写的则一本也没有。例如，布泰(A. C. Botta)的《世界文学手册》(*Handbook of Universal Literature*)，一九〇二年在美国波士顿出版修订本，书中分国别叙述各国的文学历史(因没有将其打通论述，所以不能称作"通史")，其中也提到中国，但极简单。(看来主要是袭取一九〇一年翟理斯的《中国文学史》的。)一九二二年，波士顿出版的李查孙(W. L. Richardson)与欧文(J. M. Owen)合撰的《世界文学》(*Literature of the World*)，自称是第一本世界文学史，但全书共五二六页，其中说到中国文学的地方，与日本文学加在一起仅占二页！一九二三年，英国伦敦开始出版德林瓦特的《文学大纲》(*The Outline of Literature*)，情况也基本相似。至于法国法格特(E. Faguet)的《文学入门》(*Initiation in to Literature*)等书，虽说也是谈世界文学的，更是一句也不提中国。再如，郑振铎此时尚未看到的一九二五年美国出版的玛西的《世界文学史话》(*The Story of World's Literature*)，曾广泛销行于西方世界，还被译成日文(内山贤次译，一九五〇年新潮社版)与中文(胡仲持译，一九三一年开明书店版；由稚吾译，一九三五年世界书局版)等，被称为"实在是一部完美的文学史"(胡仲持语)；但原书共五五九页，叙及东方文学的却只有十六页(不到全书百分之三)，而且仅限于古代；其中谈中国文学的地方，竟不足二页！

---

① 当时，郑振铎与国外学界有直接的或间接的联系，他所在的商务印书馆也很注意访购国外学术书籍，所以他所撰写的这份书目是相当齐全的。尽管它仍有遗漏，而且主要只是英文书，但当时国外有关世界文学史的书极其稀少，这一点是无可怀疑的。

那么,除了上述西方人写的这类少而又少、名不副实的书以外,东方有没有人写过呢?当时的东半球,跻身于世界列强的只有日本。我曾托朋友,并在自己去日本访学时,翻查了很多明治时期旧书目录,只找到薄薄的一本明治四十年(一九〇七)东京博文馆出版的桥本忠夫的《世界文学史》。该书为《帝国百科全书》丛书第一五八种,正文共二七八页。若译成中文,最多只有七八万字。桥本在序言里感谢了 Stern 和 Leixner(疑原书排印有误),不知何许人也。该书第一编"太古文学"中,倒列有"东洋文学"一章(日人所谓"东洋"即东亚,该书仅此一章涉及东亚文学),但仅二十三页,约占全书百分之八;该章中倒也有"中国文学"一节(全书亦仅此一节涉及中国文学),但仅三页半,约占全书百分之一。而此三页半中,第一页纯是空话,余下仅仅两页竟从《诗经》一直说到清初(清初也算"上古"?)的金圣叹、李渔,可想而知其疏漏到了何等地步。而且,通篇充斥着对中国及中国文学的贬低之词,最后竟道:"总之,中国文学不论散文和韵文,只在技巧和形式上或有可取,其根本内容则终究不能占(世界)文学史上重要地位也。"这样的疏漏和这样的见识,当然根本谈不上是真正的世界文学史了。桥本自己也承认这只是"初学阶段"的"小册子"。除此书外,我在日本还找到东方出版社的《世界文学大纲》,有十几册,自一九二六年开始出版。不仅迟于郑振铎《文学大纲》,而且它名不副实,其实是一部丛书,只是每一册写一个作家,因此连国别文学史也算不上。[①]

---

① 除了上面写到的书以外,还有俄国柯尔斯主编的《世界文学史》(中收有王西里的《中国文学史纲要》),和英国戈斯主编的《世界文学简史》(中收有翟理斯的《中国文学史》)。但这两部都是丛书性质,所收各册均是单独的国别文学史,不是系统的、综合的世界文学通史。

这就是当时《世界文学史》撰写的实况！

一个十分简单的道理是：一部世界文学史，如果仅仅论述西方文学而过于缺略了东方文学，特别是有意排斥或无知忽视了占世界人口四分之一、有着四千年文明的中国的文学，那就再也不能称为“真正的”世界文学史了。而正如郑振铎指出的：当时“大约欧洲人作的文学通史都不免有此弊”。（《各国“文学史”介绍》）值得提到的是，玛西对于这一点倒是有所认识的。他在所撰《世界文学史话》的《神秘的东方》一章中，诚恳地写道：“在本书中，我们必须犯着荒谬的不匀称这个罪过，而只将短短的一章述到那较之我们的文学更古，恐怕又更高明的四五国民的文学。这种不匀称，在或一程度，可以用全然的无知来辩解。”在这一章的最后，他又说：“对于至少在过去的三十世纪之间，一向是高尚的文明底制度的中国这样的文学，只有三分钟的一瞥，这实在是对于时代精神的荒谬的违反。”[①]这样的自我批评，是完全正确的。

在本章上一节中，我们已谈及郑振铎立志撰著《文学大纲》，主要是由德林瓦特的同名著作引起的。一九二三年春，郑振铎看到了刚刚出版的德林瓦特该书第一、二册，“觉得它的编辑的方法很好。中国现在正缺乏一种讲世界文学，自最初至现代的书。此书的出版，恰可供给我们的迫切的需要。”[②]于是，他立即在自己主编的四月份《小说月报》和《文学旬刊》上，都刊登了他与沈雁冰等人打算合作翻译此书的消息。后来他又写道：“但等到它出版到十余册之后，我们的翻译此书的热忱却又冷了下来。因为 Drinkwater

① 实际上，此书关于中国文学部分的内容，是连“三分钟一瞥”都没有的。这里引用此书的文字为胡仲持译文，下同。

② 《小说月报》第14卷第4期《国内文坛消息》。

此书是为了英国及美国的读者而编辑的，所有的叙述都以英美二国为中心”，“至于欧洲以外的诸国，则仅于首数册里略略提及而已。”可见，德林瓦特此书实在也称不上真正的世界文学通史。“因此我们的翻译此书的计划便打消了。但我们对于他此书的编纂主旨，却非常的表同情。”[1]于是，经过反复考虑，郑振铎便决定由自己动手，参考原书，脱胎换骨，重新撰写这样一部大书。

在他先后为该书写的两篇《叙言》中，都说明该书第一卷依据原书的地方不少，以下三卷便没有什么利用；玛西的《世界文学史话》，后也成为他的重要参考书；至于有关中国文学部分，则都是他自己写的。我们对照原书，即使是第一卷中谈西方文学的部分，他也不是全盘照译的，而是作了增删与改写。例如，第一章《世界的古籍》，题目与原书同，但其中增添了不少新的内容，如提到了十几年前中国刚刚发现的上古甲骨文字，这一人类历史上极其重大的文化史迹，就第一次由郑振铎载入了世界文学史，很有意思。这一章不过六七千字，但他在后面列出的参考书目却达三十一种之多，其中还包括《中国雕刻源流考》、《书林清话》等中国文献学著作。而且，他对西方文学也并非仅仅“述而不作”，而是在介绍中时有议论，时有自己独到的见解。如第二章《荷马》，他对传世的荷马作品究竟是出于一人还是成于众手，不仅介绍了国外学者的各派观点，而且还谈了自己的看法。至于后面三卷，他下的工夫更大。因此，以前有人以为此书只是郑振铎翻译或编译而成的，[2]这是极不确切的说法。

---

① 《小说月报》第 15 卷第 1 期《文学大纲·叙言》。

② 记得，梁实秋在《旧笺拾零》中就有这种说法。

为完成此书，郑振铎花费了四年多光阴。这八十余万字的书，实在是一部呕心沥血的巨著。我认为，至少有这样几方面，是值得后人充分肯定的：

第一，这不仅是中国人写的第一部世界文学通史，而且也是整个东半球较早出现的这类专著。郑振铎一举突破了西方人及日本人撰写的当时极少的这类文学通史的严重弊病与局限，是自近百年前歌德提出“世界文学”的伟大思想之后的一次破天荒的学术实践。玛西在他的《世界文学史话》第三章《神秘的东方》的开头，曾引用英国“桂冠诗人”丁尼生(A. Tennyson)的两句诗：

愿“东”与“西”一息之隙也没有地融合其朦胧的光，

像生死之境一般，扩之而成无涯的昼罢。

我们可以自豪地说，正是郑振铎这部巨著，胆略宏伟，气吞全球，首次使远东与泰西的文学历史平等而紧密地结合在一书之中，相互辉映，朗照中天，扩之而成无涯的文学的白昼。因此，我们有充分的理由称此书为世界上第一部真正的世界文学通史。关于这一点，虽然迄今尚未有论者指出，或许有的国人会因没有得到洋人的承认而将信将疑；但只要这是事实，只要你举不出否认这一点的事实，就不能轻易怀疑与小觑我说的这一点！

玛西那本书，是在郑振铎此书已在刊物上连载一年多以后才出版的，而且还经过西方很多专门学者分别审阅过的。请看看这位公正的洋人在书中是怎样说的吧：

人类的五分之三以上，差不多三分之二，住在亚细亚。往昔时候，这和欧罗巴相比较的比例数甚至比现在还大。我们有着任何记录的那些最古的死的文明，是在亚细亚；还有连续的生命的最古的文明，也确乎是在五大陆中最大的大陆。回溯到如亚美利加的哲学家杜雷(Dooley)君戏剧地所云,我们的祖先还在森林里互投石斧的时代,中国人就能谈他的祖先们的智慧之书了。

不消说,那些可尊敬的国民是将许多的物事教给我们的。然而……单就智底问题而言,住在亚细亚的东方及南方部分的民族,直至最近,还仿佛他们住在别一星球似地遥远。十八世纪之前,旅行者和商人将契丹或中国以及印度的奇异故事带回到欧罗巴去。然而他们对于织物和香料的兴味,却过于文学思想。迟至十九世纪的中叶,日本在西方的眼光里,也还是一本没有开卷的书……

而郑振铎此书,从第一章《世界的古籍》开始,就充分论及东方与中国。而从第五章《东方的圣经》到第四十五章《十九世纪的日本文学》,专门论述东方文学(包括中国)的章节文字,约占全书的一半篇幅,专门论述中国文学的部分则占全书的四分之一。这样一个总体格局,从宏观上看,是十分科学和合理的,真正打通了全人类的文学世界,使人们认识到:“文学的园囿是一座绝大的园囿;园囿一朵花落了,一朵花开了,都是与全个园囿的风光有关系的。”(郑振铎《文学大纲·叙言》)此书在横向空间上彻底破除了陈腐荒谬的“欧洲中心论”,这本身是在人类文学史上值得大书一笔。

第二,本书的内容十分全面,极为丰富。郑振铎驻足于广博淹贯的文史学识之巅,高瞻周览,通盘在胸。不仅在横向空间上,融东西各国家文学于一炉;而且在纵向时间上,汇古今各时期文学为一河。上起人类开化史之初页,述先民讴歌、祈祷、文字、书契之作;下迄二十世纪前期,中国新文学运动展开以后。真是视通几万里,心契数千载。在此书最后一章《新世纪的曙光》里,他更提到十月革命后世界“无产阶级的文学”“正在建设之中”，提到巴比塞(H. Barbusse)等人的《光明运动宣言》等，尤为人注目，亦显此书包罗之全。在这波澜壮阔的历史流程中，杰出的作家逾百成千，有名的作品盈千累万，书中做到基本上没有重大遗漏。郑振铎以历代作家作品为主线，凡著名作家均简介其生平，论述其文坛上的地位；于优秀作品则概述其内容，评析其艺术上的特色。艺林美玉，历历如数家珍；文坛巨人，一一现于眼前。书中叙及的作家与作品，甚至远远超过现在国内一般的文学辞典和专书中所收数量。

郑振铎的《文学大纲》对于文学本身的观念，亦是全方位开放性的，绝不拘于一隅。不仅叙评历代诗歌、散文、小说、戏剧作品，而且很注意于世界文学理论的发展。例如，他对十八世纪德国的莱辛，十九世纪英国的罗斯金(J. Ruskin)、佩特(W. H. Pater)，法国的圣佩韦(S. Beuve)、泰纳、莱南(E. Renan)，特别是俄国的别林斯基、车尔尼雪夫斯基、杜勃罗留波夫等人的文学理论，都作了简要的述评。其中对于别、车、杜等俄国伟大的现实主义批评家的介绍，更是引人注意的。(因基本与著者的《俄国文学史略》所述相同，已见前述，此处不再评论。)书中对于各国历代的神话、民间文学、寓言、议论性散文等类作品，也都有所论及。对于著名的历史学家、哲学家和自然科学家，如中国的司马迁、王充，外国的达尔文(C. R. Darwin)、狄德罗(D. Diderot)等人的具有文学色彩的论著，他都没有忘记加以评述。甚至对一般文学史作者视为区区不足论的儿童文学，他也给予了充分的重视，书中对金斯莱(C. Kingsley)的《水婴孩》、卡洛尔(L. Carroll)的《阿丽思漫游奇境记》、王尔德的《快乐王子集》等等都作了述评，特别是对安徒生的童话作了十分崇高的评价，认为安徒生“归根结底的说，乃是一个诗人，一个比他同时代的诗人都伟大的诗人。”

第三，此书不仅基本整理出了整个人类文学史发展的线索，做到若网在纲，有条不紊；而且体现了著者卓越的史识，时有精当的见解。此书的中国文学部分，为其中最精彩的篇章，独创之见叠现，至今呈放异彩。（我们已在上一节作了专门论述，此处从略。）而其外国文学部分，也并非仅仅是稗贩外人之著，略无心得之言。（其中关于俄国文学的部分，约二三万字，基本乃《俄国文学史略》的缩编与改写。关于其独创之处，这里也不重复。）由于我无力通读郑振铎当时参考过的各种外国文学史著作，所以无法一一分析他在此书外国文学部分提出的新见。但我认为至少有两点史识和见解是值得我们注意的。一点史识和见解是，如同他在中国文学研究中最坚决地反对历代封建文人、旧注释家对某些作品的歪曲解释与腐谈一样，在论述外国文学作品时，他也常常指出种种“附会”与旧说的不科学。例如，他在谈到相传是荷马所作的《依里亚特》及《奥特塞》时就指出：“我们在现在研究这两部大史诗，古来相传的[有关]者的观念必须废弃。”他认为“荷马”这个名字本身就是“零片集合者”的意思，今存这两部史诗是古人的集体创作；如果相信是荷马一人所作，“正如相信《圣经》的现在的本子是从天上传下来的”一样可笑。关于《圣经》，歌德认为《旧约》中的《所罗门歌》是美丽的恋歌，《路德》是可爱的牧歌，郑振铎很同意；而说教者却说这些是象征着什么耶和华之爱等等，郑振铎指出：“这种曲说，直使这些最好的抒情诗永埋在宗教的祭坛之地下。”他在论述古罗马诗人维吉尔（Virgilius）时，也指出其作品有被人曲解之处，如早期的基督教徒就硬把他的某首诗说成是“对于耶稣降生的预言”。关于著名的《神曲》，他更写了一段透彻的议论：

但丁《神曲》的旧的注释家,说了许多话,论及他的神学,他的哲学,他的比譬的用法,以及这一类的东西:正如中世纪的委琪尔的注释家一样,他们不以他为一个大诗人,却当他为一个有智能的预言家,从他的诗里,引出好些上帝的预示。他们说,这一个圣山,比特丽斯以之代表教会,别一个圣山,她又以象征上帝的爱。对于这一类的话,凡是这个大诗歌《神曲》的爱者,都是掩耳不欲闻的。所有这种的废物,都应扫入灰桶中,被我们完全忘记了它们;然后,但丁的这部大著,才能使我们赏悦它的真相——一部伟大高超的诗歌,一个不朽的喜与忧的故事,在人类的著作中无有可以与之比肩者。

此外,如歌德的《浮士德》等,也是历来注家蜂集,其间牵强附会者甚多,郑振铎认为"如为了欣赏歌德的诗的美,却都用不到它们"。他的这些见解,对广大读者解放思想、破除迷信、树立正确的文学观念等,具有很大的意义。

另一点,是此书的有关比较文学方面的史识和见解。我已在前面已经写过,此书早在《小说月报》上披载之前,郑振铎就说明它"系'比较文学史'的性质"(《明年的〈小说月报〉》)。撰写此书,正是体现了郑振铎当时大力倡导的文学研究应该突破国界和语言界的精神,正是他对自己的有关比较文学理论的一次实践。我们在上一节中,已论述过他在此书中评论中国文学时,常将外国文学拿来作对照(这些,这里不再重复了);而他在论述外国文学时,也有将中国文学与之比较的。例如,他在评述大仲马(A. Dumas Père)的《三个火枪手》时,就提到中国的武松、秦琼的故事,指出它们各自在两国青少年中广泛流传。他更常常将某个外国的文学,与另一个外国的文学互相比较,给人启发甚深。例如,在论述古希腊文学时，他将希腊民族与希伯莱民族相对比，指出二者在思想观念上有“一神”与“多神”的差异，从而影响到各自的文学；他又将希腊与东方的印度、埃及比较，指出其宗教观念上的不同，后者的偶像大多是可怕可憎的，代表恐怖与权威，而希腊人却只崇拜美的众神，代表梦幻与理想，从而也影响到各自的文学；他更将希腊与罗马两个民族相比较，认为前者是艺术型的，爱美、爱探险和求知，而后者是实际型的，缺乏想象，认为罗马文学完全是因受了希腊文学的影响而产生的。通过这样的比较，他指出了希腊文学不虚饰的、非感伤的、素朴直爽的特点。在论述歌德时，郑振铎把他与莎士比亚作了一番精彩的比较：

> 歌德在德国文学中，乃是一个杰出的前无古人的作家。他与英国的莎士比亚不同。莎士比亚之前，英国已有了许多大作家，莎士比亚同时，又有许多伟大的同伴；但歌德却不然，他之前没有却赛，没有史宾塞，他之时没有莎士比亚之时所呼吸的诗歌的空气。他之到德国文学上来，是赤裸裸的，是无凭藉的，是穿了他自己织的衣服而出来的。莎士比亚加冕了英国文学，歌德却建立了德国文学。

这样，人们对歌德的伟大贡献就容易看出了。他在论述法国作家都德(A. Daudet)时，与英国的狄更斯作比较，认为都德“同样的能以轻妙可爱的描写引人的微笑或眼泪；他的《小物件》乃是狄更司的《大卫·考贝菲尔》，他的《狒狒》乃是狄更司的《辟克威克故事》。”他还多次把俄国屠格涅夫的《猎人日记》、格里戈罗维奇的《苦命人安东》，与美国作家斯陀夫人的《黑奴吁天录》相比，指出它们在破除农奴制的斗争中所起的作用。在论述波兰现实主义作家科诺普尼茨卡(M. Konopnicka)和普罗斯(B. Prus)时，他将他们与狄更斯相比，指出他们都“具有民主主义的气息”。关于各国文学相互之间的影响的论述，书中也很多。如书中论述十九世纪后期法国文学时，指出其深受俄国文学的影响。由于当时法国翻译了不少俄国小说，“那好心肠的充满了对于下层人民及不幸者的同情的小说，使法国文坛，变更了一个样子”。在论述十九世纪西方各国小说时，书中提到英国司各特（W. Scott）的巨大影响：在波兰，克拉舍夫斯基（J. I. Kraszewski）被称为“波兰的史各特”，曾创作了五百余篇小说；在德国，则有赫林（W. Häring）也被称作“德国的史各特”，也创作了不少小说（但郑振铎认为他有很多不及司各特之处）。书中论述挪威戏剧家易卜生（H. Ibsen）的杰出贡献时，指出“他的影响极大，立刻各国都有了继起者，且大都是很伟大的继起者，不仅为摹仿者而已；如瑞典有史特林堡，如丹麦有爱德华·勃兰特，如德国有霍甫特曼，如意大利有琪亚柯莎（Giacosa），如英国有萧伯纳。”在介绍美国诗坛怪杰爱伦坡时，书中指出他的《乌鸦》诗“是世界文坛上最有影响，最使人感兴的诗”，“法国的两个大诗人鲍特莱尔及梅拉尔美都译他的诗而显然的受有他的启示及感兴。”这类涉及比较文学的见解与论述，无疑使读者大开眼界，增加知识，扩大思路，触类旁通，也产生了无穷的趣味。

第四，此书是一部多功能的书。它不仅极大地扩展了当时中国文学工作者的视野，而且也可作为一般读者的一本文学启蒙和普及读物，同时，它又是一本为初学者和研究者指点门径的专业书。因此，它能适合多种层次的读者的需要。浅尝者得此，能粗明条贯，略涉藩篱；深入研究者，则能由筏渡河，到达彼岸。要说启蒙，首先是思想观念上的。如前所述，它在具体的分析介绍中体现出来的新文学观念、为人生的文学思想、新的历史进化理论、广义的比较文学主张等等，必然对广大读者起到潜移默化的教育作用。其次是文学史知识的普及。它的叙述文字浅显、生动、简明。有的地方似乎略嫌冗长，但在当时却是确有必要，亦为著者有意为之的。

例如，第四章《希腊的神话》，从理论上指出"希腊的神话，已成为欧洲艺术的最重要的原料之一"，"它们现在已不属于神学的范围，而属于文学与艺术的范围"，并指出其永久的魅力，认为"人类一日觉得生命的负担与神秘，他们便一日不灭在人类的记忆与感情里"；而且还以二三万字的篇幅，具体而系统地讲述了希腊神话中有关天地开辟、众神由来、人类产生，以及英雄传说、恋爱故事等等内容。这一介绍相当详尽。虽然字数较多，甚至有类讲故事，但必须指出，这正是在我国第一次全面系统的介绍，所以这样较详尽的叙述是有必要的。郑振铎在这一章之末所附《参考书目》的最后一种，是中文书《希腊神话》，他说明："译述者不署名。商务印书馆出版的《说部丛书》初集之一。此书为中国的唯一的关于希腊神话的书籍，但它的叙述却不很详确。"今查该书，其内容确实太为贫弱，且有误说。郑振铎这一章所述，显然并非简单地照德林瓦特原书译出，而是参阅了大量西方关于希腊神话的书籍而作了综述的。我国关于希腊神话的专书，直到一九三〇年代还并不多见，因此，在相当长时间内，很多中国读者正是靠读《文学大纲》而了解希腊神话的。另外，书中第六章《印度的史诗》，详细介绍了《摩呵婆罗多》与《罗摩衍那》两大史诗的故事，第十二章叙述了中世纪欧洲的史诗等等，均属于同样性质。作家周而复后来回忆说："我读郑振铎同志的第一本著作是《文学大纲》。他写的这部史料丰富的文学史，无异在我面前打开了一个窗户，让我看到世界文学宝库是这样的丰富多彩，简直使我眼花缭乱，目不暇接。”(《怀念郑振铎同志》)可以说，这是当时一般读者的共同感受。

此书各章后所附共计达九百来条的《参考书目》，也是不可忽视的，何况其中还时有关于版本的说明文字等。试想，仅仅是整理这些书目，就要耗去著者多少心血！还有每一卷书后所附的《年表》，记载世界各国著名文学家的生卒年，以及重要作品的出版、翻译的年份等。这些书目与年表，更使本书增强了工具书的色彩，为初学者与研究者提供了很大的方便。此外，还值得一提的是全书附有极为精美的插图，其中彩色版三十三幅，黑白版六百八十三幅。内容有珍贵的世界名画、名著插图、作家肖像等等，更有不少中国古代版画，乃著者多年搜集的结果。这些，都为此书增添了无穷的趣味，引人入胜。郑振铎所写的几本中外文学史著，除了《中国俗文学史》以外，都附有插图；但印得最精美的，还推此书。

综上所述，郑振铎撰著《文学大纲》，虽然是起因于、并借鉴于英人德林瓦特一书，但其质量与意义远远超过原书。这就有点像郑振铎在书中提到的法国狄德罗之主编《百科全书》，原先是某出版社提议狄德罗从英文编译英国人已有的一部小型类书的，郑振铎说：“但他的工作却远出了这样的范围”，使他的名字永与“百科全书”联在了一起。狄德罗成为了十八世纪法国著名的“百科全书派”的领袖；而从某种意义上来说，郑振铎也正是具有这种启蒙主义精神的文化巨匠。这就又使我想起了我在本书开头提到过的有一位中国作家的话：“中国要是有所谓‘百科全书’派的话，那么，西谛先生就是最卓越的一个。”(端木蕻良《追思》)

郑振铎此书，以今天的眼光看，当然有缺点与不足之处。例如，书中总的说来外国文学部分没有中国文学部分写得好，外国文学中他不熟悉的部分（如日本等）没有他熟悉的部分（如俄国、英法、北欧等）写得好，综合叙述较多而理论分析相对较少，还偶有一些误译或搞错了史实的地方，等等。但这些比起全书的巨大成就来，就显得很微小了。而且，这些差错在他以后的研究工作中又大多作了纠正。正如他在《叙言》中说的："文学世界里的各式各样的生物，真是太多了，多到不可以数字计，一个人的能力，哪里能把它们一一的加以评价，加以叙述！仅做一个作家的研究，一个时代、一个国的研究者，已足够消磨你的一生了。"因此，此书存在一些缺点是毫不足怪的。我们不仅要看到上面指出的那些杰出的成绩，而且还应时时想到这是几十年前的一本书，是一个二十出头的文学青年以一人之力完成的书！正如当时读者说的，"这是何等壮勇的盛事"！[①] 不仅"在初学者得之，实是一个最好的导师"，而且"实是中国自新文化运动以来的一部最伟大的著作。"[②]直至一九三〇年代，蔡元培还赞扬此书为"纲举目张"、"开示途径"、"材料丰富，编制谨严"的"空前之作"。[③] 到今天，尽管已有许多后人撰写的新的中外文学史书出现，尽管此书中不少译名都已显得陈旧，但它依然受到人们的欢迎，多次重新影印，供不应求。[④] 除了因为其内容的精彩与基本正确，经得起时间的考验以外，其永久的魅力不正在于著者的勇于开拓的宏伟气魄吗？不正在于它是一本象征着中国

① 幽默《所望于〈文学大纲〉作者郑君的》。

② 佩书《〈文学大纲〉》。

③ 蔡元培《〈世界文库〉序》、《二十五年来中国之美育》。

④ 此书1933年8月又被商务印书馆收入《大学丛书》中再版。1986年9月，上海书店影印重版；1992年，上海书店又影印重版，收入《民国丛书》第4编中。1998年8月，北京商务印书馆国际有限公司重排出版。2003年4月，广西师范大学出版社重排出版。

新文学运动青春期的奋发向上、全面开放的精神的书吗?

结 语

一位波兰学者在郑振铎牺牲以后,曾对他作过这样的评价:"我认为他是中国当代学术界中人文科学方面的代表人物之一。"因为,"中国人文科学未来的发展——特别在有关古代中国的部分——主要依靠两种因素的适当结合,即是中国传统的渊博知识和研究科学问题的现代方法",而郑振铎的学术活动"已经充分体现了"这一点;"同时,他又能把个人的学术工作和比较实际的活动协调起来。许多年来,他成功地为他的祖国服务"。因此,"他的早逝是对他祖国的巨大损失,也是对中国国内外汉学研究界——不问在哪里——的巨大损失。"(亚奈士·赫迈莱夫斯基《悼念郑振铎教授》)比起我们国内的某些论者来,这位国外学者的这一评价显然要正确得多。这不免令人再一次感叹某些国人之对于本民族真正的精英人物的不识与无知!我认为,郑振铎在对祖国(以及国外)的文学遗产的整理与研究上,无疑是成绩最大最好的新文学工作者之一。这是以上述大量的事例(当然还没有全部举出)作为坚强的证据的。

郑振铎在一九二〇年代初整理撰写的许多关于中国古典文学的书目、提要等等,不仅量多、面广、气魄大,而且大多具有开拓、启蒙的意义,并带有新方法论的启示。从二十年代后期起,他辛勤发掘、整理和出版了大量的古典文学优秀作品,是功德无量的工作。尤其在战争环境下,他奋不顾身地保护及编印了大量的文学遗产和民族文献,更值得全民族子孙后代向他致敬。他在二十世纪二三十年代撰写出版的四种中国文学史著作，每一种都是当时遥遥领先的第一流专著，至今仍然不失其高度的学术价值，而且有的还长久未能被同类著作所替代或超越。他在二十年代还撰写出版了我国第一本《俄国文学史略》和世上第一部真正的世界文学通史《文学大纲》。正如蔡元培说的，“郑振铎先生研究中国文学史，扩而之世界”(《〈世界文库〉序》)，这是进一步对全人类的文学遗产所作的整理与研究工作。他的这些工作，对于整个新文学运动的推动力和冲击波是十分强烈的。他的博学，他的勤奋，他以一人之力所作出的这样杰出的建树，同时代有几个人可以相比？

值得指出的是，郑振铎在这一方面与鲁迅、郭沫若等也作出重大贡献的新文学家相比，有所不同。他虽然同样出身于一个没落的封建家庭，但很小父亲和祖父就亡故了，不仅家庭骤然贫困，而且童年没有像鲁迅、敦沫若那样从“庭训”、“私塾”中得到较深的传统文学的熏陶。他家里没有什么“藏书”，他上大学读的是铁路管理专业。他的中国旧文学的根柢(不用说外国文学史了)，几乎完全是靠发奋自学得来的。因此，他能取得这样的成就，就更为不易了。而更应该着重指出的是，他的博学，根本上不同于历史上的那些硕学大儒以及同时代的那些传统学者。本章一开始曾引用过他论鲁迅的一句话：“他的治学精神，和他的最勇敢的战士的精神一样”(《鲁迅先生的治学精神》)。郑振铎自己就正是如此。他不仅是个大学者，同时更是一个新文化运动的“最勇敢的战士”。因此，他才具有“最深刻的研究，最尖锐的观察”(同上)。

郑振铎对文学遗产的发掘、整理、研究工作，就是以全新的文学观念和现代科学方法作为指导的；而且，其目的也是全新的，即正是为了建设新文学和新文学观服务的。他还认为：“因了新材料的不断发现，对于已有的材料的观念，也便联带的发生了不同的观点，也会得到与前不同的新考察与价值。”（《三十年来中国文学新资料发现记》）这就是说，他认为通过大量的文学遗产的科学发掘和整理工作，本身也会引起文学观念的变革与更新。他又认为：“‘辑佚’的工作，往往是‘文艺复兴’的先驱。”“这工作不仅仅是像古人所谓‘生白骨，泽枯胔’而已，而是有更重要的意义。”（《鲁迅的辑佚工作》）他自己做的大量的整理工作，就是这样的典范。他将个人的主观爱好与新文学运动的客观需要紧紧结合起来，留下了一个为中国的“文艺复兴”而奋斗的先驱者的伟绩。

正因为郑振铎是“五四”的儿子，接受了进步的革命的思潮的影响，吸收了现代文明，对中国乃至世界文化的历史与现状有相当深刻的了解，因此他能比较自觉地站在文学——这一被他称为人类社会的最高精神联锁——的巅峰，从整个世界的精神生产的大范围来考虑问题。他的视野与透视力远远超过了中国历代封建文人和半封建半殖民地产生的“才子”们，摆脱了因农业自然经济和封建锁国政策带来的那种狭窄性和保守性。他勤奋学习先进学术思想，努力整理中外文学遗产，以夸父与日逐走和普罗米修斯盗取神火的大圣大勇精神，在昏暗的旧中国的文坛上点燃了耀眼的爝火！正因为如此，他虽然无比热爱祖国的（以至世界的）文字遗产，但在这笔无比丰厚的遗产面前毫无畏葸感，也不沉溺其中。他的整理和研究工作，就带有那种现代大生产的巨大的规模、广阔的背景和无限的吞吐力。当然，他本人的文学观念和研究方法也是不断地发展、完善与进步的，他所作的文学遗产的整理和研究工作中也存在差错与不足之处，尤其是他常常“下笔浑如不系舟”（茅盾诗），在大刀阔斧之中有时不免粗糙一点。但这是大醇小疵。他本人也是诚恳地承认的。无论如何,他取得的成绩和作出的贡献,终究是不可抹煞和无与伦比的。

郑振铎的这些功绩,极其雄辩地说明了:只有与中国传统的封建旧思想以及半封建半殖民地的畸型意识实行彻底的决裂,只有在和世界文化与进步思潮的广泛联系中汲取新的科学的文学观念和研究方法,只有脚踏实地不畏艰苦地耕耘而不是轻松自如地将一些新名词与杜撰的生硬的术语挂在嘴上炫耀,才可能有效地整理和研究中外文学遗产,才可能使这些文学遗产真正为建设人类的新文学服务,才可能使自己的整理研究成果经得起时间与读者的考验。从这一点上说,郑振铎在这方面的工作,必将对于我们以及子孙后代显示永久的启示意义!

后　记

大概从一九八〇年起，我决心认真从事郑振铎研究。那时，我先是“文革”后考取的首届中文系大学生，又提前考上了“中国现代文学史”专业的研究生，需要找一个研究课题，于是便选了这位文学家。现在想起来，这倒并不是一般地挑了个题目，或是所谓的“钻”了一个“冷门”，而是主要出自当时虽尚粗浅、但已颇强烈的一些想法。那时我通过看书学习，已感到像郑振铎这样的在新文学史上起过非同寻常的作用的人物，竟被现有的中国现代文学史书如此冷漠地对待，是非常奇怪的。郑振铎牺牲后，郭沫若曾有悼诗曰：“天原无眼漫兴嗟”。那么，作为人，是有自己的双眼的；作为现代文史研究者，而无视郑振铎如此的巨大贡献，就更令人兴嗟慨叹了。我想，这除了因不看第一手资料、不了解情况外，有的人显然是长期间形成了偏见，有的则是追奇逐异、哗众取宠而走入了魔道。因此，对郑振铎作认真研究与重新评价，其意义也就不仅仅在于该论题之本身了。

这样一种想法，随着研究的深入而愈发强烈。而且，越是加深了解郑振铎对新文学事业的贡献，便越对那些陈腐僵化的、或摩登时髦的世俗偏见不满；而越对这些世俗偏见不满，便越激励我从事这一研究。更不用说，研究对象本身的博大精深的学识和成就紧紧地吸引了我。几年间，我陆续发表过关于郑振铎研究的数十篇文章，编选过一本《郑振铎研究资料》（后因出版社的原因未获出版），撰写过一本《郑振铎年谱》（书目文献出版社出版）。而我在一九八五年再次报考博士研究生，其目的之一，就是想更系统地研究与撰写一本研究郑振铎的论著。本书，便是我读博士研究生的几年的一个汇报。

十分支持我从事这一研究的李一氓先生，曾在为《阿英文集》写的序文中说："作者[阿英]是不是有点苦功夫呢？有的，精神是锲而不舍。同时，也对我们今天的文艺工作者提出了另一个典范。就是在文艺范围内，既搞中国文学，也搞外国文学；既搞古典文学，也搞通俗文字；既搞戏剧，也搞小说；既搞文学史，也搞文艺评论；既搞木刻，也搞版本……"李老说阿英的这段话，如果用在郑振铎身上，也完全适用；而且我认为，郑振铎甚至是更为突出的一个典型。这不仅给我们今天的文艺工作者树立了一个炯然生辉的"另一个典范"，而且也给我们今天的文学研究者提出了如何全面地认识、重视、评价这样一类文学工作者的一大课题。要把握这样的课题，对于研究者本身的知识结构条件的要求，是非常之高的。我不过在这方面略作一点尝试，已深感力不从心。当然，在这过程中我又自觉充实了很多。我一直感到，与其说我是在研究郑振铎，不如说我是在向这位巨人学习。

本书分五个部分来研究郑振铎，除了第一部分外，其余都是围绕着他对中国新文学运动的关系来论述的。换言之，本书主要在文学活动这一层面展开，而对于郑振铎在艺术史研究（包括版画、绘画、陶俑等等）、文献学、历史学、考古学、民俗学、编辑学、博物馆学等等方面的重大建树与贡献，都未能展开研讨。而即使在文学活动这一方面，也未必论述透彻了。因此，在郑振铎研究这一领域，未经耕耘的沃土是极其广阔的。一九八八年十二月，为纪念郑振铎诞生九十周年和逝世三十周年，在北京召开了全国首届郑振铎学术研讨会，我提交了书面发言，题为“建立一门‘郑学’”。我认为，郑振铎研究应该成为一种专门的学科。我国古代早就有一门“郑学”，那是公元二世纪东汉郑玄（康成）所创立的经学研究学派，也指后人对郑玄的研究。郑玄是汉代古文献研究的集大成者，段玉裁谓：“千古之大业，未有盛于郑康成者。”而作为我国现代杰出的新文学运动前驱者之一、著名的文学家、文学史家、艺术史家、文献学家、藏书家和社会活动家的郑振铎，其一生的建树、业绩，以及其涉猎的领域等等，都远远盛于郑玄。郭沫若称之为人百其身莫可赎的“一代才华”。我们对他的研究，实在是太不够了！试想，清代学者对于郑玄，就有十来家为他撰写了年谱；而我们对于郑振铎呢？

我两次当研究生，都挑选这一没有“刺激性”或“爆炸性”的课题，采用的研究方法以及文笔、术语之类也不愿效颦媚时，因此，我一直是“寂寞自甘”的，同时也算是“洁身自好”。不意在研究与撰著过程中，仍经常遇到两种十分热烈的态度。一种是对我的巨大的支持与鼓励；另一种则截然相反。后者不是指正常商榷与善意批评（这是我求之不得的），具体这里就不说了。因为，本书这一“孤愤”之作能在目前出书很难的时候面世，就已是对我最大的慰藉了。此刻，我铭心感谢的是很多老前辈（大多与郑先生相识）对我的厚爱。例如，我曾两次亲聆叶圣陶先生的赐教，后来我托商金林兄试请叶老为本书题笺，虽然老人早已公开声明谢绝题字，却破例欣然为我写了书名。这大概是老人生前最后一幅题笺。李一氓、郭绍虞、钱钟书、楼适夷、阳翰笙、俞平伯、赵景深、朱光潜、李健吾、唐弢、柯灵、黄源、周一萍、王瑶、许杰、胡道静、王辛笛、启功等老先生,和郑先生哲嗣尔康老师等,都极其热情地鼓励、帮助过我。

而在本书撰著中,有两位长者更给过我最直接的大力支持。其一是我的博士生导师、著名现代文学史专家、一九二〇年代就参加革命的老共产党员李何林先生。正是他明确地赞成我专题研究郑振铎,才使我得以排除阻力,克服困难。先生仔细审阅过本书的章节提纲,多次听取汇报、给予指导。最后一次,先生坚持从床上撑扶下地,忍着癌症的剧痛让我汇报写作情况,此后不久便卧床不起了!另一位蔼然长者是著名的《辞源》(修订版)主编、商务印书馆副总编、全国政协委员吴泽炎先生。吴老在百忙中从报刊上注意到我的几篇不足道的研究文章,竟热情地让老编辑唐锦泉先生招我去面谈(这以前我与吴老素不相识)。谈话中,吴老了解到我正在撰写的本书的内容,当场表示商务可以考虑接受出版。这对我是多么大的激励啊!

本书提要及部分章节,曾作为博士论文进行答辩并获通过。主持答辩的是著名学者钟敬文先生。钟老也是郑先生的好友,他对我学业上帮助很大。王士菁、顾易生、陈鸣树、田本相、聂石樵、陈漱渝、李允经、杨义、王富仁等先生,写了非常深刻、热情的评语,有的还亲自参加了我的论文答辩。此外还有不少师长、学友(包括外国友人)在我的研究中给过我热情帮助,限于篇幅未能在此一一列名,但均铭记在我心中。我对所有帮助我的师友,对郑先生长期工作过的商务印书馆,怀着言语无法表达的深深的谢意!

以上是我在一九八九年三月本书将初版时写的后记中的一些话,现在作了一点小小的修改。

本书一九九一年由商务印书馆初版，仅两千册，后未重印，早已售罄。我很希望再版，除了想作些增补和修订外，主要更有两个原因。一是我觉得，至今文学研究界有些人对郑振铎的无知或偏见，仍远未消除。随便举些例子吧，如曾有几个单位召开过专门研究"文学研究会"的大型学术会议，会议总结中却连郑振铎的名字也不提；曾有国家级博物馆专门集中树立"现代文学大师"的塑像，多达十几人（包括有当时还活着的人），但却没有郑振铎的影子；曾有专门称为民国时期文学"研究史纲"的书，举出的作家多至半百（包括一些成就不大或不全面的作家），竟然也没有郑振铎；等等。有一位以前从事鲁迅研究，后在国家文化物局党史办工作的老同志给我写信，激愤地说："郑先生为国家和文化事业做了那么多贡献，这样对待他太不公正了！"我也深为文坛上某些莫名其妙的成见、势力之强而感到可悲可气。无奈人微言轻，惟有希望通过拙书再版来表述管见，以引起一切有实事求是之心的人的思考。

二是十多年来，学术界有过一些热点话题，如二十世纪的"中国文学史"撰著史的研究，比较文学与世界文学的关系的研究；以及一些专题讨论，如一九二〇年代初文学研究会的成立、《小说月报》的改革、创造社与文学研究会的论争、关于"整理国故"等等。有的高谈阔论，令人畏敬；但我常发现，有些问题或史料在拙书中也曾写到，那些论者却似乎都没有看过，因而以重复为新见，谈不上超越，或者还不如拙书，甚至还发现连一些早以弄清的史实也还会搞错。这时，我便会想起明清之际张宗子《夜航船序》中"僧人伸脚"的故事。我希望再版拙书，也就是"且待小僧伸伸脚"的意思。

如今，商务印书馆再次帮我圆了这个梦。我对商务印书馆充满了无可言喻的感激之情！

我在初版后记中已写到当时商务印书馆审读过拙稿的副总编吴泽炎先生和责编唐锦泉先生;在这里,我必须以崇敬的心情补写当时主持商务印书馆工作的副总编(当时商务印书馆未设总编)高崧先生。我是很偶然地得知高崧先生曾亲自从头至尾审读过拙书稿的。那是一九八八年,为纪念郑振铎诞生九十周年和牺牲三十周年,在北京友谊宾馆召开首届郑振铎学术研讨会,高崧先生也在百忙中赶来参加。一天,会议休息间隙,我到他的房间,不料他连这样的点滴时间都在抓紧看东西;再一瞥,那厚厚的一叠原来正是拙书稿!我很感动,请他注意休息。他只是笑笑说,工作太多。(而关于拙书稿之能否采用,他一句也没说。)后来,我写后记时,也是写到他的,然而是他最后把他的名字删去了。又过了没几年,高崧同志因积劳成疾,早早地离开了我们!

细心的读者也许会问,既然一九八八年高总已作终审,为何二三年后才出书呢?这就又有故事可说了。原来,唐先生当时早已退休,年纪大,处理书稿当然就慢一点;而他又极端认真,认为自己对古典文学等方面不精通,就将拙书稿又寄到上海,用出版社给他的不多的编辑费,以个人名义再请另一位早年也在商务印书馆(后调到中华书局)工作、比他还年长的金云峰先生审读把关。金老也极认真,看了很长时间。

以上四位先生均已作古多年,我怀念他们,写上这些,以代生刍一束。同时,也可让读者知道,在商务印书馆这样的百年老社出一本书,是不容易的。今回修订本再版,得到了总编辑杨德炎先生的帮助,还有常绍民先生,我在此也深深感谢他们。这回用的时间也是很长的。

这里,还想交代几点撰写中具体的小事。一,本书正文中写到的一些外国人名字(引文中的除外),都尽量注上了外文,这是当年责编唐先生要求我这样做的,说除了马克思、高尔基这样谁都知道的人以外,都要写上外文。又说,只在其人第一次出现时加注即可。可是因为拙书稿字数不少,又写了好长时间,有时就会记不得前面是否已经注过而注上了好几次,或者第一次出现时没注却在后面注了。这次修订因为有了电脑,这样的情况就少了。二,我认为现在还把半个多世纪前,甚至九十年前的时候,硬称之为“现代”;又关起门来把“现代文学”一相情愿地紧紧限制在短短的三十年内,是非常荒唐的事。“现代”和“近代”,本来在汉语中,在许多外语中,也是同义词,且常常是通用的。我再也不愿意在那种刻舟求剑式的意义上使用“现代文学”这个术语了。我更不愿意用那种以后必将为子孙后代感到奇怪甚至耻笑的“近现代”、“现当代”,这两个怪诞的词是苟延的产物,历史上没有,词典上没有,外文中也没有可以对译的词汇。因此,我常用我们汉语中本来就有的“晚清”、“民国时期”这类词,或有意混用“现代”和“近代”。如书中引用日本学者上笙一郎说的“近代儿童文学”时,我也用“近代”;书中引用郁达夫说的“现代散文”时,我也用“现代”。三,现在似乎还有一种硬性规定,印刷品中凡遇到数字,都必须尽量用阿拉伯数字。不知道这样做有什么道理。但是,我的大量的引文中前人用的都是汉字数字,难道我还去擅自改动前人的文字?当年,唐先生同意我正文中统一都用汉字数字,页注中则用阿拉伯数字(这表明我们并不是绝对反对用阿拉伯数字)。这回我仍旧这样做。四,我曾在报上看到有权威人士宣布“一九九○年代”这样的写法是不准许的,只准用“二十世纪九十年代”,说“一九九○年代”的写法是从印欧语系一些语言的时间表示法生搬硬套来的云云,还搬出了所谓的"国家标准"。我不同意这种霸道的说不出什么道理的说法。用"二十世纪九十年代"当然可以,但"一九九〇年代"的写法一目了然,又节省两个字,有什么不好?再说,每百年的头二十年,不用"一九〇〇年代"、"一九一〇年代",而用他们"规定"的写法又该怎么写呢?而且,"一九九〇年代"这种写法,在非印欧语系的日文(汉字)中早就有了。即使这种写法是从英文"舶来"的,那么,我们中文本来就是活的么,人家的好写法我们为什么不能"舶来"呢?所以,本书就经常采用这种写法。凡此种种,也都表明我愿意独立思考,蔑视和反对无理的霸道。性格如此,读者鉴诸!

最后,不知为何,忽然有一丝伧然的感觉袭来。人生蹉跎逾半百,不如意事常八九;但能在商务印书馆出这么一本书,我也知足了!

陈福康

二〇〇三年七月盛暑中